经济数学基础精要与例解

聂高辉　编著

科 学 出 版 社

北　京

内 容 简 介

　　本书是一本经济管理学生学习提高经济数学基础知识的参考书.全书共 12 章,内容包括微积分、微分与差分方程、线性代数、概率论与数理统计部分.书中的概念、例解有别于其他类型的参考书,此部分帮助读者加深理解所学的经济基础知识.书中的方法例解所选例题有难有易,涉及面广,个别例题还是对经济数学基础的内容补充,解法灵活多样,此部分有助于提高读者的分析和解决问题的能力,书中所配的习题是巩固所学知识之用.

　　本书可作为经济数学基础课程的习题课教材,可用于考研学生的备考参考书,也可作为经济管理工作者备查所需要的有关数学知识的工具书.

图书在版编目(CIP)数据

经济数学基础精要与例解/聂高辉编著. —北京:科学出版社,2021.3
ISBN 978-7-03-068123-2

Ⅰ.① 经… Ⅱ.① 聂… Ⅲ.① 经济数学-高等学校-教学参考资料
Ⅳ.① F224.0

中国版本图书馆 CIP 数据核字 (2021) 第 033222 号

责任编辑:李 欣 李香叶/责任校对:彭珍珍
责任印制:吴兆东/封面设计:陈 敬

科学出版社 出版
北京东黄城根北街 16 号
邮政编码:100717
http://www.sciencep.com

北京中石油彩色印刷有限责任公司 印刷
科学出版社发行　　各地新华书店经销
*
2021 年 3 月第 一 版　开本:720×1000 B5
2021 年 3 月第一次印刷　印张:30 3/4
字数:620 000
定价:158.00 元
(如有印装质量问题,我社负责调换)

前　　言

教育部制定的大纲对大学经济管理类本科生开设的数学基础课程是《微积分》《线性代数》和《概率论与数理统计》. 这三门课程也称经济数学基础, 是经济管理类专业的核心课程. 我国高等经济管理专业规范地引入经济数学基础的教学已走过了 30 多年的历程. 30 多年来, 我国的高等经济管理教育与时俱进, 发展迅猛. 各类高等院校都在不同层次、不同门类上开设了经济管理类专业. 但因高等教育的大众化教育的定位、各个学校的办学特点等不同, 经济数学基础的教学或多或少受到某种程度的影响. 此外, 学习经济数学基础这门课程的读者所具备的知识也因国家初等教育的发展而对此课程部分内容已有所了解. 另一方面经济管理领域的理论研究和应用对经济数学基础的要求越来越高, 使用也越来越多. 基于此, 作者根据多年来的经济数学基础教学的所思、所悟编写了本书, 名为《经济数学基础精要与例解》, 旨在为那些希望提高这方面知识的读者提供一本较为系统又能有所提高的读本. 本书的初稿曾被江西财经大学国际学院的经济数学基础提高班及考研辅导班的学生使用过, 学生普遍反映内容很好.

本书与传统的数学提高书或习作课讲义不一样, 以专题的形式, 依据理论知识到知识应用这一想法, 从内容到概念例解, 再到方法例解、复习题及复习题参考答案与提示编排章节. 全书由 12 章构成. 第 1 章到第 6 章为微积分部分, 第 7 章到第 9 章为线性代数部分, 第 10 章到第 12 章为概率论与数理统计部分. 本书的主要特色有:

(1) 强化对数学的概念与理论的理解, 这主要体现在每章的第二节内容 (概念例解) 中; 概念例解中的例题都是依据经济数学基础系列教材 (以下简称教材) 中的定理或命题从原命题、逆命题、否命题及逆否命题四个角度设计的, 解析有反例也有严格证明.

(2) 知识点陈述集中.

(3) 在每章的第三节中, 以例题的形式, 补充了一些教材中有关定理等没有给出的证明, 以提高学生的推理论证能力; 同时以例题的形式补充了一些教材中没有强调的但在研究生学习阶段或以后从事财经研究所需的数学知识.

(4) 每章匹配了一定数量巩固和激活知识点的习题, 这些习题都给了参考答案.

本书中的例题选解部分中的例题参考文献 [1—25], 微积分部分中的例题与习题则主要选自吉米多维奇的《数学分析习题集》, 也有邹承祖、齐东旭、孙玉柏编写的《数学分析习题课讲义 (一元微积分部分)》, 刘隆复、马驷良、陈守东编写的《数学分析习题课讲义 (多元函数部分)》, 还有 Salas 和 Hille 的 *Calculus*、Thomas 的 *Calculus* 以及 James Stewart 编写的 *Calculus* 中的例题或习题; 线性代数部分的例题与习题主要选自谢邦杰编写的《线性代数》, 北京大学数学力学系几何与代数教研室代数小组编写的《高等代数》, 以及现行的线性代数或高等代数教材中的例题或习题, 还有 Lee W. Johnson、R. Dean Riess、Jimmy T. Rrnold 编写的 *Introduction to Linear Algebra* 一书的例题与习题; 概率论与数理统计部分例题和习题主要选自华东师范大学数学系编写的《概率论与数理统计习题集》, 中山大学梁之舜、邓集贤、杨维权等编写的《概率论及数理统计》(第 2 版), 盛骤等编著的《概率论与数理统计》, 还有 Jay L. Devore 编写的 *Probability and Statistics*, 梅夏尔金编写的《概率论习题集》. 对上述这些书的作者表示衷心的感谢.

此外, 如果例题与习题出现上述所列书中之外的书或试卷, 这里作者对书的作者和试题设计者表示衷心的感谢, 因为没有他们的书和习题是很难完成本书的, 再次感谢他们.

虽然本书的结构与逻辑、例题与习题都是作者自己设计和构造的, 但书中的概念、性质与定理的提炼, 例题与习题的设计还是受到自己教育和阅读的书籍、文献的启发, 甚至个别例题或习题与这些书中的某个题类似, 因此, 作者已将这些书籍文献的部分列入参考书目以表示感谢. 虽如此, 作者在此还是要向自己的老师和所阅读过的书籍、文献的作者们表示衷心的感谢. 最后感谢为本书出版所付出辛勤劳动的人们.

本书付诸出版过程中, 我的心总是忐忑不安, 总感疏忽在所难免, 敬请读者批评指正!

聂高辉

2020 年 6 月

目　　录

前言

第 1 章　极限与连续 ·· 1

　1.1　概念、性质与定理 ··· 1

　　1.1.1　函数 ··· 1

　　1.1.2　极限 ··· 4

　　1.1.3　连续 ··· 7

　1.2　概念例解 ··· 9

　1.3　方法例解 ··· 16

　1.4　复习题 ·· 40

　1.5　复习题参考答案与提示 ·· 44

第 2 章　导数与微分 ·· 45

　2.1　概念、性质与定理 ·· 45

　　2.1.1　导数 ··· 45

　　2.1.2　高阶导数 ··· 47

　　2.1.3　微分 ··· 48

　　2.1.4　偏导数与全微分 ·· 49

　2.2　概念例解 ··· 52

　2.3　方法例解 ··· 56

　2.4　复习题 ·· 70

　2.5　复习题参考答案与提示 ·· 73

第 3 章　导数的应用 ·· 75

　3.1　概念、性质与定理 ·· 75

　　3.1.1　中值定理 ··· 75

　　3.1.2　导数应用中的几个重要的关键点 ······························ 76

　　3.1.3　导数应用定理 ··· 76

　3.2　概念例解 ··· 77

　3.3　方法例解 ··· 83

　3.4　复习题 ·· 109

　3.5　复习题参考答案与提示 ·· 114

第 4 章　积分 ·· 115

　4.1　概念、性质与定理 ··· 115

　　　4.1.1　不定积分 ··· 115

　　　4.1.2　定积分 ··· 116

　　　4.1.3　反常积分 ··· 118

　　　4.1.4　重积分 ··· 121

　4.2　概念例解 ··· 126

　4.3　方法例解 ··· 132

　4.4　复习题 ··· 170

　4.5　复习题参考答案与提示 ··· 176

第 5 章　无穷级数 ··· 178

　5.1　概念、性质与定理 ··· 178

　　　5.1.1　常数项级数 ··· 178

　　　5.1.2　幂级数 ··· 181

　5.2　概念例解 ··· 184

　5.3　方法例解 ··· 190

　5.4　复习题 ··· 215

　5.5　复习题参考答案与提示 ··· 219

第 6 章　微分方程与差分方程 ··· 221

　6.1　概念、性质与定理 ··· 221

　　　6.1.1　微分方程 ··· 221

　　　6.1.2　差分方程 ··· 223

　6.2　概念例解 ··· 226

　6.3　方法例解 ··· 227

　6.4　复习题 ··· 241

　6.5　复习题参考答案与提示 ··· 243

第 7 章　矩阵概念及运算 ··· 244

　7.1　概念、性质与定理 ··· 244

　　　7.1.1　矩阵的概念 ··· 244

　　　7.1.2　矩阵的运算 ··· 245

　　　7.1.3　运算律及性质 ··· 247

　　　7.1.4　分块矩阵及其运算 ··· 248

　　　7.1.5　一些特殊的矩阵 ··· 250

　7.2　概念例解 ··· 251

　7.3　方法例解 ··· 254

7.4　复习题 ·· 263

7.5　复习题参考答案与提示 ··· 265

第 8 章　矩阵的数字特征 ··· 267

8.1　概念、性质与定理 ··· 267

8.1.1　矩阵的行列式 ··· 267

8.1.2　矩阵的迹 ··· 270

8.1.3　矩阵的秩 ··· 270

8.1.4　矩阵的特征值 ··· 273

8.1.5　向量 (列或行矩阵) 的模 ··· 274

8.2　概念例解 ··· 274

8.3　方法例解 ··· 281

8.4　复习题 ·· 298

8.5　复习题参考答案与提示 ··· 302

第 9 章　矩阵数字特征的应用 ··· 303

9.1　概念、性质与定理 ··· 303

9.1.1　矩阵的秩及行列式的应用 ·· 303

9.1.2　矩阵特征值的应用 ··· 307

9.2　概念例解 ··· 309

9.3　方法例解 ··· 317

9.4　复习题 ·· 339

9.5　复习题参考答案与提示 ··· 344

第 10 章　事件与概率 ··· 346

10.1　概念、性质与定理 ··· 346

10.1.1　事件 ·· 346

10.1.2　概率 ·· 347

10.2　概念例解 ··· 350

10.3　方法例解 ··· 356

10.4　复习题 ·· 382

10.5　复习题参考答案与提示 ··· 385

第 11 章　随机变量及其分布与数字特征 ······································· 387

11.1　概念、性质与定理 ··· 387

11.1.1　单随机变量及其分布与数字特征 ······························ 387

11.1.2　随机向量及其分布与数字特征 ······························ 389

11.1.3　独立随机变量和的分布及有关极限分布 ·················· 395

11.1.4　常用分布 ··· 397

11.2　概念例解 ·· 401

11.3　方法例解 ·· 410

11.4　复习题 ··· 438

11.5　复习题参考答案与提示 ·· 442

第 12 章　抽样分布与参数推断 ··· 444

12.1　概念、性质与定理 ·· 444

12.1.1　抽样分布 ··· 444

12.1.2　参数推断 ··· 446

12.1.3　非参数推断 ··· 455

12.2　概念例解 ·· 455

12.3　方法例解 ·· 459

12.4　复习题 ··· 478

12.5　复习题参考答案与提示 ·· 481

参考文献 ·· 483

第 1 章　极限与连续

1.1　概念、性质与定理

1.1.1　函数

1.1.1.1　概念

1. 设 $X \subset R, Y \subset R$, 如果对任意的 $x \in X$, 在某个对应规则下有唯一的 $y(y \in Y)$ 与之对应, 则称 y 是 x 的函数, 记为 $y = f(x)$. X 称为函数 $y = f(x)$ 的定义域, 定义域常记为 $D(f)$, 而 f 为对应规则, x 为自变量, y 为因变量. 对固定的 $x \in D(f)$, 相对应的值 y 常称为函数值, 可由 $f(x)$ 计算, 即 $y = f(x)$. 函数值的全体称为 $y = f(x)$ 的值域, 常记为 $R(f)$. 这类函数称为单变量单值实函数.

2. 设 $X \subset R^n, Y \subset R$, 如果对任意的 $\boldsymbol{x} = (x_1, \cdots, x_n) \in X$, 在某个对应规则下有唯一的 $y(y \in Y)$ 与之对应, 则称 y 是 $\boldsymbol{x}$ 或 $x_1, \cdots, x_n$ 的函数, 记为 $y = f(x_1, \cdots, x_n)$ 或 $y = f(\boldsymbol{x})$. X 称为函数 $y = f(x_1, \cdots, x_n)$ 的定义域, 定义域常记为 $D(f)$, 而 f 为对应规则, x_i 为第 i 个自变量, y 为因变量. 对固定的 $(x_1, \cdots, x_n) \in D(f)$, 相对应的值 y 常称为函数值, 可由 $f(x_1, \cdots, x_n)$ 计算, 即 $y = f(x_1, \cdots, x_n)$. 函数值的全体称为 $y = f(x_1, \cdots, x_n)$ 的值域, 常记为 $R(f)$. 这类函数称为多变量 (n 元) 单值实函数.

3. 设 $f(x_1, \cdots, x_n)((x_1, \cdots, x_n) \in D(f))$ 是一个给定的函数, 如果对任意的 $(x_1, \cdots, x_n) \in D(f)$, 存在正数 M 使得 $|f(x_1, \cdots, x_n)| \leqslant M$, 则称函数 $f(x_1, \cdots, x_n)$ 是有界的.

依此, $f(x_1, \cdots, x_n)$ 在点 $(x_1^0, \cdots, x_n^0)$ 附近有界指的是, 存在正数 M 和 δ, 使得, 当 $(x_1, \cdots, x_n) \in \left\{ (x_1, \cdots, x_n) \middle| \sqrt{(x_1 - x_1^0)^2 + \cdots + (x_n - x_n^0)^2} < \delta \right\}$ (圆形邻域) 或者 $(x_1, \cdots, x_n) \in \left\{ (x_1, \cdots, x_n) \middle| |x_1 - x_1^0| < \delta, \cdots, |x_n - x_n^0| < \delta \right\}$ (方形邻域) 时,

$$|f(x_1, \cdots, x_n)| \leqslant M.$$

4. 设 $f(x)(x \in D(f))$ 是一个给定的函数, 如果对任意的 $x \in D(f)$, $f(-x) = f(x)$ 成立, 则称 $f(x)$ 为偶函数. 如果对任意的 $x \in D(f)$, $f(-x) = -f(x)$ 成立, 则称 $f(x)$ 为奇函数.

5. 设 $f(x)(x \in D(f))$ 是一个给定的函数, 如果存在数 T, 使得对任意的 $x \in D(f)$, $f(x + T) = f(x)$ 成立, 则称 $f(x)$ 为周期函数, T 为周期, 最小的正数 T 称为 $f(x)$ 的最小正周期.

6. 设 $f(x)(x \in D(f))$ 是一个给定的函数, 如果对任意的 $x_1, x_2 \in D(f)$, 且 $x_1 < x_2$, $f(x_1) < f(x_2)(f(x_1) > f(x_2))$ 成立, 则称 $f(x)$ 为单调递增 (减) 函数; 如果对任意的 $x_1, x_2 \in D(f)$, 且 $x_1 < x_2$, $f(x_1) \leqslant f(x_2)(f(x_1) \geqslant f(x_2))$ 成立, 则称 $f(x)$ 为单调不减 (增) 函数或单调上升 (下降) 函数. 如果 $f(x)$ 在区间 I 上单调递增 (减), 则区间 I 称为 $f(x)$ 的单调递增 (减) 区间. 如果 $f(x)$ 在区间 I 上单调不减 (增) 或单调上升 (下降), 则区间 I 称为 $f(x)$ 的单调不减 (增) 或单调上升 (下降) 区间.

7. 设 $f(x)(x \in D(f))$ 是一个给定的函数, 如果对任意的 $x_1, x_2 \in D(f)$ 和对任意的数 $\alpha \in [0, 1]$, 下列不等式成立, 且等号仅当 $x_1 = x_2$, 或 $\alpha = 0$, 或 $\alpha = 1$ 时成立,

$$f(\alpha x_1 + (1 - \alpha)x_2) \leqslant \alpha f(x_1) + (1 - \alpha)f(x_2)$$

$$(f(\alpha x_1 + (1 - \alpha)x_2) \geqslant \alpha f(x_1) + (1 - \alpha)f(x_2)),$$

则称 $f(x)$ 为上 (下) 凹函数.

特别地, 如果函数 $f(x)(x \in D(f))$ 是一元函数时, 即对任意的 $x_1, x_2 \in D(f)$, $\alpha \in [0, 1]$, 下列不等式成立且等号仅当 $x_1 = x_2$, 或 $\alpha = 0$, 或 $\alpha = 1$ 时成立,

$$f(\alpha x_1 + (1 - \alpha)x_2) \leqslant \alpha f(x_1) + (1 - \alpha)f(x_2)$$

$$(f(\alpha x_1 + (1 - \alpha)x_2) \geqslant \alpha f(x_1) + (1 - \alpha)f(x_2)),$$

则称 $f(x)$ 为上 (下) 凹函数. 如果 $f(x)$ 在区间 I 上是上 (下) 凹函数, 则区间 I 称为 $f(x)$ 的上 (下) 凹区间.

8. 动点 $(x_1, \cdots, x_n, f(x_1, \cdots, x_n))((x_1, \cdots, x_n) \in D(f))$ 的轨迹称为函数 $y = f(x_1, \cdots, x_n)$ 的图像.

1.1.1.2 函数的运算

1. 四则运算.

给出函数 $f(x), x \in D(f), g(x), x \in D(g)$, 那么 $f(x)$ 与 $g(x)$ 的

和: $f(x) \pm g(x), x \in D(f) \cap D(g)$;

积: $f(x)g(x), x \in D(f) \cap D(g)$;

商: $\dfrac{f(x)}{g(x)}, x \in D(f) \cap D(g) - \{x | g(x) = 0\}$.

2. 复合运算.

给出函数 $f(x), x \in D(f)$, $g(x), x \in D(g)$, 那么 $f(x)$ 与 $g(x)$ 的复合运算 (函数) 为 $f(g(x)), x \in D(g) \cap \{x|g(x) \in D(f)\} \neq \varnothing$.

3. 逆运算.

设 $y = f(x)$ 的定义域为 $D(f)$, 值域为 $R(f)$, 如果对任意一个 $y \in R(f)$, 在 $y = f(x)$ 下有唯一的 $x(x \in D(f))$ 与之对应, 则 x 是 y 的函数, 并称之为 $y = f(x)$ 的反函数. 反函数通常记为 $y = f^{-1}(x)$, 其中, $y \in D(f), x \in R(f)$.

1.1.1.3 性质

1. 函数变量的虚变量特性.

函数相同 (等) 当且仅当函数关系和定义域相同, 与用什么字母无关, 即变量是虚拟的. 例如, $y = f(x), s = f(t), u = f(x), y = f(v), \cdots (x, t, v \in D(f))$ 是同一函数, 或说是相同 (等) 的; $y = f(x, t)$ 与 $y = f(u, v), (x, t), (u, v) \in D(f)$ 是同一函数; $z = f(x, y, t), z = f(u, v, w), y = f(x, u, t), (x, y, t), (u, v, w), (x, u, t) \in D(f)$ 是同一函数.

2. $f(x)$ 有界的充分必要条件为存在数 A, B 使得对任意的 $x \in D(f), A \leqslant f(x) \leqslant B$ 成立.

3. 如果 $f(x)$ 为奇函数, 则曲线 $y = f(x)$ 关于原点对称; 如果 $f(x)$ 为偶函数, 则曲线 $y = f(x)$ 关于 y 轴对称. 如果函数有反函数 $y = f(x)$, 则曲线 $y = f(x)$ 与 $y = f^{-1}(x)$ 关于直线 $y = x$ 对称.

如果 $f_i(x)$ 为奇 (偶) 函数, $i = 1, \cdots, n$, 则 $f_1(x) + \cdots + f_n(x)$ 为奇 (偶) 函数. 当 n 为偶数时, $f_1(x) \cdot \cdots \cdot f_n(x)$ 为偶函数; 但当 n 为奇数时, $f_1(x) \cdot \cdots \cdot f_n(x)$ 为奇函数.

如果 $f(x)$ 为奇函数, $g(x)$ 为偶函数, 则 $f(x)g(x)$ 为奇函数.

设 $f(x)$ 为任意一个函数, 则 $F(x) = f(x) - f(-x)$ 为奇函数, $G(x) = f(x) + f(-x)$ 为偶函数, 且 $f(x) = \dfrac{1}{2}[F(x) + G(x)]$.

如果 $f(x), g(x)$ 均为奇 (偶) 函数, 且可复合, 则 $f(g(x))$ 也是奇函数; 如果 $f(x)$ 为奇函数, $g(x)$ 为偶函数, 且可复合, 则 $f(g(x))$ 和 $g(f(x))$ 均为偶函数.

如果 $f(x)$ 为奇 (偶) 函数, 其反函数为 $f^{-1}(x)$ 也是奇 (偶) 函数.

4. 一元函数的图像是平面上的一条曲线, 反之不然; 多元函数的图像是空间中的一张曲面, 反之不然.

1.1.1.4 一些常用的函数

1. 初等函数: 幂函数、三角函数、对数函数、反三角函数和指数函数.

2. 两个非初等函数:

分段函数: $f(x) = \begin{cases} f_1(x), & x \in I_1, \\ \qquad \vdots & \qquad \vdots \\ f_k(x), & x \in I_k, \end{cases}$ I 为区间, 端点称为 $f(x)$ 的分段点;

变上限函数: $F(x) = \displaystyle\int_a^x f(t)\mathrm{d}x$;

和函数: $S(x) = \displaystyle\sum_{n=1}^{\infty} a_n x^n$.

3. 正整数集上的函数:

数列: $a_n = f(n)$, $n \in N$;

级数部分和: $S_n = \displaystyle\sum_{i=1}^{n} a_i$.

1.1.2 极限

1.1.2.1 概念

1. $f(x)$ 在 x_0 处的极限定义.

$\displaystyle\lim_{x \to x_0} f(x) = L$ 的定义 设 $f(x)$ 在 x_0 点附近有定义. 如果 x 无限接近 x_0 时, $f(x)$ 接近一个定数 L, 那么, 数 L 是 $x \to x_0$ 时 $f(x)$ 在 x_0 点处的极限, 记为 $\displaystyle\lim_{x \to x_0} f(x) = L$.

如果 x 无限接近 x_0 时, $f(x)$ 不接近一个定数 L, 那么, 当 $x \to x_0$ 时 $f(x)$ 在 x_0 点处的极限不存在, 或者说, $\displaystyle\lim_{x \to x_0} f(x)$ 不存在.

"x 无限接近 x_0 时, $f(x)$ 接近一个定数 L" 一个等价的定量定义是: 对任意 $\varepsilon > 0$, 存在 $\delta > 0$, 使得当 $0 < |x - x_0| < \delta$ 时, $|f(x) - L| < \varepsilon$ 成立.

"x 无限接近 x_0 时, $f(x)$ 不接近一个定数 L" 等价的更为精确的说法是: 存在 $\varepsilon_0 > 0$, 对任意 $\delta > 0$, 使得当 $0 < |x - x_0| < \delta$ 时, $|f(x) - L| \geqslant \varepsilon_0$ 成立.

为方便, 以下的极限定义都用定量的定义.

$\displaystyle\lim_{x \to x_0^+} f(x) = L$ (右极限) 的定义 如果对任意 $\varepsilon > 0$, 存在 $\delta > 0$, 使得当 $0 < x - x_0 < \delta$ 时, $|f(x) - L| < \varepsilon$ 成立.

$\displaystyle\lim_{x \to x_0^-} f(x) = L$ (左极限) 的定义 如果对任意 $\varepsilon > 0$, 存在 $\delta > 0$, 使得当 $-\delta < x - x_0 < 0$ 时, $|f(x) - L| < \varepsilon$ 成立.

2. $f(x)$ 在 ∞ 处的极限定义.

$\displaystyle\lim_{x \to \infty} f(x) = L$ 的定义 如果对任意 $\varepsilon > 0$, 存在 $X > 0$, 使得当 $|x| > X$ 时, $|f(x) - L| < \varepsilon$ 成立.

$\lim\limits_{x \to +\infty} f(x) = L$ (左极限) 的定义   如果对任意 $\varepsilon > 0$, 存在 $X > 0$, 使得当 $x > X$ 时, $|f(x) - L| < \varepsilon$ 成立.

$\lim\limits_{x \to -\infty} f(x) = L$ (右极限) 的定义   如果对任意 $\varepsilon > 0$, 存在 $X > 0$, 使得当 $x < -X$ 时, $|f(x) - L| < \varepsilon$ 成立.

3. 数列 $a_n = f(n)$ 极限 $\left(\lim\limits_{n \to \infty} a_n = L\right)$ 的定义.

如果对任意 $\varepsilon > 0$, 存在整数 $N > 0$, 使得当 $x > N$ 时, $|a_n - L| < \varepsilon$ 成立.

4. 多元函数的极限定义.

类似于一元函数, 给出多元函数的极限定义, 这里仅以二元函数为例.

$\lim\limits_{(x,y) \to (x_0,y_0)} f(x,y) = L$ 的定义   如果对任意 $\varepsilon > 0$, 存在 $\delta > 0$, 使得当 $0 < |x - x_0| < \delta, 0 < |y - y_0| < \delta$ 时, $|f(x,y) - L| < \varepsilon$ 成立.

$\lim\limits_{(x,y) \to (\infty,\infty)} f(x,y) = L$ 的定义   如果对任意 $\varepsilon > 0$, 存在 $M > 0$, 使得当 $|x| > M, |y| > M$ 时, $|f(x,y) - L| < \varepsilon$ 成立.

$\lim\limits_{(x,y) \to (x_0,\infty)} f(x,y) = L$ 的定义   如果对任意 $\varepsilon > 0$, 存在 $\delta > 0, M > 0$, 使得当 $0 < |x - x_0| < \delta, |y| > M$ 时, $|f(x,y) - L| < \varepsilon$ 成立.

$\lim\limits_{(x,y) \to (-\infty,+\infty)} f(x,y) = L$ 的定义   如果对任意 $\varepsilon > 0$, 存在 $M > 0$, 使得当 $x < -M, y > M$ 时, $|f(x,y) - L| < \varepsilon$ 成立.

5. 无穷小量与无穷大量.

极限为 0 的量称为无穷小量, 不为零的无穷小量的倒数称为无穷大量.

6. 无穷小量的阶.

设 $f(x), g(x)$ 是两个无穷小量 $(x \to x_0)$, 那么:

如果 $\lim\limits_{x \to x_0} \dfrac{f(x)}{g(x)} = 0$, 则称 $f(x)$ 是比 $g(x)$ 高阶的无穷小量, 或者说, $g(x)$ 是比 $f(x)$ 低阶的无穷小量, 记为 $f(x) = o(g(x))$.

如果 $\lim\limits_{x \to x_0} \dfrac{f(x)}{g(x)} = C \neq 0$, 则称 $f(x), g(x)$ 是同阶的无穷小量, 记为 $f(x) = O(g(x))$. 特别地, 当 $C = 1$ 时, $f(x), g(x)$ 是等价的无穷小量, 记为 $f(x) \sim g(x)$.

如果 $\lim\limits_{x \to x_0} \dfrac{f(x)}{(g(x))^k} = C \neq 0 (k > 0)$, 则称 $f(x)$ 是 $g(x)$ 的 k 阶无穷小量.

记为 $f(x) = O([g(x)]^k)$.

其他的各种过程的极限可类似定义. 这里不再一一列举.

1.1.2.2 性质

1. 极限是唯一的.

2. 如果 $\lim\limits_{x \to x_0} f(x) = L$, 那么存在 $\delta > 0$, $M > 0$, 使得 $0 < |x - x_0| < \delta$ 时,
$|f(x)| \leqslant M$.

3. 如果 $\lim\limits_{x \to x_0} f(x) = L$, $L > 0$, 那么存在 $\delta > 0$, 使得 $0 < |x - x_0| < \delta$ 时,
$f(x) > 0$.

4. 如果存在 $\delta > 0$, 使得当 $0 < |x - x_0| < \delta$ 时, $f(x) \geqslant 0$, 且 $\lim\limits_{x \to x_0} f(x) = L$,
那么 $L \geqslant 0$.

5. 如果 $\lim\limits_{x \to \infty} f(x) = L$, 那么存在 $X > 0$, $M > 0$, 使得当 $|x| > X$ 时,
$|f(x)| \leqslant M$.

6. 如果 $\lim\limits_{x \to \infty} f(x) = L$, $L > 0$, 那么存在 $X > 0$, 使得当 $|x| > X$ 时, $f(x) > 0$.

7. 如果存在 $X > 0$, 使得 $|x| > X$ 时, $f(x) \geqslant 0$, 且 $\lim\limits_{x \to \infty} f(x) = L$, 那么
$L \geqslant 0$.

8. 如果 $\lim\limits_{n \to \infty} a_n = L$, 那么存在 $M > 0$, 使得对任意的 n, $|a_n| \leqslant M$.

9. 如果 $\lim\limits_{(x,y) \to (x_0,y_0)} f(x,y) = L$, 那么存在 $\delta > 0$, $M > 0$, 使得 $0 < |x - x_0| <$
δ, $0 < |y - y_0| < \delta$ 时, $|f(x,y)| \leqslant M$.

10. 如果 $\lim\limits_{(x,y) \to (x_0,y_0)} f(x,y) = L$, $L > 0$, 那么存在 $\delta > 0$, $M > 0$, 使得
$0 < |x - x_0| < \delta$, $0 < |y - y_0| < \delta$ 时, $f(x,y) > 0$.

11. 如果存在 $\delta > 0$, 使得当 $0 < |x - x_0| < \delta$, $0 < |y - y_0| < \delta$ 时, $f(x,y) \geqslant 0$
且 $\lim\limits_{(x,y) \to (x_0,y_0)} f(x,y) = L$, 那么 $L \geqslant 0$.

1.1.2.3 极限存在性定理

1. $\lim\limits_{x \to x_0} f(x) = L$ 的充分必要条件为 $\lim\limits_{x \to x_0^+} f(x) = L$, $\lim\limits_{x \to x_0^-} f(x) = L$.

2. $\lim\limits_{x \to \infty} f(x) = L$ 的充分必要条件为 $\lim\limits_{x \to +\infty} f(x) = L$, $\lim\limits_{x \to -\infty} f(x) = L$.

3. 如果存在 $\delta > 0$, 使得 $0 < |x - x_0| < \delta$ 时, $g(x) \leqslant f(x) \leqslant h(x)$, 且
$\lim\limits_{x \to x_0} g(x) = L$, $\lim\limits_{x \to x_0} h(x) = L$, 那么, $\lim\limits_{x \to x_0} f(x) = L$.

4. 如果存在 $M > 0$, 使得当 $|x| > M$ 时, $g(x) \leqslant f(x) \leqslant h(x)$, 且 $\lim\limits_{x \to \infty} g(x) =$
L, $\lim\limits_{x \to \infty} h(x) = L$, 那么, $\lim\limits_{x \to \infty} f(x) = L$.

5. $\lim\limits_{x \to x_0} f(x) = L$ 的充分必要条件是 $f(x) = L + \alpha(x)$, 其中, $\lim\limits_{x \to x_0} \alpha(x) = 0$.

6. (Heine 定理) $\lim\limits_{x \to x_0} f(x) = L$ 的充分必要条件是对任意的数列 $x_n (\neq x_0)$ 且
$\lim\limits_{n \to \infty} x_n = x_0$ 都有 $\lim\limits_{n \to \infty} f(x_n) = L$.

7. 如果存在 $\delta > 0$, 使得 $0 < |x - x_0| < \delta$, $0 < |y - y_0| < \delta$ 时,

$$g(x,y) \leqslant f(x,y) \leqslant h(x,y),$$

且 $\lim\limits_{(x,y) \to (x_0,y_0)} g(x,y) = L$, $\lim\limits_{(x,y) \to (x_0,y_0)} h(x,y) = L$, 那么 $\lim\limits_{(x,y) \to (x_0,y_0)} f(x,y) = L$.

8. $\lim\limits_{(x,y)\to(x_0,y_0)} f(x,y) = L$ 的充分必要条件是对任意 $\varepsilon > 0$, 存在 $\delta > 0$, 使得当 $0 < \sqrt{(x-x_0)^2 + (y-y_0)^2} < \delta$ 时, $|f(x,y) - L| < \varepsilon$ 成立.

9. 如果 $\lim\limits_{(x,y)\to(x_0,y_0)} f(x,y) = L$, 那么, 对任意曲线 $y = g(x)$, 当 $\lim\limits_{x\to x_0} g(x) = y_0$ 时, $\lim\limits_{x\to x_0} f(x, g(x)) = L$.

10. 单调有界数列必有极限.

11. (奇偶准则) $\lim\limits_{n\to\infty} x_n = L$ 的充分必要条件是 $\lim\limits_{k\to\infty} x_{2k} = L = \lim\limits_{k\to\infty} x_{2k+1}$. 其他形式的极限存在的条件就不再一一列举.

1.1.2.4　极限运算公式

1. 四则运算.

如果 $\lim\limits_{x\to x_0} f(x) = L$, $\lim\limits_{x\to x_0} g(x) = M$, 那么

$$\lim_{x\to x_0} [f(x) \pm g(x)] = \lim_{x\to x_0} f(x) \pm \lim_{x\to x_0} g(x) = L \pm M,$$

$$\lim_{x\to x_0} (f(x) \cdot g(x)) = \lim_{x\to x_0} f(x) \cdot \lim_{x\to x_0} g(x) = L \cdot M,$$

$$\lim_{x\to x_0} \frac{f(x)}{g(x)} = \frac{\lim\limits_{x\to x_0} f(x)}{\lim\limits_{x\to x_0} g(x)} = \frac{L}{M} \quad (M \neq 0).$$

2. 复合函数的极限运算.

如果 $\lim\limits_{x\to x_0} f(x) = L$, $\lim\limits_{t\to t_0} g(t) = x_0$, 且 $g(t_0) \neq x_0$, 那么 $\lim\limits_{t\to t_0} f(g(t)) = L$.

3. 重要的极限公式

$$\lim_{x\to 0} \frac{\sin x}{x} = 1, \quad \lim_{x\to 0} (1+x)^{\frac{1}{x}} = e, \quad \lim_{x\to +\infty} \frac{x^{\beta}}{a^x} = 0 \quad (a > 1, \beta > 0).$$

4. 等价无穷小量替换公式.

如果 $x \to x_0$ 时, $f(x) \sim g(x), u(x) \sim v(x)$, 那么 $\lim\limits_{x\to x_0} f(x)u(x) = \lim\limits_{x\to x_0} g(x) v(x)$,

$$\lim_{x\to x_0} \frac{f(x)}{u(x)} = \lim_{x\to x_0} \frac{g(x)}{v(x)}.$$

1.1.3　连续

1.1.3.1　概念

1. 函数 $f(x)$ 在 x_0 处连续的定义.

设 $f(x)$ 在 x_0 点及其附近有定义,

如果 $\lim\limits_{x\to x_0} f(x) = f(x_0)$, 则称 $f(x)$ 在 x_0 处连续, 点 x_0 称为 $f(x)$ 的连续点.

如果 $\lim\limits_{x \to x_0^+} f(x) = f(x_0)$, 则称 $f(x)$ 在 x_0 处右连续, 点 x_0 称为 $f(x)$ 的右连续点.

如果 $\lim\limits_{x \to x_0^-} f(x) = f(x_0)$, 那么称 $f(x)$ 在 x_0 处左连续, 点 x_0 称为 $f(x)$ 的左连续点.

2. 间断点的定义.

设 $f(x)$ 在 x_0 附近有定义, 那么满足下列条件之一的点 x_0 称为函数 $f(x)$ 的间断点.

(1) $f(x)$ 在 x_0 点处没有定义;

(2) $\lim\limits_{x \to x_0} f(x)$, $f(x_0)$ 都存在但不相等, 即 $\lim\limits_{x \to x_0} f(x) \neq f(x_0)$;

(3) $f(x_0)$ 存在但 $\lim\limits_{x \to x_0} f(x)$ 不存在.

3. 连续函数.

设 $f(x)$ 在区间 I 上有定义, 如果对任意的 $x \in I$, $f(x)$ 在 x 处连续, 则称 $f(x)$ 为连续函数或者称 $f(x)$ 在 I 上连续, I 也称为 $f(x)$ 的连续区间. 特别地, I 包含端点时, 右端点的连续特指右连续, 左端点的连续特指左连续.

4. 改变量或增量.

设变量 x 从初值 x_1 变到终值 x_2, 则称终值与初值的差 $x_2 - x_1$ 为变量 x 的改变量或增量, 记为 Δx, 即 $\Delta x = x_2 - x_1$.

随着自变量 x 从 x_0 变到 $x_0 + \Delta x$, 函数 $y = f(x)$ 从 $f(x_0)$ 变到 $f(x_0 + \Delta x)$, 则称 $f(x_0 + \Delta x) - f(x_0)$ 为函数 $y = f(x)$ 相应于自变量的改变量 Δx 的改变量或增量, 记为 Δy 或 Δf, 即 $\Delta y = \Delta f = f(x_0 + \Delta x) - f(x_0)$.

5. 最大最小值.

设 $f(x)$ 是定义在 $D(f)$ 上的一个函数. 如果存在 $x_1, x_2 \in D(f)$, 使得对任意的 x, 都有 $f(x_1) \leqslant f(x) \leqslant f(x_2)$, 则称 $f(x_1)$ 为 $f(x)$ 的最小值, $f(x_2)$ 为 $f(x)$ 的最大值.

1.1.3.2　性质

(1) 连续函数的四则运算、复合运算以及反函数运算所得的函数仍为连续函数.

(2) 如果 $f(x)$ 在区间 $[a,b]$ 上连续, 那么 $f(x)$ 在区间 $[a,b]$ 上一定有界.

(3) 如果 $f(x)$ 在区间 $[a,b]$ 上连续, 那么 $f(x)$ 在区间 $[a,b]$ 上一定有最大值和最小值.

(4) 如果 $f(x)$ 在区间 $[a,b]$ 上连续, 且 $f(a) \leqslant \mu \leqslant f(b)$ 或 $f(b) \leqslant \mu \leqslant f(a)$, 那么 $f(x) - \mu = 0$ 在区间 $[a,b]$ 上一定有根.

1.1.3.3 定理

(1) $f(x)$ 在 x_0 处连续的充分必要条件为 $\lim\limits_{\Delta x \to 0} \Delta y = \lim\limits_{\Delta x \to 0}[f(x_0 + \Delta x) - f(x_0)] = 0$.

(2) $f(x)$ 在 x_0 处连续的充分必要条件为 $f(x)$ 在 x_0 处左、右连续.

1.2 概念例解

1. 下列函数中与 $y = x$ 相同的是 ___(D)___ .

(A) $y = \sqrt{x^2}$ (B) $y = e^{\ln u}$

(C) $y = \arctan(\tan x)$ (D) $y = u(2\sin^2 u + \cos 2u)$

解 应选 (D). 由于 $y = \sqrt{x^2} = |x|$, 故 (A) 不能选. 尽管 $y = e^{\ln u} = u$ 但 $u > 0$ 这与 $y = x$ 的定义域不同, 从而 (B) 也不能选. (C) 也不能选, 因为函数的定义域也与 $y = x$ 的定义域不同. 由于 $y = u(2\sin^2 u + \cos 2u) = u$ 且 u 的取值范围与 $y = x$ 的定义域相同, 再注意到函数的变量具有虚拟性, 故这两个函数是相同的, 因此, 选 (D).

2. 设函数 $y = f(x), x \in D(f)$, $y = g(u), u \in D(g)$, 如果两个函数是相同的函数且反函数都存在, 那么, 下列结论中不正确的是 ___(C)___ .

(A) $D(f) = D(g)$ (B) $R(f) = R(g)$ (C) $x = u$ (D) $f^{-1}(x) = g^{-1}(u)$

解 应选 (C). 由于函数相等的充要条件是定义域和对应规则均相同, 因而, (A), (B) 和 (D) 都对. 故选 (C). 此外, 由函数中变量的虚拟性也知 (C) 是不对的.

3. 下列函数中为单调有界的奇函数是 ___(C)___ .

(A) $y = \ln\left(x + \sqrt{1 + x^2}\right)$ (B) $y = \dfrac{x}{1 + x^2}$

(C) $y = e^{\arctan x} - e^{-\arctan x}$ (D) $y = x - \sin x$

解 应选 (C). 这只要根据单调、有界和奇函数的定义容易知道.

4. 设 $y = f(x)$ 在区间 I 上是单调增函数且为下凹函数, 则下列函数中不是下凹函数的是 ___(B)___ .

(A) $y = \ln f(x)$ (B) $y = (f(x))^2$ (C) $y = x^2 + f(x)$ (D) $y = f(x^2)$

解 应选 (B). 由于对任意的 $\alpha \in (0, 1)$, 以及任意的 $x_1, x_2 \in I$ 且 $x_1 \neq x_2$, 由于 $\ln x$ 是单调递增且为下凹函数, 故有

(A) $\ln f(\alpha x_1 + (1 - \alpha)x_2) > \ln(\alpha f(x_1) + (1 - \alpha)f(x_2))$
$$> \alpha \ln f(x_1) + (1 - \alpha)\ln f(x_2),$$

(C) $\alpha x_1^2 + (1-\alpha)x_2^2 + \alpha f(x_1) + (1-\alpha)f(x_2) \geqslant \alpha(x_1^2 + f(x_1)) + (1-\alpha)(x_2^2 + f(x_2))$,

(D) $f([\alpha x_1 + (1 - \alpha)x_2]^2) > f(\alpha x_1^2 + (1 - \alpha)x_2^2) > \alpha f(x_1^2) + (1 - \alpha)f(x_2^2)$.

因而, (A), (C) 和 (D) 都是下凹函数. (B) 不是下凹函数可看例子 $f(x) = \ln x$ 是单调递增且下凹的, 但 $y = (f(x))^2$ 不是下凹函数, 因为存在 x_1, x_2, 使得 $\frac{1}{2}[f(x_1) + f(x_2)] < 0$, 于是, $\left(f\left(\frac{1}{2}(x + x_2) \right) \right)^2 > \left(\frac{f(x_1) + f(x_2)}{2} \right)^2$.

5. 设 $f(x)$ 是以 T 为周期的偶函数, 则下列结论不正确的是 ___(D)___ .
(A) $f(x)$ 必定是非单调函数   (B) $f(x)$ 必定是非凹函数
(C) $f(x + T) = f(-x + T), x \in D(f)$ (D) $f(x)$ 必定为无界函数
解   应选 (D). 因为 $f(x) = \cos x$ 是以 2π 为周期的偶函数, 但有界.

6. 下列结论正确的是 ___(D)___ .
(A) 不为常数的周期函数一定有最小的正周期
(B) 有界函数一定有最大、最小值
(C) 单调有界函数一定有最大、最小值
(D) 闭区间上的单调有界函数必定有最大、最小值
解   应选 (D). (B) 和 (C) 都不对, 只要看函数 $y = \arctan x$ 便可知道. 由于下列 Dirichlet 函数是以有理数为周期的函数, 而正有理数不存在最小的正数, 故不存在最小正周期, 所以 (A) 也不对.

$$D(x) = \begin{cases} 1, & x \text{ 为有理数}, \\ -1, & x \text{ 为无理数}. \end{cases}$$

(D) 是对的. 不妨设 $f(x)$ 在区间 $[a, b]$ 上是单调递增的, 则易知 $f(b)$ 是最大值, $f(a)$ 是最小值.

7. 函数 $f(x)$ 在 x_0 处有极限 L, 则 ___(C)___ .
(A) $L = f(x_0)$ (B) $L \neq f(x_0)$
(C) $f(x)$ 在 x_0 处附近有界   (D) $f(x)$ 在 x_0 处附近无界
解   应选 (C), 这只需从极限定义便易知.

8. 下列结论正确的是 ___(C)___ .
(A) 如果 $f(x) > g(x)$ 且 $\lim\limits_{x \to x_0} f(x) = L$, $\lim\limits_{x \to x_0} g(x) = M$, 则 $L > M$
(B) 如果 $\lim\limits_{x \to x_0} f(x) = L$, $\lim\limits_{x \to x_0} g(x) = M$, 且 $L > M$, 则在 x_0 附近 $f(x) > g(x)$
(C) 如果 $f(x), g(x)$ 在 x_0 处连续且 $f(x_0) > g(x_0)$, 则 $\lim\limits_{x \to x_0} f(x) > \lim\limits_{x \to x_0} g(x)$
(D) 如果 $f(x) > g(x)$ 且 $\lim\limits_{x \to x_0} f(x) = L$, 则 $\lim\limits_{x \to x_0} g(x)$ 存在且小于等于 L
解   应选 (C). 这是因为 $f(x), g(x)$ 在 x_0 处连续且 $f(x_0) > g(x_0)$, 所以,

$$\lim_{x \to x_0} f(x) = f(x_0) > g(x_0) = \lim_{x \to x_0} g(x).$$

(A) 不对, 请看下列两个函数在 $x = 0$ 处的极限.

$$f(x) = \begin{cases} x^2 + 1, & x \neq 0, \\ 2, & x = 0, \end{cases} \qquad g(x) = 1.$$

(B) 不对, 请看下列两个函数在 $x = 0$ 处的极限.

$$f(x) = x^2 + 1, \quad g(x) = \begin{cases} x, & x \neq 0, \\ 1, & x = 0. \end{cases}$$

(D) 不对, 请看下列两个函数在 $x = 0$ 处的极限.

$$f(x) = x^2 + 1, \quad g(x) = \begin{cases} x, & x \geqslant 0, \\ 1, & x < 0. \end{cases}$$

9. 下列结论正确的是 ___(B)___ .

(A) 如果 $\lim\limits_{x \to x_0} f(x)$ 不存在, $\lim\limits_{x \to x_0} g(x)$ 存在, 则 $\lim\limits_{x \to x_0} f(x)g(x)$ 一定不存在

(B) 如果 $\lim\limits_{x \to x_0} f(x)$ 不存在, $\lim\limits_{x \to x_0} g(x)$ 存在, 则 $\lim\limits_{x \to x_0} [f(x) + g(x)]$ 一定不存在

(C) 如果 $\lim\limits_{x \to x_0} f(x)$ 不存在, $\lim\limits_{x \to x_0} g(x)$ 存在, 则 $\lim\limits_{x \to x_0} \dfrac{g(x)}{f(x)}$ 一定不存在

(D) 如果 $\lim\limits_{x \to x_0} f(x)$ 不存在, $\lim\limits_{x \to x_0} g(x)$ 存在, 则 $\lim\limits_{x \to x_0} f(g(x))$ 一定不存在

解 应选 (B). 因为, 如果 $\lim\limits_{x \to x_0} [f(x) + g(x)]$ 存在, 则

$$\lim_{x \to x_0} f(x) = \lim_{x \to x_0} [f(x) + g(x)] - \lim_{x \to x_0} g(x)$$

存在. 这是矛盾的. 因此, $\lim\limits_{x \to x_0} [f(x) + g(x)]$ 一定不存在. 而 (A), (C) 和 (D) 都不能选. 因为 $f(x) = \begin{cases} 1, & x \geqslant 1, \\ -1, & x < 1 \end{cases}$ 在 $x = 1$ 处极限不存在, 而 $g(x) = x - 1$, $h(x) = |x| + 1$ 在 $x = 1$ 处极限都存在, 但 $\lim\limits_{x \to 1} f(x)g(x) = 0$, $\lim\limits_{x \to 1} f(h(x)) = 1$.

10. 设 $F(x) = (f(x))^{g(x)}$ 且 $f(x) > 0$, 则当 ___(A)___ 时, $\lim\limits_{x \to x_0} F(x)$ 一定存在.

(A) $\lim\limits_{x \to x_0} f(x)$, $\lim\limits_{x \to x_0} g(x)$ 都存在且不为零

(B) $\lim\limits_{x \to x_0} f(x) = 1$ 且 $\lim\limits_{x \to x_0} g(x) = \infty$

(C) $\lim\limits_{x \to x_0} f(x) = 0$ 且 $\lim\limits_{x \to x_0} g(x) = 0$

(D) $\lim\limits_{x \to x_0} f(x) = \infty$ 且 $\lim\limits_{x \to x_0} g(x) = 0$

解 应选 (A). 因为 $\lim\limits_{x \to x_0} f(x) = L > 0$, $\lim\limits_{x \to x_0} g(x) = M \neq 0$, 所以

$$\lim_{x \to x_0} F(x) = e^{\lim\limits_{x \to x_0} g(x) \ln f(x)} = e^{M \ln L} = L^M.$$

(B), (C) 和 (D) 都不能选. 因为 $\lim\limits_{x\to0}(1+x)^{\frac{1}{x^2}}$, $\lim\limits_{x\to0}(e^{-\frac{1}{x^2}})^x$ 和 $\lim\limits_{x\to0}(e^{\frac{1}{x^2}})^x$ 都不存在.

11. 下列命题正确的是 ___(A)___ .

(A) 如果 $\lim\limits_{x\to x_0}f(x)=\infty$, 则 $\lim\limits_{x\to x_0}[f(x)+g(x)]$ 存在的必要条件是 $\lim\limits_{x\to x_0}g(x)=\infty$

(B) 如果 $\lim\limits_{x\to x_0}f(x)=\infty$, 则 $\lim\limits_{x\to x_0}f(x)g(x)$ 存在的充分必要条件是 $\lim\limits_{x\to x_0}g(x)=0$

(C) 如果 $\lim\limits_{x\to x_0}f(x)=\infty$, 则 $\lim\limits_{x\to x_0}[f(x)+g(x)]$ 存在的充分条件是 $\lim\limits_{x\to x_0}g(x)=\infty$

(D) 如果 $\lim\limits_{x\to x_0}f(x)=\infty$, 则 $\lim\limits_{x\to x_0}f(x)g(x)$ 存在的充分条件是 $\lim\limits_{x\to x_0}g(x)=0$

解   应选 (A). 因为如果 $\lim\limits_{x\to x_0}g(x)$ 存在, 则

$$\lim_{x\to x_0}f(x)=\lim_{x\to x_0}[f(x)+g(x)-g(x)]=\lim_{x\to x_0}[f(x)+g(x)]-\lim_{x\to x_0}g(x)$$

存在. (B) 不能选, 因为 $\lim\limits_{x\to x_0}g(x)=0$ 是一个必要条件. (C) 和 (D) 也不能选, 这只要注意 $f(x)=\dfrac{1}{(x-1)^2}$, $g(x)=\dfrac{1}{x-1}$ 和 $f(x)=\dfrac{1}{(x-1)^2}$, $g(x)=x-1$ 即可.

12. 下列命题正确的是 ___(C)___ .

(A) 如果 $\lim\limits_{x\to x_0}f(x)=\infty$, 则 $\lim\limits_{x\to x_0}\dfrac{f(x)}{g(x)}$ 存在的充分必要条件是 $\lim\limits_{x\to x_0}g(x)=\infty$

(B) 如果 $\lim\limits_{x\to x_0}f(x)=\infty$, 则 $\lim\limits_{x\to x_0}\dfrac{f(x)}{g(x)}$ 存在的充分条件是 $\lim\limits_{x\to x_0}g(x)=\infty$

(C) 如果 $\lim\limits_{x\to x_0}f(x)=0$, 则 $\lim\limits_{x\to x_0}\dfrac{f(x)}{g(x)}$ 存在且不为零的必要条件是 $\lim\limits_{x\to x_0}g(x)=0$

(D) 如果 $\lim\limits_{x\to x_0}f(x)=0$, 则 $\lim\limits_{x\to x_0}\dfrac{f(x)}{g(x)}$ 存在且不为零的充分条件是 $\lim\limits_{x\to x_0}g(x)=0$

解   应选 (C). 这是因为 (1) 如果 $\lim\limits_{x\to x_0}g(x)$ 存在且不为 0 时, 由函数的商的极限运算法则知 $\lim\limits_{x\to x_0}\dfrac{f(x)}{g(x)}=0$, 这与 $\lim\limits_{x\to x_0}\dfrac{f(x)}{g(x)}$ 存在且不为 0 矛盾; (2) $\lim\limits_{x\to x_0}g(x)$ 不存在且不为无穷时, 则由 Heine 定理知, 必有数列 $x_n\neq x_0$, 满足 $\lim\limits_{n\to\infty}x_n=x_0$, 使得 $\lim\limits_{n\to\infty}g(x_n)$ 存在且不为 0, 于是, $\lim\limits_{n\to\infty}\dfrac{f(x_n)}{g(x_n)}=0$, 这也与 $\lim\limits_{x\to x_0}\dfrac{f(x)}{g(x)}$ 存在且不为 0 矛盾; (3) $\lim\limits_{x\to x_0}g(x)$ 不存在且为无穷时, $\lim\limits_{x\to x_0}\dfrac{f(x)}{g(x)}=0$, 这也与 $\lim\limits_{x\to x_0}\dfrac{f(x)}{g(x)}$ 存在且不为 0 矛盾.

(A), (B) 是必要但不充分的, 因为 $\lim\limits_{x\to1}f(x)=\lim\limits_{x\to1}\dfrac{1}{(x-1)^2}=\infty$, $\lim\limits_{x\to1}g(x)=\lim\limits_{x\to1}\dfrac{1}{x-1}=\infty$, 且 $\lim\limits_{x\to1}\dfrac{f(x)}{g(x)}=\lim\limits_{x\to1}\dfrac{1}{x-1}$ 不存在.

(D) 也是必要但不充分的, 因为 $\lim\limits_{x\to 1} f(x) = \lim\limits_{x\to 1}(x-1) = 0$, $\lim\limits_{x\to 1} f(x) = \lim\limits_{x\to 1}(x-1)^2 = 0$ 且 $\lim\limits_{x\to 1}\dfrac{f(x)}{g(x)} = \lim\limits_{x\to 1}\dfrac{1}{x-1}$ 不存在.

13. 下列命题不正确的是 ___(D)___.

(A) 如果 $\lim\limits_{x\to x_0} f(x) = 0$, 则 $\lim\limits_{x\to x_0}(1+f(x))^{g(x)}$ 存在的必要条件是 $\lim\limits_{x\to x_0} g(x) = \infty$

(B) 如果 $\lim\limits_{x\to x_0} f(x) = 0$, 则 $\lim\limits_{x\to x_0}(f(x))^{g(x)}$ 存在的必要条件是 $\lim\limits_{x\to x_0} g(x) = 0$

(C) 如果 $\lim\limits_{x\to x_0} f(x) = \infty$, 则 $\lim\limits_{x\to x_0}(f(x))^{g(x)}$ 存在的必要条件是 $\lim\limits_{x\to x_0} g(x) = 0$

(D) 如果 $\lim\limits_{x\to x_0} f(x) = \infty$, 则 $\lim\limits_{x\to x_0}(f(x))^{g(x)}$ 存在的必要条件是 $\lim\limits_{x\to x_0} g(x) = \infty$

解 应选 (D). 因为 $\lim\limits_{x\to 0} e^{\frac{1}{x^2}} = \infty$, $\lim\limits_{x\to 0}\left(e^{\frac{1}{x^2}}\right)^{x^2} = e$, 但 $\lim\limits_{x\to 0} x^2 = 0$. (A), (B) 和 (C) 都是正确的, 这只需要类似于例 12 中的解析即可.

14. $\lim\limits_{x\to x_0} f(x)$ 存在的充分必要条件是 ___(A)___.

(A) $\lim\limits_{x\to 0} f(x_0 + \sin x)$ 存在

(B) $\lim\limits_{x\to 0} f(x_0 + |x|)$ 存在

(C) $\lim\limits_{x\to 0} f(x_0 + x^2)$ 存在

(D) $\lim\limits_{x\to 0} f(x_0 - x^2)$ 存在

解 应选 (A). 四个选项都是必要的但只有 (A) 才是充分的. 因为

$$\lim_{x\to 0} f(x_0 + \sin x) = \lim_{y\to x_0} f(y) = \lim_{x\to x_0} f(x) \text{ 存在}.$$

而 (B), (C) 和 (D) 作变换 $y = x_0 + |x| \to x_0^+ (y = x_0 + x^2 \to x_0^+, y = x_0 - x^2 \to x_0^-)$, 当 $x\to 0$ 时. 因此, (B), (C) 和 (D) 的存在只保证了 $\lim\limits_{x\to x_0^+} f(x)$ 或 $\lim\limits_{x\to x_0^-} f(x)$ 存在, 没有保证左右极限都存在且相等. 例如, $f(x) = \begin{cases} 1, & x \geqslant 1, \\ -1, & x < 1, \end{cases}$ $\lim\limits_{x\to 0} f(1+|x|) = \lim\limits_{x\to 0} 1 = 1$, 但 $\lim\limits_{x\to 1} f(x)$ 不存在.

15. $\lim\limits_{x\to 0}\dfrac{f(x)}{x}$ 存在的充分必要条件是 ___(B)___.

(A) $\lim\limits_{x\to 0}\dfrac{f(e^{x^2}-1)}{x^2}$ 存在

(B) $\lim\limits_{x\to 0}\dfrac{f(\sqrt{1+x}-\sqrt{1-x})}{x}$ 存在

(C) $\lim\limits_{x\to 0}\dfrac{f(\ln(1+x^2))}{x^2}$ 存在

(D) $\lim\limits_{x\to 0}\dfrac{f(\sin x)-f(x)}{x}$ 存在

解 应选 (B). (A) 和 (C) 可参看上题说明. 显然, 函数 $f(x) = |x|$ 满足 (D), 但 $\lim\limits_{x\to 0}\dfrac{f(x)}{x}$ 不存在.

16. 设函数 $f(x)$ 在 x_0 点有定义, 则 $f(x)$ 在 x_0 点连续的充分必要条件是 ___(C)___.

(A) $\lim\limits_{x \to x_0} f(x)$ 存在 　　　　　　(B) $\lim\limits_{x \to 0} \dfrac{f(x_0 + x) - f(x_0)}{x}$ 存在

(C) $\lim\limits_{x \to x_0} f(x) = f\left(\lim\limits_{x \to x_0} x\right)$ 成立 　　(D) $\lim\limits_{x \to 0} \dfrac{f(x_0 + \sin^2 x) - f(x_0)}{x^2}$ 存在

解　应选 (C). 这是因为 (A) 是连续的必要条件, (B) 是连续的充分条件, (D) 则是一个与连续无关的条件. 由 $f(x)$ 在 x_0 点连续, 则 $\lim\limits_{x \to x_0} f(x) = f(x_0) = f\left(\lim\limits_{x \to x_0} x_0\right)$, 反之, 由于 $\lim\limits_{x \to x_0} f(x) = f\left(\lim\limits_{x \to x_0} x_0\right) = f(x_0)$, 从而 $f(x)$ 在 x_0 点连续. 故应选 (C).

17. 如果 $\lim\limits_{x \to 0^-} \dfrac{f(x_0 + x) - f(x_0)}{x}$, $\lim\limits_{x \to 0^+} \dfrac{f(x_0 + x) - f(x_0)}{x}$ 都存在, 则　(C)　.

(A) $\lim\limits_{x \to 0} \dfrac{f(x_0 + x) - f(x_0)}{x}$ 存在 　　(B) $\lim\limits_{x \to 0} \dfrac{f(x_0 + x) - f(x_0)}{x}$ 不存在

(C) $\lim\limits_{x \to x_0} f(x) = f(x_0)$ 　　　　(D) $\lim\limits_{x \to x_0} f(x) \neq f(x_0)$

解　应选 (C). 这是因为

$$\lim_{x \to 0^-} [f(x_0 + x) - f(x_0)] = \lim_{x \to 0^-} \frac{f(x_0 + x) - f(x_0)}{x} \cdot \lim_{x \to 0^-} x = 0,$$

$$\lim_{x \to 0^+} [f(x_0 + x) - f(x_0)] = \lim_{x \to 0^+} \frac{f(x_0 + x) - f(x_0)}{x} \cdot \lim_{x \to 0^+} x = 0,$$

从而, $\lim\limits_{x \to x_0} f(x) = f(x_0)$. 这同时说明 (D) 是不对的. 而 (A) 和 (B) 是不一定的, 例如, $f(x) = x^2$ 和 $f(x) = |x|$ 在 $x = 0$ 点处的情况.

18. 设 $f(x)$ 在 $[a, b]$ 上有定义且除两端点外不连续, 且 $f(a)f(b) < 0$, 则　(D)　.

(A) $f(x)$ 在 $[a, b]$ 上无界 　　(B) $f(x)$ 在 $[a, b]$ 上无最大最小值

(C) $f(x)$ 在 (a, b) 上无零点 　　(D) 存在 $x_0 \in (a, b)$ 使得 $\lim\limits_{x \to x_0} f(x) \neq f(x_0)$

解　应选 (D). 如果对任意的 $x_0 \in (a, b)$ 使得 $\lim\limits_{x \to x_0} f(x) = f(x_0)$, 则知 $f(x)$ 在 (a, b) 上连续, 这是矛盾的. 故选 (D). (A), (B) 和 (C) 都不对, 因为闭区间上的连续函数的有界性定理、最大最小值定理以及介值定理是充分的而不是必要的.

19. $\lim\limits_{(x,y) \to (x_0, y_0)} f(x, y) = L$ 的充分必要条件是　(D)　.

(A) $\lim\limits_{x \to x_0} \left(\lim\limits_{y \to y_0} f(x, y) \right) = L = \lim\limits_{y \to y_0} \left(\lim\limits_{x \to x_0} f(x, y) \right)$

(B) 过点 (x_0, y_0) 的任意连续曲线 $y = g(x)$ 满足 $\lim\limits_{x \to x_0} f(x, g(x)) = L$

(C) 对任意射线 $x = x_0 + \alpha t, y = y_0 + \beta t (t > 0)$ 满足 $\lim\limits_{t \to 0} f(x_0 + \alpha t, y_0 + \beta t) = L$

(D) 对任意的数列 $x_n (\neq x_0), y_n (\neq y_0)$ 且 $\lim\limits_{n \to \infty} x_n = x_0, \lim\limits_{n \to \infty} y_n = y_0$ 满足 $\lim\limits_{n \to \infty} f(x_n, y_n) = L$

解 应选 (D). 这是二元函数的 Heine 定理, 证明可仿一元函数的 Heine 定理进行证明. (A) 是重极限存在的无关条件. 例如, 函数

$$f(x,y) = (x+y)\operatorname{sgn} x \operatorname{sgn} y$$

满足

$$0 \leqslant |f(x,y)| \leqslant |x| + |y| \to 0, \quad (x,y) \to (0,0),$$

故由夹逼定理知 $\lim\limits_{(x,y)\to(0,0)} f(x,y) = 0$. 但由于 $\lim\limits_{x\to 0} \operatorname{sgn} x$ 和 $\lim\limits_{y\to 0} \operatorname{sgn} y$ 都不存在, 知 $\lim\limits_{x\to x_0} \left(\lim\limits_{y\to y_0} f(x,y) \right)$, $\lim\limits_{y\to y_0} \left(\lim\limits_{x\to x_0} f(x,y) \right)$ 都不存在. 又如

$$f(x,y) = \begin{cases} 1, & x = 0 \text{ 或 } y = 0, \\ 0, & \text{其他}. \end{cases}$$

在点 $(0,0)$ 处的极限不存在, 但 $\lim\limits_{x\to x_0} \left(\lim\limits_{y\to y_0} f(x,y) \right) = 0 = \lim\limits_{y\to y_0} \left(\lim\limits_{x\to x_0} f(x,y) \right)$.

(B) 和 (C) 是重极限存在的必要条件, 这由极限的定义容易证明, 但不是充分条件. 例如, 函数

$$f(x,y) = \begin{cases} 1, & x \neq 0, \\ 0, & x = 0. \end{cases}$$

在点 $(0,0)$ 处的极限不存在但 (B) 的条件成立.

再如

$$f(x,y) = \begin{cases} 1, & y = x^2, \\ 0, & y \neq x^2. \end{cases}$$

在点 $(0,0)$ 处的极限不存在但 (C) 的条件成立.

20. 设函数 $f(x,y)$ 在点 (x_0, y_0) 处连续, 则下列结论不正确的是 _____(D)_____.

(A) 存在 $\alpha(x,y)$ 满足 $\lim\limits_{(x,y)\to(x_0,y_0)} \alpha(x,y) = 0$ 使得

$$\lim_{(x,y)\to(x_0,y_0)} \frac{f(x,y) - f(x_0,y_0)}{\alpha(x,y)} = 1$$

(B) 存在 $\alpha(x)$ 满足 $\lim\limits_{x\to x_0} \alpha(x) = 0$ 使得 $\lim\limits_{x\to x_0} \dfrac{f(x,y_0) - f(x_0,y_0)}{\alpha(x)} = 1$

(C) 存在 $\alpha(y)$ 满足 $\lim\limits_{y\to y_0} \alpha(y) = 0$ 使得 $\lim\limits_{y\to y_0} \dfrac{f(x_0,y) - f(x_0,y_0)}{\alpha(y)} = 1$

(D) 存在 $\alpha(x), \beta(y)$ 满足 $\lim\limits_{x\to x_0} \alpha(x) = 0$, $\lim\limits_{y\to y_0} \beta(y) = 0$ 使得

$$\lim_{x\to x_0} \frac{f(x,y) - f(x_0,y_0)}{\alpha(x) + \beta(y)} = 1$$

解　应选 (D). 这是因为 $f(x,y)$ 在点 (x_0,y_0) 处连续推不出 (D). 例如, $f(x,y) = xy$ 在点 $(1,1)$ 处是连续的, 但 $f(x,y) - f(1,1) = xy - 1$ 分解不成关于 x 的和关于 y 的两个无穷小量的和的形式. (A), (B) 和 (C) 都是对的, 因为 $f(x,y)$ 在点 (x_0,y_0) 处连续, 所以成立下列三式:

$$\lim_{(x,y)\to(x_0,y_0)} f(x,y) = f(x_0,y_0),$$

$$\lim_{x\to x_0} f(x,y_0) = f(x_0,y_0) \quad \text{和} \quad \lim_{y\to y_0} f(x_0,y) = f(x_0,y_0),$$

进而可推出 (A), (B) 和 (C).

1.3　方 法 例 解

1. 计算下列极限:

(1) $\displaystyle\lim_{x\to 0} \frac{\sqrt[3]{1+x} - \sqrt[3]{1-x}}{\sqrt[5]{1+x} - \sqrt[5]{1-x}}$;

(2) $\displaystyle\lim_{x\to 0} \frac{\sqrt[4]{1+x} - \sqrt[7]{1-x}}{x}$;

(3) $\displaystyle\lim_{x\to 0} \frac{\sqrt[9]{1+2\arctan x} \cdot \sqrt[4]{1+\sqrt{1+3x}-\sqrt{1-3x}} - 1}{e^{\ln(1+x)} - 1}$;

(4) $\displaystyle\lim_{x\to 0} \frac{|2+3x| - |2-3x|}{x}$.

解

(1) $\displaystyle\lim_{x\to 0} \frac{\sqrt[3]{1+x} - \sqrt[3]{1-x}}{\sqrt[5]{1+x} - \sqrt[5]{1-x}}$

$= \displaystyle\lim_{x\to 0} \frac{(\sqrt[3]{1+x} - \sqrt[3]{1-x})[\sqrt[3]{(1+x)^2} + \sqrt[3]{1+x}\cdot\sqrt[3]{1-x} + \sqrt[3]{(1-x)^2}]}{(\sqrt[5]{1+x} - \sqrt[5]{1-x})[\sqrt[3]{(1+x)^2} + \sqrt[3]{1+x}\cdot\sqrt[3]{1-x} + \sqrt[3]{(1-x)^2}]}$

$\cdot \dfrac{\sqrt[5]{(1+x)^4} + \sqrt[5]{(1+x)^3}\cdot\sqrt[5]{1-x} + \sqrt[5]{(1+x)^2}\sqrt[5]{(1-x)^2} + \sqrt[5]{1+x}\sqrt[5]{(1-x)^3} + \sqrt[5]{(1-x)^4}}{\sqrt[5]{(1+x)^4} + \sqrt[5]{(1+x)^3}\cdot\sqrt[5]{1-x} + \sqrt[5]{(1+x)^2}\sqrt[5]{(1-x)^2} + \sqrt[5]{1+x}\sqrt[5]{(1-x)^3} + \sqrt[5]{(1-x)^4}}$

$= \displaystyle\lim_{x\to 0} \frac{\sqrt[5]{(1+x)^4} + \sqrt[5]{(1+x)^3}\cdot\sqrt[5]{1-x} + \sqrt[5]{(1+x)^2}\sqrt[5]{(1-x)^2} + \sqrt[5]{1+x}\sqrt[5]{(1-x)^3} + \sqrt[5]{(1-x)^4}}{\sqrt[3]{(1+x)^2} + \sqrt[3]{1+x}\cdot\sqrt[3]{1-x} + \sqrt[3]{(1-x)^2}}$

$= \dfrac{5}{3}$.

(2) $\displaystyle\lim_{x\to 0} \frac{\sqrt[4]{1+x} - \sqrt[7]{1-x}}{x} = \lim_{x\to 0}\left(\frac{\sqrt[4]{1+x} - 1}{x} - \frac{\sqrt[7]{1-x} - 1}{x} \right)$

$= \displaystyle\lim_{x\to 0} \frac{\frac{1}{4}x}{x} + \lim_{x\to 0} \frac{\frac{1}{7}x}{x}$ 　　　　(等价无穷小替换)

$= \dfrac{1}{4} + \dfrac{1}{7} = \dfrac{11}{28}$.

(3) $\lim\limits_{x \to 0} \dfrac{\sqrt[9]{1 + 2\arctan x} \cdot \sqrt[4]{1 + \sqrt{1 + 3x} - \sqrt{1 - 3x}} - 1}{e^{\ln(1+x)} - 1}$

$= \lim\limits_{x \to 0} \dfrac{(\sqrt[9]{1 + 2\arctan x} - 1) \cdot \sqrt[4]{1 + \sqrt{1 + 3x} - \sqrt{1 - 3x}}}{e^{\ln(1+x)} - 1}$

$\quad + \lim\limits_{x \to 0} \dfrac{\sqrt[4]{1 + \sqrt{1 + 3x} - \sqrt{1 - 3x}} - 1}{e^{\ln(1+x)} - 1}$

$= \lim\limits_{x \to 0} \dfrac{\dfrac{1}{9} \cdot 2x \cdot \sqrt[4]{1 + \sqrt{1 + 3x} - \sqrt{1 - 3x}}}{x} + \lim\limits_{x \to 0} \dfrac{\dfrac{1}{4} \cdot 3x}{x}$

$= \dfrac{2}{9} + \dfrac{3}{4} = \dfrac{35}{36}.$

(4) 由于

$$\frac{|2 + 3x| - |2 - 3x|}{x} = \begin{cases} \dfrac{4}{x}, & x \geqslant \dfrac{2}{3}, \\ 6, & -\dfrac{2}{3} \leqslant x < \dfrac{2}{3}, \\ -\dfrac{4}{x}, & x < -\dfrac{2}{3}, \end{cases}$$

所以, $\lim\limits_{x \to 0} \dfrac{|2 + 3x| - |2 - 3x|}{x} = 6.$

2. 计算下列极限:

(1) $\lim\limits_{x \to 0} x^2(1 + \cot^2 3x);$
(2) $\lim\limits_{x \to 0} x(\ln|x|)^2;$

(3) $\lim\limits_{x \to \infty} \left(\sec\dfrac{1}{x} + \tan\dfrac{1}{x}\right)^x;$
(4) $\lim\limits_{n \to +\infty} \left(\dfrac{n + \ln n}{n - \ln n}\right)^{\frac{n}{\ln n}};$

(5) $\lim\limits_{x \to 0} |\sin x|^x;$
(6) $\lim\limits_{n \to \infty} \dfrac{1}{\sqrt[n]{n}};$

(7) $\lim\limits_{x \to \pi/2} |\sec x|^{\cos x};$
(8) $\lim\limits_{n \to \infty} (e^n + 1)^{\frac{1}{n}}.$

解

(1) $\lim\limits_{x \to 0} x^2(1 + \cot^2 3x) = \lim\limits_{x \to 0} \dfrac{\sin^2 3x + \cos^2 3x}{9\left(\dfrac{\sin 3x}{3x}\right)^2} = \dfrac{\lim\limits_{x \to 0}(\sin^2 3x + \cos^2 3x)}{9\left(\lim\limits_{x \to 0}\dfrac{\sin 3x}{3x}\right)^2} = \dfrac{1}{9}.$

(2) $\lim\limits_{x \to 0} x(\ln|x|)^2 = \lim\limits_{x \to 0} \dfrac{(\ln|x|)^2}{\dfrac{1}{x}} = \pm \lim\limits_{y \to -\infty} \dfrac{y^2}{e^{-y}} = 0$ (使用公式 $\lim\limits_{x \to +\infty} \dfrac{x^\beta}{a^x} =$

$0 (a > 1, \beta > 0)$, 且令 $\ln|x| = y$).

(3) $\lim\limits_{x \to \infty} \left(\sec\dfrac{1}{x} + \tan\dfrac{1}{x}\right)^x = \lim\limits_{x \to \infty} \left(1 + \sec\dfrac{1}{x} + \tan\dfrac{1}{x} - 1\right)^{\frac{1}{\sec\frac{1}{x} + \tan\frac{1}{x} - 1} \cdot \frac{\sec\frac{1}{x} + \tan\frac{1}{x} - 1}{\frac{1}{x}}}$

$\qquad\qquad = e,$

其中

$$\lim_{x\to\infty}\frac{\sec\dfrac{1}{x}+\tan\dfrac{1}{x}-1}{\dfrac{1}{x}}=\lim_{x\to\infty}\frac{1}{\cos\dfrac{1}{x}}\frac{\sin\dfrac{1}{x}+1-\cos\dfrac{1}{x}}{\dfrac{1}{x}}$$

$$=\lim_{x\to\infty}\left(\frac{\sin\dfrac{1}{x}}{\dfrac{1}{x}\cos\dfrac{1}{x}}+\frac{1-\cos\dfrac{1}{x}}{\dfrac{1}{x}\cos\dfrac{1}{x}}\right)=1.$$

(4) $\displaystyle\lim_{n\to+\infty}\left(\frac{n+\ln n}{n-\ln n}\right)^{\frac{n}{\ln n}}=\lim_{n\to+\infty}\left(1+\frac{n+\ln n}{n-\ln n}-1\right)^{\frac{1}{\frac{n+\ln n}{n-\ln n}-1}\frac{n}{\ln n}\left(\frac{n+\ln n}{n-\ln n}-1\right)}$

$$=e^2,$$

其中

$$\lim_{n\to+\infty}\frac{n}{\ln n}\left(\frac{n+\ln n}{n-\ln n}-1\right)=2\lim_{n\to+\infty}\frac{n}{n-\ln n}=2\cdot\frac{1}{1-\lim\limits_{m\to+\infty}\dfrac{m}{e^m}}=2(m=\ln n).$$

(5) $\displaystyle\lim_{x\to0}|\sin x|^x=e^{\lim\limits_{x\to0}x\ln|\sin x|}=e^{\lim\limits_{x\to0}\frac{x}{\sin x}\lim\limits_{y\to-\infty}\frac{y}{\pm e^{-y}}}=e.$

(6) $\displaystyle\lim_{n\to\infty}\frac{1}{\sqrt[n]{n}}=e^{\lim\limits_{n\to\infty}\frac{1}{n}\ln\frac{1}{n}}=e^{\lim\limits_{y\to-\infty}\frac{y}{e^{-y}}}=1.$

(7) $\displaystyle\lim_{x\to\pi/2}|\sec x|^{\cos x}=e^{\lim\limits_{x\to\pi/2}\cos x\ln|\sec x|}=e^{\lim\limits_{x\to\pi/2}\frac{\ln|\sec x|}{\sec x}}=e^{\pm\lim\limits_{y\to+\infty}\frac{y}{e^y}}=1.$

(8) $\displaystyle\lim_{n\to\infty}(e^n+1)^{1/n}=e\lim_{n\to\infty}(e^{-n}+1)^{1/n}=e\lim_{n\to\infty}(e^{-n}+1)^{\frac{1}{e^{-n}}\frac{1}{ne^n}}=e.$

3. 计算下列极限:

(1) $\displaystyle\lim_{x\to0}\sin\left[\frac{\sqrt2\pi}{4}\left(\frac{1+2^x}{2}\right)^{\frac1x}\right];$ 　　　　(2) $\displaystyle\lim_{x\to1}\log_6\frac{\sqrt{x}+\sqrt[3]{x}-2}{5\ln x};$

(3) $\displaystyle\lim_{x\to0}e^{\frac{1}{x\sin x}-\frac{1}{x\tan x}};$ 　　　　(4) $\displaystyle\lim_{x\to+\infty}\arcsin\frac{x^2+1}{2x^2+3x+4};$

(5) $\displaystyle\lim_{x\to+\infty}(\arctan x)^{\frac{1-x^2}{x^2+3x+4}};$ 　　　　(6) $\displaystyle\lim_{x\to1}(x+1)^{\frac{\sin(x^2-1)}{x-1}}.$

解　(1)　$\displaystyle\lim_{x\to0}\sin\left[\frac{\sqrt2\pi}{4}\left(\frac{1+2^x}{2}\right)^{\frac1x}\right]$

$$=\sin\left[\frac{\sqrt2\pi}{4}\lim_{x\to0}\left(\frac{1+2^x}{2}\right)^{\frac1x}\right]$$

$$=\sin\left[\frac{\sqrt2\pi}{4}\lim_{x\to0}\left(1+\frac{1+2^x}{2}-1\right)^{\frac{2}{2^x-1}\frac{2^x-1}{2x}}\right]$$

$$=\sin\left(\frac{\sqrt2\pi}{4}\sqrt2\right)$$

$$=1,$$

其中, $\lim\limits_{x \to 0} \dfrac{2^x - 1}{2x} = \dfrac{1}{2} \lim\limits_{y \to 0} \dfrac{1}{\log_2(1+y)^{1/y}} = \dfrac{1}{2} \ln 2$.

(2) $\lim\limits_{x \to 1} \log_6 \dfrac{\sqrt{x} + \sqrt[3]{x} - 2}{5 \ln x} = \log_6 \left(\lim\limits_{x \to 1} \dfrac{\sqrt{x} + \sqrt[3]{x} - 2}{5 \ln x} \right)$

$$= \log_6 \left(\lim\limits_{x \to 1} \dfrac{\dfrac{1}{2}(x-1)}{5(x-1)} + \lim\limits_{x \to 1} \dfrac{\dfrac{1}{3}(x-1)}{5(x-1)} \right)$$

$$= \log_6 6^{-1}$$

$$= -1.$$

(3) $\lim\limits_{x \to 0} e^{\frac{1}{x \sin x} - \frac{1}{x \tan x}} = e^{\lim\limits_{x \to 0} \left(\frac{1}{x \sin x} - \frac{1}{x \tan x} \right)}$

$$= e^{\lim\limits_{x \to 0} \frac{\tan x - \sin x}{x^3}}$$

$$= e^{\lim\limits_{x \to 0} \frac{\sin x}{x} \frac{1}{\cos x} \frac{1 - \cos x}{x^2}}$$

$$= e^{1/2}.$$

(4) $\lim\limits_{x \to +\infty} \arcsin \dfrac{x^2 + 1}{2x^2 + 3x + 4} = \arcsin \left(\lim\limits_{x \to +\infty} \dfrac{x^2 + 1}{2x^2 + 3x + 4} \right)$

$$= \arcsin \dfrac{1}{2}$$

$$= \dfrac{\pi}{6}.$$

(5) $\lim\limits_{x \to +\infty} (\arctan x)^{\frac{1 - x^2}{x^2 + 3x + 4}} = \left(\lim\limits_{x \to +\infty} \arctan x \right)^{\lim\limits_{x \to +\infty} \frac{1 - x^2}{x^2 + 3x + 4}}$

$$= \dfrac{2}{\pi}.$$

(6) $\lim\limits_{x \to 1} (x+1)^{\frac{\sin(x^2 - 1)}{x - 1}} = \left(\lim\limits_{x \to 1} (x+1) \right)^{\lim\limits_{x \to 1} \frac{\sin(x^2 - 1)}{x^2 - 1} \frac{x^2 - 1}{x - 1}}$

$$= 4.$$

4. (1) 如果函数 $f(x)$, $g(x)$, $\varphi(x)$ 和 $\phi(x)$ 满足 $f(x) = \varphi(x) f(\phi(x)) + g(x)$, $\lim\limits_{x \to x_0} \varphi(x) = L \neq 1$, $\lim\limits_{x \to x_0} \phi(x) = x_0 (\phi(x) \neq x_0)$, $\lim\limits_{x \to x_0} g(x) = M$, 试证明 $\lim\limits_{x \to x_0} f(x)$ 存在且为 $\dfrac{M}{1 - L}$.

(2) 求 $\lim\limits_{x \to 0} \dfrac{\sin x - x}{x^3}$ 和 $\lim\limits_{x \to 0} \dfrac{\cos x - 1 + \dfrac{1}{2} x^2}{x^4}$.

解 (1) 如果 $\lim\limits_{x \to x_0} f(x)$ 不存在, 则由 Heine 定理知, 必有数列 $\{x_n\}$, $\{y_n\}$

分别满足 $\lim\limits_{n\to\infty} x_n = x_0(x_n \neq x_0)$ 和 $\lim\limits_{n\to\infty} y_n = x_0(y_n \neq x_0)$ 使得 $\lim\limits_{n\to\infty} f(x_n) = A$, $\lim\limits_{n\to\infty} f(y_n) = B$ 但 $A \neq B$. 而由已知 $\lim\limits_{n\to\infty} \varphi(x_n) = L$, $\lim\limits_{n\to\infty} g(x_n) = M$, $\lim\limits_{n\to\infty} \phi(x_n) = x_0$, 因此

$$A = \lim_{n\to\infty} f(x_n) = L \lim_{n\to\infty} f(\phi(x_n)) + M,$$

$$B = \lim_{n\to\infty} f(y_n) = L \lim_{n\to\infty} f(\phi(y_n)) + M.$$

易知, $\lim\limits_{n\to\infty} f(\phi(x_n))$ 存在并记为 C, $\lim\limits_{n\to\infty} f(\phi(y_n))$ 存在并记为 D. 这样, 我们有 $A = LC + M, B = LD + M$. 进而, $M = A - LC$ 且 $M = B - LD$, 但 $A - LC \neq B - LD$. 由海涅定理知 $\lim\limits_{x\to x_0} g(x)$ 不存在. 这表明 $\lim\limits_{x\to x_0} f(x)$ 存在. 于是, 由

$$\lim_{x\to x_0} f(x) = \lim_{x\to x_0} \varphi(x) \lim_{x\to x_0} f(\phi(x)) + \lim_{x\to x_0} g(x)$$
$$= L \lim_{\phi(x)\to x_0} f(\phi(x)) + M = L \lim_{x\to x_0} f(x) + M,$$

可求得 $\lim\limits_{x\to x_0} f(x) = \dfrac{M}{1-L}$.

(2) 由于

$$\frac{\sin x - x}{x^3} = \frac{3\sin\frac{x}{3} - 4\sin^3\frac{x}{3} - x}{x^3} = \frac{1}{9}\frac{\sin\frac{x}{3} - \frac{x}{3}}{\left(\frac{x}{3}\right)^3} - \frac{4\sin^3\frac{x}{3}}{x^3},$$

所以, $\lim\limits_{x\to 0} \dfrac{\sin x - x}{x^3} = \dfrac{1}{9}\lim\limits_{y\to 0}\dfrac{\sin y - y}{y^3} - \dfrac{4}{27}\lim\limits_{x\to 0}\dfrac{\sin^3\frac{x}{3}}{\left(\frac{x}{3}\right)^3} = \dfrac{1}{9}\lim\limits_{y\to 0}\dfrac{\sin y - y}{y^3} - \dfrac{4}{27}$, 即

$$\lim_{x\to 0} \frac{\sin x - x}{x^3} = -\frac{1}{6}.$$

又由于

$$\frac{\cos x - 1 + \frac{1}{2}x^2}{x^4} = -2\frac{\sin\frac{x}{2} - \frac{x}{2}}{x^3}\frac{\sin\frac{x}{2} + \frac{x}{2}}{x},$$

所以

$$\lim_{x\to 0} \frac{\cos x - 1 + \frac{1}{2}x^2}{x^4} = -\frac{1}{8}\lim_{x\to 0}\frac{\sin\frac{x}{2} - \frac{x}{2}}{\left(\frac{x}{2}\right)^3}\lim_{x\to 0}\left(\frac{\sin\frac{x}{2}}{\frac{x}{2}} + \frac{\frac{x}{2}}{\frac{x}{2}}\right)$$
$$= -\frac{1}{8}\cdot\left(-\frac{1}{6}\right)\cdot 2 = \frac{1}{24}.$$

5. 用夹逼定理求下列极限:

(1) $\lim\limits_{x \to +\infty} \dfrac{x^{\beta}}{a^x}(a > 1, \beta > 0)$;　　　　　(2) $\lim\limits_{n \to \infty} \dfrac{x^n}{n!}$;

(3) $\lim\limits_{n \to \infty} \left[\dfrac{x^{n+1}}{(n+1)!} + \dfrac{x^{n+2}}{(n+2)!} + \cdots + \dfrac{x^{2n}}{(2n)!} \right]$;

(4) $\lim\limits_{n \to \infty} \left(1 + x + \dfrac{x^2}{2!} + \dfrac{x^3}{3!} + \cdots + \dfrac{x^n}{n!} \right)$;

(5) $\lim\limits_{n \to \infty} \left(1 + \dfrac{x^2}{n} + \dfrac{x^2}{n^2} \right)^n$;　　　　(6) $\lim\limits_{x \to \infty} \dfrac{1}{x}[x]$.

解　(1) 取 $n = [\beta] + 1 > 0$, 由于 $a > 1$, 存在正数 λ, 使得 $a = 1 + \lambda$. 于是, 对 $x > 0$,

$$
\begin{aligned}
0 < \frac{x^{\beta}}{a^x} &= \frac{x^{\beta} a^{n+1}}{a^{x+n+1}} \leqslant \frac{x^{\beta} a^{n+1}}{(1+\lambda)^{[x]+n+1}} \\
&\leqslant \frac{x^{\beta} a^{n+1} n!}{\lambda^n ([x]+n+1)([x]+n) \cdots ([x]+1)} \quad \text{(二项式定理)} \\
&\leqslant \frac{x^n a^{n+1} n!}{\lambda^n x^{n+1}} \leqslant \frac{a^{n+1} n!}{\lambda^n x} \text{ (使用公式 } [x] \leqslant x < [x]+1),
\end{aligned}
$$

而 $\lim\limits_{x \to \infty} \dfrac{a^{n+1} n!}{\lambda^n x} = 0$, $\lim\limits_{x \to \infty} 0 = 0$, 故 $\lim\limits_{x \to +\infty} \dfrac{x^{\beta}}{a^x} = 0$.

(2) 对任意的 $x \neq 0$, 有 $|x| < [|x|] + 1$. 故当 $n > [|x|] + 1$ 时,

$$
\begin{aligned}
0 \leqslant \frac{|x|^n}{n!} &= \frac{|x|}{1} \cdot \frac{|x|}{2} \cdot \frac{|x|}{[|x|]+1} \cdot \frac{|x|}{N} \cdot \cdots \cdot \frac{|x|}{n} \\
&\leqslant |x|^{[|x|]+1} \cdot \left(\frac{|x|}{[|x|]+1} \right)^{-[|x|]-1} \left(\frac{|x|}{[|x|]+1} \right)^n,
\end{aligned}
$$

又 $\lim\limits_{n \to \infty} |x|^{[|x|]+1} \cdot \left(\dfrac{|x|}{[|x|]+1} \right)^{-[|x|]-1} \left(\dfrac{|x|}{[|x|]+1} \right)^n = 0$, $\lim\limits_{n \to \infty} 0 = 0$, 于是由夹逼定理知 $\lim\limits_{n \to \infty} \dfrac{x^n}{n!} = 0$. 而 $x = 0$ 时极限显然为 0. 因此, 对任意 x, 总有 $\lim\limits_{n \to \infty} \dfrac{x^n}{n!} = 0$.

(3) 由于当 $x = 1$ 时, 极限显然为 0; 当 $x \neq 1$ 时,

$$
\begin{aligned}
\frac{x^{n+1}(1-x^{n-1})}{(1-x)(2n)!} &\leqslant \frac{x^{n+1} + x^{n+2} + \cdots + x^{2n}}{(2n)!} \leqslant \frac{x^{n+1}}{(n+1)!} + \frac{x^{n+2}}{(n+2)!} + \cdots + \frac{x^{2n}}{(2n)!} \\
&\leqslant \frac{x^{n+1} + x^{n+2} + \cdots + x^{2n}}{(n+1)!} \leqslant \frac{x^{n+1}}{(1-x)(n+1)!}.
\end{aligned}
$$

又 $\lim\limits_{n\to\infty}\dfrac{x^{n+1}(1-x^{n-1})}{(1-x)(2n)!}=0$, $\lim\limits_{n\to\infty}\dfrac{x^{n+1}}{(1-x)(n+1)!}=0$, 因此, 由夹逼定理知

$$\lim_{n\to\infty}\left[\frac{x^{n+1}}{(n+1)!}+\frac{x^{n+2}}{(n+2)!}+\cdots+\frac{x^{2n}}{(2n)!}\right]=0.$$

(4) 由于, 当 $x=0$ 时, $\lim\limits_{n\to\infty}\left[1+x+\dfrac{x^2}{2!}+\dfrac{x^3}{3!}+\cdots+\dfrac{x^n}{n!}\right]=1$. 当 $x>0$ 时,

$$\left(1+\frac{x}{n}\right)^n=1+x+\frac{x^2}{2!}\left(1-\frac{1}{n}\right)+\frac{x^3}{3!}\left(1-\frac{1}{n}\right)\left(1-\frac{2}{n}\right)$$

$$+\cdots+\frac{x^n}{n!}\left(1-\frac{1}{n}\right)\cdots\left(1-\frac{n-1}{n}\right)$$

$$\leqslant 1+x+\frac{x^2}{2!}+\cdots+\frac{x^n}{n!},$$

$$\left(1+\frac{x}{m}\right)^m=1+x+\frac{x^2}{2!}\left(1-\frac{1}{m}\right)+\cdots+\frac{x^n}{n!}\left(1-\frac{1}{m}\right)\cdots\left(1-\frac{n-1}{m}\right)$$

$$+\cdots+\frac{x^m}{m!}\left(1-\frac{1}{m}\right)\cdots\left(1-\frac{m-1}{m}\right)$$

$$\geqslant 1+x+\frac{x^2}{2!}\left(1-\frac{1}{m}\right)+\cdots+\frac{x^n}{n!}$$

$$\cdot\left(1-\frac{1}{m}\right)\cdots\left(1-\frac{n-1}{m}\right)\quad(m\geqslant n),$$

因此

$$\left(1+\frac{x}{n}\right)^n\leqslant 1+x+\frac{x^2}{2!}+\cdots+\frac{x^n}{n!}$$

$$=\lim_{m\to\infty}\left(1+x+\frac{x^2}{2!}\left(1-\frac{1}{m}\right)+\cdots+\frac{x^n}{n!}\left(1-\frac{1}{m}\right)\cdots\left(1-\frac{n-1}{m}\right)\right)$$

$$\leqslant\lim_{m\to\infty}\left(1+\frac{x}{m}\right)^m=e^x.$$

对上式两边, 令 $n\to\infty$, 可以得到 $\lim\limits_{n\to\infty}\left(1+x+\dfrac{x^2}{2!}+\dfrac{x^3}{3!}+\cdots+\dfrac{x^n}{n!}\right)=e^x$. 又

$$\left(1+x+\frac{x^2}{2!}+\frac{x^3}{3!}+\cdots+\frac{x^n}{n!}\right)\left(1-x+\frac{x^2}{2!}+\cdots+(-1)^n\frac{x^n}{n!}\right)$$

$$=1+(1-1)x+\left(\frac{1}{2!}-1+\frac{1}{2!}\right)x^2+\left(\frac{1}{3!}-\frac{1}{2!}+\frac{1}{2!}-\frac{1}{3!}\right)x^3$$

$$+\left(\frac{1}{4!}-\frac{1}{3!}+\frac{1}{2!2!}-\frac{1}{3!}+\frac{1}{4!}\right)x^4+\cdots+(-1)^n\left(\frac{x^n}{n!}\right)^2$$

$$=1+(-1)^n\left(\frac{x^n}{n!}\right)^2,$$

而 $\displaystyle\lim_{n\to\infty}\left(1+x+\frac{x^2}{2!}+\frac{x^3}{3!}+\cdots+\frac{x^n}{n!}\right)\lim_{n\to\infty}\left(1-x+\frac{x^2}{2!}+\cdots+(-1)^n\frac{x^n}{n!}\right)=1,$

$$\lim_{n\to\infty}\left(1-x+\frac{x^2}{2!}+\cdots+\frac{(-x)^n}{n!}\right)=e^{-x},$$

故 $\displaystyle\lim_{n\to\infty}\left(1+x+\frac{x^2}{2!}+\frac{x^3}{3!}+\cdots+\frac{x^n}{n!}\right)=e^x\,(x<0).$

综上所述, 对任意的 x, 都有 $\displaystyle\lim_{n\to\infty}\left(1+x+\frac{x^2}{2!}+\frac{x^3}{3!}+\cdots+\frac{x^n}{n!}\right)=e^x.$

(5) 由于

$$\left(1+\frac{x^2}{n}\right)^n\leqslant\left(1+\frac{x^2}{n}+\frac{x^2}{n^2}\right)^n\leqslant\left(1+\frac{x^2}{n}+\frac{x^2}{n(n-1)}\right)^n=\left(1+\frac{x^2}{n-1}\right)^n,$$

且 $\displaystyle\lim_{n\to\infty}\left(1+\frac{x^2}{n}\right)^n=e^{x^2},\ \lim_{n\to\infty}\left(1+\frac{x^2}{n-1}\right)^n=e^{x^2},$ 故

$$\lim_{n\to\infty}\left(1+\frac{x^2}{n}+\frac{x^2}{n^2}\right)^n=e^{x^2}.$$

(6) 由于 $[x]=x-(x)$, 其中 (x) 表示 x 的小数部分, 从而 $0<(x)<1$, 且

$$\frac{1}{x}[x]=1-\frac{1}{x}(x),\quad 0<\frac{1}{x}(x)<\frac{1}{x},\quad \lim_{x\to\infty}\frac{1}{x}=0,$$

于是, 由夹逼定理知 $\displaystyle\lim_{x\to\infty}\frac{1}{x}(x)=0$, 从而 $\displaystyle\lim_{x\to\infty}\frac{1}{x}[x]=1-\lim_{x\to\infty}\frac{1}{x}(x)=1.$

6. 用单调有界原理求下列极限:

(1) 已知 $x_{n+1}=\dfrac{1}{2}\left(x_n+\dfrac{3}{x_n}\right)$ 且 $x_1=1$, 求 $\displaystyle\lim_{n\to\infty}x_n$;

(2) $\displaystyle\lim_{n\to\infty}\sqrt{6+\sqrt{6+\sqrt{6+\cdots+\sqrt{6}}}}$;

(3) 已知 $x_{n+1}=2+\sqrt{x_n}$ 且 $x_1=1$, 求 $\displaystyle\lim_{n\to\infty}x_n$;

(4) $\displaystyle\lim_{n\to\infty}\sqrt[n]{n}$;

(5) 已知 $x_{n+1}=2-\sqrt{2-x_n}$ 且 $0<x_1<1$, 求 $\displaystyle\lim_{n\to\infty}x_n$;

(6) $\displaystyle\lim_{n\to\infty}\sqrt[n]{a}\,(0<a<1).$

解 (1) 由于 $x_{n+1}=\dfrac{1}{2}\left(x_n+\dfrac{3}{x_n}\right)\geqslant\sqrt{3}$, $x_{n+1}-x_n=\dfrac{1}{2}(x_n-x_{n-1})-$ $\dfrac{3}{2}\dfrac{x_n-x_{n-1}}{x_nx_{n-1}}=\dfrac{x_nx_{n-1}-3}{2x_nx_{n-1}}(x_n-x_{n-1})$, $\dfrac{x_nx_{n-1}-3}{2x_nx_{n-1}}\geqslant 0$, 因此, $x_{n+1}-x_n$ 与 x_n-x_{n-1} 同号. 又 $x_2-x_1=\dfrac{1}{2}+\dfrac{3}{2}-1=1>0$, 故 $x_{n+1}-x_n>0$, 即数列 $\{x_n\}$ 是单调增加的.

又 $x_{n+1} = \dfrac{1}{2}x_n + \dfrac{3}{2x_n} \leqslant \dfrac{1}{2}x_n + \dfrac{\sqrt{3}}{2} \leqslant \dfrac{1}{2}x_{n+1} + \dfrac{3}{2}$, 即 $x_{n+1} \leqslant 3$. 于是, $\lim\limits_{n\to\infty} x_n$ 存在. 现将此极限设为 A, 则对 $x_{n+1} = \dfrac{1}{2}\left(x_n + \dfrac{3}{x_n}\right)$ 两边取 $n \to \infty$ 时的极限可得 $A = \dfrac{1}{2}A + \dfrac{3}{2A}$. 求解这个方程可得 $\lim\limits_{n\to\infty} x_n = \sqrt{3}$.

(2) 令 $x_n = \sqrt{6 + \sqrt{6 + \sqrt{6 + \cdots + \sqrt{6}}}}$, 则 $0 < x_n < 3$ 且 $x_n = \sqrt{6 + x_{n-1}}$. 于是有

$$x_{n+1} - x_n = \sqrt{6 + x_n} - \sqrt{6 + x_{n-1}} = \dfrac{x_n - x_{n-1}}{\sqrt{6 + x_n} + \sqrt{6 + x_{n-1}}}.$$

显然, $x_{n+1} - x_n$ 与 $x_n - x_{n-1}$ 同号, 而 $x_2 - x_1 = \sqrt{6 + \sqrt{6}} - \sqrt{6} > 0$, 故知数列 $\{x_n\}$ 是单调增加的. 于是, $\lim\limits_{n\to\infty} x_n$ 存在. 现将极限设为 A, 对 $x_n = \sqrt{6 + x_{n-1}}$ 取 $n \to \infty$ 时的极限可得 $A = \sqrt{6 + A}$. 求解这个方程便得到 $\lim\limits_{n\to\infty} x_n = 3$.

(3) 由于 $0 < x_{n+1} = 2 + \sqrt{x_n}$, $x_{n+1} - x_n = \dfrac{x_n - x_{n-1}}{\sqrt{x_n} + \sqrt{x_{n-1}}}$, 因此, $x_{n+1} - x_n$ 与 $x_n - x_{n-1}$ 同号. 又 $x_2 - x_1 = 2 + 1 - 1 = 2 > 0$, 故 $x_{n+1} - x_n > 0$, 即数列 $\{x_n\}$ 是单调增加的.

又 $(x_{n+1} - 2)^2 = x_n < x_{n+1}$, 即 $x_{n+1}^2 - 5x_{n+1} + 4 < 0$. 于是可知, $1 < x_{n+1} < 4$, 从而, $\lim\limits_{n\to\infty} x_n$ 存在. 现将此极限设为 A, 则对 $x_{n+1} = 2 + \sqrt{x_n}$ 两边取 $n \to \infty$ 的极限可得 $A = 2 + \sqrt{A}$. 求解这个方程可得 $\lim\limits_{n\to\infty} x_n = 4$.

(4) 令 $x_n = \sqrt[n]{n}$, 由于

$$
\begin{aligned}
\dfrac{1}{n}\left(1 + \dfrac{1}{n}\right)^n &= \dfrac{1}{n}\left[1 + 1 + \dfrac{1}{2!}\left(1 - \dfrac{1}{n}\right) + \cdots + \dfrac{1}{n!}\left(1 - \dfrac{1}{n}\right)\cdots\left(1 - \dfrac{n-1}{2}\right)\right] \\
&< \dfrac{1}{n}\left(1 + 1 + \dfrac{1}{2!} + \cdots + \dfrac{1}{n!}\right) < \dfrac{1}{n}\left(1 + 1 + \dfrac{1}{2} + \dfrac{1}{2^2} + \cdots + \dfrac{1}{2^{n-1}}\right) \\
&= \dfrac{1}{n}\left(1 + \dfrac{1 - \left(\dfrac{1}{2}\right)^n}{1 - \dfrac{1}{2}}\right) < \dfrac{3}{n},
\end{aligned}
$$

即当 $n > 3$ 时, $\dfrac{1}{n}\left(1 + \dfrac{1}{n}\right)^n < 1$. 于是有 $n > 3$ 时, $(n+1)^n < n^{n+1}$, 即 $x_{n+1} < x_n$. 因此, $n > 3$ 时, x_n 是单调递减的且 $1 \leqslant x_n \leqslant \sqrt{2}$. 故 $\lim\limits_{n\to\infty} x_n$ 存在且设为 A, 则 $A \geqslant 1$. 如果 $A > 1$, 则令 $x = A - 1 > 0$, 从而 $A = 1 + x$. 于是, 必有 $n > \dfrac{4}{x^2} + 1$ 使得 $\sqrt[n]{n} > 1 + x$, 即 $n > (1 + x)^n > \dfrac{1}{2}n(n - 1)x^2 > 2n$. 这是矛盾的. 因此,

$$\lim_{n\to\infty} x_n = 1.$$

(5) 易知, $x_n < 1$, 且由

$$x_{n+1} - x_n = -\sqrt{2-x_n} + \sqrt{2-x_{n-1}} = \frac{x_n - x_{n-1}}{\sqrt{2-x_n} + \sqrt{2-x_{n-1}}}$$

以及 $x_2 - x_1 = 2 - x_1 - \sqrt{2-x_1} > 0 \ (2 - x_1 > 1)$ 知 x_n 是单调递增的. 于是, $\lim_{n\to\infty} x_n$ 存在. 现将此极限设为 A, 则对 $x_{n+1} = 2 - \sqrt{2-x_n}$ 两边取 $n \to \infty$ 时的极限可得 $A = 2 - \sqrt{2-A}$. 求解这个方程可得 $\lim_{n\to\infty} x_n = 1 (A = 2$ 不符合$)$.

(6) 令 $x_n = \sqrt[n]{a}$, 则由指数函数的性质知, $x_{n+1} = \sqrt[n+1]{a} > \sqrt[n]{a} = x_n$, 且 $a \leqslant x_n < 1$. 于是由单调有界数列必有极限知 $\lim_{n\to\infty} x_n$ 存在. 现设此极限为 A, 则 $A \leqslant 1$. 如果 $A > 1$, 则令 $x = A - 1 > 0$, 从而 $A = 1 + x$. 于是, 必有 n 使得 $\sqrt[n]{a} > 1 + x$, 即 $a > (1+x)^n > 1$. 这是矛盾的. 因此, $\lim_{n\to\infty} x_n = 1$.

7. 证明 $x \to 0$ 时, 下列各对无穷小量是等价的:

(1) $\tan(\sin x) - \sin(\sin x)$ 与 $\dfrac{1}{2}x^3$; (2) $\ln(1+x) - x + \dfrac{x^2}{2}$ 与 $\dfrac{1}{3}x^3$;

(3) $\tan x - x$ 与 $\dfrac{1}{3}x^3$; (4) $\cos x - 1 + \dfrac{x^2}{2}$ 与 $\dfrac{x^4}{24}$.

解 (1) 因为

$$\lim_{x\to 0} \frac{\tan(\sin x) - \sin(\sin x)}{\dfrac{1}{2}x^3} = 2\lim_{x\to 0} \frac{\sin(\sin x)}{x} \cdot \frac{1 - \cos(\sin x)}{x^2} \cdot \frac{1}{\cos(\sin x)}$$

$$= 2\lim_{x\to 0} \frac{\sin(\sin x)}{x} \cdot \lim_{x\to 0} \frac{1 - \cos(\sin x)}{x^2} \cdot \lim_{x\to 0} \frac{1}{\cos(\sin x)}$$

$$= 1.$$

(2) 因为

$$\lim_{x\to 0} \frac{\ln(1+x) - x + \dfrac{1}{2}x^2}{\dfrac{1}{3}x^3} = 3\lim_{y\to 0} \frac{y - e^y + 1 + \dfrac{1}{2}(e^y - 1)^2}{(e^y - 1)^3} \quad (\diamondsuit \ y = \ln(1+x))$$

$$= \frac{3}{2}\lim_{y\to 0} \frac{2y - 2e^y + 2 + (e^y - 1)^2}{y^3}$$

$$= \frac{3}{2}\lim_{y\to 0} \frac{e^{2y} - 4e^y + 2y + 3}{y^3}$$

$$= \frac{3}{2}\lim_{y\to 0} \left[\frac{1 + 2y + \dfrac{4y^2}{2} + \dfrac{8y^3}{6} + y^3\alpha_n(y)}{y^3} \right.$$

$$-\frac{4\left[1 + y + \dfrac{y^2}{2} + \dfrac{y^3}{6} + y^3\beta_n(y)\right]}{y^3} + \frac{2y + 3}{y^3}\Bigg]$$

$$= \frac{3}{2}\lim_{y\to 0}\frac{\dfrac{2}{3}y^3 + y^3[\alpha_n(y) - 4\beta_n(y)]}{y^3} = 1,$$

其中, $\lim\limits_{y\to 0}\alpha_n(y) = \lim\limits_{y\to 0}\beta_n(y) = 0$.

"$\lim\limits_{y\to 0}\alpha_n(y) = \lim\limits_{y\to 0}\beta_n(y) = 0$" 这个结论从例 5 中的 (4) 便容易知道. 事实上, 记

$$T_n(x) = \frac{1}{k!} + \frac{1}{(k+1)!}x + \cdots + \frac{1}{n!}x^{n-k},$$

则 $T_n(x) = \dfrac{1}{k!} + \cdots + \dfrac{1}{n!}x^{n-k} \to \dfrac{1}{x^{k-1}}\left(e^x - 1 - x - \dfrac{1}{2!}x^2 - \dfrac{1}{(k-1)!}x^{k-1}\right)$ $(n \to \infty, x \neq 0)$, 因此, 对任意的 x 都有 $e^x = 1 + x + \dfrac{1}{2!}x^2 + \cdots + \dfrac{1}{(k-1)!}x^{k-1} + x^k \lim\limits_{n\to\infty}T_n(x)$. 又当 $n \to \infty, |x| < k + 1$ 时

$$\begin{aligned}
T_n(x) &= \frac{1}{k!} + \frac{1}{(k+1)!}x + \cdots + \frac{1}{n!}x^{n-k} \\
&< \frac{1}{k!}\left(1 + \frac{x}{k+1} + \left(\frac{x}{k+1}\right)^2 + \cdots + \left(\frac{x}{k+1}\right)^{n-k}\right) \\
&= \frac{1}{k!}\frac{1 - \left(\dfrac{x}{k+1}\right)^{n-k+1}}{1 - \dfrac{x}{k+1}} \to \frac{k+1}{k!(k+1-x)},
\end{aligned}$$

于是, $\lim\limits_{n\to\infty}T_n(x) \leqslant \dfrac{k+1}{k!(k+1-x)}$. 进而

$$0 \leqslant \lim_{x\to 0}\left|x\lim_{n\to\infty}T_n(x)\right| \leqslant \lim_{x\to 0}x\frac{k+1}{k!(k+1-x)} = 0 \quad (|x| < k+1),$$

即 $\lim\limits_{x\to 0}x\lim\limits_{n\to\infty}T_n(x) = 0$. 记 $\gamma(x) = xT_n(x)$, 则有 $\lim\limits_{x\to 0}\gamma_n(x) = 0$.

(3) 因为

$$\lim_{x\to 0}\frac{\tan x - x}{\dfrac{1}{3}x^3} = \lim_{x\to 0}\frac{1}{1 - 3\tan\dfrac{x}{3}} \cdot \frac{1}{3} \cdot \frac{\tan\dfrac{x}{3} - \dfrac{x}{3}}{\left(\dfrac{x}{3}\right)^3}$$

$$-\lim_{x\to 0}\frac{3}{1-3\tan\frac{x}{3}}\cdot\frac{\tan^3\frac{x}{3}-3x\tan^2\frac{x}{3}}{x^3}$$

$$=\frac{1}{9}\lim_{x\to 0}\frac{\tan x-x}{\frac{1}{3}x^3}+\frac{8}{9},$$

从而, $\lim\limits_{x\to 0}\dfrac{\tan x-x}{\frac{1}{3}x^3}=1$.

(4) 因为

$$\lim_{x\to 0}\frac{\cos x-1+\frac{x^2}{2}}{x^4}=\lim_{x\to 0}\frac{-2\sin^2\frac{x}{2}+\frac{x^2}{2}}{x^4}=-2\lim_{x\to 0}\frac{\left(\sin\frac{x}{2}-\frac{x}{2}\right)\left(\sin\frac{x}{2}+\frac{x}{2}\right)}{x^4}$$

$$=-\lim_{x\to 0}\frac{\sin\frac{x}{2}-\frac{x}{2}}{\left(\frac{x}{2}\right)^3}\cdot\lim_{x\to 0}\frac{\sin\frac{x}{2}+\frac{x}{2}}{\frac{x}{2}}=\frac{1}{24},$$

因此, 当 $x\to 0$ 时, $\cos x-1+\dfrac{x^2}{2}$ 与 $\dfrac{x^4}{24}$ 是等价无穷小量.

8. 求下列极限式子中未知参数 a,b:

(1) $\lim\limits_{x\to\infty}\left(\dfrac{x^{1+x}}{(1+x)^x}-ax-b\right)=0$; (2) $\lim\limits_{x\to 1}\dfrac{\ln x+ax+b}{x^2-1}=1$;

(3) $\lim\limits_{x\to 0}(ax+b+\sin x)^{\frac{1}{x}}=1$; (4) $\lim\limits_{x\to 0}(1-\cos x)^{a+bx+\cos x}=1$;

(5) $\lim\limits_{x\to\infty}(x^2+1)^{\frac{(1-a)x^3-(1+b)x^2-ax-b+1}{x^2+1}}=1$; (6) $\lim\limits_{x\to 1}e^{\frac{1}{x^2-ax+b}}\ln x=1$.

解 (1) 由 $\lim\limits_{x\to\infty}\left(\dfrac{x^{1+x}}{(1+x)^x}-ax-b\right)=\lim\limits_{x\to\infty}x\left(\dfrac{1}{(1+\frac{1}{x})^x}-a-\dfrac{b}{x}\right)=0$ 知

$$\lim_{x\to\infty}\left(\frac{1}{\left(1+\frac{1}{x}\right)^x}-a-\frac{b}{x}\right)=0.$$

于是, 易求得 $a=\dfrac{1}{e}$. 将 $a=\dfrac{1}{e}$ 代入原极限式, 可以得到

$$\lim_{x\to\infty}\left(\frac{x^{1+x}}{(1+x)^x}-ax-b\right)=\lim_{x\to\infty}\left(\frac{x\left[e-\left(1+\frac{1}{x}\right)^x\right]}{e\left(1+\frac{1}{x}\right)^x}-b\right)=0,$$

从而

$$b = \frac{1}{e^2} \lim_{x \to \infty} x \left(e - \left(1 + \frac{1}{x} \right)^x \right) \xlongequal{\text{令 } y = \frac{1}{x}} \frac{1}{e} \lim_{y \to 0} \frac{1 - e^{\frac{1}{y} \ln(1+y) - 1}}{y}$$

$$= -\frac{1}{e} \lim_{y \to 0} \frac{\ln(1 + y) - y}{y^2} = \frac{1}{2e}.$$

(2) 由于 $\lim\limits_{x \to 1} \dfrac{\ln x + ax + b}{x^2 - 1} = 1$ 和 $\lim\limits_{x \to 1}(x^2 - 1) = 0$ 知 $\lim\limits_{x \to 1}(\ln x + ax + b) = 0$, 进而有 $a = -b$. 将 $a = -b$ 代入原极限式有

$$\lim_{x \to 1} \frac{\ln x - b(x - 1)}{x^2 - 1} = \lim_{x \to 1} \frac{\ln x}{x^2 - 1} - \lim_{x \to 1} \frac{b(x - 1)}{x^2 - 1}$$

$$= \frac{1}{2} - \frac{b}{2},$$

而原极限式等于 1, 故可得 $b = -1$, 从而 $a = 1$.

(3) 由题设知 $\lim\limits_{x \to 0}(ax + b + \sin x) = 1$, 即 $b = 1$. 将 $b = 1$ 代入原极限式, 于是, 有

$$\lim_{x \to 0}(ax + b + \sin x)^{\frac{1}{x}} = \lim_{x \to 0}(1 + ax + \sin x)^{\frac{1}{ax + \sin x} \frac{ax + \sin x}{x}} = e^{a+1},$$

而原极限值为 1, 进而可求得 $a = -1$.

(4) 由题设知 $\lim\limits_{x \to 0}(a + bx + \cos x) = 0$, 故可求得 $a = -1$. 将 $a = -1$ 代入原极限式, 于是有

$$\lim_{x \to 0}(1 - \cos x)^{a + bx + \cos x} = e^{\lim\limits_{x \to 0}(-1 + bx + \cos x) \ln(1 - \cos x)} = e^0 = 1.$$

故 b 为任意实数.

(5) 由题设知 $\lim\limits_{x \to \infty} \dfrac{(1 - a)x^3 - (1 + b)x^2 - ax - b + 1}{x^2 + 1} = 0$, 故可求得 $a = 1$, $b = -1$.

(6) 由题设知 $\lim\limits_{x \to 1} e^{\frac{1}{x^2 - ax + b}} = \infty$, 进而有 $\lim\limits_{x \to 1}(x^2 - ax + b) = 0$ 且 $x^2 - ax + b > 0$. 因此, $\lim\limits_{x \to 1} \left[\left(x - \dfrac{a}{2} \right)^2 + \dfrac{4b - a^2}{4} \right] = 0$ 且 $\left(x - \dfrac{a}{2} \right)^2 + \dfrac{4b - a^2}{4} > 0(x \neq 1)$, 即 $b = a - 1, 4b - a^2 \geqslant 0$. 于是可求得 $a = 2, b = 1$.

9. 求下列函数的连续区间并判断间断点的类型:

(1) $f(x^3 + 1) = \lim\limits_{n \to \infty} \dfrac{x^{2n} - 2x + 1}{x^{2n} + 1}$;

(2) $f(x - 1) = \lim\limits_{t \to +\infty} \dfrac{x + e^{tx}}{1 + e^{tx}}$;

(3) $f(e^x) = \lim\limits_{t \to x} \dfrac{\ln(1 + t - x^2 - x + tx)}{x - t}$;

(4) $f(\arcsin x) = \lim\limits_{t \to 0} \dfrac{\arcsin(x + 2t) - \arcsin x}{t}$.

解 (1) 易求得

$$f(x^3 + 1) = \begin{cases} -2x + 1, & -1 < x < 1, \\ 0, & x = 1, \\ 2, & x = -1, \\ 1, & |x| > 1. \end{cases}$$

令 $u = x^3 + 1$, 则可得

$$f(x) = \begin{cases} 1, & x < 0, \\ 2, & x = 0, \\ -2\sqrt[3]{x - 1} + 1, & 0 < x < 2, \\ 0, & x = 2, \\ 1, & x > 2. \end{cases}$$

因此, 间断点 $x = 0$, $x = 2$ 为跳跃型间断点; 连续区间为 $(-\infty, 0)$, $(0, 2)$ 和 $(2, +\infty)$.

(2) 易求得

$$f(x - 1) = \begin{cases} 1, & x > 0, \\ \dfrac{1}{2}, & x = 0, \\ x, & x < 0. \end{cases}$$

于是, 令 $u = x - 1$ 可求得

$$f(x) = \begin{cases} 1, & x > -1, \\ \dfrac{1}{2}, & x = -1, \\ x + 1, & x < -1. \end{cases}$$

因此, 容易知道, 间断点 $x = -1$ 为跳跃型间断点; 连续区间为 $(-\infty, -1]$ 和 $(-1, +\infty)$.

(3) 因为

$$\begin{aligned} f(e^x) &= \lim_{t \to x} \frac{1}{x - t} \ln(1 + t - x^2 - (1 - t)x) \\ &= -(x + 1) \lim_{t \to x} \ln(1 + (t - x)(1 + x))^{\frac{1}{(t - x)(x + 1)}} = -x - 1, \end{aligned}$$

因此, 令 $y = e^x$, 则有 $f(x) = -\ln x - 1$. 于是, 函数的连续区间为定义域 $(0, +\infty)$.

(4) 因为

$$f(\arcsin x) = \lim_{s \to 0} \frac{2s}{\sqrt{1-x^2}\sin s + x(\cos s - 1)} \quad (s = \arcsin(x + 2t) - \arcsin x)$$

$$= \lim_{s \to 0} \frac{2}{\frac{\sin s}{s}\sqrt{1-x^2} + x\frac{\cos s - 1}{s}} = \frac{2}{\sqrt{1-x^2}} \quad (-1 < x < 1).$$

因此, 令 $y = \arcsin x$, 则有 $f(x) = \dfrac{1}{\cos x} \left(-\dfrac{\pi}{2} < x < \dfrac{\pi}{2} \right)$. 于是, 此函数的连续区间为定义域 $\left(-\dfrac{\pi}{2}, \dfrac{\pi}{2} \right)$.

10. 确定 a, b 的值, 使下列函数为连续函数:

(1) $f(x) = \begin{cases} e^{\frac{a}{x}}\sin\dfrac{1}{x} + \dfrac{\ln(1+2x)}{x} - b, & x > 0, \\ b, & x = 0, \\ \dfrac{a\sin ax}{x}, & x < 0; \end{cases}$

(2) $f(x) = \begin{cases} \dfrac{ax^2 + bx + 1}{x - 1}, & x > 1, \\ \cos(ax^3 + bx^2 + x), & x \leqslant 1. \end{cases}$

解　(1) 由连续知, $\displaystyle\lim_{x \to 0^+} f(x) = \lim_{x \to 0^+} \left(e^{\frac{a}{x}}\sin\dfrac{1}{x} + \dfrac{\ln(1+2x)}{x} - b \right) = f(0) = b$, 即

$$a < 0, \quad b = 1,$$

且 $\displaystyle\lim_{x \to 0^-} f(x) = \lim_{x \to 0^-} \dfrac{a\sin ax}{x} = f(0) = b$, 即 $a^2 = b$. 于是注意到 $a < 0$, $b = 1$, 可得 $a = -1$. 故当 $a = -1$ 且 $b = 1$ 时, 函数是连续的.

(2) 由连续性知, $\displaystyle\lim_{x \to 1^+} f(x) = \lim_{x \to 1^+} \dfrac{ax^2 + bx + 1}{x - 1} = f(1) = \cos(a + b + 1)$, 进而有

$$\lim_{x \to 1^+} (ax^2 + bx + 1) = 0,$$

即 $b = -a - 1$. 将其代入 $\displaystyle\lim_{x \to 1^+} f(x) = \lim_{x \to 1^+} \dfrac{ax^2 + bx + 1}{x - 1} = f(1) = \cos(a + b + 1)$ 可得

$$a - 1 = \cos(a + b + 1) = 1,$$

即 $a = 2$. 于是, 当 $a = 2$, $b = -3$ 时, 函数是连续的.

11. 证明下列命题:

(1) 设 $f(x)$ 在区间 (a, b) 上连续, $x_0, x_1, \cdots, x_n$ 为 (a, b) 内的任意的数, 那

么, 至少有一点 $\xi \in (a, b)$ 使得 $f(\xi) = \dfrac{f(x_0) + f(x_1) + 2f(x_2) + \cdots + 2^n f(x_n)}{2^{n+1}}$.

(2) (不动点原理) 设 $f(x)$ 在 $[0, 1]$ 上连续, 且 $0 < f(x) < 1$, 则至少有一点 $\xi \in (0, 1)$ 使得 $f(\xi) = \xi$.

(3) 如果 $f(x)$ 在 $[0, m]$ 上连续, 且 $f(0) = f(m)$, 则至少存在 $\xi, \eta \in (0, m)$ 使得 $f(\xi) = f(\eta)$ 且 $\xi - \eta = 1$.

(4) 如果 $f(x)$, $g(x)$ 在 (a, b) 上连续, 且 $\lim\limits_{x \to a^+} f(x) > \lim\limits_{x \to b^-} f(x)$, $\lim\limits_{x \to a^+} g(x) > \lim\limits_{x \to b^-} g(x)$, 则存在 μ 和 $\xi \in (a, b)$ 使得 $f(\xi) = g(\xi) + \mu$.

(5) 如果 $a \geqslant 0$, 则必有 $\xi \geqslant 0$ 使得 $\xi = \sqrt[n]{a}$.

(6) 如果取值为无理数的函数 $f(x)$ 在区间 $[a, b]$ 上连续, 那么 $f(x)$ 为某一无理数的常函数.

(7) 如果 $f(x)$ 在 $(-\infty, +\infty)$ 上连续, 且 $\lim\limits_{x \to -\infty} f(x)$, $\lim\limits_{x \to +\infty} f(x)$ 都存在, 则 $f(x)$ 在 $(-\infty, +\infty)$ 上有界.

(8) 如果 $f(x)$ 在 (a, b) 上连续, 且 $\lim\limits_{x \to a^+} f(x) = \lim\limits_{x \to b^-} f(x)$, 则 $f(x)$ 在 (a, b) 内或者必有最大值, 或者必有最小值.

证明 (1) 如果 $f(x)$ 为常函数, 则结论显然成立. 若不然, 令

$$f(\zeta) = \max\{f(x_0), f(x_1), \cdots, f(x_n)\}, \quad f(\eta) = \min\{f(x_0), f(x_1), \cdots, f(x_n)\},$$

那么, $\zeta, \eta \in (a, b)$ 且 $\zeta \neq \eta$. 不妨设 $\zeta < \eta$, 则由已知, $f(x)$ 在 $[\zeta, \eta]$ 上连续, 且

$$f(\eta) < \frac{f(x_0) + f(x_1) + 2f(x_2) + \cdots + 2^n f(x_n)}{2^{n+1}} < f(\zeta).$$

于是, 由介值定理知, 至少存在一点 $\xi \in (\zeta, \eta) \subset (a, b)$, 使得

$$f(\xi) = \frac{f(x_0) + f(x_1) + 2f(x_2) + \cdots + 2^n f(x_n)}{2^{n+1}}.$$

(2) 令 $F(x) = f(x) - x$, 则 $F(x)$ 在 $[0, 1]$ 上连续, 且 $F(0)F(1) = f(0)(f(1) - 1) < 0$. 于是由介值定理知, 至少有一点 $\xi \in (0, 1)$ 使得 $F(\xi) = 0$, 即 $f(\xi) = \xi$.

(3) 令 $F(x) = f(x) - f(x + 1)$, 则由已知, $F(x)$ 在 $[0, m - 1]$ 上连续, 且

$$F(0) + F(1) + \cdots + F(m - 1) = f(0) - f(m) = 0.$$

如果 $f(x)$ 恒为常数, 则结论显然成立. 如果 $f(x)$ 不为常数, 则令

$$F(k_1) = \max\{F(0), F(1), \cdots, F(m - 1)\},$$
$$F(k_2) = \min\{F(0), F(1), \cdots, F(m - 1)\},$$

那么, $k_1, k_2 \in [0, m-1]$ 且 $k_1 \neq k_2$. 不妨设 $k_1 < k_2$, 则由已知, $F(x)$ 在 $[k_1, k_2]$ 上连续, 且

$$F(k_2) < \frac{F(0) + F(1) + \cdots + F(m-1)}{m} < F(k_1).$$

于是, 由介值定理知, 至少存在一点 $\zeta \in (k_1, k_2) \subset [0, m-1]$, 使得

$$F(\zeta) = \frac{F(0) + F(1) + \cdots + F(m-1)}{m} = 0.$$

即 $f(\zeta) = f(\zeta+1)$. 于是, 令 $\xi = \zeta + 1 \in [0, m]$, $\eta = \zeta \in [0, m]$, 则 $f(\xi) = f(\eta)$ 且 $\xi - \eta = 1$.

(4) 令

$$F(x) = \begin{cases} \lim\limits_{x \to a^+} f(x) - \lim\limits_{x \to a^+} g(x), & x = a, \\ f(x) - g(x), & a < x < b, \\ \lim\limits_{x \to b^-} f(x) - \lim\limits_{x \to b^-} g(x), & x = b, \end{cases}$$

则 $F(x)$ 在 $[a, b]$ 上连续, 且 $F(b) < F(a)$. 由实数的稠密性知, 必有实数 μ, 使得

$$F(b) < \mu < F(a).$$

又由介值定理知, 至少存在一点 $\xi \in (a, b)$ 使得 $F(\xi) = \mu$, 即 $f(\xi) = g(\xi) + \mu$.

(5) 令 $f(x) = x^n$, 则 $f(x)$ 是 $[0, +\infty)$ 上的连续函数且 $f(x) \geqslant 0$. 于是, 当 $a = 0$ 时, 结论显然成立. 当 $a > 0$ 时, 由 $f(x)$ 的单调递增性知, 总有 x_0 使得 $f(x_0) > a > f(0)$. 因此, 对此函数在 $[0, x_0]$ 上使用介值定理, 可知至少存在一点 $\xi \in (0, x_0)$ 使得 $f(\xi) = a$, 即 $\xi = \sqrt[n]{a}$. 由 $f(x)$ 单调性知, 这样的 ξ 还是唯一的.

(6) 由已知 $f(a)$ 为无理数. 如果 $f(x)$ 不为常函数, 则必有 $c \in (a, b]$ 使得 $f(c) \neq f(a)$. 不妨设 $f(c) > f(a)$, 于是, 由实数的稠密性知, 必定有有理数 r 使得 $f(c) > r > f(a)$. 因此, 在 $[a, c]$ 上使用介值定理于 $f(x)$ 可知, 存在 $\xi \in (a, c)$ 使得 $f(\xi) = r$. 这与函数取无理数的值相矛盾. 故结论得证.

(7) 由 $\lim\limits_{x \to -\infty} f(x)$ 和 $\lim\limits_{x \to +\infty} f(x)$ 都存在可知, 存在 $X_1 < 0$, $X_2 > 0$, $M_1 > 0$ 和 $M_2 > 0$, 使得 $|f(x)| \leqslant M_1 (x \in (-\infty, X_1))$ 以及 $|f(x)| \leqslant M_2 (x \in (X_2, +\infty))$. 又由于 $f(x)$ 在 $[X_1, X_2]$ 上连续知, 存在 $M_3 > 0$, 使得 $|f(x)| \leqslant M_3$, 对任意的 $x \in [X_1, X_2]$. 因此, 取 $M = \max\{M_1, M_2, M_3\}$, 则 $|f(x)| \leqslant M$, $x \in (-\infty, +\infty)$.

(8) 令

$$F(x) = \begin{cases} \lim\limits_{x \to a^+} f(x), & x = a, \\ f(x), & a < x < b, \\ \lim\limits_{x \to b^-} f(x), & x = b, \end{cases}$$

则 $F(x)$ 在 $[a,b]$ 上连续. 于是, 由连续函数的最大最小值定理知, $F(x)$ 在 $[a,b]$ 上必有最大和最小值. 因此, 如果 $F(x)$ 在 $[a,b]$ 上为常函数, 则结论得证. 如果 $F(x)$ 在 $[a,b]$ 上不是常函数, 则由 $F(a) = F(b)$ 知, 最大最小值不可能同时在区间的两个端点取到, 即 $F(x)$ 的最大值或最小值必在 (a,b) 上取到.

12. 求满足下列条件的, 定义在 $(-\infty, +\infty)$ 上的连续函数 $f(x)$:

(1) $f\left(\dfrac{x+y}{2}\right) = \dfrac{f(x)+f(y)}{2}$.

(2) $f(x+y) = f(x)f(y)$, 且对任意的 $x \in (-\infty, \infty)$, $f(x) \neq 0$.

(3) $f(xy) = f(x)f(y)$.

解 (1) 先求满足 $f(x+y) = f(x) + f(y)$ 的 $f(x)$. 令 $y = x$, 则 $f(2x) = 2f(x)$. 易知, 对任意的正整数 n 恒有 $f(nx) = nf(x)$. 又令 $y = \dfrac{x}{n}$, 则 $f(x) = f(ny) = nf(y) = nf\left(\dfrac{x}{n}\right)$, 即 $f\left(\dfrac{x}{n}\right) = \dfrac{1}{n}f(x)$.

又由于 $f(0) = f(x + (-x)) = f(x) + f(-x)$ 以及 $f(x) = f(x) + f(0)$, 因此, $f(0) = 0$, 且 $-f(x) = f(-x)$. 于是, 对有理数 r, 总有整数 $p, q > 0$ 使得 $r = \dfrac{p}{q}$, 进而, $f(rx) = f\left(\dfrac{px}{q}\right) = \dfrac{p}{q}f(x) = rf(x)$. 令 $a = f(1)$, 则 $f(r) = f(1)r = ar$, 即对有理数 $x, f(x) = ax$.

对于无理数 y, 由 $f(x)$ 在 y 处连续知, 对任意的 $\varepsilon > 0$, 存在 $\delta > 0$, 取 $\delta_0 = \min\{\delta, \varepsilon\}$, 则当 $|x - y| < \delta_0$ 时, $|f(x) - f(y)| < \varepsilon$. 特别地, 满足 $|r - y| < \delta_0$ 的有理数 r, 也成立 $|f(r) - f(y)| < \varepsilon$. 于是

$$|f(y) - ay| = |f(y) - f(r) + f(r) - ay|$$
$$\leqslant |f(y) - f(r)| + |ar - ay| > (1 + |a|)\varepsilon.$$

由 ε 的任意性知 $f(y) = ay$.

综上所述, 对任意的 $x \in (-\infty, \infty)$ 都有 $f(x) = ax$.

现求满足条件的 $f(x)$. 令 $x = 0, b = f(0)$, 由 $f\left(\dfrac{x+y}{2}\right) = \dfrac{f(x)+f(y)}{2}$ 知, $f\left(\dfrac{y}{2}\right) = \dfrac{1}{2}(f(y) + b)$. 于是, $\dfrac{f(x)+f(y)}{2} = \dfrac{f(x+y)+b}{2}$, 即

$$f(x+y) = f(x) + f(y) - b.$$

令 $g(x) = f(x) - b$, 则 $g(x+y) = f(x+y) - b = f(x) - b + f(y) - b = g(x) + g(y)$. 由前段所求的结果知 $f(x) = ax + b$.

(2) 由已知, 容易知道 $f(0) = [f(0)]^2 > 0$, $f(x) = \left[f\left(\dfrac{x}{2}\right)\right]^2 > 0$, $f(nx) = [f(x)]^n$, 故有 $f(0) = 1$, $f(x) = \left[f\left(\dfrac{x}{n}\right)\right]^n$. 因此, $1 = f(x)f(-x)$, $f\left(\dfrac{x}{n}\right) =$

$[f(x)]^{\frac{1}{n}}$. 于是, 对有理数 r, 存在 $p, q > 0$ 使得 $r = \dfrac{p}{q}$ 且 $f(rx) = f\left(\dfrac{px}{q}\right) = [f(x)]^{\frac{p}{q}} = [f(x)]^r$.

由于 $f(x)$ 是连续函数, 仿 (1) 的方法可得, 对无理数 y 也有 $f(yx) = [f(x)]^y$. 总之对任意的实数 t, 总有 $f(tx) = [f(x)]^t$. 令 $a = f(1)$, 则有 $f(t) = [f(1)]^t$, 即 $f(x) = a^x$.

(3) 由已知, 容易得到 $f(1) = [f(1)]^2$, 即 $f(1) = 0$ 或 $f(1) = 1$.

(A) 当 $f(1) = 0$ 时, 由 $f(xy) = f(x)f(y)$ 知 $f(x) \equiv 0$.

(B) 当 $f(1) = 1$ 时, 由 $f(xy) = f(x)f(y)$ 知 $1 = f(1) = f[(-1)(-1)] = [f(-1)]^2$, 即可得到 $f(-1) = \pm 1$.

如果 $f(-1) = 1$, 那么 $f(-x) = f(x)f(-1) = f(x)$. 此时 $f(x)$ 为一偶函数, 关于 y 轴对称, 故考虑 $x > 0$ 的情形. 作辅助函数 $F(x) = f(e^x)$, 此时, $F(x)$ 的定义域为 $(-\infty, +\infty)$. 可以验证 $F(x + y) = F(x)F(y)$ 且 $F(x)$ 为不为 0 的连续函数. 于是, 由 (2) 可知 $F(x) = a^x$, 其中, $a > 0$. 这样, 令 $y = e^x$, 则

$$f(y) = F(\ln y) = a^{\ln y} = a^{\log_a y^{\frac{1}{\log_a e}}} = y^{\frac{1}{\log_a e}} = y^b,$$

其中, $b = \dfrac{1}{\log_a e}$, 即当 $x > 0$ 时, $f(x) = x^b$. 由偶函数的性质和连续性知, $f(x) = |x|^b \, (b > 0)$.

如果 $f(-1) = -1$, 由前段的讨论可得 $x > 0$ 时, $f(x) = x^b$. 当 $x < 0$ 时, $f(x) = -f(-x) = -(-x)^b = -|x|^b$. 由于 $f(x)$ 在 $x = 0$ 处连续, 知 $f(0) = 0$ 且 $b \geqslant 0$. 因此

$$f(x) = |x|^b \operatorname{sgn}(x).$$

总之, 所求函数 $f(x) \equiv 0$, 或 $f(x) = |x|^b$, 或 $f(x) = |x|^b \operatorname{sgn}(x)$, 其中, $b \geqslant 0$.

13. 如果 $f(x)$ 在区间 I 上满足 $f\left(\dfrac{x_1 + x_2}{2}\right) \leqslant \dfrac{f(x_1) + f(x_2)}{2}$, 对任意的 $x_1 \in I, x_2 \in I$, 且等号仅当 $x_1 = x_2$ 时成立, 那么, 对任意的 $x_i \in I(i = 1, 2, \cdots, n)$, 均有

$$f\left(\frac{x_1 + x_2 + \cdots + x_n}{n}\right) \leqslant \frac{f(x_1) + f(x_2) + \cdots + f(x_n)}{n},$$

且仅当 $x_1 = x_2 = \cdots = x_n$ 时等号成立.

证明　首先证明 $n = 2^m$ 整数的情形. 当 $m = 1$ 时, 由条件易知结论是对的. 现设 $m = k$ 时, 结论是对的, 则当 $m = k + 1$ 时, 结论仍然是对的.

事实上, 由于 $x_i \in I(i = 1, 2, \cdots, n)$, 则 $y_1 = \dfrac{x_1 + \cdots + x_{2^k}}{2^k} \in I$, $y_2 =$

$\dfrac{x_{2^k+1} + \cdots + x_n}{2^k} \in I$, 从而, 由已知条件知

$$f\left(\frac{x_1 + \cdots + x_{2^{k+1}}}{2^{k+1}}\right)$$

$$= f\left(\frac{x_1 + \cdots + x_{2^k}}{2^{k+1}} + \frac{x_{2^k} + \cdots + x_{2^{k+1}}}{2^{k+1}}\right) = f\left(\frac{y_1 + y_2}{2}\right)$$

$$\leqslant \frac{f(y_1) + f(y_2)}{2}$$

$$\leqslant \frac{1}{2}\left\{\frac{1}{2^k}[f(x_1) + \cdots + f(x_{2^k})] + \frac{1}{2^k}[f(x_{2^k+1}) + \cdots + f(x_{2^{k+1}})]\right\}$$

$$= \frac{f(x_1) + \cdots + f(x_{2^{k+1}})}{2^{k+1}}.$$

现在证明对一般的正整数 n 结论成立. 由于结论对无穷多个自然数成立, 故设有 $n(n > 1)$ 成立下式

$$f\left(\frac{x_1 + x_2 + \cdots + x_n}{n}\right) \leqslant \frac{f(x_1) + f(x_2) + \cdots + f(x_n)}{n}.$$

于是, 对任意的 $x_i \in I(i = 1, 2, \cdots, n-1)$, 令 $x_n = \dfrac{x_1 + x_2 + \cdots + x_{n-1}}{n-1}$, 则有

$$f(x_n) = f\left(\frac{(n-1)x_n + x_n}{n}\right) = f\left(\frac{x_1 + \cdots + x_{n-1} + x_n}{n}\right)$$

$$\leqslant \frac{f(x_1) + \cdots + f(x_{n-1}) + f(x_n)}{n}.$$

即 $(n-1)f(x_n) \leqslant f(x_1) + \cdots + f(x_{n-1})$. 也就是, $f\left(\dfrac{x_1 + \cdots + x_{n-1}}{n-1}\right) \leqslant$ $\dfrac{f(x_1) + \cdots + f(x_{n-1})}{n-1}$. 因此, 由归纳法知结论成立.

14. 如果在区间 I 上连续的 $f(x)$ 满足 $f\left(\dfrac{x_1 + x_2}{2}\right) \leqslant \dfrac{f(x_1) + f(x_2)}{2}$, 对任意的 $x_1 \in I$, $x_2 \in I$, 且等号仅当 $x_1 = x_2$ 时成立, 那么, 对任意的 $x_1 \in I$, $x_2 \in I$, 均有

$$f(\alpha x_1 + (1-\alpha)x_2) \leqslant \alpha f(x_1) + (1-\alpha)f(x_2),$$

其中, $0 \leqslant \alpha \leqslant 1$, 等号成立仅当 $\alpha = 0$, 或 $\alpha = 1$, 或 $x_1 = x_2$ 时.

证明 首先证明 α 为有理数且 $0 < \alpha < 1$ 时结论成立.

对有理数 α, 存在正整数 $p < q$ 使得 $\alpha = \dfrac{p}{q}$. 于是,

$$f(\alpha x_1 + (1-\alpha)x_2) = f\left(\frac{px_1 + (q-p)x_2}{q}\right)$$

$$\leqslant \overbrace{\frac{f(x_1) + \cdots + f(x_1)}{q}}^{p} + \overbrace{\frac{f(x_2) + \cdots + f(x_2)}{q}}^{q-p}$$

$$= \frac{p}{q}f(x_1) + \frac{q-p}{q}f(x_2) = \alpha f(x_1) + (1-\alpha)f(x_2).$$

现在证明 α 为无理数且 $0 < \alpha < 1$ 时结论也成立. 若不然, 存在无理数 α_0 以及 $x_1^0 \in I$, $x_2^0 \in I$, 使得 $f(\alpha_0 x_1^0 + (1-\alpha_0)x_2^0) > \alpha_0 f(x_1^0) + (1-\alpha_0)f(x_2^0)$. 由于 $f(x)$ 是连续的, 于是, 对 $\varepsilon_0 = f(\alpha_0 x_1^0 + (1-\alpha_0)x_2^0) - [\alpha_0 f(x_1^0) + (1-\alpha_0)f(x_2^0)] > 0$, 存在 $\delta > 0$, 使得当 $|x - \alpha_0 x_1^0 - (1-\alpha_0)x_2^0| < \delta$ 时, $|f(x) - f(\alpha_0 x_1^0 + (1-\alpha_0)x_2^0)| < \frac{\varepsilon_0}{2}$. 令 $\delta_0 = \min\left\{\delta, \frac{\varepsilon_0}{2}\right\}$, 则由实数的稠密性, 可取正有理数 r 小于 1, 且

$$|r - \alpha_0| < \frac{\delta_0}{2(|x_1^0| + |x_2^0| + 1)(|f(x_1^0)| + |f(x_2^0)| + 1)}.$$

此时

$$\left|rx_1^0 + (1-r)x_2^0 - \alpha_0 x_1^0 - (1-\alpha_0)x_2^0\right| < |r - \alpha_0|\left(|x_1^0| + |x_2^0|\right) < \frac{\delta}{2} < \delta,$$

从而, $|f(rx_1^0 + (1-r)x_2^0) - f(\alpha_0 x_1^0 + (1-\alpha_0)x_2^0)| < \frac{\varepsilon_0}{2}$, 即

$$f(rx_1^0 + (1-r)x_2^0)$$
$$= f(\alpha_0 x_1^0 + (1-\alpha_0)x_2^0) + f(rx_1^0 + (1-r)x_2^0) - f(\alpha_0 x_1^0 + (1-\alpha_0)x_2^0)$$
$$\geqslant f(\alpha_0 x_1^0 + (1-\alpha_0)x_2^0) - \left|f(rx_1^0 + (1-r)x_2^0) - f(\alpha_0 x_1^0 + (1-\alpha_0)x_2^0)\right|$$
$$> \frac{f(\alpha_0 x_1^0 + (1-\alpha_0)x_2^0) + \alpha_0 f(x_1^0) + (1-\alpha_0)f(x_2^0)}{2}.$$

于是有

$$rf(x_1^0) + (1-r)f(x_2^0) > \frac{f(\alpha_0 x_1^0 + (1-\alpha_0)x_2^0) + \alpha_0 f(x_1^0) + (1-\alpha_0)f(x_2^0)}{2} \quad (*)$$

此外

$$\left|rf(x_1^0) + (1-r)f(x_2^0) - \alpha_0 f(x_1^0) - (1-\alpha_0)f(x_2^0)\right|$$
$$\leqslant |r - \alpha_0|\left(\left|f(x_1^0)\right| + \left|f(x_2^0)\right|\right)$$
$$< \frac{\varepsilon_0}{2},$$

即

$$rf(x_1^0) + (1-r)f(x_2^0) < \alpha_0 f(x_1^0) - (1-\alpha_0)f(x_2^0) + \frac{\varepsilon_0}{2}$$

$$= \frac{\alpha_0 f(x_1^0) + (1-\alpha_0)f(x_2^0) + f(\alpha_0 x_1^0 + (1-\alpha_0)x_2^0)}{2}. \quad (**)$$

(∗) 式和 (∗∗) 式是矛盾的. 故命题得证.

15. 设 $f(x)$ 在区间 I 上是上凹函数, 则 $f(x)$ 在区间 I 上连续.

证明 首先证明对任意的 $x_1, x_2, x_3 \in I$, 成立下式:

$$\frac{f(x_2) - f(x_1)}{x_2 - x_1} < \frac{f(x_3) - f(x_1)}{x_3 - x_1} < \frac{f(x_3) - f(x_2)}{x_3 - x_2}.$$

事实上, 令 $\alpha = \dfrac{x_3 - x_2}{x_3 - x_1}$, 则 $0 < \alpha < 1$ 且 $1 - \alpha = \dfrac{x_2 - x_1}{x_3 - x_1}$. 于是, 由上凹函数的定义知

$$f(x_2) = f(\alpha x_1 + (1-\alpha)x_3) < \alpha f(x_1) + (1-\alpha)f(x_3),$$

即 $f(x_2) - f(x_1) < (1-\alpha)(f(x_3) - f(x_1)) = \dfrac{x_2 - x_1}{x_3 - x_1}(f(x_3) - f(x_1))$,

$$\alpha(f(x_3) - f(x_1)) = \frac{x_3 - x_2}{x_3 - x_1}(f(x_3) - f(x_1)) < f(x_3) - f(x_2),$$

$$\frac{f(x_2) - f(x_1)}{x_2 - x_1} < \frac{f(x_3) - f(x_1)}{x_3 - x_1},$$

$$\frac{f(x_3) - f(x_1)}{x_3 - x_1} < \frac{f(x_3) - f(x_2)}{x_3 - x_2}.$$

这样便证明了结论.

下面证明连续性. 任取一点 $x \in I$, 总有 x_1 和 x_2 使得 $x_1 < x < x_2$ 且 $[x_1, x_2] \subset I$. 于是, 令 $\delta_0 = \min\{x - x_1, x_2 - x\}$, 对任意的 $\varepsilon > 0$, 取

$$\delta = \min\left\{\delta_0, \frac{\delta_0 \varepsilon}{|f(x+\delta_0) - f(x)| + 1}, \frac{\delta_0 \varepsilon}{|f(x) - f(x-\delta_0)| + 1}\right\} > 0,$$

使得 $|t - x| < \delta$ 时, $|f(t) - f(x)| < \varepsilon$ 成立 $(t \in I)$.

事实上, 当 $0 \leqslant t - x < \delta$ 时,

$$\frac{f(x) - f(x-\delta_0)}{\delta_0} < \frac{f(t) - f(x)}{t - x} < \frac{f(x+\delta_0) - f(x)}{\delta_0},$$

即

$$\varepsilon < -\left|\frac{f(x) - f(x-\delta_0)}{\delta_0}\right|(t-x) < f(t) - f(x) < (t-x)\left|\frac{f(x+\delta_0) - f(x)}{\delta_0}\right| < \varepsilon,$$

从而, $|f(t) - f(x)| < \varepsilon (t \in I)$.

同理当 $-\delta < t - x < 0$ 时也有 $|f(t) - f(x)| < \varepsilon(t \in I)$.

注　这表明, 连续函数 $f(x)$ 在区间 I 上是上凹的充分必要条件为对任意两点 x_1, x_2 且 $x_1 \neq x_2$ 时成立 $f\left(\dfrac{x_1 + x_2}{2}\right) < \dfrac{f(x_1) + f(x_2)}{2}$.

16. 如果 $f(x)$ 在区间 $[a, b]$ 上是上凹函数, 则 $f(x) \leqslant \max\{f(a), f(b)\}$.

证明　若不然, 存在 $a < x_0 < b$, 使得 $f(x_0) > \max\{f(b), f(a)\} \geqslant f(b)$. 于是

$$f\left(x_0 + \frac{b - x_0}{2}\right) < \frac{1}{2}[f(x_0) + f(b)] < f(x_0),$$

$$f\left(x_0 + \frac{b - x_0}{2^2}\right) < \frac{1}{2}\left[f\left(x_0 + \frac{b - x_0}{2}\right) + f(b)\right]$$

$$< \frac{1}{2}\left[\frac{1}{2}(f(x_0) + f(b)) + f(b)\right] < f(x_0).$$

一般地, $f\left(x_0 + \dfrac{b - x_0}{2^n}\right) < \dfrac{1}{2}\left[\dfrac{1}{2}(f(x_0) + f(b)) + f(b)\right] < f(x_0)$. 因此, 由函数的连续性知

$$f(x_0) = \lim_{n \to \infty} f\left(x_0 + \frac{b - x_0}{2^n}\right) \leqslant \frac{1}{2}\left[\frac{1}{2}(f(x_0) + f(b)) + f(b)\right] < f(x_0).$$

这是矛盾的. 故命题得证.

17. 求下列极限:

(1) $\displaystyle\lim_{(x,y) \to (1,0)} \frac{4x - \cos xy}{x^2 + 2x + y^2}$;　　　　(2) $\displaystyle\lim_{(x,y) \to (1,0)} \frac{x^2 + y^2 + 2xy - 1}{x + y - 1}$;

(3) $\displaystyle\lim_{(x,y) \to (0,2)} \frac{1 - \cos(x^2 + y^2 - 4)}{\sin(x^2 + y^2 - 4)^2}$;　(4) $\displaystyle\lim_{(x,y) \to (0,0)} (\cos(\sqrt{|x| + |y|}))^{\frac{1}{x^2 - y^2 - x - y}}$;

(5) $\displaystyle\lim_{(x,y) \to (0,0)} \frac{x^3 - y^3}{x^2 + y^2}$;　　　　　　(6) $\displaystyle\lim_{(x,y) \to (1,\infty)} \frac{\arctan xy - \cos xy}{x^2 + 2x + y^2}$.

解　(1) $\displaystyle\lim_{(x,y) \to (1,0)} \frac{4x - \cos xy}{x^2 + 2x + y^2} = \frac{\displaystyle\lim_{(x,y) \to (1,0)}(4x - \cos xy)}{\displaystyle\lim_{(x,y) \to (1,0)}(x^2 + 2x + y^2)} = 1$.

(2) $\displaystyle\lim_{(x,y) \to (1,0)} \frac{x^2 + y^2 + 2xy - 1}{x + y - 1} = \lim_{(x,y) \to (1,0)} \frac{(x + y + 1)(x + y - 1)}{x + y - 1}$

$$= \lim_{(x,y) \to (1,0)} (x + y + 1) = 2.$$

(3) $\lim\limits_{(x,y)\to(0,2)} \dfrac{1-\cos(x^2+y^2-4)}{\sin(x^2+y^2-4)^2} = \lim\limits_{(x,y)\to(0,2)} \dfrac{2\sin^2\dfrac{x^2+y^2-4}{2}}{(x^2+y^2-4)^2}$

$$= \lim\limits_{(x,y)\to(0,2)} \dfrac{2\times\dfrac{1}{4}(x^2+y^2-4)^2}{(x^2+y^2-4)^2} = \dfrac{1}{2}.$$

(4) $\lim\limits_{(x,y)\to(0,0)} (\cos\sqrt{|x|+|y|})^{\frac{1}{x^2-y^2-|x|-|y|}}$

$$= \lim\limits_{(x,y)\to(0,0)} (1+\cos\sqrt{|x|+|y|}-1)^{\frac{1}{\cos\sqrt{|x|+|y|}-1}\cdot\frac{\cos\sqrt{|x|+|y|}-1}{x^2-y^2-|x|-|y|}}$$

$$= \lim\limits_{(x,y)\to(0,0)} (1+\cos\sqrt{|x|+|y|}-1)^{\frac{1}{\cos\sqrt{|x|+|y|}-1}\cdot\frac{-(|x|+|y|)}{2(|x|+|y|)(|x|-|y|-1)}} = \sqrt{e}.$$

(5) 由于 $0\leqslant\left|\dfrac{x^3-y^3}{x^2+y^2}\right|\leqslant|x|+|y|,\ \lim\limits_{(x,y)\to(0,0)}0=0$ 和 $\lim\limits_{(x,y)\to(0,0)}(|x|+|y|)=0$,

所以由夹逼定理知 $\lim\limits_{(x,y)\to(0,0)}\dfrac{x^3-y^3}{x^2+y^2}=0.$

(6) 由于

$$0\leqslant\left|\dfrac{\arctan xy-\cos xy}{x^2+2x+y^2}\right|\leqslant\left(\dfrac{\pi}{2}+1\right)\dfrac{1}{x^2+y^2},$$

$$\lim\limits_{(x,y)\to(1,\infty)}0=0 \quad \text{以及} \quad \lim\limits_{(x,y)\to(1,\infty)}\dfrac{1}{x^2+y^2}\left(\dfrac{\pi}{2}+1\right)=0,$$

因此, 由夹逼定理知 $\lim\limits_{(x,y)\to(1,\infty)}\dfrac{\arctan xy-\cos xy}{x^2+2x+y^2}=0.$

18. 设二元函数 $f(x,y)=\begin{cases} 1, & y=x^3, \\ \dfrac{\sin xy}{y}, & y\neq x^3. \end{cases}$

(1) 求 $\lim\limits_{x\to0}\lim\limits_{y\to0}f(x,y)$ 和 $\lim\limits_{y\to0}\lim\limits_{x\to0}f(x,y)$;

(2) 证明 $\lim\limits_{(x,y)\to(0,0)}f(x,y)$ 不存在.

解 (1) $\lim\limits_{x\to0}\lim\limits_{y\to0}f(x,y)=\lim\limits_{x\to0}\lim\limits_{y\to0}\dfrac{\sin xy}{y}=\lim\limits_{x\to0}x=0,$

$$\lim\limits_{y\to0}\lim\limits_{x\to0}f(x,y)=\lim\limits_{y\to0}\lim\limits_{x\to0}\dfrac{\sin xy}{y}=\lim\limits_{y\to0}0=0.$$

(2) 由于 $\lim\limits_{x\to0}f(x,x)=\lim\limits_{x\to0}\dfrac{\sin x^2}{x}=0$, 以及 $\lim\limits_{x\to0}f(x,x^3)=\lim\limits_{x\to0}1=1$, 由于 1.2.3 节中的结论 9 知, $\lim\limits_{(x,y)\to(0,0)}f(x,y)$ 不存在.

19. 设二元函数 $f(x,y)=(x+y)\sin\dfrac{1}{x}\sin\dfrac{1}{y}.$

(1) 求 $\lim\limits_{(x,y)\to(0,0)} f(x,y)$;

(2) 证明 $\lim\limits_{x\to0}\lim\limits_{y\to0} f(x,y)$ 和 $\lim\limits_{y\to0}\lim\limits_{x\to0} f(x,y)$ 都不存在.

解　(1) 由于 $0 \leqslant |f(x,y)| = \left| (x+y)\sin\dfrac{1}{x}\sin\dfrac{1}{y} \right| \leqslant |x|+|y|$, 且 $\lim\limits_{(x,y)\to(0,0)} 0 = 0$, $\lim\limits_{(x,y)\to(0,0)} (|x|+|y|) = 0$, 因此, 由夹逼定理知 $\lim\limits_{(x,y)\to(0,0)} f(x,y) = 0$.

(2) 由于

$$\lim_{x\to0}\lim_{y\to0} f(x,y) = \lim_{x\to0}\lim_{y\to0} (x+y)\sin\frac{1}{x}\sin\frac{1}{y}$$
$$= \lim_{x\to0}\lim_{y\to0}\left(x\sin\frac{1}{x}\sin\frac{1}{y} + \sin\frac{1}{x}y\sin\frac{1}{y} \right),$$

$\lim\limits_{y\to0} x\sin\dfrac{1}{x}\sin\dfrac{1}{y} = x\sin\dfrac{1}{x}\lim\limits_{y\to0}\sin\dfrac{1}{y}$ 不存在, 且 $\lim\limits_{y\to0}\sin\dfrac{1}{x}y\sin\dfrac{1}{y} = \sin\dfrac{1}{x}\lim\limits_{y\to0}y\sin\dfrac{1}{y} = 0$, 因此, $\lim\limits_{x\to0}\lim\limits_{y\to0} f(x,y)$ 不存在. 同理可知 $\lim\limits_{y\to0}\lim\limits_{x\to0} f(x,y)$ 不存在.

20. 设二元函数 $f(x,y) = \begin{cases} \dfrac{xy}{x^2+y^2}, & x^2+y^2 \neq 0, \\ 0, & x^2+y^2 = 0. \end{cases}$ 证明函数关于 x 和 y 都是连续的但函数不是连续的.

解　显然, $x \neq 0$ 时, $f(x,y)$ 关于 x 是连续的. 又

$$\lim_{x\to0} f(x,y) = \begin{cases} \lim\limits_{x\to0}\dfrac{xy}{x^2+y^2} = 0 = f(0,y), & y \neq 0, \\ \lim\limits_{x\to0} 0 = 0 = f(0,0), & y = 0, \end{cases}$$

即 $\lim\limits_{x\to0} f(x,y) = f(0,y)$. 于是由连续的定义知, $x = 0$ 时, $f(x,y)$ 关于 x 是连续的. 总之, $f(x,y)$ 关于 x 连续. 同理可知, $f(x,y)$ 关于 y 连续.

但是, 由于 $\lim\limits_{x\to0} f(x,x) = \lim\limits_{x\to0}\dfrac{x^2}{2x^2} = \dfrac{1}{2}$, 且 $\lim\limits_{x\to0} f\left(x,\dfrac{x}{2}\right) = \lim\limits_{x\to0}\dfrac{\frac{1}{2}x^2}{\frac{5}{4}x^2} = \dfrac{2}{5}$, 因此, 由 1.2.3 节中的结论 9 知, $\lim\limits_{(x,y)\to(0,0)} f(x,y)$ 不存在. 进而, $f(x,y)$ 在 $(0,0)$ 处是不连续的. 因此, $f(x,y)$ 是不连续的.

1.4　复　习　题

1. 下列命题对吗?

(1) 奇函数的和仍为奇函数, 偶函数的和仍为偶函数.

(2) 奇 (偶) 函数的个数为偶数时, 它们的积为偶函数, 奇 (偶) 函数的个数为奇数时, 它们的积仍为奇 (偶) 函数.

(3) 奇偶函数的积是奇函数. 奇偶函数的复合函数是偶函数.

(4) 任一个定义在实数集上的函数都可分解成一个奇函数与一个偶函数的和且此分解是唯一的.

2. 设 $f(x)$ 在 $(-\infty, \infty)$ 上是偶函数, 且对于任何 x 值均有 $f(x+2) - f(x) = f(2)$, 那么 $\lim\limits_{n \to \infty} \dfrac{1}{n} f(2n) = $ _____.

3. 如果 $\lim\limits_{x \to a} [\sqrt{f(x)} + \sqrt{g(x)}] = 5$, $\lim\limits_{x \to a} [\sqrt{f(x)} - \sqrt{g(x)}] = 3$, 那么 $\lim\limits_{x \to a} f(x)g(x) = $ _____.

4. $\lim\limits_{x \to +\infty} \dfrac{x}{[x]} = $ _____.

5. 设 $f(x)$ 是以 T 为周期的周期函数, 则下列式子成立的有_____.

(A) $f\left(x + \dfrac{1}{2}T\right) = f\left(x - \dfrac{1}{2}T\right)$ 　　　　　(B) $f(nT + x) = f(nT - x)$

(C) $f(x + T) = f(T - x)$ 　　　　　(D) $f(x + rT) = f(x - rT)(r$ 为有理数$)$

6. 设 $f(x)$ 是定义在 $(-\infty, \infty)$ 上的奇函数, 且对于任何 x 值均有 $f(x+2) - f(x) = f(2)$, 那么_____.

(A) $\lim\limits_{x \to +\infty} f(x)$ 存在 　　　　　(B) $\lim\limits_{n \to \infty} f(n)$ 存在

(C) $\lim\limits_{n \to \infty} \dfrac{f(n)}{n}$ 存在 　　　　　(D) $\lim\limits_{x \to +\infty} \dfrac{f(x)}{x}$ 存在

7. 设 $F(x) = \begin{cases} f(x), & x \neq x_0, \\ 2, & x = x_0 \end{cases}$ 在 $D(f)$ 上连续, 则必有_____.

(A) $\lim\limits_{x \to x_0} f(x) = f(x_0)$ 　　　　　(B) $\lim\limits_{x \to x_0} f(x) = 2$

(C) $f(x_0) = 2$ 　　　　　(D) $\lim\limits_{x \to x_0} f(x) \neq f(x_0)$

8. $\lim\limits_{(x,y) \to (0,0)} f(x,y)$ 存在的是_____.

(A) $f(x,y) = \begin{cases} \dfrac{y}{x+y}, & x + y \neq 0, \\ 1, & x + y = 0 \end{cases}$

(B) $f(x,y) = \begin{cases} \dfrac{y^2}{x^2 + y^2}, & x^2 + y^2 \neq 0, \\ 1, & x^2 + y^2 = 0 \end{cases}$

(C) $f(x,y) = \begin{cases} x \sin \dfrac{1}{x} \cos \dfrac{1}{y}, & x^2 + y^2 \neq 0, \\ 1, & x^2 + y^2 = 0 \end{cases}$

(D) $f(x,y) = \begin{cases} 1, & y = x^2, \\ 0, & y \neq x^2 \end{cases}$

9. 方程 $\dfrac{1}{x+1} + \dfrac{2}{x} + \dfrac{1}{x-1} = 0$ _____.

(A) 无根   (B) 有三个根

(C) 有两个符号相反的根   (D) 有两个同号的根

10. 设 $f(x)$ 是实数轴上的上凹函数, 则下列函数必定是上凹函数的是_____.

(A) $F(x,y) = f(x) + f(y)$ (B) $F(x,y) = f(x) \cdot f(y)$

(C) $F(x,y) = \min\{f(x), f(y)\}$ (D) $F(x,y) = f(x) - f(y)$

11. 求下列极限:

(1) $\lim\limits_{x\to 0} \dfrac{|x-2| - |x+2|}{x}$;

(2) $\lim\limits_{x\to -1} \dfrac{\sqrt[5]{x} + 1}{\sqrt[3]{x} + 1}$;

(3) $\lim\limits_{x\to\infty} \dfrac{1 - 2x + 3x^4}{2 + 9x^4}$;

(4) $\lim\limits_{x\to +\infty} \dfrac{1 + \ln x - \ln^2 x}{2 - \ln^2 x}$;

(5) $\lim\limits_{x\to\infty} \dfrac{\sqrt[3]{x} - 2}{2 + 9|x|}$;

(6) $\lim\limits_{x\to 0} \dfrac{x^2 + 1}{1 - \cos x}$;

(7) $\lim\limits_{x\to\infty} \sin\left(\dfrac{1 + 3x + \pi x^2}{2x^2 + 1}\right)$;

(8) $\lim\limits_{x\to 4^+} 2^{\frac{x^2 - 7x + 10}{\sqrt{x} - 2}}$;

(9) $\lim\limits_{x\to 1^+} \arctan\left(\dfrac{1 + 2x + 3x^2}{x - 1}\right)$;

(10) $\lim\limits_{x\to 4^-} e^{\frac{1+x}{\sqrt{x} - 2}}$;

(11) $\lim\limits_{x\to\frac{\pi}{2}} \dfrac{\cos x}{2x - \pi}$;

(12) $\lim\limits_{x\to 1} \dfrac{2\arcsin x - \pi}{\sqrt{1 - x}}$;

(13) $\lim\limits_{x\to 1} \dfrac{\tan(x^2 + 2x - 3)}{x^2 - 1}$;

(14) $\lim\limits_{x\to 1} \dfrac{\arctan(\ln x)}{x - 1}$;

(15) $\lim\limits_{x\to 0} \dfrac{\arctan[(a^2 + 1)x]}{\arcsin[(b^2 + 1)x]}$;

(16) $\lim\limits_{x\to 0} \dfrac{2^x - e^x}{x}$;

(17) $\lim\limits_{x\to\infty} \left(\cos\dfrac{1}{x} + \sin^2\dfrac{1}{x}\right)^{x^2}$;

(18) $\lim\limits_{x\to 0^+} (1 + xe^x)^{e^{\frac{1}{x}}}$;

(19) $\lim\limits_{x\to\infty} \left(\dfrac{2x\arctan x^2}{\pi x + 1}\right)^x$;

(20) $\lim\limits_{x\to\infty} \dfrac{x^6[\ln(x^2 - 1) - \ln(x^2 + 1)]}{2x^4 + x^2 + 1}$;

(21) $\lim\limits_{x\to 0} \dfrac{\sqrt{1 + x} - \sqrt{1 + \sin x}}{x^3}$;

(22) $\lim\limits_{x\to 0} \dfrac{e^{\tan x} - e^x}{x^3}$;

(23) $\lim\limits_{x\to 0^+} x^{\arcsin x}$;

(24) $\lim\limits_{x\to 0^+} (\cot x)^{\tan x}$;

(25) $\lim\limits_{x\to 0} \left(\dfrac{1}{x^2} - \dfrac{\cos x}{x\sin x}\right)$;

(26) $\lim\limits_{x\to\infty} \left(x - x^2\ln\left(1 + \dfrac{1}{x}\right)\right)$;

(27) $\lim\limits_{(x,y)\to(0,2)} \dfrac{\tan xy - \sin xy}{x^3}$;

(28) $\lim\limits_{(x,y)\to(1,0)} \dfrac{xy - \sin xy}{y - \tan y}$.

12. 求满足下列条件的函数表达式中的未知参数:

(1) $\lim\limits_{x\to\infty} \left(\dfrac{x^3 + 2x^2 + 3x + 5}{x + 1} - ax^2 - bx - c\right) = 0$;

(2) $\lim\limits_{x\to 0} (1 - x)^{\frac{1}{\tan ax + b\cos x}} = e^3$;

(3) $\lim\limits_{x \to 0} f(x) = f(0)$, $\lim\limits_{x \to 1} f(x) = f(1)$, 其中

$$f(x) = \begin{cases} \dfrac{\sin ax}{x} - b, & x < 0, \\ (e-1)x, & 0 \leqslant x \leqslant 1, \\ bx^{\frac{2}{x^2-1}} - a, & 1 < x; \end{cases}$$

(4) $\lim\limits_{x \to 0} \left(\dfrac{a + b\cos x}{x^2} \operatorname{arc cot} \dfrac{1}{x} - \operatorname{arc cot} \dfrac{1}{x} \right) = 0$.

13. 求下列极限:

(1) $\lim\limits_{n \to \infty} (x-1)\arctan x^{2n}$; (2) $\lim\limits_{t \to +\infty} \sqrt[t]{1 + e^{t(x+1)}}$.

14. 已知 $a_1 + a_2 + \cdots + a_n = 0$, 求 $\lim\limits_{x \to +\infty} (a_1\sqrt{x+1} + a_2\sqrt{x+2} + \cdots + a_n\sqrt{x+n})$.

15. 已知 $f(x) = a_1\ln(1+x) + a_2\ln(1+2x) + \cdots + a_n\ln(1+nx)$, 且正数 $a_i(i = 1, 2, \cdots, n)$ 满足 $a_1 + a_2 + \cdots + a_n = 1$, 那么 $a_1 + 2a_2 + 3a_3 + \cdots + na_n \leqslant n$.

16. 设 $f(x)$ 在 $[1, +\infty)$ 上连续, 且 $1 \leqslant f(x)$. 如果 $\lim\limits_{x \to +\infty} (f(x) - x) = -\infty$, 则存在 $\xi \in [1, +\infty)$ 使得 $f(\xi) = \xi$.

17. 设 $f(x)$ 在 $(-\infty, +\infty)$ 上连续, 且对任意的实数 x, y 都有 $|f(x) - f(y)| < \dfrac{1}{2}|x - y|$, 则

(1) $F(x) = \dfrac{1}{2}x - f(x)$ 是递增函数.

(2) 方程 $f(x) - x = 0$ 有实数根.

18. 设 $f(x), g(x)$ 在区间 $[a, b]$ 上连续, 且 $\max\{f(a), g(a)\} < \mu < \max\{f(b), g(b)\}$, 则至少存在一点 $\xi \in (a, b)$, 使得 $f(\xi) + g(\xi) + |f(\xi) - g(\xi)| = 2\mu$.

19. 设 $f(x)$ 在 $(-\infty, +\infty)$ 上连续, 且 $\lim\limits_{x \to \infty} f(x)$ 存在, 则 $f(x)$ 是有界函数.

20. 证明方程 $x^3 + ax + b = 0 (a > 0)$ 有唯一根.

21. 设 $a > 0$, $b > 0$, 则证明方程 $2x = a\sin x + b$ 至少有一个不大于 $\dfrac{a+b}{2}$ 的正根.

22. 设 $f(x)$ 在 $[0, 3]$ 上连续, 且对任意的 $x \in [0, 3]$ 都是无理数, 又已知 $f(1) = e$, 则对任意的 $x \in [0, 3]$ 都有 $f(x) = e$.

23. 如果在区间 I 上连续的 $f(x)$ 满足 $f\left(\dfrac{x_1 + x_2}{2}\right) \geqslant \dfrac{f(x_1) + f(x_2)}{2}$, 对任意的 $x_1 \in I$, $x_2 \in I$, 且等号仅当 $x_1 = x_2$ 时成立, 那么对任意的 $x_1 \in I$, $x_2 \in I$, 均有

$$f(\alpha x_1 + (1-\alpha)x_2) \geqslant \alpha f(x_1) + (1-\alpha)f(x_2),$$

其中, $0 \leqslant \alpha \leqslant 1$, 等号成立仅当 $\alpha = 0$ 或 $\alpha = 1$ 或 $x_1 = x_2$ 时.

24. 如果 $f(x)$ 在区间 $[a, b]$ 上下凹, 则 $f(x) \geqslant \min\{f(a), f(b)\}$.

25. 设 $f(x, y) = x\sin\dfrac{1}{y} + y\cos\dfrac{1}{x}$, 试求

(1) $\lim\limits_{y \to 0}\lim\limits_{x \to 0} f(x, y)$; (2) $\lim\limits_{x \to 0}\lim\limits_{y \to 0} f(x, y)$; (3) $\lim\limits_{(x,y) \to (0,0)} f(x, y)$.

26. 求 A 的值使得 $f(x, y) = \begin{cases} 1 + \dfrac{x^3 - y^3}{x^2 + y^2}, & x^2 + y^2 \neq 0, \\ A, & x^2 + y^2 = 0 \end{cases}$ 是连续函数.

27. 设 $f(x,y) = \begin{cases} x + y, & x \neq 0, y \neq 0, \\ 1, & x = 0 \text{ 或 } y = 0. \end{cases}$

(1) 证明 $\lim\limits_{(x,y)\to(0,0)} f(x,y)$, $\lim\limits_{(x,y)\to(0,b)} f(x,y)$ 以及 $\lim\limits_{(x,y)\to(a,0)} f(x,y)$ 都不存在.

(2) 求 $f(x,y)$ 的间断点.

28. 设 $f(x,y) = \begin{cases} \dfrac{xy^2}{x^2 + y^4}, & x^2 + y^2 \neq 0, \\ 0, & x^2 + y^2 = 0. \end{cases}$ 证明函数 $f(x,y)$ 关于 x 和 y 都连续但在点 $(0,0)$ 处不连续.

29. 证明 $f(x,y) = x + y^3$ 关于 x 和 y 都是单调递增的.

30. 证明 $f(x,y) = \sqrt{xy}$ 是上凹的.

1.5　复习题参考答案与提示

1. (1) 对; (2) 对; (3) 不一定; (4) 对. 2. $f(2)$. 3. 16. 4. 1. 5. (A). 6. (C). 7. (B). 8. (C). 9. (C). 10. (A).

11. (1) -2; (2) 3/5; (3) 1/3; (4) 1; (5) 0; (6) ∞; (7) 1; (8) 0; (9) $\pi/2$; (10) 0; (11) $-\dfrac{1}{2}$; (12) $-2\sqrt{2}$; (13) 2; (14) $\dfrac{1}{2}$; (15) $\dfrac{a^2 + 1}{b^2 + 1}$; (16) $\ln\dfrac{2}{e}$; (17) e^{-1}; (18) 1; (19) $e^{-\frac{1}{\pi}}$; (20) -1; (21) 1/12; (22) 1/3; (23) 1; (24) 1; (25) $\dfrac{1}{3}$; (26) 1/2; (27) 4; (28) $-\dfrac{1}{2}$;

12. (1) $a = b = 1$, $c = 2$; (2) $a = -\dfrac{1}{3}$, $b = 0$; (3) $a = b = 1$; (4) $a = 2, b = -2$.

13. (1) 当 $-1 < x \leqslant 1$ 时, 极限为 0; 当 $x = -1$ 时, 极限为 $-\dfrac{\pi}{2}$; 当 $|x| > 1$ 时, 极限为 $\dfrac{\pi}{2}(x - 1)$.

(2) 当 $x \leqslant -1$ 时, 极限为 1; 当 $x > -1$ 时, 极限为 e^{x+1}.

14. 0. 15. 考虑函数 $\dfrac{f(x)}{x}$ 在 0 点处的极限.

16. 作辅助函数 $F(x) = f(x) - x$.

17. 提示: (1), (2), 由介值定理可证令 $a_{n+1} = f(a_n)$, $a_1 \geqslant 1$.

18. 作辅助函数 $F(x) = f(x) + g(x) + |f(x) - g(x)|$.

19. 用有界性定理. 20. 用零点 (根) 存在定理. 21. 用零点 (根) 存在定理.

22. 利用反证法. 23. 仿例题选解中的 14 题.

24. 仿例题选解中的 16 题. 25. (1), (2) 都不存在; (3) 0. 26. $A = 1$.

27. (1) 略; (2) $(0,y)$ 或 $(x,0)$, x, y 为任意实数.

28. 略. 29. 略. 30. 略.

第 2 章 导数与微分

2.1 概念、性质与定理

2.1.1 导数

2.1.1.1 定义

设 $y = f(x)$ 在 x_0 点及附近有定义, 如果 $\lim\limits_{x \to x_0} \dfrac{f(x) - f(x_0)}{x - x_0}$ 存在, 则说 $f(x)$ 在 x_0 点可导, 而极限值称为 $f(x)$ 在 x_0 点的导数, 记为 $f'(x_0)$, 或 $y'(x_0)$, 或 $f'(x)|_{x=x_0}$, 或 $\dfrac{\mathrm{d}f(x)}{\mathrm{d}x}\Big|_{x=x_0}$, 或 $\dfrac{\mathrm{d}y}{\mathrm{d}x}\Big|_{x=x_0}$, 等等, 即

$$f'(x_0) = \lim_{x \to x_0} \frac{f(x) - f(x_0)}{x - x_0}.$$

令 $\Delta x = x - x_0$, 则 $f(x) - f(x_0) = f(x_0 + \Delta x) - f(x_0)$, 并记为 Δy 或 Δf. 于是上述定义等价于

$$f'(x_0) = \lim_{\Delta x \to 0} \frac{\Delta y}{\Delta x} = \lim_{\Delta x \to 0} \frac{f(x_0 + \Delta x) - f(x_0)}{\Delta x}.$$

如果令 $h = \Delta x$, 则上式又可写为

$$f'(x_0) = \lim_{h \to 0} \frac{f(x_0 + h) - f(x_0)}{h}.$$

2.1.1.2 导数的意义

1. 几何意义: $f'(x_0)$ 表示曲线 $y = f(x)$ 在点 $(x_0, f(x_0))$ 处的切线的斜率. 其切线方程为

$$y - f(x_0) = f'(x_0)(x - x_0),$$

法线方程为

$$y - f(x_0) = -\frac{1}{f'(x_0)}(x - x_0).$$

2. 物理意义: 如果 $y = f(x)$ 是某物体的运动方程, 则 $f'(x_0)$ 表示物体在时刻 x_0 的即时速度.

3. 经济意义: 如果 $y = f(x)$ 是经济领域中的一个经济函数, 则 $f'(x_0)$ 表示函数 $f(x)$ 在 x_0 处的边际. 比如说, $C(x) = 100 + 6x$ 是成本函数, 其中 x 为产量,

则 $C'(2) = 6$ 表示产量为 1 个单位时的边际成本, 具体的含义为在两个单位的产量的基础上再生产一个单位的产量所需要的成本, 或者说生产第三个单位的产量所需要的成本. 其他经济函数的边际均可类似地理解.

2.1.1.3　导函数简称导数

如果函数 $y = f(x)$ 在其定义域上的任意一点 x 处都是可导的, 即

$$\lim_{h \to 0} \frac{f(x + h) - f(x)}{h}$$

存在, 那么导数便是 x 的一个函数, 并称之为 $y = f(x)$ 的导函数, 简称导数, 记为 $f'(x)$, 或 $y'(x)$, 或 $\dfrac{\mathrm{d}f(x)}{\mathrm{d}x}$, 或 $\dfrac{\mathrm{d}y}{\mathrm{d}x}$. 由此, 一个可导的函数在某一点 x_0 处的导数便是导函数 $f'(x)$ 在 $x = x_0$ 处的函数值 $f'(x_0) = f'(x)|_{x=x_0}$.

2.1.1.4　左、右导数

设 $f(x)$ 在 x_0 处及左 (右) 附近有定义, 如果

$$\lim_{x \to x_0^-} \frac{f(x) - f(x_0)}{x - x_0} \left(\lim_{x \to x_0^+} \frac{f(x) - f(x_0)}{x - x_0} \right)$$

存在, 则说 $f(x)$ 在 x_0 点左 (右) 可导, 极限值称为 $f(x)$ 在 x_0 处的左 (右) 导数, 记为 $f'_-(x_0)(f'_+(x_0))$, 即

$$f'_-(x_0) = \lim_{x \to x_0^-} \frac{f(x) - f(x_0)}{x - x_0} \left(f'_+(x_0) = \lim_{x \to x_0^+} \frac{f(x) - f(x_0)}{x - x_0} \right).$$

2.1.1.5　性质与运算法则

1. 如果 $f(x)$ 是可导的, 那么 $f(x)$ 一定连续.

2. $f(x)$ 在 x_0 点处可导的充分必要条件是 $f'_-(x_0), f'_+(x_0)$ 都存在, 且 $f'_-(x_0) = f'_+(x_0)$.

3. 如果 $f(x), g(x)$ 均是可导函数, 则

(1) $f(x) \pm g(x)$ 也可导且 $(f(x) \pm g(x))' = f'(x) \pm g'(x)$;

(2) $f(x) \cdot g(x)$ 也可导且 $(f(x) \cdot g(x))' = f'(x)g(x) + f(x)g'(x)$;

(3) $\dfrac{f(x)}{g(x)}$ 也可导且 $\left(\dfrac{f(x)}{g(x)} \right)' = \dfrac{f'(x)g(x) - f(x)g'(x)}{[g(x)]^2}$ $(g(x) \neq 0)$.

4. 设 $f(u)$ 可导, $u = g(x)$ 可导, 则 $f(g(x))$ 也可导且 $[f(g(x))]' = f'(g(x))g'(x)$.

5. 设 $y = f(x)$ 可导且有反函数 $y = f^{-1}(x)$, 如果 $f'(x) \neq 0$, 则 $[f^{-1}(x)]' = \dfrac{1}{f'(f^{-1}(x))}$.

2.1.1.6 基本初等函数的导数公式

(1) $(C)' = 0$;

(2) $(x^{\alpha})' = \alpha x^{\alpha-1}$, 特别地, $\left(\dfrac{1}{x}\right)' = -\dfrac{1}{x^2}$, $(\sqrt{x})' = \dfrac{1}{2\sqrt{x}}$;

(3) $(\sin x)' = \cos x$;   (4) $(\cos x)' = -\sin x$;

(5) $(\tan x)' = \sec^2 x$;   (6) $(\cot x)' = -\csc^2 x$;

(7) $(\sec x)' = \sec x \tan x$;   (8) $(\csc x)' = -\csc x \cot x$;

(9) $(\arcsin x)' = \dfrac{1}{\sqrt{1-x^2}}$;   (10) $(\arccos x)' = -\dfrac{1}{\sqrt{1-x^2}}$;

(11) $(\arctan x)' = \dfrac{1}{1+x^2}$;   (12) $(\operatorname{arccot} x)' = -\dfrac{1}{1+x^2}$;

(13) $(a^x)' = a^x \ln a (a > 0, a \neq 1)$, 特别地, $(e^x)' = e^x$;

(14) $(\log_a x)' = \dfrac{1}{x} \log_a e (a > 0, a \neq 1)$, 特别地, $(\ln x)' = \dfrac{1}{x}$.

2.1.2 高阶导数

2.1.2.1 定义

设函数 $y = f(x)$ 的导函数 $f'(x)$ 可导, 则 $(f'(x))'$ 称为 $y = f(x)$ 的二阶导数, 记为 $f''(x)$, 或 $y''(x)$, 或 $\dfrac{\mathrm{d}^2 y}{\mathrm{d}x^2}$, 或 $\dfrac{\mathrm{d}^2 f(x)}{\mathrm{d}x^2}$, 等等, 即 $f''(x) = (f'(x))'$,

$$\frac{\mathrm{d}^2 f(x)}{\mathrm{d}x^2} = \frac{\mathrm{d}}{\mathrm{d}x}\left(\frac{\mathrm{d}f(x)}{\mathrm{d}x}\right),$$

$$f''(x) = \lim_{t \to x} \frac{f'(t) - f'(x)}{t - x} = \lim_{\Delta x \to 0} \frac{f'(x + \Delta x) - f'(x)}{\Delta x} = \lim_{h \to 0} \frac{f'(x + h) - f'(x)}{h}.$$

为方便, 函数 $y = f(x)$ 的 n 阶导数记为 $f^{(n)}(x)$, 或 $y^{(n)}(x)$, 或 $\dfrac{\mathrm{d}^n y}{\mathrm{d}x^n}$, 或 $\dfrac{\mathrm{d}^n f(x)}{\mathrm{d}x^n}$, 如果 $f^{(n-1)}(x)$ 存在, 那么, 函数 $y = f(x)$ 的 n 阶导数定义为 $f^{(n)}(x) = (f^{(n-1)}(x))'$, 或者

$$\begin{aligned}
f^{(n)}(x) &= \lim_{t \to x} \frac{f^{(n-1)}(t) - f^{(n-1)}(x)}{t - x} \\
&= \lim_{\Delta x \to 0} \frac{f^{(n-1)}(x + \Delta x) - f^{(n-1)}(x)}{\Delta x} \\
&= \lim_{h \to 0} \frac{f^{(n-1)}(x + h) - f^{(n-1)}(x)}{h} \quad (n = 1, 2, \cdots),
\end{aligned}$$

其中, $f^{(0)}(x) = f(x)$.

类似地, 高阶导数也有单边导数. 这里就不再重述.

2.1.2.2　运算法则及几个常见函数的高阶导数

1. 设 $f(x)$, $g(x)$ 是 n 次可导的, 则

和法则: $(f(x) \pm g(x))^{(n)} = f^{(n)}(x) \pm g^{(n)}(x)$;

积法则: $(f(x) \cdot g(x))^{(n)} = \sum_{k=0}^{n} \mathrm{C}_n^k f^{(k)}(x) \cdot g^{(n-k)}(x)$.

2. 几个常见函数的高阶导数:

(1) $\left(\dfrac{1}{ax+b}\right)^{(n)} = \dfrac{(-1)^n n! a^n}{(ax+b)^{n+1}}$; (2) $(\sin(ax+b))^{(n)} = a^n \sin\left(ax+b+\dfrac{n\pi}{2}\right)$;

(3) $(\cos(ax+b))^{(n)} = a^n \cos\left(ax+b+\dfrac{n\pi}{2}\right)$;　　(4) $(a^x)^{(n)} = a^x (\ln a)^n$.

2.1.3　微分

2.1.3.1　定义

如果函数 $y=f(x)$ 满足 $f(x+\Delta x) - f(x) = A\Delta x + o(\Delta x)$, 则说函数 $f(x)$ 在点 x 处可微, $A\Delta x$ 称为 $f(x)$ 在点 x 处的微分, 并记为 $\mathrm{d}y$ 或 $\mathrm{d}f(x)$, 即 $\mathrm{d}y = A\Delta x$.

2.1.3.2　定理与运算法则

1. 函数 $f(x)$ 可微的充分必要条件是 $f(x)$ 可导.

2. 可导函数 $y=f(x)$ 的微分为 $\mathrm{d}y = f'(x)\mathrm{d}x$ 或 $\mathrm{d}f(x) = f'(x)\mathrm{d}x$, 其导数又是微商, 即 $f'(x) = \dfrac{\mathrm{d}f(x)}{\mathrm{d}x}$.

3. 微分形式不变性 $\mathrm{d}f(u) = f'(u)\mathrm{d}u$.

4. 微分四则运算 $\mathrm{d}(u \pm v) = \mathrm{d}u \pm \mathrm{d}v$; $\mathrm{d}(uv) = v\mathrm{d}u + u\mathrm{d}v$; $\mathrm{d}\left(\dfrac{u}{v}\right) = \dfrac{v\mathrm{d}u - u\mathrm{d}v}{v^2}$.

5. 基本初等函数的微分公式:

(1) $\mathrm{d}(C) = 0$;

(2) $\mathrm{d}(x^\alpha) = \alpha x^{\alpha-1}\mathrm{d}x$, 特别地, $\mathrm{d}\left(\dfrac{1}{x}\right) = -\dfrac{1}{x^2}\mathrm{d}x$, $\mathrm{d}(\sqrt{x}) = \dfrac{1}{2\sqrt{x}}\mathrm{d}x$;

(3) $\mathrm{d}(\sin x) = \cos x\mathrm{d}x$;　　　　　　　　(4) $\mathrm{d}(\cos x) = -\sin x\mathrm{d}x$;

(5) $\mathrm{d}(\tan x) = \sec^2 x\mathrm{d}x$;　　　　　　　(6) $\mathrm{d}(\cot x) = -\csc^2 x\mathrm{d}x$;

(7) $\mathrm{d}(\sec x) = \sec x \tan x\mathrm{d}x$;　　　　　(8) $\mathrm{d}(\csc x) = -\csc x \cot x\mathrm{d}x$;

(9) $\mathrm{d}(\arcsin x) = \dfrac{1}{\sqrt{1-x^2}}\mathrm{d}x$;　　　(10) $\mathrm{d}(\arccos x) = -\dfrac{1}{\sqrt{1-x^2}}\mathrm{d}x$;

(11) $\mathrm{d}(\arctan x) = \dfrac{1}{1+x^2}\mathrm{d}x$;　　　(12) $\mathrm{d}(\operatorname{arccot} x) = -\dfrac{1}{1+x^2}\mathrm{d}x$;

(13) $\mathrm{d}(a^x) = a^x \ln a\mathrm{d}x\,(a > 0,\ a \neq 1)$, $\mathrm{d}(e^x) = e^x\mathrm{d}x$;

(14) $\mathrm{d}(\log_a x) = \dfrac{1}{x}\log_a e\mathrm{d}x (a > 0,\ a \neq 1)$, $\mathrm{d}(\ln x) = \dfrac{1}{x}\mathrm{d}x$.

6. 微分近似计算 $\Delta f(x) \approx \mathrm{d}y$, 当 $|\Delta x|$ 或 $|\mathrm{d}x|$ 充分小时.

2.1.3.3　高阶微分

1. 设 $y = f(x)$ 是 $n-1$ 次可微的, 如果满足 $f^{(n-1)}(x + \Delta x) - f^{(n-1)}(x) = A\Delta x + o(\Delta x)$, 则说函数 $f(x)$ 在点 x 处 n 次可微, $A\Delta x$ 称为 $f(x)$ 在点 x 处的 n 阶微分, 并记为 $\mathrm{d}y^{(n-1)}$ 或 $\mathrm{d}f^{(n-1)}(x)$, 即 $\mathrm{d}y^{(n-1)} = A\Delta x$.

2. $y = f(x)$ 是 n 次可微的充分必要条件为 $y = f(x)$ 可导, 且有 $\mathrm{d}y^{(n-1)} = f^{(n)}(x)\mathrm{d}x$. 记 $f^{(n)}(x) = \dfrac{\mathrm{d}y^{(n-1)}}{\mathrm{d}x} = \dfrac{\mathrm{d}}{\mathrm{d}x}(y^{(n-1)}) = \dfrac{\mathrm{d}^n y}{\mathrm{d}x^n}$, 则 n 阶微分可记为 $\mathrm{d}^n y = f^{(n)}(x)\mathrm{d}x^n$.

3. n 阶微分运算 $\mathrm{d}^n y = \mathrm{d}(\mathrm{d}^{n-1}y)$.

2.1.4　偏导数与全微分

2.1.4.1　定义

以二元函数为例.

设 $z = f(x, y)$ 在点 (x, y) 及其附近有定义, 如果 $\lim\limits_{h \to 0} \dfrac{f(x + h, y) - f(x, y)}{h}$ 存在, 那么称 $z = f(x, y)$ 在点 (x, y) 处对 x 是可偏导的, 极限值称为 $z = f(x, y)$ 在点 (x, y) 处 x 的偏导数, 记为 z_x, 或 $f_x(x, y)$, 或 $\dfrac{\partial z}{\partial x}$, 或 $\dfrac{\partial f}{\partial x}$, 或 f_1. 这里的 "1" 表示第一自变量的意思. 此时

$$f_x(x, y) = \lim_{h \to 0} \frac{f(x + h, y) - f(x, y)}{h}.$$

类似地, 可以定义 z_y, 或 $f_y(x, y)$, 或 $\dfrac{\partial z}{\partial y}$, 或 $\dfrac{\partial f}{\partial y}$, 或 f_2, 即

$$f_y(x, y) = \lim_{h \to 0} \frac{f(x, y + h) - f(x, y)}{h}.$$

2.1.4.2　偏导数的意义

1. 几何意义.

偏导数 $f_x(x_0, y_0)$ 表示空间曲面 $z = f(x, y)$ 与 $y = y_0$ 的交线在点 (x_0, y_0) 处的切线的斜率; 偏导数 $f_y(x_0, y_0)$ 表示空间曲面 $z = f(x, y)$ 与 $x = x_0$ 的交线在点 (x_0, y_0) 处的切线的斜率. 切线方程分别为

$$\begin{cases} z - z_0 = f_x(x_0, y_0)(x - x_0), \\ y = y_0 \end{cases} \quad \text{和} \quad \begin{cases} z - z_0 = f_y(x_0, y_0)(y - y_0), \\ x = x_0. \end{cases}$$

2. 经济意义.

经济函数 $z = f(x, y)$ 的偏导数 $f_x(x, y)$ 和 $f_y(x, y)$ 分别表示函数关于 x 和 y 的边际函数. 其经济学意义如同一元函数中的解释.

2.1.4.3　运算法则及公式

1) 由于 $z = f(x, y)$ 关于 $x(y)$ 的偏导数 $f_x(x, y)(f_y(x, y))$ 的定义表明 $f_x(x, y)$ $(f_y(x, y))$ 是在固定 $y(x)$ 不变, 即看成常数情形下的极限, 因此, 求 $f_x(x, y)(f_y(x, y))$ 只需视 $z = f(x, y)$ 为关于 $x(y)$ 的一元函数使用一元函数的求导公式和法则.

2) 链锁规则.

(1) 设 $z = f(u, v)$ 有连续的偏导数, $u = u(x)$ 和 $v = v(x)$ 是可导的, 则 $z = f(u(x), v(x))$ 也是 x 的可导函数且 $\dfrac{\mathrm{d}z}{\mathrm{d}x} = \dfrac{\partial z}{\partial u}\dfrac{\mathrm{d}u}{\mathrm{d}x} + \dfrac{\partial z}{\partial v}\dfrac{\mathrm{d}v}{\mathrm{d}x}$ 或 $z'(x) = z_u \cdot u'(x) + z_v \cdot v'(x)$.

(2) 设 $z = f(u, v)$ 有连续的偏导数, $u = u(x, y)$ 和 $v = v(x, y)$ 偏导数都存在, 那么函数 $z = f(u(x, y), v(x, y))$ 的偏导数也存在, 且

$$\frac{\partial z}{\partial x} = \frac{\partial z}{\partial u}\frac{\partial u}{\partial x} + \frac{\partial z}{\partial v}\frac{\partial v}{\partial x} \quad \text{和} \quad \frac{\partial z}{\partial y} = \frac{\partial z}{\partial u}\frac{\partial u}{\partial y} + \frac{\partial z}{\partial v}\frac{\partial v}{\partial y},$$

或者

$$z_x(x, y) = z_u(u, v) \cdot u_x(x, y) + z_v(u, v) \cdot v_x(x, y),$$
$$z_y(x, y) = z_u(u, v) \cdot u_y(x, y) + z_v(u, v) \cdot v_y(x, y).$$

(3) 类似有三元或三元以上的链锁规则, 如

$$\frac{\partial z}{\partial x} = \frac{\partial z}{\partial u}\frac{\partial u}{\partial x} + \frac{\partial z}{\partial v}\frac{\partial v}{\partial x} + \frac{\partial z}{\partial w}\frac{\partial w}{\partial x}, \quad \cdots,$$

$$\frac{\partial z}{\partial y} = \frac{\partial z}{\partial u}\frac{\partial u}{\partial y} + \frac{\partial z}{\partial v}\frac{\partial v}{\partial y} + \cdots + \frac{\partial z}{\partial w}\frac{\partial w}{\partial y}.$$

2.1.4.4　全微分

仍以二元函数为例.

1. 定义设二元函数 $z = f(x, y)$ 在点 (x, y) 处满足

$$\Delta z = f(x + \Delta x, y + \Delta y) - f(x, y) = A\Delta x + B\Delta y + \alpha_1 \Delta x + \alpha_2 \Delta y,$$

其中, α_1 和 α_2 是当 $(\Delta x, \Delta y) \to (0, 0)$ 时的无穷小量, 则称函数 $z = f(x, y)$ 在点 (x, y) 处可微, 且 $A\Delta x + B\Delta y$ 称为 $z = f(x, y)$ 在点 (x, y) 处的全微分, 记为 $\mathrm{d}z$ 或 $\mathrm{d}f(x, y)$, 即

$$\mathrm{d}z = A\Delta x + B\Delta y.$$

2. 定理.

(1) 如果二元函数 $z = f(x, y)$ 在点 (x, y) 处可微, 那么 $z = f(x, y)$ 在点 (x, y) 处连续.

(2) 如果 $z = f(x, y)$ 在点 (x, y) 处有连续的偏导数, 那么 $z = f(x, y)$ 在点 (x, y) 处可微.

(3) 如果 $z = f(x, y)$ 在点 (x, y) 处可微, 则 $z = f(x, y)$ 在点 (x, y) 处的偏导数都存在.

(4) 如果 $z = f(x, y)$ 在点 (x, y) 处可微, 则 $z = f(x, y)$ 在点 (x, y) 处的全微分为

$$\mathrm{d}z = \frac{\partial z}{\partial x}\mathrm{d}x + \frac{\partial z}{\partial y}\mathrm{d}y.$$

(5) 近似计算公式当 $|\Delta x|$, $|\Delta y|$ 都充分小时, $\Delta z \approx \mathrm{d}z$.

(6) 运算法则 $\mathrm{d}(u \pm v) = \mathrm{d}u \pm \mathrm{d}v$; $\mathrm{d}(uv) = v\mathrm{d}u + u\mathrm{d}v$; $\mathrm{d}\left(\dfrac{u}{v}\right) = \dfrac{v\mathrm{d}u - u\mathrm{d}v}{v^2}$.

(7) 隐函数微分法则.

以二元隐函数微分法则为例.

A. 设 $F(x, y, z)$ 和 $F_z'(x, y, z)$ 都在 (x_0, y_0, z_0) 的邻域内连续, 且 $F(x_0, y_0, z_0) = 0$, $F_z'(x_0, y_0, z_0) \neq 0$, 则 $F(x, y, z) = 0$ 在 (x_0, y_0, z_0) 的邻域内确定了函数 $z = f(x, y)$, 且

$$\frac{\partial z}{\partial x} \quad \text{或} \quad z_x' = -\frac{F_x'}{F_z'}, \quad \frac{\partial z}{\partial y} \quad \text{或} \quad z_y' = -\frac{F_y'}{F_z'}.$$

B. 如果 $F(x, y, u, v)$, $G(x, y, u, v)$, $F_u'(x, y, u, v)$, $F_v'(x, y, u, v)$, $G_u'(x, y, u, v)$, 和 $G_v'(x, y, u, v)$ 都在 (x_0, y_0, u_0, v_0) 的邻域内连续, 且 $F(x_0, y_0, u_0, v_0) = 0$, $G(x_0, y_0, u_0, v_0) = 0$, $(F_u'G_v' - F_v'G_u')|_{(x_0, y_0, u_0, v_0)} \neq 0$, 那么, 在 (x_0, y_0, u_0, v_0) 的邻域内, 方程 $F(x, y, u, v) = 0$ 和 $G(x, y, u, v) = 0$ 联合确定了函数 $u = u(x, y)$ 和 $v = v(x, y)$, 且它们的偏导数是下列方程组的解.

$$\begin{cases} F_u'\dfrac{\partial u}{\partial x} + F_v'\dfrac{\partial v}{\partial x} = -F_x', \\ G_u'\dfrac{\partial u}{\partial x} + G_v'\dfrac{\partial v}{\partial x} = -G_x' \end{cases} \quad \text{和} \quad \begin{cases} F_u'\dfrac{\partial u}{\partial y} + F_v'\dfrac{\partial v}{\partial y} = -F_y', \\ G_u'\dfrac{\partial u}{\partial y} + G_v'\dfrac{\partial v}{\partial y} = -G_y'. \end{cases}$$

其他情形可类似求之.

(8) 微分形式不变性 $\mathrm{d}z = \dfrac{\partial z}{\partial u}\mathrm{d}u + \dfrac{\partial z}{\partial v}\mathrm{d}v$.

2.1.4.5 高阶偏导数

1. **定义** 以二元函数为例. 设二元函数 $z = f(x, y)$ 的偏导函数仍然存在偏导

数, 则偏导数 $\dfrac{\partial}{\partial x}\left(\dfrac{\partial z}{\partial x}\right)$, $\dfrac{\partial}{\partial x}\left(\dfrac{\partial z}{\partial y}\right)$, $\dfrac{\partial}{\partial y}\left(\dfrac{\partial z}{\partial x}\right)$ 和 $\dfrac{\partial}{\partial y}\left(\dfrac{\partial z}{\partial y}\right)$ 分别称为 $z = f(x,y)$ 的二阶偏导数, 并分别记为

$$z_{xx}, \text{或 } f_{xx}, f_{11}, \text{或 } \frac{\partial^2 z}{\partial x^2} = \frac{\partial}{\partial x}\left(\frac{\partial z}{\partial x}\right); z_{xy}, \text{或 } f_{xy}, f_{12}, \text{或 } \frac{\partial^2 z}{\partial x \partial y} = \frac{\partial}{\partial y}\left(\frac{\partial z}{\partial x}\right);$$

$$z_{yx}, \text{或 } f_{yx}, f_{21}, \text{或 } \frac{\partial^2 z}{\partial y \partial x} = \frac{\partial}{\partial x}\left(\frac{\partial z}{\partial y}\right); z_{yy}, \text{或 } f_{yy}, f_{22}, \text{或 } \frac{\partial^2 z}{\partial y^2} = \frac{\partial}{\partial y}\left(\frac{\partial z}{\partial y}\right).$$

类似地, 可定义更高阶的偏导数. 如

$$z_{xyx}, \text{或 } f_{xyx}, \text{或 } f_{121}, \text{或 } \frac{\partial^3 z}{\partial x \partial y \partial x} = \frac{\partial}{\partial x}\left(\frac{\partial^2 z}{\partial y \partial x}\right).$$

2. 如果函数 $z = f(x,y)$ 有连续二阶混合偏导数, 则 $\dfrac{\partial^2 z}{\partial y \partial x} = \dfrac{\partial^2 z}{\partial x \partial y}$.

2.2　概念例解

1. 设 $f(x)$ 在 x_0 处可导, $g(x)$ 在 x_0 处连续, 则 ___(C)___ .

(A) $f(x) + g(x)$ 在 x_0 处不可导　　　　(B) $f(x) - g(x)$ 在 x_0 处不可导

(C) $f(x)g(x)$ 在 x_0 处连续　　　　　　(D) $\dfrac{f(x)}{g(x)}$ 在 x_0 处连续

解　由于 $f(x)$ 在 x_0 处可导, 从而连续, 而 $g(x)$ 也在 x_0 处连续, 因此, $f(x)g(x)$ 在 x_0 处连续. 故应选 (C). (D) 不能选是因为 $g(x_0)$ 可能为 0, 所以间断. 如, $f(x) = \cos x$ 在 $x = 0$ 处可导, $g(x) = x$ 在 $x = 0$ 连续, 但 $\dfrac{f(x)}{g(x)}$ 在 x_0 处不连续. (A), (B) 也不能选. 例如, $f(x) = x$, $g(x) = x^2$ 都满足条件, 但和差都可导.

2. 设曲线 $y = f(x)$ 在 $(x_0, f(x_0))$ 处有切线, 则 ___(C)___ .

(A) $f'(x_0)$ 存在　　　　　　　　　　(B) $f'(x_0)$ 不存在
(C) $f(x)$ 在 x_0 点连续　　　　　　　(D) $f(x)$ 在 x_0 点间断

解　如果此切线为垂直切线, 则 (A) 不对; 如果不是垂直切线, (B) 不对. 由于切线是割线的极限, 即过点 $(x_0, f(x_0))$ 引的割线段的距离必须趋于 0, 因而若不连续, 则 $\lim\limits_{x \to x_0} f(x) \neq f(x_0)$, 进而 $\lim\limits_{x \to x_0} \sqrt{(x - x_0)^2 + (f(x) - f(x_0))^2} \neq 0$, 故应选 (C).

3. 设 $f(x), g(x)$ 在点 x_0 处不可导, 则 ___(D)___ .

(A) $f(x) + g(x)$ 在 x_0 处不可导　　　　(B) $f(x) \cdot g(x)$ 在 x_0 处不可导
(C) $f(x)/g(x)$ 在 x_0 处不可导　　　　　(D) 以上都不对

解 如 $f(x) = \begin{cases} 1, & x \geqslant 0, \\ -1, & x < 0, \end{cases}$ $g(x) = \begin{cases} -1, & x \geqslant 0, \\ 1, & x < 0 \end{cases}$ 在 $x = 0$ 处都不可

导, 但 $f(x) + g(x) = 0$, $f(x) \cdot g(x) = -1$, $\dfrac{f(x)}{g(x)} = -1$ 在 $x = 0$ 处都是可导的, 故

应选 (D).

4. 设 $f(x)$ 在点 x_0 处可导, $g(x)$ 在点 x_0 处不连续, 则 ___(A)___ .

(A) $f(x) + g(x)$ 在 x_0 处不可导   (B) $f(x) \cdot g(x)$ 在 x_0 处不可导

(C) $f(x)/g(x)$ 在 x_0 处不可导   (D) $f(g(x))$ 在 x_0 处不可导

解 若 $f(x) + g(x)$ 在点 x_0 处可导, 则 $g(x) = f(x) + g(x) - f(x)$ 也在点 x_0
处可导, 从而, $g(x)$ 在点 x_0 处连续, 这是矛盾的, 故应选 (A). (B), (C) 和 (D) 都不

能选. 例如, $f(x) = x^2$ 在 $x = 0$ 处可导, 而 $g(x) = \begin{cases} 1, & x \geqslant 0, \\ -1, & x < 0 \end{cases}$ 在 $x = 0$ 处不

连续, 但 $f(x)g(x) = \begin{cases} x^2, & x \geqslant 0, \\ -x^2, & x < 0, \end{cases}$ $f(x)/g(x) = \begin{cases} x^2, & x \geqslant 0, \\ -x^2, & x < 0, \end{cases}$ $f(g(x)) = 1$

都在 $x = 0$ 处可导.

5. 设 $F(x) = [f(x) + g(x)]^2$, $G(x) = [f(x) - g(x)]^2$ 在点 x_0 处可导,

则 ___(B)___ .

(A) $f(x)$, $g(x)$ 都在点 x_0 处可导   (B) $f(x)g(x)$ 在点 x_0 处可导

(C) $f(x)/g(x)$ 在点 x_0 处可导   (D) $f(g(x))$ 在点 x_0 处可导

解 由于 $f(x)g(x) = \dfrac{1}{4}\{[f(x) + g(x)]^2 - [f(x) - g(x)]^2\}$ 在点 x_0 处可导, 因

此, 选 (B). (A) 和 (D) 都不能选, 可参看题 3 中的例子. 又如 $f(x) = x$, $g(x) = |x|$,

容易验证, $F(x) = [f(x) + g(x)]^2$, $G(x) = [f(x) - g(x)]^2$ 都可导, 但 $\dfrac{f(x)}{g(x)}$ 在 $x = 0$

处不可导, 故 (C) 也不能选.

6. 设 $f(x)$ 在点 x_0 处可微, 且 $\lim\limits_{x \to x_0} \dfrac{f(x_0 \cos(x - x_0))}{x^3 - x_0 x^2 - x_0^2 x + x_0^3} = 2$, 则 $\mathrm{d}y|_{x=x_0} =$

___(C)___ .

(A) $2\mathrm{d}x$ (B) $4\mathrm{d}x$ (C) $8\mathrm{d}x$ (D) $16\mathrm{d}x$

解 由于 $f(x)$ 在点 x_0 处可微, 从而在点 x_0 处可导、连续, 于是知 $f(x_0) = 0$,
进而

$$\begin{aligned} 2 &= \lim_{x \to x_0} \frac{f(x_0 \cos(x - x_0))}{x^3 - x_0 x^2 - x_0^2 x + x_0^3} \\ &= \lim_{x \to x_0} \frac{f(x_0 + x_0(\cos(x - x_0) - 1)) - f(x_0)}{x_0(\cos(x - x_0) - 1)} \cdot \frac{x_0(\cos(x - x_0) - 1)}{x^3 - x_0 x^2 - x_0^2 x + x_0^3} \end{aligned}$$

$$= f'(x_0) \lim_{x \to x_0} \frac{x_0 \dfrac{(x - x_0)^2}{2}}{(x + x_0)(x - x_0)^2} = \frac{f'(x_0)}{4},$$

即 $f'(x_0) = 8$. 因此, $\mathrm{d}y|_{x=x_0} = 8\mathrm{d}x$. 故应选 (C).

7. 设 $f(x), g(x)$ 均是实数集上的可导函数, 且 $g(x) \neq 0$, 则下列运算正确的是 ___(D)___.

(A) $(f(x) \cdot g(x))' = f'(x) \cdot g'(x)$ 　　　　(B) $\left(\dfrac{f(x)}{g(x)}\right)' = \dfrac{f'(x)}{g'(x)}$

(C) $(f(g(x)))' = f'(g(x))$ 　　　　(D) $(f(x) \pm g(x))' = f'(x) \pm g'(x)$

解　这四个运算是函数的和、差、积、商以及复合运算, 依据运算法则只有 (D) 是对的. 故应选 (D).

8. 设函数 $f(x) = \begin{cases} x, & x < 0, \\ x^2, & x \geqslant 0, \end{cases}$ 则 ___(D)___.

(A) $f'(0) = 0$ 　　　　(B) $f'(0) = 1$

(C) $x = 0$ 为间断点 　　　　(D) $x = 0$ 是不可微点

解　易知函数连续, $f'_+(0) = 0$, $f'_-(0) = 1$, 因此, $f(x)$ 在 $x = 0$ 处不可导, 从而不可微. 故应选 (D).

9. 下列陈述对的是 ___(D)___.

(A) 如果 $f(x) = e^2$, 则 $f'(x) = 2e$

(B) 如果 $f(x) = \ln \pi$, 则 $f'(x) = \dfrac{1}{\pi}$

(C) 设 $f(x)$ 二次可导, 则 $\dfrac{\mathrm{d}^2 f(x)}{\mathrm{d}x^2} = \left(\dfrac{\mathrm{d}f(x)}{\mathrm{d}x}\right)^2$

(D) 设 $f(x)$ 二次可微, 则 $\mathrm{d}^2(f(x)) = f''(x)(\mathrm{d}x)^2$

解　(A), (B) 都不正确, 因为函数均为常函数, 故其导数均为 0. (C) 也不正确, 因为 $\dfrac{\mathrm{d}^2 f(x)}{\mathrm{d}x^2} = \dfrac{\mathrm{d}\left(\dfrac{\mathrm{d}f(x)}{\mathrm{d}x}\right)}{\mathrm{d}x} = f''(x)$. 正确的选项应为 (D), 因为

$$\mathrm{d}^2(f(x)) = \mathrm{d}(f'(x)\mathrm{d}x) = f''(x)(\mathrm{d}x)^2 + f'(x)\mathrm{d}^2 x = f''(x)(\mathrm{d}x)^2.$$

10. 如果 $f'_x(1,2) = 2$, $f'_y(1,2) = 3$, 则 ___(C)___.

(A) $\mathrm{d}f(x,y)|_{(1,2)} = 2\mathrm{d}x + 3\mathrm{d}y$ 　　　　(B) $\lim\limits_{(x,y) \to (1,2)} f(x,y) = f(1,2)$

(C) $\lim\limits_{x \to 1} f(x,2) = \lim\limits_{y \to 2} f(1,y)$ 　　　　(D) $\lim\limits_{(x,y) \to (1,2)} f(x,y)$ 存在

解　因为 $f'_x(1,2) = 2$, $f'_y(1,2) = 3$ 不能确定 $f(x,y)$ 可微, 所以, (A), (B) 都不能选. 又由于 $f(x,2)$ 在 $x = 1$ 处可导, 因而连续, 于是有 $\lim\limits_{x \to 1} f(x,2) = f(1,2)$.

又 $f(1, y)$ 在 $y = 2$ 处可导, 因而连续, 于是有 $\lim\limits_{y \to 2} f(1, y) = f(1, 2)$, 故可选 (C).
(D) 不能选, 因为偏导数存在和函数的极限存在与否无关. 如

$$f(x, y) = \begin{cases} 3(y - 2), & x = 1, -\infty < y < +\infty, \\ 2(x - 1), & -\infty < x < +\infty, y = 2, \\ 1, & \text{其他} \end{cases}$$

在点 $(1, 2)$ 处的两个偏导数都存在, 但 $\lim\limits_{(x, y) \to (1, 2)} f(x, y)$ 不存在.

11. 设 $f(x, y)$ 是连续的, 如果 $\lim\limits_{(x, y) \to (a, b)} f(x, y) = f(a, b)$, 则 $f(x, y)$ ____(C)____.

(A) 在点 (a, b) 处可微   (B) 在点 (a, b) 处存在连续的偏导数
(C) 在点 (a, b) 处附近有界   (D) 在点 (a, b) 处存在偏导数

解 由偏导数连续可推出可微, 可微可以推出连续, 连续可推出局部有界, 这些逆命题都不一定成立, 此外, 偏导数存在与连续无关, 故应选 (C). 为了更清楚逆命题不成立这一点, 可看考察函数 $f(x, y) = \sqrt{x^2 + y^2}$. 显然, 这个函数在点 $(0, 0)$ 处连续, 且在点 $(0, 0)$ 处的 δ 圆形邻域内有界, 但两个偏导数不存在, 更不用说偏导数连续了. 此外, 如果函数在此点可微, 则一定存在偏导数, 这与偏导数存在矛盾, 故 $f(x, y) = \sqrt{x^2 + y^2}$ 在点 $(0, 0)$ 处不可微.

12. 如果 $f(x, 1)$ 和 $f(1, y)$ 关于 x 和 y 都是可导的, 且 $f'_x(1, 1) = 2$, $f'_y(1, 1) = 3$, 则下列极限运算对的是 ____(D)____.

(A) $\lim\limits_{x \to 1} \dfrac{f(x, 1) - f(1, 1)}{x - 1} = \lim\limits_{x \to 1} f'_x(x, 1) = f'_x(1, 1) = 2$

(B) $\lim\limits_{x \to 0} \dfrac{f(1, \cos^2 x) - f(1, 1)}{x^2} = \lim\limits_{x \to 0} \dfrac{-2\sin x \cos x f'_2(1, \cos^2 x)}{2x}$
$\qquad\qquad\qquad\qquad\qquad = -f'_y(1, 1) = -3$

(C) $\lim\limits_{x \to 0} \dfrac{f(\cos x, 1) - f(1, 1)}{x^2} = \lim\limits_{x \to 0} \dfrac{-\sin x f'_1(\cos x, 1)}{2x} = -\dfrac{1}{2} f'_x(1, 1) = 1$

(D) $\lim\limits_{x \to 0} \dfrac{f(1, \cos^2 x) - f(1, 1)}{x^2} = \lim\limits_{x \to 0} \dfrac{f(1, 1 + \cos^2 x - 1) - f(1, 1)}{\cos^2 x - 1}$
$\qquad\qquad\qquad\qquad\qquad\qquad \cdot \lim\limits_{x \to 0} \dfrac{\cos^2 x - 1}{x^2} = -3$

解 (A), (B) 和 (C) 都不对. 因为 $f'_x(x, 1)$ 在 $x = 1$ 处不一定连续, $f'_y(1, y)$ 在点 $x = 1$ 处不一定连续. 应选 (D), 因为这里利用了偏导数的定义. 注意, 可导函数的导函数未必连续, 如函数 $f(x) = \begin{cases} x^2 \sin \dfrac{1}{x}, & x \neq 0, \\ 0, & x = 0 \end{cases}$ 的导函数 $f'(x) = $

$$\begin{cases} 2x\sin\dfrac{1}{x} - \cos\dfrac{1}{x}, & x \neq 0, \\ 0, & x = 0 \end{cases} \quad \text{在 } x = 0 \text{ 处不连续.}$$

2.3　方法例解

1. 求下列函数的导数:

(1) $y = e^{x^2}\dfrac{1}{x} + \arctan\dfrac{1}{x}$;　　　　　　　(2) $y = \sqrt{1+e^{2x}}\ln(e^x + \sqrt{1+e^{2x}})$;

(3) $y = x^{e^x} + x^{x^e} + e^{x^x}$;　　　　　　　　　(4) $y = \dfrac{2\sqrt{2x-x^2}}{x} + \arccos(1-x)$;

(5) $y = x\tan x + \ln\cos x$;　　　　　　　　(6) $y = \sec^2 e^x + \ln\dfrac{1+\cot^2 e^x}{1+\tan^2 e^x}$;

(7) $y = x\sqrt{1+x^2} + \ln|x+\sqrt{1+x^2}|$;　　(8) $y = \dfrac{1}{2}x - \dfrac{2}{3}\arctan\dfrac{\sin x}{2+\cos x}$.

解　(1) $y' = \left(e^{x^2}\dfrac{1}{x}\right)' + \left(\arctan\dfrac{1}{x}\right)' = 2e^{x^2} - \dfrac{1}{x^2}e^{x^2} - \dfrac{1}{1+x^2}$.

(2) $y' = \dfrac{2e^{2x}}{2\sqrt{1+e^{2x}}}\ln(e^x+\sqrt{1+e^{2x}}) + \sqrt{1+e^{2x}}\dfrac{e^x}{\sqrt{1+e^{2x}}}$

$\qquad = \dfrac{e^{2x}\ln(e^x+\sqrt{1+e^{2x}}) + e^x\sqrt{1+e^{2x}}}{\sqrt{1+e^{2x}}}$.

(3) $y' = (e^{e^x\ln x})' + (e^{x^e\ln x})' + (e^{x^x})' = x^{e^x}(e^x\ln x)' + x^{x^e}(x^e\ln x)' + e^{x^x}(x^x)'$

$\qquad = x^{e^x}\left(e^x\ln x + \dfrac{1}{x}e^x\right) + x^{x^e}(ex^{e-1}\ln x + x^{e-1}) + e^{x^x}x^x(\ln x + 1)$.

(4) $y' = -\dfrac{2\sqrt{2x-x^2}}{x^2} + \dfrac{2-2x}{x\sqrt{2x-x^2}} + \dfrac{1}{\sqrt{2x-x^2}} = -\dfrac{\sqrt{2x-x^2}}{x^2}$.

(5) $y' = \tan x + x\sec^2 x - \tan x = x\sec^2 x$.

(6) $y' = 2e^x\sec^2 e^x\tan e^x - \dfrac{2e^x\csc^2 e^x\cot e^x}{1+\cot^2 e^x} - \dfrac{2e^x\sec^2 e^x\tan e^x}{1+\tan^2 e^x}$

$\qquad = -4e^x\sec^2 e^x\cot 2e^x$.

(7) $y' = \sqrt{1+x^2} + \dfrac{x^2}{\sqrt{1+x^2}} + \dfrac{1}{\sqrt{1+x^2}} = 2\sqrt{1+x^2}$.

(8) $y' = \dfrac{1}{2} - \dfrac{2}{3}\cdot\dfrac{\dfrac{\cos x(2+\cos x)+\sin^2 x}{(2+\cos x)^2}}{1+\left(\dfrac{\sin x}{2+\cos x}\right)^2} = \dfrac{1}{2} - \dfrac{2}{3}\cdot\dfrac{\cos x(2+\cos x)+\sin^2 x}{(2+\cos x)^2+\sin^2 x}$

$\qquad = \dfrac{11+4\cos x}{6(5+4\cos x)}$.

2. 求下列函数的 n 阶导数:

(1) $y = \dfrac{x^n}{x^2 - 3x + 2}$;

(2) $y = e^x \sin \sqrt{3}x$;

(3) $y = \sin^4 \dfrac{1}{4}x + \cos^4 \dfrac{1}{4}x$;

(4) $y = \dfrac{1+x}{\sqrt[4]{1-x}}$.

解 (1) 由于

$$y = \frac{x^n}{x^2 - 3x + 2} = \frac{x^n}{x-2} - \frac{x^n}{x-1}$$
$$= (x^{n-1} + 2x^{n-2} + \cdots + 2^{n-1}) + 2^n \frac{1}{x-2} - (x^{n-1} + x^{n-2} + \cdots + 1) - \frac{1}{x-1},$$

所以

$$y^{(n)} = (x^{n-1} + 2x^{n-2} + \cdots + 2^{n-1})^{(n)} + 2^n \left(\frac{1}{x-2}\right)^{(n)}$$
$$- (x^{n-1} + x^{n-2} + \cdots + 1)^{(n)} - \left(\frac{1}{x-1}\right)^{(n)}$$
$$= 2^n \frac{(-1)^n n!}{(x-2)^{n+1}} - \frac{(-1)^n n!}{(x-1)^{n+1}}.$$

(2) $y' = e^x(\sin\sqrt{3}x + \sqrt{3}\cos\sqrt{3}x) = 2e^x \sin\left(\sqrt{3}x + \dfrac{\pi}{3}\right),$

$$y'' = 2e^x \left(\sin\left(\sqrt{3}x + \frac{\pi}{3}\right) + \sqrt{3}\cos\left(\sqrt{3}x + \frac{\pi}{3}\right)\right) = 2^2 e^x \sin\left(\sqrt{3}x + \frac{2\pi}{3}\right).$$

一般地,有 $y^{(n)} = 2^n e^x \sin\left(\sqrt{3}x + \dfrac{n\pi}{3}\right)$. 这可由数学归纳法得以证明.

(3) 由于

$$y = \sin^4\left(\frac{1}{4}x\right) + \cos^4\left(\frac{1}{4}x\right) = \left(\sin^2\left(\frac{1}{4}x\right) + \cos^2\left(\frac{1}{4}x\right)\right)^2$$
$$- 2\sin^2\left(\frac{1}{4}x\right)\cos^2\left(\frac{1}{4}x\right) = 1 - \frac{1}{2}\sin^2\left(\frac{1}{2}x\right) = 1 + \frac{\cos x - 1}{4},$$

因此, $y^{(n)} = \left(1 + \dfrac{\cos x - 1}{4}\right)^{(n)} = \dfrac{1}{4}\cos\left(x + \dfrac{n\pi}{2}\right)$.

(4) 由于 $y = (1-x)^{-\frac{1}{4}} + x(1-x)^{-\frac{1}{4}} = 2(1-x)^{-\frac{1}{4}} - (1-x)^{\frac{3}{4}}$, 所以

$$y^{(n)} = 2((1-x)^{-\frac{1}{4}})^{(n)} - ((1-x)^{\frac{3}{4}})^{(n)}$$

$$= 2\frac{(-1)^n 5 \cdot 9 \cdot \cdots \cdot (4n-3)}{\sqrt[4]{(1-x)^{4n+1}}} - \frac{(-1)^n 3 \cdot 5 \cdot 9 \cdot \cdots \cdot (4n-7)}{\sqrt[4]{(1-x)^{4n-3}}}.$$

3. 求下列隐函数中的 $\mathrm{d}y$ 和 $y''(x)$:

(1) $\arctan \dfrac{x}{y} = \dfrac{1}{2}\ln(x^2 + y^2)$;　　　　　(2) $y^y = x + y$;

(3) $\sqrt{x^2 - y^2} = \arccos \dfrac{y}{x}$;　　　　　(4) $y^2 + u^2 = 2xy$ 且 $u^2 + x^2 = 9$;

(5) $x^2 + y^2 + z^2 = 2,\ x + y + z = 1$;　　　　　(6) $e^y = y + u + e,\ x + y = u$.

解　(1) 两边微分得

$$\frac{y^2}{x^2 + y^2}\mathrm{d}\left(\frac{x}{y}\right) = \frac{1}{2}\frac{1}{x^2 + y^2}\mathrm{d}(x^2 + y^2),$$

进一步, 有

$$\frac{y\mathrm{d}x - x\mathrm{d}y}{x^2 + y^2} = \frac{x\mathrm{d}x + y\mathrm{d}y}{x^2 + y^2},$$

于是求得

$$\mathrm{d}y = \frac{y - x}{x + y}\mathrm{d}x.$$

又

$$y''(x) = \frac{\mathrm{d}}{\mathrm{d}x}\left(\frac{\mathrm{d}y}{\mathrm{d}x}\right) = \left(\frac{y - x}{x + y}\right)' = \frac{(y' - 1)(x + y) - (y - x)(1 + y')}{(x + y)^2}$$

$$= \frac{2xy' - 2y}{(x + y)^2} = -2\frac{x^2 + y^2}{(x + y)^3}.$$

(2) 两边微分得

$$y^y(\ln y + 1)\mathrm{d}y = \mathrm{d}x + \mathrm{d}y.$$

求解上述方程可得

$$\mathrm{d}y = \frac{1}{y^y(\ln y + 1) - 1}\mathrm{d}x.$$

又

$$y'' = \frac{\mathrm{d}}{\mathrm{d}x}\left(\frac{1}{y^y(\ln y + 1) - 1}\right) = -\frac{y^y(\ln y + 1)^2 + y^{y-1}}{(y^y(\ln y + 1) - 1)^3}.$$

(3) 两边微分可得

$$\frac{x\mathrm{d}x - y\mathrm{d}y}{\sqrt{x^2 - y^2}} = -\frac{x}{\sqrt{x^2 - y^2}} \cdot \frac{x\mathrm{d}y - y\mathrm{d}x}{x^2},$$

求解上述方程可得

$$\mathrm{d}y = \frac{y - x^2}{x(1 - y)}\mathrm{d}x.$$

又

$$y'' = \frac{\mathrm{d}}{\mathrm{d}x}\left(\frac{y - x^2}{x(1 - y)}\right) = \frac{x^4 - 2x^2 + 3x^2y - 3x^2y^2 + y^3}{x^2(1 - y)^3}.$$

(4) 先对 $y^2 + u^2 = 2xy$ 两边微分可得 $y\mathrm{d}y + u\mathrm{d}u = x\mathrm{d}y + y\mathrm{d}x$, 求这个方程得

$$\frac{\mathrm{d}y}{\mathrm{d}x} = \frac{-u}{y-x}\frac{\mathrm{d}u}{\mathrm{d}x} + \frac{y}{y-x}.$$

再对 $u^2 + x^2 = 9$ 两边微分可得

$$u\mathrm{d}u + x\mathrm{d}x = 0,$$

求解这个方程可得

$$\frac{\mathrm{d}u}{\mathrm{d}x} = -\frac{x}{u}.$$

因此, $\mathrm{d}y = \dfrac{y+x}{y-x}\mathrm{d}x.$
又

$$y'' = \left(\frac{y+x}{y-x}\right)' = \frac{(1+y')(y-x)-(y+x)(y'-1)}{(y-x)^2}$$
$$= 2\frac{y^2 - 2xy - x^2}{(y-x)^3}.$$

(5) 对方程 $x^2 + y^2 + z^2 = 2$ 两边微分有

$$x\mathrm{d}x + y\mathrm{d}y + z\mathrm{d}z = 0, \quad y\frac{\mathrm{d}y}{\mathrm{d}x} + z\frac{\mathrm{d}z}{\mathrm{d}x} = -x.$$

再对 $x + y + z = 1$ 两边微分有

$$\mathrm{d}x + \mathrm{d}y + \mathrm{d}z = 0, \quad \frac{\mathrm{d}z}{\mathrm{d}x} + \frac{\mathrm{d}y}{\mathrm{d}x} = -1.$$

于是有

$$\frac{\mathrm{d}z}{\mathrm{d}x} = \frac{y-x}{z-y} \quad \text{和} \quad \frac{\mathrm{d}y}{\mathrm{d}x} = \frac{z-x}{y-z},$$

即 $\mathrm{d}y = \dfrac{z-x}{y-z}\mathrm{d}x.$
又

$$y''(x) = -\left(\frac{z-x}{y-z}\right)' = -\frac{x^2 + y^2 + 2yz - 2xy - 2xz - u^2}{(y-z)^3}.$$

(6) 对方程 $e^y = y + u + e$ 两边微分有 $e^y\mathrm{d}y = \mathrm{d}y + \mathrm{d}u$, 对方程 $x + y = u$ 两边微分有 $\mathrm{d}x + \mathrm{d}y = \mathrm{d}u$. 于是, 由这两式可联立确定

$$\mathrm{d}y = \frac{1}{e^y - 2}\mathrm{d}x.$$

又 $y'' = \left(\dfrac{1}{e^y - 2}\right)' = -\dfrac{e^y y'}{(e^y - 2)^2} = \dfrac{e^y}{(e^y - 2)^3}.$

4. 确定最小整数 a, 以及数 b 和 c, 使得函数 $f(x) = \begin{cases} (x-1)^a \cos \dfrac{1}{x-1}, & x > 1, \\ x^2 + bx + c & x \leqslant 1 \end{cases}$

具有连续的一阶导函数.

解　首先由连续知 $\lim\limits_{x \to 1^+} (x-1)^a \cos \dfrac{1}{x-1} = b + c + 1$, $a > 0$ 时, $b + c = -1$.

由 $f(x)$ 在 $x = 1$ 处可导知, $f'_-(1) = \lim\limits_{x \to 1^-} \dfrac{x^2 + bx - b - 1}{x - 1} = 2 + b$,

$$f'_+1 = \lim_{x \to 1^+} \frac{(x-1)^a \cos \dfrac{1}{x-1} - c - b - 1}{x - 1} = \lim_{x \to 1^+} (x-1)^{a-1} \cos \frac{1}{x-1} = 2 + b.$$

这表明 $a > 1$.

又当 $x > 1$ 时, $f'(x) = ax - 1^{a-1} \cos \dfrac{1}{x-1} + x^{a-2} \sin \dfrac{1}{x-1}$; 当 $x < 1$ 时,

$f'(x) = 2x + b$ 和 $f'(x)$ 是连续的, 故 $\lim\limits_{x \to 1^+} f'(x) = \lim\limits_{x \to 1^+} \left[a(x-1)^{a-1} \cos \dfrac{1}{x-1} + \right.$

$\left. (x-1)^{a-2} \sin \dfrac{1}{x-1} \right] = 2 + b$ 知 $a > 2$. 因此, 所求的最小整数 $a = 3$. 于是, 由

$$0 = \lim_{x \to 1^+} f'(x) = \lim_{x \to 1^+} \left[a(x-1)^{a-1} \cos \frac{1}{x-1} + (x-1)^{a-2} \sin \frac{1}{x-1} \right] = 2 + b$$

知, $b = -2$. 又由 $b + c = -1$ 知 $c = 1$.

5. 设 $f(x)$ 是定义在 $(-\infty, +\infty)$ 上的函数且满足:

(1) 对任意的实数 x, y, 成立 $f(x + y) = f(x) + f(y) + x^2 y + xy^2$;

(2) $\lim\limits_{x \to 0} \dfrac{f(x)}{x} = 2$, 求 $f'(x)$ 及 $f(x)$.

解　首先, 令 $y = 0$, 则有 $f(x) = f(x) + f(0)$. 于是, $f(0) = 0$.

其次, $f'(0) = \lim\limits_{x \to 0} \dfrac{f(x) - f(0)}{x - 0} = \lim\limits_{x \to 0} \dfrac{f(x)}{x} = 2$.

最后, $f'(x) = \lim\limits_{y \to 0} \dfrac{f(x+y) - f(x)}{y} = \lim\limits_{y \to 0} \dfrac{f(y) + x^2 y + xy^2}{y} = 2 + x^2$.

故 $f'(x) = 2 + x^2$.

由于 $\left(2x + \dfrac{1}{3} x^3 + C \right)' = 2 + x^2$, 因此, $f(x) = 2x + \dfrac{1}{3} x^3 + C$, 注意到 $f(0) = 0$,

知

$$f(x) = 2x + \frac{1}{3} x^3.$$

6. 证明 $P_n(x) = [(x^2 + 1)^n]^{(n)}$ 满足方程 $(x^2 + 1) P_n''(x) + 2x P_n'(x) - 2n(n + 1) P_n(x) = 0$.

证明 令 $y = (x^2 + 1)^n$, 则 $y' = n2x(x^2 + 1)^{n-1}$, 即 $(x^2 + 1)y' = n2x(x^2 + 1)^n = 2nxy$.

现在, 对方程 $(x^2 + 1)y' = 2nxy$ 两边求 $n + 1$ 阶导数, 由莱布尼茨公式可得

$$(x^2 + 1)y^{(n+2)} + 2(n+1)xy^{(n+1)} = 2(n+1)ny^{(n)} + 2nxy^{(n+1)}.$$

整理得

$$(x^2 + 1)y^{(n+2)} + 2xy^{(n+1)} - 2(n+1)ny^{(n)} = 0,$$

即

$$(x^2 + 1)P_n''(x) + 2xP_n'(x) - 2(n+1)nP_n(x) = 0.$$

7. 设 $y = x^n e^x$,

(1) 试计算 $L_n(x) = e^{-x} \dfrac{\mathrm{d}^n(x^n e^x)}{\mathrm{d}x^n}$;

(2) 证明 $xL_n''(x) + (1-x)L_n'(x) - nL_n(x) = 0$.

解 (1) 由莱布尼茨公式, 可得

$$L_n(x) = e^{-x} \sum_{k=0}^{n} \mathrm{C}_n^k (x^n)^{(k)} e^x = \sum_{k=0}^{n} \mathrm{C}_n^k n(n-1)\cdots(n-k+1)x^{n-k}.$$

(2) 由于 $y' = nx^{n-1}e^x + x^n e^x$, 所以, $xy' = ny + xy$. 对这个方程两边求 $n+1$ 阶导数, 可以得到

$$xy^{(n+2)} + (n+1)y^{(n+1)} = ny^{(n+1)} + xy^{(n+1)} + (n+1)y^{(n)},$$

即

$$xy^{(n+2)} + (1-x)y^{(n+1)} - (n+1)y^{(n)} = 0.$$

又由于 $L_n(x) = e^{-x}y^{(n)}$, 则

$$L_n'(x) = -e^{-x}y^{(n)} + e^{-x}y^{(n+1)},$$
$$L_n''(x) = e^{-x}y^{(n)} - e^{-x}y^{(n+1)} - e^{-x}y^{(n+1)} + e^{-x}y^{(n+2)}$$
$$= e^{-x}y^{(n)} - 2e^{-x}y^{(n+1)} + e^{-x}y^{(n+2)}.$$

于是, 在等式 $xy^{(n+2)} + (1-x)y^{(n+1)} - (n+1)y^{(n)} = 0$ 两边乘上 e^{-x}, 并整理可得到

$$x[e^{-x}y^{(n+2)} - 2e^{-x}y^{(n+1)} + e^{-x}y^{(n)}] + (1-x)[e^{-x}y^{(n+1)} - e^{-x}y^{(n)}] - ne^{-x}y^{(n)} = 0,$$

即 $xL_n''(x) + (1-x)L_n'(x) - nL_n(x) = 0$.

8. 用变换 $x = e^t$, $y = z(t)e^{2t}$ 变换式子 $x^4 y'' + xyy' - 2y^2 = 0$.

解　由于

$$y' = [z'(t)e^{2t} + 2z(t)e^{2t}]t'(x) = [z'(t)e^{2t} + 2z(t)e^{2t}]\frac{1}{x},$$

$$y'' = [z''(t)e^{2t} + 4z'(t)e^{2t} + 4z(t)e^{2t}]\frac{1}{x^2} - \frac{z'(t)e^{2t} + 2z(t)e^{2t}}{x^2},$$

于是

$$x^4 y'' + xyy' - 2y^2 = e^{2t}[z''(t)e^{2t} + 4z'(t)e^{2t} + 4z(t)e^{2t}] - e^{2t}[z'(t)e^{2t} + 2z(t)e^{2t}] +$$
$$+ (z'(t)e^{2t} + 2z(t)e^{2t})z(t)e^{2t} - 2z^2(t)e^{4t}$$
$$= e^{4t}(z''(t) + (3 + z)z'(t) + 2z) = 0,$$

即 $z''(t) + (3 + z)z'(t) + 2z = 0$.

9. 用变换 $z = \dfrac{y'}{y}$ 把等式 $y^2 y''' - 3yy'y'' + 2y'^3 + \dfrac{y}{x}(yy'' - y'^2) = \dfrac{y^3}{x^2}$ 转化为 z 关于 x 的等式.

解　由于 $y' = zy$, 则 $y'' = z'y + zy'$, $y''' = z''y + 2z'y' + zy''$. 于是

$$\frac{1}{y}y''' - \frac{1}{y^2}3y'y'' + 2\frac{1}{y^3}y'^3 + \frac{1}{xy^2}(yy'' - y'^2) = \frac{1}{x^2},$$

$$z'' + 2zz' + \frac{z}{y}y'' - \frac{3z}{y}y'' + 2z^3 + \frac{y''}{xy} - \frac{z^2}{x} = \frac{1}{x^2},$$

即

$$z'' + \left(1 + \frac{1}{x} - z\right)z' + 2z^3 + z^2 = \frac{1}{x_0}.$$

10. 求下列函数指定的偏导数:

(1) $z = x\sin(2x + y)$, z'_x, z''_{yy}, z''_{yx};　　　　(2) $u = x^p y^q z^r$, $\dfrac{\partial^6 u}{\partial x \partial y^2 \partial z^3}$;

(3) $f(x, y) = e^x \cos y$, $\left.\dfrac{\partial^{n+m}}{\partial x^m \partial y^n} f(x, y)\right|_{(0,0)}$;

(4) $w = \arctan \dfrac{x + y + z - xyz}{1 - xy - xz - yz}$, $\dfrac{\partial^3 w}{\partial x \partial y \partial z}$.

解　(1) $z'_x = \sin(2x + y) + 2x\cos(2x + y)$, $z'_y = x\cos(2x + y)$,

$$z''_{yy} = -x\sin(2x + y),$$

$$z''_{yx} = (\sin(2x + y) + 2x\cos(2x + y))' = \cos(2x + y) - 2x\sin(2x + y).$$

(2) $\dfrac{\partial^3 u}{\partial z^3} = r(r-1)(r-2)x^p y^q z^{r-3}$, $\dfrac{\partial^5 u}{\partial y^2 \partial z^3} = r(r-1)(r-2)q(q-1)x^p y^{q-2} z^{r-3}$,

$$\frac{\partial^6 u}{\partial x \partial y^2 \partial z^3} = pqr(q-1)(r-1)(r-2)x^{p-1}y^{q-2}z^{r-3}.$$

(3) 由于 $\dfrac{\partial^n}{\partial y^n} f(x,y) = e^x \cos\left(y + \dfrac{n\pi}{2}\right)$, $\dfrac{\partial^{n+m}}{\partial x^m \partial y^n} f(x,y) = e^x \cos\left(y + \dfrac{n\pi}{2}\right)$,

所以

$$\frac{\partial^{n+m}}{\partial x^m \partial y^n} f(x,y)\bigg|_{(0,0)} = \cos\frac{n\pi}{2} = \begin{cases} 0, & n = 1, 2, \cdots, \\ (-1)^{\frac{n}{2}} & n = 0, 2, 4, \cdots. \end{cases}$$

(4) 由于

$$\tan(\arctan x + \arctan y + \arctan z) = \frac{\tan(\arctan x + \arctan y) + z}{1 - z\tan(\arctan x + \arctan y)}$$

$$= \frac{\dfrac{x+y}{1-xy} + z}{1 - z\dfrac{x+y}{1-xy}} = \frac{x + y + z - xyz}{1 - xy - yz - zx},$$

而

$$\tan\left(\arctan\frac{x + y + z - xyz}{1 - xy - yz - zx}\right) = \frac{x + y + z - xyz}{1 - xy - yz - zx},$$

故 $w = \arctan\dfrac{x + y + z - xyz}{1 - xy - yz - zx} = \arctan x + \arctan y + \arctan z + k\pi(k = 0, \pm 1)$.
于是, 易知

$$\frac{\partial^3 w}{\partial x \partial y \partial z} = \frac{\partial^2}{\partial x \partial y}\left(\frac{1}{1 + z^2}\right) = \frac{\partial}{\partial x}(0) = 0.$$

另外

$$w'_z = \left(\arctan\frac{x + y + z - xyz}{1 - xy - yz - zx}\right)'$$

$$= \frac{1}{1 + \left(\dfrac{x + y + z - xyz}{1 - xy - yz - zx}\right)^2}$$

$$\cdot \frac{(1 - xy)(1 - xy - yz - zx) + (x + y + z - xyz)(x + y)}{(1 - xy - yz - zx)^2}$$

$$= \frac{1 + x^2 + y^2 + x^2y^2}{(1 + x^2 + y^2 + x^2y^2)(1 + z^2)} = \frac{1}{1 + z^2}.$$

注 求导时能将函数化简就应先化简. 这是因为 "和" 求导比 "积" 求导容易, "积" 求导比 "商" 求导容易.

11. 下列各函数中的 "f" 和 "g" 都是可微的, 求各函数指定的偏导数或全微分:

(1) $z = f(x, x\cos y, x\sin y)$, $\dfrac{\partial z}{\partial x}$, $\dfrac{\partial^2 z}{\partial y \partial x}$;   (2) $z = f(\ln\sqrt{x^2 + y^2})$, $\mathrm{d}z$;

(3) $z = f\left(x, y, g\left(\dfrac{x}{y}, \dfrac{y}{x}\right)\right)$, $\mathrm{d}z$;   (4) $f(x, x^2 + y, x^3 + y^2 + z) = 0$, $\dfrac{\partial^2 z}{\partial x \partial y}$;

(5) $z = f\left(xz, \dfrac{z}{y}\right)$, $\mathrm{d}z$;   (6) $f(xy, yz, zx) = x + y + z$, $\dfrac{\partial z}{\partial x}$, $\dfrac{\partial z}{\partial y}$.

解   (1) $\dfrac{\partial z}{\partial x} = f_1'(x, x\cos y, x\sin y) \cdot 1 + f_2' \cdot \cos y + f_3' \cdot \sin y$,

$$\frac{\partial^2 z}{\partial y \partial x} = -x\sin y f_{12}'' + x\cos y f_{13}'' - \sin y f_2' - \frac{1}{2}x\sin 2y \cdot f_{22}''$$

$$+ x\cos^2 y f_{23}'' + \cos y f_3' - x\sin^2 y f_{32}'' + \frac{1}{2}x\sin 2y \cdot f_{33}''.$$

(2) $\mathrm{d}z = f' \cdot \mathrm{d}\ln\sqrt{x^2 + y^2} = f' \cdot \dfrac{x\mathrm{d}x + y\mathrm{d}y}{x^2 + y^2} = \dfrac{xf'}{x^2 + y^2}\mathrm{d}x + \dfrac{yf'}{x^2 + y^2}\mathrm{d}y.$

(3) $\mathrm{d}z = f_1'\mathrm{d}x + f_2'\mathrm{d}y + f_3'\mathrm{d}g\left(\dfrac{x}{y}, \dfrac{y}{x}\right) = f_1'\mathrm{d}x + f_2'\mathrm{d}y + f_3' \cdot \left(g_1'\mathrm{d}\dfrac{x}{y} + g_2'\mathrm{d}\dfrac{y}{x}\right)$

$$= f_1'\mathrm{d}x + f_2'\mathrm{d}y + f_3' \cdot \left(g_1'\frac{y\mathrm{d}x - x\mathrm{d}y}{y^2} + g_2'\frac{x\mathrm{d}y - y\mathrm{d}x}{x^2}\right)$$

$$= \frac{x^2 y f_1' + x^2 f_3' g_1' - y^2 f_3' g_2'}{x^2 y}\mathrm{d}x + \frac{xy^2 f_2' - x^2 f_3' g_1' + y^2 f_3' g_2'}{xy^2}\mathrm{d}y.$$

(4) 对方程两边微分可得

$$f_1'\mathrm{d}x + f_2' \cdot (2x\mathrm{d}x + \mathrm{d}y) + f_3' \cdot (3x^2\mathrm{d}x + 2y\mathrm{d}y + \mathrm{d}z) = 0.$$

求解上述方程中的 $\mathrm{d}z$, 可以得到

$$\mathrm{d}z = -\frac{3x^2 f_3' + 2x f_2' + f_1'}{f_3'}\mathrm{d}x - \frac{f_2' + 2y f_3'}{f_3'}\mathrm{d}y.$$

于是,

$$\frac{\partial^2 z}{\partial x \partial y} = \left(-\frac{f_2' + 2y f_3'}{f_3'}\right)' = -\frac{(f_{21}'' + 2x f_{22}'' + 3x^2 f_{23}'')f_3' - (f_{31}'' + 2xy f_{32}'' + 3x^2 f_{33}'')f_2'}{(f_3')^2}.$$

(5) 对方程两边微分, 可以得到

$$\mathrm{d}z = f_1'\mathrm{d}(xz) + f_2'\mathrm{d}\left(\frac{z}{y}\right) = f_1'(z\mathrm{d}x + x\mathrm{d}z) + f_2'\frac{y\mathrm{d}z - z\mathrm{d}y}{y^2},$$

即

$$\mathrm{d}z = \frac{y^2 z f_1'\mathrm{d}x - z f_2'\mathrm{d}y}{y^2 - xy^2 f_1' - y f_2'}.$$

(6) 对方程两边微分, 可以得到

$$f_1'(x\mathrm{d}y + y\mathrm{d}x) + f_2'(y\mathrm{d}z + z\mathrm{d}y) + f_3'(z\mathrm{d}x + x\mathrm{d}z) = \mathrm{d}x + \mathrm{d}y + \mathrm{d}z,$$

即 $\mathrm{d}z = \dfrac{(yf_1' + zf_3' - 1)\mathrm{d}x + (xf_1' + zf_2' - 1)\mathrm{d}y}{1 - yf_2' - xf_3'}$. 因此, $\dfrac{\partial z}{\partial x} = \dfrac{yf_1' + zf_3' - 1}{1 - yf_2' - xf_3'}$,

$\dfrac{\partial z}{\partial y} = \dfrac{xf_1' + zf_2' - 1}{1 - yf_2' - xf_3'}$.

12. 计算下列各题中所指定的表达式:

(1) 设 $z = z(\sqrt{x^2 + y^2})$ 是二次可导的, 求 $\dfrac{\partial^2 z}{\partial x^2} + \dfrac{\partial^2 z}{\partial y^2}$;

(2) 设 $z = \cos x + f(\cos y - \cos x)$ 且 f 是可导的, 求 $\csc x \dfrac{\partial z}{\partial x} + \csc y \dfrac{\partial z}{\partial y}$;

(3) 设 $(z - \sin t)^2 = x^2(y^2 - t^2)$, $(z - \sin t)\cos t = tx^2$ 联合确定了 $z(x, y)$, 求 $\dfrac{\partial z}{\partial x} \cdot \dfrac{\partial z}{\partial y}$;

(4) 设 $f(yz, z - 2x) = 0$ 有连续的偏导数且 $yf_1' + f_2' \neq 0$, 求 $z\dfrac{\partial z}{\partial x} - 2y\dfrac{\partial z}{\partial y}$;

(5) 设 $f\left(x + \dfrac{z}{y}, y + \dfrac{z}{x}\right) = 0$ 有连续的偏导数且 $x^2 y f_1' + x y^2 f_2' \neq 0$, 又 $u = xy$, $v = \dfrac{y}{x}$, $w = z + xy$, 求 $\dfrac{\partial w}{\partial u}$;

(6) 设 $w = z(x^2 + y^2, 2xy) + 4(x - 1)(1 - y)$, $f(2y - z, z - 2x) = 0$ 有连续的偏导数且 $f_1' - f_2' \neq 0$, 求 $\dfrac{\partial w}{\partial x} + \dfrac{\partial w}{\partial y}$.

解 (1) 因为 $\dfrac{\partial z}{\partial x} = z'\dfrac{x}{\sqrt{x^2 + y^2}}$, $\dfrac{\partial z}{\partial y} = z'\dfrac{y}{\sqrt{x^2 + y^2}}$, $\dfrac{\partial^2 z}{\partial x^2} = z''\dfrac{x^2}{x^2 + y^2} +$

$z'\dfrac{y^2}{(x^2 + y^2)\sqrt{x^2 + y^2}}$, $\dfrac{\partial^2 z}{\partial y^2} = z''\dfrac{y^2}{x^2 + y^2} + z'\dfrac{x^2}{(x^2 + y^2)\sqrt{x^2 + y^2}}$, 于是

$$\frac{\partial^2 z}{\partial x^2} + \frac{\partial^2 z}{\partial y^2} = z'' + \frac{1}{\sqrt{x^2 + y^2}}z'.$$

(2) 由于 $\dfrac{\partial z}{\partial x} = -\sin x + \sin x \cdot f'$, $\dfrac{\partial z}{\partial y} = -\sin y \cdot f'$, 因此

$$\csc x\frac{\partial z}{\partial x} + \csc y\frac{\partial z}{\partial y} = \frac{1}{\sin x}(-\sin x + \sin x \cdot f') + \frac{1}{\sin y}(-\sin y \cdot f') = -1.$$

(3) 对方程 $(z - \sin t)^2 = x^2(y^2 - t^2)$ 两边微分, 并由方程 $(z - \sin t)\cos t = tx^2$ 有

$$\mathrm{d}z = \frac{x(y^2 - t^2)\mathrm{d}x + x^2 y\mathrm{d}y + [(z - \sin t)\cos t - tx^2]\mathrm{d}t}{z - \sin t}$$

$$= \frac{x(y^2 - t^2)\mathrm{d}x + x^2 y \mathrm{d}y}{z - \sin t}.$$

于是, $\dfrac{\partial z}{\partial x} = \dfrac{x(y^2 - t^2)}{z - \sin t}$, $\dfrac{\partial z}{\partial y} = \dfrac{x^2 y}{z - \sin t}$. 因此, $\dfrac{\partial z}{\partial x} \cdot \dfrac{\partial z}{\partial y} = xy$.

(4) 对方程 $f(yz, z - 2x) = 0$ 两边微分有

$$(y\mathrm{d}z + z\mathrm{d}y)f_1' + (\mathrm{d}z - 2\mathrm{d}x)f_2' = 0,$$

即 $\mathrm{d}z = \dfrac{2f_2'\mathrm{d}x - zf_1'\mathrm{d}y}{yf_1' + f_2'}$. 于是, $\dfrac{\partial z}{\partial x} = \dfrac{2f_2'}{yf_1' + f_2'}$, $\dfrac{\partial z}{\partial y} = -\dfrac{zf_1'}{yf_1' + f_2'}$. 因此

$$z\frac{\partial z}{\partial x} - 2y\frac{\partial z}{\partial y} = \frac{2zf_2' + 2yzf_1'}{yf_1' + f_2'} = 2z.$$

(5) 对方程 $f\left(x + \dfrac{z}{y}, y + \dfrac{z}{x}\right) = 0$ 两边微分, 可得

$$\mathrm{d}z = \frac{x^2 y^2 f_1' + y^2 z f_2'}{xy(xf_1 + yf_2)}\mathrm{d}x + \frac{x^2 y^2 f_2' + x^2 z f_1'}{xy(xf_1' + yf_2')}\mathrm{d}y.$$

于是

$$\frac{\partial z}{\partial x} = \frac{x^2 y^2 f_1' + y^2 z f_2'}{xy(xf_1 + yf_2)}, \quad \frac{\partial z}{\partial y} = \frac{x^2 y^2 f_2' + x^2 z f_1'}{xy(xf_1' + yf_2')}$$

又 $\dfrac{\partial w}{\partial u} = \dfrac{\partial z}{\partial x}\dfrac{\partial x}{\partial u} + \dfrac{\partial z}{\partial y}\dfrac{\partial y}{\partial u} + y\dfrac{\partial x}{\partial u} + x\dfrac{\partial y}{\partial u} = \left(\dfrac{\partial z}{\partial x} + y\right)\dfrac{\partial x}{\partial u} + \left(\dfrac{\partial z}{\partial y} + x\right)\dfrac{\partial y}{\partial u}$, $\dfrac{\partial x}{\partial u} = \dfrac{1}{2y}$,
$\dfrac{\partial y}{\partial u} = \dfrac{1}{2x}$, 因此

$$\frac{\partial w}{\partial u} = \frac{\partial z}{\partial x}\frac{\partial x}{\partial u} + \frac{\partial z}{\partial y}\frac{\partial y}{\partial u} + y\frac{\partial x}{\partial u} + x\frac{\partial y}{\partial u} = \left(\frac{\partial z}{\partial x} + y\right)\frac{\partial x}{\partial u} + \left(\frac{\partial z}{\partial y} + x\right)\frac{\partial y}{\partial u}$$

$$= \left(\frac{\partial z}{\partial x} + y\right)\frac{1}{2y} + \left(\frac{\partial z}{\partial y} + x\right)\frac{1}{2x} = \frac{1}{2xy}\left(x\frac{\partial z}{\partial x} + y\frac{\partial z}{\partial y}\right) + 1$$

$$= \frac{1}{2xy}(z + xy) + 1 = \frac{w}{2u} + 1.$$

(6) 首先

$$\frac{\partial z}{\partial x} = \frac{-2f_2'}{f_1' - f_2'}, \quad \frac{\partial z}{\partial y} = \frac{2f_1'}{f_1' - f_2'}.$$

其次

$$\frac{\partial w}{\partial x} = \frac{\partial z}{\partial u} \cdot 2x + \frac{\partial z}{\partial v} \cdot 2y + 4(1 - y), \quad \frac{\partial w}{\partial y} = \frac{\partial z}{\partial u} \cdot 2y + \frac{\partial z}{\partial v} \cdot 2x - 4(x - 1).$$

最后

$$\frac{\partial w}{\partial x} + \frac{\partial w}{\partial y} = \frac{\partial z}{\partial u} \cdot 2x + \frac{\partial z}{\partial v} \cdot 2y + 4(1-y) + \frac{\partial z}{\partial u} \cdot 2y + \frac{\partial z}{\partial v} \cdot 2x - 4(x-1) = 8.$$

13. 用变换 $u = x+2y+2$, $v = x-y-1$ 将式子 $2\dfrac{\partial^2 z}{\partial x^2} + \dfrac{\partial^2 z}{\partial x \partial y} - \dfrac{\partial^2 z}{\partial y^2} + \dfrac{\partial z}{\partial x} + \dfrac{\partial z}{\partial y} = 0$ 化为以 u, v 为自变量的式子.

解　由于

$$\frac{\partial z}{\partial x} = \frac{\partial z}{\partial u}\frac{\partial u}{\partial x} + \frac{\partial z}{\partial v}\frac{\partial v}{\partial x} = \frac{\partial z}{\partial u} + \frac{\partial z}{\partial v}, \frac{\partial z}{\partial y} = 2\frac{\partial z}{\partial u} - \frac{\partial z}{\partial v},$$

$$\frac{\partial^2 z}{\partial x^2} = \frac{\partial^2 z}{\partial u^2} + 2\frac{\partial^2 z}{\partial v \partial u} + \frac{\partial^2 z}{\partial v^2}, \frac{\partial^2 z}{\partial y^2} = 4\frac{\partial^2 z}{\partial u^2} - 4\frac{\partial^2 z}{\partial v \partial u} + \frac{\partial^2 z}{\partial v^2},$$

$$\frac{\partial^2 z}{\partial y \partial x} = \frac{\partial}{\partial y}\left(\frac{\partial z}{\partial x}\right) = 2\frac{\partial^2 z}{\partial u^2} + \frac{\partial^2 z}{\partial v \partial u} - \frac{\partial^2 z}{\partial v^2},$$

因此

$$\begin{aligned}
0 &= 2\frac{\partial^2 z}{\partial x^2} + \frac{\partial^2 z}{\partial x \partial y} - \frac{\partial^2 z}{\partial y^2} + \frac{\partial z}{\partial x} + \frac{\partial z}{\partial y}\\
&= 2\left(\frac{\partial^2 z}{\partial u^2} + 2\frac{\partial^2 z}{\partial v \partial u} + \frac{\partial^2 z}{\partial v^2}\right) + 2\frac{\partial^2 z}{\partial u^2} + \frac{\partial^2 z}{\partial v \partial u} - \frac{\partial^2 z}{\partial v^2}\\
&\quad - \left(4\frac{\partial^2 z}{\partial u^2} - 4\frac{\partial^2 z}{\partial v \partial u} + \frac{\partial^2 z}{\partial v^2}\right) + \frac{\partial z}{\partial u} + \frac{\partial z}{\partial v} + 2\frac{\partial z}{\partial u} - \frac{\partial z}{\partial v}\\
&= 9\frac{\partial^2 z}{\partial v \partial u} + 3\frac{\partial z}{\partial u},
\end{aligned}$$

即 $3\dfrac{\partial^2 z}{\partial u \partial v} + \dfrac{\partial z}{\partial u} = 0.$

14. 用变换 $u = x + z$, $v = y + z$, $w = x + y + z$ 将下列式子

$$\frac{\partial z}{\partial y}\left(1 + \frac{\partial z}{\partial y}\right)\frac{\partial^2 z}{\partial x^2} - \left(1 + \frac{\partial z}{\partial x} + \frac{\partial z}{\partial y} + 2\frac{\partial z}{\partial x}\frac{\partial z}{\partial y}\right)\frac{\partial^2 z}{\partial x \partial y} + \frac{\partial z}{\partial x}\left(1 + \frac{\partial z}{\partial x}\right)\frac{\partial^2 z}{\partial y^2} = 0$$

化为以 u, v 为自变量, w 为函数的式子.

解　由于 $w = x + y + z$, 所以, $z = w - x - y$. 于是

$$\frac{\partial z}{\partial x} = \frac{\partial w}{\partial u} \cdot \frac{\partial u}{\partial x} + \frac{\partial w}{\partial v} \cdot \frac{\partial v}{\partial x} - 1, \quad \frac{\partial z}{\partial y} = \frac{\partial w}{\partial u} \cdot \frac{\partial u}{\partial y} + \frac{\partial w}{\partial v} \cdot \frac{\partial v}{\partial y} - 1.$$

又 $\dfrac{\partial u}{\partial x} = 1 + \dfrac{\partial z}{\partial x}$, $\dfrac{\partial u}{\partial y} = \dfrac{\partial z}{\partial y}$, $\dfrac{\partial v}{\partial x} = \dfrac{\partial z}{\partial x}$, $\dfrac{\partial v}{\partial y} = 1 + \dfrac{\partial z}{\partial y}$, 所以

$$\frac{\partial^2 z}{\partial x^2} = \frac{\partial^2 w}{\partial u^2} \cdot \left(\frac{\partial u}{\partial x}\right)^2 + \frac{\partial^2 w}{\partial v \partial u}\frac{\partial u}{\partial x}\frac{\partial v}{\partial x} + \frac{\partial w}{\partial u}\frac{\partial^2 u}{\partial x^2}$$

$$+ \frac{\partial^2 w}{\partial u \partial v} \cdot \frac{\partial v}{\partial x} \frac{\partial u}{\partial x} + \frac{\partial^2 w}{\partial v^2} \cdot \left(\frac{\partial v}{\partial x}\right)^2 + \frac{\partial w}{\partial v} \frac{\partial^2 v}{\partial x^2}$$

$$= \frac{\partial^2 w}{\partial u^2} \cdot \left(1 + \frac{\partial z}{\partial x}\right)^2 + 2 \frac{\partial^2 w}{\partial v \partial u} \left(1 + \frac{\partial z}{\partial x}\right) \frac{\partial z}{\partial x}$$

$$+ \left(\frac{\partial w}{\partial u} + \frac{\partial w}{\partial v}\right) \frac{\partial^2 z}{\partial x^2} + \frac{\partial^2 w}{\partial v^2} \left(\frac{\partial z}{\partial x}\right)^2,$$

$$\frac{\partial^2 z}{\partial y^2} = \frac{\partial^2 w}{\partial u^2} \cdot \left(\frac{\partial z}{\partial y}\right)^2 + 2 \frac{\partial^2 w}{\partial v \partial u} \left(1 + \frac{\partial z}{\partial y}\right) \frac{\partial z}{\partial y}$$

$$+ \left(\frac{\partial w}{\partial u} + \frac{\partial w}{\partial v}\right) \frac{\partial^2 z}{\partial y^2} + \frac{\partial^2 w}{\partial v^2} \left(1 + \frac{\partial z}{\partial y}\right)^2,$$

$$\frac{\partial^2 z}{\partial x \partial y} = \frac{\partial^2 w}{\partial u^2} \cdot \frac{\partial u}{\partial x} \frac{\partial u}{\partial y} + \frac{\partial^2 w}{\partial v \partial u} \frac{\partial u}{\partial x} \frac{\partial v}{\partial y} + \frac{\partial w}{\partial u} \frac{\partial^2 u}{\partial x \partial y}$$

$$+ \frac{\partial^2 w}{\partial u \partial v} \cdot \frac{\partial v}{\partial x} \frac{\partial u}{\partial y} + \frac{\partial^2 w}{\partial v^2} \cdot \frac{\partial v}{\partial x} \frac{\partial v}{\partial y} + \frac{\partial w}{\partial v} \frac{\partial^2 v}{\partial x \partial y}$$

$$= \frac{\partial^2 w}{\partial u^2} \cdot \left(1 + \frac{\partial z}{\partial x}\right) \frac{\partial z}{\partial y} + \frac{\partial^2 w}{\partial v \partial u} \left(1 + \frac{\partial z}{\partial x}\right) \left(1 + \frac{\partial z}{\partial y}\right)$$

$$+ \frac{\partial w}{\partial u} \frac{\partial^2 z}{\partial x \partial y} + \frac{\partial^2 w}{\partial u \cdot \partial v} \cdot \frac{\partial z}{\partial y} \cdot \frac{\partial z}{\partial x} + \frac{\partial^2 w}{\partial v^2} \cdot \left(1 + \frac{\partial z}{\partial y}\right) \frac{\partial z}{\partial x} + \frac{\partial w}{\partial v} \frac{\partial^2 z}{\partial x \partial y}.$$

令 $\Delta = 1 - \dfrac{\partial w}{\partial u} - \dfrac{\partial w}{\partial v}$, 则

$$\frac{\partial^2 z}{\partial x^2} = \frac{1}{\Delta} \left[\frac{\partial^2 w}{\partial u^2} \left(1 + \frac{\partial z}{\partial x}\right)^2 + 2 \frac{\partial^2 w}{\partial v \partial u} \left(1 + \frac{\partial z}{\partial x}\right) \frac{\partial z}{\partial x} + \frac{\partial^2 w}{\partial v^2} \left(\frac{\partial z}{\partial x}\right)^2 \right],$$

$$\frac{\partial^2 z}{\partial y^2} = \frac{1}{\Delta} \left[\frac{\partial^2 w}{\partial u^2} \left(\frac{\partial z}{\partial y}\right)^2 + 2 \frac{\partial^2 w}{\partial v \partial u} \left(1 + \frac{\partial z}{\partial y}\right) \frac{\partial z}{\partial y} + \frac{\partial^2 w}{\partial v^2} \left(1 + \frac{\partial z}{\partial y}\right)^2 \right],$$

$$\frac{\partial^2 z}{\partial x \partial y} = \frac{1}{\Delta} \left[\frac{\partial^2 w}{\partial u^2} \left(1 + \frac{\partial z}{\partial x}\right) \frac{\partial z}{\partial y} + \frac{\partial^2 w}{\partial v \partial u} \left(1 + \frac{\partial z}{\partial x}\right) \left(1 + \frac{\partial z}{\partial y}\right) \right.$$

$$\left. + \frac{\partial^2 w}{\partial u \cdot \partial v} \cdot \frac{\partial z}{\partial y} \cdot \frac{\partial z}{\partial x} + \frac{\partial^2 w}{\partial v^2} \left(1 + \frac{\partial z}{\partial y}\right) \frac{\partial z}{\partial x} \right].$$

因此

$$0 = \frac{\partial z}{\partial y} \left(1 + \frac{\partial z}{\partial y}\right) \frac{\partial^2 z}{\partial x^2} - \left(1 + \frac{\partial z}{\partial x} + \frac{\partial z}{\partial y} + 2 \frac{\partial z}{\partial x} \frac{\partial z}{\partial y}\right)$$

$$\cdot \frac{\partial^2 z}{\partial x \partial y} + \frac{\partial z}{\partial x} \left(1 + \frac{\partial z}{\partial x}\right) \frac{\partial^2 z}{\partial y^2}$$

$$= \frac{1}{\Delta} \left[\frac{\partial z}{\partial y} \left(1 + \frac{\partial z}{\partial y}\right) \left(1 + \frac{\partial z}{\partial x}\right)^2 - \left(1 + \frac{\partial z}{\partial x} + \frac{\partial z}{\partial y} + 2 \frac{\partial z}{\partial x} \frac{\partial z}{\partial y}\right) \right.$$

$$\cdot \frac{\partial z}{\partial y}\left(1+\frac{\partial z}{\partial x}\right)+\left(1+\frac{\partial z}{\partial x}\right)\frac{\partial z}{\partial x}\left(\frac{\partial z}{\partial y}\right)^2\Bigg]\frac{\partial^2 w}{\partial u^2}$$

$$+\frac{1}{\Delta}\Bigg[\frac{\partial z}{\partial y}\left(1+\frac{\partial z}{\partial y}\right)\left(\frac{\partial z}{\partial x}\right)^2-\left(1+\frac{\partial z}{\partial x}+\frac{\partial z}{\partial y}+2\frac{\partial z}{\partial x}\frac{\partial z}{\partial y}\right)$$

$$\cdot \frac{\partial z}{\partial x}\left(1+\frac{\partial z}{\partial y}\right)+\left(1+\frac{\partial z}{\partial x}\right)\frac{\partial z}{\partial x}\left(\frac{\partial z}{\partial y}+1\right)^2\Bigg]\frac{\partial^2 w}{\partial v^2}$$

$$+\frac{1}{\Delta}\Bigg[4\frac{\partial z}{\partial y}\left(1+\frac{\partial z}{\partial y}\right)\left(1+\frac{\partial z}{\partial x}\right)\frac{\partial z}{\partial x}-\left(1+\frac{\partial z}{\partial x}+\frac{\partial z}{\partial y}+2\frac{\partial z}{\partial x}\frac{\partial z}{\partial y}\right)^2\Bigg]\frac{\partial^2 w}{\partial u\partial v}$$

$$=-\frac{1}{\Delta}\left(1+\frac{\partial z}{\partial x}+\frac{\partial z}{\partial y}\right)^2\frac{\partial^2 w}{\partial u\partial v},$$

即 $\dfrac{\partial^2 w}{\partial u\partial v}=0.$

15. 利用导数的定义求下列极限:

(1) $\displaystyle\lim_{x\to 1}\frac{e^{\sin \pi x}-1}{x-1}$;

(2) $\displaystyle\lim_{x\to 0}\frac{\sin(3+x)^2-\sin 9}{\ln(1+x)}$;

(3) $\displaystyle\lim_{x\to 0}\frac{\sqrt[4]{16+x}-2}{x}$;

(4) $\displaystyle\lim_{x\to 1}\frac{x^x-1}{\sqrt{x}-1}$.

解 (1) 令 $f(x)=e^{\sin \pi x}$, 则

$$\lim_{x\to 1}\frac{e^{\sin \pi x}-1}{x-1}=\lim_{x\to 1}\frac{f(x)-f(1)}{x-1}=f'(1)=\pi e^{\sin \pi x}\cos \pi x|_{x=1}=-\pi.$$

(2) 令 $f(x)=\sin x^2$, $g(x)=\ln x$, 则

$$\lim_{x\to 0}\frac{\sin(3+x)^2-\sin 9}{\ln(1+x)}=\lim_{x\to 0}\frac{f(3+x)-f(3)}{g(1+x)-g(1)}=\lim_{x\to 0}\frac{\dfrac{f(3+x)-f(3)}{x}}{\dfrac{g(1+x)-g(1)}{x}}$$

$$=\frac{f'(3)}{g'(1)}=6\cos 9.$$

(3) 令 $f(x)=\sqrt[4]{x}$, 则

$$\lim_{x\to 0}\frac{\sqrt[4]{16+x}-2}{x}=\lim_{x\to 0}\frac{f(16+x)-f(16)}{x}=f'(16)=\frac{1}{32}.$$

(4) 令 $f(x)=x^x$, $g(x)=\sqrt{x}$, 则

$$\lim_{x\to 1}\frac{x^x-1}{\sqrt{x}-1}=\lim_{x\to 1}\frac{f(x)-f(1)}{g(x)-g(1)}=\frac{f'(1)}{g'(1)}=2.$$

16. 求 a,b 的值, 使得下列函数是可导的.

(1) $f(x)=\displaystyle\lim_{t\to 0}\frac{a(x+1)^2+(x+b)e^{\frac{x}{t^2}}}{e^{\frac{x}{t^2}}+x+1}$;

(2) $f(x) = \lim\limits_{y \to +\infty} \dfrac{x^2 \arctan x^y + ax + b}{\arctan x^y + \pi} (x > 0).$

解   (1) 易求得

$$f(x) = \begin{cases} x + b, & x > 0, \\[2mm] \dfrac{a+b}{2}, & x = 0, \\[2mm] a(x+1), & x < 0. \end{cases}$$

由于 $f(x)$ 可导, 从而连续. 于是, $\lim\limits_{x \to 0^+} f(x) = b = \dfrac{a+b}{2} = a = \lim\limits_{x \to 0^-} f(x)$, 且

$$\lim\limits_{x \to 0^+} \frac{f(x) - f(0)}{x} = \lim\limits_{x \to 0^+} \frac{x + b - \dfrac{a+b}{2}}{x} = 1 = \lim\limits_{x \to 0^-} \frac{a(x+1) - \dfrac{a+b}{2}}{x} = a.$$

因此, 可以知当 $a = b = 1$ 时, 函数可导.

(2) 易求得

$$f(x) = \begin{cases} \dfrac{ax + b}{\pi}, & 0 < x < 1, \\[3mm] \dfrac{\pi + 4a + 4b}{5\pi}, & x = 1, \\[3mm] \dfrac{\pi x^2 + 2ax + 2b}{3\pi}, & x > 1. \end{cases}$$

由于 $f(x)$ 可导, 从而连续. 于是

$$\lim\limits_{x \to 1^-} f(x) = \frac{a+b}{\pi} = \frac{\pi + 4a + 4b}{5\pi} = \frac{\pi + 2a + 2b}{3\pi} = \lim\limits_{x \to -1^+} f(x),$$

即 $a + b = \pi$.

又由于可导, 得 $f'_+(1) = f'(1) = f'_-(1)$, 即有

$$\lim\limits_{x \to 1^-} \frac{5ax + 5b - 4a - 4b - \pi}{5\pi(x-1)} = \lim\limits_{x \to 1^+} \frac{5\pi x^2 + 10ax + 10b - 12a - 12b - 3\pi}{15\pi(x-1)}.$$

将 $b = \pi - a$ 代入极限等式可求得 $a = 2\pi$, 进而求得 $b = -\pi$.

因此, 当 $a = 2\pi$, $b = -\pi$ 时, 函数是可导的.

2.4   复 习 题

1. 填空题
(1) 设函数 $f(x), g(x)$ 均可导, 且 $f(g(x)) = e^x$, $f'(x) = \sqrt{1 + [f(x)]^2}$, 则 $g'(x) = $_____.
(2) 已知 $(f(2x))' = x^2$, 则 $f'(x) = $_____.

(3) 设 $f(x)$ 可导且有反函数, $f(4) = 5$, $f'(4) = \dfrac{2}{3}$, 那么, $\dfrac{\mathrm{d}f^{-1}(x)}{\mathrm{d}x}\bigg|_{x=5} =$ _____.

(4) 设 $f(x)$ 二次可导且有反函数, 那么, $\dfrac{\mathrm{d}^2 f^{-1}(x)}{\mathrm{d}x^2} =$ _____.

(5) 设 $f(x)$ 在 $x = 0$ 处可导, $F(x) = f(x) + f(-x)$, 那么, $F'(0) =$ _____.

(6) 设 $f(x) = \begin{cases} e^{-\frac{1}{x^2}}, & x \neq 0, \\ 0, & x = 0, \end{cases}$ 那么, $\lim\limits_{n \to \infty} f^{(n)}(0) =$ _____.

(7) $\lim\limits_{x \to 1} \dfrac{\cos^2 x - \cos^2 1}{\sin x - \sin 1} =$ _____.

(8) $\lim\limits_{x \to 0} \dfrac{e^x \sin x}{2 \tan x - x} =$ _____.

(9) 设 $f(x)$ 在 a 点可导且 $\lim\limits_{n \to \infty} \dfrac{n^2 \left(f\left(a + \dfrac{1}{n}\right) - f\left(a - \dfrac{1}{2n}\right) \right)}{2n + 1} = 1$, 则 $f'(a) =$ _____.

(10) 设 $f(x, y)$ 有连续的偏导数且 $f(x^2, x) = x^2$, $f'_y(x^2, x) = x$, 则 $f'_x(x^2, x) =$ _____.

2. 单项选择题

(1) 设 $f(x)$ 在 x_0 点的左、右导数存在但不相等, 则下列结论中不正确的是 _____.

(A) $f(x)$ 在 x_0 点不可导   (B) $f(x)$ 在 x_0 点不可微

(C) $f(x)$ 在 x_0 点不连续   (D) $f(x)$ 在 x_0 点连续

(2) 设 $f(x)$ 为 $(-\infty, +\infty)$ 上的奇函数且 $f''(0)$ 存在, 则有 _____.

(A) $f(0) = f'(0) = 0$ (B) $f(0) = 0, f'(0) \neq 0$

(C) $f(0) = f''(0) = 0$ (D) $f(0) = 0, f''(0) \neq 0$

(3) $f(x)$ 在 x_0 处可导的必要非充分的条件是 _____.

(A) $\lim\limits_{h \to 0} \dfrac{f(x_0) - f(x_0 - h)}{h}$ 存在   (B) $\lim\limits_{h \to 0} \dfrac{f(x_0 + h) - f(x_0 - h)}{2h}$ 存在

(C) $\lim\limits_{n \to \infty} n \left[f\left(x_0 + \dfrac{1}{n}\right) - f(x_0) \right]$ 存在   (D) $\lim\limits_{x \to x_0} \dfrac{f(x_0) - f(x)}{x - x_0}$ 存在

(4) 下列命题中对的是 _____.

(A) 如果 $f(x)$ 可导, 那么 $|f(x)|$ 可导   (B) 如果 $|f(x)|$ 可导, 那么 $f(x)$ 可导

(C) 如果 $f(x)$ 连续, 那么 $|f(x)|$ 连续   (D) 如果 $|f(x)|$ 连续, 那么 $f(x)$ 连续

(5) 设函数 $f(x)$ 是可导的, 那么 $(a, b) =$ _____, 其中

$$f(x) = \begin{cases} ax, & x < 2, \\ ax^2 - bx + 3, & x \geqslant 2. \end{cases}$$

(A) $\left(\dfrac{3}{4}, \dfrac{9}{4}\right)$ (B) $\left(-\dfrac{3}{4}, -\dfrac{9}{4}\right)$ (C) $\left(\dfrac{3}{4}, -\dfrac{9}{4}\right)$ (D) $\left(-\dfrac{3}{4}, \dfrac{9}{4}\right)$

(6) 设 $f(x)$ 在 x_0 点可导, $F(x) = (f(x) - f(x_0))g(x)$, 则 _____.

(A) 当 $g(x)$ 在 x_0 点处不可导时, $F(x)$ 在 x_0 点处不可导

(B) 当 $g(x)$ 在 x_0 点处不连续时, $F(x)$ 在 x_0 点处不连续

(C) 当 $g(x)$ 在 x_0 点处附近有界时, $F(x)$ 在 x_0 点处可导

(D) 当 $g(x)$ 在 x_0 点处附近有界时, $F(x)$ 在 x_0 点处连续

(7) 设 $f(x)$ 满足 $f'(x_0) = 2$, 则 $\lim\limits_{x \to 0} \dfrac{f(x_0 + e^x - 1 - x) - f(x_0 - 1 + \cos x)}{x \ln(1 + x)} =$ _____.

(A) 3　　　　　　　　(B) 2　　　　　　　　(C) 1　　　　　　　　(D) 0

(8) 设 $f(x), g(x)$ 均可导, 则下列命题中不对的是 _____.

(A) 如果 $f(x) = g(x)$, 则 $f'(x) = g'(x)$　　　(B) 如果 $f(x) = g(x) + C$, 则 $f'(x) = g'(x)$

(C) 如果 $f'(x) = g'(x)$, 则 $f(x) = g(x)$　　　(D) 如果 $f'(x) = g'(x)$, 则 $f(x) = g(x) + C$

(9) 设函数 $f(x, y)$ 的全微分为 $\mathrm{d}f = \dfrac{ax + 2y}{x^2 + y^2}\mathrm{d}x + \dfrac{bx + 3y}{x^2 + y^2}\mathrm{d}y$, 则 $(a, b) =$ _____.

(A) $(3, -2)$　　　　　(B) $(3, 2)$　　　　　(C) $(-3, 2)$　　　　　(D) $(2, 3)$

(10) 设函数 $f(x, y)$ 有二阶偏导数, 则下列命题对的是 _____.

(A) $f''_{xy} = f''_{yx}$ 恒成立　　　　　　　　　(B) f''_{xy}, f''_{yx} 均不连续时, $f''_{xy} \neq f''_{yx}$

(C) $f''_{xy} f''_{yx}$ 至少有一个连续时, $f''_{xy} = f''_{yx}$　　(D) f''_{xy}, f''_{yx} 均连续时, $f''_{xy} = f''_{yx}$

3. 求下列函数指定的导数 y' 和 y'':

(1) $y = \dfrac{1}{2}x \ln \dfrac{1 + x}{1 - x} + \ln \sqrt{1 - x^2}$;　(2) $y = \dfrac{2x^2 - x - 3}{6}\sqrt{2x - x^2} + \dfrac{1}{2}\arccos(1 - x) + \ln e$;

(3) $y = \ln(1 + \cos^2 x) - 2\cos x \operatorname{arccot}(\cos x)$;　(4) $y^2 e^{y^2} = e^{x^4}$.

4. 计算下列微分:

(1) $\mathrm{d}\left(\sqrt{1 - x^2}\arcsin x\right)$;　　　　　　　(2) $\mathrm{d}(\ln \cos(\arctan x - \operatorname{arccot}x))$;

(3) $\mathrm{d}\left(\sec\left(\dfrac{x}{\sqrt{x^2 + 1}}\right)\right)$;　　　　　(4) $\dfrac{\mathrm{d}(\cot x)}{\mathrm{d}(\cos x)}$.

5. 已知 $f(x) = e^x + \sin x$, 求 $\dfrac{\mathrm{d}f(x)}{\mathrm{d}(e^x)}$.

6. 求下列函数的 n 阶导数:

(1) $y = \dfrac{1}{(6x^2 + 5x + 1)^2}$;　　　　　　(2) $y = \cos^3 x$;

(3) $y = x^3 e^{-x}$;　　　　　　　　　　　　(4) $y = \sin x \cos 2x$.

7. 用 $x = e^t$, $z = ye^{-t}$ 变换式子 $x^3 y'' = (y - xy')(y - xy' - x)$ 成 z 关于 t 的式子.

8. 设函数 $y = f(x)$ 由 $y = e^t \cos t$, $x = e^t \sin t$ 确定, 求 $y''(x)$.

9. 设 $f(x) = \begin{cases} ax + b, & x \leqslant -1 \\ ax^3 + x + 2b, & x > -1 \end{cases}$ 可导, 求常数 a 和 b.

10. 设 $f(x)$ 满足 $f(x + y) = f(x)f(y)$, $f(x) = 1 + x\cos x$, 则 $f'(x) = f(x)$.

11. 设 $f(x)$ 在 $x = 1$ 处可导, 证明 $\lim\limits_{n \to \infty} \dfrac{f\left(2n^2 - 2n^2\cos\dfrac{1}{n^2}\right) - f\left(n\sin\dfrac{1}{n}\right)}{2n^2 - 2n^2\cos\dfrac{1}{n^2} - n\sin\dfrac{1}{n}} = f'(1)$.

12. 证明 $P_n(x) = ((x^2 + x)^n)^{(n)}$ 是方程 $x(x + 1)y'' + (2x + 1)y' + n(n - 1)y = 0$ 的解.

13. 设 $f(x)$ 在 $[a, b]$ 上可导且 $f'_+(a)f'_-(b) < 0$, 证明至少存在一点 $\xi \in (a, b)$ 使得 $f'(\xi) = 0$.

14. 求下列函数的二阶偏导数:

(1) $z = \arctan \dfrac{x+y}{1-xy}$;

(2) $u = \sqrt[z]{\dfrac{x}{y}}$;

(3) $z = f(x+y, xy)$;

(4) $u = f\left(x^2+y^2, \arctan \dfrac{y}{x}\right)$;

(5) $z = z(x, y)$ 是由方程 $xy + yz + zx = 1$ 确定的;

(6) $z = z(x, y)$ 是由方程 $z = xf(z) + g(z)$ 确定的, 其中, f, g 都是二次可微的.

15. 计算下列函数指定的式子;

(1) 设 $z = f(p-q, q-r, r-q)$ 是可微的, 计算 $\dfrac{\partial z}{\partial p} + \dfrac{\partial z}{\partial q} + \dfrac{\partial z}{\partial r}$.

(2) 设 $z = f(x, y)$ 满足 $f(tx, ty) = t^n f(x, y)$, 且有连续的二阶导数, 试计算下列式子

(A) $x\dfrac{\partial z}{\partial x} + y\dfrac{\partial z}{\partial y}$; (B) $x^2 \dfrac{\partial^2 z}{\partial x^2} + 2xy \dfrac{\partial^2 z}{\partial x \partial y} + y^2 \dfrac{\partial^2 z}{\partial y^2}$.

(3) 设 $z = f(x, y)$, $x = r\cos\theta$, $y = r\sin\theta$ 可微, 且 $\left(\dfrac{\partial z}{\partial x}\right)^2 = 1 - \left(\dfrac{\partial z}{\partial y}\right)^2$, 试计算 $r\left(\dfrac{\partial z}{\partial r}\right)^2 + \left(\dfrac{\partial z}{\partial \theta}\right)^2$.

(4) 设 $w = e^{x-y}z(x+y, x-y)$, $z(x, y) = \dfrac{\partial^2 z}{\partial x^2} + \dfrac{\partial^2 z}{\partial x \partial y} + \dfrac{\partial z}{\partial x}$, 求 $\dfrac{\partial^2 w}{\partial x^2} + \dfrac{\partial^2 w}{\partial x \partial y}$.

(5) 已知方程 $x^2 + y^2 + z^2 = 1$ 确定了 z 是关于 x, y 的函数, $x = e^s \cos t$, $y = e^s \sin t$, 试计算 $\dfrac{\partial^2 z}{\partial x^2} + \dfrac{\partial^2 z}{\partial y^2}$ 和 $\dfrac{\partial^2 z}{\partial s^2} + \dfrac{\partial^2 z}{\partial t^2}$.

(6) 已知方程 $2z^2 - x^2 - y^2 = f(y^2 - z^2, z^2 - x^2)$ 确定了 z 是关于 x, y 的函数, $w = z - xy$, $u = x^2 + y^2$, $v = x^2 - y^2$, 其中 f 可微, 试计算 $\dfrac{\partial w}{\partial u}$.

16. 变换下列等式:

(1) 用变换 $x = r\cos\theta$, $y = r\sin\theta$ 变换等式 $(x^2 + y^2)^2 y'' = (x + yy')^3$.

(2) 用变换 $u = \dfrac{x}{y}$, $v = x$, $w = xz - y$ 变换等式 $y\dfrac{\partial^2 z}{\partial y^2} + 2\dfrac{\partial z}{\partial y} = \dfrac{2}{x}$.

2.5 复习题参考答案与提示

1. (1) $\dfrac{e^x}{\sqrt{1+e^{2x}}}$; (2) $\dfrac{\arcsin^2 x}{\sqrt{1-x^2}}$; (3) $\dfrac{3}{2}$; (4) $\dfrac{f''(f^{-1}(x))}{[f'(f^{-1}(x))]^3}$; (5) 0; (6) 0; (7) $-2\sin 1$; (8) 1; (9) $\dfrac{4}{3}$; (10) $\dfrac{1}{2}$.

2. (1) (C); (2) (C); (3) (C); (4) (C); (5) (A); (6) (D); (7) (B); (8) (C); (9) (A); (10) (D).

3. (1) $y' = \dfrac{1}{2}\ln\dfrac{1+x}{1-x}$, $y'' = \dfrac{1}{1-x^2}$; (2) $y' = x\sqrt{2x-x^2}$, $y'' = \dfrac{3x-2x^2}{\sqrt{2x-x^2}}$;

(3) $y' = 2\sin x \operatorname{arccot}(\cos x)$, $y'' = 2\cos x \operatorname{arccot}\cos x + \dfrac{2\sin^2 x}{1+\cos^2 x}$;

(4) $y' = \dfrac{2x^2 y}{1+y^2}$, $y'' = y'[3(1+y^2)^2 + 2x^4(1-y^2)]$.

4. (1) $\dfrac{\sqrt{1-x^2}-x\arcsin x}{\sqrt{1-x^2}}\mathrm{d}x$;　　　　　　　　(2) $\dfrac{1-x^2}{x(1+x^2)}\mathrm{d}x$;

(3) $\dfrac{1}{(1+x^2)\sqrt{1+x^2}}\sec\dfrac{x}{\sqrt{1+x^2}}\tan\dfrac{x}{\sqrt{1+x^2}}\mathrm{d}x$;　　(4) $\dfrac{1}{\sin^3 x}$.

5. $1+e^{-x}\cos x$.

6. (1) $\dfrac{(-1)^n 3^{n+2}n!(n-12x-3)}{(3x+1)^{n+2}}+\dfrac{(-1)^n 2^{n+2}n!(n-12x-5)}{(2x+1)^{n+2}}$ $(n>3)$;

(2) $\dfrac{3}{4}\cos\left(\dfrac{n\pi}{2}+x\right)+\dfrac{3^n}{4}\cos\left(\dfrac{n\pi}{2}+3x\right)$;

(3) $(-1)^n e^{-x}[x^3-3nx^2+3n(n-1)x-n(n-1)(n-2)]$;

(4) $\dfrac{3^n}{2}\sin\left(\dfrac{n\pi}{2}+3x\right)-\dfrac{1}{2}\sin\left(\dfrac{n\pi}{2}+x\right)$.

7. $z''=z'^2$. 8. $-2\dfrac{x^2+y^2}{(x+y)^3}$. 9. $a=-\dfrac{1}{2}$, $b=1$; 10. 用导数定义. 11. 略. 12. 略.

13. 用导数定义、保号性和最值性质.

14. (1) $\dfrac{\partial^2 z}{\partial x^2}=-\dfrac{2x}{(1+x^2)^2}$, $\dfrac{\partial^2 z}{\partial y^2}=-\dfrac{2y}{(1+y^2)^2}$, $\dfrac{\partial^2 z}{\partial x\partial y}=0$.

(2) $u_{xx}=\dfrac{1-z}{z^2 y^2}\left(\dfrac{x}{y}\right)^{\frac{1-2z}{z}}$, $u_{xy}=u_{yx}=\dfrac{1}{z^2 y^2}\left(\dfrac{x}{y}\right)^{\frac{1-2z}{z}}$, $u_{yy}=\dfrac{x^2(1+z)}{z^2 y^4}\left(\dfrac{x}{y}\right)^{\frac{1-2z}{z}}$,

$u_{yz}=u_{zy}=\dfrac{x}{z^2 y^2}\left(\dfrac{x}{y}\right)^{\frac{1-z}{z}}\left(1+\dfrac{1}{z}\ln\dfrac{x}{y}\right)$, $u_{zz}=\dfrac{1}{z^3}\left(\dfrac{x}{y}\right)^{\frac{1}{z}}\left(2+\dfrac{1}{z}\ln\dfrac{x}{y}\right)\ln\dfrac{x}{y}$.

(3) $z_{xx}=f_{11}+2yf_{12}+y^2 f_{22}$, $z_{xy}=z_{yx}=f_{11}+(x+y)f_{12}+f_2+xyf_{22}$, $z_{yy}=f_{11}+2xf_{12}+x^2 f_{22}$.

(4) $u_{xx}=4x^2 f_{11}-\dfrac{4xy}{x^2+y^2}f_{12}+\dfrac{y^2}{(x^2+y^2)^2}f_{22}+\dfrac{2xy}{(x^2+y^2)^2}f_2+2f_1$,

$u_{xy}=4xyf_{11}+4\dfrac{x^2-y^2}{x^2+y^2}f_{12}-\dfrac{xy}{(x^2+y^2)^2}f_{22}-\dfrac{x^2-y^2}{(x^2+y^2)^2}f_2$,

$u_{yy}=4y^2 f_{11}+\dfrac{4xy}{x^2+y^2}f_{12}+\dfrac{x^2}{(x^2+y^2)^2}f_{22}-\dfrac{2xy}{(x^2+y^2)^2}f_2+2f_1$.

(5) $z_{xx}=2\dfrac{y+z}{(x+y)^2}$, $z_{yy}=2\dfrac{x+z}{(x+y)^2}$, $z_{xy}=2\dfrac{z}{(x+y)^2}$.

(6) $z_{xx}=\dfrac{2ff'-2xff'^2-2ff'g'+xf''+g''}{(1-xf'-g')^3}$, $z_{yy}=0$, $z_{xy}=0$.

15. (1) 0; (2) nz, $n(n-1)z$; (3) $\dfrac{1}{r}$; (4) $2w$; (5) $\dfrac{z^2-1}{\sqrt{z^6}}$, $\dfrac{e^{4s}-2e^{2s}}{\sqrt{(1-e^{2s})^3}}$; (6) $\dfrac{2-2w+\sqrt{u^2-v^2}}{8w-4\sqrt{u^2-v^2}}$.

16. (1) $r(r^2+2r'^2-rr'')=r'^2$; (2) $\dfrac{\partial^2 w}{\partial^2 u}=0$.

第 3 章　导数的应用

3.1　概念、性质与定理

3.1.1　中值定理

1. 费马定理　如果 $f(x)$ 在 x_0 处可导且取到极值, 那么 $f'(x_0) = 0$.

2. 罗尔定理　如果 $f(x)$ 在闭区间 $[a,b]$ 上连续, 在开区间 (a,b) 上可导, 且 $f(a) = f(b)$, 那么, 至少存在一点 $\xi \in (a,b)$ 使得 $f'(\xi) = 0$ 或者说方程 $f'(x) = 0$ 至少有一个根在 (a,b) 中.

3. 拉格朗日中值定理　如果 $f(x)$ 在闭区间 $[a,b]$ 上连续, 在开区间 (a,b) 上可导, 那么, 至少存在一点 $\xi \in (a,b)$ 使得 $f'(\xi) = \dfrac{f(b) - f(a)}{b - a}$.

4. 柯西中值定理　如果 $f(x), g(x)$ 在闭区间 $[a,b]$ 上连续, 在开区间 (a,b) 上可导, 且 $g'(x) \neq 0$, 那么, 至少存在一点 $\xi \in (a,b)$ 使得 $\dfrac{f'(\xi)}{g'(\xi)} = \dfrac{f(b) - f(a)}{g(b) - g(a)}$.

5. 泰勒中值定理　设 $f(x)$ 在点 x_0 处及其附近有 $n + 1$ 阶导数, 那么, 在 x_0 点附近, 至少存在一点 ξ 使得

$$f(x) = f(x_0) + \frac{1}{1!}f'(x_0)(x - x_0) + \cdots + \frac{1}{n!}f^{(n)}(x_0)(x - x_0)^n + \frac{f^{(n+1)}(\xi)}{(n+1)!}(x - x_0)^{n+1}.$$

6. 中值定理的两个推论

推论 1　如果函数在区间 I 上的导数 $f'(x) = 0$, 则 $f(x) = C$, 其中, C 为任意实常数.

推论 2　如果 $f(x), g(x)$ 在区间 I 上满足 $f'(x) = g'(x)$, 则 $f(x) = g(x) + C$, 其中, C 为任意实常数.

7. 二元函数的泰勒中值定理　设 $f(x,y)$ 在 (x_0, y_0) 点及附近有 $n + 1$ 阶连续的偏导数, 记 $h = x - x_0, k = y - y_0$, 则

$$f(x,y) = f(x_0, y_0) + \left(h\frac{\partial}{\partial x} + k\frac{\partial}{\partial y}\right)f\Big|_{(x_0, y_0)} + \frac{1}{2!}\left(h\frac{\partial}{\partial x} + k\frac{\partial}{\partial y}\right)^2 f\Big|_{(x_0, y_0)} + \cdots$$

$$+ \frac{1}{n!}\left(h\frac{\partial}{\partial x} + k\frac{\partial}{\partial y}\right)^n f\Big|_{(x_0, y_0)} + \frac{1}{(n+1)!}\left(h\frac{\partial}{\partial x} + k\frac{\partial}{\partial y}\right)^{n+1} f\Big|_{(\xi, \eta)}.$$

3.1.2   导数应用中的几个重要的关键点

1. 一元函数的一阶导数关键点.

满足 $f'(x_0) = 0$ 或 $f'(x_0)$ 不存在的点 x_0 称为函数 $f(x)$ 的一阶导数关键点.

2. 二元函数的一阶偏导数关键点.

满足 $f'_x(x_0, y_0) = 0$, $f'_y(x_0, y_0) = 0$ 或 $f'_x(x_0, y_0)$, $f'_y(x_0, y_0)$ 至少有一个不存在的点 (x_0, y_0) 称为函数 $f(x, y)$ 的一阶偏导数关键点.

3. 一元函数的二阶导数关键点.

满足 $f''(x_0) = 0$ 或 $f''(x_0)$ 不存在的点 x_0 称为函数 $f(x)$ 的二阶导数关键点.

3.1.3   导数应用定理

1. 单调性判定定理.

设 $f(x)$ 在区间 I 上连续且 $f'(x) > 0(f'(x) < 0)$, 那么, $f(x)$ 在区间 I 上单调递增 (递减).

2. 凹性判定定理.

(A) 如果 $f(x)$ 在区间 I 上连续且 $f'(x)$ 在区间 I 上单调递增 (递减), 那么, $f(x)$ 在区间 I 上是上凹 (下凹) 的.

(B) 如果 $f(x)$ 在区间 I 上连续且 $f''(x) > 0(f''(x) < 0)$, 那么, $f(x)$ 在区间 I 上是上凹 (下凹) 的.

3. 极大极小值判定定理.

(A) 如果 $f(x)$ 在 x_0 点及附近连续, 且当 $x < x_0$, $f'(x) > 0$ $(f'(x) < 0)$ 和 $x > x_0$, $f'(x) < 0$ $(f'(x) > 0)$ 时, 那么, $f(x)$ 在 x_0 处取到极大 (小) 值.

(B) 如果 $f'(x_0) = 0$, 且当 $f''(x_0) < 0$ $(f''(x_0) > 0)$ 时, 那么, $f(x)$ 在 x_0 处取到极大 (小) 值.

4. 最值判定定理.

(A) 如果 x_0 是 $f(x)$ 的唯一极值点, 且此点是极大 (小) 值点, 则 x_0 是 $f(x)$ 的最大 (小) 值点.

(B) 如果 $f(x)$ 在闭区间 $[a, b]$ 上连续, 则 $f(x)$ 必有最大 (小) 值.

5. 多元函数的极值判定定理.

如果 $f(x, y)$ 在 (x_0, y_0) 点及附近有二阶连续的偏导数, 且 $f'_x(x_0, y_0) = 0$, $f'_y(x_0, y_0) = 0$, 那么,

(1) 当 $[(f''_{xy})^2 - f''_{xx}f''_{yy}]|_{(x_0, y_0)} < 0$ 时, $f(x, y)$ 在 (x_0, y_0) 处有极值且当 $f''_{xx}(x_0, y_0) < 0$ 时, $f(x_0, y_0)$ 为极大值; 当 $f''_{xx}(x_0, y_0) > 0$ 时, $f(x_0, y_0)$ 为极小值.

(2) 当 $[(f''_{xy})^2 - f''_{xx}f''_{yy}]|_{(x_0, y_0)} > 0$ 时, $f(x, y)$ 在 (x_0, y_0) 处无极值.

一般地, 如果 $f(x_1,x_2,\cdots,x_n)$ 在 $(x_1^0,x_2^0,\cdots,x_n^0)$ 点及附近有二阶连续的偏导数, 且 $f_1'(x_1^0,x_2^0,\cdots,x_n^0)=0,\cdots,f_n'(x_1^0,x_2^0,\cdots,x_n^0)=0$, 记

$$A=\begin{pmatrix} f_{11}'' & f_{12}'' & \cdots & f_{1n}'' \\ f_{21}'' & f_{22}'' & \cdots & f_{2n}'' \\ \vdots & \vdots & & \vdots \\ f_{n1}'' & f_{n2}'' & \cdots & f_{nn}'' \end{pmatrix},$$

那么, (1) 在 $(x_1^0,x_2^0,\cdots,x_n^0)$ 点处, A 为正定矩阵时, $f(x_1,x_2,\cdots,x_n)$ 在 $(x_1^0,x_2^0,\cdots,x_n^0)$ 点处取到极小值.

(2) 在 $(x_1^0,x_2^0,\cdots,x_n^0)$ 点处, A 为负定矩阵时, $f(x_1,x_2,\cdots,x_n)$ 在 $(x_1^0,x_2^0,\cdots,x_n^0)$ 点处取到极大值.

(3) 在 $(x_1^0,x_2^0,\cdots,x_n^0)$ 点处, A 为不定矩阵时, $f(x_1,x_2,\cdots,x_n)$ 在 $(x_1^0,x_2^0,\cdots,x_n^0)$ 点处无极值.

(4) 在 $(x_1^0,x_2^0,\cdots,x_n^0)$ 点处, A 为半正 (负) 定矩阵时, $f(x_1,x_2,\cdots,x_n)$ 在 $(x_1^0,x_2^0,\cdots,x_n^0)$ 点处可能有极值也可能没有极值.

6. 二元函数的最值判定定理.

如果 $f(x,y)$ 在有界闭区域上连续, 则 $f(x,y)$ 必有最大 (小) 值.

7. 洛必达法则.

如果 $f(x),g(x)$ 可导 $(g'(x)\neq 0)$, 且 $\lim\limits_{x\to\times}f(x)=\lim\limits_{x\to\times}g(x)=0\ (\infty)$ 以及 $\lim\limits_{x\to\times}\dfrac{f'(x)}{g'(x)}$ 存在或为无穷大, 那么, $\lim\limits_{x\to\times}\dfrac{f(x)}{g(x)}=\lim\limits_{x\to\times}\dfrac{f'(x)}{g'(x)}$, 其中, $\times$ 表示实数 a 或 a^+ 或 a^- 或无穷大或 $+\infty$ 或 $-\infty$.

3.2 概 念 例 解

1. 如果 $f(x)$ 在 x_0 处有极值, 那么, $f(x)$ 在 x_0 处 ___(D)___ .

(A) $f'(x_0)=0$ (B) $f'(x_0)\neq 0$

(C) $f'(x_0)$ 不存在   (D) 或者 $f'(x_0)=0$, 或者 $f'(x_0)$ 不存在

解 由于 $f(x)$ 在 x_0 处取到极值的必要条件是 $f'(x_0)=0$ 或者 $f'(x_0)$ 不存在, 故应选 (D). (A), (C) 都不能选, 例如, $f(x)=|x|$ 在 $x=0$ 处有极小值, 但 $f'(0)$ 不存在, 而 $f(x)=x^2$ 在 $x=0$ 处有极小值, 但 $f'(0)=0$. (B) 不能选是因为可导函数的极值点必为零.

2. 如果存在 $\xi\in(a,b)$ 使得 $f'(\xi)=0$, 则 ___(D)___ .

(A) $f(x)$ 在 $[a,b]$ 上连续, 在 (a,b) 上可导且 $f(a)=f(b)$

(B) $f(x)$ 在 $[a,b]$ 上连续, 在 (a,b) 上可导且 $f(a)\neq f(b)$

(C) $f(x)$ 在 $[a,b]$ 上不连续, 在 (a,b) 上可导且 $f(a) = f(b)$

(D) 方程 $f'(x) = 0$ 在区间 (a,b) 上有根

解 由于罗尔定理的条件是结论的充分条件而不是必要条件, 故 (A), (B) 和 (C) 都不能选, 因而只能选 (D). 因为 ξ 就是 (a,b) 上 $f'(x) = 0$ 的根.

3. 如果存在 $\xi \in (a,b)$ 使得 $f'(\xi) = \dfrac{f(b) - f(a)}{b - a}$, 则 ___(D)___ .

(A) $f(x)$ 在 $[a,b]$ 上连续, 在 (a,b) 上可导

(B) $f(x)$ 在 $[a,b]$ 上有定义, 在 (a,b) 上可导

(C) $f(x)$ 在 $[a,b]$ 上不连续, 在 (a,b) 上不可导

(D) 方程 $f'(x)(b - a) - f(b) + f(a) = 0$ 在区间 (a,b) 上有根

解 类似于题 2 可选 (D).

4. 如果存在 $\xi \in (a,b)$ 使得 $\dfrac{f'(\xi)}{g'(\xi)} = \dfrac{f(b) - f(a)}{g(b) - g(a)}$, 则 ___(D)___ .

(A) $f(x), g(x)$ 在 $[a,b]$ 上连续, 在 (a,b) 上可导且 $g'(x) \neq 0$

(B) $f(x), g(x)$ 在 $[a,b]$ 上有定义, 在 (a,b) 上可导且 $g'(x) \neq 0$

(C) $f(x), g(x)$ 在 $[a,b]$ 上不连续, 在 (a,b) 上不可导

(D) 方程 $f'(x)[g(b) - g(a)] - g'(x)[f(b) - f(a)] = 0$ 在区间 (a,b) 上有根

解 类似于题 2, 柯西中值定理条件是结论的先分条件, 但非必要故可选 (D).

5. 如果 $f(x)$ 在 $[a,b]$ 上连续, 在 (a,b) 上可导且 $f'(x) \neq 0$, 则 ___(C)___ .

(A) $f(x)$ 在 $[a,b]$ 上单调递增   (B) $f(x)$ 在 $[a,b]$ 上单调递减

(C) $f(a) \neq f(b)$ (D) 曲线 $y = f(x)$ 在 (a,b) 上无拐点

解 由条件知 $f(x)$ 是单调但判断不了是递增还是递减, 故 (A), (B) 不能选. 一阶导数不为零得不出二阶导数的相关结论, 故 (D) 不能选. (C) 是对的, 应选 (C). 这是因为如果 $f(a) = f(b)$, 由罗尔定理知 $f'(x)$ 有零点, 此与条件矛盾.

6. 下列命题正确的是 ___(D)___ .

(A) 如果 $f(x)$ 的定义域为 I, 且在区间 I 内, $f'(x) > 0$, 则 $f(x)$ 在 I 上单调递增

(B) 如果 $f(x)$ 的定义域为 I, 且在区间 I 内, $f'(x) < 0$, 则 $f(x)$ 在 I 上单调递减

(C) 如果 $f(x)$ 在 I 上连续, 且在区间 I 内, $f'(x) \geqslant 0$, 则 $f(x)$ 在 I 上单调递增

(D) 如果 $f'(x) \geqslant 0, x \in I$, 而等号只在有限多个点处成立, 则 $f(x)$ 在 I 上单调递增

解 应选 (D). 不妨设 $f'(x) = 0$ 的点为 $x_1, \cdots, x_n$, 那么, 这些点将区间 I 分成 $n + 1$ 个子区间 $I_1, \cdots, I_{n+1}$, 且在区间 I_k 内, $f'(x) > 0, k = 1, \cdots, n + 1$.

因此, $f(x)$ 在区间 I_k 上单调递增, $k = 1, \cdots, n+1$. 又任取 x_k^0, $k = 1, \cdots, n+1$, 使得

$$x_1^0 < x_1 < x_2^0 < x_2 < \cdots < x_{n+1} < x_{n+1}^0,$$

于是, 由 $f(x)$ 在区间 I_k 上单调递增知,

$$f(x_1^0) < f(x_1) < f(x_2^0) < f(x_2) < \cdots < f(x_{n+1}) < f(x_{n+1}^0).$$

因此, 可知, $f(x)$ 在区间 I 上单调递增. 而 (A), (B) 和 (C) 都不能选, 可看函数

(A) $f(x) = \begin{cases} x, & 0 < x < 1, \\ \dfrac{1}{2}, & x = 0, 1; \end{cases}$ (B) $f(x) = \begin{cases} -x, & 0 < x < 1, \\ \dfrac{1}{2}, & x = 0, 1; \end{cases}$

(C) $f(x) = \begin{cases} e^{-\frac{1}{x^2}}, & 0 < x, \\ 0, & x \leqslant 0. \end{cases}$

7. 下列命题正确的是 ___(D)___ .

(A) 如果 $f(x)$ 的定义域为 I, 且在区间 I 内, $f''(x) > 0$, 则 $f(x)$ 在 I 上是上凹的

(B) 如果 $f(x)$ 的定义域为 I, 且在区间 I 内, $f''(x) < 0$, 则 $f(x)$ 在 I 上是下凹的

(C) 如果 $f(x)$ 在 I 上连续, 且在区间 I 内, $f''(x) \geqslant 0$, 则 $f(x)$ 在 I 上是上凹的

(D) 如果 $f''(x) \geqslant 0$, $x \in I$, 而等号只在有限多个点处成立, 则 $f(x)$ 在 I 上是上凹的

解 应选 (D). 不妨设 $f''(x) = 0$ 的点为 $x_1, \cdots, x_n$, 那么这些点将区间 I 分成 $n+1$ 个子区间 $I_1, \cdots, I_{n+1}$, 且在区间 I_k 内, $f''(x) > 0$, $k = 1, \cdots, n+1$. 因此, 点 $x_1, \cdots, x_n$ 都不是 $f(x)$ 的拐点横坐标, 即曲线 $y = f(x)$ 不拐向. 又, $f(x)$ 在区间 I_k 上是上凹的, 因此, $f(x)$ 在 I 上是上凹的. 而 (A), (B) 和 (C) 都不能选, 可看函数

(A) $f(x) = \begin{cases} x^2, & 0 < x < 1, \\ \dfrac{1}{2}, & x = 0, 1; \end{cases}$ (B) $f(x) = \begin{cases} -x^2, & 0 < x < 1, \\ \dfrac{1}{2}, & x = 0, 1; \end{cases}$

(C) $f(x) = \begin{cases} e^{-\frac{1}{x^2}}, & 0 < x, \\ 0, & x \leqslant 0. \end{cases}$

8. 下列命题正确的是 ___(C)___ .

(A) 如果 $f'(x) = g'(x)(x \in (a, b))$, 那么, $f(x) = g(x)(x \in (a, b))$

(B) 存在函数 $f(x)$ 使得 $f(1) = -2$, $f(3) = 0$ 且对所有的 x, $f'(x) > 1$

(C) 存在函数 $f(x)$ 使得对所有的 x 都有 $f(x) < 0$, $f'(x) < 0$ 且 $f''(x) < 0$

(D) 如果可导函数 $f(x) \neq g(x)$, 那么, $f'(x) \neq g'(x)$

解　应选 (C). 这是因为 $f(x) = -e^x$ 便是一个满足条件的函数.

(A) 和 (D) 不对, 可看函数 $f(x) = x$ 和 $g(x) = x + 1$. (B) 不对是因为由拉格朗日中值定理知必有 $\xi \in (1, 3)$ 使得 $f'(\xi) = 1$.

9. 设 $f(x)$, $g(x)$ 在区间 $[a, b]$ 上连续. 在区间 (a, b) 上可导且 $g'(x) \neq 0$, 那么, 下列关于柯西中值定理结论的证明过程不正确的是　　(A)　　.

(A) 由于拉格朗日中值定理有 $\xi \in (a, b)$ 使得

$$f(b) - f(a) = f'(\xi)(b - a), \quad g(b) - g(a) = g'(\xi)(b - a).$$

于是, $\dfrac{f(b) - f(a)}{g(b) - g(a)} = \dfrac{f'(\xi)}{g'(\xi)}$

(B) 令 $F(x) = f(x)[g(b) - g(a)] - [f(b) - f(a)]g(x)$, 则 $F(x)$ 在 $[a, b]$ 上满足罗尔定理. 于是由罗尔定理有 $\xi \in (a, b)$ 使得 $F'(\xi) = 0$, 即 $\dfrac{f(b) - f(a)}{g(b) - g(a)} = \dfrac{f'(\xi)}{g'(\xi)}$

(C) 令 $F(x) = f(x) - f(a) - \dfrac{f(b) - f(a)}{g(b) - g(a)}[g(x) - g(a)]$, 则 $F(x)$ 在 $[a, b]$ 上满足罗尔定理. 于是由罗尔定理有 $\xi \in (a, b)$ 使得 $F'(\xi) = 0$, 即 $\dfrac{f(b) - f(a)}{g(b) - g(a)} = \dfrac{f'(\xi)}{g'(\xi)}$

(D) 令 $F(x) = [f(x) - f(a)][g(b) - g(a)] - [f(b) - f(a)][g(x) - g(a)]$, 则 $F(x)$ 在 $[a, b]$ 上满足罗尔定理. 于是由罗尔定理有 $\xi \in (a, b)$ 使得 $F'(\xi) = 0$, 即 $\dfrac{f(b) - f(a)}{g(b) - g(a)} = \dfrac{f'(\xi)}{g'(\xi)}$

解　应选 (A). 因为不同的函数在相同区间上使用拉格朗日中值定理所得的 ξ 未必相同. 而 (B), (C) 和 (D) 都是对的.

10. 下列有关罗尔定理、拉格朗日中值定理和柯西中值定理之间的相互关系不正确的描述是　　(B)　　.

(A) 罗尔定理是拉格朗日中值定理的特例, 拉格朗日中值定理是柯西中值定理的特例

(B) 罗尔定理可以推出拉格朗日中值定理, 拉格朗日中值定理不可以推出柯西中值定理

(C) 罗尔定理可以推出拉格朗日中值定理, 罗尔定理可以推出柯西中值定理

(D) 拉格朗日中值定理是罗尔定理的推广, 而柯西中值定理是拉格朗日中值定理的推广

解　应选 (B).

11. 设 $x_0 \in (a, b)$, $f(x)$ 在 (a, b) 上有定义, 则下列命题正确的是　　(D)　　.

(A) 如果 $f(x)$ 在 x_0 处取到极大值, 那么, $f(x)$ 在 x_0 的左侧递增, 在 x_0 的右侧递减

(B) 如果 $f(x)$ 在 x_0 处取到极小值, 那么, $f(x)$ 在 x_0 的左侧递减, 在 x_0 的右侧递增

(C) 如果 $f(x)$ 在 x_0 处取到极值, 且二次可导, 那么, $f'(x_0) = 0$, $f''(x_0) \neq 0$

(D) 如果 $f(x)$ 在 x_0 处取到最大值, 那么, $f(x)$ 在 x_0 处取到极大值

解　应选 (D). 这是因为 $f(x) < f(x_0)$, 当 $x \in (a, b)$ 但不等于 x_0 时, 因而, 在 x_0 附近, 仍然成立 $f(x) < f(x_0)$, 故 $f(x)$ 在 x_0 处取到极大值. (A), (B) 和 (C) 不能选, 可见下列函数在 $x = 0$ 处的情况：

(A) $f(x) = \begin{cases} x^2, & x \neq 0, \\ 1, & x = 0; \end{cases}$　(B) $f(x) = \begin{cases} -x^2, & x \neq 0, \\ -1, & x = 0; \end{cases}$　(C) $f(x) = -x^4$

或 $f(x) = x^4$.

12. 设 $f(x)$ 有二阶导数, 且 $xf''(x) + 3\sin x[f'(x)]^2 = 1 - e^{-x}$, 则　__(B)__.

(A) 如果 $f(x)$ 在 $x = 1$ 处和 $x = 0$ 处都有极值, 那么 $f(1)$ 是极小值, $f(0)$ 是极大值

(B) 如果 $f(x)$ 在 $x = 1$ 处和 $x = 0$ 处都有极值, 那么 $f(1)$ 是极小值, $f(0)$ 是极小值

(C) 如果 $f(x)$ 在 $x = 1$ 处和 $x = 0$ 处都有极值, 那么 $f(1)$ 是极大值, $f(0)$ 是极小值

(D) 如果 $f(x)$ 在 $x = 1$ 处和 $x = 0$ 处都有极值, 那么 $f(1)$ 是极大值, $f(0)$ 是极大值

解　应选 (B). 因为 $x = 1$ 是 $f(x)$ 的极值, 所以 $f'(1) = 0$, 于是, $f''(1) = 1 - e^{-1} > 0$, 故 $f(1)$ 为极小值. 又 $x = 0$ 是 $f(x)$ 的极值, 则 $f'(0) = 0$, 于是, $\lim\limits_{x \to 0} f''(x) = 1 > 0$, 故由极限的保号性, $f''(x) > 0$, 从而, 当 $x < 0$ 时, $f'(x) < f'(0) = 0$; 当 $x > 0$ 时, $f'(x) > f'(0) = 0$, 因此, $f(0)$ 为极小值.

13. 下列极限能用洛必达法则求极限的是　__(D)__.

(A) $\lim\limits_{x \to \infty} \dfrac{x - \sin x}{x + \sin x}$ 　　　(B) $\lim\limits_{x \to \infty} \dfrac{e^x - e^{-x}}{e^x + e^{-x}}$

(C) $\lim\limits_{x \to 0} \dfrac{x^2 \sin \frac{1}{x}}{\sin x}$ 　　　(D) $\lim\limits_{x \to 1} \left(\sin \dfrac{\pi x}{2}\right)^{\sec \frac{\pi x}{2}}$

解　应选 (D). (A), (C) 不能选是因为 $\lim \dfrac{f'(x)}{g'(x)}$ 存在或无穷大不成立, 而 (B) 不能选是因为 $\lim\limits_{x \to \infty} \dfrac{e^x - e^{-x}}{e^x + e^{-x}} = \lim\limits_{x \to \infty} \dfrac{e^x + e^{-x}}{e^x - e^{-x}} = \lim\limits_{x \to \infty} \dfrac{e^x - e^{-x}}{e^x + e^{-x}} = \cdots$, 出现了循环, 求不到结果. (D) 是 1^∞ 型.

14. 下列命题正确的是　__(C)__.

(A) 如果可导函数 $f(x)$ 是单调递增的, 那么, $f'(x) > 0$

(B) 如果可导函数 $f(x)$ 是单调递增的, 那么, $f'(x) \geqslant 0$

(C) 如果可导函数 $f(x)$ 是单调不减的, 那么, $f'(x) \geqslant 0$

(D) 如果可导函数 $f(x)$ 是单调不减的, 那么, $f'(x) > 0$

解   应选 (C). 这是因为任取一点 x, 所以, 当 $y > x$ 时,

$$f'(x) = f'_+(x) = \lim_{y \to x^+} \frac{f(y) - f(x)}{y - x} \geqslant 0.$$

其余都不能选, 可见下列函数:

(A) $f(x) = x^3$;   (B) $f(x) = x$;   (D) $f(x) = \begin{cases} -e^{-\frac{1}{x^2}}, & x < 0, \\ 0, & x \geqslant 0. \end{cases}$

15. 已知 $f(x)$ 在 $(x_0 - \delta, x_0 + \delta)$ 上可导, 则任取 $x \in (x_0 - \delta, x_0 + \delta)$, 由中值定理可以得到 $\dfrac{f(x) - f(x_0)}{x - x_0} = f'(\xi)$, 进而有下列结论, 正确的是 ____(D)____ .

(A) $\lim\limits_{x \to x_0} \dfrac{f(x) - f(x_0)}{x - x_0} = \lim\limits_{\xi \to x_0} f'(\xi)$

(B) $\lim\limits_{x \to x_0} \dfrac{f(x) - f(x_0)}{x - x_0} = \lim\limits_{\xi \to x_0} f'(\xi) = f'(x_0)$

(C) $\lim\limits_{x \to x_0} f'(x) = f'(x_0)$

(D) $\lim\limits_{x \to x_0} \dfrac{f(x) - f(x_0)}{x - x_0} = f'(x_0)$

解   应选 (D). 这由导数的定义便知其正确. (A) 和 (B) 只当 $\lim\limits_{\xi \to x_0} f'(\xi)$ 存在时才对, 如函数 $f(x) = \begin{cases} x^2 \sin \dfrac{1}{x}, & x \neq 0, \\ 0, & x = 0 \end{cases}$ 在 $x = 0$ 点的情况. (C) 也只在 $\lim\limits_{\xi \to x_0} f'(\xi)$ 存在时才对. 在 $\lim\limits_{\xi \to x_0} f'(\xi)$ 存在下, (A),(B) 和 (C) 表明: 可导函数如果在某一点处的极限存在, 那么此函数一定在这一点连续. 这是导数所具有的与函数不同的特殊性. 例如, $f(x) = \begin{cases} x^2, & x \neq 0, \\ 1, & x = 0 \end{cases}$ 在 $x = 0$ 处的极限存在但不连续.

16. 下列命题正确的是 ____(D)____ .

(A) 如果 $f'_x(x,y) > 0$, 那么, $f(x,y)$ 是单调递增的

(B) 如果 $f''_{xy}(x,y) > 0$, 那么, $f(x,y)$ 是上凹的

(C) 如果 (x_0, y_0) 是 $f(x,y)$ 在有界闭区域内的唯一极值点, 那么, 此极值为函数的极大 (小) 值时必为函数的最大 (小) 值

(D) 如果 $f'_y(x,y) > 0$, 那么, $f(x,y)$ 关于 y 是单调递增的

解   应选 (D). 这由一元函数的单调性判定定理便知其正确.

3.3 方 法 例 解

1. 求下列函数的单调区间、凹向区间和拐点、极值以及渐近线:

(1) $y = \left(\dfrac{1-x}{1+x}\right)^4$;   (2) $y = \dfrac{x^2 \, |x-1|}{x^2 - 1}$.

解 (1) 由于 $y' = -\dfrac{8}{(1+x)^2} \left(\dfrac{1-x}{1+x}\right)^3$, $y'' = \left(\dfrac{1-x}{1+x}\right)^2 \dfrac{16(4-x)}{(1+x)^4}$, 并令

$$y' = 0, \quad y'' = 0,$$

可求得一阶导数关键点, $x_1 = 1$, $x_2 = -1$ 和二阶导数关键点 $x_3 = 1$, $x_4 = 4$, $x_5 = -1$, 因此, 单调区间、凹向区间、极值与拐点可见表 3.1.

表 3.1

x	$(-\infty, -1)$	-1	$(-1, 1)$	1	$(1, 4)$	4	$(4, +\infty)$
y'	$+$		$-$		$+$		$+$
y''	$+$		$+$		$+$		$-$
y	$\cup\uparrow$		$\cup\downarrow$	$y_{\min}=0$	$\cup\uparrow$	拐点 $\left(4, \dfrac{81}{625}\right)$	$\cap\uparrow$

又由于 $\lim\limits_{x\to\infty} \left(\dfrac{1-x}{1+x}\right)^4 = 1$, 故曲线 $y = \left(\dfrac{1-x}{1+x}\right)^4$ 的水平渐近线为 $y = 1$.

而 $\lim\limits_{x\to -1} \left(\dfrac{1-x}{1+x}\right)^4 = \infty$, 曲线 $y = \left(\dfrac{1-x}{1+x}\right)^4$ 的铅直渐近线为 $x = -1$.

(2) 由于

$$y' = \begin{cases} \dfrac{x(x+2)}{(x+1)^2}, & x > 1, \\[2mm] \text{不存在}, & x = 1, \\[2mm] -\dfrac{x(x+2)}{(x+1)^2}, & x < 1, \end{cases}$$

$$y'' = \begin{cases} \dfrac{2}{(x+1)^3}, & x > 1, \\[2mm] \text{不存在}, & x = 1, \\[2mm] -\dfrac{2}{(x+1)^3}, & x < 1, \end{cases}$$

并令

$$y' = 0, \quad y'' = 0$$

可求得一阶导数关键点, $x_1 = 1$, $x_2 = 0$, $x_3 = -2$ 和二阶导数关键点 $x_4 = 1$, 又 $x = -1$ 是函数没有定义的点. 因此, 单调区间、凹向区间、极值与拐点可见表 3.2.

表 3.2

x	$(-\infty, -2)$	-2	$(-2, -1)$	-1	$(-1, 0)$	0	$(0, 1)$	1	$(1, +\infty)$
y'	$-$		$+$		$+$		$-$		$+$
y''	$+$		$+$		$-$		$-$		$+$
y	$\cup\downarrow$	$y_{\min} = 4$	$\cup\uparrow$	没定义	$\cap\uparrow$	$y_{\max} = 0$	$\cap\downarrow$	没定义	$\cup\uparrow$

又由于 $\lim\limits_{x \to -1^+} \dfrac{x^2 |x-1|}{x^2 - 1} = \infty$, 而 $\lim\limits_{x \to 1^+} \dfrac{x^2 |x-1|}{x^2 - 1} = \dfrac{1}{2}$ 以及 $\lim\limits_{x \to 1^-} \dfrac{x^2 |x-1|}{x^2 - 1} = -\dfrac{1}{2}$, 故曲线 $y = \dfrac{x^2 |x-1|}{x^2 - 1}$ 的铅直渐近线为 $x = -1$. 斜渐近线: $y = x - 1$ 和 $y = -x + 1$.

再有, 由于 $\lim\limits_{x \to +\infty} \dfrac{f(x)}{x} = \lim\limits_{x \to +\infty} \dfrac{x^2(x-1)}{x(x^2-1)} = 1$, $\lim\limits_{x \to +\infty} (f(x) - x) = \lim\limits_{x \to +\infty} \dfrac{-x}{x+1} = -1$, 故曲线 $y = \dfrac{x^2 |x-1|}{x^2 - 1}$ 的斜渐近线为 $y = x - 1$. 同理可知, $y = -x + 1$ 也是曲线 $y = \dfrac{x^2 |x-1|}{x^2 - 1}$ 的斜渐近线.

2. 计算下列极限:

(1) $\lim\limits_{x \to 0} \dfrac{\sin x - x \cos x}{\sin^2 x \ln(1 + x)}$;

(2) $\lim\limits_{x \to +\infty} \dfrac{x \ln x}{x^x + 1}$;

(3) $\lim\limits_{x \to 0} \left(\dfrac{1}{\sin x} - \dfrac{1}{\ln(1 + x)} \right)$;

(4) $\lim\limits_{x \to 1} (1 - x^2) \tan \dfrac{\pi x}{2}$;

(5) $\lim\limits_{x \to +\infty} \left[\dfrac{1}{e} \left(1 + \dfrac{1}{x} \right)^x \right]^x$;

(6) $\lim\limits_{x \to 1} \left(1 - \sin \dfrac{\pi}{2} x \right)^{\ln x}$;

(7) $\lim\limits_{x \to +\infty} \left(\sec \dfrac{\pi x}{2x + 1} \right)^{\frac{1}{x}}$;

(8) $\lim\limits_{n \to \infty} \left(\dfrac{\pi}{2} - \arctan n \right)^{\frac{1}{n}}$.

解 (1) $\left(\dfrac{o}{o} 型 \right)$ $\lim\limits_{x \to 0} \dfrac{\sin x - x \cos x}{\sin^2 x \ln(1 + x)} = \lim\limits_{x \to 0} \dfrac{\sin x - x \cos x}{x^3}$

$$= \lim\limits_{x \to 0} \dfrac{\cos x - \cos x + x \sin x}{3x^2} = \dfrac{1}{3}.$$

注 这是 $\dfrac{o}{o}$ 型的极限. 此类极限若能用无穷小等价替换, 则应先用此性质, 再用洛必达法则. 此题, $x \to 0$ 时, $\sin x \sim x$, $\ln(1 + x) \sim x$, 先等价后再用洛必达法则, 显得更方便些. 一般地, 在使用洛必达法则时, 为计算方便, 应适时地使用无穷小量等价性质.

(2) $\left(\dfrac{\infty}{\infty}\text{型}\right)$ $\lim\limits_{x\to+\infty}\dfrac{x\ln x}{x^x+1}=\lim\limits_{x\to+\infty}\dfrac{\ln x+1}{x^x(\ln x+1)}=\lim\limits_{x\to+\infty}\dfrac{1}{x^x}=0.$

注　由于 $\lim\limits_{x\to+\infty}x^x=\lim\limits_{x\to+\infty}e^{x\ln x}=e^{\lim\limits_{x\to+\infty}x\ln x}=+\infty$, 故所求极限为 $\dfrac{\infty}{\infty}$ 型的极限. 因此, 使用洛必达法则即可.

(3) $(\infty-\infty\text{型})$ $\lim\limits_{x\to0}\left(\dfrac{1}{\sin x}-\dfrac{1}{\ln(1+x)}\right)=\lim\limits_{x\to0}\dfrac{\ln(1+x)-\sin x}{\sin x\ln(1+x)}$ $\left(\dfrac{o}{o}\text{型}\right)$

$$=\lim\limits_{x\to0}\dfrac{\ln(1+x)-\sin x}{x^2}\quad(\text{等价无穷小替换})$$

$$=\lim\limits_{x\to0}\dfrac{1-(1+x)\cos x}{2x(1+x)}\quad(\text{用洛必达法则})$$

$$=\lim\limits_{x\to0}\dfrac{-\cos x+(1+x)\sin x}{2+4x}\quad(\text{再用洛必达法则})$$

$$=-\dfrac{1}{2}.\quad(\text{四则运算})$$

注　$\infty-\infty$ 型的极限, 通常先将极限符号内的代数式化为积或商的形式, 以便得到 $\dfrac{o}{o}$ 型或 $\dfrac{\infty}{\infty}$ 型的极限.

(4) $(o\cdot\infty\text{型})$ $\lim\limits_{x\to1}(1-x^2)\tan\dfrac{\pi x}{2}=\lim\limits_{x\to1}\dfrac{1-x^2}{\cot\dfrac{\pi x}{2}}$ $\left(\dfrac{o}{o}\text{型}\right)$

$$=\lim\limits_{x\to1}\dfrac{-2x}{-\dfrac{\pi}{2}cx^2\dfrac{\pi x}{2}}\quad(\text{用洛必达法则})$$

$$=-\dfrac{4}{\pi}.\quad(\text{四则运算})$$

注　$o\cdot\infty$ 型的极限应化为 $\dfrac{\infty}{1/o}$ 变成 $\dfrac{\infty}{\infty}$ 型或 $\dfrac{o}{1/\infty}$ 变成 $\dfrac{o}{o}$ 型. 在这个过程中, 必须将对数函数和反三角函数等通过求导能去掉函数符号的函数作分子.

(5) (1^∞型) $\lim\limits_{x\to+\infty}\left[\dfrac{1}{e}\left(1+\dfrac{1}{x}\right)^x\right]^x=e^{\lim\limits_{x\to+\infty}\ln\left(1+\frac{1}{x}\right)^x-1}$

$(\text{用}f^g=e^{g\ln f}\text{和复合函数极限性质})$

$$=e^{\lim\limits_{x\to+\infty}\dfrac{\ln\left(1+\frac{1}{x}\right)-\frac{1}{x+1}}{-1/x^2}}\quad(\text{用洛必达法则})$$

$$=e^{-\frac{1}{2}\lim\limits_{x\to+\infty}\dfrac{x^2}{(1+x)^2}}\quad(\text{用洛必达法则})$$

$$=e^{-\frac{1}{2}}.$$

注　1^∞ 型的极限通常化为 $e^{o\cdot\infty}$, 再利用复合函数的极限性质求之.

(6) (o^o 型)　$\displaystyle\lim_{x\to 1}\left(1-\sin\frac{\pi}{2}x\right)^{\ln x}=e^{\displaystyle\lim_{x\to 1}\ln x\cdot\ln\left(1-\sin\frac{\pi}{2}x\right)}$

　　　　　(用 $f^g=e^{g\ln f}$ 和复合函数极限性质)

$\qquad\qquad =e^{\displaystyle\lim_{x\to 1}(x-1)\cdot\ln\left(1-\sin\frac{\pi}{2}x\right)}$　（无穷小替换, $\ln x\sim x-1\ (x\to 1)$）

$\qquad\qquad =e^{\displaystyle\lim_{x\to 1}\frac{\ln\left(1-\sin\frac{\pi}{2}x\right)}{1/(x-1)}}$

$\qquad\qquad =e^{\frac{\pi}{2}\displaystyle\lim_{x\to 1}\frac{(x-1)^2\cos\frac{\pi x}{2}}{1-\sin\frac{\pi}{2}x}}$　　　（用洛必达法则）

$\qquad\qquad =e^{\frac{\pi}{2}\displaystyle\lim_{x\to 1}\cos\frac{\pi x}{2}\cdot\lim_{x\to 1}\frac{2(x-1)}{-\frac{\pi}{2}\cos\frac{\pi x}{2}}}$　（用四则运算与洛必达法则）

$\qquad\qquad =e^{\frac{\pi}{2}\cdot 0\cdot\frac{8}{\pi^2}}=1.$

注　o^o 型的极限通常化为 $e^{o\cdot\ln o}=e^{o\cdot\infty}$, 再利用复合函数的极限性质求之.

(7) (∞^o 型) $\displaystyle\lim_{x\to +\infty}\left(\sec\frac{\pi x}{2x+1}\right)^{\frac{1}{x}}=e^{-\displaystyle\lim_{x\to +\infty}\frac{\ln\cos\frac{\pi x}{2x+1}}{x}}$

　　　　　（用 $f^g=e^{g\ln f}$ 和复合函数极限性质）

$\qquad\qquad =e^{\displaystyle\lim_{x\to +\infty}\frac{\pi}{(2x+1)^2}/\cot\frac{\pi x}{2x+1}}$　（用洛必达法则）

$\qquad\qquad =e^{4\displaystyle\lim_{x\to +\infty}\frac{1}{2x+1}\sin^2\frac{\pi x}{2x+1}}=1.$

注　∞^o 型的极限通常化为 $e^{o\cdot\ln\infty}=e^{o\cdot\infty}$, 再利用复合函数的极限性质求之.

(8) (o^o 型)　由于 $\displaystyle\lim_{x\to +\infty}\left(\frac{\pi}{2}-\arctan x\right)^{\frac{1}{x}}=e^{\displaystyle\lim_{x\to +\infty}\frac{\ln\left(\frac{\pi}{2}-\arctan x\right)}{x}}$

　　　　　　　　（用 $f^g=e^{g\ln f}$ 和复合函数极限性质）

$\qquad\qquad\qquad =e^{-\displaystyle\lim_{x\to +\infty}\frac{1/(1+x^2)}{\frac{\pi}{2}-\arctan x}}$（用洛必达法则）

$\qquad\qquad\qquad =e^{-\displaystyle\lim_{x\to +\infty}\frac{2x}{1+x^2}}=1,$

所以, $\displaystyle\lim_{n\to\infty}\left(\frac{\pi}{2}-\arctan n\right)^{\frac{1}{n}}=1.$

注　用洛必达法则求数列的极限, 通常是将数列的极限写成相应的函数的极限后再使用洛必达法则, 然后利用数列极限与函数极限的关系写出数列极限值.

3. 设 $ab>0$, $f(x)$ 在 $[a,b]$ 上连续, 在 (a,b) 上可导, 那么,

(1) 如果 $f(a)=f(b)=0$, 则对任意的实数 λ, 方程 $\lambda f(x)+|\lambda|\,f'(x)+f'(x)=0$ 有根 ξ;

(2) 如果 $f(a)=a$, $f(b)=b$, 则方程 $f'(x)-f(x)+x-1=0$ 必有根 ξ;

(3) 在 (2) 的条件下, 则方程 $xf'(x)-f(x)=0$ 必有根 ξ;

(4) 在 (2) 的条件下, 则方程 $f(x)f'(x)-x=0$ 必有根 ξ.

证明 (1) 令 $F(x) = e^{\frac{\lambda}{|\lambda|+1}x} f(x)$, 则 $F(x)$ 在 $[a,b]$ 上连续, 在 (a,b) 上可导, $F(a) = F(b) = 0$, 于是, 由罗尔定理知, 至少存在一点 $\xi \in (a,b)$ 使得 $F'(\xi) = 0$, 故

$$\lambda f(\xi) + |\lambda| f'(\xi) + f'(\xi) = 0.$$

此表明: 方程 $\lambda f(x) + |\lambda| f'(x) + f'(x) = 0$ 有根 ξ.

(2) 令 $F(x) = e^{-x}[f(x) - x]$ 并使用罗尔定理便可证.

(3) 由 $ab > 0$ 可知, 令 $F(x) = \dfrac{f(x)}{x}$, 并使用罗尔定理便可证.

(4) 令 $F(x) = f^2(x) - x^2$, 并使用罗尔定理便可证.

4. 设 $f(x)$ 在 x_0 点及其附近连续, 且除 x_0 外可导, 则 $f'(x)$ 在 x_0 点存在且连续的充分必要条件是 $f'(x)$ 在 x_0 点处的极限存在.

证明 由于 $f(x)$ 在 x_0 点及其附近可导, x_0 除外, 可知, 存在 $\delta > 0$, $f(x)$ 在 $(x_0 - \delta, x_0 + \delta)$ 上连续, 且在 $(x_0 - \delta, x_0) \cup (x_0, x_0 + \delta)$ 上可导. 现任取 $x \in (x_0 - \delta, x_0 + \delta)$ 且 $x \neq x_0$, 则当 $x > x_0$ 时, $f(x)$ 在 $[x_0, x]$ 上满足拉格朗日中值定理, 于是有 $\xi \in (x_0, x)$ 使得

$$\frac{f(x) - f(x_0)}{x - x_0} = f'(\xi).$$

必要性. 由 $f'(x)$ 在 x_0 点连续, 故有

$$\lim_{x \to x_0^+} f'(\xi) = \lim_{x \to x_0^+} \frac{f(x) - f(x_0)}{x - x_0} = f'(x_0).$$

又由于当 $x \to x_0^+$ 时, $\xi \to x_0^+$, $f'(x_0) = \lim\limits_{x \to x_0^+} f'(\xi) = \lim\limits_{\xi \to x_0^+} f'(\xi) = \lim\limits_{x \to x_0^+} f'(x)$. 同理, $\lim\limits_{x \to x_0^-} f'(x) = f'(x_0)$. 因此可得 $\lim\limits_{x \to x_0} f'(x) = f'(x_0)$, 即 $f'(x)$ 在 x_0 点极限存在.

充分性. 由于 $\lim\limits_{x \to x_0} f'(x)$ 存在, 故

$$f'_+(x_0) = \lim_{x \to x_0^+} \frac{f(x) - f(x_0)}{x - x_0} = \lim_{x \to x_0^+} f'(\xi) = \lim_{\xi \to x_0^+} f'(\xi) = \lim_{x \to x_0^+} f'(x) = \lim_{x \to x_0} f'(x).$$

同理, $f'_-(x_0) = \lim\limits_{x \to x_0} f'(x)$, 即 $f(x)$ 在 x_0 点处可导且 $\lim\limits_{x \to x_0} f'(x) = f'(x_0)$. 这表明, 导函数在这一点是连续的.

5. 设 $f'(x)$ 在 $[a,b]$ 上连续, 在 (a,b) 上可导, 证明至少存在一点 $\xi \in (a,b)$ 使得

$$f(b) = f(a) + f'(a)(b-a) + \frac{1}{2!} f''(\xi)(b-a)^2.$$

证明   令 $F(x) = f(x) - f(a) - f'(a)(x-a)$, $g(x) = (x-a)^2$, 则 $F(a) = F'(a) = 0$, $g(a) = g'(a) = 0$, 于是, 由柯西中值定理知, 存在 $c \in (a, b)$ 使得

$$\frac{F(b) - F(a)}{g(b) - g(a)} = \frac{F'(c)}{g'(c)}. \qquad (*)$$

又 $F'(x)$, $g'(x)$ 在区间 $[a, c]$ 上满足柯西中值定理, 于是, 存在 $\xi \in (a, c) \subset (a, b)$, 使得

$$\frac{F'(c)}{g'(c)} = \frac{F'(c) - F'(a)}{g'(c) - g'(a)} = \frac{F''(\xi)}{g''(\xi)} = \frac{f''(\xi)}{2}. \qquad (**)$$

因此, 由 $(*)$ 和 $(**)$ 两式可得

$$\frac{F(b)}{g(b)} = \frac{f''(\xi)}{2},$$

即 $F(b) = \frac{1}{2}f''(\xi)g(b) = \frac{1}{2}f''(\xi)(b-a)^2$. 也就是说,

$$f(b) = f(a) + f'(a)(b-a) + \frac{1}{2!}f''(\xi)(b-a)^2.$$

6. 设 $f(x)$ 有三阶连续导数且 $f(b) = f(a) + f'(a)(b-a) + \frac{1}{2!}f''(a + \theta(b-a))(b-a)^2 (0 < \theta < 1)$, $f'''(a) \neq 0$, 那么

$$\lim_{b \to a^+} \theta = \frac{1}{3}.$$

证明   由泰勒公式,

$$f(b) = f(a) + f'(a)(b-a) + \frac{1}{2!}f''(a)(b-a)^2 + \frac{1}{3!}f'''(\xi)(b-a)^3. \qquad (*)$$

又由条件和 $(*)$ 式可得

$$\frac{1}{3!}f'''(\xi)(b-a)^3 = \frac{1}{2}[f''(a+\theta(b-a)) - f''(a)](b-a)^2 = \frac{1}{2}f'''(\eta)\theta(b-a)^3 \quad (a < \eta < b).$$

于是

$$\lim_{b \to a^+} \theta = \frac{1}{3}\lim_{b \to a^+} \frac{f'''(\xi)}{f'''(\eta)} = \frac{f'''(a)}{3f'''(a)} = \frac{1}{3}.$$

7. 证明下列命题:

(1) 已知 $\frac{3}{4}a + \frac{2}{3}b + \frac{1}{2}c = 0$, 则方程 $ax^3 + bx^2 + cx = a + b + c$ 至少有一个小于 1 的正根.

(2) 证明方程 $x^5 - 80x - a = 0$ 最多有三个实根.

(3) 证明方程 $x^3 + ax + b = 0$ 最多有三个实根.

证明 (1) 令 $F(x) = \dfrac{1}{4}ax^4 + \dfrac{1}{3}bx^3 + \dfrac{1}{2}cx^2 - ax - bx - cx$, 则 $F(x)$ 在 $[0,1]$ 上连续, 在 $(0,1)$ 上可导, 且 $F(0) = 0$, $F(1) = -\left(\dfrac{3}{4}a + \dfrac{2}{3}b + \dfrac{1}{2}c\right) = 0$, 于是, 由 罗尔定理知, 至少有一点 $\xi \in (0,1)$ 使得 $F'(\xi) = 0$, 即 $a\xi^3 + b\xi^2 + c\xi = a + b + c$.

因此, 方程 $ax^3 + bx^2 + cx = a + b + c$ 至少有一个小于 1 的正根.

(2) 令 $F(x) = x^5 - 80x - a$, 则 $F(x)$ 在 $(-\infty, +\infty)$ 上连续可微, 且 $\lim\limits_{x \to +\infty} F(x) = +\infty$, $\lim\limits_{x \to -\infty} F(x) = -\infty$, 于是存在 X_1 和 X_2 使得 $F(X_1) < 0$, $F(X_2) > 0$. 因此, 由介值定理知, 方程必有实根.

又 $F'(x) = 5x^4 - 80$, 令 $F'(x) = 0$, 求得实根 $x_1 = -2$, $x_2 = 2$. 由于 $F''(2) > 0$, $F''(-2) < 0$, 故 $F(-2) = 148 - a$ 为极大值, $F(2) = -148 - a$ 为极 小值.

于是, 如果 $F(-2)F(2) < 0$, 即当 $-148 < a < 148$ 时, 由介值定理知, 方程有 三个实根.

如果 $F(2) = -148 - a > 0$, 即当 $a < -148$ 时, 此时 $F(-2) = 148 - a > 0$ 或 $F(-2) < 0$, 即当 $a > 148$ 时, $F(-2) = 148 - a < 0$, 那么, 由介值定理知方程 有唯一实根.

总而言之, 方程 $x^5 - 80x - a = 0$ 最多有三个实根.

(3) 令 $F(x) = x^3 + ax + b$, 则 $F(x)$ 在 $(-\infty, +\infty)$ 上连续可微, 且 $\lim\limits_{x \to +\infty} F(x) = +\infty$, $\lim\limits_{x \to -\infty} F(x) = -\infty$, 于是存在 X_1 和 X_2 使得 $F(X_1) < 0$, $F(X_2) > 0$. 因此, 由介值定理知, 方程必有实根.

又 $F'(x) = 3x^2 + a$, 因此, 如果 $F'(x) > 0$, 即当 $a \geqslant 0$ 时, 方程只有一个根.

如果 $a < 0$, 则令 $F'(x) = 3x^2 + a = 0$, 求得实根 $x_1 = -\sqrt{\dfrac{-a}{3}}$, $x_2 = \sqrt{\dfrac{-a}{3}}$. 由于 $F''(x_1) < 0$, $F''(x_2) > 0$, 故 $F(x_1)$ 为极大值, $F(x_2)$ 为极小值. 于是,

如果 $F(x_1)F(x_2) < 0$, 即当 $\dfrac{a^3}{27} + \dfrac{b^2}{4} < 0$ 时, 由介值定理知, 方程有三个实根.

如果 $F(x_1)F(x_2) > 0$, 即当 $\dfrac{a^3}{27} + \dfrac{b^2}{4} \geqslant 0$ 时, 由介值定理知, 方程有唯一实根.

总而言之, 方程 $x^3 + ax + b = 0$ 最多有三个实根.

8. 求下列各题中的 $f(x)$:

(1) 已知 $f(1) = 1$, 且 $xf'(x) - f(x) = 3x^5 + 2x^3 + x^2$, 求 $f(x)$.

(2) 已知 $f(0) = f'(0) = 1$, 且 $f''(x) + 2f'(x) + f(x) = 0$, 求 $f(x)$.

(3) 已知 $f'(x) > 0$, $f(0) = f'(0) = 1$, 且 $f''(x) + f(x) = 0$, 求 $f(x)$.

(4) 已知 $f(a) = f(b) = 0$, 且 $f''(x) + a(x)f'(x) + b(x)f(x) = 0$, $b(x) < 0$, 求区间 $[a, b]$ 上的 $f(x)$.

(5) 已知 $f(1) = 1$, 且 $xf'(x) + f(x) = 0$, 求 $f(x)$.

解　(1) 令 $F(x) = \dfrac{f(x)}{x} - \dfrac{3}{4}x^4 - x^2 - x$, 则 $F'(x) = \dfrac{xf'(x) - f(x) - 3x^5 - 2x^3 - x^2}{x^2}$ $= 0$. 于是, 由拉格朗日中值定理的推论可知, $F(x) = \dfrac{f(x)}{x} - \dfrac{3}{4}x^4 - x^2 - x = C$. 将 $f(1) = 1$ 代入 $F(x)$ 中可得 $C = -\dfrac{7}{4}$. 因此, $f(x) = \dfrac{3}{4}x^5 + x^3 + x^2 - \dfrac{7}{4}x$.

(2) 令 $F(x) = e^x f(x)$, 则有

$$F'(x) = e^x(f(x) + f'(x)), \quad F''(x) = e^x(f''(x) + 2f'(x) + f(x)) = 0.$$

于是, 由拉格朗日中值定理的推论可知, $F'(x) = e^x(f'(x) + f(x)) - C_1 = 0$, 进一步, 有 $F(x) = e^x f(x) - C_1 x = C_2$. 将 $f(0) = f'(0) = 1$ 代入 $F(x)$ 和 $F'(x)$ 可得 $C_1 = 2$, $C_2 = 1$, 因此, $f(x) = 2xe^{-x} + e^{-x}$.

(3) 首先令 $F(x) = [f'(x)]^2 + [f(x)]^2$, 则 $F'(x) = 0$. 由拉格朗日中值定理的推论可知, $F(x) = C_1$. 进一步, 由已知条件可知, $f'(x) = \sqrt{2 - f^2(x)}$.

再令 $G(x) = \arcsin \dfrac{f(x)}{\sqrt{2}} - x$, 则由拉格朗日中值定理的推论可知, $G'(x) = 0$. 于是, $G(x) = \arcsin \dfrac{f(x)}{\sqrt{2}} - x = C_2$. 代入条件 $f(0) = 1$ 可得 $C_2 = \dfrac{\pi}{4}$. 因此, 所求函数为

$$f(x) = \cos x + \sin x.$$

(4) 由于 $f(x)$ 在 $[a, b]$ 上连续, 从而 $f(x)$ 在 $[a, b]$ 上有最大最小值.

如果最大最小值在区间的两个端点取到, 则由 $f(a) = f(b) = 0$ 知, 在区间 $[a, b]$ 上, 函数 $f(x) = 0$.

如果最小值在端点取到, 而最大值在 x_0 处取到 $(x_0 \in (a, b))$, 则 $f(x_0) > 0$ 且由费马定理可知 $f'(x_0) = 0$. 于是, $f''(x_0) = -a(x_0)f'(x_0) - b(x_0)f(x_0) = -b(x_0)f(x_0) > 0$, 从而知 $f(x_0)$ 是极小值. 这是矛盾的. 因此, $f(x)$ 在 (a, b) 上没有最大值. 同理可知, $f(x)$ 在 (a, b) 上也没有最小值. 这一事实表明 $f(x)$ 在 $[a, b]$ 上的最大最小值只能在两个端点取到, 故在区间 $[a, b]$ 上, 函数 $f(x) = 0$.

(5) 令 $F(x) = xf(x)$, 则 $F'(x) = xf'(x) + f(x) = 0$. 于是, 由拉格朗日中值定理可知, $F(x) = xf(x) = C$, 即 $f(x) = \dfrac{C}{x}$. 又由于 $f(1) = 1$, 可以得到 $1 = f(1) = \dfrac{C}{1} = C$, 因此

$$f(x) = \dfrac{1}{x}.$$

9. 不等式的证明.

(1) 如果 $f(x)$ 在区间 I 上可导, 且 $f'(x) < 0$, 那么 $f(x)$ 在区间 I 上是单调递减的.

(2) 如果 $0 < a < b, p > 1$, 那么, $pa^{p-1}(b-a) < b^p - a^p < pb^{p-1}(b-a)$.

(3) 如果 $0 < a < b$, 那么, $\dfrac{b-a}{b} < \ln \dfrac{b}{a} < \dfrac{b-a}{a}$.

(4) 设 $f(x)$ 在区间 I 上二次可导, 且 $f''(x) < 0$, 则对任取的 $x_0 \in I$, 当 $x \neq x_0$ 时, 总有

$$f(x) < f(x_0) + f'(x_0)(x - x_0).$$

(5) 设 $0 < x \leqslant \dfrac{\pi}{2}$, 则 $\dfrac{2}{\pi} \leqslant \dfrac{\sin x}{x} < 1$.

(6) 当 $x > e$ 时, $x^e < e^x$.

(7) 设 $a > 0, b > 0$, 则当 $0 < p < q$ 时, $(a^q + b^q)^{\frac{1}{q}} < (a^p + b^p)^{\frac{1}{p}}$.

(8) 当 $0 < p < 1$ 时, $|a|^p + |b|^p \leqslant 2^{1-p}(|a| + |b|)^p$.

(9) 如果 $m > 0, n > 0$ 及 $0 \leqslant x \leqslant 1$, 那么, $x^m (1-x)^n \leqslant \dfrac{m^m n^n}{(m+n)^{m+n}}$.

(10) 当 $x \in [0,2]$ 时, $0 \leqslant e^{-x} - \left(1 - \dfrac{x}{2}\right)^2 \leqslant \dfrac{x^2}{2} e^{-x}$.

证明　　(1) 任取 x_1, x_2 且 $x_1 < x_2$, 那么, $f(x)$ 在 $[x_1, x_2]$ 上满足拉格朗日中值定理, 于是, 存在 $\xi \in (x_1, x_2) \subset I$, 使得

$$\frac{f(x_2) - f(x_1)}{x_2 - x_1} = f'(\xi) < 0,$$

即 $f(x_2) < f(x_1)$. 因此, 由单调递减函数的定义知, $f(x)$ 在区间 I 上是单调递减的.

(2) 令 $f(x) = x^p$, 则对此函数在 $[a,b]$ 上使用拉格朗日中值定理即可.

另, 令 $f(x) = x^p - a^p - pa^{p-1}(x-a)$, 则 $f'(x) = px^{p-1} - pa^{p-1} = p(p-1)\xi^{p-2}(x-a) > 0$, 且 $f(a) = 0$. 于是, $f(x)$ 在 $[a,b]$ 上单调递增, 即有 $f(b) > f(a) = 0$. 因此

$$pa^{p-1}(b-a) < b^p - a^p.$$

同理可证, $b^p - a^p < pb^{p-1}(b-a)$. 总之

$$pa^{p-1}(b-a) < b^p - a^p < pb^{p-1}(b-a).$$

(3) 令 $f(x) = \ln x$, 则在区间 $[a,b]$ 上使用拉格朗日中值定理于此函数即可.

另, 令 $f(x) = \ln x - \ln a - \dfrac{1}{a}(x-a)$, 则 $f(a) = 0$, 且 $f'(x) = \dfrac{1}{x} - \dfrac{1}{a} = \dfrac{a-x}{ax} <$

0. 于是, $f(x)$ 在 $[a,b]$ 上单调递减, 从而, $f(b) < f(a) = 0$, 即 $\ln \dfrac{b}{a} < \dfrac{b-a}{a}$. 同理有 $\dfrac{b-a}{b} < \ln \dfrac{b}{a}$. 因此, 可得当 $0 < a < b$ 时, $\dfrac{b-a}{b} < \ln \dfrac{b}{a} < \dfrac{b-a}{a}$.

(4) 当 $x > x_0$ 时, 显然 $f(x)$ 在区间 $[x_0, x]$ 上满足拉格朗日中值定理. 于是, 存在 $\xi \in (x_0, x)$ 使得

$$\frac{f(x) - f(x_0)}{x - x_0} - f'(x_0) = f'(\xi) - f'(x_0). \tag{$*$}$$

再在区间 $[x_0, \xi]$ 上对 $f'(x)$ 使用拉格朗日中值定理, 有 $\eta \in (x_0, \xi) \subset (x_0, x)$ 使得

$$\frac{f'(\xi) - f'(x_0)}{\xi - x_0} = f''(\eta) < 0. \tag{$**$}$$

因此, 由 $(*)$ 和 $(**)$ 两式可知

$$\frac{f(x) - f(x_0)}{x - x_0} - f'(x_0) = f'(\xi) - f'(x_0) < 0,$$

即 $f(x) < f(x_0) + f'(x_0)(x - x_0)$. 同理可证, 当 $x < x_0$ 时, $f(x) < f(x_0) + f'(x_0)(x - x_0)$.

另外, 令 $F(t) = f(t) - f(x_0) - f'(x_0)(t - x_0)$, 则 $F(x_0) = 0$, 且 $F'(t) = f'(t) - f'(x_0)$ 和 $F'(x_0) = 0$.

又 $F''(t) = f''(t) < 0$, 故 $F'(t)$ 是单调递减的, 因此, 当 $t > x_0$ 时, $F'(t) < F'(x_0) = 0$, 进而知 $F(t)$ 也是单调递减的. 于是, 当 $x > x_0$ 时, $F(x) < F(x_0) = 0$, 即

$$f(x) < f(x_0) + f'(x_0)(x - x_0).$$

同理可证, 当 $x < x_0$ 时, $f(x) < f(x_0) + f'(x_0)(x - x_0)$.

(5) 用中值定理证明. 令 $f(t) = \sin t$, 则易知 $f(t)$ 在 $[0, x]$ 上满足拉格朗日中值定理. 于是, 至少存在一点 $\xi \in (0, x) \subset \left(0, \dfrac{\pi}{2}\right]$, 使得 $\sin x - \sin 0 = x \cos \xi < x$, 即 $\dfrac{\sin x}{x} < 1$.

又当 $x = \dfrac{\pi}{2}$ 时, 不等式中的等号显然成立. 令 $f(t) = \dfrac{\sin t}{t}$, 则易知 $f(t)$ 在 $\left[x, \dfrac{\pi}{2}\right] (x > 0)$ 上满足拉格朗日中值定理. 于是, 至少存在一点 $\eta \in \left(x, \dfrac{\pi}{2}\right)$, 使得 $\dfrac{1}{\frac{\pi}{2} - x}\left(\dfrac{1}{\pi/2} - \dfrac{\sin x}{x}\right) = \dfrac{\eta \cos \eta - \sin \eta}{\eta^2}$, 而对 $\sin x$ 在区间 $[0, \eta]$ 上使用拉格朗日中值定理, 存在 $\zeta \in (0, \eta)$, 使得 $\sin \eta = \eta \cos \zeta$. 因此, 由 $\cos \eta < \cos \zeta$ 知

$$\frac{1}{\frac{\pi}{2} - x}\left(\frac{1}{\pi/2} - \frac{\sin x}{x}\right) = \frac{\eta \cos \eta - \sin \eta}{\eta^2} = \frac{\eta \cos \eta - \eta \cos \zeta}{\eta^2} < 0,$$

即 $\dfrac{2}{\pi} < \dfrac{\sin x}{x}$. 总之, 当 $0 < x \leqslant \dfrac{\pi}{2}$ 时, $\dfrac{2}{\pi} \leqslant \dfrac{\sin x}{x} < 1$.

用单调性证明. 以证不等式的左边为例. 令 $f(x) = \dfrac{\sin x}{x} - \dfrac{2}{\pi}$, 则 $f\left(\dfrac{\pi}{2}\right) = 0$, 且

$$f'(x) = \frac{x\cos x - \sin x}{x^2}.$$

又令 $g(x) = x\cos x - \sin x$, 则 $g(0) = 0$ 且 $g'(x) = -x\sin x < 0$. 故当 $x > 0$ 时, $g(x) < 0$, 即 $x\cos x - \sin x < 0$. 于是, $f'(x) = \dfrac{x\cos x - \sin x}{x^2} < 0$. 因此, $f(x)$ 是单调递减的, 于是, 当 $0 < x \leqslant \dfrac{\pi}{2}$ 时, $f(x) \geqslant f\left(\dfrac{\pi}{2}\right) = 0$, 即当 $0 < x \leqslant \dfrac{\pi}{2}$ 时, $\dfrac{\sin x}{x} \geqslant \dfrac{2}{\pi}$.

用凹性证明. 仍以证不等式的左边为例. 令 $f(x) = \sin x - \dfrac{2}{\pi}x$, 则 $f'(x) = \cos x - \dfrac{2}{\pi}$, $f''(x) = -\sin x < 0 \left(0 < x \leqslant \dfrac{\pi}{2}\right)$. 于是, $f(x)$ 是下凹的, 进而

$$f(x) \geqslant \max\left\{f(0), f\left(\frac{\pi}{2}\right)\right\} = 0,$$

即 $\sin x \geqslant \dfrac{2}{\pi}x$.

(6) 要证 $x^e < e^x$, 只需证 $\dfrac{\ln x}{x} < \dfrac{\ln e}{e}$ 即可. 令 $f(t) = \dfrac{\ln t}{t}$, 则 $f(t)$ 在区间 $[e, x]$ 上满足拉格朗日中值定理. 于是, 至少有一点 $\xi \in (e, x)$, 使得

$$\frac{\ln x}{x} - \frac{\ln e}{e} = \frac{1 - \ln\xi}{\xi^2}(x - e) < 0.$$

这样不等式得证.

另, 令 $f(x) = \dfrac{\ln x}{x} - \dfrac{\ln e}{e}$ 并使用单调性便可得证.

(7) 由于 $a > 0$, $b > 0$, 要证明当 $0 < p < q$ 时, $(a^q + b^q)^{\frac{1}{q}} < (a^p + b^p)^{\frac{1}{p}}$, 只需证明 $\left(1 + \left(\dfrac{a}{b}\right)^q\right)^{\frac{1}{q}} < \left(1 + \left(\dfrac{a}{b}\right)^p\right)^{\frac{1}{p}}$. 于是, 令 $f(x) = (1 + c^x)^{\frac{1}{x}} - (1 + c^p)^{\frac{1}{p}}$, 其中, $c = \dfrac{a}{b} > 0$, 则 $f(p) = 0$, 且

$$f'(x) = (1 + c^x)^{\frac{1}{x}} \frac{1}{x^2(1 + c^x)}[c^x \ln c^x - (1 + c^x)\ln(1 + c^x)] < 0.$$

因此, $f(x)$ 在 $[p, +\infty) \subset (0, +\infty)$ 上单调递减, 从而当 $0 < p < q$ 时, $f(q) < f(p) = 0$, 即 $(1 + c^q)^{\frac{1}{q}} < (1 + c^p)^{\frac{1}{p}}$. 两边都乘以 b, 则可得到 $(a^q + b^q)^{\frac{1}{q}} < (a^p + b^p)^{\frac{1}{p}}$.

(8) 显然, $|a| = |b|$ 时, 不等式中的等号成立. 现不妨设 $|b| > |a|$, 并令

$$f(x) = |a|^p + x^p - 2^{1-p}(|a| + x)^p,$$

则 $f(|a|) = 0$, 且在区间 $[|a|, +\infty)$ 上, 由 $0 < p < 1$ 知

$$f'(x) = px^{p-1} - 2^{1-p}p(|a| + x)^{p-1} < px^{p-1} - px^{p-1} = 0.$$

于是, $f(x)$ 在区间 $[|a|, +\infty)$ 上单调递减. 故当 $|b| > |a|$ 时, $f(|b|) < f(|a|) = 0$, 即

$$|a|^p + |b|^p < 2^{1-p}(|a| + |b|)^p.$$

总之, 当 $0 < p < 1$ 时, $|a|^p + |b|^p \leqslant 2^{1-p}(|a| + |b|)^p$.

另外, 显然, 当 $|a| = |b|$ 时, 不等式中的等号成立. 令 $f(x) = x^p$, 则 $f'(x) = px^{p-1}$, $f''(x) = p(p-1)x^{p-2} < 0$. 于是, $f(x)$ 在 $[0, +\infty)$ 上是下凹的. 因此, 由下凹的性质知, $f\left(\dfrac{|a| + |b|}{2}\right) > \dfrac{1}{2}[f(|a|) + f(|b|)]$, 即

$$|a|^p + |b|^p < 2^{1-p}(|a| + |b|)^p.$$

总而言之, 当 $0 < p < 1$ 时, $|a|^p + |b|^p \leqslant 2^{1-p}(|a| + |b|)^p$.

(9) 令 $f(x) = x^m(1-x)^n - \dfrac{m^m n^n}{(m+n)^{m+n}}$, 则 $f'(x) = x^{m-1}(1-x)^{n-1}(m - mx - nx)$. 由 $f'(x) = 0$ 可求得 $x = \dfrac{m}{m+n}$. 于是, 当 $x < \dfrac{m}{m+n}$ 时, $f'(x) > 0$, 故有 $f(x) < f\left(\dfrac{m}{m+n}\right) = 0$, 即 $x^m(1-x)^n < \dfrac{m^m n^n}{(m+n)^{m+n}}$. 又当 $x > \dfrac{m}{m+n}$ 时, $f'(x) < 0$, 故有 $f(x) < f\left(\dfrac{m}{m+n}\right) = 0$, 即 $x^m(1-x)^n < \dfrac{m^m n^n}{(m+n)^{m+n}}$. 当 $x = \dfrac{m}{m+n}$ 时, 不等式的等号成立. 因此, 当 $m > 0$, $n > 0$ 及 $0 \leqslant x \leqslant 1$ 时, $x^m(1-x)^n \leqslant \dfrac{m^m n^n}{(m+n)^{m+n}}$.

事实上, 这个不等式还可用求最大最小值的方法加以证明. 令 $f(x) = x^m(1-x)^n$, 则 $f(0) = 0$ 且 $f(1) = 0$. 又由于 $f'(x) = x^{m-1}(1-x)^{n-1}(m - mx - nx)$ 和 $m > 0$, $n > 0$, 所以令 $f'(x) = 0$ 可求得唯一关键点 $x = \dfrac{m}{m+n}$. 因此, $f(x)$ 的最大值为 $\dfrac{m^m n^n}{(m+n)^{m+n}}$, 最小值为 0, 从而当 $0 \leqslant x \leqslant 1$ 时, $x^m(1-x)^n \leqslant \dfrac{m^m n^n}{(m+n)^{m+n}}$.

(10) 首先证不等式的右边. 用求最大最小值的方法来证明.

令 $f(x) = e^{-x} - \left(1 - \dfrac{x}{2}\right)^2 - \dfrac{x^2}{2}e^{-x}$, 则 $f'(x) = e^{-x}\left(\dfrac{1}{2}x^2 - x - 1\right) + 1 - \dfrac{1}{2}x$, 且 $f(0) = 0$, $f(2) = -e^{-2}$. 由于 $f'(0) = 0$, $f'(2) = -e^{-2} < 0$, 那么

(I) $f'(x)$ 无零点时, $f(x)$ 是单调的, 故 $f(x)$ 的最大值为 0, 即 $f(x) \leqslant 0$, 也就是

$$e^{-x} - \left(1 - \dfrac{x}{2}\right)^2 \leqslant \dfrac{x^2}{2}e^{-x}.$$

(II) $f'(x)$ 有零点时, 则存在 $\xi \in (0,2)$ 使得 $f'(\xi) = 0$, 即 $e^{-\xi}\left(\frac{1}{2}\xi^2 - \xi - 1\right) + 1 - \frac{1}{2}\xi = 0$. 于是, $f(x)$ 的最大值为 $\max\{f(0), f(2), f(\xi)\} = \max\left\{0, -e^{-2}, e^{-\xi}\left(1 - \frac{\xi^2}{2}\right) - \left(1 - \frac{\xi}{2}\right)^2\right\} = 0$, 即 $f(x) \leqslant 0$, 也就是说, $e^{-x} - \left(1 - \frac{x}{2}\right)^2 \leqslant \frac{x^2}{2}e^{-x}$. 总而言之, 当 $x \in [0,2]$ 时, $0 \leqslant e^{-x} - \left(1 - \frac{x}{2}\right)^2 \leqslant \frac{x^2}{2}e^{-x}$.

证明不等式的常见方法主要涉及中值定理、单调性、凹性及极值等. 这一组不等式的证明体现了这些方法. 读者应仔细体会.

10. 证明高阶导数中值点的命题.

(1) 设 $f(x)$ 在 $[a,b]$ 上连续, 在 (a,b) 上二次可微, 证明在 (a,b) 上至少有一点 ξ 使得

$$f''(\xi) = \frac{4}{(b-a)^2}\left(f(b) - 2f\left(\frac{a+b}{2}\right) + f(a)\right).$$

(2) 设 $f(x)$ 在 $[a,b]$ 上二次可微, 则对任意的 $c \in (a,b)$, 总有 $\xi \in (a,b)$ 使得

$$\frac{f(a)}{(a-b)(a-c)} + \frac{f(b)}{(b-c)(b-a)} + \frac{f(c)}{(c-a)(c-b)} = \frac{1}{2}f''(\xi).$$

(3) 设 $f(x)$ 在 $[a,b]$ 上连续, 在 (a,b) 上二次可微, 且 $\min\{f(a), f(b)\} > f(c)$, 其中, $c \in (a,b)$, 证明在 (a,b) 上至少有一点 ξ 使得 $f''(\xi) > 0$.

(4) 设 $f(x)$ 在 $[a,b]$ 上二次可微, 且 $f'(a) = f'(b) = 0$, 证明存在 $\xi \in (a,b)$ 使得

$$|f(b) - f(a)| \leqslant \frac{(b-a)^2}{4}|f''(\xi)|.$$

证明 (1) 要证的等式事实上为 $f(b) - 2f\left(\frac{a+b}{2}\right) + f(a) = \frac{(b-a)^2}{4}f''(\xi)$. 于是, 可作辅助函数 $F(x) = f(x) - f\left(\frac{a+b}{2}\right) - f'\left(\frac{a+b}{2}\right)\left(x - \frac{a+b}{2}\right)$ 和 $G(x) = \left(x - \frac{a+b}{2}\right)^2$ 分别在区间 $\left[a, \frac{a+b}{2}\right]$ 和 $\left[\frac{a+b}{2}, b\right]$ 上使用柯西中值定理可得

$$\frac{F(b)}{G(b)} = \frac{f'(\zeta) - f'\left(\frac{a+b}{2}\right)}{2\left(\zeta - \frac{a+b}{2}\right)} = \frac{1}{2}f''(\zeta_1), \quad 即 \quad F(b) = \frac{1}{2}f''(\zeta_1)G(b),$$

以及

$$\frac{F(a)}{G(a)} = \frac{f'(\eta) - f'\left(\frac{a+b}{2}\right)}{2\left(\eta - \frac{a+b}{2}\right)} = \frac{1}{2}f''(\eta_1), \quad \text{即} \quad F(a) = \frac{1}{2}f''(\eta_1)G(a).$$

因此, 将 $F(b)$ 和 $F(a)$ 相加可得

$$f(b) - 2f\left(\frac{a+b}{2}\right) + f(a) = \frac{1}{8}(b-a)^2(f''(\zeta_1) + f''(\eta_1)).$$

由于

$$\min\{f''(\zeta_1), f''(\eta_1)\} \leqslant \frac{f''(\zeta_1) + f''(\eta_1)}{2} \leqslant \max\{f''(\zeta_1), f''(\eta_1)\},$$

故存在 $\xi \in (\eta_1, \zeta_1) \subset (a, b)$, 使得 $f''(\xi) = \dfrac{f''(\zeta_1) + f''(\eta_1)}{2}$. 因此

$$f(b) - 2f\left(\frac{a+b}{2}\right) + f(a) = \frac{1}{4}(b-a)^2 f''(\xi).$$

另外证, 可用泰勒公式在 $x = \dfrac{a+b}{2}$ 处展开获得证明.

(2) 令

$$F(x) = f(x) - \frac{f(a)}{(a-b)(a-c)}(x-b)(x-c) - \frac{f(b)}{(b-c)(b-a)}(x-c)(x-a)$$

$$- \frac{f(c)}{(c-a)(c-b)}(x-a)(x-b),$$

则 $F(a) = F(b) = F(c) = 0$. 于是, 对 $F(t)$ 分别在区间 $[a,c]$ 和 $[c,b]$ 上使用罗尔定理, 存在 $\xi_1 \in (a,c)$, $\xi_2 \in (c,b)$ 使得 $F'(\xi_1) = F'(\xi_2) = 0$. 又易知 $F'(t)$ 在区间 $[\xi_1, \xi_2]$ 上满足罗尔定理, 故再次用罗尔定理有 $\xi \in (\xi_1, \xi_2) \subset (a,b)$ 使得 $F''(\xi) = 0$, 即

$$\frac{f(a)}{(a-b)(a-c)} + \frac{f(b)}{(b-c)(b-a)} + \frac{f(c)}{(c-a)(c-b)} = \frac{1}{2}f''(\xi).$$

(3) 由 $\min\{f(a), f(b)\} > f(c)$ 知, $f(a) > f(c)$ 和 $f(b) > f(c)$. 显然, $f(x)$ 在区间 $[a,c]$ 和 $[c,b]$ 上满足拉格朗日中值定理, 于是, 存在 $\xi_1 \in (a,c)$, $\xi_2 \in (c,b)$ 使得

$$f'(\xi_1) = \frac{f(c) - f(a)}{c-a} < 0 \quad \text{以及} \quad f'(\xi_2) = \frac{f(b) - f(c)}{b-c} > 0.$$

又易知 $f'(x)$ 在区间 $[\xi_1, \xi_2]$ 上满足拉格朗日中值定理, 故存在 $\xi \in (\xi_1, \xi_2) \subset (a, b)$, 使得

$$f''(\xi) = \frac{f'(\xi_2) - f'(\xi_1)}{\xi_2 - \xi_1} > 0.$$

(4) 令 $g(x) = \frac{1}{2}(x - a)^2$, 则易知, $f(x), g(x)$ 在区间 $\left[a, \frac{a+b}{2}\right]$ 上满足柯西中值定理, 于是, 存在 $\xi_1 \in \left(a, \frac{a+b}{2}\right)$, 使得

$$\frac{f\left(\dfrac{a+b}{2}\right) - f(a)}{g\left(\dfrac{a+b}{2}\right) - g(a)} = \frac{f'(\xi_1)}{\xi_1 - a}, \quad \text{即} \quad f\left(\frac{a+b}{2}\right) - f(a) = \frac{f'(\xi_1)}{\xi_1 - a}\frac{(b-a)^2}{8}.$$

再对 $f'(x)$ 在区间 $[a, \xi_1]$ 上使用拉格朗日中值定理, 存在 $\eta_1 \in (a, \xi_1)$ 使得

$$f\left(\frac{a+b}{2}\right) - f(a) = \frac{f'(\xi_1)}{\xi_1 - a}\frac{(b-a)^2}{8} = f''(\eta_1)\frac{(b-a)^2}{8}. \tag{$*$}$$

又令 $\varphi(x) = \frac{1}{2}(b - x)^2$, 则易知 $f(x), \varphi(x)$ 在区间 $\left[\dfrac{a+b}{2}, b\right]$ 上满足柯西中值定理, 故存在 $\xi_2 \in \left(\dfrac{a+b}{2}, b\right)$ 使得

$$\frac{f(b) - f\left(\dfrac{a+b}{2}\right)}{\varphi(b) - \varphi\left(\dfrac{a+b}{2}\right)} = \frac{f'(\xi_2)}{-(b - \xi_2)}, \quad \text{即} \quad f(b) - f\left(\frac{a+b}{2}\right) = \frac{f'(\xi_2)}{b - \xi_2}\frac{(b-a)^2}{8}.$$

再对 $f'(x)$ 在区间 $[\xi_2, b]$ 上使用柯西中值定理, 存在 $\eta_2 \in (\xi_2, b)$, 使得

$$f(b) - f\left(\frac{a+b}{2}\right) = -\frac{f'(b) - f'(\xi_2)}{b - \xi_2}\frac{(b-a)^2}{8} = -f''(\eta_2)\frac{(b-a)^2}{8}. \tag{$**$}$$

将 $(*)$ 和 $(**)$ 两式相加可得

$$f(b) - f(a) = \frac{(b-a)^2}{8}[f''(\eta_1) - f''(\eta_2)].$$

于是, 令 $|f''(\xi)| = \max\{|f''(\eta_1)|, |f''(\eta_2)|\}$, 则 $|f(b) - f(a)| \leqslant \frac{(b-a)^2}{4}|f''(\xi)|$.
另外, 可用泰勒公式证明之.

11. 多个中值点的命题:

(1) 设 $a > 0$, 如果 $f(x)$ 在闭区间 $[a,b]$ 上连续, 在开区间 (a,b) 上可微, 且 $f(a) = f(b) = 1$, 那么存在 $\xi \in (a,b)$, $\eta \in (a,b)$ 使得

$$\eta f'(\eta) + \xi f'(\xi) = f(\eta) - f(\xi).$$

(2) 设 $f(x) > 0$, 如果 $f(x)$ 在 $[1,2]$ 上连续, 在 $(1,2)$ 上可导, 且 $f(2) = ef(1)$, 那么存在 $\xi \in (1,2)$, $\eta \in (1,2)$ 使得 $\eta^2 f(\xi) = 2f'(\xi)$.

(3) 设 $f(x)$ 在 $[a,b]$ 上可导, $f(a) = 0$ 且对任意的 $x \in (a,b)$, $f(x) \neq 0$, 那么存在 $\xi \in (a,b)$, $\eta \in (a,b)$ 使得

$$2\frac{f'(\xi)}{f(\xi)} = \frac{f'(\eta)}{f(\eta)}.$$

(4) 设 $f(x)$ 在 $[a,b]$ 上二次可微, 且 $f(a) = f(b)$, 那么至少存在两点 $\xi \in (a,b)$, $\eta \in (a,b)$ 使得 $f''(\xi)\eta = 2f'(\xi)$.

证明　(1) 令 $F(x) = xf(x)$, 则在 $[a,b]$ 上对其使用拉格朗日中值定理, 至少存在一点 $\xi \in (a,b)$ 使得 $F(b) - F(a) = F'(\xi)(b - a)$, 即

$$\xi f'(\xi) + f(\xi) = 1. \tag{$*$}$$

又令 $g(x) = \dfrac{f(x)}{x}$, $\varphi(x) = \dfrac{1}{x}$, 则 $g(x)$, $\varphi(x)$ 在 $[a,b]$ 上满足柯西中值定理. 于是, 由此定理知, 至少存在一点 $\eta \in (a,b)$ 使得 $g(b) - g(a) = \dfrac{g'(\eta)}{\varphi'(\eta)}[\varphi(b) - \varphi(a)]$, 即

$$f(\eta) - \eta f'(\eta) = 1. \tag{$**$}$$

因此, 由 $(*)$ 和 $(**)$ 两式可以得到, $\eta f'(\eta) + \xi f'(\xi) = f(\eta) - f(\xi)$.

(2) 令 $F(x) = \ln f(x)$, 则在区间 $[1,2]$ 上对此函数使用拉格朗日中值定理可以得到, 至少存在一点 $\xi \in (1,2)$ 使得 $F(2) - F(1) = F'(\xi)$, 即

$$1 = \frac{f'(\xi)}{f(\xi)}. \tag{$*$}$$

又令 $g(x) = \dfrac{1}{x}$, 并对此函数在区间 $[1,2]$ 上使用拉格朗日中值定理可以得到, 至少存在一点 $\eta \in (1,2)$ 使得 $g(2) - g(1) = g'(\eta)$, 即

$$\frac{1}{2}\eta^2 = 1. \tag{$**$}$$

因此, 由 $(*)$ 和 $(**)$ 两式可以得到, $\eta^2 f'(\xi) = 2f'(\xi)$.

(3) 令 $F(x) = f^2(x)f(b+a-x)$, 则 $F(x)$ 在 $[a,b]$ 上连续, 在 (a,b) 上可导, 且 $F(a) = 0$, $F(b) = 0$, 于是, 由罗尔定理知至少存在一点 $\xi \in (a,b)$ 使得 $F'(\xi) = 0$, 即

$$2f'(\xi)f(b+a-\xi) - f(\xi)f'(b+a-\xi) = 0.$$

令 $\eta = b+a-\xi$, 则 $\eta \in (a,b)$, 且

$$2\frac{f'(\xi)}{f(\xi)} = \frac{f'(\eta)}{f(\eta)}.$$

(4) 由已知, $f(x)$ 在 $[a,b]$ 上满足罗尔定理, 故存在 $c \in (a,b)$ 使得 $f'(c) = 0$. 令 $F(x) = (b-x)^2 f'(x)$, 则 $F(x)$ 在 $[c,b]$ 上连续, 在 (c,b) 上可微, 且 $F(c) = F(b) = 0$, 于是, 由罗尔定理可知, 至少存在一点 $\xi \in (c,b) \subset (a,b)$ 使得 $F'(\xi) = 0$, 即

$$2f'(\xi) = (b-\xi)f''(\xi).$$

令 $\eta = b-\xi$, 则 $\eta \in (a,b)$, 且有 $2f'(\xi) = \eta f''(\xi)$.

注　前两题对不同函数或同一函数使用不同的中值定理获得不同的中值点, 后两题则对同一函数使用中值定理得到一个中值点, 而另一个中值点则是已得到的中值点的一个线性函数.

12. 设 $f(x)$ 在 $[a,b]$ 上连续, 在 $[a,b]$ 上可微, 那么,

(1) 至少存在一点 $\xi \in (a,b)$, 使得 $f'(\xi) = \dfrac{f(\xi) - f(a)}{b - \xi}$.

(2) 如果 $f(a) = f(b)$, 且 $f'_+(a) = 0$, 则至少存在一点 $\xi \in (a,b)$, 使得 $f'(\xi) = \dfrac{f(\xi) - f(a)}{\xi - a}$.

(3) 如果 $f(a) = f(b)$, 则至少存在一点 $\xi \in (a,b)$, 使得 $f'(\xi) = \dfrac{f(b) - f(\xi)}{b - a}$.

证明　(1) 令 $F(x) = (f(x) - f(a))(b - x)$, 然后使用罗尔定理即可.

(2) 令 $F(x) = \begin{cases} \dfrac{f(x) - f(a)}{x - a} & x \in [a,b], \\ f'_+(a) & x = a, \end{cases}$　然后使用罗尔定理即可.

(3) 令 $F(x) = (f(b) - f(x))e^{\frac{x}{b-a}}$, 然后使用罗尔定理即可.

13. 设 $f(x)$ 在 $(-\delta, +\delta)(\delta > 0)$ 上二次可导, 且 $\lim\limits_{x \to 0}\left(1 + x + \dfrac{f(x)}{x}\right)^{\frac{1}{x}} = e^3$, 试求 $f(0)$, $f'(0)$, $f''(0)$ 和 $\lim\limits_{x \to 0}\left(1 + \dfrac{f(x)}{x}\right)^{\frac{1}{x}}$.

解　由 $\lim\limits_{x \to 0}\left(1 + x + \dfrac{f(x)}{x}\right)^{\frac{1}{x}} = e^3$ 知, $\lim\limits_{x \to 0}\left(x + \dfrac{f(x)}{x}\right) = 0$. 进一步可推知 $\lim\limits_{x \to 0}\dfrac{f(x)}{x} = 0$. 于是易知 $f(0) = 0$, $f'(0) = 0$.

又由于

$$\lim_{x \to 0} \left(1 + x + \frac{f(x)}{x}\right)^{\frac{1}{x}} = e^{\lim_{x \to 0} \frac{\ln(1 + x + f(x)/x)}{x}} = e^3,$$

所以，$\displaystyle \lim_{x \to 0} \frac{\ln\left(1 + x + \dfrac{f(x)}{x}\right)}{x} = \lim_{x \to 0} \frac{x + \dfrac{f(x)}{x}}{x} = \lim_{x \to 0} \left(1 + \frac{f(x)}{x^2}\right) = 3$，即有 $\displaystyle \lim_{x \to 0} \frac{f(x)}{x^2} = 2$. 因此，由 $f''(0)$ 存在可知

$$2 = \lim_{x \to 0} \frac{f(x)}{x^2} = \lim_{x \to 0} \frac{f'(x)}{2x} = \frac{1}{2} \lim_{x \to 0} \frac{f'(x) - f'(0)}{x} = \frac{1}{2} f''(0),$$

从而，$f''(0) = 4$.

最后，由 $\displaystyle \lim_{x \to 0} \frac{f(x)}{x} = 0$ 和 $\displaystyle \lim_{x \to 0} \frac{f(x)}{x^2} = 2$ 可以知道

$$\lim_{x \to 0} \left(1 + \frac{f(x)}{x}\right)^{\frac{1}{x}} = \lim_{x \to 0} \left(1 + \frac{f(x)}{x}\right)^{\frac{x}{f(x)} \cdot \frac{f(x)}{x^2}} = e^2.$$

14. 如果 $y = f(x)$ 在区间 (a, b) 上满足 $y'' + a(x)y' + b(x)y = c(x)$, $y(a) = A$, $y(b) = B$, 其中，a, b, c, A 和 B 都是已知的，若对任意的 $x \in (a, b)$, $b(x) < 0$, 那么，$y = f(x)$ 是唯一的.

证明　若不然，任取两个满足上述等式的函数 y_1, y_2. 于是有

$$y_1'' + a(x)y_1' + b(x)y_1 = c(x), \quad y_1(a) = A, \quad y_1(b) = B,$$

以及

$$y_2'' + a(x)y_2' + b(x)y_2 = c(x), \quad y_2(a) = A, \quad y_2(b) = B.$$

因此，令 $y = y_1 - y_2$, 则 $y'' + a(x)y' + b(x)y = 0$, $y(a) = 0$, $y(b) = 0$, 进而由本节例 8 中 (4) 可知，$y \equiv 0$, 即 $y_1 = y_2$. 故 $y = f(x)$ 是唯一的.

15. (1) 求 $f(x) = (1 + x)^\alpha \left(1 + \dfrac{1}{x}\right)^\beta$ 的最值，其中，$x > 0$, $\alpha > 0$, $\beta > 0$.

(2) 证明当 $\alpha_i > 0$, $\beta_i > 0 (i = 1, 2, \cdots, n)$ 时，下列不等式成立.

$$\left(\frac{\alpha_1 + \alpha_2 + \cdots + \alpha_n}{\beta_1 + \beta_2 + \cdots + \beta_n}\right)^{\alpha_1 + \alpha_2 + \cdots + \alpha_n} \leqslant \left(\frac{\alpha_1}{\beta_1}\right)^{\alpha_1} \left(\frac{\alpha_2}{\beta_2}\right)^{\alpha_2} \cdot \cdots \cdot \left(\frac{\alpha_n}{\beta_n}\right)^{\alpha_n}.$$

解　(1) 由于

$$f'(x) = \alpha(1 + x)^{\alpha - 1} \left(1 + \frac{1}{x}\right)^{\beta - 1} \frac{1}{x^2} \left(x - \frac{\beta}{\alpha}\right)(x + 1),$$

故令 $f'(x) = 0$, 求得唯一关键点 $x = \dfrac{\beta}{\alpha}$ ($x = -1$ 不符). 又易知当 $x < \dfrac{\beta}{\alpha}$ 时, $f'(x) < 0$; 当 $x > \dfrac{\beta}{\alpha}$ 时, $f'(x) > 0$. 从而, $x = \dfrac{\beta}{\alpha}$ 是极小值点, 也是最小值点. 因此, $f\left(\dfrac{\beta}{\alpha}\right) = \dfrac{(\alpha + \beta)^{\alpha + \beta}}{\alpha^\alpha \beta^\beta}$ 为最小值. 又 $\lim\limits_{x \to 0^+} f(x) = +\infty$, $\lim\limits_{x \to +\infty} f(x) = +\infty$, 故 $f(x)$ 没有最大值.

(2) 由 (1) 知, 当 $x > 0$ 时,

$$f\left(\frac{\beta}{\alpha}\right) \leqslant f(x).$$

特别地, 令 $x = \dfrac{b}{a}$, 则有

$$f\left(\frac{\beta}{\alpha}\right) \leqslant f\left(\frac{b}{a}\right), \tag{$*$}$$

即

$$\left(\frac{\alpha + \beta}{a + b}\right)^{\alpha + \beta} \leqslant \left(\frac{\alpha}{a}\right)^\alpha \left(\frac{\beta}{b}\right)^\beta.$$

又令 $\alpha = \alpha_1$, $\beta = \alpha_2$, $a = \beta_1$, $b = \beta_2$, 则由上式有

$$\left(\frac{\alpha_1 + \alpha_2}{\beta_1 + \beta_2}\right)^{\alpha_1 + \alpha_2} \leqslant \left(\frac{\alpha_1}{\beta_1}\right)^{\alpha_1} \left(\frac{\alpha_2}{\beta_2}\right)^{\alpha_2}. \tag{$**$}$$

再在 $(*)$ 式中, 令 $\alpha = \alpha_1$, $\beta = \alpha_2 + \alpha_3$, $a = \beta_1$, $b = \beta_2 + \beta_3$, 则由此式可得

$$\frac{(\alpha_1 + \alpha_2 + \alpha_3)^{\alpha_1 + \alpha_2 + \alpha_3}}{\alpha_1^{\alpha_1}(\alpha_2 + \alpha_3)^{\alpha_2 + \alpha_3}} \leqslant \frac{(\beta_1 + \beta_2 + \beta_3)^{\alpha_1 + \alpha_2 + \alpha_3}}{\beta_1^{\alpha_1}(\beta_2 + \beta_3)^{\alpha_2 + \alpha_3}}.$$

利用 $(**)$ 式, 进一步可以得到

$$\left(\frac{\alpha_1 + \alpha_2 + \alpha_3}{\beta_1 + \beta_2 + \beta_3}\right)^{\alpha_1 + \alpha_2 + \alpha_3} \leqslant \left(\frac{\alpha_1}{\beta_1}\right)^{\alpha_1} \left(\frac{\alpha_2 + \alpha_3}{\beta_2 + \beta_3}\right)^{\alpha_2 + \alpha_3} \leqslant \left(\frac{\alpha_1}{\beta_1}\right)^{\alpha_1} \left(\frac{\alpha_2}{\beta_2}\right)^{\alpha_2} \left(\frac{\alpha_3}{\beta_3}\right)^{\alpha_3}.$$

于是, 以此下去可证得结论.

16. 设 $0 < a < 1$, $0 < b < +\infty$, 那么 $ba^b(1 - a) < e^{-1}$.

证明 取定 $b > 0$, 并令 $f(a) = ba^b(1 - a)$, 则令 $f'(a) = b^2 a^{b-1}(1 - a) - ba^b = 0$, 求得 $a = \dfrac{b}{1 + b}$. $f\left(\dfrac{b}{1 + b}\right) = \left(\dfrac{b}{1 + b}\right)^{b+1}$ 为 $f(a)$ 的最大值, 即 $0 < a < 1, b > 0$ 时

$$ba^b(1 - a) \leqslant \left(\frac{b}{1 + b}\right)^{b+1}.$$

又 $g'(b) = \left(\left(\dfrac{b}{1+b} \right)^{b+1} \right)' = \left(\dfrac{b}{1+b} \right)^{b+1} \left(\dfrac{1}{b} - \ln \left(1 + \dfrac{1}{b} \right) \right) > 0$, 故 $g(b) =$

$\left(\dfrac{b}{1+b} \right)^{b+1}$ 是递增的且 $\lim\limits_{b \to +\infty} \left(\dfrac{b}{1+b} \right)^{b+1} = e^{-1}$, 进而有 $\left(\dfrac{b}{1+b} \right)^{b+1} < e^{-1}$.

总之, 当 $0 < a < 1, b > 0$ 时, 有

$$ba^b(1-a) \leqslant \left(\dfrac{b}{1+b} \right)^{b+1} < e^{-1}.$$

17. 求隐函数 $z(x,y)$ 的极大极小值, 其中, $x^2 - xyz + xy - z^2 + 9 = 0$.

解　对方程两边的 x 求导可得

$$2x - yz - xyz_x + y - 2zz_x = 0,$$

$$z_x = \dfrac{2x - yz + y}{xy + 2z}.$$

对方程两边的 y 求导可得

$$-xz - xyz_y + x - 2zz_y = 0,$$

$$z_y = \dfrac{x - xz}{xy + 2z}.$$

注意到隐函数存在的条件是 $xy + 2z \neq 0$, 令 $z_x = 0$ 和 $z_y = 0$ 可求得关键点 $(0,0)$.

将 $x = y = 0$ 代入原方程可得 $z_1 = 3$ 和 $z_2 = -3$. 又 $z_{xx} = \dfrac{1}{z}$, $z_{yy} = 0$, $z_{xy} = \dfrac{1-z}{2z}$, 故由在点 $(0,0,3)$ 处, $z_{xy}^2 - z_{xx}z_{yy} = \dfrac{1}{9} > 0$, $z_{xx} = \dfrac{1}{3} > 0$ 知, $z(0,0) = 3$ 为极小值; 由在点 $(0,0,-3)$ 处, $z_{xy}^2 - z_{xx}z_{yy} = \dfrac{1}{9} > 0$, $z_{xx} = -\dfrac{1}{3} < 0$ 知, $z(0,0) = -3$ 为极大值.

另外, 可用拉格朗日乘数法求解之. 令 $g(x,y,z) = z$,

$$f(x,y,z,\lambda) = g(x,y,z) + \lambda(x^2 - xyz + xy - z^2 + 9) = z + \lambda(x^2 - xyz + xy - z^2 + 9),$$

则令 $f_x = 0$, $f_y = 0$, $f_z = 0$ 和 $f_\lambda = 0$ 可求得关键点 $(0,0,3)$ 和 $(0,0,-3)$, 以及相应的 λ 值 $\lambda_1 = \dfrac{1}{6}$ 和 $\lambda_2 = -\dfrac{1}{6}$.

又 $f_{xx} = 2\lambda, f_{yy} = 0, f_{zz} = -2z\lambda, f_{xy} = (1-z)\lambda, f_{xz} = -y\lambda$ 和 $f_{yz} = -x\lambda$, 且在点 $(0,0,3)$ 处, $(f_{xx}f_{yy} - f_{xy}^2)(f_{xx}f_{zz} - f_{xz}^2) - (f_{xx}f_{zz} - f_{xz}f_{yy}) > 0$, $(f_{xx}f_{yy} - f_{xy}^2) > 0$, $f_{xx} > 0$, 而在点 $(0,0,-3)$ 处, $(f_{xx}f_{yy} - f_{xy}^2)(f_{xx}f_{zz} - f_{xz}^2) - (f_{xx}f_{zz} - f_{xz}f_{yy}) < 0$, $(f_{xx}f_{yy} - f_{xy}^2) > 0$, $f_{xx} < 0$, 因此, $g(0,0,3) = 3$ 是极小值, $g(0,0,-3) = -3$ 是极大值.

18. 求 $f(x,y) = xy + \dfrac{1}{x} + \dfrac{1}{y}$ 在区域 $D = \{(x,y)|0 < x < +\infty, 0 < y < +\infty\}$ 上的最大最小值.

解 令 $f_x = y - \dfrac{1}{x^2} = 0$, $f_y = x - \dfrac{1}{y^2} = 0$, 求得: $x = y = 1$. 由于 $\forall c > 0, \exists x > 0, y > 0$ 使得 $x + y > c$, 且

$$f(x,y) \geqslant 2\sqrt{x+y} > 2\sqrt{c} \to +\infty \quad (c \to +\infty),$$

故存在 $C > 2$, 使得 $c \geqslant C$ 时, $f(x,y) > 3 = f(1,1)$, 即 $f(x,y)$ 的最小值不在区域 $\{0 < x, 0 < y, x + y \geqslant C\}$ 上取到.

又由 $\lim\limits_{x \to 0^+} f(x,y) = +\infty$, $\lim\limits_{y \to 0^+} f(x,y) = +\infty$ 可知, 存在 $\dfrac{1}{2} > \delta_1 > 0$, $\dfrac{1}{2} > \delta_2 > 0$ 使得 $0 < x \leqslant \delta_1$ 或 $0 < y \leqslant \delta_2$ 时, $f(x,y) > 3 = f(1,1)$. 因此, $f(x,y)$ 在 D 上没有最大值, 而 $f(x,y)$ 的最小值只能在区域 $D_1 = \{(x,y)|\delta_1 \leqslant x \leqslant C, \delta_2 \leqslant y \leqslant C\}$ 上取到.

由于点 $(1,1)$ 是函数 $f(x,y)$ 在 D_1 上的唯一关键点, 且 D_1 的边界上的值都大于 $f(1,1)$, 因此, $f(1,1) = 3$ 为 $f(x,y)$ 在 D 上的最小值.

另解 先固定 $0 < x_0 < +\infty$, 考虑函数 $f(x_0,y) = x_0 y + \dfrac{1}{x_0} + \dfrac{1}{y}(0 < y < +\infty)$ 的最大最小值, 易知 $f(x_0,y)$ 没有最大值, 从而 $f(x,y)$ 在 D 上没有最大值. 而 $f(x_0,y)$ 的最小值也容易求得 $\min\limits_{0<y<+\infty} f(x_0,y) = \dfrac{1}{x_0} + 2\sqrt{x_0}$, 是函数 $f(x_0,y)$ 在 $y = \dfrac{1}{\sqrt{x_0}}$ 处取到的.

又令 $g(x) = 2\sqrt{x} + \dfrac{1}{x}$, 易知, 此函数的最小值为 3. 因此, $f(x,y)$ 在 D 上的最小值为 $\min\limits_{D} f(x,y) = \min\limits_{0<x<+\infty} \min\limits_{0<y<+\infty} f(x,y) = 3$.

19. 求 $f(x,y,z) = xyz$ 在 $D = \{(x,y,z)|x^2 + y^2 + z^2 \leqslant 3\}$ 上的最大最小值.

解 令 $f_x = yz = 0$, $f_y = xz = 0$ 和 $f_z = xy = 0$ 可求得关键点 $(0,0,0)$, $(0,0,c)$, $(0,b,0)$ 以及 $(a,0,0)$, 其中, a,b,c 都不为 0. 易知这些点的函数值均为 0.

现在求函数在边界上的极大极小值. 令 $F(x,y,z,\lambda) = xyz + \lambda(x^2 + y^2 + z^2 - 3)$, 则由

$$\begin{cases} F_x = yz + 2\lambda x = 0, & (1) \\ F_y = xz + 2\lambda y = 0, & (2) \\ F_z = xy + 2\lambda z = 0, & (3) \\ F_\lambda = x^2 + y^2 + z^2 - 3 = 0, & (4) \end{cases}$$

求得条件下的关键点 $(1,1,1)$, $(-1,-1,-1)$, $(1,-1,-1)$, $(-1,1,-1)$, $(-1,-1,1)$,

$(1, 1, -1)$, $(1, -1, 1)$ 和 $(-1, 1, 1)$. 这些点的函数值为 1 和 -1. 比较这些关键点的函数值可知, $f(x, y, z)$ 的最大值为 1, 最小值为 -1.

20. 求 $f(x, y, z) = x^2 + 2y^2 + 3z^2$ 在条件 $x + y + z = 1$ 和 $x - y + 2z = 2$ 下的极值.

解　令 $F(x, y, z, \lambda, \mu) = x^2 + 2y^2 + 3z^2 + \lambda(x + y + z - 1) + \mu(x - y + 2z - 2)$, 则令

$$
\begin{cases}
F_x = 2x + \lambda + \mu = 0, & (1) \\
F_y = 4y + \lambda - \mu = 0, & (2) \\
F_z = 6z + \lambda + 2\mu = 0, & (3) \\
F_\lambda = x + y + z - 1 = 0, & (4) \\
F_\mu = x - y + 2z - 2 = 0. & (5)
\end{cases}
$$

由 (1)—(5) 联立求解可得唯一的关键点 $\left(\dfrac{18}{23}, -\dfrac{6}{23}, \dfrac{11}{23}\right)$, 故此点即为函数在条件下取到极大值或极小值, 但因满足两条件的点 $(0, 0, 1)$ 处的函数值为 $f(0, 0, 1) = 3$ 且

$$
f(0, 0, 1) = 3 > 1.457 \doteq f\left(\frac{18}{23}, -\frac{6}{23}, \frac{11}{23}\right),
$$

从而, $f\left(\dfrac{18}{23}, -\dfrac{6}{23}, \dfrac{11}{23}\right) \doteq 1.457$ 是 $f(x, y, z)$ 在条件下的极小值.

21. 求函数 $f(a, b) = \displaystyle\sum_{k=1}^{n} (y_k - a - bx_k)^2$ 在条件 $a + b = 1$ 下的最小值.

解　令 $F(a, b, \lambda) = \displaystyle\sum_{k=1}^{n} (y_k - a - bx_k)^2 + \lambda(a + b - 1)$, 则令

$$
\begin{cases}
F_a = -2n\bar{y} + 2na + 2bn\bar{x} + \lambda = 0, \\
F_b = -2\displaystyle\sum_{k=1}^{n} x_i y_k + 2na\bar{x} + 2b\displaystyle\sum_{k=1}^{n} x_k^2 + \lambda = 0, \\
F_\lambda = a + b - 1 = 0,
\end{cases}
$$

求得

$$
\hat{a} = \frac{n(\bar{x} - \bar{y}) + \displaystyle\sum_{i=1}^{n} x_i y_i - \displaystyle\sum_{i=1}^{n} x_i^2}{2n\bar{x} - n - \displaystyle\sum_{i=1}^{n} x_i^2}, \quad
\hat{b} = \frac{n(\bar{x} + \bar{y}) - n - \displaystyle\sum_{i=1}^{n} x_i y_i}{2n\bar{x} - n - \displaystyle\sum_{i=1}^{n} x_i^2}.
$$

由于 $f(a,b) = \sum_{k=1}^{n}(y_k - a - bx_k)^2$ 是关于 a, b 的二次型, 条件 $a + b = 1$ 是一平面, 故曲面与平面相交曲线为一椭圆, 进而, $f(a,b)$ 有最大、最小值.

又 $\hat{\lambda} = 2\sum_{i=1}^{n} x_i y_i - 2\hat{a}n\bar{x} - 2\hat{b}\sum_{i=1}^{n} x_i^2$, 并且在点 $(\hat{a}, \hat{b}, \hat{\lambda})$ 处, $F_{aa} = 2n > 0$, $F_{ab} = 2n\bar{x}$, $F_{bb} = 2\sum_{k=1}^{n} x_k^2$, $F_{bb}F_{aa} - F_{ab}^2 = 4n\sum_{i=1}^{n}(x_i - \bar{x})^2 > 0$, 因此, $f(a,b)$ 在 $(\hat{a}, \hat{b})$ 处有极小值. 因关键点唯一, 所以 $f(a,b)$ 在此点取到最小值.

注 此题求 $\hat{a}, \hat{b}$ 的方法即为带约束条件的最小二乘法.

22. 证明不等式

$$\sum_{i=1}^{n} a_i b_i \leqslant \left(\sum_{i=1}^{n} a_i^{\alpha}\right)^{\frac{1}{\alpha}}\left(\sum_{i=1}^{n} b_i^{\beta}\right)^{\frac{1}{\beta}},$$

其中, $a_i \geqslant 0$, $b_i \geqslant 0$, $i = 1, 2, \cdots, n$; $\alpha > 1$, $\beta > 1$, $\dfrac{1}{\alpha} + \dfrac{1}{\beta} = 1$.

证明 考虑函数 $f(x_1, \cdots, x_n) = \left(\sum_{i=1}^{n} a_i^{\alpha}\right)^{\frac{1}{\alpha}}\left(\sum_{i=1}^{n} x_i^{\beta}\right)^{\frac{1}{\beta}}$ 在条件 $\sum_{i=1}^{n} a_i x_i = 1$ 下的极值.

令 $F(x_1, \cdots, x_n, \lambda) = \left(\sum_{i=1}^{n} a_i^{\alpha}\right)^{\frac{1}{\alpha}}\left(\sum_{i=1}^{n} x_i^{\beta}\right)^{\frac{1}{\beta}} + \lambda\left(\sum_{i=1}^{n} a_i x_i - 1\right)$, 则可由

$$F_{x_1}(x_1, \cdots, x_n, \lambda) = \left(\sum_{i=1}^{n} a_i^{\alpha}\right)^{\frac{1}{\alpha}}\left(\sum_{i=1}^{n} x_i^{\beta}\right)^{\frac{1}{\beta}-1} x_1^{\beta-1} + \lambda a_1 = 0,$$

$$F_{x_2}(x_1, \cdots, x_n, \lambda) = \left(\sum_{i=1}^{n} a_i^{\alpha}\right)^{\frac{1}{\alpha}}\left(\sum_{i=1}^{n} x_i^{\beta}\right)^{\frac{1}{\beta}-1} x_2^{\beta-1} + \lambda a_2 = 0,$$

$$\cdots\cdots$$

$$F_{x_n}(x_1, \cdots, x_n, \lambda) = \left(\sum_{i=1}^{n} a_i^{\alpha}\right)^{\frac{1}{\alpha}}\left(\sum_{i=1}^{n} x_i^{\beta}\right)^{\frac{1}{\beta}-1} x_n^{\beta-1} + \lambda a_n = 0,$$

$$F_{\lambda}(x_1, \cdots, x_n, \lambda) = \sum_{i=1}^{n} a_i x_i - 1 = 0,$$

可得 $\lambda = -\left(\sum\limits_{i=1}^{n} a_i^{\alpha}\right)^{\frac{1}{\alpha}}\left(\sum\limits_{i=1}^{n} x_i^{\beta}\right)^{\frac{1}{\beta}}$，将其代入 $F_{x_i} = 0$ 有

$$x_i^{\beta-1} - a_i\left(\sum_{i=1}^{n} x_i^{\beta}\right) = 0, \quad i = 1, 2, \cdots, n,$$

即

$$x_i = a_i^{\frac{1}{\beta-1}}\left(\sum_{i=1}^{n} x_i^{\beta}\right)^{\frac{1}{\beta-1}}, \quad i = 1, 2, \cdots, n.$$

将其代入 $F_{\lambda} = 0$ 可得

$$\left(\sum_{i=1}^{n} x_i^{\beta}\right)^{\frac{1}{\beta-1}} = \left(\sum_{i=1}^{n} a_i^{\alpha}\right)^{\frac{1}{1-\beta}},$$

即

$$x_i^0 = a_i^{\frac{1}{\beta-1}}\left(\sum_{i=1}^{n} a_i^{\alpha}\right)^{-1}, \quad i = 1, 2, \cdots, n.$$

这样, 函数在关键点 $(x_1^0, x_2^0, \cdots, x_n^0)$ 的值为

$$f(x_1^0, \cdots, x_n^0) = \left(\sum_{i=1}^{n} a_i^{\alpha}\right)^{\frac{1}{\alpha}}\left(\sum_{i=1}^{n} x_i^{\beta}\right)^{\frac{1}{\beta}} = \left(\sum_{i=1}^{n} a_i^{\alpha}\right)^{\frac{1}{\alpha}}\left[\sum_{i=1}^{n} a_i^{\frac{\beta}{\beta-1}}\left(\sum_{i=1}^{n} a_i^{\alpha}\right)^{-\beta}\right]^{\frac{1}{\beta}}$$

$$= \left(\sum_{i=1}^{n} a_i^{\alpha}\right)^{\frac{1}{\alpha}}\left(\sum_{i=1}^{n} (a_i^{\alpha})\right)^{\frac{1}{\beta}}\left(\sum_{i=1}^{n} a_i^{\alpha}\right)^{-1} = 1.$$

现在考虑 $D = \left\{(x_1, \cdots, x_n) \middle| \sum\limits_{i=1}^{n} a_i x_i = 1\right\}$ 的边界 $\partial D = \left\{(x_1, \cdots, x_n) \middle| \sum\limits_{i=1}^{n} a_i x_i = 1, x_k = 0\right\}$ 上的 f 的值. 由于 $f(x_1, \cdots, x_{k-1}, 0, x_{k+1}, \cdots, x_n) = \left(a_k + \sum\limits_{i\neq k}^{n} a_i^{\alpha}\right)^{\frac{1}{\alpha}} \cdot$

$\left(\sum\limits_{i\neq k}^{n} x_i^{\beta}\right)^{\frac{1}{\beta}} \geqslant \left(\sum\limits_{i\neq k}^{n} a_i^{\alpha}\right)^{\frac{1}{\alpha}}\left(\sum\limits_{i\neq k}^{n} x_i^{\beta}\right)^{\frac{1}{\beta}}$，且边界 ∂D 为 $\sum\limits_{i\neq k}^{n} a_i x_i = 1$, 于是由拉格朗日乘数法和前面求 D 上的条件关键点及关键点处的函数值可得函数在 ∂D 上的关键点 $(x_1^*, \cdots, x_{k-1}^*, 0, x_{k+1}^*, \cdots, x_n^*)$ 及

$$f(x_1^*, \cdots, x_{k-1}^*, 0, x_{k+1}^*, \cdots, x_n^*) \geqslant \left(\sum_{i\neq k}^{n} a_i^{\alpha}\right)^{\frac{1}{\alpha}}\left(\sum_{i\neq k}^{n} x_i^{*\beta}\right)^{\frac{1}{\beta}} = 1, \quad k = 1, 2, \cdots, n.$$

这表明, 函数在这些边界上的关键点值都比其区域内的关键点的函数值大. 故 $f(x_1^0, \cdots, x_n^0) = 1$ 为最小值, 即 $f(x_1, \cdots, x_n) \geqslant f(x_1^0, \cdots, x_n^0) = 1$, 其中, $1 = \sum\limits_{i=1}^{n} a_i x_i$. 令 $x_i = b_i$, 则有

$$\sum_{i=1}^{n} a_i b_i \leqslant \left(\sum_{i=1}^{n} a_i^{\alpha}\right)^{\frac{1}{\alpha}} \left(\sum_{i=1}^{n} b_i^{\beta}\right)^{\frac{1}{\beta}}.$$

23. 证明当 $a \geqslant 0$, $b \geqslant 0$ 和 $c \geqslant 0$ 时, 成立不等式

$$a^2 b c^2 \leqslant 16 \left(\frac{a+b+c}{5}\right)^5.$$

证明　考虑 $f(x, y, z) = 2\ln x + \ln y + 2\ln z$ 在条件 $x + y + z = 5$ 下的最值. 令 $F(x, y, z, \lambda) = 2\ln x + \ln y + 2\ln z - \lambda(x + y + z - 5)$, 则由

$$F_x = \frac{2}{x} - \lambda = 0,$$
$$F_y = \frac{1}{y} - \lambda = 0,$$
$$F_z = \frac{2}{z} - \lambda = 0,$$
$$F_\lambda = x + y + z - 5 = 0,$$

联立可求得 $\lambda = 1$, $x = 2$, $y = 1$ 和 $z = 2$. 此时, $f(2, 1, 2) = 16$. 由于函数在边界 $x = 0$, $y + z = 5$ 上 $\lim\limits_{x \to 0^+} f(x, y, z) = -\infty$, 其他边界处也是如此. 又函数在区域 $x + y + z = 5$ 内是连续的且关键点唯一, 故知 $f(2, 1, 2) = 16$ 是函数的最大值. 于是, $f(x, y, z) \leqslant f(2, 1, 2)$, 其中, $x + y + z = 5$. 令 $x = a, y = b$ 和 $z = c$ 且注意到 $\left(\dfrac{x+y+z}{5}\right)^5 = 1$, 则有

$$a^2 b c^2 \leqslant 16 \left(\frac{a+b+c}{5}\right)^5.$$

24. 已知二元函数 $f(x, y)$ 满足 $f''_{xy} = x + y$ 且 $f(x, 0) = x$, $f(0, y) = y^2$, 求 $f(x, y)$.

解　由拉格朗日中值定理的推论可知

$$f_x = xy + \frac{1}{2}y^2 + C_1(x).$$

又 $f_x(x, 0) = 1$, 于是, $C_1(x) = 1$. 因此, $f_x = xy + \dfrac{1}{2}y^2 + 1$. 再由拉格朗日中值定理的推论可知

$$f(x, y) = \frac{1}{2}x^2 y + \frac{1}{2}xy^2 + x + C_2(y).$$

将 $f(0, y) = y^2$ 代入上式可得 $C_2(y) = y^2$. 因此, 可求得函数为

$$f(x, y) = \frac{1}{2}x^2 y + \frac{1}{2}xy^2 + x + y^2.$$

25. 证明方程 $1 - e^{-x} + y^3 e^{-y} = 0$ 在区域 $0 < x < +\infty$, $-\infty < y < +\infty$ 上存在唯一的连续可微解 $y = y(x)$.

证明　令 $F(x, y) = 1 - e^{-x} + y^3 e^{-y}$, 对任意固定的 $x > 0$, 则当 $y \geqslant 0$ 时, $F(x, y) > 0$, 又 $\lim\limits_{y \to -\infty} F(x, y) = 1 - e^{-x} + \lim\limits_{y \to -\infty} y^3 e^{-y} = -\infty$, 故由介值定理知道, 存在 $y \in (-\infty, +\infty)$ 使得 $F(x, y) = 0$, 但 $F(x, 3) \neq 0$ 且当 $y \neq 3$ 时, $F_y' = y^2 e^{-y}(3 - y) \neq 0$, y 是唯一的. 因此, 由函数的定义知, 在区域 $0 < x < +\infty$, $-\infty < y < +\infty$ 上存在唯一的函数 $y = y(x)$ 满足方程 $1 - e^{-x} + y^3 e^{-y} = 0$.

又 $F_x' = e^{-x}$ 在点 $(x, y)(y \neq 3)$ 处连续, 故由隐函数的微分法知, 函数 $y(x)$ 是可导的, 且 $y'(x) = -\dfrac{F_x}{F_y}$, 而 F_x, F_y 是连续的, 故函数 $y(x)$ 是连续可微的函数.

26. 设公司生产某商品在两个市场 I 和 II 上销售, 市场 I 的商品需求函数为 $p_1 = 18 - 2q_1$; 市场 II 的商品需求函数为 $p_2 = 12 - q_2$; 公司的生产成本为 $C = 2q + 5$, 其中, $q = q_1 + q_2$.

(1) 如果政府实行有差别征税, 且公司实行价格差别策略, 试确定公司在两市场的最优价格和销量, 此时, 政府的最优征税政策是什么?

(2) 如果市场 I 的需求与市场 II 的需求弹性函数为 1, $q_2 = 1$ 时, $q_1 = 2$, 且政府实行无差别征税和公司仍实行价格差别的行为, 政府和公司双赢的策略是什么?

解　(1) 设政府在市场 I 每单位商品征税为 t_1, 在市场 II 每单位商品征税为 t_2, 那么, 公司的利润函数为

$$P = -2q_1^2 - q_2^2 + (16 - t_1)q_1 + (10 - t_2)q_2 - 5.$$

于是, 由

$$\frac{\partial P}{\partial q_1} = -4q_1 + 16 - t_1 = 0,$$

$$\frac{\partial P}{\partial q_2} = -2q_2 + 10 - t_2 = 0,$$

联立求得, $q_1 = \frac{1}{4}(16 - t_1)$, $q_2 = \frac{1}{2}(10 - t_2)$. 由

$$\frac{\partial^2 P}{\partial q_1^2} = -4 < 0, \quad \left(\frac{\partial^2 P}{\partial q_1 \partial q_2}\right)^2 - \frac{\partial^2 P}{\partial q_1^2}\frac{\partial^2 P}{\partial q_1^2} = -8 < 0$$

知 P 达到极大. 由实际问题知, 此极大值也就是最大值. 此时, 政府对此商品的总税收为

$$T = t_1 q_1 + t_2 q_2 = \frac{1}{4}(-t_1^2 - 2t_2^2 + 16t_1 + 20t_2).$$

于是, 可求得当 $t_1 = 8$, $t_2 = 5$ 时, T 达到极大. 由实际问题知, $t_1 = 8$, $t_2 = 5$ 也是 T 达到最大时的征收政策.

(2) 由市场 I 关于市场 II 的需求弹性为 1, 即 $\frac{q_2 \partial q_1}{q_1 \partial q_2} = 1$, 可得 $q_1 = 2q_2$. 又由于政府实行的无差别征税政策, 即 $t_1 = t_2 = t$, 于是, 问题变为求 (1) 中的利润函数在条件 $q_1 = 2q_2$ 下最值问题. 这里用拉格朗日乘数法来解此问题.

令 $F(q_1, q_2, \lambda) = -2q_1^2 - q_2^2 + (16 - t)q_1 + (10 - t)q_2 - 5 + \lambda(q_1 - 2q_2)$, 则可由

$$\frac{\partial F}{\partial q_1} = -4q_1 + 16 - t + \lambda = 0,$$

$$\frac{\partial F}{\partial q_2} = -2q_2 + 10 - t - 2\lambda = 0,$$

$$\frac{\partial F}{\partial \lambda} = q_1 - 2q_2 = 0,$$

联立求解得, $q_1 = \frac{1}{3}(14 - t)$, $q_2 = \frac{1}{6}(14 - t)$. 易知, 这组销量是所求的最优销量. 仿 (1) 可求得最优税收政策为在市场上单位征收为 $t = 7$.

3.4 复 习 题

1. 设 $f(x)$ 在区间 $(-\infty, +\infty)$ 上可导, 且 $f(x) + \frac{\sin x}{x}$ 在 $x = \frac{\pi}{2}$ 处取到极值, 则 $f'\left(\frac{\pi}{2}\right) = $_____.

2. 已知 $\cos x - 1 = x\sin g(x)x$, $0 < g(x) < 1$, 则 $\lim\limits_{x \to 0} g(x) = $_____.

3. $\lim\limits_{x \to +\infty} \dfrac{1 + 4^x}{2^x + 4^x} = $_____.

4. 设 $f(1) = 1$ 且对任意的 x, 都有 $xf'(x) - f(x) = 0$, 则 $f(2) = $_____.

5. 设 a 是不为零的常数, 则方程 $x = \ln ax$ 在_____ 条件下有两个实根.

6. 设 $f(x)$ 在 $(1, +\infty)$ 上可导, 且 $\lim\limits_{x \to +\infty} (f'(x) + f(x)) = 2$, 则 $\lim\limits_{x \to +\infty} f(x) = $_____.

7. 设二次可导的函数 $f(x)$ 满足 $\lim\limits_{x \to a} \dfrac{f(x) - f(a)}{(x-a)^2} = 1$, 则 $f(x)$ 在 $x = a$ 点处有极_____ 值.

8. 数列 $\{\sqrt[n]{n}\}_{n=1}^{\infty}$ 的最大项为_____.

9. 下列命题不正确的是_____.

(A) 如果 $f(x)$ 在 $[a,b]$ 上有定义, 且 $f(a) < \mu < f(b)$, 则至少存在一点 $\xi \in (a,b)$ 使得 $f(\xi) = \mu$

(B) 如果 $f'(x)$ 在 $[a,b]$ 上有定义, 且 $f'(a) < \mu < f'(b)$, 则至少存在一点 $\xi \in (a,b)$ 使得 $f'(\xi) = \mu$

(C) 如果 $f(x)$ 在 $[a,b]$ 上连续, 且 $f(a) < \mu < f(b)$, 则至少存在一点 $\xi \in (a,b)$ 使得 $f(\xi) = \mu$

(D) 如果 $f'(x)$ 在 $[a,b]$ 上连续, 且 $f'(a) < \mu < f'(b)$, 则至少存在一点 $\xi \in (a,b)$ 使得 $f'(\xi) = \mu$

10. 设函数 $f(x)$ 在 (a,b) 上可导, $c, d \in (a,b)$, 则至少存在一点 η, 使得_____ 成立:

(A) $f(d) - f(c) = (d-c)f'(\eta),\ \eta \in (a,b)$

(B) $f(d) - f(c) = (c-d)f'(\eta),\ \eta \in (a,b)$

(C) $f(d) - f(c) = (c-d)f'(\eta),\ \eta$ 在 c 与 d 之间

(D) $f(c) - f(d) = (d-c)f'(\eta),\ \eta$ 在 c 与 d 之间

11. 设函数 $f(x)$ 在 (a,b) 上可导, 且 $f'(x)$ 在 x_0 点间断, 则 x_0 一定不是_____ 间断点.

(A) 可移型　　　　(B) 跳跃型　　　　(C) 振荡型　　　　(D) 无穷型

12. 有关不等式 $\left| f(b) - 2f\left(\dfrac{a+b}{2}\right) + f(a) \right| \leqslant (b-a)f'(\xi)$ 的推理过程中使用的定理是_____.

(A) 拉格朗日中值定理, 连续函数的中间值定理

(B) 拉格朗日中值定理, 导函数的中间值定理

(C) 罗尔定理与导函数的中间值定理

(D) 柯西中值定理与导函数的中间值定理

不等式 $\left| f(b) - 2f\left(\dfrac{a+b}{2}\right) + f(a) \right| \leqslant (b-a)f'(\xi)$ 的推导:

由于 $f(x)$ 在 $[a,b]$ 上连续, $f(b) \neq f(a)$, $f'(x) > 0 (x \in (a,b))$, 所以

$$f(b) - f\left(\frac{a+b}{2}\right) = f'(\xi_1)\frac{b-a}{2}, \quad \xi_1 \in \left(\frac{a+b}{2}, b\right)$$

和

$$f\left(\frac{a+b}{2}\right) - f(a) = f'(\xi_2)\frac{b-a}{2}, \quad \xi_2 \in \left(a, \frac{a+b}{2}\right).$$

于是, $\left| f(b) - 2f\left(\dfrac{a+b}{2}\right) + f(a) \right| \leqslant \dfrac{1}{2}(b-a)[f'(\xi_1) + f'(\xi_2)]$. 又由于

$$\min\{f'(\xi_1), f'(\xi_2)\} < \frac{f'(\xi_1) + f'(\xi_2)}{2} < \max\{f'(\xi_1), f'(\xi_2)\},$$

故存在 $\xi \in (a,b)$, 使得 $f'(\xi) = \dfrac{f'(\xi_1) + f'(\xi_2)}{2}$. 因此可得

$$\left| f(b) - 2f\left(\frac{a+b}{2}\right) + f(a) \right| \leqslant (b-a)f'(\xi), \quad \xi \in (a,b).$$

13. 如果 $\lim\limits_{x \to 1} \dfrac{f''(x)}{x-1} = -2$, 则曲线 $y = f(x)$ 在 $x = 1$ 处附近是_____.

(A) 单调递增　　　(B) 单调递减　　　(C) 先增后减　　　(D) 先上凹后下凹

14. 如果 $0 < x_1 < x_2$, 则下列不等式成立的有_____.

(A) $\dfrac{\ln x_1}{x_1} > \dfrac{\ln x_2}{x_2}$ 　　　　　　(B) $\dfrac{\sin x_1}{x_1} > \dfrac{\sin x_2}{x_2}$

(C) $\dfrac{\tan x_1}{x_1} > \dfrac{\tan x_2}{x_2}$ 　　　　　　(D) $\dfrac{\arctan x_1}{x_1} > \dfrac{\arctan x_2}{x_2}$

15. 设 $f(x)$ 二次可导, 且 $e^{-x}f''(x) + 3x(f'(x))^3 = 1 - e^x$. 如果 $x = a \neq 0$ 是曲线 $y = f(x)$ 的拐点横坐标, 则 $y = f(x)$ 在 $x = a$ 处附近_____.

(A) 单调递增　　　(B) 单调递减　　　(C) 先下凹后上凹　　　(D) 先上凹后下凹

16. 设 $f''(x)$ 在区间 I 上单调递增, 且 $f''(x) + 3x(f'(x))^3 = 1 - e^x$. 如果 $f(x)$ 在点 $x = c < 0$ 处有极值, 则 $f(c)$_____.

(A) 是极小值但不是最小值　　　　　(B) 是极大值但不是最大值

(C) 是极小值也是最小值　　　　　　(D) 是极大值也是最大值

17. 设 $z = f(x,y)$ 在区域 D 上满足 $f'_x(x,y) = 0$, $f'_y(x,y) = 0$, 则_____.

(A) $f(x,y) = g(y)$　　(B) $f(x,y) = h(x)$　　(C) $f(x,y) = C$　　(D) $f(x,y) = C \neq 0$

其中, $g(\cdot), h(\cdot)$ 为函数, C 为常数.

18. 二元函数 $f(x,y) = x^2y(4 - x - y)$ 在条件 $x + y = 6$, $x \geqslant 0$, $y \geqslant 0$ 下_____.

(A) 有最大值 4 也有最小值 -64　　　　(B) 有最大值 0 也有最小值 -64

(C) 无最大值有最小值 -64　　　　　　(D) 有最大值 -64 但无最小值

19. 求下列极限:

(1) $\lim\limits_{x \to 0} \dfrac{4\arctan(1+2x) - 8\arctan(1+x) + \pi}{4x^2}$; 　　(2) $\lim\limits_{x \to 1} \dfrac{\ln(1 - \cos(x-1))}{\csc^2(x-1)}$;

(3) $\lim\limits_{x \to +\infty} \left[x\left(1 + \dfrac{1}{x}\right)^x - ex \right]$; 　　　　(4) $\lim\limits_{x \to +\infty} \left(\dfrac{2x^2 + 3x + 1}{\pi x^2 + 1} \arctan x \right)^x$;

(5) $\lim\limits_{x \to +\infty} \left(\tan \dfrac{\pi x^2 + 1}{2x^2 + 3x + 1} \right)^{\frac{1}{x^2}}$; 　　　(6) $\lim\limits_{x \to 0^+} \left(\dfrac{e^x - 1 - x}{x} \right)^{x^2}$;

(7) $\lim\limits_{x \to +\infty} \left(\dfrac{1 + x^\alpha}{1 + x^\beta} \right)^{\frac{1}{\ln x}}$ (α, β 为实数); 　(8) $\lim\limits_{n \to \infty} \left(\dfrac{\ln(1+n)}{n} \right)^{\frac{1}{n}}$.

20. 设 $f(x)$ 二次可导, 且 $f''(a) = 2$, 求 $\lim\limits_{h \to 0} \dfrac{f(a+2h) - 2f(a+h) + f(a)}{h^2}$.

21. 设 $f(x)$ 在原点附近二次可导, 且 $\lim\limits_{x \to 0} \left(\dfrac{f(x)}{x^2} - \dfrac{\tan 3x}{x^3} \right) = 0$, 求 $\lim\limits_{x \to 0} \left(\dfrac{f(x)}{3} \right)^{\frac{1}{x^2}}$.

22. 设 $a > 0$, $f(x)$ 在 $[a,b]$ 上连续, 在 (a,b) 上可微, 且 $f(a) = f(b) = 6$, 那么,

(1) 至少存在一点 $\xi \in (a,b)$, 使得 $\xi f'(\xi) + 3f(\xi) = 18$;

(2) 至少存在一点 $\xi \in (a,b)$, 使得 $\xi f'(\xi) + 12 = 2f(\xi)$;

(3) 至少存在一点 $\xi \in (a,b)$, 使得 $f'(\xi) + 3f(\xi) = 18$;

(4) 至少存在一点 $\xi \in (a,b)$, 使得 $f'(\xi) + 2\xi = a + b$;

(5) 至少存在一点 $\xi \in (a, b)$, 使得 $f'(\xi) = \dfrac{f(b) - f(\xi)}{b - a}$.

23. 设 $f(x)$ 在 $[a, b]$ 上连续, 在 (a, b) 上可导, 且 $f(a)f(b) > 0$, $f(a)f(c) < 0$, $c \in (a, b)$, 那么, 对任意的正数 α, 存在 $\xi \in (a, b)$ 使得 $f(\xi) = \alpha f'(\xi)$.

24. 设 $f(x), g(x)$ 在 $[a, b]$ 上连续, 在 (a, b) 上可微, 且 $g'(x) > 0$, 那么, 至少存在一点 $\xi \in (a, b)$, 使得 $\dfrac{f'(\xi)}{g'(\xi)} = \dfrac{f(b) - f(\xi)}{g(\xi) - g(a)}$.

25. 设 $f(x)$ 在 $[a, b]$ 上连续且曲线 $y = f(x)$ 与曲线两端点的连线相交于点 $(c, f(c))$, 那么, 至少存在一点 $\xi \in (a, b)$, 使得 $f'(\xi) = \dfrac{f(b) - f(\xi)}{b - \xi}$.

26. 证明下列不等式:

(1) $\cos x > 1 - x^2 \left(0 < x < \dfrac{\pi}{2}\right)$;

(2) $e^x > 1 - \sin x \left(0 < x < \dfrac{\pi}{2}\right)$;

(3) $e^{2x} \geqslant \dfrac{1 + x}{1 - x} \ (0 \leqslant x \leqslant 1)$;

(4) $\ln(1 + x) > \dfrac{2x}{x + 2} (x > 0)$;

(5) $\dfrac{\sin a}{a} > \dfrac{\sin b}{b} (0 < a < b < \pi)$;

(6) $\dfrac{b^b}{a^a} < \dfrac{(1 + b)^b}{(1 + a)^a} \ (0 < a < b < \pi)$.

27. 设 $f(x)$ 在 $[a, b]$ 上连续, 在 (a, b) 上可导, 且 $f(x)$ 不为线性函数, 那么, 至少存在一点 $\xi \in (a, b)$ 使得 $|f'(\xi)| > \left|\dfrac{f(b) - f(a)}{b - a}\right|$.

28. 证明下列恒等式:

(1) $\arctan x + \arctan \dfrac{1}{x} = \dfrac{\pi}{2}$;

(2) $2\arctan\sqrt{x} + \arccos\dfrac{x - 1}{x + 1} = \pi$;

(3) $2\arctan x + \arcsin\dfrac{2x}{1 + x^2} = \pi (x \geqslant 1)$;

(4) $2\arcsin x - \arccos(1 - 2x^2) = 0 (x \geqslant 0)$;

(5) $3\arccos x - \arccos(3x - 4x^3) = \pi \left(-\dfrac{1}{2} \leqslant x \leqslant \dfrac{1}{2}\right)$.

29. 设 $0 < a < b$, $f(x)$ 在 $[a, b]$ 上可导, 那么, 至少存在两点 $\xi, \eta \in (a, b)$, 使得

$$\frac{af(b) - bf(a)}{b^2 - a^2} = \frac{\xi f'(\xi) - f(\xi)}{2\eta}.$$

30. 设 $f(x)$ 在 $[a, b]$ 上连续, 在 (a, b) 上可导, 且 $a > 0$, 那么, 至少存在 $\xi, \eta, \zeta \in (a, b)$, 使得

(1) $f'(\xi) = (b + a)\dfrac{f'(\eta)}{2\eta} = (b^2 + ab + a^2)\dfrac{f'(\zeta)}{3\zeta^2}$;

(2) $\dfrac{f'(\xi)}{2\xi} = (b^2 + a^2)\dfrac{f'(\eta)}{4\eta^3} = \dfrac{\ln b - \ln a}{b^2 - a^2}\zeta f'(\zeta)$.

31. 设 $f(x)$ 在 $(0, 1)$ 有二阶导数, $|f(x)| \leqslant M$, $|f''(x)| \leqslant m$, 那么, $|f'(x)| \leqslant 2\sqrt{Mm}$, $x \in (0, 1)$.

32. 设 $f(x)$ 在 $[0, 2]$ 上有 $|f(x)| \leqslant 1$ 和 $|f''(x)| \leqslant 1$, 那么, $|f'(x)| \leqslant 2$, $x \in [0, 2]$.

33. 设 $f(x)$ 在 $[a, b]$ 上连续, 在 (a, b) 上可微, 且 $f(x) > 0$, $f(a) = 0$. 那么, 对任意的实数 p, 存在 $\xi, \eta \in (a, b)$, 使得 $p\dfrac{f'(\xi)}{f(\xi)} = \dfrac{f'(\eta)}{f(\eta)}$.

34. 设 $f(x)$ 在 $[0, 2]$ 上连续, 在 $(0, 2)$ 可导, 且 $f(0) = f(2)$, 那么, 至少存在 $\xi, \eta \in (0, 2)$ 使得 $f(\xi) = (2 - \xi)f'(\eta) + f(\eta)$.

35. 设 $f(x)$ 在 $[a,b]$ 上满足 $f''(x)+2f'(x)+f(x)>0$, $f(a)=f(b)=0$, 那么 $f(x)\leqslant 0$.

36. 如果 $y=f(x)$ 在区间 $[a,b]$ 上满足 $y''(x)+p(x)y'+q(x)y=r(x)$, $y(a)=A$, $y(b)=B$, 那么, $y=f(x)$ 是唯一的.

37. 设 $x\geqslant 0$, $y\geqslant 0$, $p>0$, $q>0$ 且 $\dfrac{1}{p}+\dfrac{1}{q}=1$, 那么, $\sqrt[p]{x}\sqrt[q]{y}\leqslant\dfrac{x}{p}+\dfrac{y}{q}$.

38. 设函数 $f(x)$ 在 $[a,+\infty)$ 上连续, $x\in(a,+\infty)$ 时, $f'(x)>\beta>0$, 其中, β 为常数. 又 $f(a)<0$. 那么, 存在唯一的 $\xi\in\left(a,a-\dfrac{f(a)}{\beta}\right)$ 使得 $f(\xi)=0$.

39. 证明不等式 $ab^2c^3\leqslant 108\left(\dfrac{a+b+c}{6}\right)^6$, 其中, $a\geqslant 0$, $b\geqslant 0$ 以及 $c\geqslant 0$.

40. 求 $f(x,y,z)=2x^2+y^2+2z^2+2yz+2zx+2xy$ 在单位球 $x^2+y^2+z^2\leqslant 1$ 上的最值.

41. 求抛物线 $y=x^2$ 和直线 $x-y-2=0$ 之间的最短距离.

42. 某商店每年销售某种商品 M 件, 每次购进手续费为 c 元, 而每件商品的库存费为 p 元. 在均匀销售情况下, 求商店的最优批量. ("均匀" 销售指库存量等于批量的一半)

43. 一个公司生产的某商品在两个不同市场 A, B 上销售. A 市场对此商品的需求函数为 $p_1=100-2q_1$, B 市场对此商品的需求函数为 $p_2=120-3q_2$, 生产这一商品的成本函数为 $TC=80q_1-q_1^2+80q_2-q_2^2-2q_1q_2$.

(1) 公司如何为两市场提供商品才能使公司获得最大利润?

(2) 如果公司的最大生产能力为 60 个单位, 则公司又如何为两市场提供商品才能使公司获得最大利润?

44. 设某公司按产销平衡生产 A, B 两种产品, 且 A 产品的需求函数 $p_1=31-2x_1$, B 产品的需求函数为 $p_2=20-4x_2$, 而公司生产这两种产品的成本函数为 $C(x_1,x_2)=3x_1+4x_2-500$. 如果生产这种原料只有 12000 公斤, 且生产这两种产品每单位消耗此种原料都为 2000 公斤. 试求

(1) 利润最大时的产量 x_1 和 x_2 以及最大利润;

(2) 如果原料在原有的基础上增加 1 公斤, 利润可能增加多少?

45. 已知 $f(x,y)$ 满足 $\dfrac{\partial^2 f}{\partial y^2}=2$, $f(x,0)=1$, $f_y'(x,0)=x$, 求 $f(x,y)$.

46. 方程 $2y-x-\sin y=0$ 在区间 $(-\infty,+\infty)$ 上有唯一的可导函数 $y=f(x)$.

47. 设 $f(x)$ 在区间 $[a,b]$ 上连续, 且在 (a,b) 上有 $n+1$ 阶导数, 证明至少存在一点 $\xi\in(a,b)$ 使得

$$f(b)=f(a)+f'(a)(b-a)+\frac{f''(a)}{2!}(b-a)^2+\cdots+\frac{f^{(n)}(a)}{n!}(b-a)^n+\frac{f^{(n+1)}(\xi)}{(n+1)!}(b-a)^{n+1}.$$

48. 设函数 $f(x)$ 在 $[a,+\infty)$ 上二次可导, 且 $f''(x)>0$. 证明

(1) 函数 $y=f(x)$ 有斜渐近线, 则在 $[a,+\infty)$ 上必有 x_1, x_2 使得

$$\frac{f(x_2)-f(x_1)}{x_2-x_1}=\lim_{x\to+\infty}\frac{f(x)}{x}.$$

(2) 如果二次可导函数 $f(x)$ 在 $(a,+\infty)$ 上有极值, 那么, 必有 $[x_1,x_2]\subset[a,+\infty)$, 使得, 对任意的 $x\in(x_1,x_2)$, 总有满足 $2[f(x)-f(x_2)]=f''(\xi)(x-x_1)(x-x_2)$ 的 ξ, 其中 $\xi\in(a,+\infty)$.

3.5　复习题参考答案与提示

1. $\dfrac{4}{\pi^2}$.　2. $-\dfrac{\pi}{6}$.　3. 1.　4. 2.　5. $a > 0$ 且 $\ln a > 1$.　6. 2.　7. 小.　8. $\sqrt[3]{3}$.　9. (A).
10. (A).

11. (B).　12. (B).　13. (D).　14. (D).　15. (B).　16. (C).　17. (C).　18. (B).　19. (1) -1;
(2) 0; (3) $\dfrac{-e}{2}$; (4) $e^{\frac{3\pi-4}{2\pi}}$; (5) 1; (6) 1; (7) 当 $\alpha = \beta$ 时, 极限为 1; 当 $\alpha \neq \beta$ 时, 极限为 $e^{\alpha-\beta}$;
(8) 1.　20. 2.　21. e^3.

22. 提示: (1) $F(x) = x^3[f(x) - f(a)]$;　　(2) $F(x) = [f(x) - f(a)]/x^2$;
(3) $F(x) = e^{3x}[f(x) - f(a)]$;　　　　　　(4) $F(x) = (x - a)(x - b) + f(x) - f(a)$;
(5) $F(x) = [f(b) - f(x)]e^{\frac{x}{b-a}}$.

23. 作辅助函数 $F(x) = e^{-\frac{x}{\alpha}} f(x)$.

24. 作辅助函数 $F(x) = [f(x) - f(b)][g(x) - g(a)]$.

25. 作辅助函数 $F(x) = \dfrac{f(b) - f(x)}{b - x}$.

26. 作辅助函数. 用一阶或二阶导数判断函数的性质或中值定理证明之.

27. 作辅助函数 $F(x) = f(x) - f(a) - \dfrac{f(b) - f(a)}{b - a}(x - a)$.

28. 用中值定理的推论证之.

29. 对函数 $\dfrac{1}{x} f(x)$, $g(x) = \dfrac{1}{x}$ 和 $h(x) = x^2$ 去使用柯西中值定理和拉格朗日中值定理.

30. (1) 对函数 $f(x)$, $g(x) = x^2$ 和 $h(x) = x^3$ 去使用拉格朗日中值定理和柯西中值定理.
(2) 对函数 $f(x)$, $g(x) = x^2$, $h(x) = x^4$ 和 $k(x) = \ln x$ 去使用柯西中值定理.

31. 泰勒中值公式或 3.3 节中的第 5 题结论.

32. 同上.

33. 作辅助函数 $F(x) = (f(x))^p f(a + b - x)$ 使用罗尔定理.

34. 用中间值定理找 ξ, 并令 $F(x) = e^{\frac{x}{2-\xi}}(f(x) - f(\xi))$.

35. 作辅助函数 $F(x) = e^x f(x)$.

36. 用反证法, 并考虑极值.

37. 用单调性证之或用二元函数的条件极值.

38. 用根存在定理.

39. 考虑函数 $f(x, y, z) = \ln x + 2\ln y + 3\ln z$ 在条件 $x + y + z = k$ 下的极值.

40. 最大值为 $2 + \sqrt{3}$, 最小值为 0.　41. $\dfrac{7}{8}\sqrt{2}$.　42. $\sqrt{\dfrac{2c}{Mp}}$.　43. (1) 40(单位), 30(单位);
(2) 34(单位), 26(单位).　44. (1) 5, 1, 528; (2) 7.334.　45. $f(x, y) = 1 + xy + y^2$.

46. 验证隐函数存在条件.

47. 用柯西中值定理或仿 3.3 节中的第 5 题.

48. (1) 比较斜渐近线与函数曲线横坐标相同处的纵坐标的大小;
(2) 用中间值定理找两个函数值相同的点, 再设法使用罗尔定理.

第 4 章 积 分

4.1 概念、性质与定理

4.1.1 不定积分

4.1.1.1 定义

1. 如果在区间 I 上成立 $F'(x) = f(x)$, 则称函数 $F(x)$ 为函数 $f(x)$ 的原函数.

2. 称 $f(x)$ 在某区间 I 上的所有原函数 $F(x) + C(C$ 为任意实常数) 为 $f(x)$ 的不定积分, 记为 $\int f(x)\mathrm{d}x$, 即

$$\int f(x)\mathrm{d}x = F(x) + C.$$

4.1.1.2 性质与方法

1. 不定积分是可导函数簇, 即 $\left(\int f(x)\mathrm{d}x\right)' = f(x)$. 此性质也表明在横坐标相同的坐标点处, 积分曲线 $F(x) + C$ 的切线是平行的.

2. 不定积分与微分运算互为逆运算, 但两种运算不满足交换律, 即

$$\mathrm{d}\left(\int f(x)\mathrm{d}x\right) = f(x)\mathrm{d}x, \quad \int \mathrm{d}f(x) = f(x) + C.$$

3. 不定积分的线性性质

$$\int (\alpha f(x) + \beta g(x))\mathrm{d}x = \alpha \int f(x)\mathrm{d}x + \beta \int g(x)\mathrm{d}x, \text{ 其中, } \alpha, \beta \text{不全为零}.$$

4. 不定积分的换元积分公式

$$\int f(x)\mathrm{d}x = \int f(g(t))g'(t)\mathrm{d}t, \quad \text{其中}, \quad x = g(t)\text{单调且有连续的导数}.$$

5. 不定积分的分部积分公式

$$\int f(x)g'(x)\mathrm{d}x = f(x)g(x) - \int g(x)f'(x)\mathrm{d}x \quad \text{或} \quad \int u\mathrm{d}v = uv - \int v\mathrm{d}u.$$

4.1.1.3 基本积分公式

下列式子中的 C 是任意实数.

1. $\displaystyle\int 0\mathrm{d}x = C;$ 2. $\displaystyle\int x^{\alpha}\mathrm{d}x = \dfrac{1}{\alpha+1}x^{\alpha+1}+C(\alpha \neq -1);$

3. $\displaystyle\int \dfrac{1}{x}\mathrm{d}x = \ln|x|+C;$ 4. $\displaystyle\int \dfrac{1}{\sqrt{x}}\mathrm{d}x = 2\sqrt{x}+C;$

5. $\displaystyle\int \dfrac{1}{x^2}\mathrm{d}x = -\dfrac{1}{x}+C;$ 6. $\displaystyle\int a^x\mathrm{d}x = \dfrac{1}{\ln a}a^x+C;$

7. $\displaystyle\int e^x\mathrm{d}x = e^x+C;$ 8. $\displaystyle\int \sin x\mathrm{d}x = -\cos x+C;$

9. $\displaystyle\int \cos x\mathrm{d}x = \sin x+C;$ 10. $\displaystyle\int \tan x\mathrm{d}x = -\ln|\cos x|+C;$

11. $\displaystyle\int \cot x\mathrm{d}x = \ln|\sin x|+C;$ 12. $\displaystyle\int \sec^2 x\mathrm{d}x = \int \dfrac{1}{\cos^2 x}\mathrm{d}x = \tan x+C;$

13. $\displaystyle\int \csc^2 x\mathrm{d}x = \int \dfrac{1}{\sin^2 x}\mathrm{d}x = -\cot x+C;$

14. $\displaystyle\int \sec x\mathrm{d}x = \ln|\sec x + \tan x|+C;$

15. $\displaystyle\int \csc x\mathrm{d}x = -\ln|\csc x + \cot x|+C;$

16. $\displaystyle\int \dfrac{1}{\sqrt{1-x^2}}\mathrm{d}x = \arcsin x+C;$ 17. $\displaystyle\int \dfrac{1}{1+x^2}\mathrm{d}x = \arctan x+C;$

18. $\displaystyle\int \dfrac{1}{\sqrt{x^2 \pm a^2}}\mathrm{d}x = \ln(x+\sqrt{x^2 \pm a^2})+C.$

4.1.2 定积分

4.1.2.1 定义与意义

1. 定积分的定义

设 $f(x)$ 在区间 $[a,b]$ 上有定义, 对区间 $[a,b]$ 作任意分划 $P = \{x_0, x_1, \cdots, x_n\}$ (即 $a = x_0 < x_1 < \cdots < x_n = b$), 任取 $\xi_i \in [x_{i-1}, x_i]$, 取分划 P 的模 $\|P\| = \max\limits_{1 \leqslant i \leqslant n}\{\Delta x_i\}$, 如果 $\lim\limits_{\|P\| \to 0}\sum\limits_{i=1}^{n}f(\xi_i)\Delta x_i$ 存在, 则称 $f(x)$ 在区间 $[a,b]$ 上可积, 且极限值称为 $f(x)$ 在区间 $[a,b]$ 上的定积分. 定积分记为 $\displaystyle\int_a^b f(x)\mathrm{d}x$, 即

$$\int_a^b f(x)\mathrm{d}x = \lim_{\|P\| \to 0}\sum_{i=1}^{n}f(\xi_i)\Delta x_i.$$

2. 定积分的几何意义

如果 $f(x)$ 在 $[a,b]$ 上是非负的, 则 $\int_a^b f(x)\mathrm{d}x$ 表示由曲线 $y = f(x)$, $y = 0$, $x = a$ 以及 $x = b$ 所围成的平面区域 R 的面积, 即

$$S_R = \int_a^b f(x)\mathrm{d}x.$$

4.1.2.2 性质及定理

下面所论及的函数都假定为可积的.

1. 定积分的积分变量是虚拟变量, 即

$$\int_a^b f(x)\mathrm{d}x = \int_a^b f(y)\mathrm{d}y = \int_a^b f(t)\mathrm{d}t = \int_a^b f(u)\mathrm{d}u = \cdots.$$

2. $\displaystyle\int_a^b f(x)\mathrm{d}x = -\int_b^a f(x)\mathrm{d}x$, $\displaystyle\int_a^a f(x)\mathrm{d}x = 0$.

3. $\displaystyle\int_a^b (\alpha f(x) + \beta g(x))\mathrm{d}x = \alpha \int_a^b f(x)\mathrm{d}x + \beta \int_a^b g(x)\mathrm{d}x$.

4. $\displaystyle\int_a^b f(x)\mathrm{d}x = \int_a^c f(x)\mathrm{d}x + \int_c^b f(x)\mathrm{d}x$.

5. 如果 $f(x) \geqslant 0$, 则 $\displaystyle\int_a^b f(x)\mathrm{d}x \geqslant 0$.

6. 如果 $f(x) \geqslant g(x)$, 则 $\displaystyle\int_a^b f(x)\mathrm{d}x \geqslant \int_a^b g(x)\mathrm{d}x$.

7. 如果 $m \leqslant f(x) \leqslant M$, 则 $m(b-a) \leqslant \displaystyle\int_a^b f(x)\mathrm{d}x \leqslant M(b-a)$.

8. $\left| \displaystyle\int_a^b f(x)\mathrm{d}x \right| \leqslant \displaystyle\int_a^b |f(x)|\,\mathrm{d}x$.

9. 定积分存在的必要条件　如果 $f(x)$ 在 $[a,b]$ 上可积, 那么 $f(x)$ 在 $[a,b]$ 上有界.

10. 定积分存在的充分条件 I　如果 $f(x)$ 在 $[a,b]$ 上连续, 那么 $f(x)$ 在 $[a,b]$ 上可积.

11. 定积分存在的充分条件 II　如果 $f(x)$ 在 $[a,b]$ 上只有有限多个第一类间断点, 那么 $f(x)$ 在 $[a,b]$ 上可积.

12. 微积分基本定理.

如果 $f(x)$ 在 $[a,b]$ 上连续, 那么 $f(x)$ 在 $[a,b]$ 上存在原函数 $\int_a^x f(t)\mathrm{d}t$, 即

$$\frac{\mathrm{d}}{\mathrm{d}x} \int_a^x f(t)\mathrm{d}t = f(x).$$

如果 $F(x)$ 是连续函数 $f(x)$ 的一个原函数, $x \in [a,b]$, 那么

$$\int_a^b f(x)\mathrm{d}x = F(x)|_a^b = F(b) - F(a).$$

13. 定积分中值定理.

如果 $f(x)$ 在 $[a,b]$ 上连续, 则 $\int_a^b f(x)\mathrm{d}x = f(\xi)(b-a)$, $\xi \in [a,b]$.

如果 $f(x), g(x)$ 在 $[a,b]$ 上连续, 且 $g(x) \neq 0$, 则 $\int_a^b f(x)g(x)\mathrm{d}x = f(\xi)\int_a^b g(x)\mathrm{d}x$.

14. 定积分的对称性质.

如果 $f(x)$ 为奇函数, 则 $\int_{-a}^a f(x)\mathrm{d}x = 0$.

如果 $f(x)$ 为偶函数, 则 $\int_{-a}^a f(x)\mathrm{d}x = 2\int_0^a f(x)\mathrm{d}x$.

15. 定积分的变量替换公式.

如果 $f(x)$ 在 $[a,b]$ 上连续, 单调函数 $x = g(t)$ 在 $[\alpha,\beta]$ 上有连续的导数, 且 $a = g(\alpha)$, $b = g(\beta)$, 则 $\int_a^b f(x)\mathrm{d}x = \int_\alpha^\beta f(g(t))g'(t)\mathrm{d}t$.

16. 定积分的分部积分公式

$$\int_a^b f(x)g'(x)\mathrm{d}x = f(x)g(x)|_a^b - \int_a^b g(x)f'(x)\mathrm{d}x.$$

4.1.3　反常积分

4.1.3.1　无穷积分的定义及性质

1. 定义.

设 $f(x)$ 在 $[a,+\infty)$ 上有定义, $\int_a^{+\infty} f(x)\mathrm{d}x$ 称为 $f(x)$ 在 $[a,+\infty)$ 上的无穷积分. 如果 $\lim\limits_{b\to+\infty}\int_a^b f(x)\mathrm{d}x$ 存在, 则称 $f(x)$ 在 $[a,+\infty)$ 上可积或无穷积分 $\int_a^{+\infty} f(x)\mathrm{d}x$ 是收敛的或收敛, 而极限值为无穷积分的值, 即

$$\int_a^{+\infty} f(x)\mathrm{d}x = \lim_{b\to+\infty}\int_a^b f(x)\mathrm{d}x.$$

如果 $\lim\limits_{b\to+\infty}\int_a^b f(x)\mathrm{d}x$ 不存在, 则称 $f(x)$ 在 $[a,+\infty)$ 上不可积或无穷积分 $\int_a^{+\infty} f(x)\mathrm{d}x$ 是发散的. 发散的无穷积分没有值.

类似地可定义

$$\int_{-\infty}^{b} f(x)\mathrm{d}x = \lim_{a \to -\infty} \int_{a}^{b} f(x)\mathrm{d}x.$$

如果无穷积分 $\displaystyle\int_{c}^{+\infty} f(x)\mathrm{d}x$ 和 $\displaystyle\int_{-\infty}^{c} f(x)\mathrm{d}x$ 都收敛, 则称无穷积分 $\displaystyle\int_{-\infty}^{+\infty} f(x)\mathrm{d}x$ 收敛, 且

$$\int_{-\infty}^{+\infty} f(x)\mathrm{d}x = \int_{-\infty}^{c} f(x)\mathrm{d}x + \int_{c}^{+\infty} f(x)\mathrm{d}x.$$

2. 如果 $F(x)$ 是 $f(x)$ 在 $[a, +\infty)$ 上的一个原函数, 则

$$\int_{a}^{+\infty} f(x)\mathrm{d}x = \lim_{b \to +\infty} \int_{a}^{b} f(x)\mathrm{d}x = F(x)\big|_{a}^{b} = \lim_{x \to +\infty} F(x) - F(a),$$

可简写为

$$\int_{a}^{+\infty} f(x)\mathrm{d}x = F(x)\big|_{a}^{b} = F(+\infty) - F(a).$$

类似地

$$\int_{-\infty}^{b} f(x)\mathrm{d}x = F(x)\big|_{-\infty}^{b} = F(b) - F(-\infty),$$

$$\int_{-\infty}^{+\infty} f(x)\mathrm{d}x = F(x)\big|_{-\infty}^{+\infty} = F(+\infty) - F(-\infty).$$

3. 收敛的无穷积分具有类似于定积分的线性性质、比较性质等.

4. p-无穷积分 $\displaystyle\int_{1}^{+\infty} \frac{1}{x^p}\mathrm{d}x$.

当 $p > 1$ 时, $\displaystyle\int_{1}^{+\infty} \frac{1}{x^p}\mathrm{d}x$ 收敛于 $\dfrac{1}{p-1}$; 当 $p \leqslant 1$ 时, $\displaystyle\int_{1}^{+\infty} \frac{1}{x^p}\mathrm{d}x$ 发散.

5. 无穷积分收敛的比较判别法.

如果 $f(x)$, $g(x)$ 在 $[a, +\infty)$ 上连续, 且满足 $0 \leqslant f(x) \leqslant g(x)$, 那么, 当无穷积分 $\displaystyle\int_{a}^{+\infty} g(x)\mathrm{d}x$ 收敛时, $\displaystyle\int_{a}^{+\infty} f(x)\mathrm{d}x$ 收敛; 当无穷积分 $\displaystyle\int_{a}^{+\infty} f(x)\mathrm{d}x$ 发散时, $\displaystyle\int_{a}^{+\infty} g(x)\mathrm{d}x$ 发散.

如果在 $[a, +\infty)$ 上的两个非负的连续函数 $f(x)$, $g(x)$, 且满足

$$\lim_{x \to +\infty} \frac{f(x)}{g(x)} = L,$$

那么, 当 $0 \leqslant L < +\infty$ 时, $\displaystyle\int_{a}^{+\infty} g(x)\mathrm{d}x$ 收敛, $\displaystyle\int_{a}^{+\infty} f(x)\mathrm{d}x$ 也收敛.

6. 绝对收敛与条件收敛.

如果 $\displaystyle\int_a^{+\infty} |f(x)|\,\mathrm{d}x$ 收敛, 则称 $\displaystyle\int_a^{+\infty} f(x)\mathrm{d}x$ 为绝对收敛或绝对收敛, 也说 $f(x)$ 在 $[a,+\infty)$ 上绝对可积.

如果 $\displaystyle\int_a^{+\infty} |f(x)|\,\mathrm{d}x$ 发散且 $\displaystyle\int_a^{+\infty} f(x)\mathrm{d}x$ 收敛, 则称 $\displaystyle\int_a^{+\infty} f(x)\mathrm{d}x$ 为条件收敛或条件收敛. 显然, 条件收敛的无穷积分一定收敛.

如果 $\displaystyle\int_a^{+\infty} f(x)\mathrm{d}x$ 绝对收敛, 则 $\displaystyle\int_a^{+\infty} f(x)\mathrm{d}x$ 收敛.

7. 运算过程中的无穷积分都收敛时, 则无穷积分仍然有变量替换和分部积分方法.

4.1.3.2　瑕积分的定义及性质

1. 定义.

设 $f(x)$ 在 $[a,b)$ 上有定义, 且 $\displaystyle\lim_{x\to b^-} f(x) = \infty$($x=b$ 称为 $f(x)$ 的瑕点), 则 $\displaystyle\int_a^b f(x)\mathrm{d}x$ 称为 $f(x)$ 在 $[a,b)$ 上的瑕积分. 如果 $\displaystyle\lim_{c\to b^-}\int_a^c f(x)\mathrm{d}x$ 存在, 则称 $f(x)$ 在 $[a,b)$ 上可积, 或者说, 瑕积分 $\displaystyle\int_a^b f(x)\mathrm{d}x$ 是收敛的或收敛, 而极限值称为瑕积分的值, 即

$$\int_a^b f(x)\mathrm{d}x = \lim_{c\to b^-}\int_a^c f(x)\mathrm{d}x.$$

如果 $\displaystyle\lim_{c\to b^-}\int_a^c f(x)\mathrm{d}x$ 不存在, 则称 $f(x)$ 在 $[a,b)$ 上不可积, 或者说, 瑕积分 $\displaystyle\int_a^b f(x)\mathrm{d}x$ 是发散的或发散. 发散的瑕积分没有值.

类似地, 当 $x=a$ 为 $f(x)$ 的瑕点时, $\displaystyle\int_a^b f(x)\mathrm{d}x = \lim_{c\to a^+}\int_c^b f(x)\mathrm{d}x.$

当 a,b 都为 $f(x)$ 的瑕点时, $\displaystyle\int_a^c f(x)\mathrm{d}x,\ \int_c^b f(x)\mathrm{d}x$ 都收敛, $\displaystyle\int_a^b f(x)\mathrm{d}x$ 收敛, 且 $\displaystyle\int_a^b f(x)\mathrm{d}x = \int_a^c f(x)\mathrm{d}x + \int_c^b f(x)\mathrm{d}x.$

2. 如果 $f(x)$ 有原函数 $F(x)$, 那么

当 $x=b$ 为 $f(x)$ 的瑕点时, $\displaystyle\int_a^b f(x)\mathrm{d}x = F(x)\big|_a^b = F_-(b) - F(a)$;

当 $x=a$ 为 $f(x)$ 的瑕点时, $\displaystyle\int_a^b f(x)\mathrm{d}x = F(x)\big|_a^b = F(b) - F_+(a)$;

当 $x = a, b$ 均为 $f(x)$ 的瑕点时, $\displaystyle\int_a^b f(x)\mathrm{d}x = F(x)\big|_a^b = F_-(b) - F_+(a)$.

3. p-瑕积分 $\displaystyle\int_a^b \frac{1}{(b-x)^p}\mathrm{d}x$.

当 $p < 1$ 时, $\displaystyle\int_a^b \frac{1}{(b-x)^p}\mathrm{d}x$ 收敛于 $\dfrac{(b-a)^{1-p}}{1-p}$; 当 $p \geqslant 1$ 时, $\displaystyle\int_a^b \frac{1}{(b-x)^p}\mathrm{d}x$ 发散.

4. 瑕积分的性质与收敛性判定与无穷积分类似.

4.1.4 重积分

4.1.4.1 定义与几何意义

1. 定义.

设 $f(x,y)$ 是有界的可求面积的闭区域 D 上的一个函数, 对区域任取分划 P: $D_1, D_2, \cdots, D_n$, 小区域的面积用 $\Delta\sigma_i$ 表示, 取分划 P 的模

$$\|P\| = \max_{1 \leqslant i \leqslant n}\{\Delta\sigma_i\},$$

并任取介点组 $(\xi_i, \eta_i) \in D_i (i = 1, 2, \cdots, n)$, 如果

$$\lim_{\|P\| \to 0} \sum_{i=1}^n f(\xi_i, \eta_i)\Delta\sigma_i$$

存在, 则称函数 $f(x,y)$ 在 D 上可积, 此极限值称为 $f(x,y)$ 在 D 上的二重积分, 记为

$$\iint\limits_D f(x,y)\mathrm{d}\sigma \quad \text{或} \quad \iint\limits_D f(x,y)\mathrm{d}x\mathrm{d}y.$$

于是

$$\iint\limits_D f(x,y)\mathrm{d}\sigma = \lim_{\|P\| \to 0} \sum_{i=1}^n f(\xi_i, \eta_i)\Delta\sigma_i$$

$$\iint\limits_D f(x,y)\mathrm{d}x\mathrm{d}y = \lim_{\|P\| \to 0} \sum_{i=1}^n f(\xi_i, \eta_i)\Delta\sigma_i,$$

其中, $f(x,y)$ 称为被积函数, D 称为积分区域.

2. 几何意义.

如果 $f(x,y)$ 在有界闭区域 D 上是非负的, 则 $\displaystyle\iint\limits_D f(x,y)\mathrm{d}x\mathrm{d}y$ 表示由曲面

$z = f(x, y)$, 侧面 $\varphi(x, y) = 0$(D 的边界) 以及 D 所围成的几何体 S 的体积, 即

$$V_S = \iint\limits_D f(x, y)\mathrm{d}x\mathrm{d}y.$$

4.1.4.2 性质与定理

类似于定积分, 重积分也有下列性质和定理.

1. 如果 $f(x, y)$ 在有界闭区域 D 上连续, 则 $f(x, y)$ 在 D 上可积.

2. 如果 $f(x, y)$ 在 D 上可积, 则 $f(x, y)$ 在有界闭区域 D 上有界.

3. $\iint\limits_D \mathrm{d}\sigma = A_D$, 其中, A_D 是区域 D 的面积.

4. 可加性: 如果 $D = D_1 \cup D_2$, D_1, D_2 无公共内点, 那么

$$\iint\limits_D f(x, y)\mathrm{d}\sigma = \iint\limits_{D_1} f(x, y)\mathrm{d}\sigma + \iint\limits_{D_2} f(x, y)\mathrm{d}\sigma.$$

5. 线性性质

$$\iint\limits_D (\alpha f(x, y) + \beta g(x, y))\mathrm{d}\sigma = \alpha \iint\limits_D f(x, y)\mathrm{d}\sigma + \beta \iint\limits_D g(x, y)\mathrm{d}\sigma.$$

6. 保序性: 如果 $f(x, y) \leqslant g(x, y)((x, y) \in D)$, 那么

$$\iint\limits_D f(x, y)\mathrm{d}\sigma \leqslant \iint\limits_D g(x, y)\mathrm{d}\sigma.$$

7. 估值性质: 如果 $m \leqslant f(x, y) \leqslant M \ ((x, y) \in D)$, 那么

$$mA_D \leqslant \iint\limits_D f(x, y)\mathrm{d}\sigma \leqslant MA_D.$$

8. 绝对不等式

$$\left| \iint\limits_D f(x, y)\mathrm{d}\sigma \right| \leqslant \iint\limits_D |f(x, y)|\,\mathrm{d}\sigma.$$

9. 积分中值定理: 如果 $f(x, y)$ 在 D 上连续, $g(x, y)$ 在 D 上可积且不变号, 那么至少存在一点 $(\xi, \eta) \in D$ 使得

$$\iint\limits_D f(x, y)\mathrm{d}\sigma = f(\xi, \eta)S_D,$$

$$\iint\limits_D f(x, y)g(x, y)\mathrm{d}\sigma = f(\xi, \eta) \iint\limits_D g(x, y)\mathrm{d}\sigma,$$

其中, S_D 是区域 D 的面积.

4.1.4.3 计算公式

1. 化重积分为累次积分的计算公式.

如果 $f(x,y)$ 在 D 上连续, $D = \{(x,y)|a \leqslant x \leqslant b, \varphi(x) \leqslant y \leqslant \psi(x)\}(\varphi(x),$ $\psi(x)$ 都在 $[a,b]$ 上连续), 则

$$\iint\limits_{D} f(x,y)\mathrm{d}\sigma = \int_a^b \left(\int_{\varphi(x)}^{\psi(x)} f(x,y)\mathrm{d}y \right) \mathrm{d}x,$$

其中, 等式右边的积分称为先对 y 后对 x 的累次 (二次) 积分, 常记为

$$\int_a^b \mathrm{d}x \int_{\varphi(x)}^{\psi(x)} f(x,y)\mathrm{d}y \quad 或 \quad \int_a^b \int_{\varphi(x)}^{\psi(x)} f(x,y)\mathrm{d}y\mathrm{d}x.$$

类似地, 当 $D = \{(x,y)|\varphi(y) \leqslant x \leqslant \psi(y), c \leqslant y \leqslant d\}$ 时,

$$\iint\limits_{D} f(x,y)\mathrm{d}\sigma = \int_c^d \left(\int_{\varphi(y)}^{\psi(y)} f(x,y)\mathrm{d}x \right) \mathrm{d}y$$

$$= \int_c^d \mathrm{d}y \int_{\varphi(y)}^{\psi(y)} f(x,y)\mathrm{d}x \ 或 \int_c^d \int_{\varphi(y)}^{\psi(y)} f(x,y)\mathrm{d}x\mathrm{d}y.$$

2. 换元法.

设 $f(x,y)$ 在 xy 平面上的有界闭区域 $T(D)$ 上连续, $x = g(u,v)$, $y = h(u,v)$ 是 uv 平面上的有界闭区域 D 到 xy 平面上的有界闭区域 $T(D)$ 上的一一对应的映射, $\dfrac{\partial(x,y)}{\partial(u,v)} \neq 0$ 且是连续的, 那么

$$\iint\limits_{T(D)} f(x,y)\mathrm{d}x\mathrm{d}y = \iint\limits_{D} f(x(u,v),y(u,v)) \left| \frac{\partial(x,y)}{\partial(u,v)} \right| \mathrm{d}u\mathrm{d}v,$$

其中

$$\frac{\partial(x,y)}{\partial(u,v)} = \begin{vmatrix} \dfrac{\partial x}{\partial u} & \dfrac{\partial x}{\partial v} \\ \dfrac{\partial y}{\partial u} & \dfrac{\partial y}{\partial v} \end{vmatrix} = \frac{\partial x}{\partial u} \cdot \frac{\partial y}{\partial v} - \frac{\partial x}{\partial v} \cdot \frac{\partial y}{\partial u}$$

称为函数 $x = g(u,v)$, $y = h(u,v)$ 的雅可比行列式.

特别地, 在极坐标 $x = r\cos\theta$, $y = r\sin\theta$ 下有变量替换公式

$$\iint\limits_{T(D)} f(x,y)\mathrm{d}x\mathrm{d}y = \iint\limits_{D} f(r\cos\theta, r\sin\theta)r\mathrm{d}r\mathrm{d}\theta.$$

3. 对称区域与矩形区域上的重积分性质.

矩形区域上的可分离变量性质: 设 $f(x, y) = g(x)h(y)$ 在区域 $R = \{(x, y)|a \leqslant x \leqslant b, c \leqslant y \leqslant d\}$ 上, 那么

$$\iint\limits_{R} f(x, y)\mathrm{d}x\mathrm{d}y = \int_{a}^{b} g(x)\mathrm{d}x \int_{c}^{d} h(x)\mathrm{d}x.$$

对称区域上奇偶函数积分性质.

如果区域 D 关于 x 轴对称, 即 $D = \{(x, y)|a \leqslant x \leqslant b, -\phi(x) \leqslant y \leqslant \phi(x)\}$, 那么有

$$\iint\limits_{D} f(x, y)\mathrm{d}x\mathrm{d}y = \begin{cases} 0, & f(x, -y) = -f(x, y), \\ 2\iint\limits_{D_1} f(x, y)\mathrm{d}x\mathrm{d}y, & f(x, -y) = f(x, y). \end{cases}$$

如果区域 D 关于 y 轴对称, 即 $D = \{(x, y)| -\phi(y) \leqslant x \leqslant \phi(y), c \leqslant y \leqslant d\}$, 那么有

$$\iint\limits_{D} f(x, y)\mathrm{d}x\mathrm{d}y = \begin{cases} 0, & f(-x, y) = -f(x, y), \\ 2\iint\limits_{D_2} f(x, y)\mathrm{d}x\mathrm{d}y, & f(-x, y) = f(x, y). \end{cases}$$

如果区域 D 关于 x 轴和 y 轴都对称, 即 $D = \{(x, y)| -\phi(y) \leqslant x \leqslant \phi(y), -c \leqslant y \leqslant c\}$ 或 $D = \{(x, y)| -a \leqslant x \leqslant a, -\phi(x) \leqslant y \leqslant \phi(x)\}$, 那么

$$\iint\limits_{D} f(x, y)\mathrm{d}x\mathrm{d}y = \begin{cases} 0, & f(-x, y) = -f(x, y) = f(x, -y), \\ 4\iint\limits_{D_3} f(x, y)\mathrm{d}x\mathrm{d}y, & f(-x, y) = f(x, y) = f(x, -y), \end{cases}$$

其中, $D_1 = \{(x, y)|a \leqslant x \leqslant b, 0 \leqslant y \leqslant \phi(x)\}$, $D_2 = \{(x, y)|0 \leqslant x \leqslant \phi(y), c \leqslant y \leqslant d\}$, $D_3 = \{(x, y)|0 \leqslant x \leqslant a, 0 \leqslant y \leqslant \phi(x)\} = \{(x, y)|0 \leqslant y \leqslant \phi(x), 0 \leqslant x \leqslant c\}$. 这里的函数也可称为关于 $x(y)$ 的奇函数或偶函数.

4.1.4.4 反常二重积分

1. 无界区域上的反常重积分.

定义 设 D 为平面 R^2 上的无界区域, $f(x, y)$ 是 D 上的, 且在任意有界区域上重积分存在的函数, D_C 是用一条曲线 C 从区域 D 中割出的一个有界子区域, d_C 为区域 D_C 中的任意两点间的距离的最小者. 如果 $\lim\limits_{d_C \to \infty} \iint\limits_{D_C} f(x, y)\mathrm{d}x\mathrm{d}y$ 存

在, 则称反常积分 $\iint\limits_{D} f(x,y)\mathrm{d}x\mathrm{d}y$ 是收敛的或说 $f(x,y)$ 在 D 上是可积的, 且反常积分的值为这个极限值. 否则, 反常积分发散或说 $f(x,y)$ 在 D 上是不可积的. 这样,

$$\iint\limits_{D} f(x,y)\mathrm{d}x\mathrm{d}y = \lim_{d_c \to \infty} \iint\limits_{D_c} f(x,y)\mathrm{d}x\mathrm{d}y.$$

2. 无界函数的反常重积分.

定义 设 D 为平面 R^2 上的有界区域, $f(x,y)$ 在 D 上有无穷间断点 P_0 或无穷间断曲线 C_0, D_γ 是由曲线 γ 将无穷间断点或曲线包围起来的区域, d_γ 是曲线 γ 上的任意点与间断点或间断曲线上的任意点的距离的最大者. 如果 $\lim\limits_{d_\gamma \to 0} \iint\limits_{D-D_\gamma} f(x,$ $y)\mathrm{d}x\mathrm{d}y$ 存在, 则称反常积分 $\iint\limits_{D} f(x,y)\mathrm{d}x\mathrm{d}y$ 是收敛的或说 $f(x,y)$ 在 D 上是可积的, 且反常积分的值为这个极限值. 否则, 反常积分发散或说 $f(x,y)$ 在 D 上是不可积的. 这样

$$\iint\limits_{D} f(x,y)\mathrm{d}x\mathrm{d}y = \lim_{d_\gamma \to 0} \iint\limits_{D-D_\gamma} f(x,y)\mathrm{d}x\mathrm{d}y.$$

3. 绝对收敛与条件收敛.

如果 $\iint\limits_{D} |f(x,y)|\,\mathrm{d}x\mathrm{d}y$ 收敛, 则称 $\iint\limits_{D} f(x,y)\mathrm{d}x\mathrm{d}y$ 是绝对收敛的, 或说绝对收敛, 或说 $f(x,y)$ 在 D 上是绝对可积的; 如果 $\iint\limits_{D} |f(x,y)|\,\mathrm{d}x\mathrm{d}y$ 发散, 且 $\iint\limits_{D} f(x,y)\mathrm{d}x\mathrm{d}y$ 收敛, 则称 $\iint\limits_{D} f(x,y)\mathrm{d}x\mathrm{d}y$ 是条件收敛的, 或说条件收敛.

绝对收敛的反常积分必定是收敛的; 条件收敛的反常积分也是收敛的.

4. 比较判别法.

设 D 上的两个反常重积分 $\iint\limits_{D} f(x,y)\mathrm{d}x\mathrm{d}y$ 和 $\iint\limits_{D} g(x,y)\mathrm{d}x\mathrm{d}y$, 如果在 D 上成立下式

$$0 \leqslant f(x,y) \leqslant g(x,y),$$

那么

(1) 当 $\iint\limits_{D} g(x,y)\mathrm{d}x\mathrm{d}y$ 收敛时, $\iint\limits_{D} f(x,y)\mathrm{d}x\mathrm{d}y$ 收敛;

(2) 当 $\iint\limits_{D} f(x,y)\mathrm{d}x\mathrm{d}y$ 发散时, $\iint\limits_{D} g(x,y)\mathrm{d}x\mathrm{d}y$ 发散.

5. 性质与运算.

收敛的反常重积分的性质类似于常义重积分的性质, 收敛的反常重积分的运算类似于常义重积分的运算, 可以化为累次积分和变量变换. 值得注意的是, 一个反常重积分化为累次积分后累次积分收敛且收敛值相同时反常重积分才收敛, 如果一个反常重积分变换后所得的重积分收敛, 那么反常重积分也收敛.

类似地可定义三重或三重以上的常义积分和反常积分, 这些积分都与二重积分有类似的性质、定理及积分方法. 这里不再一一列举.

4.2　概 念 例 解

1. 下列说法正确的是 ___(A)___ .

(A) 初等函数的导函数必为初等函数

(B) 初等函数的原函数必为初等函数

(C) 如果 $F'(x) = G'(x) = f(x)(x \in D(f))$, 则 $F(x), G(x)$ 仅差一个常数

(D) $F(x) = \ln|x|$ 是 $f(x) = \dfrac{1}{x}$ 的一个原函数

解　应选 (A). 由于基本初等函数的导数为初等函数, 因而初等函数的导函数必为初等函数. (B) 不对, 如 $f(x) = e^{x^2}$ 的原函数不是初等函数; (D) 不对, 因为 $(-\infty, 0) \cup (0, +\infty)$ 不是一个区间; (C) 不对, 如 (D) 中的 $F(x)$ 和 $G(x) = \begin{cases} \ln x, & x > 0, \\ \ln(-x) + 1, & x < 0, \end{cases}$ $F(x) - G(x)$ 不是一个常数, 但 $F'(x) = G'(x)$.

2. 在下列不定积分的式子中, 对的是 ___(D)___ .

(A) $\displaystyle\int 0 \ \ \mathrm{d}x = 0$

(B) $\mathrm{d}\displaystyle\int f(x)\mathrm{d}x = \int \mathrm{d}f(x)$

(C) $\displaystyle\int x^\alpha \mathrm{d}x = \dfrac{1}{\alpha + 1} x^{\alpha+1} + C$ 　(α 为任意实数)

(D) $\displaystyle\int \dfrac{1}{1 + x^2} \mathrm{d}x = \operatorname{arccot} \dfrac{1}{x} + C$ 　($x > 0$)

解　应选 (D). 因为 $\left(\operatorname{arccot}\dfrac{1}{x}\right)' = \dfrac{1}{1 + x^2}$. (A) 不对, 因为不为零的常函数的导数也为零, 故 $\displaystyle\int 0\mathrm{d}x = C$. (B) 不对, 因为微分和不定积分两种运算尽管是互为逆运算的, 但不满足交换律, 而 (C) 不对是因为 $\alpha = -1$ 时等式右边没有意义.

3. 下列命题对的是 ___(A)___ .

(A) 如果 $f(x)$ 为连续的奇函数, 则 $f(x)$ 的原函数为偶函数

(B) 如果 $f(x)$ 为连续的偶函数, 则 $f(x)$ 的原函数为奇函数

(C) 如果 $f(x)$ 的原函数有界, 则 $f(x)$ 有界

(D) 如果 $f(x)$ 为连续的无界函数, 则 $f(x)$ 的原函数为无界函数

解 应选 (A). 易知 $F(x) = \int_0^x f(t)\mathrm{d}t$ 是 $f(x)$ 的原函数, 且为偶函数, 于是 $F(x) + C$ 为 $f(x)$ 的全体原函数, 且都是偶函数. (B) 不能选, 例如 $f(x) = \cos x$ 为连续的偶函数, 但原函数 $\sin x + 1$ 不是奇函数. (C) 和 (D) 也都不能选, 例如, $F(x) = \sin \dfrac{1}{x}$ 在 $(0, +\infty)$ 上是有界函数, 但 $F'(x) = -\dfrac{1}{x^2} \cos \dfrac{1}{x}$ 是无界的.

4. 设 $f(x)$ 是 $[a, b]$ 上的可积函数, 且对任意 $x \in [a, b]$, 成立 $F(x) = \int_a^x f(t)\mathrm{d}t$, 则必有 ___(C)___ .

(A) $F'(x) = f(x)$ \qquad\qquad (B) $F(b) - F(a) = \int_a^b f(t)\mathrm{d}t$

(C) $F(x)$ 是连续的 \qquad\qquad (D) $f(x)$ 是连续的

解 应选 (C). 因为由题设知 $f(x)$ 是可积的, 所以有 $M > 0$ 使得 $|f(x)| \leqslant M$, 于是, 任意取一点 $x_0 \in [a, b]$,

$$|F(x) - F(x_0)| = \left| \int_{x_0}^x f(t)\mathrm{d}t \right| \leqslant M(x - x_0) \to 0 \quad (x \to x_0),$$

即 $F(x)$ 在 x_0 点连续. (A) 和 (B) 都不能选, 因为它们的成立要求 $f(x)$ 连续, 而 $f(x)$ 不一定是连续的. 这也表明 (D) 不能选.

5. 如果 ___(A)___ , 那么 $\int_0^1 f(x)\mathrm{d}x$ 存在且大于 $\dfrac{1}{2}$.

(A) $f(x) = \begin{cases} \dfrac{\sin x}{x}, & 0 < x \leqslant 1, \\ 1, & x = 0 \end{cases}$ \qquad (B) $f(x) = \begin{cases} \dfrac{1}{x}, & 0 < x \leqslant 1, \\ 1, & x = 0 \end{cases}$

(C) $f(x) = \begin{cases} 1, & x \text{ 为有理数}, \\ \dfrac{1}{2}, & x \text{ 为无理数} \end{cases}$ \qquad (D) $f(x) = \begin{cases} 1 - x, & 0 < x < 1, \\ \dfrac{1}{2}, & x = 0, 1 \end{cases}$

解 应选 (A). 因为 $f(x)$ 为连续函数从而可积, 且 $\dfrac{2}{\pi} \leqslant f(x) \leqslant 1$. (B) 不能选, 因为 $f(x)$ 是无界函数, 且 $\int_0^1 f(x)\mathrm{d}x = \infty$. (C) 不能选, 尽管 $f(x)$ 是有界的, 但对区间作 n 等分, 并取一组有理数 $\{x_i^*\}$ 作为介点组和另一组无理数 $\{x_i^{**}\}$ 作为介点组, 则

$$\lim_{n \to \infty} \sum_{i=1}^n f(x_i^*) \frac{1}{n} = 1 \neq \lim_{n \to \infty} \sum_{i=1}^n f(x_i^{**}) \frac{1}{n} = \frac{1}{2}.$$

因此, 由定积分的定义知 $\int_0^1 f(x)\mathrm{d}x$ 不存在. (D) 不能选, 尽管因具有有限个间断点的有界函数是可积的知 $\int_0^1 f(x)\mathrm{d}x$ 存在, 但 $\int_0^1 f(x)\mathrm{d}x = \dfrac{1}{2}$.

6. 下列陈述中不对的是 ___(D)___ .

(A) 如果 $f(x)$ 在 $[a,b]$ 上连续, 则存在 $\xi \in [a,b]$ 使得 $\int_a^b f(x)\mathrm{d}x = f(\xi)(b-a)$

(B) 如果 $f(x)$ 在 $[a,b]$ 上连续, 则存在 $\xi \in (a,b)$ 使得 $\int_a^b f(x)\mathrm{d}x = f(\xi)(b-a)$

(C) 如果 $f(x), g(x)$ 在 $[a,b]$ 上均连续, 且 $f(x) > g(x)$, 则

$$\int_a^b f(x)\mathrm{d}x > \int_a^b g(x)\mathrm{d}x$$

(D) 如果 $f(x), g(x)$ 在 $[a,b]$ 上均可积, 且 $f(x) \geqslant g(x)$, 则

$$\int_a^b f(x)\mathrm{d}x > \int_a^b g(x)\mathrm{d}x$$

解　应选 (D). 例如, $f(x) = \begin{cases} x, & 0 < x < 1, \\ 2, & x = 0, 1, \end{cases}$　$g(x) = x (0 \leqslant x \leqslant 1)$ 且 $f(x) \geqslant g(x)$, 但 $\int_0^1 f(x)\mathrm{d}x = \int_0^1 g(x)\mathrm{d}x$. (A), (B) 和 (C) 都是对的, 故不能选. (A) 即为积分中值定理的一般表述, (B) 可用辅助函数 $F(x) = \int_a^x f(t)\mathrm{d}t$ 于区间 $[a,b]$ 上使用拉格朗日中值定理即可得证. (C) 的证明可这样进行, 任取 $x_0 \in (a,b)$, 则 $f(x_0) - g(x_0) > 0$, 又由于函数 $f(x) - g(x)$ 在 x_0 点连续, 由极限保号性知道, 存在 $\sigma > 0$ 使得当 $x \in (x_0 - \sigma, x_0 + \sigma)$ 且 $(x_0 - \sigma, x_0 + \sigma) \subset [a,b]$ 时, $f(x) - g(x) > \dfrac{1}{2}(f(x_0) - g(x_0))$, 于是

$$\int_a^b (f(x) - g(x))\mathrm{d}x = \int_a^{x_0-\sigma} (f(x) - g(x))\mathrm{d}x + \int_{x_0-\sigma}^{x_0+\sigma} (f(x) - g(x))\mathrm{d}x$$

$$+ \int_{x_0+\sigma}^b (f(x) - g(x))\mathrm{d}x$$

$$\geqslant \int_{x_0-\sigma}^{x_0+\sigma} (f(x) - g(x))\mathrm{d}x \geqslant \sigma(f(x_0) - g(x_0)) > 0,$$

即

$$\int_a^b f(x)\mathrm{d}x > \int_a^b g(x)\mathrm{d}x.$$

7. 如果 $\int_{-1}^{1} f(x)\mathrm{d}x = 2$, $\int_{3}^{1} f(x)\mathrm{d}x = -5$, $\int_{-1}^{3} g(x)\mathrm{d}x = 3$, 那么 ____(C)____ 一定成立.

(A) $\int_{-1}^{3} (f(x) + g(x))\mathrm{d}x = 0$

(B) $\int_{-1}^{3} (f(x) - g(x))\mathrm{d}x = -6$

(C) $\int_{-1}^{3} (f(x) + g(x))\mathrm{d}x = 10$

(D) $\int_{-1}^{3} f(x)g(x)\mathrm{d}x = 21$

解 应选 (C). 因为

$$\int_{-1}^{3} (f(x) + g(x))\mathrm{d}x = \int_{-1}^{1} f(x)\mathrm{d}x + \int_{1}^{3} f(x)\mathrm{d}x + \int_{-1}^{3} g(x)\mathrm{d}x = 2 + 5 + 3 = 10.$$

8. 下列计算对的是 ____(D)____ .

(A) $\int_{0}^{\pi} \dfrac{\mathrm{d}x}{2 + \cos 2x} = \int_{0}^{\pi} \dfrac{\mathrm{d}x}{3\cos^2 x + \sin^2 x} = \dfrac{1}{\sqrt{3}} \arctan \dfrac{\tan x}{\sqrt{3}} \Big|_{0}^{\pi} = 0$

(B) $\int_{2}^{3} \dfrac{\mathrm{d}x}{x \ln x} = \int_{2}^{3} \dfrac{1}{\ln x} \mathrm{d}\ln x = 1 - \int_{2}^{3} \ln x \cdot \left(-\dfrac{1}{\ln^2 x} \dfrac{1}{x}\right) \mathrm{d}x$

$$= 1 + \int_{2}^{3} \dfrac{\mathrm{d}x}{x \ln x} \quad \text{(分部积分)}$$

(C) 由于令 $x = \dfrac{1}{t}$, $\int_{-1}^{1} \dfrac{1}{1 + x^2} \mathrm{d}x = -\int_{-1}^{1} \dfrac{1}{1 + t^2} \mathrm{d}t = -\int_{-1}^{1} \dfrac{1}{1 + x^2} \mathrm{d}x$, 所以

$$\int_{-1}^{1} \dfrac{1}{1 + x^2} \mathrm{d}x = 0$$

(D) $\int_{-1}^{1} \dfrac{x^2 + e^x - e^{-x}}{1 + x^2} \mathrm{d}x = 2\int_{0}^{1} \dfrac{x^2}{1 + x^2} \mathrm{d}x + \int_{-1}^{1} \dfrac{e^x - e^{-x}}{1 + x^2} \mathrm{d}x$

$$= 2\left(1 - \dfrac{\pi}{4}\right) + 0 = 2\left(1 - \dfrac{\pi}{4}\right)$$

解 应选 (D). 因为 $\dfrac{e^x - e^{-x}}{x^2}$ 是奇函数, $\dfrac{x^2}{1 + x^2}$ 是偶函数, 而积分区间又是对称的, 故使用奇偶函数在对称区间上定积分性质便知. (A) 不能选, 因为计算过程中所用的变换 $u = \dfrac{1}{\sqrt{3}} \tan x$ 在积分区间上有无穷型间断点 $x = \dfrac{\pi}{2}$. (B) 不能选, 因为在分部积分的过程中, 第二个等式中的第一项应为 $1|_{2}^{3} = 1 - 1 = 0$. (C) 不能选, 计算过程中所用的变换 $x = \dfrac{1}{t}$ 在积分区间上有无穷型间断点 $t = 0$.

9. 假设下列等式中的函数都是连续的, 则不成立的式子是 ____(B)____ .

(A) $\int_{0}^{1} e^{y^2} \sin y \mathrm{d}y \int_{y}^{1} e^{x^2} \mathrm{d}x + \int_{0}^{1} e^{y^2} \sin y \mathrm{d}y \int_{-y}^{1} e^{x^2} \mathrm{d}x = 0$

(B) $\displaystyle\iint\limits_{(x-1)^2+y^2\leqslant 1} f(9-x^2-y^2)\mathrm{d}x\mathrm{d}y = 2\pi\int_0^1 f(9-r^2)r\mathrm{d}r$, 令 $x=r\cos\theta$, $y=r\sin\theta$

(C) $\displaystyle\iint\limits_{\substack{a\leqslant x\leqslant b\\ a\leqslant y\leqslant b}} f(x)f(y)\mathrm{d}x\mathrm{d}y = \left(\int_a^b f(x)\mathrm{d}x\right)^2$

(D) $\displaystyle\int_0^1 \mathrm{d}x\int_0^x f(x,y)\mathrm{d}y = \int_0^1 \mathrm{d}y\int_y^1 f(x,y)\mathrm{d}x$

解　应选 (B), 因为积分区域的边界在极坐标变换下为 $r=2\cos\theta$, 故重积分变换后化为二次积分应是 $\displaystyle\int_0^{2\pi}\mathrm{d}\theta\int_0^{2\cos\theta} f(9-r^2)r\mathrm{d}r$. (A), (C) 和 (D) 都是对的, 故不能选. (A) 交换积分次序后的二次积分 $\displaystyle\int_0^1 e^{x^2}\mathrm{d}x\int_{-x}^x e^{y^2}\sin y\mathrm{d}y$ 可使用奇函数在对称区间上的积分性质, 故其值为 0. (C) 利用矩形区域上重积分的分离性质. (D) 由重积分交换次序性质可知.

10. 设积分区域 $D = \{(x,y)|(x-2)^2+(y-1)^2\leqslant 2\}$, 且二重积分 $I_1 = \displaystyle\iint\limits_D \sin\sqrt[3]{x+y}\,\mathrm{d}x\mathrm{d}y$, $I_2 = \displaystyle\iint\limits_D \sin(x+y)\mathrm{d}x\mathrm{d}y$ 和 $I_3 = \displaystyle\iint\limits_D \sin(x+y)^3\mathrm{d}x\mathrm{d}y$, 那么 I_1, I_2 和 I_3 满足　__(A)__．

(A) $I_1 < I_2 < I_3$　　　　　　　　　　　(B) $I_1 < I_3 < I_2$

(C) $I_3 < I_1 < I_2$　　　　　　　　　　　(D) $I_3 < I_2 < I_1$

解　应选 (A). 因为在积分区域内的任何一点都有 $x+y\geqslant 1$, 三个积分的被积函数满足不等式: $\sin\sqrt[3]{x+y}\leqslant\sin(x+y)\leqslant\sin(x+y)^3$, 而且在积分区域内的点 $(3,0)$ 处连续, 并且也满足关系式 $\sin\sqrt[3]{2}<\sin 2<\sin 8$, 故由重积分的性质可知 (A) 是对的. 其余是不对的, 从而不能选.

11. 设 $f(x,y)$ 在 $[a,b]\times[c,d]$ 上有连续的偏导数, 则下列陈述中不对的是　__(D)__．

(A) $\displaystyle\int_a^b \mathrm{d}x\int_c^d f(x,y)\mathrm{d}y = \int_a^b \mathrm{d}y\int_c^d f(x,y)\mathrm{d}x$

(B) $\displaystyle\lim_{x\to x_0}\int_c^d f(x,y)\mathrm{d}y = \int_c^d f(x_0,y)\mathrm{d}y = \int_c^d \lim_{x\to x_0} f(x,y)\mathrm{d}y$, $x_0\in(a,b)$

(C) $\displaystyle\frac{\mathrm{d}}{\mathrm{d}x}\int_c^d f(x,y)\mathrm{d}y = \int_c^d f_x(x,y)\mathrm{d}y$

(D) $\displaystyle\iint\limits_{[a,b]\times[c,d]} f(x,y)\mathrm{d}\sigma$ 一定不可以表示成两个定积分的积

解　应选 (D). 因为 $f(x,y)=\sin xe^y$ 时, $\displaystyle\iint_{[a,b]\times[c,d]} f(x,y)\mathrm{d}\sigma=\int_a^b\sin x\mathrm{d}x\int_a^b e^x\mathrm{d}x$, 故 (D) 是错的. 对于 (A), 则交换积分次序定理便知.

对于 (B), 因为

$$\int_c^d f(x,y)\mathrm{d}y-\int_c^d f(x_0,y)\mathrm{d}y = \int_c^d (f(x,y)-f(x_0,y))\mathrm{d}y$$
$$= \int_c^d\left(\int_{x_0}^x f_t(t,y)\mathrm{d}t\right)\mathrm{d}y = \int_{x_0}^x\left(\int_c^d f_t(t,y)\right)\mathrm{d}y\mathrm{d}t,$$

由于 $f_t(t,y)$ 是连续的, 故有 $M>0$ 使得 $|f_t(t,y)|\leqslant M$, 于是

$$\left|\int_c^d f(x,y)\mathrm{d}y-\int_c^d f(x_0,y)\mathrm{d}y\right| = \left|\int_{x_0}^x\left(\int_c^d f_t(t,y)\right)\mathrm{d}y\mathrm{d}t\right|$$
$$\leqslant (d-c)M(x-x_0)\to 0 \quad (x\to x_0),$$

即

$$\lim_{x\to x_0}\int_c^d f(x,y)\mathrm{d}y = \int_c^d f(x_0,y)\mathrm{d}y = \int_c^d \lim_{x\to x_0} f(x,y)\mathrm{d}y.$$

对于 (C), 由 (B) 可以知道,

$$\frac{\mathrm{d}}{\mathrm{d}x}\int_c^d f(x,y)\mathrm{d}y = \lim_{h\to 0}\frac{\int_c^d f(x+h,y)\mathrm{d}y-\int_c^d f(x,y)\mathrm{d}y}{h}$$
$$= \lim_{h\to 0}\int_c^d \frac{f(x+h,y)-f(x,y)}{h}\mathrm{d}y$$
$$= \int_c^d \lim_{h\to 0}\frac{f(x+h,y)-f(x,y)}{h}\mathrm{d}y = \int_c^d f_x(x,y)\mathrm{d}y.$$

这里的有关结论, 在反常积分和更高维的积分中也有类似的结果, 而且, 在经济理论的研究中有用.

12. 设 $f(x,y)=\dfrac{x^2-y^2}{x^2+y^2}$ 是定义在 $D=\{(x,y)|1\leqslant x,1\leqslant y\}$ 上的函数, 则 ___(D)___.

(A) $\displaystyle\iint_D f(x,y)\mathrm{d}x\mathrm{d}y$ 收敛于 $\dfrac{\pi}{4}$　　　　(B) $\displaystyle\iint_D f(x,y)\mathrm{d}x\mathrm{d}y$ 收敛于 $-\dfrac{\pi}{4}$

(C) $\displaystyle\iint_D f(x,y)\mathrm{d}x\mathrm{d}y$ 收敛　　　　(D) $\displaystyle\iint_D f(x,y)\mathrm{d}x\mathrm{d}y$ 发散

解 应选 (D). 尽管

$$\iint\limits_{D} f(x,y)\mathrm{d}x\mathrm{d}y = \int_1^{+\infty} \mathrm{d}x \int_1^{+\infty} \frac{x^2-y^2}{x^2+y^2}\mathrm{d}y$$

$$= -\int_1^{+\infty} \frac{1}{1+x^2}\mathrm{d}x = -\frac{\pi}{4},$$

$$\iint\limits_{D} f(x,y)\mathrm{d}x\mathrm{d}y = \int_1^{+\infty} \mathrm{d}y \int_1^{+\infty} \frac{x^2-y^2}{x^2+y^2}\mathrm{d}x$$

$$= \int_1^{+\infty} \frac{1}{1+y^2}\mathrm{d}y = \frac{\pi}{4},$$

但反常积分收敛时, 其两个累次积分的值应是相等的, 因此, 这是矛盾的. 故应选 (D). 事实上, 曲线 $x^2+y^2=a^2(a>1)$ 可将区域 D 割出一个有界闭区域

$$D_C = \{(x,y)|x^2+y^2 \leqslant a^2, x \geqslant 1, y \geqslant 1\},$$

而

$$\iint\limits_{D_C} f(x,y)\mathrm{d}x\mathrm{d}y \xrightarrow[y=r\sin\theta]{x=r\cos\theta} \int_{\arctan\frac{1}{\sqrt{a^2-1}}}^{\arctan\sqrt{a^2-1}} \cos 2\theta \mathrm{d}y \int_1^a r\mathrm{d}r$$

$$= \frac{1}{2}\frac{(a^2-2)(a^2-1)}{a^2} \to \infty \quad (a \to \infty),$$

故 $\iint\limits_{D} f(x,y)\mathrm{d}x\mathrm{d}y$ 发散.

此题说明反常重积分收敛时才可化为累次积分, 反过来只有累次积分收敛和绝对收敛时, 反常重积分才可用累次积分的方法求其值. 换句话说, 一个反常重积分的两个累次积分不相等时, 此反常重积分一定发散.

4.3 方 法 例 解

1. 计算下列不定积分:

(1) $\displaystyle\int \frac{1}{x^9-x}\mathrm{d}x$;

(2) $\displaystyle\int \frac{1}{x^2\sqrt{4+x^2}}\mathrm{d}x$;

(3) $\displaystyle\int \frac{e^x\sqrt{e^x-3}}{e^x+22}\mathrm{d}x$;

(4) $\displaystyle\int \frac{x^2}{\sqrt{2x-x^2}}\mathrm{d}x$;

(5) $\displaystyle\int \sqrt{\frac{x}{1+x^3}}\mathrm{d}x$;

(6) $\displaystyle\int \frac{1}{1+x^4}\mathrm{d}x$.

解 (1) $\displaystyle\int \frac{1}{x^9 - x}\mathrm{d}x = \int \frac{1}{1 - \dfrac{1}{x^8}}\frac{1}{x^9}\mathrm{d}x = -\frac{1}{8}\int \frac{1}{1 - \dfrac{1}{x^8}}\mathrm{d}\frac{1}{x^8}$

$$= \frac{1}{8}\ln\left|1 - \frac{1}{x^8}\right| + C.$$

(2) 令 $x = 2\tan t$, 则 $\mathrm{d}x = 2\sec^2 t\mathrm{d}t$. 于是

$$\int \frac{1}{x^2\sqrt{4 + x^2}}\mathrm{d}x = \int \frac{1}{4\tan^2 t \cdot 2\sec t}2\sec^2 t\mathrm{d}t = \frac{1}{4}\int \frac{\cos t}{\sin^2 t}\mathrm{d}t$$

$$= \frac{1}{4}\int \frac{1}{\sin^2 t}\mathrm{d}\sin t = -\frac{1}{4}\frac{1}{\sin t} + C$$

$$= -\frac{1}{4}\frac{\sqrt{4 + x^2}}{x} + C. \qquad (回代)$$

另解: $\displaystyle\int \frac{1}{x^2\sqrt{4 + x^2}}\mathrm{d}x = \int \frac{1}{\pm x^3\sqrt{\dfrac{4}{x^2} + 1}}\mathrm{d}x = \mp\frac{1}{4}\int \frac{1}{2\sqrt{\dfrac{4}{x^2} + 1}}\mathrm{d}\frac{4}{x^2}$

$$= \mp\frac{1}{4}\sqrt{\frac{4}{x^2} + 1} + C = -\frac{1}{4}\frac{\sqrt{4 + x^2}}{x} + C.$$

(3) 令 $\sqrt{e^x - 3} = t$, 则 $e^x = 3 + t^2$, $\mathrm{d}x = \dfrac{2t}{3 + t^2}\mathrm{d}t$. 于是

$$\int \frac{e^x\sqrt{e^x - 3}}{e^x + 22}\mathrm{d}x = \int \frac{(3 + t^2)t}{t^2 + 25}\frac{2t}{3 + t^2}\mathrm{d}t = 2\int \frac{t^2 + 25 - 25}{t^2 + 25}\mathrm{d}t$$

$$= 2t - 50\int \frac{1}{t^2 + 25}\mathrm{d}t = 2t - 10\arctan\frac{t}{5} + C$$

$$= 2\sqrt{e^x - 3} - 10\arctan\frac{\sqrt{e^x - 3}}{5} + C. \qquad (回代)$$

(4) 令 $x - 1 = \sin t$, 则 $x = 1 + \sin t$, $\mathrm{d}x = \cos t\mathrm{d}t$. 那么

$$\int \frac{x^2}{\sqrt{2x - x^2}}\mathrm{d}x = \int \frac{(1 + \sin t)^2\cos t}{\cos t}\mathrm{d}t = \int (1 + 2\sin t + \sin^2 t)\mathrm{d}t$$

$$= t - 2\cos t + \int \frac{1 - \cos 2t}{2}\mathrm{d}t = \frac{3}{2}t - 2\cos t - \frac{1}{4}\sin 2t + C$$

$$= \frac{3}{2}\arcsin(x - 1) - 2\sqrt{2x - x^2} - \frac{1}{2}(x - 1)\sqrt{2x - x^2} + C. \;(回代)$$

(5) 利用公式 $\displaystyle\int \frac{1}{\sqrt{a^2 + x^2}}\mathrm{d}x = \ln(x + \sqrt{a^2 + x^2}) + C$ 可得

$$\int \sqrt{\frac{x}{1 + x^3}}\mathrm{d}x = \frac{2}{3}\int \frac{1}{\sqrt{1 + (\sqrt{x^3})^2}}\mathrm{d}\sqrt{x^3} = \frac{2}{3}\ln(x + \sqrt{1 + x^3}) + C.$$

另解：也可令 $\sqrt{x} = t$ 求之.

(6) 记 $I = \displaystyle\int \frac{1}{1+x^4}\mathrm{d}x$, $I_1 = \displaystyle\int \frac{x^2}{1+x^4}\mathrm{d}x$, 那么

$$I + I_1 = \int \frac{1+x^2}{1+x^4}\mathrm{d}x = \int \frac{1+\dfrac{1}{x^2}}{x^2+\dfrac{1}{x^2}}\mathrm{d}x$$

$$= \frac{1}{\sqrt{2}} \int \frac{1}{1+\left(\dfrac{1}{\sqrt{2}}\left(x-\dfrac{1}{x}\right)\right)^2}\mathrm{d}\frac{1}{\sqrt{2}}\left(x-\frac{1}{x}\right)$$

$$= \frac{1}{\sqrt{2}} \arctan \frac{1}{\sqrt{2}}\left(x-\frac{1}{x}\right) + C_1, \qquad\qquad\text{(A)}$$

同理

$$I - I_1 = -\frac{1}{\sqrt{2}} \int \frac{1}{\left(\dfrac{1}{\sqrt{2}}\left(x+\dfrac{1}{x}\right)\right)^2-1}\mathrm{d}\frac{1}{\sqrt{2}}\left(x+\frac{1}{x}\right)$$

$$= -\frac{1}{2\sqrt{2}} \ln \left| \frac{x^2-\sqrt{2}x+1}{x^2+\sqrt{2}x+1} \right| + C_2. \qquad\qquad\text{(B)}$$

因此, 由式 (A) 和式 (B) 联立求得

$$\int \frac{x^2}{1+x^4}\mathrm{d}x = \frac{1}{2\sqrt{2}} \arctan \frac{1}{\sqrt{2}}\left(x-\frac{1}{x}\right)$$

$$- \frac{1}{4\sqrt{2}} \ln \left| \frac{x^2-\sqrt{2}x+1}{x^2+\sqrt{2}x+1} \right| + C, \quad \text{其中}, \quad C = \frac{1}{2}(C_1-C_2).$$

2. 求下列不定积分:

(1) $\displaystyle\int \frac{xe^{2x}}{(1+2x)^2}\mathrm{d}x$;

(2) $\displaystyle\int \frac{\sqrt{1-x}\arctan\sqrt{1-x}}{2-x}\mathrm{d}x$;

(3) $\displaystyle\int x\sqrt{1-x^2}\arcsin^2 x\,\mathrm{d}x$;

(4) $\displaystyle\int \frac{x}{\sqrt{x^2+1}}\ln^2(x^2+1)\mathrm{d}x$;

(5) $\displaystyle\int e^{\arcsin x}\frac{\arcsin^2 x}{\sqrt{1-x^2}}\mathrm{d}x$;

(6) $\displaystyle\int e^{\arctan x}\frac{\arctan x}{(1+x^2)^2}\mathrm{d}x$.

解 (1) $\displaystyle\int \frac{xe^{2x}}{(1+2x)^2}\mathrm{d}x = -\frac{1}{2}\frac{xe^{2x}}{1+2x} + \frac{1}{2}\int \frac{(2x+1)e^{2x}}{1+2x}\mathrm{d}x = -\frac{1}{2}\frac{xe^{2x}}{1+2x} + \frac{1}{4}e^{2x} + C.$

(2) $\displaystyle\int \frac{\sqrt{1-x}\arctan\sqrt{1-x}}{2-x}\mathrm{d}x$

$\displaystyle = \int \frac{(2-x)\arctan\sqrt{1-x}}{(2-x)\sqrt{1-x}}\mathrm{d}x - \int \frac{\arctan\sqrt{1-x}}{(2-x)\sqrt{1-x}}\mathrm{d}x$

$\displaystyle = -2\sqrt{1-x}\arctan\sqrt{1-x} - \int \frac{1}{2-x}\mathrm{d}x + \arctan^2\sqrt{1-x}$

$\displaystyle = -2\sqrt{1-x}\arctan\sqrt{1-x} + \ln|2-x| + \arctan^2\sqrt{1-x} + C.$

(3) $\displaystyle\int x\sqrt{1-x^2}\arcsin^2 x\mathrm{d}x$

$\displaystyle = -\frac{1}{3}(1-x^2)^{\frac{3}{2}}\arcsin^2 x + \frac{2}{3}\int (1-x^2)\arcsin x\mathrm{d}x$

$\displaystyle = -\frac{1}{3}(1-x^2)^{\frac{3}{2}}\arcsin^2 x + \frac{2}{3}\left(x\arcsin x + \sqrt{1-x^2}\right)$

$\displaystyle \qquad - \frac{2}{3}\left(\frac{x^3}{3}\arcsin x - \frac{1}{3}\int \frac{x^3}{\sqrt{1-x^2}}\mathrm{d}x\right)$

$\displaystyle = -\frac{1}{3}(1-x^2)^{\frac{3}{2}}\arcsin^2 x + \frac{2}{3}x\arcsin x + \frac{4}{9}\sqrt{1-x^2}$

$\displaystyle \qquad - \frac{2}{9}x^3\arcsin x + \frac{2}{27}(1-x^2)^{\frac{3}{2}} + C.$

(4) $\displaystyle\int \frac{x}{\sqrt{x^2+1}}\ln^2(x^2+1)\mathrm{d}x$

$\displaystyle = \sqrt{x^2+1}\ln^2(x^2+1) - 4\int \frac{x}{\sqrt{x^2+1}}\ln(x^2+1)\mathrm{d}x$

$\displaystyle = \sqrt{x^2+1}\ln^2(x^2+1) - 4\left(\sqrt{x^2+1}\ln(x^2+1) - 2\int \frac{x}{\sqrt{x^2+1}}\mathrm{d}x\right)$

$\displaystyle = \sqrt{x^2+1}\ln^2(x^2+1) - 4\sqrt{x^2+1}\ln(x^2+1) + 8\sqrt{x^2+1} + C.$

(5) 令 $y=\arcsin x$, 则 $x=\sin y$, $\mathrm{d}x=\cos y\mathrm{d}y$. 于是

$$\int e^{\arcsin x}\frac{\arcsin^2 x}{\sqrt{1-x^2}}\mathrm{d}x = \int y^2 e^y\mathrm{d}y = y^2 e^y - 2\int y e^y\mathrm{d}y$$

$$= y^2 e^y - 2y e^y + 2e^y + C$$

$$= e^{\arcsin x}(\arcsin^2 x - 2\arcsin x + 2) + C. \quad (\text{回代})$$

(6) 令 $y=\arctan x$, 则 $x=\tan y$, $\mathrm{d}x=\sec^2 y\mathrm{d}y$. 于是

$$\int e^{\arctan x}\frac{\arctan x}{(1+x^2)^2}\mathrm{d}x = \int e^y y\cos^2 y\mathrm{d}y = \frac{1}{2}\int y e^y\mathrm{d}y + \frac{1}{2}\int e^y y\cos 2y\mathrm{d}y$$

$$= \frac{1}{2}y e^y - \frac{1}{2}e^y + \frac{1}{10}y e^y\cos 2y$$

$$+ \frac{1}{5}ye^y \sin 2y - \frac{2}{25}e^y \sin 2y + \frac{3}{50}e^y \cos 2y + C$$

$$= \frac{1}{2}e^{\arctan x}\left(\arctan x - 1 + \frac{1-x^2}{5+5x^2}\arctan x \right.$$

$$\left. + \frac{4x}{5+5x^2}\arctan x - \frac{8x}{25+25x^2} + \frac{3-3x^2}{25+25x^2} \right) + C, \quad (\text{回代})$$

其中

$$\int e^y y \cos 2y\, \mathrm{d}y = \frac{1}{5}ye^y \cos 2y + \frac{2}{5}ye^y \sin 2y + \frac{3}{25}e^y \cos 2y - \frac{4}{25}e^y \sin 2y + C.$$

3. 求下列极限:

(1) $\displaystyle \lim_{n\to\infty} \frac{\ln\left(1 + \dfrac{1}{n}\right) + 2\ln\left(1 + \dfrac{2}{n}\right) + \cdots + n\ln\left(1 + \dfrac{n}{n}\right)}{n^2}$;

(2) $\displaystyle \lim_{n\to\infty} \int_0^1 x^n \max\{e^{x^2},\ \cos x\}\mathrm{d}x$;

(3) $\displaystyle \lim_{x\to 0^+} x\ln\left(\int_0^x \frac{\sin^2 t}{t}\mathrm{d}t \right)$;

(4) $\displaystyle \lim_{x\to 1} \frac{1}{(x-1)^2} \iint_{\substack{1\leqslant u\leqslant x \\ 1\leqslant v\leqslant u}} \sin\frac{\pi}{4u}\cos\frac{\pi}{4v}\mathrm{d}u\mathrm{d}v$;

(5) $\displaystyle \lim_{n\to\infty} \int_0^1 e^{x^2} \sin nx\,\mathrm{d}x$;

(6) $\displaystyle \lim_{x\to 0} \left\{ \int_0^1 [\alpha t + \beta - \beta t]^x \mathrm{d}t \right\}^{\frac{1}{x}}$ $(0 < \alpha < \beta)$.

解　(1) 此极限是一个数列和式的极限, 可考虑用定积分的定义来求.

$$\lim_{n\to\infty} \frac{\ln\left(1+\dfrac{1}{n}\right) + 2\ln\left(1+\dfrac{2}{n}\right) + \cdots + n\ln\left(1+\dfrac{n}{n}\right)}{n^2} = \lim_{n\to\infty}\sum_{i=1}^n \frac{i}{n}\ln\left(1+\frac{i}{n}\right)\frac{1}{n}$$

$$= \int_0^1 x\ln(1+x)\mathrm{d}x$$

$$= \frac{1}{4}.$$

(2) 由当 $0 \leqslant x \leqslant 1$ 时, $\cos 1 \leqslant \max\{e^{x^2}, \cos x\} \leqslant e$, 故

$$\frac{\cos 1}{n+1} = \cos 1 \int_0^1 x^n \mathrm{d}x \leqslant \int_0^1 x^n \max\{e^{x^2}, \cos x\}\mathrm{d}x \leqslant e\int_0^1 x^n \mathrm{d}x = \frac{e}{n+1}.$$

于是, 由夹逼定理易知 $\displaystyle \lim_{n\to\infty} \int_0^1 x^n \max\{e^{x^2}, \cos x\}\mathrm{d}x = 0$.

(3) 此极限为 $0 \cdot \infty$ 型的极限, 故由洛必达法则可知

$$\lim_{x \to 0^+} x \ln \left(\int_0^x \frac{\sin^2 t}{t} \mathrm{d}t \right) = \lim_{x \to 0^+} \frac{\ln \left(\int_0^x \frac{\sin^2 t}{t} \mathrm{d}t \right)}{\frac{1}{x}} = - \lim_{x \to 0^+} \frac{x \sin^2 x}{\int_0^x \frac{\sin^2 t}{t} \mathrm{d}t}$$

$$= - \lim_{x \to 0^+} \frac{3x^3}{\sin^2 x} = 0.$$

(4) 此极限为 $0 \cdot \infty$ 型的极限, 故由洛必达法则可知

$$\lim_{x \to 1} \frac{1}{(x-1)^2} \iint_{\substack{1 \leqslant u \leqslant x \\ 1 \leqslant v \leqslant u}} \sin \frac{\pi}{4u} \cos \frac{\pi}{4v} \mathrm{d}u \mathrm{d}v = \lim_{x \to 1} \frac{\int_1^x \sin \frac{\pi}{4u} \mathrm{d}u \int_1^u \cos \frac{\pi}{4v} \mathrm{d}v}{(x-1)^2}$$

$$= \lim_{x \to 1} \frac{\sin \frac{\pi}{4x} \int_1^x \cos \frac{\pi}{4v} \mathrm{d}v}{2(x-1)}$$

$$= \lim_{x \to 1} \sin \frac{\pi}{4x} \lim_{x \to 1} \frac{\int_1^x \cos \frac{\pi}{4v} \mathrm{d}v}{2(x-1)}$$

$$= \frac{1}{2} \sin \frac{\pi}{4} \lim_{x \to 1} \cos \frac{\pi}{4x} = \frac{1}{4}.$$

(5) 由于

$$\left| \int_0^1 e^{x^2} \sin nx \mathrm{d}x \right| = \frac{1}{n} \left| -e^{x^2} \cos nx \Big|_0^1 + \int_0^1 2x e^{x^2} \cos nx \mathrm{d}x \right|$$

$$\leqslant \frac{2e}{n} \to 0 \quad (n \to \infty),$$

所以 $\lim\limits_{n \to \infty} \int_0^1 e^{x^2} \sin nx \mathrm{d}x = 0.$

(6) $\lim\limits_{x \to 0} \left\{ \int_0^1 [\alpha t + \beta - \beta t]^x \mathrm{d}t \right\}^{\frac{1}{x}} = \lim\limits_{x \to 0} \left\{ \int_0^1 [\beta - (\beta - \alpha)t]^x \mathrm{d}t \right\}^{\frac{1}{x}}$

$= \lim\limits_{x \to 0} \left(\frac{1}{1+x} \right)^{\frac{1}{x}} \left(\frac{\beta^{x+1} - \alpha^{x+1}}{\beta - \alpha} \right)^{\frac{1}{x}}$

$= \lim\limits_{x \to 0} \left(\frac{1}{1+x} \right)^{\frac{1}{x}} \cdot \lim\limits_{x \to 0} \left(1 + \frac{\beta^{x+1} - \alpha^{x+1}}{\beta - \alpha} - 1 \right)^{\frac{\beta - \alpha}{\beta^{x+1} - \alpha^{x+1} - \beta + \alpha} \cdot \frac{\beta^{x+1} - \alpha^{x+1} - \beta + \alpha}{x(\beta - \alpha)}}$

$= e^{-1} (\beta^\beta \alpha^{-\alpha})^{\frac{1}{\beta - \alpha}}.$

4. 求下列函数指定的导数:

(1) 已知 $f(x) = \displaystyle\int_{\sqrt{x}}^{x^2} \sqrt{u} \sin u \, du$, 求 $f'(x)$;

(2) 已知 $f(x) = \displaystyle\int_0^{x^2} \sin(u + x)^2 \, du$, 求 $f'(x)$;

(3) 已知 $f(x) = \displaystyle\int_0^1 \sqrt{1 + (xu)^4} \, du$, 求 $f'(0)$;

(4) 已知 $F(x) = \displaystyle\iint\limits_{\substack{1 \leqslant v \leqslant u^2 \\ 1 \leqslant u \leqslant x}} \dfrac{\sqrt{33 + v^4}}{v} \, du dv$, 求 $F''(2)$;

(5) 已知函数 y 是连续的且满足 $xy = \displaystyle\int_0^{x^2} y(\sqrt{t}) dt + \sin x$, 求 $y'(0)$ 并证明 $y''(0)$ 不存在;

(6) 已知连续函数 y 满足 $\displaystyle\int_0^y \sqrt{2 + \sin x^2} \, dx = \int_0^1 y(x) dx - \int_0^{x^2} u \sin \dfrac{1}{\sqrt{u}} \, du$, 求 $y''(0)$.

解 (1) $f'(x) = \left(\displaystyle\int_{\sqrt{x}}^{x^2} \sqrt{u} \sin u \, du \right)' = 2x^2 \sin x^2 - \dfrac{1}{2} x^{-\frac{1}{4}} \sin \sqrt{x}$.

(2) $f'(x) = \left(\displaystyle\int_0^{x^2} \sin(u + x)^2 \, du \right)' = \left(\displaystyle\int_x^{x^2 + x} \sin v^2 \, dv \right)'$

$= (2x + 1) \sin(x^4 + 2x^3 + x^2) - \sin x^2$.

(3) 由于 $f(0) = 1$, 且 $f(x) = \displaystyle\int_0^1 \sqrt{1 + (xu)^4} \, du = \dfrac{1}{x} \int_0^x \sqrt{1 + v^4} \, dv$, 所以

$$f'(0) = \lim_{x \to 0} \frac{f(x) - f(0)}{x} = \lim_{x \to 0} \frac{\displaystyle\int_0^x \sqrt{1 + v^4} \, dv - x}{x^2} = 0.$$

注 (2), (3) 两题的特点是被积函数中含有 "求导函数的自变量". 对这类函数求导, 首先必须将被积函数中的 "求导函数的自变量" 设法 (如变量替换等) 移走, 使被积函数不含 "求导函数的自变量", 然后再求导. 当然也可利用概念理解中的第 11 题中的 (C) 或下列求导公式

$$\left(\int_{\varphi(x)}^{\phi(x)} f(x, y) dy \right)' = \int_{\varphi(x)}^{\phi(x)} f_x(x, y) dy + f(x, \phi(x)) \phi'(x) - f(x, \varphi(x)) \varphi'(x).$$

(4) $F'(x) = \left(\displaystyle\iint\limits_{\substack{1 \leqslant v \leqslant u^2 \\ 1 \leqslant u \leqslant x}} \dfrac{\sqrt{33 + v^4}}{v} \, du dv \right)' = \left(\displaystyle\int_1^x du \int_1^{u^2} \dfrac{\sqrt{33 + v^4}}{v} \, dv \right)' =$

$$\int_1^{x^2} \frac{\sqrt{33+v^4}}{v} \mathrm{d}v,$$

$$F''(x) = 2\frac{\sqrt{33+x^8}}{x}, \quad F''(2) = 17.$$

(5) $y(0) = 1$. 这是因为 $y(x)$ 连续, 且

$$y(0) = \lim_{x \to 0} \frac{\displaystyle\int_0^{x^2} y(\sqrt{t})\mathrm{d}t + \sin x}{x} = 1.$$

于是

$$y'(0) = \lim_{x \to 0} \frac{y(x)-1}{x} = \lim_{x \to 0} \frac{\displaystyle\int_0^{x^2} y(\sqrt{t})\mathrm{d}t + \sin x - x}{x^2} = 1.$$

对 $xy = \displaystyle\int_0^{x^2} y(\sqrt{t})\mathrm{d}t + \sin x$ 两边的 x 求导, 我们得到 $xy' + y = 2xy(|x|) + \cos x$.
于是

$$y''(0) = \lim_{x \to 0} \frac{y'(x)-y'(0)}{x} = \lim_{x \to 0} \frac{2xy(|x|) + \cos x - y(x) - x}{x^2}$$

是不存在的. 这是因为

$$\lim_{x \to 0^+} \frac{y'(x)-y'(0)}{x} = \lim_{x \to 0} \frac{2xy(x) + \cos x - y(x) - x}{x^2} = 1$$

和

$$\lim_{x \to 0^-} \frac{y'(x)-y'(0)}{x} = \lim_{x \to 0^-} \frac{2xy(-x) + \cos x - y(x) - x}{x^2} = -\frac{5}{3}$$

是不相等的.

(6) 当 $x \ne 0$ 时, 对方程 $\displaystyle\int_0^y \sqrt{2+\sin x^2}\mathrm{d}x = \int_0^1 y(x)\mathrm{d}x - \int_0^{x^2} u\sin\frac{1}{\sqrt{u}}\mathrm{d}u$
两边求导, 有

$$y'(x)\sqrt{2+\sin y^2} = -2x^3 \sin\frac{1}{\sqrt{x^2}},$$

即

$$y'(x) = -2x^3 \frac{1}{\sqrt{2+\sin y^2}}\left|\sin\frac{1}{x}\right|.$$

当 $x = 0$ 时, $\displaystyle\int_0^{y(0)} \sqrt{2+\sin x^2}\mathrm{d}x = \int_0^1 y(x)\mathrm{d}x$, 进而有 $y(0) = 0$ 且

$$\int_{y(0)}^{y(x)} \sqrt{2+\sin t^2}\mathrm{d}t = \sqrt{2+\sin \xi^2}(y(x)-y(0)),$$

其中, ξ 在 0 与 x 之间, 所以

$$y'(0) = \lim_{x \to 0} \frac{y(x) - y(0)}{x} = \lim_{x \to 0} \frac{1}{\sqrt{2 + \sin \xi^2}} \frac{1}{x} \int_{y(0)}^{y(x)} \sqrt{2 + \sin t^2} \mathrm{d}t.$$

又由于 $\dfrac{1}{\sqrt{2 + \sin \xi^2}}$ 是有界的, 而且

$$\lim_{x \to 0} \frac{1}{x} \int_{y(0)}^{y(x)} \sqrt{2 + \sin t^2} \mathrm{d}t = \lim_{x \to 0} \frac{1}{x} \left(\int_{y(0)}^{0} \sqrt{2 + \sin t^2} \mathrm{d}t + \int_{0}^{y(x)} \sqrt{2 + \sin t^2} \mathrm{d}t \right)$$

$$= -\lim_{x \to 0} \frac{1}{x} \int_{0}^{x^2} u \sin \frac{1}{\sqrt{u}} \mathrm{d}u = 0,$$

因此

$$y'(0) = \lim_{x \to 0} \frac{y(x) - y(0)}{x} = \lim_{x \to 0} \frac{1}{\sqrt{2 + \sin \xi^2}} \frac{1}{x} \int_{y(0)}^{y(x)} \sqrt{2 + \sin t^2} \mathrm{d}t = 0.$$

于是

$$y'(x) = \begin{cases} -2x^3 \dfrac{1}{\sqrt{2 + \sin y^2}} \left| \sin \dfrac{1}{x} \right|, & x \neq 0, \\ 0, & x = 0. \end{cases}$$

这样

$$y''(0) = \lim_{x \to 0} \frac{y'(x) - y'(0)}{x} = \lim_{x \to 0} \frac{-2x^3}{x} \frac{1}{\sqrt{2 + \sin y^2}} \left| \sin \frac{1}{x} \right| = 0.$$

5. 计算下列积分:

(1) $\displaystyle\int_0^2 \max\{x^3, x^2\}\mathrm{d}x$;

(2) $\displaystyle\int_0^1 \frac{x \arctan x}{(1 + x^2)^2}\mathrm{d}x$;

(3) $\displaystyle\int_{\frac{4}{5}}^1 \frac{\sqrt{1 - x^2}}{x^4}\mathrm{d}x$;

(4) $\displaystyle\int_0^1 (\sqrt[9]{1 - x^5} - \sqrt[5]{1 - x^9})\mathrm{d}x$;

(5) $\displaystyle\int_0^{\frac{\pi}{2}} \frac{\cos^n x}{\cos^n x + \sin^n x}\mathrm{d}x$;

(6) $\displaystyle\int_0^1 \frac{1}{\sqrt{1 + x^2(x^2 - 3a^2)^2}} |x^2 - a^2|\,\mathrm{d}x$;

(7) $\displaystyle\int_1^{+\infty} \frac{x + 1}{x(1 + xe^x)^2}\mathrm{d}x$;

(8) $\displaystyle\int_0^{+\infty} e^{-\left(x^2 + \frac{16}{x^2}\right)}\mathrm{d}x$.

解 (1) 由于当 $0 < x < 1$ 时, $\max\{x^3, x^2\} = x^2$; 当 $1 < x < 2$ 时, $\max\{x^3, x^4\} = x^3$,

$$\int_0^2 \max\{x^3, x^2\}\mathrm{d}x = \int_0^1 x^2\mathrm{d}x + \int_1^2 x^3\mathrm{d}x = \frac{49}{12}.$$

(2) $\displaystyle\int_0^1 \frac{x\arctan x}{(1+x^2)^2}\mathrm{d}x = -\frac{1}{2}\frac{1}{1+x^2}\arctan x\Big|_0^1 + \frac{1}{2}\int_0^1 \frac{1}{(1+x^2)^2}\mathrm{d}x$ （分部积分）

$\displaystyle = -\frac{\pi}{16} + \frac{1}{2}\int_0^{\frac{\pi}{4}} \cos^2 x\,\mathrm{d}x$

$\displaystyle = -\frac{\pi}{16} + \frac{1}{2}\int_0^{\frac{\pi}{4}} \frac{1+\cos 2x}{2}\mathrm{d}x$ （令 $x = \tan t$）

$\displaystyle = \frac{1}{8}.$

(3) $\displaystyle\int_{\frac{4}{5}}^1 \frac{\sqrt{1-x^2}}{x^4}\mathrm{d}x = \int_{\frac{4}{5}}^1 \frac{\sqrt{\dfrac{1}{x^2}-1}}{x^3}\mathrm{d}x = -\frac{1}{2}\int_{\frac{4}{5}}^1 \sqrt{\frac{1}{x^2}-1}\,\mathrm{d}\frac{1}{x^2}$

$\displaystyle = -\frac{1}{2}\cdot\frac{2}{3}\left(\frac{1}{x^2}-1\right)^{\frac{3}{2}}\Bigg|_{\frac{4}{5}}^1 = \frac{9}{64}.$ （倒代换）

(4) $\displaystyle\int_0^1 (\sqrt[9]{1-x^5}-\sqrt[5]{1-x^9})\mathrm{d}x = \int_0^1 \sqrt[9]{1-x^5}\mathrm{d}x - \int_0^1 \sqrt[5]{1-x^9}\mathrm{d}x$

$\displaystyle = x\sqrt[9]{1-x^5}\big|_0^1 - \int_0^1 x\mathrm{d}\sqrt[9]{1-x^5} - \int_0^1 \sqrt[5]{1-x^9}\mathrm{d}x$ （分部积分）

$\displaystyle = -\int_0^1 x\mathrm{d}\sqrt[9]{1-x^5} - \int_0^1 \sqrt[5]{1-y^9}\mathrm{d}y$ （虚变量性质）

$\displaystyle = -\int_0^1 x\mathrm{d}\sqrt[9]{1-x^5} - \int_1^0 x\mathrm{d}\sqrt[9]{1-x^5}$ （令 $x = \sqrt[5]{1-y^9}$）

$= 0.$

(5) 令 $x = \dfrac{\pi}{2}-t$, 则 $\displaystyle\int_0^{\frac{\pi}{2}} \frac{\cos^n x}{\cos^n x + \sin^n x}\mathrm{d}x = -\int_{\frac{\pi}{2}}^0 \frac{\sin^n t}{\cos^n t + \sin^n t}\mathrm{d}t = \int_0^{\frac{\pi}{2}} \frac{\sin^n x}{\cos^n x + \sin^n x}\mathrm{d}x.$ 于是

$$2\int_0^{\frac{\pi}{2}} \frac{\cos^n x}{\cos^n x + \sin^n x}\mathrm{d}x = \int_0^{\frac{\pi}{2}} \frac{\cos^n x}{\cos^n x + \sin^n x}\mathrm{d}x + \int_0^{\frac{\pi}{2}} \frac{\sin^n x}{\cos^n x + \sin^n x}\mathrm{d}x$$

$$= \int_0^{\frac{\pi}{2}} \mathrm{d}x = \frac{\pi}{2},$$

即

$$\int_0^{\frac{\pi}{2}} \frac{\cos^n x}{\cos^n x + \sin^n x}\mathrm{d}x = \frac{\pi}{4}.$$

(6) 当 $|a| \leqslant 1$ 时, 由于 $a^2 \leqslant 1$, 所以

$$\int_0^1 \frac{1}{\sqrt{1+x^2(x^2-3a^2)^2}}\left|x^2-a^2\right|\mathrm{d}x = \int_0^{a^2} \frac{1}{\sqrt{1+x^2(x^2-3a^2)^2}}(a^2-x^2)\mathrm{d}x$$

$$+ \int_{a^2}^{1} \frac{1}{\sqrt{1 + x^2(x^2 - 3a^2)^2}}(x^2 - a^2)\mathrm{d}x$$

$$= -\frac{1}{3} \int_{0}^{a^2} \frac{1}{\sqrt{1 + x^2(x^2 - 3a^2)^2}}\mathrm{d}x(x^2 - 3a^2)$$

$$+ \frac{1}{3} \int_{a^2}^{1} \frac{1}{\sqrt{1 + x^2(x^2 - 3a^2)^2}}\mathrm{d}x(x^2 - 3a^2)$$

$$= \frac{1}{3} \ln[1 - 3a^2 + \sqrt{1 + (1 - 3a^2)^2}]$$

$$- \frac{2}{3} \ln[a^2(a^4 - 3a^2) + \sqrt{1 + a^4(a^4 - 3a^2)^2}].$$

当 $|a| > 1$ 时, 由于 $a^2 > 1 > x^2$, 所以

$$\int_{0}^{1} \frac{1}{\sqrt{1 + x^2(x^2 - 3a^2)^2}} \left|x^2 - a^2\right| \mathrm{d}x = -\int_{0}^{1} \frac{1}{\sqrt{1 + x^2(x^2 - 3a^2)^2}}(x^2 - a^2)\mathrm{d}x$$

$$= -\frac{1}{3} \int_{0}^{1} \frac{1}{\sqrt{1 + x^2(x^2 - 3a^2)^2}}\mathrm{d}x(x^2 - 3a^2)$$

$$= -\frac{1}{3} \ln(x(x^2 - 3a^2) + \sqrt{1 + x^2(x^2 - 3a^2)^2})\big|_{0}^{1}$$

$$= -\frac{1}{3} \ln[1 - 3a^2 + \sqrt{1 + (1 - 3a^2)^2}].$$

注　含参变量的积分一般要针对参数进行讨论.

(7) $\displaystyle\int_{1}^{+\infty} \frac{x + 1}{x(1 + xe^x)^2}\mathrm{d}x = \int_{1}^{+\infty} \frac{(x + 1)e^x}{xe^x(1 + xe^x)^2}\mathrm{d}x$

$$= \int_{1}^{+\infty} \frac{1}{xe^x(1 + xe^x)}\mathrm{d}xe^x - \int_{1}^{+\infty} \frac{1}{(1 + xe^x)^2}\mathrm{d}xe^x$$

$$= \ln \frac{xe^x}{1 + xe^x}\bigg|_{1}^{+\infty} + \frac{1}{1 + xe^x}\bigg|_{1}^{+\infty} = \ln \frac{1 + e}{e} - \frac{1}{1 + e}.$$

(8) $\displaystyle\int_{0}^{+\infty} e^{-\left(x^2 + \frac{16}{x^2}\right)}\mathrm{d}x = \int_{0}^{2} e^{-\left(x^2 + \frac{16}{x^2}\right)}\mathrm{d}x + \int_{2}^{+\infty} e^{-\left(x^2 + \frac{16}{x^2}\right)}\mathrm{d}x$

$$= \int_{2}^{+\infty} \frac{4}{y^2} e^{-\left(y^2 + \frac{16}{y^2}\right)}\mathrm{d}y + \int_{2}^{+\infty} e^{-\left(x^2 + \frac{16}{x^2}\right)}\mathrm{d}x \qquad \left(\text{前项积分令 } y = \frac{4}{x}\right)$$

$$= \int_{2}^{+\infty} \left(1 + \frac{4}{x^2}\right) e^{-\left(x^2 + \frac{16}{x^2}\right)}\mathrm{d}x$$

$$= \int_{2}^{+\infty} e^{-\left(x - \frac{4}{x}\right)^2 - 8}\mathrm{d}\left(x - \frac{4}{x}\right) = e^{-8} \int_{0}^{+\infty} e^{-y^2}\mathrm{d}y \qquad \left(y = x - \frac{4}{x}\right)$$

$$= \frac{\sqrt{\pi}}{2}e^{-8}. \qquad \left(\int_{0}^{+\infty} e^{-x^2}\mathrm{d}x = \frac{\sqrt{\pi}}{2}\right)$$

6. 重积分 (累次积分) 的计算.

(1) $\displaystyle\int_0^1 \mathrm{d}x \int_{x^2}^1 \sin\sqrt{t^3}\mathrm{d}t$;

(2) $\displaystyle\int_0^{\frac{\pi}{2}} \mathrm{d}z \int_0^{\sqrt{\frac{\pi}{2}}} \mathrm{d}x \int_0^x z\sin z\cos y^2\mathrm{d}y$;

(3) $\displaystyle\iint\limits_{\substack{1\leqslant x\leqslant\sqrt{y}\\0\leqslant y\leqslant1}} \frac{ye^{x^2}}{x^3}\mathrm{d}x\mathrm{d}y$;

(4) $\displaystyle\iint\limits_{\substack{1\leqslant x\leqslant3\\2\leqslant y\leqslant5}} [x+y]\mathrm{d}x\mathrm{d}y$;

(5) $\displaystyle\iint\limits_{\substack{0\leqslant x\leqslant1\\0<a\leqslant y\leqslant b}} x^y\cos(\ln x)\mathrm{d}\sigma$;

(6) $\displaystyle\int_0^1 \left(\iint\limits_{\substack{0\leqslant x\leqslant1\\0\leqslant y\leqslant1}} e^{\max\{x^2,y^2\}+z}\mathrm{d}x\mathrm{d}y\right)\mathrm{d}z$;

(7) $\displaystyle\int_0^\infty \frac{\arctan\pi x-\arctan x}{x}\mathrm{d}x$;

(8) $\displaystyle\iint\limits_{0\leqslant x,0\leqslant y} \frac{ye^{-y}(e^{-x}-e^{-2x})}{(1+e^{-y})^2x}\mathrm{d}x\mathrm{d}y$.

解　(1) 这是一个先对变量 t 后对变量 x 的累次积分, 但对 t 积分时被积函数的原函数不是初等函数, 因此可改变积分次序进行积分. 于是

$$\int_0^1 \mathrm{d}x \int_{x^2}^1 \sin\sqrt{t^3}\mathrm{d}t = \int_0^1 \sin\sqrt{t^3}\mathrm{d}t \int_0^{\sqrt{t}} \mathrm{d}x = \int_0^1 \sqrt{t}\sin\sqrt{t^3}\mathrm{d}t$$

$$= -\frac{2}{3}\cos\sqrt{t^3}\Big|_0^1 = \frac{2}{3}(1-\cos1).$$

另外利用分部积分法也可计算, 即

$$\int_0^1 \mathrm{d}x \int_{x^2}^1 \sin\sqrt{t^3}\mathrm{d}t = x\int_{x^2}^1 \sin\sqrt{t^3}\mathrm{d}t\Big|^* - \int_0^1 2x^2\sin x^3\mathrm{d}x = \frac{2}{3}(1-\cos1).$$

(2) 这是先对 y, 再对 x, 最后为 z 的累次积分, 其含义是

$$\int_0^{\frac{\pi}{2}} \mathrm{d}z \int_0^{\sqrt{\frac{\pi}{2}}} \mathrm{d}x \int_0^x z\sin z\cos y^2\mathrm{d}y = \int_0^{\frac{\pi}{2}} \left(\int_0^{\sqrt{\frac{\pi}{2}}} \left(\int_0^x z\sin z\cos y^2\mathrm{d}y\right)\mathrm{d}x\right)\mathrm{d}z.$$

由于关于 y 的被积函数的原函数表达式不是初等函数, 因此, 我们可以将第一个积分号内的积分次序改为先 x 后 y 的次序进行积分, 并注意到积分后是与 z 无关的常数. 于是

$$\int_0^{\frac{\pi}{2}} \mathrm{d}z \int_0^{\sqrt{\frac{\pi}{2}}} \mathrm{d}x \int_0^x z\sin z\cos y^2\mathrm{d}y = \int_0^{\frac{\pi}{2}} z\sin z\mathrm{d}z \int_0^{\sqrt{\frac{\pi}{2}}} \cos y^2\mathrm{d}y \int_0^y \mathrm{d}x$$

$$= \left(-z\cos z\Big|_0^{\frac{\pi}{2}} + \int_0^{\frac{\pi}{2}} \cos z\mathrm{d}z\right)\left(\int_0^{\sqrt{\frac{\pi}{2}}} y\cos y^2\mathrm{d}y\right)$$

$$= \left(\sin z\Big|_0^{\frac{\pi}{2}}\right)\left(\frac{1}{2}\sin y^2\Big|_0^{\sqrt{\frac{\pi}{2}}}\right) = \frac{1}{2}.$$

另外, 此积分也可化为一个定积分和一个二重积分的积.

(3) 此题利用将重积分化为累次积分的方法来计算, 但选择先对 x 后对 y 的次序进行积分时遇到的 x 的函数积分较烦琐, 故选择先对 y 后对 x 的次序进行积分.

$$\iint\limits_{\substack{1\leqslant x\leqslant\sqrt{y}\\0\leqslant y\leqslant 1}}\frac{ye^{x^2}}{x^3}\mathrm{d}x\mathrm{d}y=\int_0^1\frac{e^{x^2}}{x^3}\mathrm{d}x\int_0^{x^2}y\mathrm{d}y=\frac{1}{2}\int_0^1\frac{e^{x^2}}{x^3}x^4\mathrm{d}x$$

$$=\frac{1}{4}e^{x^2}\bigg|_0^1=\frac{1}{4}e-\frac{1}{4}.$$

注　选择积分次序是很重要的. 如果选择不当, 会带来很多麻烦的. 一般来说, 选择积分次序先考虑被积函数, 再考虑积分区域.

(4) 积分区域记为 D 并分为 $D_i=\{(x,y)|i\leqslant x+y<i+1,\ (x,y)\in D\}$, $i=3,\cdots,7$. 又 $A_{D_3}=\dfrac{7}{2}$, $A_{D_4}=\dfrac{9}{2}$, $A_{D_5}=\dfrac{11}{2}$, $A_{D_6}=\dfrac{13}{2}$, $A_{D_7}=\dfrac{15}{2}$. 于是

$$\iint\limits_{\substack{1\leqslant x\leqslant 3\\2\leqslant y\leqslant 5}}[x+y]\mathrm{d}x\mathrm{d}y=\iint\limits_{D_3}3\mathrm{d}x\mathrm{d}y+\iint\limits_{D_4}4\mathrm{d}x\mathrm{d}y+\iint\limits_{D_5}5\mathrm{d}x\mathrm{d}y$$

$$+\iint\limits_{D_6}6\mathrm{d}x\mathrm{d}y+\iint\limits_{D_7}7\mathrm{d}x\mathrm{d}y$$

$$=3\times A_{D_3}+4\times A_{D_4}+5\times A_{D_5}+6\times A_{D_6}+7\times A_{D_7}$$

$$=147.5.$$

(5) 选取先 x 后 y 的积分次序, 可得 $\displaystyle\iint\limits_{\substack{0\leqslant x\leqslant 1\\0<a\leqslant y\leqslant b}}x^y\cos\ln x\mathrm{d}\sigma=\int_a^b\mathrm{d}y\int_0^1x^y\cos(\ln x)\mathrm{d}x.$
由于

$$\int_0^1 x^y\cos(\ln x)\mathrm{d}x=\frac{x^{y+1}}{y+1}\cos(\ln x)\bigg|_0^1+\frac{1}{y+1}\int_0^1 x^y\sin(\ln x)\mathrm{d}x$$

$$=\frac{1}{y+1}-\frac{1}{(y+1)^2}\int_0^1 x^y\cos(\ln x)\mathrm{d}x,$$

进而, $\displaystyle\int_0^1 x^y\cos(\ln x)\mathrm{d}x=\frac{y+1}{1+(y+1)^2}$. 于是

$$\iint\limits_{\substack{0\leqslant x\leqslant 1\\0<a\leqslant y\leqslant b}}x^y\cos(\ln x)\mathrm{d}\sigma=\int_a^b\mathrm{d}y\int_0^1 x^y\cos(\ln x)\mathrm{d}x$$

$$= \int_a^b \frac{1+y}{1+(1+y)^2} \mathrm{d}y = \frac{1}{2} \ln \frac{2+2b+b^2}{2+2a+a^2}.$$

注 此题若用先 y 后 x 的积分次序, 则 $\displaystyle\iint\limits_{\substack{0 \leqslant x \leqslant 1 \\ 0 < a \leqslant y \leqslant b}} x^y \cos(\ln x) \mathrm{d}\sigma = \int_0^1 \frac{x^b - x^a}{\ln x} \cdot$

$\cos(\ln x)\mathrm{d}x.$ 由此知道, 有些定积分是可通过重积分换序来计算的.

(6) 由于 e^z 与变量 x 和 y 无关, 且二重积分是一个值, 因此

$$\int_0^1 \left(\iint\limits_{\substack{0 \leqslant x \leqslant 1 \\ 0 \leqslant y \leqslant 1}} e^{\max\{x^2, y^2\}+z} \mathrm{d}x\mathrm{d}y \right) \mathrm{d}z = \iint\limits_{\substack{0 \leqslant x \leqslant 1 \\ 0 \leqslant y \leqslant 1}} e^{\max\{x^2, y^2\}} \mathrm{d}x\mathrm{d}y \int_0^1 e^z \mathrm{d}z$$

$$= \left[\int_0^1 e^{x^2} \mathrm{d}x \int_0^x \mathrm{d}y + \int_0^1 e^{y^2} \mathrm{d}y \int_0^y \mathrm{d}x \right] \frac{1}{2}(e-1)$$

$$= \frac{1}{2}(e-1) \left[\int_0^1 x e^{x^2} \mathrm{d}x + \int_0^1 y e^{y^2} \mathrm{d}y \right]$$

$$= \frac{1}{2}(e-1)^2.$$

(7) 此题可用类似于 (5) 中的注的提示, 将积分转化为重积分的形式来求.

$$\int_0^\infty \frac{\arctan \pi x - \arctan x}{x} \mathrm{d}x = \lim_{b \to \infty} \int_0^b \frac{\arctan \pi x - \arctan x}{x} \mathrm{d}x$$

$$= \lim_{b \to \infty} \int_0^b \mathrm{d}x \int_1^\pi \frac{1}{1+(xt)^2} \mathrm{d}t$$

$$= \lim_{b \to \infty} \int_1^\pi \mathrm{d}t \int_0^b \frac{1}{1+(xt)^2} \mathrm{d}x$$

$$= \lim_{b \to \infty} \int_1^\pi \frac{\arctan bt}{t} \mathrm{d}t = \frac{\pi}{2} \ln \pi.$$

事实上, 由于

$$\int_1^\pi \frac{\arctan(bt)}{t} \mathrm{d}t \geqslant \int_1^\pi \frac{1}{t} \mathrm{d}t \arctan b = \ln \pi \arctan b \to \frac{\pi}{2} \ln \pi \quad (b \to \infty),$$

$$\int_1^\pi \frac{\arctan(bt)}{t} \mathrm{d}t \leqslant \int_1^\pi \frac{1}{t} \mathrm{d}t \arctan b\pi = \ln \pi \arctan b\pi \to \frac{\pi}{2} \ln \pi \quad (b \to \infty),$$

所以, 由夹逼定理知

$$\lim_{b \to \infty} \int_1^\pi \frac{\arctan bt}{t} \mathrm{d}t = \frac{\pi}{2} \ln \pi.$$

(8) 这是一个反常重积分.

$$\iint\limits_{0\leqslant x,0\leqslant y} \frac{ye^{-y}(e^{-x}-e^{-2x})}{(1+e^{-y})^2x}\mathrm{d}x\mathrm{d}y = \lim_{a\to\infty}\iint\limits_{\substack{0\leqslant x\leqslant a\\0\leqslant y\leqslant a}} \frac{ye^{-y}(e^{-x}-e^{-2x})}{(1+e^{-y})^2x}\mathrm{d}x\mathrm{d}y$$

$$= \lim_{a\to\infty}\int_0^a \frac{ye^{-y}}{(1+e^{-y})^2}\mathrm{d}y \lim_{a\to\infty}\int_0^a \frac{e^{-x}-e^{-2x}}{x}\mathrm{d}x$$

$$= (\ln 2)^2.$$

事实上, 利用分部积分法和上题的办法可求得这两个极限, 即

$$\lim_{a\to\infty}\int_0^a \frac{ye^{-y}}{(1+e^{-y})^2}\mathrm{d}y = \lim_{a\to\infty}\left(\frac{y}{1+e^{-y}}\Big|_0^a - \int_0^a \frac{1}{1+e^{-y}}\mathrm{d}y\right)$$

$$= \lim_{a\to\infty}\left(\frac{ae^a}{1+e^a} - a - \ln(1+e^{-a}) + \ln 2\right)$$

$$= \lim_{a\to\infty}\left(\frac{-a}{1+e^a} - \ln(1+e^{-a}) + \ln 2\right) = \ln 2;$$

$$\lim_{a\to\infty}\int_0^a \frac{e^{-x}-e^{-2x}}{x}\mathrm{d}x = \lim_{a\to\infty}\int_0^a \mathrm{d}x\int_1^2 e^{-tx}\mathrm{d}t = \lim_{a\to\infty}\int_1^2 \mathrm{d}t\int_0^a e^{-tx}\mathrm{d}x$$

$$= \lim_{a\to\infty}\int_1^2 \frac{1-e^{-at}}{t}\mathrm{d}t = \ln 2.$$

7. 用适当的变换求下列重积分:

(1) $\displaystyle\iint\limits_{D} \arcsin\sqrt{x^2+y^2}\mathrm{d}x\mathrm{d}y$, 其中, D 由曲线 $x^2+y^2=1$ 所围成.

(2) $\displaystyle\iint\limits_{D} \frac{y}{x}\sqrt{x^2+y^2}\mathrm{d}x\mathrm{d}y$, 其中, D 是由圆 $x^2+y^2=2x$ 和 $x^2+y^2=4x$ 所围成的小圆外的部分.

(3) $\displaystyle\iint\limits_{D} (x\sin y^2 + y\sin x^3 + y\sqrt{x^2+y^2})\mathrm{d}x\mathrm{d}y$, 其中, D 是由圆 $x^2+y^2=ay$ 所围成的区域.

(4) $\displaystyle\int_0^1 \left(z\iint\limits_{D} \arctan^2\frac{y}{x}\mathrm{d}x\mathrm{d}y\right)\mathrm{d}z$, 其中, D 是由 $x^2+y^2=2x$ 所围成的.

(5) $\displaystyle\int_0^1 \left(\iint\limits_{D} \frac{1}{1+x^2+y^2+z^2}\mathrm{d}x\mathrm{d}y\right)\mathrm{d}z$, 其中, D 是由圆 $x^2+y^2+z^2=z$ 所围成的.

(6) $\displaystyle\iint\limits_{D} x\sqrt{x^2+5y^2}\mathrm{d}x\mathrm{d}y$, 其中, D 是由曲线 $x^2+9y^2=1$ 所围成的在第一、二象限部分.

(7) $\displaystyle\iint\limits_{D}\left|\sqrt{x^2+y^2}-a\right|\mathrm{d}x\mathrm{d}y$, 其中, D 是由曲面 $x^2+y^2=9$ 所围成的.

(8) $\displaystyle\iint\limits_{D}\cos\frac{y}{x+y}\mathrm{d}x\mathrm{d}y$, 其中, D 是由直线 $x+y=1$ 和坐标轴所围成的三角形区域.

解 (1) 令 $x=r\cos\theta, y=r\sin\theta$, 则 $x^2+y^2=1$ 变为 $r=1$. 于是

$$\iint\limits_{D}\arcsin\sqrt{x^2+y^2}\mathrm{d}x\mathrm{d}y=\int_0^{2\pi}\mathrm{d}\theta\int_0^1 r\arcsin r\mathrm{d}r$$

$$=2\pi\left(\frac{1}{2}r^2\arcsin r\Big|_0^1+\frac{1}{2}\int_0^1\sqrt{1-r^2}\mathrm{d}r-\frac{1}{2}\int_0^1\frac{1}{\sqrt{1-r^2}}\mathrm{d}r\right)$$

$$=\frac{\pi^2}{4}.$$

(2) 令 $x=r\cos\theta, y=r\sin\theta$, 积分区域的两条边界分别变为 $r=2\cos\theta$ 和 $r=4\cos\theta$, $-\dfrac{\pi}{2}\leqslant\theta\leqslant\dfrac{\pi}{2}$. 于是

$$\iint\limits_{D}\left(\frac{y}{x}\right)^2\sqrt{x^2+y^2}\mathrm{d}x\mathrm{d}y=\int_{-\frac{\pi}{2}}^{\frac{\pi}{2}}\tan^2\theta\mathrm{d}\theta\int_{2\cos\theta}^{4\cos\theta}r^2\mathrm{d}r$$

$$=\frac{2}{3}\int_0^{\frac{\pi}{2}}(64\sin^2\theta-8\sin^2\theta)\cos\theta\mathrm{d}\theta$$

$$=\frac{112}{9}.$$

(3) 当 $a=0$ 时, 重积分的值为 0.

当 $a>0$ 时, 积分区域关于 y 轴对称, 且 $x\sin y^2$, $y\sin x^3$ 是 x 的奇函数, 从而有 $\displaystyle\iint\limits_{D}(x\sin y^2+y\sin x^3+y\sqrt{x^2+y^2})\mathrm{d}x\mathrm{d}y=\iint\limits_{D}y\sqrt{x^2+y^2}\mathrm{d}x\mathrm{d}y$. 于是令 $x=r\cos\theta, y=r\sin\theta, 0\leqslant\theta\leqslant\pi$, 边界方程化为 $r=a\sin\theta$. 这里重积分可化为

$$\iint\limits_{D}y\sqrt{x^2+y^2}\mathrm{d}x\mathrm{d}y=\int_0^{\pi}\sin\theta\mathrm{d}\theta\int_0^{a\sin\theta}r^3\mathrm{d}r=\frac{1}{4}\int_0^{\pi}a^4\sin^5\theta\mathrm{d}\theta$$

$$=\frac{-1}{4}a^4\int_0^{\pi}(1-\cos^2\theta)^2\mathrm{d}\cos\theta$$

$$= \frac{-1}{4} a^4 \int_0^\pi (1 - 2\cos^2\theta + \cos^4\theta) \mathrm{d}\cos\theta$$

$$= \frac{4}{15} a^4,$$

即 $\iint\limits_D (x \sin y^2 + y \sin x^3 + y\sqrt{x^2 + y^2}) \mathrm{d}x\mathrm{d}y = \iint\limits_D y\sqrt{x^2 + y^2} \mathrm{d}x\mathrm{d}y = \frac{4}{15} a^4.$

当 $a < 0$ 时，令 $x = r\cos\theta, y = r\sin\theta, \pi \leqslant \theta \leqslant 2\pi$，边界方程化为 $r = a\sin\theta$. 同样可计算得

$$\iint\limits_D (x \sin y^2 + y \sin x^3 + y\sqrt{x^2 + y^2}) \mathrm{d}x\mathrm{d}y = \iint\limits_D y\sqrt{x^2 + y^2} \mathrm{d}x\mathrm{d}y = -\frac{4}{15} a^4.$$

(4) 令 $x = r\cos\theta, y = r\sin\theta, z = z$，则 $0 \leqslant r \leqslant 2\cos\theta, -\frac{\pi}{2} \leqslant \theta \leqslant \frac{\pi}{2}$，$0 \leqslant z \leqslant 1$，

$$\int_0^1 \left(z \iint\limits_D \arctan^2 \frac{y}{x} \mathrm{d}x\mathrm{d}y \right) \mathrm{d}z = \iint\limits_D \arctan^2 \frac{y}{x} \mathrm{d}x\mathrm{d}y \int_0^1 z\mathrm{d}z$$

$$= \int_0^{\frac{\pi}{2}} \theta^2 \mathrm{d}\theta \int_0^{2\cos\theta} r\mathrm{d}r = \frac{1}{2} \int_0^{\frac{\pi}{2}} \theta^2 r^2 |_0^{2\cos\theta} \mathrm{d}\theta$$

$$= \frac{1}{2} \int_0^{\frac{\pi}{2}} \theta^2 4\cos^2\theta \mathrm{d}\theta = 2 \int_0^{\frac{\pi}{2}} \theta^2 \frac{1 + \cos 2\theta}{2} \mathrm{d}\theta$$

$$= \frac{\pi^3 - 6\pi}{24}.$$

(5) 令 $x = r\cos\theta, y = r\sin\theta$，则 $r = \sqrt{z - z^2}, 0 \leqslant \theta \leqslant 2\pi$，则

$$\int_0^1 \left(\iint\limits_D \frac{1}{1 + x^2 + y^2 + z^2} \mathrm{d}x\mathrm{d}y \right) \mathrm{d}z = 2\pi \int_0^1 \mathrm{d}z \int_0^{\sqrt{z-z^2}} \frac{r}{1 + z^2 + r^2} \mathrm{d}r$$

$$= \pi \int_0^1 \ln(1 + z^2 + r^2)|_0^{\sqrt{z-z^2}} \mathrm{d}z$$

$$= \pi \int_0^1 [\ln(1 + z) - \ln(1 + z^2)] \mathrm{d}z$$

$$= \pi + \pi \ln 2 - \frac{\pi^2}{2}.$$

(6) 积分区域关于 y 轴对称，而被积函数关于 y 是偶函数，故只需在第一象限的区域上作坐标变换 $x = r\cos\theta, y = \frac{1}{3} r\sin\theta$，则 $0 \leqslant r \leqslant 1, 0 \leqslant \theta \leqslant \frac{\pi}{2}$，

$\dfrac{\partial(x,y)}{\partial(r,\theta)} = \dfrac{1}{3}r.$ 于是

$$\iint\limits_{D} x\sqrt{x^2 + 5y^2}\,\mathrm{d}x\mathrm{d}y = \dfrac{2}{9}\int_0^{\frac{\pi}{2}} \sqrt{9 - 4\sin^2\theta}\cos\theta\mathrm{d}\theta \int_0^1 r^3\mathrm{d}r$$

$$= \dfrac{1}{36}\int_0^{\frac{\pi}{2}} \sqrt{9 - 4\sin^2\theta}\,\mathrm{d}2\sin\theta$$

$$= \dfrac{1}{72}\left(2\sqrt{5} + 9\arcsin\dfrac{2}{3}\right).$$

注　$\displaystyle\int \sqrt{a^2 - x^2}\mathrm{d}x = \dfrac{1}{2}x\sqrt{a^2 - x^2} + \dfrac{a^2}{2}\arcsin\dfrac{x}{a} + C.$

(7) 令 $x = r\cos\theta,\, y = r\sin\theta$, 则 $0 \leqslant r \leqslant 3,\, 0 \leqslant \theta \leqslant 2\pi$. 于是

$$\iint\limits_{D} \left|\sqrt{x^2 + y^2} - a\right|\mathrm{d}x\mathrm{d}y = 2\pi\int_0^3 |r - a|\,\mathrm{d}r$$

$$= \begin{cases} 9\pi - 6a\pi, & a \leqslant 0, \\ 9\pi - 6a\pi + 2a^2\pi, & 0 < a < 3, \\ -9\pi + 6a\pi, & a \geqslant 3. \end{cases}$$

(8) 容易看出积分区域可写成 $D = \{(x,y)|0 \leqslant y \leqslant 1 - x, 0 \leqslant x \leqslant 1\}$, 这样可作变换 $u = x + y,\, v = y$. 这样 $\dfrac{\partial(x,y)}{\partial(u,v)} = 1$, 且 $0 \leqslant v \leqslant u \leqslant 1$. 于是

$$\iint\limits_{D} \cos\dfrac{y}{x + y}\mathrm{d}x\mathrm{d}y = \int_0^1 \mathrm{d}u\int_0^u \cos\dfrac{v}{u}\mathrm{d}v$$

$$= \int_0^1 u\sin\dfrac{v}{u}\bigg|_0^u \mathrm{d}u = \dfrac{1}{2}\sin 1.$$

重积分的变量替换遇被积函数或边界的表达式中是关于 $x^2 \pm y^2$ 的函数形式, 一般来说应考虑极坐标变换. 除此之外的许多变换就显得多样且更为灵巧了, 如第 8 题, 也可作变换: $u = y,\, v = x + y$.

定积分和重积分的应用非常广泛, 除了几何上的面积、体积的求法外, 还有诸如重心、转动惯量和质点引力等物理学上的应用, 在经济管理上也有许多应用, 如总量和平均值的计算. 下面给出一个例子.

8. 求面积、体积、总量与平均值.

(1) 曲线 $y = 8x - 27x^3$, $x = 0$ 与 $y = a$ 围成两块封闭的区域, 求 a 使得两区域的面积相等.

(2) 曲面 $z = x^2 + y^2$, $y = x$, $x = 0$ 和 $x + y = 2$ 围成一个几何体, 求这个几何体的体积.

(3) 已知某商品的边际产量为时间 t(单位: 年) 的函数 $MP(t) = 3t^2 - 2t + 1$. 求第一个 5 年和第二个 5 年的总产量及平均产量.

(4) 已知生产一种商品的关于资本和劳动的二阶边际成本为 $C_{kl} = 2k + 3l + 1$, 求在 $1 \leqslant k \leqslant 2$, $2 \leqslant l \leqslant 4$ 上的总成本及平均成本.

解   (1) 曲线与 $y = a$ 的左交点横坐标设为 t, 右交点横坐标设为 t, 则有

$$S_1 = \int_0^t (a - 8x + 27x^3)\mathrm{d}x = at - 4t^2 + \frac{27}{4}t^4,$$

$$S_2 = \int_t^{t_0} (8x - 27x^3 - a)\mathrm{d}x = 4(t_0^2 - t^2) - \frac{27}{4}(t_0^4 - t^4) - a(t_0 - t),$$

由 $S_1 = S_2$, 可以得到

$$t_0 = \frac{4}{9},$$

即 $a = \frac{32}{27}$.

(2) 根据题意有

$$V = \iint_D (x^2 + y^2)\mathrm{d}x\mathrm{d}y,$$

其中, $D = \{(x,y) | 0 \leqslant x \leqslant 1, x \leqslant y \leqslant 2 - x\}$. 计算这个二重积分便可得体积. 即

$$V = \iint_D (x^2 + y^2)\mathrm{d}x\mathrm{d}y = \iint_D x^2 \mathrm{d}x\mathrm{d}y + \iint_D y^2 \mathrm{d}x\mathrm{d}y$$

$$= 2\int_0^1 x^2(1 - x)\mathrm{d}x + \frac{1}{3}\int_0^1 ((2 - x)^3 - x^3)\mathrm{d}x$$

$$= \frac{4}{3}.$$

(3) 第一个 5 年的总产量为

$$P = \int_0^5 (3t^2 - 2t + 1)\mathrm{d}t = 105,$$

第一个 5 年的平均产量为

$$\bar{P} = \frac{1}{5}\int_0^5 (3t^2 - 2t + 1)\mathrm{d}t = 21;$$

第二个 5 年的总产量为

$$P = \int_5^{10} (3t^2 - 2t + 1)\mathrm{d}t = 805,$$

第二个 5 年的平均产量为

$$\bar{P} = \frac{1}{10 - 5} \int_5^{10} (3t^2 - 2t + 1)\mathrm{d}t = 161.$$

(4) 总成本为

$$TC = \iint\limits_{\substack{1 \leqslant k \leqslant 2 \\ 2 \leqslant l \leqslant 4}} (2k + 3l + 1)\mathrm{d}k\mathrm{d}l = 26,$$

平均成本为

$$\overline{TC} = \frac{1}{A_D} \iint\limits_{D} C_{kl}\mathrm{d}k\mathrm{d}l = \frac{1}{2} \iint\limits_{\substack{1 \leqslant k \leqslant 2 \\ 2 \leqslant l \leqslant 4}} (2k + 3l + 1)\mathrm{d}k\mathrm{d}l = 13.$$

回到概念理解中的题 11, 选项 (A), (B) 和 (C) 事实上都是参变量积分的连续、微分和积分的方法, 这些方法在一定条件下完全可以移植到反常积分与重积分中. 下面的第 9 题是变参数积分的一般微分公式. 第 10 题是求最优曲线的一个最基本的结论, 在经济管理等优化问题方面有着广泛的应用. 第 11 题则是这方面的一个简单应用. 有关这方面内容的进一步讨论可见相关的理论书籍, 如变分法等.

9. 设 $f(x,y)$ 和 $f_x(x,y)$ 在矩形区域 $R = \{(x,y)|a \leqslant x \leqslant b, c \leqslant y \leqslant d\}$ 上连续, 函数 $\varphi(x)$ 和 $\psi(x)$ 均在 $[a,b]$ 上可导, 且当 $x \in [a,b]$ 时, $c \leqslant \varphi(x) \leqslant d$, $c \leqslant \psi(x) \leqslant d$, 那么

$$\frac{\mathrm{d}}{\mathrm{d}x} \int_{\varphi(x)}^{\psi(x)} f(x,y)\mathrm{d}y = f(x, \psi(x))\psi'(x) - f(x, \varphi(x))\varphi'(x) + \int_{\varphi(x)}^{\psi(x)} f_x'(x,y)\mathrm{d}y.$$

证明 令 $F(x, \psi, \varphi) = \int_{\varphi(x)}^{\psi(x)} f(x,y)\mathrm{d}y$, 则 $F_x'(x, \psi, \varphi) = \int_{\varphi(x)}^{\psi(x)} f_x'(x,y)\mathrm{d}y$, $F_\psi'(x, \psi, \varphi) = f(x, \psi)$, 以及 $F_\varphi'(x, \psi, \varphi) = -f(x, \varphi)$. 于是由链锁规则可知

$$\frac{\mathrm{d}}{\mathrm{d}x} \int_{\varphi(x)}^{\psi(x)} f(x,y)\mathrm{d}y = \frac{\mathrm{d}}{\mathrm{d}x} F(x, \psi(x), \varphi(x)) = \frac{\partial F}{\partial x} + \frac{\partial F}{\partial \psi}\frac{\mathrm{d}\psi(x)}{\mathrm{d}x} + \frac{\partial F}{\partial \varphi}\frac{\mathrm{d}\varphi(x)}{\mathrm{d}x}$$

$$= \int_{\varphi(x)}^{\psi(x)} f_x'(x,y)\mathrm{d}y + f(x, \psi(x))\psi'(x) - f(x, \varphi(x))\varphi'(x).$$

10. 如果 $g(x)$ 是 $[a,b]$ 上任意的具有连续的一阶导数, 且在 a, b 两点为零的函数. 又 $f(x)$ 在 $[a,b]$ 上连续且满足 $\int_a^b f(x)g(x)\mathrm{d}x = 0$, 那么对所有的 $x \in [a,b]$, 都有 $f(x) = 0$.

证明　用反证法. 若不然, 存在 $x_0 \in [a,b]$, 使得 $f(x_0) \neq 0$. 不妨设 $f(x_0) < 0$, 则由连续性知存在 $\delta > 0$ 使得 $x \in (x_0 - \delta, x_0 + \delta) \subset [a,b]$, $f(x) < \dfrac{f(x_0)}{2} < 0$. 令

$$
g(x) = \begin{cases}
0, & a \leqslant x \leqslant x_0 - \delta, \\
(x - x_0 + \delta)^2 (x - x_0 - \delta)^2, & x_0 - \delta < x < x_0 + \delta, \\
0, & x_0 + \delta \leqslant x \leqslant b,
\end{cases}
$$

则 $g(x)$ 在 $[a,b]$ 上具有一阶连续的导数, 且 $g(a) = 0 = g(b)$, $g(x) \geqslant 0$. 于是

$$
\begin{aligned}
\int_a^b f(x)g(x)\mathrm{d}x &= \int_a^{x_0-\delta} f(x)g(x)\mathrm{d}x + \int_{x_0-\delta}^{x_0+\delta} f(x)g(x)\mathrm{d}x + \int_{x_0+\delta}^b f(x)g(x)\mathrm{d}x \\
&= \int_{x_0-\delta}^{x_0+\delta} f(x)g(x)\mathrm{d}x < \frac{1}{2}f(x_0)\int_{x_0-\delta}^{x_0+\delta} g(x)\mathrm{d}x \\
&= \frac{8\delta^5}{15} f(x_0) < 0.
\end{aligned}
$$

这与题设矛盾. 故结论成立.

值得注意的是, 本题对函数 $g(x)$ 的一阶导数连续的假设改成在任意阶导数连续, 结论仍然是对的.

11. 称函数 $y_0(x)$ 为 $J(y) = \int_a^b f(x, y, y')\mathrm{d}x$ 的极小 (大) 值函数, 如果存在正数 δ, 使得当 $|y - y_0| < \delta$ 时, $J(y) \geqslant (\leqslant)J(y_0)$ 成立. 设 $y(x)$ 有连续的二阶导数, 如果 $g'_y - \dfrac{\mathrm{d}}{\mathrm{d}x} g'_{y'}$ 连续且不恒等于零, 那么 $J(y) = \int_a^b f(x, y, y')\mathrm{d}x$ 在条件 $\int_a^b g(x, y, y')\mathrm{d}x = k$, $y(a) = \alpha$ 和 $y(b) = \beta$ 下的极值函数 $y_0(x)$ 必满足 $f'_y + \lambda g'_y = \dfrac{\mathrm{d}}{\mathrm{d}x}(f'_{y'} + \lambda g'_{y'})$ (欧拉方程).

证明　设 $\eta_1(x)$ 与 $\eta_2(x)$ 都在 $[a,b]$ 上有连续的二阶导数且 $\eta_i(a) = \eta_i(b) = 0(i = 1,2)$, 令函数

$$
\begin{aligned}
\varphi(\varepsilon_1, \varepsilon_2) &= \int_a^b f(x, y_0 + \varepsilon_1\eta_1 + \varepsilon_2\eta_2, y'_0 + \varepsilon_1\eta'_1 + \varepsilon_2\eta'_2)\mathrm{d}x \\
&\quad + \lambda\left(\int_a^b g(x, y_0 + \varepsilon_1\eta_1 + \varepsilon_2\eta_2, y'_0 + \varepsilon_1\eta'_1 + \varepsilon_2\eta'_2)\mathrm{d}x - k\right),
\end{aligned}
$$

$$\varphi_{\varepsilon_1} = \int_a^b f_y'\eta_1 + f_{y'}'\eta_1' + \lambda(g_y'\eta_1 + g_{y'}'\eta_1')\mathrm{d}x$$

$$= \int_a^b [(f_y' + \lambda g_y')\eta_1 + (f_{y'}' + \lambda g_{y'}')\eta_1']\mathrm{d}x$$

$$= \int_a^b (f_y' + \lambda g_y')\eta_1\mathrm{d}x + (f_{y'}' + \lambda g_{y'}')\eta_1\Big|_a^b - \int_a^b \frac{\mathrm{d}}{\mathrm{d}x}(f_{y'}' + \lambda g_y')\eta_1\mathrm{d}x \quad (\text{分部积分})$$

$$= \int_a^b \left[f_y' + \lambda g_y' - \frac{\mathrm{d}}{\mathrm{d}x}(f_{y'}' + \lambda g_{y'}')\right]\eta_1\mathrm{d}x.$$

同理

$$\varphi_{\varepsilon_2} = \int_a^b f_y'\eta_2 + f_{y'}'\eta_2' + \lambda(g_y'\eta_2 + g_{y'}'\eta_2')\mathrm{d}x$$

$$= \int_a^b \left[f_y' + \lambda g_y' - \frac{\mathrm{d}}{\mathrm{d}x}(f_{y'}' + \lambda g_{y'}')\right]\eta_2\mathrm{d}x.$$

由于在 $y_0(x)$ 处取到极值, 故 $\varphi_{\varepsilon_1}(0,0) = 0$, $\varphi_{\varepsilon_2}(0,0) = 0$. 于是由第 10 题有

$$f_y' + \lambda g_y' = \frac{\mathrm{d}}{\mathrm{d}x}(f_{y'}' + \lambda g_{y'}').$$

下列例题主要介绍一些常见积分等式与不等式的证明. 方法则主要集中在变量替换、判断单调性、比较大小及重积分等方法.

12. 下列所论积分中的函数均假定为连续的, 试证明下列积分等式.

(1) $\dfrac{1}{b-a}\displaystyle\int_a^b f(x)\mathrm{d}x = \int_0^1 f(a + (b-a)x)\mathrm{d}x.$

(2) $\displaystyle\int_a^b f(x)\mathrm{d}x = \int_a^b f(a+b-x)\mathrm{d}x.$

(3) 如果 $f(x)$ 二次可导, 且 $f(a) = f(b) = 0$, 那么 $\displaystyle\int_a^b f(x)\mathrm{d}x = \frac{1}{2}\int_a^b f''(x) \cdot (x-a)(x-b)\mathrm{d}x.$

(4) 如果 $f(x) < 0$, 则存在唯一的 $\xi \in (a,b)$ 使得 $\displaystyle\int_a^\xi f(x)\mathrm{d}x = \int_\xi^b f(x)\mathrm{d}x.$

(5) 如果 $f(\cdot)$ 为偶函数, 那么 $\displaystyle\iint\limits_{x^2+y^2\leqslant 1} f(\alpha x + \beta y)\mathrm{d}x\mathrm{d}y = 4\int_0^1 \sqrt{1-x^2} \cdot f(\sqrt{\alpha^2 + \beta^2}x)\mathrm{d}x.$

(6) $\displaystyle\iint\limits_{\substack{0\leqslant y\leqslant u \\ 0\leqslant x\leqslant a}} e^{m(a-x)}f(x)\mathrm{d}x\mathrm{d}y = \int_0^a (a-x)e^{m(a-x)}f(x)\mathrm{d}x.$

证明　(1) 令伸缩变换 $t = \dfrac{x-a}{b-a}$, 则 $\mathrm{d}x = (b-a)\mathrm{d}t, 0 \leqslant t \leqslant 1$. 于是

$$\frac{1}{b-a}\int_a^b f(x)\mathrm{d}x = \frac{1}{b-a}(b-a)\int_0^1 f(a+(b-a)t)\mathrm{d}t$$

$$= \int_0^1 f(a+(b-a)t)\mathrm{d}t = \int_0^1 f(a+(b-a)x)\mathrm{d}x.$$

(2) 令 $x = a+b-t$, 则 $\mathrm{d}x = -\mathrm{d}t$. 于是

$$\int_a^b f(x)\mathrm{d}x = -\int_b^a f(a+b-t)\mathrm{d}t = -\int_b^a f(a+b-x)\mathrm{d}x$$

$$= \int_a^b f(a+b-x)\mathrm{d}x.$$

(3) 由于 $f(a) = f(b) = 0$, 故 $f(x) = \displaystyle\int_a^x f'(t)\mathrm{d}t$. 于是

$$\int_a^b f(x)\mathrm{d}x = \int_a^b \left(\int_a^x f'(t)\mathrm{d}t\right)\mathrm{d}x = \int_a^b \left((t-a)f'(t)\big|_a^x - \int_a^x (t-a)f''(t)\mathrm{d}t\right)\mathrm{d}x$$

$$= \int_a^b (x-a)f'(x)\mathrm{d}x - \int_a^b \int_a^x (t-a)f''(t)\mathrm{d}t\mathrm{d}x$$

$$= (x-a)f(x)\big|_a^b - \int_a^b f(x)\mathrm{d}x - (x-b)\int_a^x (t-a)f''(t)\mathrm{d}t\bigg|_a^b$$

$$+ \int_a^b f''(x)(x-a)(x-b)\mathrm{d}x$$

$$= -\int_a^b f(x)\mathrm{d}x + \int_a^b f''(x)(x-a)(x-b)\mathrm{d}x,$$

即

$$\int_a^b f(x)\mathrm{d}x = \frac{1}{2}\int_a^b f''(x)(x-a)(x-b)\mathrm{d}x.$$

(4) 令 $F(x) = \displaystyle\int_a^x f(t)\mathrm{d}t - \int_x^b f(t)\mathrm{d}t$, 则 $F(a) \cdot F(b) < 0$ 且 $F(x)$ 在闭区间上连续. 于是由中间值定理有 $\xi \in [a,b]$ 使得 $F(\xi) = 0$.

又 $F'(x) = f(x) + f(x) = 2f(x) < 0$, 故 $F(x)$ 单调递减, 从而 ξ 是唯一的, 且

$$\int_0^\xi f(x)\mathrm{d}x = \int_\xi^b f(x)\mathrm{d}x.$$

(5) 令 $u = \dfrac{\alpha x + \beta y}{\sqrt{\alpha^2 + \beta^2}}$, $v = \dfrac{-\beta x + \alpha y}{\sqrt{\alpha^2 + \beta^2}}$, 则 $x = \dfrac{\alpha u - \beta v}{\sqrt{\alpha^2 + \beta^2}}$, $y = \dfrac{\beta u + \alpha v}{\sqrt{\alpha^2 + \beta^2}}$,

且 $\dfrac{\partial(x,y)}{\partial(u,v)} = 1$, $u^2 + v^2 = 1$. 于是

$$\iint\limits_{x^2+y^2 \leqslant 1} f(\alpha x + \beta y)\mathrm{d}x\mathrm{d}y = \iint\limits_{u^2+v^2 \leqslant 1} f(\sqrt{\alpha^2+\beta^2}\,u)\mathrm{d}u\mathrm{d}v$$

$$= 4\int_0^1 \sqrt{1-x^2}f(\sqrt{\alpha^2+\beta^2}\,x)\mathrm{d}x. \quad (\text{利用偶函数的对称性})$$

(6) $\displaystyle\iint\limits_{\substack{0 \leqslant x \leqslant y \\ 0 \leqslant y \leqslant a}} e^{m(a-x)}f(x)\mathrm{d}x\mathrm{d}y = \int_0^a \mathrm{d}y \int_0^y e^{m(a-x)}f(x)\mathrm{d}x$

$$= \int_0^a \left(\int_0^y e^{m(a-x)}f(x)\mathrm{d}x \right)\mathrm{d}y$$

$$= (y-a)\int_0^y e^{m(a-x)}f(x)\mathrm{d}x \bigg|_0^a$$

$$- \int_0^a (y-a)e^{m(a-y)}f(y)\mathrm{d}y \quad (\text{分部积分})$$

$$= \int_0^a (a-x)e^{m(a-x)}f(x)\mathrm{d}x.$$

注   选择另一积分次序, 我们有

$$\iint\limits_{\substack{0 \leqslant x \leqslant y \\ 0 \leqslant y \leqslant a}} e^{m(a-x)}f(x)\mathrm{d}x\mathrm{d}y = \int_0^a e^{m(a-x)}f(x)\mathrm{d}x \int_x^a \mathrm{d}y$$

$$= \int_0^a (a-x)e^{m(a-x)}f(x)\mathrm{d}x.$$

13. 证明下列不等式:

(1) 设 $f(x)$ 是 $[a,b]$ 上连续的单调递减函数, 证明

$$2\int_a^b xf(x)\mathrm{d}x \leqslant (b+a)\int_a^b f(x)\mathrm{d}x.$$

(2) 设 $f(x)$, $g(x)$ 是 $[a,b]$ 上连续的单调递减函数, 证明

$$\int_a^b f(x)\mathrm{d}x \int_a^b g(x)\mathrm{d}x \leqslant (b-a)\int_a^b f(x)g(x)\mathrm{d}x.$$

(3) 如果 $f(x)$ 在 $[0,1]$ 上连续, 且 $0 \leqslant f(x) \leqslant 1$, 那么

$$\frac{\int_0^1 f(x)\mathrm{d}x}{1 - \int_0^1 f(x)\mathrm{d}x} \leqslant \int_0^1 \frac{f(x)}{1 - f(x)}\mathrm{d}x.$$

(4) 如果 $f(x)$ 在 $[a,b]$ 上连续, 且 $0 < m \leqslant f(x) \leqslant M$, 那么

$$(b-a)^2 \leqslant \int_a^b f(x)\mathrm{d}x \int_a^b \frac{1}{f(x)}\mathrm{d}x \leqslant \frac{(m+M)^2}{4mM}(b-a)^2.$$

(5) 设 $f(x)$ 是 $[0,1]$ 上连续递减的正函数, 那么, 对任意的 α, β 且 $0 < \alpha < \beta < 1$ 都有

$$\alpha \int_\alpha^\beta f(x)\mathrm{d}x < \beta \int_0^\alpha f(x)\mathrm{d}x.$$

(6) 设 $f(x)$ 在 $[a,b]$ 上有连续的二阶导数, 且 $f(a) = f'(a) = 0$, $f(b) = f'(b) = 0$, 那么

$$\frac{24}{(b-a)^3} \int_a^b f(x)\mathrm{d}x \leqslant \max_{x\in[a,b]}\{|f''(x)|\}.$$

(7) 设在 $[a,b]$ 上 $f''(x) > 0$, 连续函数 $g(x)$ 满足 $a \leqslant g(x) \leqslant b$, 证明

$$f\left(\frac{1}{b-a}\int_a^b g(x)\mathrm{d}x\right) \leqslant \frac{1}{b-a}\int_a^b f(g(x))\mathrm{d}x.$$

(8) 设 $f(x)$ 是 $[0,1]$ 上连续递增的正函数, 那么

$$\frac{\int_0^1 xf^2(x)\mathrm{d}x}{\int_0^1 xf(x)\mathrm{d}x} \geqslant \frac{\int_0^1 f^2(x)\mathrm{d}x}{\int_0^1 f(x)\mathrm{d}x}.$$

(9) 设 $f(x,y), g(x,y)$ 在有界闭区域 D 上连续, 那么

$$\left(\iint\limits_D f(x,y)g(x,y)\mathrm{d}x\mathrm{d}y\right)^2 \leqslant \iint\limits_D f^2(x,y)\mathrm{d}x\mathrm{d}y \iint\limits_D g^2(x,y)\mathrm{d}x\mathrm{d}y.$$

(10) 如果 $f(x,y), g(x,y)$ 在有界闭区域 D 上连续, 那么

$$\sqrt{\iint\limits_D [f(x,y)+g(x,y)]^2\mathrm{d}x\mathrm{d}y} \leqslant \sqrt{\iint\limits_D f^2(x,y)\mathrm{d}x\mathrm{d}y} + \sqrt{\iint\limits_D g^2(x,y)\mathrm{d}x\mathrm{d}y}.$$

证明 (1) 用四种方法证明, 以示不同方法有不同条件要求.

法 1: 由于被积函数是连续的, 故可用单调性方法进行证明. 令

$$F(x) = 2\int_a^x tf(t)\mathrm{d}t - (x+a)\int_a^x f(t)\mathrm{d}t,$$

那么, $F(a) = 0$, 且 $F'(x) = 2xf(x) - \int_a^x f(t)\mathrm{d}t - (x+a)f(x) \leqslant 2xf(x) - 2xf(x) = 0$. 于是, $F(x)$ 是单调递减的, 从而, 当 $b \geqslant a$ 时, $F(b) \leqslant F(a) = 0$, 即

$$2\int_a^b xf(x)\mathrm{d}x \leqslant (b+a)\int_a^b f(x)\mathrm{d}x.$$

法 2: 直接比较大小证明. 由于 $f(x)$ 是连续的, 故有

$$\int_a^b \left(x - \frac{b+a}{2}\right)f(x)\mathrm{d}x = \int_a^{\frac{a+b}{2}}\left(x - \frac{b+a}{2}\right)f(x)\mathrm{d}x + \int_{\frac{a+b}{2}}^b \left(x - \frac{b+a}{2}\right)f(x)\mathrm{d}x$$

$$= -f(\xi)\frac{(b-a)^2}{8} + f(\eta)\frac{(b-a)^2}{8} \quad (\text{用积分中值定理}, \xi \leqslant \eta)$$

$$= \frac{(b-a)^2}{8}(f(\eta) - f(\xi)) \leqslant 0. \quad (\text{利用函数的递减性})$$

因此

$$\int_a^b xf(x)\mathrm{d}x \leqslant \frac{b+a}{2}\int_a^b f(x)\mathrm{d}x.$$

法 3: 间接比较大小证明. 由于 $x \in [a,b]$ 时, $x - \dfrac{a+b}{2}$ 的符号在点 $\dfrac{a+b}{2}$ 处由正变为负, 并注意到 $f(x)$ 的单调递减性, 因此 $\left(x - \dfrac{a+b}{2}\right)\left(f(x) - f\left(\dfrac{a+b}{2}\right)\right) \leqslant 0$. 于是

$$\int_a^b \left(x - \frac{a+b}{2}\right)\left(f(x) - f\left(\frac{a+b}{2}\right)\right)\mathrm{d}x \leqslant 0.$$

而

$$\int_a^b \left(x - \frac{a+b}{2}\right)\left(f(x) - f\left(\frac{a+b}{2}\right)\right)\mathrm{d}x$$

$$= \int_a^b \left(x - \frac{a+b}{2}\right)f(x)\mathrm{d}x - \int_a^b f\left(\frac{a+b}{2}\right)\left(x - \frac{a+b}{2}\right)\mathrm{d}x$$

$$= \int_a^b \left(x - \frac{a+b}{2}\right)f(x)\mathrm{d}x - 0 = \int_a^b \left(x - \frac{a+b}{2}\right)f(x)\mathrm{d}x.$$

所以

$$\int_a^b \left(x - \frac{a+b}{2} \right) f(x)\mathrm{d}x \leqslant 0,$$

即

$$\int_a^b x f(x)\mathrm{d}x \leqslant \frac{b+a}{2} \int_a^b f(x)\mathrm{d}x.$$

法 4：令 $F(x,y) = (x-y)(f(x)-f(y))$, $x \in [a,b]$, $y \in [a,b]$, 则当 $x \geqslant y$ 时, $F(x,y) \leqslant 0$; 当 $x < y$ 时, $F(x,y) \leqslant 0$. 于是

$$\iint\limits_{\substack{a \leqslant x \leqslant b \\ a \leqslant y \leqslant b}} F(x,y)\mathrm{d}x\mathrm{d}y \leqslant 0.$$

这样

$$0 \geqslant \iint\limits_{\substack{a \leqslant x \leqslant b \\ a \leqslant y \leqslant b}} F(x,y)\mathrm{d}x\mathrm{d}y = \int_a^b \mathrm{d}y \int_a^b (x-y)(f(x)-f(y))\mathrm{d}x$$

$$= \int_a^b \left[\int_a^b x f(x)\mathrm{d}x - y \int_a^b f(x)\mathrm{d}x - \frac{b^2-a^2}{2} f(y) + y f(y)(b-a) \right] \mathrm{d}y$$

$$= 2(b-a) \int_a^b x f(x)\mathrm{d}x - (b-a)(b+a) \int_a^b f(x)\mathrm{d}x,$$

即

$$2 \int_a^b x f(x)\mathrm{d}x \leqslant (b+a) \int_a^b f(x)\mathrm{d}x.$$

注   此题的后两种证明方法没有用到函数的连续性, 事实上, 函数仅仅可积时不等式仍然成立. 利用变限积分求导判断其单调性证明积分不等式, 被积函数必须是连续的.

(2) 由于 $f(x)$, $g(x)$ 的连续性, 此题的证明也可用单调性来证. 只需令

$$F(x) = (x-a) \int_a^x f(t)g(t)\mathrm{d}t - \int_a^x f(t)\mathrm{d}t \int_a^x g(t)\mathrm{d}t$$

即可. 这里, 用类似于上题最后一种证法来证明. 任取 $x, y \in [a,b]$, 则由 $f(x)$, $g(x)$ 单调递减知, $[f(x)-f(y)][g(x)-g(y)] \geqslant 0$. 于是

$$\iint\limits_{\substack{a \leqslant x \leqslant b \\ a \leqslant y \leqslant b}} [f(x)-f(y)][g(x)-g(y)]\mathrm{d}x\mathrm{d}y \geqslant 0,$$

即

$$(b-a)\int_a^b f(x)g(x)\mathrm{d}x - \int_a^b f(x)\mathrm{d}x \int_a^b g(y)\mathrm{d}y$$
$$- \int_a^b f(y)\mathrm{d}y \int_a^b g(x)\mathrm{d}x + (b-a)\int_a^b f(y)g(y)\mathrm{d}y \geqslant 0.$$

利用定积分的积分变量的虚拟性知

$$\int_a^b f(x)\mathrm{d}x \int_a^b g(x)\mathrm{d}x \leqslant (b-a)\int_a^b f(x)g(x)\mathrm{d}x.$$

(3) 只需证明

$$\int_0^1 f(x)\mathrm{d}x \leqslant \int_0^1 \frac{f(x)}{1-f(x)}\mathrm{d}x \left(\int_0^1 (1-f(x))\mathrm{d}x\right)$$

即可. 令

$$F(y) = y\int_0^y f(x)\mathrm{d}x - \int_0^y \frac{f(x)}{1-f(x)}\mathrm{d}x \left(\int_0^y (1-f(x))\mathrm{d}x\right), \quad y\in[0,1],$$

则 $F(0) = 0$, 且

$$F'(y) = \int_0^y f(x)\mathrm{d}x + yf(y) - \frac{f(y)}{1-f(y)}\int_0^y (1-f(x))\mathrm{d}x$$
$$- (1-f(y))\int_0^y \frac{f(x)}{1-f(x)}\mathrm{d}x$$
$$= -\int_0^y \left[\frac{f(x)(1-f(y))}{1-f(x)} - f(x) - f(y) + \frac{f(y)(1-f(x))}{1-f(y)}\right]\mathrm{d}x$$
$$= -\int_0^y \frac{f(x)(1-f(y))^2 - (f(x)+f(y))(1-f(x))(1-f(y)) + f(y)(1-f(x))^2}{(1-f(y))(1-f(x))}\mathrm{d}x$$
$$= -\int_0^y \frac{(f(x)-f(y))^2}{(1-f(x))(1-f(y))}\mathrm{d}x \leqslant 0,$$

从而 $F(y)$ 单调不增. 于是 $F(1) \leqslant F(0) = 0$, 即

$$\int_0^1 f(x)\mathrm{d}x - \int_0^1 \frac{f(x)}{1-f(x)}\mathrm{d}x \cdot \int_0^1 (1-f(x))\mathrm{d}x \leqslant 0 \int_0^1 \frac{f(x)}{1-f(x)}\mathrm{d}x \left(\int_0^1 (1-f(x))\mathrm{d}x\right).$$

因此

$$\int_0^1 f(x)\mathrm{d}x \leqslant \int_0^1 \frac{f(x)}{1-f(x)}\mathrm{d}x \left(\int_0^1 (1-f(x))\mathrm{d}x\right).$$

另证：仿第二题的证明，令 $F(x, y) = \left(\dfrac{f(x)}{1 - f(x)} - \dfrac{f(y)}{1 - f(y)} \right) (f(y) - f(x))$，
则容易知道 $F(x, y) \leqslant 0$. 以下同第二题的证明.

(4) 不等式左边易证. 现证明不等式右边. 由于

$$F(x) = \frac{(f(x) - m)(f(x) - M)}{f(x)} \leqslant 0,$$

那么，$\displaystyle\int_a^b F(x)\mathrm{d}x \leqslant 0$. 于是

$$\int_a^b f(x)\mathrm{d}x + mM \int_a^b \frac{1}{f(x)}\mathrm{d}x \leqslant (m + M)(b - a). \tag{$*$}$$

由于 $f(x) \geqslant m > 0$, 所以，$\displaystyle\int_a^b f(x)\mathrm{d}x > 0, \ mM \int_a^b \dfrac{1}{f(x)}\mathrm{d}x > 0$. 于是

$$\int_a^b f(x)\mathrm{d}x + mM \int_a^b \frac{1}{f(x)}\mathrm{d}x \geqslant 2\sqrt{mM \int_a^b f(x)\mathrm{d}x \int_a^b \frac{1}{f(x)}\mathrm{d}x}.$$

故由 $(*)$ 式可

$$2\sqrt{mM \int_a^b f(x)\mathrm{d}x \int_a^b \frac{1}{f(x)}\mathrm{d}x} \leqslant (m + M)(b - a).$$

对上式两边平方得

$$\int_a^b f(x)\mathrm{d}x \int_a^b \frac{1}{f(x)}\mathrm{d}x \leqslant \frac{(m + M)^2}{4mM}(b - a)^2.$$

(5) 此题用微分中值定理来证明. 由于 $f(x)$ 是连续的, 故 $F(x) = \displaystyle\int_0^x f(t)\mathrm{d}t$
是可微的. 于是在区间 $[\alpha, \beta]$ 上使用拉格朗日中值定理知, 存在 $\xi \in (\alpha, \beta)$ 使得

$$F(\beta) - F(\alpha) = \int_\alpha^\beta f(t)\mathrm{d}t = f(\xi)(\beta - \alpha).$$

类似地, 存在 $\eta \in (0, \alpha)$ 使得

$$F(\alpha) - F(0) = \int_0^\alpha f(t)\mathrm{d}t = f(\eta)\alpha.$$

又由于 $0 < \alpha < \beta < 1$ 和 $f(x)$ 单调递减且为正, 故 $\eta < \xi$, 进而, $f(\xi) < f(\eta)$.
于是

$$\alpha \int_\alpha^\beta f(x)\mathrm{d}x - \beta \int_0^\alpha f(x)\mathrm{d}x = \alpha\beta(f(\xi) - f(\eta)) - \alpha^2 f(\xi) < 0,$$

即

$$\alpha \int_\alpha^\beta f(x)\mathrm{d}x < \beta \int_0^\alpha f(x)\mathrm{d}x.$$

(6) 为方便, 记 $M = \max\limits_{a \leqslant x \leqslant b}\{|f''(x)|\}$. 由于 $f(a) = f(b) = 0$, 故 $f(x) = \int_a^x f'(t)\mathrm{d}t$, 也有 $f(x) = -\int_x^b f'(t)\mathrm{d}t$. 于是

$$\int_a^b f(x)\mathrm{d}x = \int_a^{\frac{a+b}{2}}\left(\int_a^x f'(t)\mathrm{d}t\right)\mathrm{d}x + \int_{\frac{a+b}{2}}^b\left(-\int_x^b f'(t)\mathrm{d}t\right)\mathrm{d}x,$$

而

$$\begin{aligned}
\int_a^{\frac{a+b}{2}}\left(\int_a^x f'(t)\mathrm{d}t\right)\mathrm{d}x &= \left(x - \frac{a+b}{2}\right)\int_a^x f'(t)\mathrm{d}t\Big|_a^{\frac{a+b}{2}} \\
&\quad - \int_a^{\frac{a+b}{2}}\left(x - \frac{a+b}{2}\right)f'(x)\mathrm{d}x \\
&= -\frac{1}{2}\left(x - \frac{a+b}{2}\right)^2 f'(x)\Big|_a^{\frac{a+b}{2}} \\
&\quad + \frac{1}{2}\int_a^{\frac{a+b}{2}}\left(x - \frac{a+b}{2}\right)^2 f''(x)\mathrm{d}x \\
&= \frac{1}{2}\int_a^{\frac{a+b}{2}}\left(x - \frac{a+b}{2}\right)^2 f''(x)\mathrm{d}x,
\end{aligned}$$

且

$$\begin{aligned}
\int_a^{\frac{a+b}{2}}\left(\int_a^x f'(t)\mathrm{d}t\right)\mathrm{d}x &= \frac{1}{2}\int_a^{\frac{a+b}{2}}\left(x - \frac{a+b}{2}\right)^2 f''(x)\mathrm{d}x \\
&\leqslant \frac{1}{2}\int_a^{\frac{a+b}{2}}\left(x - \frac{a+b}{2}\right)^2 |f''(x)|\,\mathrm{d}x \\
&\leqslant \frac{M}{2}\frac{1}{3}\left(x - \frac{a+b}{2}\right)^3\Big|_a^{\frac{a+b}{2}} = \frac{M}{48}(b-a)^3.
\end{aligned}$$

同理,

$$\begin{aligned}
\int_{\frac{a+b}{2}}^b\left(-\int_x^b f'(t)\mathrm{d}t\right)\mathrm{d}x &= \frac{1}{2}\int_{\frac{a+b}{2}}^b\left(x - \frac{a+b}{2}\right)^2 f''(x)\mathrm{d}x \\
&\leqslant \frac{1}{2}\int_{\frac{a+b}{2}}^b\left(x - \frac{a+b}{2}\right)^2 |f''(x)|\,\mathrm{d}x \leqslant \frac{M}{48}(b-a)^3.
\end{aligned}$$

因此

$$\int_a^b f(x)\mathrm{d}x = \int_a^{\frac{a+b}{2}} \left(\int_a^x f'(t)\mathrm{d}t\right)\mathrm{d}x + \int_{\frac{a+b}{2}}^b \left(-\int_x^b f'(t)\mathrm{d}t\right)\mathrm{d}x \leqslant \frac{M}{24}(b-a)^3,$$

即

$$\frac{24}{(b-a)^3}\int_a^b f(x)\mathrm{d}x \leqslant M = \max_{x\in[a,b]}\{|f''(x)|\}.$$

一般来说, 端点为零的可导函数, 在处理与此函数相关的定积分命题时, 将其写成一个变上 (下) 限函数, 有其独特之效.

(7) 由于 $f''(x) > 0$, 故由凹性特点有

$$f(x) \geqslant f\left(\frac{1}{b-a}\int_a^b g(x)\mathrm{d}x\right) + f'\left(\frac{1}{b-a}\int_a^b g(x)\mathrm{d}x\right)\left(x - \frac{1}{b-a}\int_a^b g(x)\mathrm{d}x\right).$$

特别地,

$$f(g(x)) \geqslant f\left(\frac{1}{b-a}\int_a^b g(x)\mathrm{d}x\right) + f'\left(\frac{1}{b-a}\int_a^b g(x)\mathrm{d}x\right)\left[g(x) - \frac{1}{b-a}\int_a^b g(x)\mathrm{d}x\right].$$

于是, 对上式两边积分可知

$$\begin{aligned}
\int_a^b f(g(x))\mathrm{d}x &\geqslant f\left(\frac{1}{b-a}\int_a^b g(x)\mathrm{d}x\right)(b-a) \\
&\quad + f'\left(\frac{1}{b-a}\int_a^b g(x)\mathrm{d}x\right)\left[\int_a^b g(x)\mathrm{d}x - \int_a^b g(x)\mathrm{d}x\right] \\
&= f\left(\frac{1}{b-a}\int_a^b g(x)\mathrm{d}x\right)(b-a),
\end{aligned}$$

即

$$f\left(\frac{1}{b-a}\int_a^b g(x)\mathrm{d}x\right) \leqslant \frac{1}{b-a}\int_a^b f(g(x))\mathrm{d}x.$$

(8) 只需证明 $\int_0^1 xf^2(x)\mathrm{d}x\int_0^1 f(x)\mathrm{d}x \geqslant \int_0^1 f^2(x)\mathrm{d}x\int_0^1 xf(x)\mathrm{d}x$ 即可. 当然可用类似于前面的一些证明法证明. 这里, 利用重积分的办法来证明. 首先有,

$$I = \int_0^1 xf^2(x)\mathrm{d}x\int_0^1 f(x)\mathrm{d}x - \int_0^1 f^2(x)\mathrm{d}x\int_0^1 xf(x)\mathrm{d}x$$

$$= \int_0^1 x f^2(x) \mathrm{d}x \int_0^1 f(y) \mathrm{d}y - \int_0^1 f^2(x) \mathrm{d}x \int_0^1 y f(y) \mathrm{d}y$$

$$= \iint\limits_D [x f^2(x) f(y) - f^2(x) y f(y)] \mathrm{d}x \mathrm{d}y.$$

同理,

$$I = \iint\limits_D [y f^2(y) f(x) - f^2(y) x f(x)] \mathrm{d}x \mathrm{d}y.$$

于是

$$2I = \iint\limits_D [y f^2(y) f(x) - f^2(y) x f(x)] \mathrm{d}x \mathrm{d}y + \iint\limits_D [x f^2(x) f(y) - f^2(x) y f(y)] \mathrm{d}x \mathrm{d}y$$

$$= \iint\limits_D [y f^2(y) f(x) - f^2(y) x f(x) + x f^2(x) f(y) - f^2(x) y f(y)] \mathrm{d}x \mathrm{d}y$$

$$= \iint\limits_D (x - y) f(x) f(y) (f(x) - f(y)) \mathrm{d}x \mathrm{d}y \geqslant 0.$$

这样, $I \geqslant 0$. 即

$$\int_0^1 x f^2(x) \mathrm{d}x \int_0^1 f(x) \mathrm{d}x \geqslant \int_0^1 f^2(x) \mathrm{d}x \int_0^1 x f(x) \mathrm{d}x,$$

也就是

$$\frac{\displaystyle\int_0^1 x f^2(x) \mathrm{d}x}{\displaystyle\int_0^1 x f(x) \mathrm{d}x} \geqslant \frac{\displaystyle\int_0^1 f^2(x) \mathrm{d}x}{\displaystyle\int_0^1 f(x) \mathrm{d}x}.$$

(9) 令 $F(\lambda) = \iint\limits_D [f(x,y) + \lambda g(x,y)]^2 \mathrm{d}x \mathrm{d}y$, 则

$$F(\lambda) = \iint\limits_D f^2(x,y) \mathrm{d}x \mathrm{d}y + 2\lambda \iint\limits_D f(x,y) g(x,y) \mathrm{d}x \mathrm{d}y + \lambda^2 \iint\limits_D g^2(x,y) \mathrm{d}x \mathrm{d}y \geqslant 0.$$

这是关于 λ 的二次函数, 其图像在横轴上方或与横轴有一个交点. 故知其判别式小于或等于零, 即

$$\left(\iint\limits_D f(x,y) g(x,y) \mathrm{d}x \mathrm{d}y \right)^2 - \iint\limits_D f^2(x,y) \mathrm{d}x \mathrm{d}y \iint\limits_D g^2(x,y) \mathrm{d}x \mathrm{d}y \leqslant 0.$$

于是

$$\left(\iint\limits_{D} f(x,y)g(x,y)\mathrm{d}x\mathrm{d}y\right)^2 \leqslant \iint\limits_{D} f^2(x,y)\mathrm{d}x\mathrm{d}y \iint\limits_{D} g^2(x,y)\mathrm{d}x\mathrm{d}y.$$

(10) 首先有

$$\iint\limits_{D} [f(x,y)+g(x,y)]^2\mathrm{d}x\mathrm{d}y$$

$$= \iint\limits_{D} f^2(x,y)\mathrm{d}x\mathrm{d}y + 2\iint\limits_{D} f(x,y)g(x,y)\mathrm{d}x\mathrm{d}y + \iint\limits_{D} g^2(x,y)\mathrm{d}x\mathrm{d}y$$

$$\leqslant \iint\limits_{D} f^2(x,y)\mathrm{d}x\mathrm{d}y + 2\sqrt{\iint\limits_{D} f^2(x,y)\mathrm{d}x\mathrm{d}y}\sqrt{\iint\limits_{D} g^2(x,y)\mathrm{d}x\mathrm{d}y} + \iint\limits_{D} g^2(x,y)\mathrm{d}x\mathrm{d}y$$

$$= \left(\sqrt{\iint\limits_{D} f^2(x,y)\mathrm{d}x\mathrm{d}y} + \sqrt{\iint\limits_{D} g^2(x,y)\mathrm{d}x\mathrm{d}y}\right)^2,$$

即有

$$\sqrt{\iint\limits_{D} [f(x,y)+g(x,y)]^2\mathrm{d}x\mathrm{d}y} \leqslant \sqrt{\iint\limits_{D} f^2(x,y)\mathrm{d}x\mathrm{d}y} + \sqrt{\iint\limits_{D} g^2(x,y)\mathrm{d}x\mathrm{d}y}.$$

14. 设函数 $f(x)$ 在 $(-\infty,+\infty)$ 上非负, 在任意有限区间上连续, 且有

$$\int_{-\infty}^{+\infty} f(x)\mathrm{d}x = \int_{-\infty}^{+\infty} x^2 f(x)\mathrm{d}x = 1, \qquad \int_{-\infty}^{+\infty} xf(x)\mathrm{d}x = 0,$$

那么

(1) $\int_{0}^{+\infty} xf(x)\mathrm{d}x > 0$;

(2) $\int_{0}^{+\infty} f(x)\mathrm{d}x > 0$;

(3) 对任意的非正的实数 α, 总有

$$\int_{-\infty}^{\alpha} f(x)\mathrm{d}x \leqslant \frac{1}{1+\alpha^2}.$$

证明   (1) 由于 $f(x) \geqslant 0$ 且 $\int_{-\infty}^{+\infty} f(x)\mathrm{d}x = 1$ 知, 必有 $x_0 > 0$ 使得 $f(x_0) >$

0, 否则, $\int_{-\infty}^{+\infty} f(x) < 0$. 于是, 由连续性知, 存在 $\delta > 0$ 使得

$$\int_0^{+\infty} xf(x)\mathrm{d}x = \int_0^{x_0-\delta} xf(x)\mathrm{d}x + \int_{x_0-\delta}^{x_0+\delta} xf(x)\mathrm{d}x + \int_{x_0+\delta}^{+\infty} xf(x)\mathrm{d}x \geqslant x_0 f(x_0)\delta > 0.$$

(2) 若不然, $\int_0^{+\infty} f(x)\mathrm{d}x \leqslant 0$. 由于对任意 $b > 0$, 总有

$$0 \leqslant \int_0^b xf(x)\mathrm{d}x \leqslant b\int_0^b f(x)\mathrm{d}x \leqslant b\int_0^{+\infty} f(x)\mathrm{d}x \leqslant 0,$$

即

$$\int_0^b xf(x)\mathrm{d}x = 0.$$

这表明 $\int_0^{+\infty} xf(x)\mathrm{d}x = 0$. 这与 $\int_0^{+\infty} xf(x)\mathrm{d}x \neq 0$ 矛盾. 故得证.

(3) 只需证明 $\forall \alpha < 0$, 总有

$$\int_{-\infty}^{\alpha} f(x)\mathrm{d}x \leqslant \frac{1}{1+\alpha^2}.$$

用反证法证明之. 若不然, 则存在 $\beta < 0$, 使得

$$\int_{-\infty}^{\beta} f(x)\mathrm{d}x > \frac{1}{1+\beta^2}.$$

由于 $f(x) \geqslant 0$, 所以有

$$\int_{-\infty}^{\beta} x^2 f(x)\mathrm{d}x \geqslant \beta^2 \int_{-\infty}^{\beta} f(x)\mathrm{d}x > \frac{\beta^2}{1+\beta^2},$$

$$\int_0^{+\infty} f(x)\mathrm{d}x = 1 - \int_{-\infty}^0 f(x)\mathrm{d}x \leqslant 1 - \int_{-\infty}^{\beta} f(x)\mathrm{d}x < \frac{\beta^2}{1+\beta^2},$$

$$\int_0^{+\infty} xf(x)\mathrm{d}x = -\int_{-\infty}^0 xf(x)\mathrm{d}x \geqslant -\int_{-\infty}^{\beta} xf(x)\mathrm{d}x \geqslant -\beta \int_{-\infty}^{\beta} f(x)\mathrm{d}x > \frac{|\beta|}{1+\beta^2}.$$

又由于 $\int_0^{+\infty} f(x)\mathrm{d}x > 0$ 和柯西不等式 $\left(\int_{-\infty}^{+\infty} f(x)g(x)\mathrm{d}x\right)^2 \leqslant \int_{-\infty}^{+\infty} f^2(x)\mathrm{d}x \cdot \int_{-\infty}^{+\infty} g^2(x)\mathrm{d}x$ 知

$$\left(\int_0^{+\infty} x\frac{f(x)}{\displaystyle\int_0^{+\infty} f(x)\mathrm{d}x}\mathrm{d}x\right)^2 \leqslant \int_0^{+\infty} x^2 \frac{f(x)}{\displaystyle\int_0^{+\infty} f(x)\mathrm{d}x}\mathrm{d}x \cdot \int_0^{+\infty} \frac{f(x)}{\displaystyle\int_0^{+\infty} f(x)\mathrm{d}x}\mathrm{d}x$$

$$= \int_0^{+\infty} x^2 \frac{f(x)}{\displaystyle\int_0^{+\infty} f(x)\mathrm{d}x}\mathrm{d}x.$$

进而

$$\int_0^{+\infty} x^2 f(x)\mathrm{d}x \geqslant \frac{\left(\displaystyle\int_0^{+\infty} xf(x)\mathrm{d}x\right)^2}{\displaystyle\int_0^{+\infty} f(x)\mathrm{d}x} \geqslant \frac{1}{1+\beta^2}.$$

于是

$$\int_{-\infty}^{+\infty} x^2 f(x)\mathrm{d}x \geqslant \int_{-\infty}^{\beta} x^2 f(x)\mathrm{d}x + \int_0^{+\infty} x^2 f(x)\mathrm{d}x > \frac{\beta^2}{1+\beta^2} + \frac{1}{1+\beta^2} = 1.$$

这与已知矛盾. 故得证.

15. 判断下列反常积分的收敛性与发散性:

(1) $\displaystyle\int_0^{+\infty} x^{p-1}e^{-x}\mathrm{d}x$;

(2) $\displaystyle\int_0^1 x^{p-1}(1-x)^{q-1}\mathrm{d}x$;

(3) $\displaystyle\int_0^{+\infty} e^{-x^2}\mathrm{d}x$;

(4) $\displaystyle\iint\limits_{x^2+y^2\geqslant 1} \frac{\sin xy}{(x^2+y^2)^p}\mathrm{d}x\mathrm{d}y$;

(5) $\displaystyle\iint\limits_{0\leqslant x\leqslant 1} \frac{\arctan(x+y)}{(1+x^2+y^2)^p}\mathrm{d}x\mathrm{d}y$;

(6) $\displaystyle\iint\limits_{\substack{0\leqslant x\leqslant 1 \\ x\leqslant y\leqslant 1}} \frac{1}{(y-x)^p}\mathrm{d}x\mathrm{d}y$.

解 (1) 这个反常积分常称为伽马 (Gamma) 函数, 记为

$$\Gamma(p) = \int_0^{+\infty} x^{p-1}e^{-x}\mathrm{d}x.$$

由于被积函数在 $p<1$ 时有无穷间断点 $x=0$, 故判断反常积分 $\displaystyle\int_0^1 x^{p-1}e^{-x}\mathrm{d}x$ 和 $\displaystyle\int_1^{+\infty} x^{p-1}e^{-x}\mathrm{d}x$ 的收敛性.

由于当 $x>0$ 时, $x^{p-1}e^{-x} < x^{p-1}$, 而 $\displaystyle\int_0^1 x^{p-1}\mathrm{d}x = \int_0^1 \frac{1}{x^{1-p}}\mathrm{d}x$ 在 $p>0$ 时是收敛的, 进而由比较判别法知, 当 $p>0$ 时, $\displaystyle\int_0^1 x^{p-1}e^{-x}\mathrm{d}x$ 收敛.

又 $\forall p$, $\displaystyle\lim_{x\to\infty} x^{p-3}e^{-x} = 0$, 从而知有 $M>0$, 使得 $x\geqslant 1$ 时, $x^{p-1}e^{-x} \leqslant \dfrac{M}{x^2}$, 而 $\displaystyle\int_1^{+\infty} \frac{1}{x^2}\mathrm{d}x$ 收敛, 故由比较判别法知, $\forall p$, $\displaystyle\int_1^{+\infty} x^{p-1}e^{-x}\mathrm{d}x$ 收敛. 总而言之, 当 $p>0$ 时, 反常积分 $\displaystyle\int_0^{+\infty} x^{p-1}e^{-x}\mathrm{d}x = \int_0^1 x^{p-1}e^{-x}\mathrm{d}x + \int_1^{+\infty} x^{p-1}e^{-x}\mathrm{d}x$ 收敛.

此结论表明伽马函数的定义域为 $(0, +\infty)$.

(2) 这个反常积分常称为贝塔 (Beta) 函数, 常记为

$$B(p, q) = \int_0^1 x^{p-1}(1-x)^{q-1} \mathrm{d}x.$$

由于被积函数在 $p < 1$ 时有无穷间断点 $x = 0$, 而在 $q < 1$ 时有无穷间断点 $x = 1$, 故判断反常积分 $\int_0^{\frac{1}{2}} x^{p-1}(1-x)^{q-1} \mathrm{d}x$ 和 $\int_{\frac{1}{2}}^1 x^{p-1}(1-x)^{q-1} \mathrm{d}x$ 的收敛性.

由于 $0 \leqslant x \leqslant \dfrac{1}{2}$ 时, $(1-x)^{q-1}$ 总是有界的, 即有 $M > 0$, 使得 $x^{p-1}(1 - x)^{q-1} \leqslant Mx^{p-1}$, 而 $\int_0^{\frac{1}{2}} x^{p-1} \mathrm{d}x = \int_0^{\frac{1}{2}} \dfrac{1}{x^{1-p}} \mathrm{d}x$ 在 $p > 0, \forall q$ 的情形下是收敛的, 从而 $\int_0^{\frac{1}{2}} x^{p-1}(1-x)^{q-1} \mathrm{d}x$ 在 $p > 0, \forall q$ 情形下也是收敛的. 同理可知, 对 $\forall p, q > 0$ 时, $\int_{\frac{1}{2}}^1 x^{p-1}(1-x)^{q-1} \mathrm{d}x$ 也是收敛的. 于是

$$\int_0^1 x^{p-1}(1-x)^{q-1} \mathrm{d}x = \int_0^{\frac{1}{2}} x^{p-1}(1-x)^{q-1} \mathrm{d}x + \int_{\frac{1}{2}}^1 x^{p-1}(1-x)^{q-1} \mathrm{d}x$$

收敛.

这也表明贝塔函数的定义域为 $p > 0$ 且 $q > 0$.

(3) 由于 $x \geqslant 1$ 时, $x^2 \geqslant x$, 从而 $e^{-x^2} \leqslant e^{-x}$. 于是由 $\int_1^{+\infty} e^{-x} \mathrm{d}x = \dfrac{1}{e}$ 知道 $\int_1^{+\infty} e^{-x^2} \mathrm{d}x$ 收敛, 从而 $\int_0^{+\infty} e^{-x^2} \mathrm{d}x$ 收敛.

这个积分常称为概率积分或 Poisson 积分. 它在概率统计中十分有用, 其值的求法很多, 可以借助于二重积分采用两边夹的办法求其值 $\dfrac{1}{2}\sqrt{\pi}$. 下一题给出了用伽马函数与贝塔函数的关系求其值.

(4) 由于 $\left| \dfrac{\sin xy}{(x^2 + y^2)^p} \right| \leqslant \dfrac{1}{(x^2 + y^2)^p}$, 而

$$\iint\limits_{x^2+y^2 \geqslant 1} \frac{1}{(x^2+y^2)^p} \mathrm{d}x\mathrm{d}y \xlongequal{x=r\cos\theta, y=r\sin\theta} \int_0^{2\pi} \mathrm{d}\theta \int_1^{+\infty} \frac{r}{r^{2p}} \mathrm{d}r = 2\pi \int_1^{+\infty} \frac{1}{r^{2p-1}} \mathrm{d}r,$$

且 $\int_1^{+\infty} \dfrac{1}{r^{2p-1}} \mathrm{d}r$ 当 $p > 1$ 时收敛, 因此 $\iint\limits_{x^2+y^2 \geqslant 1} \dfrac{\sin xy}{(x^2 + y^2)^p} \mathrm{d}x\mathrm{d}y$ 当 $p > 1$ 时绝对收敛, 从而 $\iint\limits_{x^2+y^2 \geqslant 1} \dfrac{\sin xy}{(x^2 + y^2)^p} \mathrm{d}x\mathrm{d}y$ 收敛.

(5) 由于 $\left|\dfrac{\arctan(x+y)}{(1+x^2+y^2)^p}\right| \leqslant \dfrac{\pi}{2(1+x^2+y^2)^p}$ 和

$$\iint\limits_{0 \leqslant x \leqslant 1} \frac{1}{(1+x^2+y^2)^p}\mathrm{d}x\mathrm{d}y = \int_0^1 \mathrm{d}x \int_{-\infty}^{+\infty} \frac{1}{(1+x^2+y^2)^p}\mathrm{d}y,$$

而当 $0 \leqslant x \leqslant 1$ 时, $\dfrac{1}{(1+x^2+y^2)^p} \leqslant \dfrac{1}{y^{2p}}(y>1)$, 因此, 当 $p > \dfrac{1}{2}$ 时, $\displaystyle\int_1^{+\infty} \dfrac{1}{y^{2p}}\mathrm{d}y$ 收敛, 进而, $\displaystyle\int_0^{+\infty} \dfrac{1}{(1+x^2+y^2)^p}\mathrm{d}y$ 收敛. 同理, 当 $p > \dfrac{1}{2}$ 时, $\displaystyle\int_{-\infty}^0 \dfrac{1}{(1+x^2+y^2)^p}\mathrm{d}y$ 收敛. 因此, 当 $p > \dfrac{1}{2}$ 时, $\displaystyle\int_{-\infty}^{+\infty} \dfrac{1}{(1+x^2+y^2)^p}\mathrm{d}y$ 收敛. 同样可以判断 $p \leqslant \dfrac{1}{2}$ 时, $\displaystyle\int_{-\infty}^{+\infty} \dfrac{1}{(1+x^2+y^2)^p}\mathrm{d}y$ 发散. 这表明: 当 $p > \dfrac{1}{2}$ 时, $\displaystyle\iint\limits_{0 \leqslant x \leqslant 1} \dfrac{\arctan(x+y)}{(1+x^2+y^2)^p}\mathrm{d}x\mathrm{d}y$ 收敛.

(6) 这是一个无界函数的反常重积分. 当 $p < 1$ 时, $\displaystyle\iint\limits_{\substack{0 \leqslant x \leqslant 1 \\ x \leqslant y \leqslant 1}} \dfrac{1}{(y-x)^p}\mathrm{d}x\mathrm{d}y$ 收敛, 这是因为

$$\iint\limits_{\substack{0 \leqslant x \leqslant 1 \\ x \leqslant y \leqslant 1}} \frac{1}{(y-x)^p}\mathrm{d}x\mathrm{d}y = \int_0^1 \mathrm{d}x \int_x^1 \frac{1}{(y-x)^p}\mathrm{d}y = \frac{1}{1-p}\int_0^1 (1-x)^{1-p}\mathrm{d}x$$

$$= \frac{1}{(1-p)(2-p)}.$$

易知, 当 $p \geqslant 1$ 时, $\displaystyle\iint\limits_{\substack{0 \leqslant x \leqslant 1 \\ x \leqslant y \leqslant 1}} \dfrac{1}{(y-x)^p}\mathrm{d}x\mathrm{d}y$ 发散.

16. 证明: (1) 设区域 $D = \{(x,y)|0 \leqslant x \leqslant a, 0 \leqslant y \leqslant a\}$, 则对 $p > 0, q > 0$, 有

$$\frac{1}{2}\mathrm{B}(p,q)\int_0^a x^{2(p+q)-1}e^{-x^2}\mathrm{d}x \leqslant \iint\limits_D x^{2p-1}y^{2q-1}e^{-x^2-y^2}\mathrm{d}x\mathrm{d}y$$

$$\leqslant \frac{1}{2}\mathrm{B}(p,q)\int_0^{\sqrt{2}a} x^{2(p+q)-1}e^{-x^2}\mathrm{d}x,$$

其中, $\mathrm{B}(p,q) = \displaystyle\int_0^1 x^{p-1}(1-x)^{q-1}\mathrm{d}x$.

(2) 如果 $\Gamma(\alpha) = \displaystyle\int_0^{+\infty} x^{\alpha-1}e^{-x}\mathrm{d}x \ (\alpha > 0)$, 则 $\mathrm{B}(p,q) = \dfrac{\Gamma(p+q)}{\Gamma(p)\Gamma(q)}$.

(3) 计算 $\displaystyle\int_0^{+\infty} e^{-x^2}\mathrm{d}x$.

证明   (1) 作区域

$$D_a=\{(x,y)|x^2+y^2\leqslant a^2,x\geqslant 0,y\geqslant 0\},\ D_{\sqrt{2}a}=\{(x,y)|x^2+y^2\leqslant 2a^2,x\geqslant 0,y\geqslant 0\},$$

则 $D_a\subset D\subset D_{\sqrt{2}a}$. 由于在三个区域上, $f(x,y)=x^{2p-1}y^{2q-1}e^{-x^2-y^2}\geqslant 0$, 故

$$\iint\limits_{D_a} x^{2p-1}y^{2q-1}e^{-x^2-y^2}\mathrm{d}x\mathrm{d}y\leqslant \iint\limits_{D} x^{2p-1}y^{2q-1}e^{-x^2-y^2}\mathrm{d}x\mathrm{d}y$$

$$\leqslant \iint\limits_{D_{\sqrt{2}a}} x^{2p-1}y^{2q-1}e^{-x^2-y^2}\mathrm{d}x\mathrm{d}y.$$

又

$$\iint\limits_{D_a} x^{2p-1}y^{2q-1}e^{-x^2-y^2}\mathrm{d}x\mathrm{d}y$$

$$\underline{\underline{x=r\cos\theta,y=r\sin\theta}}\int_0^{\frac{\pi}{2}}\cos^{2p-1}\theta\sin^{2q-1}\theta\mathrm{d}\theta\int_0^a r^{2p+2q-1}e^{-r^2}\mathrm{d}r$$

$$\underline{\underline{x=\cos^2\theta}}\frac{1}{2}\int_0^1 x^{p-1}(1-x)^{q-1}\mathrm{d}x\int_0^a r^{2p+2q-1}e^{-r^2}\mathrm{d}r$$

$$=\frac{1}{2}\mathrm{B}(p,q)\int_0^a x^{2p+2q-1}e^{-x^2}\mathrm{d}x.$$

同样可以计算

$$\iint\limits_{D_{\sqrt{2}a}} x^{2p-1}y^{2q-1}e^{-x^2-y^2}\mathrm{d}x\mathrm{d}y=\frac{1}{2}\mathrm{B}(p,q)\int_0^{\sqrt{2}a} x^{2p+2q-1}e^{-x^2}\mathrm{d}x.$$

于是有

$$\frac{1}{2}\mathrm{B}(p,q)\int_0^a x^{2(p+q)-1}e^{-x^2}\mathrm{d}x\leqslant \iint\limits_{D} x^{2p-1}y^{2q-1}e^{-x^2-y^2}\mathrm{d}x\mathrm{d}y$$

$$\leqslant \frac{1}{2}\mathrm{B}(p,q)\int_0^{\sqrt{2}a} x^{2(p+q)-1}e^{-x^2}\mathrm{d}x.$$

(2) 对 (1) 中结论的两边取 $a\to +\infty$ 时的极限, 则由夹逼定理可以知道

$$\int_0^{+\infty} x^{2p-1}e^{-x^2}\mathrm{d}x\int_0^{+\infty} y^{2q-1}e^{-y^2}\mathrm{d}y=\lim_{a\to\infty}\iint\limits_{D} x^{2p-1}y^{2q-1}e^{-x^2-y^2}\mathrm{d}x\mathrm{d}y$$

$$= \frac{1}{2}B(p,q)\int_0^{+\infty} r^{2p+2q-1}e^{-r^2}\mathrm{d}r.$$

对上式中的三个积分分别作变换可以得到

$$\int_0^{+\infty} x^{p-1}e^{-x}\mathrm{d}x \int_0^{+\infty} x^{q-1}e^{-x}\mathrm{d}x = B(p,q)\int_0^{+\infty} x^{p+q-1}e^{-x}\mathrm{d}x,$$

即

$$B(p,q) = \frac{\Gamma(p)\Gamma(q)}{\Gamma(p+q)}.$$

(3) $\displaystyle\int_0^{+\infty} e^{-x^2}\mathrm{d}x \xlongequal{y=x^2} 2\int_0^{+\infty} y^{\frac{1}{2}-1}e^{-y}\mathrm{d}x = \frac{1}{2}\Gamma\left(\frac{1}{2}\right) = \frac{1}{2}\sqrt{\Gamma(1)}\sqrt{B\left(\frac{1}{2},\frac{1}{2}\right)}$

$$= \frac{1}{2}\sqrt{\int_0^{+\infty} e^{-x}\mathrm{d}x}\sqrt{\int_0^1 \frac{1}{\sqrt{x(1-x)}}\mathrm{d}x}$$

$$= \frac{1}{2}\sqrt{\pi}.$$

4.4 复 习 题

1. 填空题

(1) 设 $f(x)$ 的原函数为 $\dfrac{e^x}{x}$, 则 $\displaystyle\int x^2 f(x)\mathrm{d}x =$ _____.

(2) 设 $f(x)$ 为 $\sin x^2$ 的原函数, 则 $\mathrm{d}\displaystyle\int \mathrm{d}f(x) =$ _____.

(3) 如果 $f(x) = \displaystyle\int_0^1 f(x)\mathrm{d}x + \sin 2x$, 且 $\displaystyle\int_0^{\frac{\pi}{2}} f(x)\mathrm{d}x = 2$, 则 $\displaystyle\int_0^1 f(x)\mathrm{d}x =$ _____.

(4) $f(x) = x\cos x$ 在区间 $\left[0, \dfrac{\pi}{2}\right]$ 上的平均值为_____.

(5) (区间中点的奇偶性质) 如果在 $[a,b]$ 上, $f(x) = -f(a+b-x)$, 则 $\displaystyle\int_a^b f(x)\mathrm{d}x =$ _____;
如果在 $[a,b]$ 上, $f(x) = f(a+b-x)$, 则 $\displaystyle\int_a^b f(x)\mathrm{d}x =$ _____ 或_____.

(6) $\displaystyle\lim_{n\to\infty}\int_0^n \frac{2n^2+1}{n^2}e^{-x^2}\mathrm{d}x =$ _____.

(7) $\displaystyle\iint\limits_{x^2+y^2\leqslant 1} \frac{1-x-y+\cos 2(1+x^2+y^2)}{\cos^2(1+x^2+y^2)}\mathrm{d}x\mathrm{d}y =$ _____.

(8) 设 $f(x,y)$ 是满足 $f(x,y) = f(x,y)\displaystyle\iint\limits_{x^2+y^2\leqslant 2} f(x,y)\mathrm{d}x\mathrm{d}y - \frac{3}{\pi}$ 的非负函数, 那么
$\displaystyle\iint\limits_{x^2+y^2\leqslant 2} f(x,y)\mathrm{d}x\mathrm{d}y =$ _____.

(9) $\displaystyle\lim_{a\to 0}\frac{1}{a}\int_{-a}^{a}\left(\iint\limits_{x^2+y^2+z^2\leqslant a^2}\frac{1}{x^2+y^2+z^2}e^{x^2+y^2+z^2}\mathrm{d}x\mathrm{d}y\right)\mathrm{d}z=$ _____.

(10) $\displaystyle\lim_{a\to+\infty}\int_{0}^{+\infty}\left(\iint\limits_{y^2+z^2\leqslant a^2}\frac{1}{\sqrt{x(y^2+z^2)}}e^{-x-y^2-z^2}\mathrm{d}x\mathrm{d}y\right)\mathrm{d}z=$ _____.

(11) $\displaystyle\lim_{n\to\infty}\int_{1/\sqrt{3}}^{1}\frac{1}{1+x^2}\sqrt[n]{\frac{\sin x}{x}}\,\mathrm{d}x=$ _____.

(12) $\displaystyle\lim_{n\to\infty}\iint\limits_{x^2+y^2\leqslant\frac{1}{4}\pi^2}\frac{\sin^n\sqrt{x^2+y^2}}{\sqrt{x^2+y^2}}\mathrm{d}x\mathrm{d}y=$ _____.

2. 选择题

(1) 如果 $F(x)=\displaystyle\int_{a}^{x}f(t)\mathrm{d}t$ 在区间 $[a,b]$ 上有定义, 则_____.

(A) $F(x)$ 是 $f(x)$ 的一个原函数   (B) $\displaystyle\int_{a}^{b}f(x)\mathrm{d}x=F(b)-F(a)$

(C) 有 $\xi\in[a,b]$ 使得 $\int_{a}^{b}f(x)\mathrm{d}x=f(\xi)(b-a)$ (D) $F(x)$ 是连续函数

(2) 如果 $\displaystyle\int_{-2}^{2}f(x)\mathrm{d}x=0,\int_{2}^{6}f(x)\mathrm{d}x=3,\int_{-2}^{6}g(x)\mathrm{d}x=2$, 则_____.

(A) $f(x)$ 在 $[-2,2]$ 上为奇函数   (B) $\displaystyle\int_{-2}^{6}(2f(x)+3g(x))\mathrm{d}x=12$

(C) 在 $[-2,6]$ 上, $f(x)\geqslant g(x)$ (D) $\displaystyle\int_{2}^{6}(f(x)+g(x))\mathrm{d}x<5$

(3) 设 $F(0)=0$ 且 $F(x)=\displaystyle\int_{0}^{x}\cos\frac{1}{t}\mathrm{d}t$, 则下列关于 $F(x)$ 的结论中不对的是_____.

(A) $F(x)$ 是连续的   (B) $F(x)$ 是可导的

(C) $F(x)$ 是可积的   (D) $F'(x)$ 是连续的

(4) 如果 $f(x)$ 在 $(0,+\infty)$ 上连续且满足_____, 则 $\displaystyle\int_{0}^{+\infty}f(x)\mathrm{d}x$ 收敛.

(A) $f(x)$ 有界   (B) $\displaystyle\lim_{b\to\infty}\int_{1}^{b}f(x)\mathrm{d}x$ 存在

(C) $\displaystyle\lim_{a\to 0+}\int_{a}^{1}f(x)\mathrm{d}x$ 存在   (D) $\displaystyle\lim_{b\to\infty}\int_{1}^{b}f(x)\mathrm{d}x$ 存在且 $\displaystyle\lim_{a\to 0+}\int_{a}^{1}f(x)\mathrm{d}x$ 存在

(5) 如果 $f(x)$ 在 $[0,b]$ 上连续, 则 $\displaystyle\iint\limits_{\substack{0\leqslant y\leqslant x\\0\leqslant x\leqslant b}}f(x)f(y)\mathrm{d}x\mathrm{d}y=$ _____.

(A) $\displaystyle\int_{0}^{x}f(y)\mathrm{d}y\int_{0}^{b}f(x)\mathrm{d}x$ (B) $\displaystyle\int_{y}^{b}f(x)\mathrm{d}x\int_{0}^{b}f(y)\mathrm{d}y$

(C) $\displaystyle\frac{1}{2}\left(\int_{0}^{b}f(x)\mathrm{d}x\right)^2$ (D) $\displaystyle\left(\int_{0}^{b}f(x)\mathrm{d}x\right)^2$

(6) 如果 $f(x)=2(x\in[0,1])$, $g(x)=x(x\in[0,1])$, $f(x)=g(x)=0(x\notin[0,1])$, 那么 $\displaystyle\iint\limits_{R^2}f(x-y)g(x)\mathrm{d}x\mathrm{d}y=$ _____.

(A) $\dfrac{2}{3}$ (B) 1   (C) 2   (D) ∞

(7) 下列积分为零的是_____.

(A) $\displaystyle\iint\limits_{x^2+y^2\leqslant 1}\frac{e^x+e^{-x}}{1+x^2+y^2}\mathrm{d}x\mathrm{d}y$

(B) $\displaystyle\iint\limits_{x^2+y^2\leqslant 1}\frac{y^2\cos x}{1+x^2+y^2}\mathrm{d}x\mathrm{d}y$

(C) $\displaystyle\iint\limits_{x^2+y^2\leqslant 1}\frac{e^y-e^{-y}}{1+x^2+y^2}\mathrm{d}x\mathrm{d}y$

(D) $\displaystyle\iint\limits_{x^2+y^2\leqslant 1}\frac{x^2\cos y}{1+x^2+y^2}\mathrm{d}x\mathrm{d}y$

(8) 设 $D=\{(x,y)|1\leqslant x^2+y^2\leqslant\sqrt{2}\}$, $I_1=\displaystyle\iint\limits_{D}\sin(1+\sqrt{x^2+y^2})\mathrm{d}x\mathrm{d}y$,

$I_2=\displaystyle\iint\limits_{D}\sin(1+x^2+y^2)\mathrm{d}x\mathrm{d}y$, $I_3=\displaystyle\iint\limits_{D}\sin(1+(x^2+y^2)^2)\mathrm{d}x\mathrm{d}y$, 则_____.

(A) $I_1>I_2>I_3$ 　　　　　　　　　　(B) $I_2>I_1>I_3$

(C) $I_2>I_3>I_1$ 　　　　　　　　　　(D) $I_3>I_2>I_1$

(9) 设 $f(x,y)$ 在 $D=\{(x,y)|a\leqslant x\leqslant b,c\leqslant y\leqslant d\}$ 上二阶偏导数连续, 则_____.

(A) $\left|\displaystyle\iint\limits_{D}\frac{\partial^2 f}{\partial x\partial y}\mathrm{d}x\mathrm{d}y\right|\leqslant\max_{D}\{|f(x,y)|\}$

(B) $\left|\displaystyle\iint\limits_{D}\frac{\partial^2 f}{\partial x\partial y}\mathrm{d}x\mathrm{d}y\right|\leqslant\max_{D}\{|2f(x,y)|\}$

(C) $\left|\displaystyle\iint\limits_{D}\frac{\partial^2 f}{\partial x\partial y}\mathrm{d}x\mathrm{d}y\right|\leqslant\max_{D}\{|3f(x,y)|\}$

(D) $\left|\displaystyle\iint\limits_{D}\frac{\partial^2 f}{\partial x\partial y}\mathrm{d}x\mathrm{d}y\right|\leqslant\max_{D}\{|4f(x,y)|\}$

(10) 下列有关函数的平均值公式中, 不对的是_____.

(A) 连续函数 $f(x)$ 在 $[a,b]\times[c,d]$ 上的平均值为 $\dfrac{1}{(b-a)(c-d)}\displaystyle\int_a^b f(x)\mathrm{d}x$

(B) 连续函数 $f(x,y)$ 在 $[a,b]\times[c,d]$ 上的平均值为 $\dfrac{1}{b-a}\displaystyle\int_a^b\left(\int_c^d\frac{f(x,y)\mathrm{d}y}{c-d}\right)\mathrm{d}x$

(C) 连续函数 $f(x,y)$ 在 $[a,b]\times[c,d]$ 上的平均值为 $\dfrac{1}{c-a}\displaystyle\int_c^d\left(\int_a^b\frac{f(x,y)\mathrm{d}x}{b-a}\right)\mathrm{d}y$

(D) 连续函数 $f(x)$ 在 $[a,b]\times[c,d]$ 上的平均值为 $\dfrac{1}{b-a}\displaystyle\int_a^b f(x)\mathrm{d}x$

3. 求下列不定积分:

(1) $\displaystyle\int\frac{\tan 2x}{1-\tan^2 x}\mathrm{d}x$;

(2) $\displaystyle\int\frac{\ln x}{(x+1)^2}\mathrm{d}x$;

(3) $\displaystyle\int\frac{1+\sin x}{1+\cos x}e^x\mathrm{d}x$;

(4) $\displaystyle\int\frac{\arccos x}{x^3}\mathrm{d}x$;

(5) $\displaystyle\int\frac{\sqrt{1-x}\arctan\sqrt{1-x}}{2-x}\mathrm{d}x$;

(6) $\displaystyle\int\frac{\arcsin e^{\frac{1}{2}x}}{e^{\frac{1}{2}x}\sqrt{1-e^x}}\mathrm{d}x$;

(7) $\displaystyle\int\frac{1+\ln x}{(x^x+1)^2}\mathrm{d}x$;

(8) $\displaystyle\int x\sqrt{1-x^2}e^{\arcsin x}\mathrm{d}x$;

(9) $\displaystyle\int x^2\sqrt{1-x^2}\arcsin x\mathrm{d}x$;

(10) $\displaystyle\int\left(\frac{\arctan x}{1+x^2}\right)^2\mathrm{d}x$.

4. 求下列定积分:

(1) $\displaystyle\int_{e^{-1}}^{e} x|\ln x|\,\mathrm{d}x$;

(2) $\displaystyle\int_0^1\frac{\ln(\sqrt{x}+\sqrt{1+x})}{\sqrt{x(x+1)}}\mathrm{d}x$;

(3) $\displaystyle\int_0^1 x^{17}\sqrt{1+8x^9}\mathrm{d}x$;

(4) $\displaystyle\int_0^\pi \frac{x\sin x}{1+\cos^2 x}\mathrm{d}x$;

(5) $\displaystyle\int_{\frac12}^2 \left(1+x-\frac1x\right)e^{x+\frac1x}\mathrm{d}x$;

(6) $\displaystyle\int_0^{2\pi}\sqrt{1+\sin x}\mathrm{d}x$;

(7) $\displaystyle\int_0^{\ln 2}\arctan(e^x-1)\mathrm{d}x$;

(8) $\displaystyle\int_0^\pi \cos^n x\cos nx\mathrm{d}x$;

(9) $\displaystyle\int_0^6 [x]\sin\frac{\pi x}{6}\mathrm{d}x$;

(10) $\displaystyle\int_1^3 \frac{x}{e^x+e^{4-x}}\mathrm{d}x$.

5. 求下列重积分:

(1) $\displaystyle\iint\limits_{\substack{\sqrt{y}\leqslant x\leqslant 1\\ 0\leqslant y\leqslant 1}} \frac{y}{x^3}e^{x^2}\mathrm{d}x\mathrm{d}y$;

(2) $\displaystyle\iint\limits_{\substack{y\cot b\leqslant x\leqslant\sqrt{a^2-y^2}\\ 0\leqslant y\leqslant a\sin b}} \ln(x^2+y^2)\mathrm{d}x\mathrm{d}y$;

(3) $\displaystyle\iint\limits_{\substack{-1\leqslant x\leqslant 1\\ 0\leqslant y\leqslant 2}} \sqrt{|y-x^2|}\mathrm{d}x\mathrm{d}y$;

(4) $\displaystyle\iint\limits_{x^2+y^2\leqslant 1} \left|\frac{x+y}{\sqrt{2}}-x^2-y^2\right|\mathrm{d}x\mathrm{d}y$;

(5) $\displaystyle\iint\limits_{25x^2+9y^2\leqslant 225\pi^2} \sin\sqrt{\frac{x^2}{9}+\frac{y^2}{25}}\mathrm{d}x\mathrm{d}y$;

(6) $\displaystyle\iint\limits_{\substack{0\leqslant x\leqslant a\\ 0\leqslant y\leqslant b}} e^{\max\{b^2x^2,\,a^2y^2\}}\mathrm{d}x\mathrm{d}y$;

(7) $\displaystyle\iint\limits_{\substack{0\leqslant y\leqslant 1-x\\ 0\leqslant x\leqslant 1}}\left(\int_0^{1-x-y}\frac{\mathrm{d}z}{(1+x+y+z)^3}\right)\mathrm{d}x\mathrm{d}y$;

(8) $\displaystyle\int_0^1\left(\iint\limits_{y^2+z^2\leqslant x^2}\arctan\sqrt{y^2+z^2}\mathrm{d}y\mathrm{d}z\right)\mathrm{d}x$;

(9) $\displaystyle\int_0^2\left(\iint\limits_{36x^2+9y^2\leqslant 8z-4z^2}\frac{\mathrm{d}x\mathrm{d}y}{1+\sqrt{36x^2+9y^2+4z^2}}\right)\mathrm{d}z$;

(10) $\displaystyle\iint\limits_{9x^2+4y^2\leqslant 18x}\left(\int_0^\pi z\sin z\frac{\arcsin\frac16\sqrt{9x^2+4y^2}}{\sqrt{36(9x^2+4y^2)-(9x^2+4y^2)^2}}\mathrm{d}z\right)\mathrm{d}x\mathrm{d}y$.

6. 求下列积分或反常积分:

(1) $\displaystyle\int_{-\frac{3\pi}{2}}^{\frac{3\pi}{2}}\frac{\mathrm{d}x}{2+\cos 2x}$;

(2) $\displaystyle\int_\pi^{\frac{3\pi}{2}}(\sqrt{\tan x}+\sqrt{\cot x})\mathrm{d}x$;

(3) $\displaystyle\int_0^1\frac{1}{\sqrt[3]{x^2(1-\sqrt[3]{x})}}\mathrm{d}x$;

(4) $\displaystyle\iint\limits_{0\leqslant y\leqslant x\leqslant 1}\frac{1}{\sqrt{x^2+y^2}}\mathrm{d}x\mathrm{d}y$;

(5) $\displaystyle\int_0^{+\infty}\frac{\mathrm{d}x}{e^{x+1}+e^{1-x}}$;

(6) $\displaystyle\int_{-\infty}^{+\infty}e^{\frac12 x-e^x}\mathrm{d}x$;

(7) $\displaystyle\int_0^{+\infty}\frac{e^{-9x^2}-e^{-25x^2}}{x^2}\mathrm{d}x$;

(8) $\displaystyle\iint\limits_{\substack{-\infty<x<+\infty\\ -\infty<y<+\infty}} e^{-x^2-y^2}\sin(x^2+y^2)\mathrm{d}x\mathrm{d}y$;

(9) $\displaystyle\iint\limits_{0\leqslant x\leqslant y\leqslant\pi}\ln\sin(y-x)\mathrm{d}x\mathrm{d}y$;

(10) $\displaystyle\int_{-\infty}^{+\infty}\left(\iint\limits_{\substack{-\infty<x<+\infty\\-\infty<y<+\infty}}e^{-2x^2-2y^2-2z^2-2xy+2yz+2zx}\mathrm{d}x\mathrm{d}y\right)\mathrm{d}z.$

7. 判断下列广义积分的敛散性:

(1) $\displaystyle\int_0^{+\infty}xe^{px}\sin x\mathrm{d}x;$

(2) $\displaystyle\int_0^1 x^p\ln^q\frac{1}{x}\mathrm{d}x;$

(3) $\displaystyle\iint\limits_{\substack{xy\geqslant 1\\x\geqslant 1}}\frac{\mathrm{d}x\mathrm{d}y}{x^py^q};$

(4) $\displaystyle\int_{-1}^1\left(\iint\limits_{x^2+y^2+z^2\leqslant 1}\frac{\mathrm{d}x\mathrm{d}y}{(x^2+y^2+z^2)^p}\right)\mathrm{d}z;$

(5) $\displaystyle\iint\limits_{\substack{-\infty<x<+\infty\\-\infty<y<+\infty}}f(x,y)\mathrm{d}x\mathrm{d}y,$ 其中 $f(x,y)=\begin{cases}\dfrac{1}{\sqrt{1-x^2-y^2}}, & x^2+y^2\leqslant 1,\\ 0, & x^2+y^2>1.\end{cases}$

8. (1) 已知抛物线 $x^2=(a-4)y+b^2(a\neq 4,\ b>0)$, 求 a,b 的值使得

(A) 抛物线与 $y=x+1$ 相切;

(B) 抛物线与 x 轴围成的图形绕 x 轴旋转一周所得的体积最大.

(2) 试求由抛物线 $y^2=2x$ 与过它的焦点的弦所围成的图形的最小面积.

(3) 求柱面 $x^2+y^2=a^2$ 与 $x^2+z^2=a^2$ 所围几何体的体积.

(4) 求曲面 $(x^2+y^2+z^2)^3=3a^3xyz$ 与三个坐标平面围成的且在第一象限内的几何体的体积.

(5) 已知某种商品每周生产 x 单位时的边际成本为 $0.4x-12$, 固定成本为 100. 如果此商品的销售单价为 20 元, 试求总成本函数、总利润函数以及最大利润时的每周产量.

9. 求下列极限:

(1) $\displaystyle\lim_{x\to+\infty}e^{\frac{x^2}{2}}x\int_x^{+\infty}e^{-\frac{t^2}{2}}\mathrm{d}t;$

(2) $\displaystyle\lim_{x\to 0}\int_0^{\sqrt{\frac{\pi}{2}}}\frac{\sin(t+x)^2-\sin t^2}{x}\mathrm{d}t;$

(3) $\displaystyle\lim_{x\to 0}\frac{1}{1-\cos x}\int_0^{\sin x}\sin(x-t)^2\mathrm{d}t;$

(4) $\displaystyle\lim_{t\to 0}\frac{1}{t^3}\iint\limits_{x^2+y^2\leqslant t^2}\tan 2\sqrt{x^2+y^2}\mathrm{d}x\mathrm{d}y;$

(5) $\displaystyle\lim_{t\to 0}\frac{1}{t}\int_0^t\cos\frac{1}{x}\mathrm{d}x;$

(6) $\displaystyle\lim_{x\to 0^+}\frac{\displaystyle\int_0^{\ln(1+x)}\sqrt{e^t-1}\mathrm{d}t}{\displaystyle\int_0^{e^x-1}\sqrt{\ln(1+t)}\mathrm{d}t};$

(7) $\displaystyle\lim_{n\to\infty}\int_n^{n+p}\frac{e^{x^2}}{1+e^{x^2}}\mathrm{d}x;$

(8) $\displaystyle\lim_{a\to 0^+}\frac{1}{1-\cos a^2}\iint\limits_{0\leqslant x\leqslant y\leqslant a}\sin x^2\mathrm{d}\sigma.$

10. 设 $f(x),\ g(x)$ 在 $[a,b]$ 上连续, 且 $g(x)<0$, 证明至少存在一点 $\xi\in(a,b)$ 使得

$$\int_a^b f(x)g(x)\mathrm{d}x=f(\xi)\int_a^b g(x)\mathrm{d}x.$$

11. 设 $f'(x),\ g(x)$ 在 $[a,b]$ 上连续, 且 $f'(x)\leqslant 0$, 证明至少存在一点 $\xi\in(a,b)$ 使得

$$\int_a^b f(x)g(x)\mathrm{d}x=f(a)\int_a^\xi g(x)\mathrm{d}x+f(b)\int_\xi^b g(x)\mathrm{d}x.$$

12. 设 $f(x)$ 在 $[a,b]$ 上连续, 且 $\displaystyle\int_a^b f(x)\mathrm{d}x=\int_a^b xf(x)\mathrm{d}x=0$, 则

(1) 必有相异的 $\xi \in (a,b)$, $\eta \in (a,b)$ 使得 $f(\xi) = f(\eta) = 0$;

(2) 如果进一步设 $f(x)$ 是可导的, 那么至少存在一点 $\xi \in (a,b)$ 使得 $\xi f'(\xi) = (\xi - 1)f(\xi)$.

13. 设 $\varphi(x)$ 是 $[0, +\infty)$ 上有连续导数且单调递增的函数, $\phi(x)$ 是 $\varphi(x)$ 的反函数, $\varphi(0) = 0$, 则对任意正数 a, b, 都有

$$\int_0^a \varphi(x)\mathrm{d}x + \int_0^b \phi(x)\mathrm{d}x \geqslant ab.$$

14. 设 $f(x)$ 在 $[a,b]$ 上可导且 $f'(x) \geqslant 1$, 那么, $\left| \displaystyle\int_a^b \dfrac{1}{1 + f^2(x)} \mathrm{d}x \right| \leqslant \pi$.

15. 设 $f(x)$, $g(x)$ 在 $[a,b]$ 上连续, 那么

$$\iint\limits_{[a,b] \times [a,b]} f(x)g(y)\mathrm{d}x\mathrm{d}y \leqslant \left(\int_a^b \sqrt{f^2(x) + g^2(x)}\mathrm{d}x \right)^2.$$

16. 设 $f(x)$ 在 $[a,b]$ 上连续, 且对任何区间 $[\alpha, \beta] \subset [a,b]$ 总有不等式

$$\left| \int_\alpha^\beta f(x)\mathrm{d}x \right| < M(\beta - \alpha)^{1+\delta},$$

其中, M, δ 为正常数, 那么, 在 $[a,b]$ 上, $f(x) = 0$.

17. 设 $f'(x)$ 在 $[a,b]$ 上连续且 $f(a) = 0$, 那么, $\dfrac{3}{(b-a)^3} \displaystyle\int_a^b f^2(x)\mathrm{d}x \leqslant (\max\limits_{a \leqslant x \leqslant b} f'(x))^2$.

18. 设 $f(x)$ 在 $[a,b]$ 上有二阶连续的导数, 且 $f(a) = f(b) = 0$, 证明

(1) 对任意的 $x \in (a,b)$, 恒有 $\left| f(x) \dfrac{b-a}{(b-x)(x-a)} \right| \leqslant \displaystyle\int_a^b |f''(x)|\,\mathrm{d}x$;

(2) $\max\limits_{a \leqslant x \leqslant b} |f(x)| \dfrac{4}{b-a} \leqslant \displaystyle\int_a^b |f''(x)|\,\mathrm{d}x$;

(3) 如果 $f(x)$ 没有零点, 那么 $\dfrac{4}{b-a} \leqslant \displaystyle\int_a^b \left| \dfrac{f''(x)}{f(x)} \right|\mathrm{d}x$.

19. 设 $f(x)$ 在 $[0,1]$ 上可微, 且 $|f'(x)| \leqslant M$, 那么

$$\left| \int_0^1 f(x)\mathrm{d}x - \frac{1}{n}\sum_{i=1}^n f\left(\frac{i}{n}\right) \right| \leqslant \frac{M}{2n}.$$

20. 设 $f(x,y)$, $g(x,y)$ 在有界闭区域 D 上连续, 且 $g(x,y)$ 在 D 上大于零, 那么, 至少存在一点 $(\xi, \eta) \in D$, 使得 $\iint\limits_D f(x,y)g(x,y)\mathrm{d}x\mathrm{d}y = f(\xi, \eta)\iint\limits_D g(x,y)\mathrm{d}x\mathrm{d}y$.

21. 设 $f(x)$, $g(x)$ 在区间 $[0,1]$ 上连续, 则有

$$\int_0^1 f(x)\left(\int_0^x g(x-y)f(y)\mathrm{d}y \right)\mathrm{d}x = \int_0^1 f(y)\left(\int_y^1 g(x-y)f(x)\mathrm{d}x \right)\mathrm{d}y$$

$$= \frac{1}{2}\iint\limits_{\substack{0 \leqslant x \leqslant 1 \\ 0 \leqslant y \leqslant 1}} g(|x-y|)f(x)f(y)\mathrm{d}x\mathrm{d}y.$$

22. 设 $f(x)$ 在区间 $[-2,2]$ 上连续, 则 $\iint\limits_{\substack{-2\leqslant x\leqslant 2 \\ -2\leqslant y\leqslant 2}} e^{f(x)-f(y)}\mathrm{d}x\mathrm{d}y \geqslant 16.$

23. 证明: $\dfrac{1}{2}\sqrt{\pi(1-e^{-1})} \leqslant \displaystyle\int_0^1 e^{-x^2}\mathrm{d}x \leqslant \dfrac{1}{2}\sqrt{\pi(1-e^{-2})}.$

24. 设 $f(x,y),\,g(x,y)$ 在区域 $D=\{(x,y)|a\leqslant x\leqslant b,a\leqslant y\leqslant b\}$ 上连续, 那么

$$\iint\limits_{D} f(x,y)\mathrm{d}x\mathrm{d}y \iint\limits_{D} g(x,y)\mathrm{d}x\mathrm{d}y \leqslant \left(\iint\limits_{D} \sqrt{f^2(x,y)+g^2(x,y)}\mathrm{d}x\mathrm{d}y\right)^2.$$

25. (1) 计算 $A(a)=\iint\limits_{y^2+z^2\leqslant 1}\left|\sqrt{x^2+y^2}-a\right|\mathrm{d}x\mathrm{d}y$, 并证明 $A(a)>0$;

(2) 设 $g(x,y)$ 在闭区域 $D=\{(x,y)|x^2+y^2\leqslant 1\}$ 上连续, 且满足条件

$$\iint\limits_{D} g(x,y)\mathrm{d}x\mathrm{d}y=0, \qquad \iint\limits_{D}\sqrt{x^2+y^2}g(x,y)\mathrm{d}x\mathrm{d}y=1,$$

证明至少有一点 $(\xi,\eta)\in D$, 使得 $|g(\xi,\eta)|\geqslant\dfrac{1}{A(a)}.$

26. 设 $f(x,y)$ 在闭区域 $D=\{(x,y)|0\leqslant x\leqslant 1,0\leqslant y\leqslant 1\}$ 上有二阶连续的偏导数. 证明

(1) $\iint\limits_{D}\dfrac{\partial^2 f(x,y)}{\partial x\partial y}\mathrm{d}x\mathrm{d}y=\iint\limits_{D}\dfrac{\partial^2 f(x,y)}{\partial y\partial x}\mathrm{d}x\mathrm{d}y;$

(2) $\dfrac{\partial^2 f(x,y)}{\partial x\partial y}=\dfrac{\partial^2 f(x,y)}{\partial y\partial x}.$

4.5 复习题参考答案与提示

1. (1) $xe^x-2e^x+C.$ (2) $\sin x^2\mathrm{d}x.$ (3) $\dfrac{2}{\pi}.$ (4) $1-\dfrac{2}{\pi}.$ (5) $0,\,2\displaystyle\int_a^{\frac{a+b}{2}}f(x)\mathrm{d}x,\,2\displaystyle\int_{\frac{a+b}{2}}^b f(x)\mathrm{d}x.$

(6) $\sqrt{\pi}.$ (7) $2\pi.$ (8) 3. (9) $4\pi.$ (10) $\pi^2.$ (11) $\dfrac{\pi}{12}.$ (12) 0.

2. (1) (D). (2) (B). (3) (D). (4) (D). (5) (C). (6) (A). (7) (C). (8) (D). (9) (D). (10) (D).

3. (1) $\dfrac{1}{4}\sec 2x-\dfrac{1}{8}\ln(1+\cos 4x)+C.$ $\qquad$ (2) $-\dfrac{\ln x}{x+1}+\ln\dfrac{x}{x+1}+C.$

(3) $\dfrac{e^x\sin x}{1+\cos x}+C.$ $\qquad\qquad$ (4) $-\dfrac{1}{2}\dfrac{\arccos x}{x^2}-\dfrac{1}{2}\dfrac{\sqrt{1-x^2}}{x}+C.$

(5) $-2\sqrt{1-x}\arctan\sqrt{1-x}+\ln|2-x|+\arctan^2\sqrt{1-x}+C.$

(6) $-2\dfrac{\sqrt{1-e^x}\arcsin e^{\frac{1}{2}x}}{e^{\frac{1}{2}x}}+x+C.$ $\qquad$ (7) $\ln\dfrac{x^x}{1+x^x}+\dfrac{1}{1+x^x}+C.$

(8) $\dfrac{1}{10}(2x-2\sqrt{1-x^2}-x^3+3x^2\sqrt{1-x^2})e^{\arcsin x}+C.$

(9) $\dfrac{1}{8}x(2x^2-1)\arccos x+\dfrac{1}{16}\arccos x-\dfrac{1}{16}x^2(1-x^2)+C.$

(10) $\frac{1}{6}(\arctan x)^3 + \frac{1}{2}\frac{x(\arctan x)^2}{1+x^2} + \frac{1}{4}\frac{(1-x^2)\arctan x}{1+x^2} - \frac{1}{4}\frac{x}{1+x^2} + C.$

4. (1) $\frac{1}{4}(e^2 - 3e^{-2} + 2).$ (2) $\ln^2(1+\sqrt{2}).$ (3) $\frac{149}{1080}.$ (4) $\frac{\pi^2}{4}.$ (5) $\frac{3}{2}e^{\frac{5}{2}}.$

(6) $4\sqrt{2}.$ (7) $\frac{\pi}{8}\ln 2.$ (8) $\frac{\pi}{2^n}$(用递推). (9) $\frac{30}{\pi}.$ (10) $2e^{-2}(\arctan e - \arctan e^{-1}).$

5. (1) $\frac{1}{4}(e-1).$ (2) $a^2 b\left(\ln a - \frac{1}{2}\right).$ (3) $\frac{\pi}{4} + \frac{5}{3}.$ (4) $\frac{9}{16}\pi.$ (5) $30\pi^2.$ (6) $\frac{1}{ab}(e^{a^2 b^2} - 1).$

(7) $\frac{1}{2}\ln 2 - \frac{5}{16}.$ (8) $\frac{1}{3}\pi(\pi - 2 - \ln 2).$ (9) $\frac{15\ln 5 - 4}{216}\pi.$ (10) $\frac{\pi^4}{36}.$

6. (1) $\sqrt{3}\pi.$ (2) $\sqrt{2}\pi.$ (3) $\frac{9}{2}.$ (4) $\ln(\sqrt{2}+1).$ (5) $\frac{\pi}{4e}.$ (6) $\sqrt{\pi}.$ (7) $2\sqrt{\pi}.$

(8) $\frac{\pi}{2}.$ (9) $-\frac{\pi^2}{2}\ln 2.$ (10) $\frac{1}{2}\sqrt{\pi^3}.$

7. (1) 当 $p < 0$ 时收敛. (2) 当 $p > -1$ 且 $q > -1$ 时收敛. (3) 当 $p > q > 1$ 时收敛. (4) 当 $p < \frac{3}{2}$ 时收敛. (5) 收敛.

8. (1) $a = 2, b = 1.$ (2) $\frac{2}{3}.$ (3) $\frac{16}{3}a^3.$ (4) $\frac{1}{8}a^3.$ (5) $0.2x^2 - 12x + 100, -0.2x^2 + 32x - 100, 80.$

9. (1) 1. (2) 1. (3) 0. (4) $\frac{4}{3}\pi.$ (5) 0. (6) 1. (7) 0. (8) $\frac{1}{6}.$

10. 用柯西中值定理.

11. 分部积分再用前一题的结论.

12. 用中值定理和辅助函数 $F(x) = xe^{-x}f(x).$

13. 用分部积分可证.

14. 选择适当的微分因子并用积分比较性质.

15. 将不等式左边写成两个定积分的积后, 再用相关的性质.

16. 利用连续性证任意点处函数都为零.

17. 令 $f(x) = \displaystyle\int_a^x f'(t)\mathrm{d}t.$

18. 对 $f(x) = \displaystyle\int_a^x f'(t)\mathrm{d}t$ 和 $f(x) = -\displaystyle\int_x^b f'(t)\mathrm{d}t$ 分部积分, 再考虑两式和. (1) $\Rightarrow$ (2) $\Rightarrow$ (3).

19. 利用可加性, $\displaystyle\int_0^1 f(x)\mathrm{d}x = \sum_{i=1}^n \int_{\frac{i-1}{n}}^{\frac{i}{n}} f(x)\mathrm{d}x.$

20. 使用最值定理和中值定理.

21. 换序.

22. 设法用平均值不等式.

23. 用二重积分来证.

24. 仿第 15 题.

25. (1) 用极坐标变换. (2) 用反证法并设法用 (1).

26. (1) 化重积分为次序积分. (2) 用反证法并借用混合偏导数的连续性.

第 5 章　无穷级数

5.1　概念、性质与定理

5.1.1　常数项级数

5.1.1.1　常数项级数收敛和发散的概念与性质

1. 定义　设 $\{a_n\}_1^\infty$ 是一个数列, 则形式 $a_1 + a_2 + \cdots + a_n + \cdots$ 被称为一个无穷级数, 记为 $\displaystyle\sum_{n=1}^\infty a_n$ 或 $\displaystyle\sum a_n$, 即

$$\sum_{n=1}^\infty a_n = a_1 + a_2 + \cdots + a_n + \cdots.$$

称 $S_n = \displaystyle\sum_{i=1}^n a_i = a_1 + a_2 + \cdots + a_n$ 为级数 $\displaystyle\sum_{n=1}^\infty a_n$ 的部分和. 如果 $\displaystyle\lim_{n\to\infty} S_n$ 存在且为 S, 则称无穷级数 $\displaystyle\sum_{n=1}^\infty a_n$ 收敛, S 是无穷级数的和, 即 $\displaystyle\sum_{n=1}^\infty a_n = S$; 如果 $\displaystyle\lim_{n\to\infty} S_n$ 不存在, 则称无穷级数 $\displaystyle\sum_{n=1}^\infty a_n$ 发散.

如果 $\displaystyle\sum_{n=1}^\infty |a_n|$ 收敛, 则称级数 $\displaystyle\sum_{n=1}^\infty a_n$ 绝对收敛; 如果 $\displaystyle\sum_{n=1}^\infty |a_n|$ 发散, 而 $\displaystyle\sum_{n=1}^\infty a_n$ 收敛, 则称级数 $\displaystyle\sum_{n=1}^\infty a_n$ 条件收敛.

2. 如果 $\displaystyle\sum_{n=1}^\infty a_n$ 收敛, 则 $\displaystyle\lim_{n\to\infty} a_n = 0$; 如果 $\displaystyle\lim_{n\to\infty} a_n \neq 0$, 则 $\displaystyle\sum_{n=1}^\infty a_n$ 发散.

3. 如果 $\displaystyle\sum_{n=1}^\infty a_n$, $\displaystyle\sum_{n=1}^\infty b_n$ 都收敛, 则 $\displaystyle\sum_{n=1}^\infty (\alpha a_n + \beta b_n)$ 收敛, 且

$$\sum_{n=1}^\infty (\alpha a_n + \beta b_n) = \alpha \sum_{n=1}^\infty a_n + \beta \sum_{n=1}^\infty b_n.$$

4. 在级数中任意去掉或增加有限项所得到的新级数与原级数敛散性相同.

5. 如果 $\sum\limits_{n=1}^{\infty} a_n$ 收敛, 任意对级数添加括号, 并将括号中项加起来作为一项, 则得到一个新的级数 $\sum\limits_{k=1}^{\infty} A_k$ 也收敛且和与无穷级数 $\sum\limits_{n=1}^{\infty} a_n$ 相同.

6. 绝对收敛的级数的项变换位置后所得的新级数收敛且和与原级数的和相同.

7. 如果 $\sum\limits_{n=1}^{\infty} a_n$ 和 $\sum\limits_{n=1}^{\infty} b_n$ 绝对收敛, 则 $\sum\limits_{n=1}^{\infty} (a_n b_1 + a_{n-1} b_2 + \cdots + a_1 b_n)$ 也收敛, 且其和为这两个级数的和的积, 即 $\left(\sum\limits_{n=1}^{\infty} a_n\right) \cdot \left(\sum\limits_{n=1}^{\infty} b_n\right) = \sum\limits_{n=1}^{\infty} (a_n b_1 + a_{n-1} b_2 + \cdots + a_1 b_n)$.

8. 三个重要的级数的收敛性.

几何级数: 如果 $|q| < 1$, 那么 $\sum\limits_{n=0}^{\infty} q^n$ 收敛于 $\dfrac{1}{1-q}$; 如果 $|q| \geqslant 1$, 那么 $\sum\limits_{n=0}^{\infty} q^n$ 发散.

p-级数: 如果 $p > 1$, 那么 $\sum\limits_{n=1}^{\infty} \dfrac{1}{n^p}$ 收敛; 如果 $p \leqslant 1$, 那么 $\sum\limits_{n=1}^{\infty} \dfrac{1}{n^p}$ 发散.

叠缩级数 (telescoping series): $\sum\limits_{n=1}^{\infty} \dfrac{1}{n(n+1)}$ 收敛于 1.

5.1.1.2 常数项级数判别法

1. 积分判别法 设 $f(x)$ 是区间 $[1, +\infty)$ 上的连续的单调递减的正函数, $a_n = f(n)$, 那么 $\sum\limits_{n=1}^{\infty} a_n$ 收敛的充要条件是 $\int_1^{+\infty} f(x) \mathrm{d}x$ 收敛.

2. 比较判别法 如果 $0 \leqslant a_n \leqslant b_n (n \geqslant N > 0)$, 那么

(1) 当 $\sum\limits_{n=1}^{\infty} b_n$ 收敛时, $\sum\limits_{n=1}^{\infty} a_n$ 收敛;

(2) 当 $\sum\limits_{n=1}^{\infty} a_n$ 发散时, $\sum\limits_{n=1}^{\infty} b_n$ 发散.

3. 比较判别法的极限形式 如果 $a_n > 0$ 和 $b_n > 0$ $(n \geqslant N > 0)$, 且 $\lim\limits_{n \to \infty} \dfrac{a_n}{b_n} = L(0 < L < +\infty)$, 那么级数 $\sum\limits_{n=1}^{\infty} a_n$ 和 $\sum\limits_{n=1}^{\infty} b_n$ 同时收敛或同时发散.

4. 交错级数收敛条件 如果 $0 < a_{n+1} \leqslant a_n (n \geqslant 1)$ 且 $\lim\limits_{n \to \infty} a_n = 0$, 那么交错级数 $\sum\limits_{n=1}^{\infty} (-1)^{n-1} a_n$ 收敛.

5. 绝对收敛的级数必定收敛.

6. 比值判别法　　如果 $\lim\limits_{n\to\infty}\dfrac{|a_{n+1}|}{|a_n|}=L$, 那么

(1) 当 $L<1$ 时, $\sum\limits_{n=1}^{\infty}a_n$ 收敛;

(2) 当 $L>1$(包括 $L=+\infty$) 时, $\sum\limits_{n=1}^{\infty}a_n$ 发散;

(3) 当 $L=1$ 时, $\sum\limits_{n=1}^{\infty}a_n$ 可能收敛也可能发散.

7. 根判别法　　如果 $\lim\limits_{n\to\infty}\sqrt[n]{|a_n|}=L$, 那么

(1) 当 $L<1$ 时, $\sum\limits_{n=1}^{\infty}a_n$ 收敛;

(2) 当 $L>1$ (包括 $L=\infty$) 时, $\sum\limits_{n=1}^{\infty}a_n$ 发散;

(3) 当 $L=1$ 时, $\sum\limits_{n=1}^{\infty}a_n$ 可能收敛也可能发散.

判别级数 $\sum\limits_{n=1}^{\infty}a_n$ 敛散性的方法与步骤图解, 如图 5.1 所示.

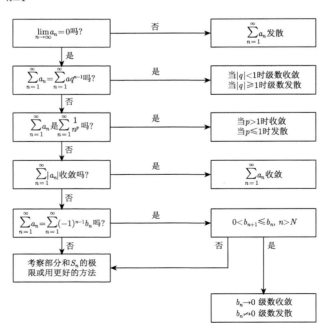

图 5.1

5.1.2 幂级数

5.1.2.1 幂级数的概念与性质

1. 幂级数　如果 $a_n(x)$ 是 x 的函数, 则称 $\sum\limits_{n=1}^{\infty} a_n(x)$ 为函数项级数. 特别地, 如果 $a_n(x)$ 是幂函数, 则函数级数 $\sum\limits_{n=1}^{\infty} a_n(x)$ 称为幂级数. 幂级数的一般形式为

$$\sum_{n=0}^{\infty} a_n x^n = a_0 + a_1 x + a_2 x^2 + \cdots + a_n x^n + \cdots \tag{1}$$

和

$$\sum_{n=0}^{\infty} a_n(x - x_0)^n = a_0 + a_1(x - x_0) + \cdots + a_n(x - x_0)^n + \cdots, \tag{2}$$

其中, $a_0, a_1, \cdots, a_n, \cdots$ 称为幂级数的系数. 幂级数 (1) 和 (2) 可以转化, 这只需令 $y = x - x_0$ 即可. 故下面所论幂级数均为幂级数 (1).

2. 幂级数的和函数 $S(x)$　设 $S_n(x)$ 为幂级数 $\sum\limits_{n=0}^{\infty} a_n x^n$ 的部分和, 如果对固定的 x, $\lim\limits_{n \to \infty} S_n(x)$ 存在并设为 $S(x)$, 则称幂级数是收敛的, 而点 x 称为幂级数的收敛点, $S(x)$ 为幂级数在 x 处的和. 收敛点构成的集合称为幂级数的收敛域. 幂级数在收敛域上每点 x 处的和 $S(x)$ 称为幂级数的和函数. 此时

$$S(x) = \sum_{n=0}^{\infty} a_n x^n.$$

如果 $\sum\limits_{n=0}^{\infty} |a_n x^n|$ 收敛, 则称幂级数 $\sum\limits_{n=0}^{\infty} a_n x^n$ 绝对收敛.

3. 阿贝尔定理　如果级数 $\sum\limits_{n=0}^{\infty} a_n x^n$ 在 x_0 ($x_0 \neq 0$) 处收敛, 则满足 $|x| < |x_0|$ 的 x 必为幂级数绝对收敛的点; 如果级数 $\sum\limits_{n=0}^{\infty} a_n x^n$ 在 x_0 处发散, 则满足 $|x| > |x_0|$ 的 x 必为幂级数发散的点.

4. 幂级数收敛半径 R　如果 $\lim\limits_{n \to \infty} \left| \dfrac{a_{n+1}}{a_n} \right| = \rho \,(\infty)$ 或 $\lim\limits_{n \to \infty} \sqrt[n]{|a_n|} = \rho \,(\infty)$, 那么幂级数的收敛半径为

$$R = \begin{cases} \dfrac{1}{\rho}, & \rho \neq 0, \\ 0, & \rho = +\infty, \\ +\infty, & \rho = 0. \end{cases}$$

5. 幂级数的收敛区间.

$x \in (-R, R)$ 幂级数必定收敛, 如果幂级数:

(1) 在 $x = -R$ 处收敛但在 $x = R$ 处发散, 那么收敛区间为 $[-R, R)$;

(2) 在 $x = R$ 处收敛但在 $x = -R$ 处发散, 那么收敛区间为 $(-R, R]$;

(3) 在 $x = \pm R$ 处都收敛, 那么收敛区间为 $[-R, R]$;

(4) 在 $x = \pm R$ 处都发散, 那么收敛区间为 $(-R, R)$.

5.1.2.2 幂级数的运算

1. 幂级数的和运算 设 $\sum\limits_{n=0}^{\infty} a_n x^n$ 的收敛区间为 I_1, $\sum\limits_{n=0}^{\infty} b_n x^n$ 的收敛区间为 I_2, 那么

$$\sum_{n=0}^{\infty} a_n x^n \pm \sum_{n=0}^{\infty} b_n x^n = \sum_{n=0}^{\infty} (a_n \pm b_n) x^n, \quad x \in I_1 \cap I_2.$$

2. 幂级数的积运算 设 $\sum\limits_{n=0}^{\infty} a_n x^n$ 的收敛区间为 I_1, $\sum\limits_{n=0}^{\infty} b_n x^n$ 的收敛区间为 I_2, 那么

$$\left(\sum_{n=0}^{\infty} a_n x^n \right) \cdot \left(\sum_{n=0}^{\infty} b_n x^n \right)$$
$$= \sum_{n=0}^{\infty} (a_n b_0 + a_{n-1} b_1 + \cdots + a_1 b_{n-1} + a_0 b_n) x^n, \quad x \in I_1 \cap I_2.$$

3. 幂级数的商运算 设 $\sum\limits_{n=0}^{\infty} a_n x^n$ 的收敛区间为 I_1, $\sum\limits_{n=0}^{\infty} b_n x^n$ 的收敛区间为 I_2, 那么

$$\left(\sum_{n=0}^{\infty} a_n x^n \right) \bigg/ \left(\sum_{n=0}^{\infty} b_n x^n \right) = \sum_{n=0}^{\infty} c_n x^n,$$

其中, c_n 由式子 $a_n = b_n c_0 + b_{n-1} c_1 + \cdots + b_1 c_{n-1} + b_0 c_n$ 确定.

4. 幂级数连续性 幂级数 $\sum\limits_{n=0}^{\infty} a_n x^n$ 的和函数在收敛区间 I 上是连续的, 其中, 端点处或左连续或右连续, 即极限运算与求和运算可交换.

$$\lim_{x \to x_0} S(x) = \lim_{x \to x_0} \sum_{n=0}^{\infty} a_n x^n = \sum_{n=0}^{\infty} a_n \lim_{x \to x_0} x^n = \sum_{n=0}^{\infty} a_n x_0^n.$$

5. 逐项微分　设幂级数 $\sum\limits_{n=0}^{\infty} a_n x^n$ 的和函数在收敛区间 I 内 (不含端点) 是可微的, 那么

$$\mathrm{d}S(x) = \mathrm{d}\left(\sum_{n=0}^{\infty} a_n x^n\right) = \sum_{n=0}^{\infty} a_n n x^{n-1} \mathrm{d}x.$$

6. 逐项积分　设幂级数 $\sum\limits_{n=0}^{\infty} a_n x^n$ 的和函数在收敛区间 I 内 (不含端点) 是可微的, 那么

$$\int_0^x S(t)\mathrm{d}t = \int_0^x \left(\sum_{n=0}^{\infty} a_n t^n\right) \mathrm{d}t = \sum_{n=0}^{\infty} \int_0^x a_n t^n \mathrm{d}t = \sum_{n=0}^{\infty} \frac{a_n}{n+1} x^{n+1}.$$

5.1.2.3　函数的幂级数展开式

1. 定义.

如果 $f(x) = \sum\limits_{n=0}^{\infty} a_n x^n$ 或 $\sum\limits_{n=0}^{\infty} a_n (x-x_0)^n (x \in I)$, 则称此式为 $f(x)$ 在区间 I 上的幂级数展开式, 或说 $f(x)$ 在区间 I 上可展开成幂级数.

2. $f(x)$ 的泰勒级数.

如果 $f(x)$ 在 x_0 的某邻域内有任意阶导数, 那么 $f(x)$ 在 x_0 处的泰勒级数为

$$\sum_{n=0}^{\infty} \frac{f^{(n)}(x_0)}{n!} (x-x_0)^n.$$

特别地, 当 $x_0 = 0$ 时, 此级数又称为麦克劳林级数.

3. $f(x)$ 的泰勒多项式.

如果 $f(x)$ 在 x_0 的某邻域内有 n 阶导数, 那么 $f(x)$ 在 x_0 处的泰勒多项式

$$P_n(x) = \sum_{k=0}^{n} \frac{f^{(k)}(x_0)}{k!} (x-x_0)^k$$

$$= f(x_0) + f'(x_0)(x-x_0) + \frac{f''(x_0)}{2!}(x-x_0)^2 + \cdots + \frac{f^{(n)}(x_0)}{n!}(x-x_0)^n.$$

4. 泰勒中值定理.

如果 $f(x)$ 在 x_0 的某邻域内有 $n+1$ 阶导数, 那么在 x_0 的这个邻域内至少存在一点 ξ 使得

$$f(x) = f(x_0) + f'(x_0)(x-x_0) + \frac{f''(x_0)}{2!}(x-x_0)^2 + \cdots$$

$$+ \frac{f^{(n)}(x_0)}{n!}(x-x_0)^n + \frac{f^{(n+1)}(\xi)}{(n+1)!}(x-x_0)^{n+1}.$$

5. $f(x)$ 的泰勒级数展开式.

如果 $f(x)$ 在 x_0 的某邻域内有任意阶导数, 且 $\lim\limits_{n\to\infty} R_n(x) = \lim\limits_{n\to\infty}(f(x) - P_n(x)) = 0$, 那么 $f(x)$ 在 x_0 处的泰勒级数展开式为

$$f(x) = \sum_{n=0}^{\infty} \frac{f^{(n)}(x_0)}{n!}(x-x_0)^n.$$

特别地, 当 $x_0 = 0$ 时, 此展开式又称为麦克劳林级数展开式. 这里的 $R_n(x)$ 又称泰勒级数的余项.

6. 三个函数的幂级数展开式.

$$(1+x)^\alpha = 1 + \alpha x + \frac{\alpha(\alpha-1)}{2!}x^2 + \cdots$$
$$+ \frac{\alpha(\alpha-1)\cdots(\alpha-n+1)}{n!}x^n + \cdots, \quad x \in (-1,1).$$

注　收敛区间是否包含端点取决于 α.

$$e^x = 1 + x + \frac{1}{2!}x^2 + \cdots + \frac{1}{n!}x^n + \cdots, \quad x \in (-\infty, +\infty),$$

$$\sin x = x - \frac{1}{3!}x^3 + \frac{1}{5!}x^5 + \cdots + \frac{(-1)^n}{(2n+1)!}x^{2n+1} + \cdots, \quad x \in (-\infty, +\infty).$$

5.2　概 念 例 解

1. 下列说法正确的是 ＿＿(D)＿＿.

(A) 无穷级数 $\sum\limits_{n=1}^{\infty} ar^n$ 必定收敛

(B) 无穷级数 $\sum\limits_{n=1}^{\infty} (a_1 + (n-1)d)$ 必定发散

(C) 无穷级数 $\sum\limits_{n=1}^{\infty} \frac{a_{n+1} - a_n}{a_n a_{n+1}}$ 必定收敛

(D) 无穷级数 $\sum\limits_{n=100}^{\infty} \frac{1}{n}$ 必定发散

解　应选 (D). 因为调和级数 $\sum\limits_{n=1}^{\infty} \frac{1}{n}$ 是发散的, 而级数去掉或添加有限项所得的级数与原级数的收敛或发散性相同. (A) 不能选, 因为几何级数 $\sum\limits_{n=1}^{\infty} ar^n$ 只有

在 $|r| < 1$ 时才收敛. (B) 不能选. 这是因为等差级数 $\sum\limits_{n=1}^{\infty} (a_1 + (n-1)d)$ 当 $a_1 = d = 0$ 时收敛. (C) 不能选. 这是因为级数的部分和 $\lim\limits_{n \to \infty} S_n = \dfrac{1}{a_1} - \lim\limits_{n \to \infty} \dfrac{1}{a_{n+1}}$ 未必存在.

2. 如果 $\sum\limits_{n=1}^{\infty} a_n$ 发散, 那么 _____(C)_____.

(A) $\lim\limits_{n \to \infty} a_n \neq 0$ (B) $\lim\limits_{n \to \infty} S_n = \infty$

(C) $\sum\limits_{n=1}^{\infty} |a_n|$ 发散   (D) $\sum\limits_{n=1}^{\infty} \lambda a_n$ 发散

解   应选 (C). 因为如果 $\sum\limits_{n=1}^{\infty} |a_n|$ 收敛, 则 $\sum\limits_{n=1}^{\infty} a_n$ 收敛. (A) 不对. 例如, $\sum\limits_{n=1}^{\infty} \dfrac{1}{n}$ 发散但 $\lim\limits_{n \to \infty} \dfrac{1}{n} = 0$. (B) 不对. 例如, $\sum\limits_{n=1}^{\infty} (-1)^n$ 发散但 S_n 有界. (D) 不对. 这是因为 $\lambda = 0$ 时级数是收敛的.

3. 如果 $\sum\limits_{n=1}^{\infty} a_n (a_n > 0)$ 发散, 那么 _____(C)_____.

(A) 当 $\sum\limits_{n=1}^{\infty} b_n$ 发散时, $\sum\limits_{n=1}^{\infty} (a_n + b_n)$ 发散

(B) 当 $\sum\limits_{n=1}^{\infty} b_n$ 发散时, $\sum\limits_{n=1}^{\infty} a_n b_n$ 发散

(C) 当 $\sum\limits_{n=1}^{\infty} b_n$ 收敛时, $\sum\limits_{n=1}^{\infty} (a_n + b_n)$ 发散

(D) 当 $\sum\limits_{n=1}^{\infty} b_n$ 收敛时, $\sum\limits_{n=1}^{\infty} \dfrac{b_n}{a_n}$ 发散

解   应选 (C). 因为 $\sum\limits_{n=1}^{\infty} a_n$ 的部分和 S_n 的极限不存在, $\sum\limits_{n=1}^{\infty} b_n$ 的部分和 T_n 的极限存在, 故知 $\lim\limits_{n \to \infty} (S_n + T_n)$ 不存在, 进而 $\sum\limits_{n=1}^{\infty} (a_n + b_n)$ 发散. (A) 不对, 例如级数 $\sum\limits_{n=1}^{\infty} \dfrac{1}{n}$ 和 $\sum\limits_{n=1}^{\infty} \left(\dfrac{1}{2^n} - \dfrac{1}{n} \right)$ 都发散, 但级数 $\sum\limits_{n=1}^{\infty} \left(\dfrac{1}{n} + \dfrac{1}{2^n} - \dfrac{1}{n} \right) = \sum\limits_{n=1}^{\infty} \dfrac{1}{2^n}$ 是收敛的. (B) 不对, 例如级数 $\sum\limits_{n=1}^{\infty} \dfrac{1}{n}$ 和 $\sum\limits_{n=1}^{\infty} \dfrac{1}{n}$ 都发散, 但级数 $\sum\limits_{n=1}^{\infty} \dfrac{1}{n} \cdot \dfrac{1}{n} =$

$\displaystyle\sum_{n=1}^{\infty}\frac{1}{n^2}$ 收敛. (D) 不对, 例如级数 $\displaystyle\sum_{n=1}^{\infty}\frac{1}{\sqrt{n}}$ 发散而级数 $\displaystyle\sum_{n=1}^{\infty}(-1)^n\frac{1}{n}$ 收敛, 但 $\displaystyle\sum_{n=1}^{\infty}\left((-1)^n\frac{1}{n}\Big/\frac{1}{\sqrt{n}}\right)=\sum_{n=1}^{\infty}\frac{(-1)^n}{\sqrt{n}}$ 收敛.

4. 设 $\{a_n\}$ 是一个数列, 那么 ____(D)____ 是不对的.

(A) 当 $\displaystyle\lim_{n\to\infty}a_n\neq 0$ 时, 级数 $\displaystyle\sum_{n=1}^{\infty}\frac{na_n}{n+1}$ 发散

(B) 当级数 $\displaystyle\sum_{n=1}^{\infty}\left(\frac{n}{n+1}+a_n\right)$ 收敛时, $\displaystyle\lim_{n\to\infty}a_n=-1$

(C) 当 $\displaystyle\lim_{n\to\infty}na_n=1$ 时, 级数 $\displaystyle\sum_{n=1}^{\infty}a_n$ 发散

(D) 当级数 $\displaystyle\sum_{n=1}^{\infty}|a_n|$ 收敛时, $\displaystyle\lim_{n\to\infty}\left|\frac{a_{n+1}}{a_n}\right|\leqslant 1$

解　应选 (D). 例如, $a_{2k}=\dfrac{1}{4k^2}$, $a_{2k-1}=\dfrac{1}{(2k-1)^3}$, 则 $|a_n|\leqslant\dfrac{1}{n^2}$, 从而级数 $\displaystyle\sum_{n=1}^{\infty}|a_n|$ 收敛, 但由 $\displaystyle\lim_{k\to\infty}\left|\frac{a_{2k+1}}{a_{2k}}\right|=\lim_{k\to\infty}\frac{(2k)^2}{(2k+1)^3}=0$, $\displaystyle\lim_{k\to\infty}\left|\frac{a_{2k}}{a_{2k-1}}\right|=$ $\displaystyle\lim_{k\to\infty}\frac{(2k-1)^3}{(2k)^2}=\infty$ 知 $\displaystyle\lim_{n\to\infty}\left|\frac{a_{n+1}}{a_n}\right|$ 不存在. (A) 不对, 因为 $\displaystyle\lim_{n\to\infty}\frac{n}{n+1}a_n\neq 0$, 故结论正确. (B) 不对, 因为 $\displaystyle\sum_{n=1}^{\infty}\left(\frac{n}{n+1}+a_n\right)$ 收敛, 所以 $\displaystyle\lim_{n\to\infty}\left(\frac{n}{n+1}+a_n\right)=0$, 进而可得 $\displaystyle\lim_{n\to\infty}a_n=-1$. (C) 不对, 由保号性知, 存在 $N>0$ 使得当 $n>N$ 时, $a_n>0$, 从而由极限形式的比较判别法知, 级数 $\displaystyle\sum_{n=1}^{\infty}a_n$ 发散.

5. 正项级数 $\displaystyle\sum_{n=1}^{\infty}a_n$, $\displaystyle\sum_{n=1}^{\infty}b_n$ 都收敛, 那么下列结论不对的是 ____(B)____.

(A) $\displaystyle\sum_{n=1}^{\infty}\sqrt{a_n\cdot b_n}$ 收敛　　　　　　(B) $\displaystyle\sum_{n=1}^{\infty}\sqrt{\frac{a_n}{b_n}}$ 收敛

(C) $\displaystyle\sum_{n=1}^{\infty}\min\{a_n,b_n\}$ 收敛　　　　　(D) $\displaystyle\sum_{n=1}^{\infty}\max\{a_n,b_n\}$ 收敛

解　应选 (B). 因为结论 (B) 是不对的, 例如, $\displaystyle\sum_{n=1}^{\infty}\frac{1}{n^2}$, $\displaystyle\sum_{n=1}^{\infty}\frac{1}{n^3}$ 都收敛, 但

$\displaystyle\sum_{n=1}^{\infty}\sqrt{\frac{1}{n^2}\Big/\frac{1}{n^3}} = \sum_{n=1}^{\infty}\sqrt{n}$ 是发散的. (A), (C) 和 (D) 都是对的, 这只要注意不等式

$$\sqrt{a_nb_n} \leqslant a_n + b_n, \quad \min\{a_n, b_n\} \leqslant a_n, \quad \max\{a_n, b_n\} \leqslant 2(a_n + b_n)$$

和比较判别法即可.

6. 正项级数 $\displaystyle\sum_{n=1}^{\infty}a_n, \sum_{n=1}^{\infty}b_n$ 都发散, 那么下列结论对的是 _____(B)_____ .

(A) $\displaystyle\sum_{n=1}^{\infty}a_nb_n$ 发散   (B) $\displaystyle\sum_{n=1}^{\infty}\max\{a_n, b_n\}$ 发散

(C) $\displaystyle\sum_{n=1}^{\infty}\min\{a_n, b_n\}$ 发散   (D) $\displaystyle\sum_{n=1}^{\infty}\frac{a_n}{b_n}$ 发散

解 应选 (B). 因为 $\max\{a_n, b_n\} \geqslant a_n$, 由比较判别法知, (B) 是对的. (A), (C) 和 (D) 三项都不对. 例如, (A) 项的例子为 $a_n = \dfrac{1}{n}$, $b_n = \dfrac{1}{\sqrt{n}}$; (C) 项的例子为

$$a_n = \begin{cases} \dfrac{1}{n}, & n\text{ 为奇数}, \\ \dfrac{1}{n^2}, & n\text{ 为偶数}, \end{cases} \qquad b_n = \begin{cases} \dfrac{1}{n^2}, & n\text{ 为奇数}, \\ \dfrac{1}{n}, & n\text{ 为偶数}, \end{cases}$$

以及 (D) 项的例子为

$$a_n = \begin{cases} \dfrac{1}{n^3}, & n\text{ 为奇数}, \\ \dfrac{1}{n}, & n\text{ 为偶数}, \end{cases} \qquad b_n = \begin{cases} \dfrac{1}{n}, & n\text{ 为奇数}, \\ n, & n\text{ 为偶数}. \end{cases}$$

7. 如果 $\displaystyle\sum_{n=1}^{\infty}a_n$ 绝对收敛, $\displaystyle\sum_{n=1}^{\infty}b_n$ 条件收敛, 那么 _____(C)_____ .

(A) $\displaystyle\sum_{n=1}^{\infty}(a_n \pm b_n)$ 收敛时必为绝对收敛   (B) $\displaystyle\sum_{n=1}^{\infty}a_nb_n$ 收敛时必为条件收敛

(C) $\displaystyle\sum_{n=1}^{\infty}(a_n \pm b_n)$ 收敛时必为条件收敛   (D) $\displaystyle\sum_{n=1}^{\infty}b_n/a_n$ 收敛时必为绝对收敛

解 应选 (C). 首先知 $\displaystyle\sum_{n=1}^{\infty}(a_n \pm b_n)$ 是收敛的. 又因为, 如果 $\displaystyle\sum_{n=1}^{\infty}(a_n \pm b_n)$ 绝对收敛, 则 $\displaystyle\sum_{n=1}^{\infty}|a_n \pm b_n|$ 收敛, 从而由 $|b_n| \leqslant |a_n \pm b_n| + |a_n|$ 和比较判别法知,

$\sum\limits_{n=1}^{\infty} b_n$ 绝对收敛. 这是矛盾的. 因此, $\sum\limits_{n=1}^{\infty}(a_n \pm b_n)$ 条件收敛. 前段对 (C) 的论述

也表明 (A) 不能选. 至于 (B) 不能选, 是因为由 $\sum\limits_{n=1}^{\infty} b_n$ 条件收敛知, 存在 $M > 0$

使得 $|b_n| \leqslant M$, 于是 $|a_n b_n| \leqslant M |a_n|$. 这样, 由 $\sum\limits_{n=1}^{\infty} a_n$ 绝对收敛和比较判别法知

$\sum\limits_{n=1}^{\infty} a_n b_n$ 绝对收敛, 从而 $\sum\limits_{n=1}^{\infty} a_n b_n$ 一定不是条件收敛. (D) 不能选的原因是, 如果

收敛, 则根据 (B) 中论述有 $K > 0$ 使得 $|b_n/a_n| \geqslant K |b_n|$, 而 $\sum\limits_{n=1}^{\infty} |b_n|$ 是发散的,

故 $\sum\limits_{n=1}^{\infty} b_n/a_n$ 条件收敛.

8. 设级数 $\sum\limits_{n=0}^{\infty} a_n$ 绝对收敛, S_n 为其部分和, 则必有 ____(D)____.

(A) $\lim\limits_{n \to \infty} \left| \dfrac{a_{n+1}}{a_n} \right| \leqslant 1$ 　　　　　　　　(B) $\lim\limits_{n \to \infty} \sqrt[n]{|a_n|} \leqslant 1$

(C) $\lim\limits_{n \to \infty} \left| \dfrac{S_n}{S_{n+1}} \right| \leqslant 1$ 　　　　　　　　(D) $\lim\limits_{n \to \infty} \sqrt[n]{|S_n|} = 1$

解　应选 (D). 这是因为 $\sum\limits_{n=0}^{\infty} a_n$ 绝对收敛, 从而 S_n 的极限存在, 即 $\lim\limits_{n \to \infty} |S_n|$

存在. 容易知道 $\lim\limits_{n \to \infty} \sqrt[n]{|S_n|} = 1$ 和 $\lim\limits_{n \to \infty} \left| \dfrac{S_n}{S_{n+1}} \right| = 1$. 这说明 (C) 选项不对, 故不

能选. 至于 (A), (B) 两选项不能选的原因之一是这两项的极限未必存在. 例如,

$a_{2n} = \dfrac{1}{4n^2}$, $a_{2n+1} = \dfrac{1}{(2n+1)^3}$, 那么级数 $\sum\limits_{n=0}^{\infty} a_n$ 是绝对收敛的, 这是因为 $|a_n| \leqslant$

$\dfrac{1}{4n^2}$, $\sum\limits_{n=1}^{\infty} \dfrac{1}{4n^2}$ 收敛和比较判别法可以知道级数是绝对收敛的. 但 $\lim\limits_{n \to \infty} \left| \dfrac{a_{2n+1}}{a_{2n}} \right| =$

0, $\lim\limits_{n \to \infty} \left| \dfrac{a_{2n}}{a_{2n+1}} \right| = \infty$, 从而 $\lim\limits_{n \to \infty} \left| \dfrac{a_{n+1}}{a_n} \right|$ 不存在, 因此, (A) 选项中的不等式

$\lim\limits_{n \to \infty} \left| \dfrac{a_{n+1}}{a_n} \right| \leqslant 1$ 是不对的. 再例如, 级数 $\sum\limits_{n=0}^{\infty} \left(\dfrac{2}{4 + (-1)^n} \right)^n$ 是绝对收敛的, 这

也是因为 $\left| \left(\dfrac{2}{4 + (-1)^n} \right)^n \right| \leqslant \left(\dfrac{2}{3} \right)^n$, $\sum\limits_{n=0}^{\infty} \left(\dfrac{2}{3} \right)^n$ 收敛和比较判别法可以知道级

数是绝对收敛的. 但是, 因为 $\lim\limits_{n \to \infty} \sqrt[2n]{|a_{2n}|} = \dfrac{2}{5}$, $\lim\limits_{n \to \infty} \sqrt[2n+1]{|a_{2n+1}|} = \dfrac{2}{3}$, 所以

$\lim\limits_{n\to\infty} \sqrt[n]{|a_n|}$ 不存在, 因此, (B) 选项中的不等式 $\lim\limits_{n\to\infty} \sqrt[n]{|a_n|} \leqslant 1$ 是不对的.

9. 如果 $\sum\limits_{n=1}^{\infty} a_n x^n$ 在点 $x = 6$ 处收敛, 那么 ____(C)____ .

(A) $\sum\limits_{n=1}^{\infty} a_n x^n$ 在点 $x = -6$ 处收敛   (B) $\sum\limits_{n=1}^{\infty} a_n x^n$ 在点 $x = -6$ 处发散

(C) $\sum\limits_{n=1}^{\infty} a_n x^n$ 在点 $x = -5.5$ 处收敛   (D) $\sum\limits_{n=1}^{\infty} a_n x^n$ 在点 $x = 6.5$ 处发散

解 应选 (C). 这是因为, 如果 $\sum\limits_{n=1}^{\infty} a_n x^n$ 在点 $x = 6$ 处收敛, 那么 $\sum\limits_{n=1}^{\infty} a_n x^n$ 在 $|x| < 6$ 上收敛, 从而 $\sum\limits_{n=1}^{\infty} a_n x^n$ 在点 $x = -5.5$ 处收敛, 故选 (C). (A), (B) 和 (D) 都不能选, 请看下列两个例子, $\sum\limits_{n=1}^{\infty} \dfrac{(-1)^n (x-6)^n}{n}$ 在 $x = 6$ 处收敛但在 $x = -6$ 处发散, 因通项极限不为 0; $\sum\limits_{n=1}^{\infty} \dfrac{(x-6)^n}{n!}$ 在 $x = 6.5$ 处收敛.

10. 设幂级数 $\sum\limits_{n=0}^{\infty} a_n x^n$ 的和函数为 $S(x)$, 收敛半径为 $R > 0$, 那么, 下列陈述中不正确的是 ____(D)____ .

(A) $\lim\limits_{x\to x_0} S(x) = \lim\limits_{x\to x_0} \sum\limits_{n=0}^{\infty} a_n x^n = \sum\limits_{n=0}^{\infty} \lim\limits_{x\to x_0} a_n x^n = S(x_0), \ x_0 \in (-R, R)$

(B) $\dfrac{\mathrm{d}^m S(x)}{\mathrm{d}x^m}\bigg|_{x=x_0} = \dfrac{\mathrm{d}^m}{\mathrm{d}x^m}\left(\sum\limits_{n=0}^{\infty} a_n x^n\right)\bigg|_{x=x_0} = \sum\limits_{n=0}^{\infty} \dfrac{\mathrm{d}^m}{\mathrm{d}x^m}(a_n x^n)\bigg|_{x=x_0} = S^{(m)}(x_0),$
$x_0 \in (-R, R)$

(C) $\displaystyle\int_a^b S(x)\mathrm{d}x = \int_a^b \left(\sum\limits_{n=0}^{\infty} a_n x^n\right)\mathrm{d}x = \sum\limits_{n=0}^{\infty} \int_a^b a_n x^n \mathrm{d}x, \ [a, b] \subset (-R, R)$

(D) $\lim\limits_{x\to R^-} S(x) = \lim\limits_{x\to R^-} \sum\limits_{n=0}^{\infty} a_n x^n = \sum\limits_{n=0}^{\infty} \lim\limits_{x\to R^-} a_n x^n = S(R)$

解 应选 (D). 因为前三个选项实质上就是幂级数的连续性、逐项求导与积分的性质, 所以是对的. 必须注意这三个性质是幂级数收敛域内部的性质. (D) 选项陈述是关于端点的左连续问题. 这一问题一般是不对. 例如, 幂级数 $\sum\limits_{n=0}^{\infty} (-1)^n x^n$ 的收敛半径为 $R = 1$, 其和函数为 $\dfrac{1}{1+x}$, 但 $\dfrac{1}{2} = \lim\limits_{x\to 1^-} S(x) = \lim\limits_{x\to 1^-} \dfrac{1}{1+x} \neq$

$\sum\limits_{n=0}^{\infty}\lim\limits_{x\to1^-}(-1)^n x^n$. 这表明, 幂级数在端点处的左、右极限运算不一定能与求和运算可交换.

11. $f(x)$ 在 x_0 处的泰勒级数 $\sum\limits_{n=0}^{\infty}\dfrac{f^{(n)}(x_0)}{n!}(x-x_0)^n$ _____.

(A) 有正的收敛半径   (B) 有和函数 $f(x)$

(C) 必定是 $f(x)$ 的幂级数展开式   (D) 有非负的收敛半径 (包括 $+\infty$)

解 应选 (D). 这是因为 $R=\lim\limits_{n\to\infty}\left|\dfrac{f^{(n)}(x_0)}{n!}\bigg/\dfrac{f^{(n+1)}(x_0)}{(n+1)!}\right|\geqslant 0$, 换言之, 幂级数一定有收敛半径 (包括 $+\infty$). (A), (B) 和 (C) 都不能选, 是因为结论是不对的. 例如

$$f(x)=\begin{cases} e^{-\frac{1}{x^2}}, & x\neq 0, \\ 0, & x=0. \end{cases}$$

在点 $x=0$ 处的泰勒级数为 $0+0+0+\cdots$, 其收敛半径为 $R=+\infty$, 除在 $x=0$ 点外, 此级数都不收敛于 $e^{-\frac{1}{x^2}}$, 由此 (A), (B) 和 (C) 这三个选项都不对.

12. "$f(x)$ 在 x_0 处有泰勒级数展开式" 指的是 _____.

(A) $f(x)=\sum\limits_{n=0}^{\infty}\dfrac{f^{(n)}(x_0)}{n!}x^n$, 对 $f(x)$ 的定义域中的所有 x

(B) $f(x)=\sum\limits_{n=0}^{\infty}\dfrac{f^{(n)}(x_0)}{n!}x^n$, 对 x_0 的某个邻域中的所有 x

(C) $f(x)$ 是在 x_0 处的泰勒级数的和函数

(D) $f(x)$ 可用幂级数来表示

解 应选 (B). 这是因为泰勒级数是一个局部的概念, 即一般教科书中所说的 "某点附近" 的意思, 而 (B) 项等式正好强调了 "x_0 的邻域或附近" 这一条件. (A), (C) 和 (D) 都不能选, 是因为这三个选项实质上都是函数与泰勒级数相等的问题, 由对 (B) 项的论述中易知这三个选项的相等忽视了 "x_0 的邻域或附近" 的条件, 因而不能选. 相应的例子很常见, 这里就不列举了.

5.3 方 法 例 解

1. 判定下列级数的敛散性, 如果收敛, 那么是绝对收敛还是条件收敛?

(1) $\sum\limits_{n=1}^{\infty}\dfrac{(-1)^n}{n\ln^p n}$;   (2) $\sum\limits_{n=1}^{\infty}\dfrac{(-n)^n}{(2n)!}$;

(3) $\sum\limits_{n=1}^{\infty}\left(\sqrt{1+\dfrac{1}{n^2}}-1\right)$;   (4) $\sum\limits_{n=1}^{\infty}(\sqrt[n]{2}-1)^n$;

(5) $\displaystyle\sum_{n=0}^{\infty} \frac{(-9)^n + (n+1)!\sin n}{n!3^n}$; $\qquad$ (6) $\displaystyle\sum_{n=1}^{\infty} \frac{(2n-1)!! + (2n)!!}{6^n n!}$;

(7) $\displaystyle\sum_{n=1}^{\infty} \frac{(-1)^{[\sqrt{n}]}}{n^p}$; $\qquad\qquad$ (8) $\displaystyle\sum_{n=1}^{\infty} \frac{\sin n\frac{\pi}{2}}{1+\ln n}\tan\frac{1}{n}$;

(9) $\displaystyle\sum_{n=1}^{\infty} (-1)^n \frac{1 + \frac{1}{2} + \cdots + \frac{1}{n}}{n}$; $\qquad$ (10) $\displaystyle\sum_{n=1}^{\infty} (-1)^n \left(n - n^2 \sin\frac{1}{n} \right)$.

解 (1) 收敛. 由于 $|a_n| = \dfrac{1}{n\ln^p n}$, 且

$$\int_2^{+\infty} \frac{1}{x\ln^p x}\mathrm{d}x = \frac{1}{1-p}\ln^{1-p} x \Big|_2^{+\infty} = \begin{cases} \infty, & p \leqslant 1, \\ -\dfrac{1}{1-p}\ln^{1-p} 2, & p > 1, \end{cases}$$

故当 $p>1$ 时, $\displaystyle\sum_{n=1}^{\infty} \frac{(-1)^n}{n\ln^p n}$ 绝对收敛; 当 $p\leqslant 1$ 时, $\displaystyle\sum_{n=1}^{\infty} \frac{1}{n\ln^p n}$ 发散, 但 $\displaystyle\lim_{n\to\infty} \frac{1}{n\ln^p n} = 0$, 且

$$\frac{|a_{n+1}|}{|a_n|} = \frac{n\ln^p n}{(n+1)\ln^p(n+1)} < 1,$$

即 $|a_n| = \dfrac{1}{n\ln^p n}$ 是单调递减的, 故 $\displaystyle\sum_{n=1}^{\infty} \frac{(-1)^n}{n\ln^p n}$ 条件收敛.

(2) 绝对收敛. 由于 $\displaystyle\lim_{n\to\infty} \left| \frac{a_{n+1}}{a_n} \right| = \lim_{n\to\infty} \frac{n+1}{(2n+2)(2n+1)} \left(1+\frac{1}{n} \right)^n = 0 < 1$, 故 $\displaystyle\sum_{n=1}^{\infty} \frac{n^n}{(2n)!}$ 是收敛的, 因而, $\displaystyle\sum_{n=1}^{\infty} \frac{(-n)^n}{(2n)!}$ 绝对收敛.

(3) 绝对收敛. 由于 $\left| \sqrt{1+\dfrac{1}{n^2}} - 1 \right| \sim \dfrac{1}{n^2}, n \to \infty$ 和 $\displaystyle\sum_{n=1}^{\infty} \frac{1}{n^2}$ 收敛, 于是由比较判别法知道, $\displaystyle\sum_{n=1}^{\infty} \left(\sqrt{1+\frac{1}{n^2}} - 1 \right)$ 收敛.

(4) 绝对收敛. 由于 $\displaystyle\sum_{n=1}^{\infty} (\sqrt[n]{2} - 1)^n$ 是正项级数, 且 $\displaystyle\lim_{n\to\infty} \sqrt[n]{(\sqrt[n]{2} - 1)^n} = \lim_{n\to\infty} (\sqrt[n]{2} - 1) = 0 < 1$, 故 $\displaystyle\sum_{n=1}^{\infty} (\sqrt[n]{2} - 1)^n$ 绝对收敛.

(5) 绝对收敛. 由于 $\displaystyle\lim_{n\to\infty} \frac{3^{n+1}/(n+1)!}{3^n/n!} = \lim_{n\to\infty} \frac{3}{n+1} = 0 < 1$, $\displaystyle\sum_{n=0}^{\infty} \left| \frac{(-3)^n}{n!} \right| =$

$\sum\limits_{n=0}^{\infty} \dfrac{3^n}{n!}$ 是绝对收敛的. 又 $\left| \dfrac{(n+1)! \sin n}{n! 3^n} \right| \leqslant \dfrac{n+1}{3^n}$, 且 $\sum\limits_{n=1}^{\infty} \dfrac{n+1}{3^n}$ 收敛, 故

$\sum\limits_{n=1}^{\infty} \left| \dfrac{(n+1)! \sin n}{n! 3^n} \right|$ 收敛. 因此我们知道, $\sum\limits_{n=0}^{\infty} \dfrac{(-9)^n + (n+1)! \sin n}{n! 3^n}$ 绝对收敛.

(6) 绝对收敛. 由于 $\left| \dfrac{(2n-1)!! + (2n)!!}{6^n n!} \right| \leqslant \dfrac{(2n-1)!!}{6^n n!} + \dfrac{(2n)!!}{6^n n!}$, 且

$$\lim_{n \to \infty} \dfrac{(2n+1)!!}{6^{n+1}(n+1)!} \bigg/ \dfrac{(2n-1)!!}{6^n n!} = \lim_{n \to \infty} \dfrac{2n+3}{6(n+1)} = \dfrac{1}{3} < 1$$

和

$$\lim_{n \to \infty} \dfrac{(2n+2)!!}{6^{n+1}(n+1)!} \bigg/ \dfrac{(2n)!!}{6^n n!} = \lim_{n \to \infty} \dfrac{2n+4}{6(n+1)} = \dfrac{1}{3} < 1.$$

故 $\sum\limits_{n=1}^{\infty} \dfrac{(2n-1)!! + (2n)!!}{6^n n!}$ 收敛, 从而绝对收敛.

(7) 当 $\dfrac{1}{2} < p \leqslant 1$ 时, 级数条件收敛; 当 $p > 1$ 时, 级数绝对收敛. 当 $p > 1$

时, $\sum\limits_{n=1}^{\infty} \left| \dfrac{(-1)^{[\sqrt{n}]}}{n^p} \right| = \sum\limits_{n=1}^{\infty} \dfrac{1}{n^p}$ 收敛; 而当 $p \leqslant 1$ 时, $\sum\limits_{n=1}^{\infty} \left| \dfrac{(-1)^{[\sqrt{n}]}}{n^p} \right| = \sum\limits_{n=1}^{\infty} \dfrac{1}{n^p}$ 发散.

进一步, 由于 $m^2 \leqslant n < (m+1)^2$ 知道, $m \leqslant \sqrt{n} < m+1$, 从而 $[\sqrt{n}] = m$, 于是,

$\sum\limits_{m=1}^{\infty} (-1)^m \left(\dfrac{1}{m^{2p}} + \dfrac{1}{(m^2+1)^p} + \cdots + \dfrac{1}{((m+1)^2-1)^p} \right)$. 这是一个交错级数. 令

$a_m = \dfrac{1}{m^{2p}} + \dfrac{1}{(m^2+1)^p} + \cdots + \dfrac{1}{((m+1)^2-1)^p}$, 则

$$\dfrac{1}{2^{p-1}} \dfrac{1}{m^{2p-1}} < \dfrac{2m}{(m^2+2m)^p} \leqslant a_m = \dfrac{1}{m^{2p}} + \dfrac{1}{(m^2+1)^p} + \cdots + \dfrac{1}{((m+1)^2-1)^p}$$
$$\leqslant \dfrac{2}{m^{2p-1}},$$

从而, 当 $p \leqslant \dfrac{1}{2}$ 时, $\lim\limits_{m \to \infty} a_m \geqslant \dfrac{1}{2^{p-1}} \lim\limits_{m \to \infty} \dfrac{1}{m^{2p-1}} \geqslant \dfrac{1}{2^{p-1}}$, 即 $\lim\limits_{m \to \infty} a_m \neq 0$, 故级

数发散. 当 $p > \dfrac{1}{2}$ 时, 由夹逼定理知道, $\lim\limits_{m \to \infty} a_m = 0$. 又

$$a_m - a_{m+1}$$
$$= \dfrac{1}{m^{2p}} + \cdots + \dfrac{1}{((m+1)^2-1)^p} - \left(\dfrac{1}{(m+1)^{2p}} + \cdots + \dfrac{1}{((m+2)^2-1)^p} \right)$$
$$> \dfrac{1}{(m+1)^{2p}} + \cdots + \dfrac{1}{((m+2)^2-1)^p} - \left(\dfrac{1}{(m+1)^{2p}} + \cdots + \dfrac{1}{((m+2)^2-1)^p} \right)$$

$= 0,$

即 $\{a_m\}$ 是单调递减的, 因此由交错级数收敛性判别法知道, 级数收敛.

(8) 条件收敛. 由于

$$\sum_{n=1}^{\infty} \left| \frac{\sin n\frac{\pi}{2}}{1+\ln n} \tan \frac{1}{n} \right| = \sum_{k=1}^{\infty} \frac{1}{1+\ln(2k-1)} \tan \frac{1}{2k-1}, \text{且}$$

$$\lim_{k\to\infty} \frac{\dfrac{1}{1+\ln(2k-1)} \tan \dfrac{1}{2k-1}}{\dfrac{1}{(2k-1)(1+\ln(2k-1))}} = 1,$$

积分 $\displaystyle\int_1^{+\infty} \frac{\mathrm{d}x}{(2x-1)(1+\ln(2x-1))} = \frac{1}{2}\ln(1+\ln(2x-1))|_1^{+\infty} = \infty$, 级数

$\displaystyle\sum_{k=1}^{\infty} \frac{1}{(2k-1)(1+\ln(2k-1))}$ 发散, 因此, 由积分判别法知道, $\displaystyle\sum_{n=1}^{\infty} \left| \frac{\sin n\frac{\pi}{2}}{1+\ln n} \tan \frac{1}{n} \right|$

发散. 又

$$\frac{a_{k+1}}{a_k} = \frac{\dfrac{1}{1+\ln(2k+1)} \tan \dfrac{1}{2k+1}}{\dfrac{1}{1+\ln(2k-1)} \tan \dfrac{1}{2k-1}} = \frac{1+\ln(2k-1)}{1+\ln(2k+1)} \frac{\tan \dfrac{1}{2k+1}}{\tan \dfrac{1}{2k-1}} < 1,$$

故 a_k 是单调递减趋于零的, 因此, 由交错级数收敛性判别法知道, 级数

$$\sum_{k=1}^{\infty} \frac{(-1)^{k-1} \tan \dfrac{1}{2k-1}}{1+\ln(2k-1)}$$

收敛, 即 $\displaystyle\sum_{n=1}^{\infty} \frac{\sin n\frac{\pi}{2} \tan \dfrac{1}{n}}{1+\ln n}$ 收敛.

(9) 条件收敛. 由于 $\displaystyle\lim_{n\to\infty} \frac{1+\frac{1}{2}+\cdots+\frac{1}{n}}{n} \bigg/ \frac{1}{n} = \lim_{n\to\infty} \left(1+\frac{1}{2}+\cdots+\frac{1}{n}\right) =$

∞, 且 $\displaystyle\sum_{n=1}^{\infty} \frac{1}{n}$ 发散, 于是, 级数 $\displaystyle\sum_{n=1}^{\infty} \left| (-1)^n \frac{1+\frac{1}{2}+\cdots+\frac{1}{n}}{n} \right| = \sum_{n=1}^{\infty} \frac{1+\frac{1}{2}+\cdots+\frac{1}{n}}{n}$

发散. 又 $\lim\limits_{n\to\infty} \dfrac{1+\dfrac{1}{2}+\cdots+\dfrac{1}{n}}{n}=0$, 且

$$\frac{a_{n+1}}{a_n}=\frac{1+\dfrac{1}{2}+\cdots+\dfrac{1}{n+1}}{n+1}\cdot\frac{n}{1+\dfrac{1}{2}+\cdots+\dfrac{1}{n}}$$

$$=\left(1+\frac{1}{(n+1)\left(1+\dfrac{1}{2}+\cdots+\dfrac{1}{n}\right)}\right)\frac{n}{n+1}$$

$$<\frac{n+1}{n}\cdot\frac{n}{n+1}=1,$$

即 $a_n=\dfrac{1}{n}\left(1+\dfrac{1}{2}+\cdots+\dfrac{1}{n}\right)$ 是单调递减趋于零的, 因此, 由交错级数收敛性判

别法知, 级数 $\sum\limits_{n=1}^{\infty}(-1)^n\dfrac{1+\dfrac{1}{2}+\cdots+\dfrac{1}{n}}{n}$ 收敛.

(10) 条件收敛. 由于 $\lim\limits_{n\to\infty}\left(n-n^2\sin\dfrac{1}{n}\right)=\lim\limits_{x\to0}\dfrac{x-\sin x}{x^2}=0$, 但 $\lim\limits_{n\to\infty}n\cdot$

$\left(n-n^2\sin\dfrac{1}{n}\right)=\lim\limits_{n\to\infty}\dfrac{\dfrac{1}{n}-\sin\dfrac{1}{n}}{\dfrac{1}{n^3}}=\lim\limits_{x\to0}\dfrac{x-\sin x}{x^3}=\dfrac{1}{6}$ 和级数 $\sum\limits_{n=1}^{\infty}\dfrac{1}{n}$ 发散知道,

级数 $\sum\limits_{n=1}^{\infty}\left|(-1)^n\left(n-n^2\sin\dfrac{1}{n}\right)\right|=\sum\limits_{n=1}^{\infty}\left(n-n^2\sin\dfrac{1}{n}\right)$ 发散.

又 $\sum\limits_{n=1}^{\infty}(-1)^n\left(n-n^2\sin\dfrac{1}{n}\right)$ 为交错级数, 且令 $f(x)=x-x^2\sin\dfrac{1}{x}$, 那么当 $x>2$ 时,

$$f'(x)=\left(x-x^2\sin\frac{1}{x}\right)',$$

$$f''(x)=\left(\frac{1}{x^2-2}\right)\sin\frac{1}{x}+\frac{2}{x}\cos\frac{1}{x},$$

$f'''(x)=-\dfrac{1}{x^4}\cos\dfrac{1}{x}<0$, $\lim\limits_{x\to\infty}f''(x)=0$, 即有 $f''(x)>0$, 从而有 $f'(x)$ 在 $(2,+\infty)$ 上递增. 又 $\lim\limits_{x\to\infty}f''(x)=0$, 即 $f'(x)<0$. 于是, $f(x)$ 单调递减, 进一步, $a_n=f(n)=n-n^2\sin\dfrac{1}{n}$ 是单调递减的. 因此, 交错级数 $\sum\limits_{n=1}^{\infty}(-1)^n\left(n-n^2\sin\dfrac{1}{n}\right)$

收敛.

2. 求下列幂级数的收敛半径、收敛区间以及和函数:

(1) $\sum_{n=1}^{\infty} (-1)^n \dfrac{(x+2)^n}{(n+1)6^n}$;

(2) $\sum_{n=1}^{\infty} (-1)^n \dfrac{2^n(x-2)^n}{(n+2)!}$;

(3) $\sum_{n=1}^{\infty} \dfrac{5^n + (-3)^n}{n(n+1)} (x+1)^n$;

(4) $\sum_{n=1}^{\infty} \dfrac{n(n+1)}{2^n} (x-1)^n$;

(5) $\sum_{n=1}^{\infty} (-1)^n \dfrac{2n}{n+1} x^{2n-1}$;

(6) $\sum_{n=1}^{\infty} \dfrac{(x+2)^{2n}}{2n(2n-1)}$;

(7) $\sum_{n=0}^{\infty} (-1)^n \dfrac{(2n^2+1)x^{2n}}{(2n)!}$;

(8) $1 + \sum_{n=1}^{\infty} \dfrac{(2n-1)!!x^n}{(2n)!!}$.

解 (1) 收敛半径 $R = \lim\limits_{n\to\infty} \left| \dfrac{a_n}{a_{n+1}} \right| = \lim\limits_{n\to\infty} \dfrac{(n+2)6}{n+1} = 6$, 收敛区间为 $(-8,4]$.

令 $y = -\dfrac{x+2}{6}$, $S(y) = \sum_{n=1}^{\infty} \dfrac{y^n}{n+1}$, 则 $S(0) = 0$.

$$yS(y) = \sum_{n=1}^{\infty} \dfrac{y^{n+1}}{n+1} = \sum_{n=1}^{\infty} \int_0^y x^n \mathrm{d}x = \int_0^y \sum_{n=1}^{\infty} x^n \mathrm{d}x = -y - \ln(1-y),$$

进而

$$S(y) = \begin{cases} -1 - \dfrac{1}{y}\ln(1-y), & y \neq 0, \\ 0, & y = 0. \end{cases}$$

因此

$$\sum_{n=1}^{\infty} (-1)^n \dfrac{(x+2)^n}{(n+1)6^n} = \begin{cases} -1 + \dfrac{6}{x+2} \ln \dfrac{x+8}{6}, & x \neq -2, \\ 0, & x = -2. \end{cases}$$

(2) 收敛半径为 $R = \infty$, 收敛区间为 $(-\infty,\infty)$. 令 $y = 2(2-x)$, $S(y) = \sum_{n=1}^{\infty} \dfrac{y^n}{(n+2)!}$, 则

$$S(0) = 0, \quad \text{且} \quad y^2 S(y) = \sum_{n=1}^{\infty} \dfrac{y^{n+2}}{(n+2)!} = e^y - 1 - y - \dfrac{1}{2}y^2.$$

于是

$$S(y) = \begin{cases} \dfrac{e^y - 1 - y}{y^2} - \dfrac{1}{2}, & y \neq 0, \\ 0, & y = 0. \end{cases}$$

因此

$$\sum_{n=1}^{\infty} (-1)^n \frac{2^n(x-2)^n}{(n+2)!} = \begin{cases} \dfrac{e^{4-2x}-5+2x}{(4-2x)^2} - \dfrac{1}{2}, & x \neq 2, \\ 0, & x = 2. \end{cases}$$

(3) 由于 $\displaystyle\sum_{n=1}^{\infty} \frac{5^n+(-3)^n}{n(n+1)}(x+1)^n = \sum_{n=1}^{\infty} \frac{5^n}{n(n+1)}(x+1)^n + \sum_{n=1}^{\infty} \frac{(-3)^n}{n(n+1)}(x+1)^n$,

且级数 $\displaystyle\sum_{n=1}^{\infty} \frac{5^n}{n(n+1)}(x+1)^n$ 的收敛半径为 $R_1 = \dfrac{1}{5}$, 而级数 $\displaystyle\sum_{n=1}^{\infty} \frac{(-3)^n}{n(n+1)}(x+1)^n$

的收敛半径为 $R_2 = \dfrac{1}{3}$, 故原级数的收敛半径为 $R = \min\{R_1, R_2\} = \dfrac{1}{5}$. 原级数的

收敛区间为 $\left[-\dfrac{6}{5}, -\dfrac{4}{5}\right]$.

令 $y = 5(x+1)$, $S(y) = \displaystyle\sum_{n=1}^{\infty} \frac{y^n}{n(n+1)}$, 则 $S(0) = 0$, $S(1) = 1$,

$$\begin{aligned} yS(y) &= y \sum_{n=1}^{\infty} \frac{y^n}{n(n+1)} = y \sum_{n=1}^{\infty} \frac{y^n}{n} - \sum_{n=1}^{\infty} \frac{y^{n+1}}{n+1} \\ &= y \int_0^y \sum_{n=1}^{\infty} x^{n-1} \mathrm{d}x - \int_0^y \sum_{n=1}^{\infty} x^n \mathrm{d}x \\ &= y \int_0^y \frac{1}{1-x} \mathrm{d}x - \int_0^y \frac{x}{1-x} \mathrm{d}x = y + (1-y)\ln(1-y), \end{aligned}$$

即当 $y \neq 0, 1$ 时, $S(y) = 1 - \dfrac{1}{y}(1-y)\ln(1-y)$.

于是, 将 $y = 5(x+1)$ 代入上式并注意到 $y = 0, 1$ 的情形, 可以得到

$$\sum_{n=1}^{\infty} \frac{5^n}{n(n+1)}(x+1)^n = \begin{cases} 1 - \dfrac{5x+4}{5x+5}\ln(-5x-4), & x \neq -1, -\dfrac{4}{5}, \\ 0, & x = -1, \\ 1, & x = -\dfrac{4}{5}. \end{cases}$$

同理可求得 $\displaystyle\sum_{n=1}^{\infty} \frac{(-3)^n}{n(n+1)}(x+1)^n = \begin{cases} 1 + \dfrac{3x+4}{3x+3}\ln(3x+4), & x \neq -1, \\ 0, & x = -1. \end{cases}$

故

$$\sum_{n=1}^{\infty} \frac{5^n+(-3)^n}{n(n+1)}(x+1)^n$$

$$= \sum_{n=1}^{\infty} \frac{5^n}{n(n+1)} (x+1)^n + \sum_{n=1}^{\infty} \frac{(-3)^n}{n(n+1)} (x+1)^n$$

$$= \begin{cases} 2 - \dfrac{5x+4}{5x+5} \ln(-5x-4) + \dfrac{3x+4}{3x+3} \ln(3x+4), & x \neq -1, -\dfrac{4}{5}, \\ 0, & x = -1, \\ 2 + \dfrac{8}{3} \ln \dfrac{8}{5}, & x = -\dfrac{4}{5}. \end{cases}$$

(4) 收敛半径为 $R=2$, 收敛区间为 $(-1,3)$. 令 $y = \dfrac{x-1}{2}$, $S(y) = \sum_{n=1}^{\infty} n(n+1)y^n$, 则

$$S(y) = \sum_{n=1}^{\infty} n(n+1)y^n = \left(\sum_{n=1}^{\infty} n y^{n+1} \right)' = \left(y^2 \left(\sum_{n=1}^{\infty} y^n \right)' \right)'$$

$$= \left(y^2 \left(\frac{y}{1-y} \right)' \right)' = \left(\left(\frac{y}{1-y} \right)^2 \right)' = \frac{2y}{(1-y)^3},$$

因此, $\displaystyle\sum_{n=1}^{\infty} \frac{n(n+1)}{2^n} (x-1)^n = \frac{8(x-1)}{(3-x)^3}$.

以上作了一个变换 $y = g(x)$ 化幂级数为标准的幂级数 $\displaystyle\sum_{n}^{\infty} a_n y^n$, 求出这个幂级数的和, 再将 $y = g(x)$ 代入所求的和函数中即可. 求和函数也可以不作变换求之, 可见下面 4 个题.

(5) 收敛半径为 $R=1$, 收敛区间为 $[-1,1]$. 令 $S(x) = \displaystyle\sum_{n=1}^{\infty} (-1)^n \frac{2n}{n+1} x^{2n-1}$, 则当 $x=0$ 时, $S(0)=0$; 而当 $x \neq 0$ 时,

$$S(x)$$

$$= \sum_{n=1}^{\infty} (-1)^n \frac{2n}{n+1} x^{2n-1} = \left(\sum_{n=1}^{\infty} (-1)^n \frac{x^{2n}}{n+1} \right)' = \left(\frac{1}{x^2} \int_0^{x^2} \sum_{n=1}^{\infty} (-1)^n t^n \mathrm{d}t \right)'$$

$$= \left(\frac{1}{x^2} \int_0^{x^2} \frac{-t}{1+t} \mathrm{d}t \right)' = \left(-1 + \frac{\ln(1+x^2)}{x^2} \right)' = \frac{2x^2 - 2(1+x^2)\ln(1+x^2)}{x^3(1+x^2)}.$$

因此

$$S(x) = \begin{cases} \dfrac{2x^2 - 2(1+x^2)\ln(1+x^2)}{x^3(1+x^2)}, & x \neq 0, \\ 0, & x = 0. \end{cases}$$

(6) 收敛半径为 $R = 1$, 收敛区间为 $[-3, -1]$. 令 $S(x) = \sum\limits_{n=1}^{\infty} \dfrac{(x+2)^{2n}}{2n(2n-1)}$, 则

$$S(x) = \sum_{n=1}^{\infty} \frac{(x+2)^{2n}}{2n(2n-1)} = \int_0^{x+2} \left(\sum_{n=1}^{\infty} \frac{t^{2n-1}}{2n-1} \right) \mathrm{d}t = \int_0^{x+2} \left(\int_0^t \sum_{n=1}^{\infty} y^{2n-2} \mathrm{d}y \right) \mathrm{d}t$$

$$= \int_0^{x+2} \left(\int_0^t \frac{1}{1-y^2} \mathrm{d}y \right) \mathrm{d}t = \frac{1}{2} \int_0^{x+2} \ln \frac{1+t}{1-t} \mathrm{d}t$$

$$= \frac{1}{2}(x+2) \ln \frac{-x-3}{x+1} + \frac{1}{2} \ln(1-(x+2)^2) \quad (-3 < x < -1).$$

由于幂级数在端点处收敛, 则必左连续或右连续, 因此, $S(-1) = \ln 2$, $S(-3) = \ln 2$. 故有和函数

$$S(x) = \begin{cases} \dfrac{1}{2}(x+2) \ln \dfrac{-x-3}{x+1} + \dfrac{1}{2} \ln(1-(x+2)^2), & -3 < x < -1, \\ \ln 2, & x = -3, -1. \end{cases}$$

(7) 收敛半径为 $R = \infty$. 收敛区间为 $(-\infty, \infty)$. 令

$$S(x) = \sum_{n=0}^{\infty} (-1)^n \frac{(2n^2+1)x^{2n}}{(2n)!},$$

则

$$S(x)$$

$$= \sum_{n=0}^{\infty} (-1)^n \frac{(2n^2+1)x^{2n}}{(2n)!} = \sum_{n=1}^{\infty} (-1)^n \frac{nx^{2n}}{(2n-1)!} + \sum_{n=0}^{\infty} (-1)^n \frac{x^{2n}}{(2n)!}$$

$$= \frac{1}{2} \sum_{n=1}^{\infty} (-1)^n \frac{(2n-1)x^{2n}}{(2n-1)!} + \frac{1}{2} \sum_{n=1}^{\infty} (-1)^n \frac{x^{2n}}{(2n-1)!} + \sum_{n=0}^{\infty} (-1)^n \frac{x^{2n}}{(2n)!}$$

$$= -\frac{1}{2} x^2 \sum_{n=1}^{\infty} (-1)^{n-1} \frac{x^{2n-2}}{(2n-2)!} - \frac{1}{2} x \sum_{n=1}^{\infty} (-1)^{n-1} \frac{x^{2n-1}}{(2n-1)!} + \sum_{n=0}^{\infty} (-1)^n \frac{x^{2n}}{(2n)!}$$

$$= -\frac{1}{2} x^2 \cos x - \frac{1}{2} x \sin x + \cos x.$$

(8) 收敛半径为 $R = 1$, 由于 $\dfrac{1}{2\sqrt{n}} < \dfrac{(2n-1)!!}{(2n)!!} < \dfrac{1}{\sqrt{2n}}$ 且 $\sum\limits_{n=1}^{\infty} \dfrac{1}{2\sqrt{n}}$ 发散知道, $\sum\limits_{n=0}^{\infty} \dfrac{(2n-1)!!}{(2n)!!}$ 发散, 且 $\lim\limits_{n \to \infty} \dfrac{(2n-1)!!}{(2n)!!} = 0$. 又 $\dfrac{a_{n+1}}{a_n} = \dfrac{(2n+1)!!}{(2n+2)!!}$.

$$\frac{(2n)!!}{(2n-1)!!} = \frac{2n+1}{2n+2} < 1, \text{ 故 } a_n \text{ 是单调递减的, 因此, 交错级数 } \sum_{n=1}^{\infty} \frac{(-1)^n(2n-1)!!}{(2n)!!}$$

收敛. 这样, 级数 $1 + \sum_{n=1}^{\infty} \frac{(-1)^n(2n)!!}{(2n+1)!!}$ 的收敛区间为 $[-1, 1)$.

令 $S(x) = 1 + \sum_{n=1}^{\infty} \frac{(2n-1)!!x^n}{(2n)!!}$, 则 $S(0) = 1$,

$$\begin{aligned}
S'(x) &= \sum_{n=1}^{\infty} \frac{(2n-1)!!nx^{n-1}}{(2n)!!} = \frac{1}{2} + \frac{1}{2}\sum_{n=2}^{\infty} \frac{(2n-1)!!x^{n-1}}{(2n-2)!!} \\
&= \frac{1}{2} + \frac{1}{2}\sum_{n=1}^{\infty} \frac{(2n+1)!!x^n}{(2n)!!} \\
&= \frac{1}{2} + \sum_{n=1}^{\infty} \frac{(2n-1)!!nx^n}{(2n)!!} + \frac{1}{2}\sum_{n=1}^{\infty} \frac{(2n-1)!!x^n}{(2n)!!} \\
&= \frac{1}{2}S(x) + xS'(x),
\end{aligned}$$

即

$$(1-x)S'(x) - \frac{1}{2}S(x) = 0. \tag{$*$}$$

令 $F(x) = \sqrt{1-x}S(x)$, 则 $F'(x) = 0$. 于是由中值定理的推论知 $F(x) = C$. 注意 $F(0) = 1$, 可求得

$$S(x) = \frac{1}{\sqrt{1-x}},$$

即

$$1 + \sum_{n=1}^{\infty} \frac{(2n-1)!!x^n}{(2n)!!} = \frac{1}{\sqrt{1-x}}.$$

到了第 6 章, 我们知道 $(*)$ 式是一个可分离变量方程. 于是可通过求解这个方程得到和函数 $S(x)$. 这意味着求幂级数的和函数除了利用逐项求导或积分化成幂级数能够直接表示成 e^x, $(1+x)^\alpha$ 和 $\sin x$ 等函数外, 还可建立微分方程求之.

3. 不直接展开, 写出下列函数以 x 形式的幂级数展开式:

(1) $f(x) = \arcsin x$;   (2) $f(x) = \frac{1}{2}\arctan x + \frac{1}{4}\ln\frac{1+x}{1-x}$;

(3) $f(x) = \ln(6 - 5x + x^2)$;   (4) $f(x) = \arctan^2 x$.

解 (1) 由于 $f(0) = 0$, $f'(x) = (1-x^2)^{-\frac{1}{2}}$. 使用二项展开公式

$$(1-x)^{-\frac{1}{2}} = 1 + \frac{1}{2}x + \frac{1}{2}\cdot\frac{3}{4}x^2 + \frac{1}{2}\cdot\frac{3}{4}\cdot\frac{5}{6}x^3 + \cdots,$$

可得

$$f'(x) = 1 + \frac{1}{2}x^2 + \frac{1}{2} \cdot \frac{3}{4}x^4 + \frac{1}{2} \cdot \frac{3}{4} \cdot \frac{5}{6}x^6 + \cdots.$$

于是

$$\begin{aligned}
f(x) &= f(x) - f(0) = \int_0^x f'(t)\mathrm{d}t \\
&= \int_0^x \left(1 + \frac{1}{2}t^2 + \frac{1}{2} \cdot \frac{3}{4}t^4 + \frac{1}{2} \cdot \frac{3}{4} \cdot \frac{5}{6}t^6 + \cdots \right)\mathrm{d}t \\
&= x + \frac{1}{2} \cdot \frac{1}{3}x^3 + \frac{1}{2} \cdot \frac{3}{4} \cdot \frac{1}{5}x^5 + \frac{1}{2} \cdot \frac{3}{4} \cdot \frac{5}{6} \cdot \frac{1}{7}x^7 + \cdots \\
&= \sum_{n=0}^{\infty} \frac{(2n+1)!!}{(2n)!!} \cdot \frac{x^{2n+1}}{(2n+1)^2},
\end{aligned}$$

其中, $0!! = 1$, $x \in [-1, 1]$.

(2) 由于 $f'(x) = \dfrac{1}{2}\dfrac{1}{1+x^2} + \dfrac{1}{2}\dfrac{1}{1-x^2} = \dfrac{1}{1-x^4}$, 而 $\dfrac{1}{1-x} = \sum\limits_{n=0}^{\infty} x^n$, 所以 $f'(x) = \sum\limits_{n=0}^{\infty} x^{4n}$. 于是

$$\begin{aligned}
f(x) &= f(x) - f(0) = \int_0^x f'(t)\mathrm{d}t = \int_0^x \sum_{n=0}^{\infty} t^{4n}\mathrm{d}t \\
&= \sum_{n=0}^{\infty} \frac{1}{4n+1}x^{4n+1},
\end{aligned}$$

其中, $x \in (-1, 1)$.

(3) 由于 $f(x) = \ln(6 - 5x + x^2) = \ln(3-x) + \ln(2-x)$, 那么, $f'(x) = -\dfrac{1}{3-x} - \dfrac{1}{2-x}$. 又由于 $\dfrac{1}{1-x} = \sum\limits_{n=0}^{\infty} x^n$, 则 $f'(x) = -\sum\limits_{n=0}^{\infty} \dfrac{x^n}{3^{n+1}} - \sum\limits_{n=0}^{\infty} \dfrac{x^n}{2^{n+1}}$. 注意到 $f(0) = \ln 6$, 于是

$$\begin{aligned}
f(x) - f(0) &= \int_0^x f'(t)\mathrm{d}t = -\int_0^x \sum_{n=0}^{\infty} \frac{t^n}{3^{n+1}}\mathrm{d}t - \int_0^x \sum_{n=0}^{\infty} \frac{t^n}{2^{n+1}}\mathrm{d}t \\
&= -\sum_{n=0}^{\infty} \frac{x^{n+1}}{3^{n+1}(n+1)} - \sum_{n=0}^{\infty} \frac{x^{n+1}}{2^{n+1}(n+1)} = -\sum_{n=0}^{\infty} \frac{2^{n+1} + 3^{n+1}}{6^{n+1}(n+1)}x^{n+1},
\end{aligned}$$

即

$$\ln(6 - 5x + x^2) = \ln 6 - \sum_{n=0}^{\infty} \frac{2^{n+1} + 3^{n+1}}{6^{n+1}(n+1)}x^{n+1},$$

其中, $x \in [-2, 2]$.

(4) 由于 $f'(x) = (\arctan^2 x)' = \dfrac{2\arctan x}{1 + x^2}$, $\dfrac{1}{1 + x^2} = 1 - x^2 + x^4 - x^6 + \cdots = \displaystyle\sum_{n=0}^{\infty}(-1)x^{2n}$, 从而有

$$\arctan x = \int_0^x \sum_{n=0}^{\infty}(-1)^n t^{2n}\mathrm{d}t = \sum_{n=0}^{\infty}\frac{(-1)^n}{2n+1}x^{2n+1},$$

所以

$$
\begin{aligned}
f'(x) &= \frac{2\arctan x}{1 + x^2} = 2\left(\sum_{n=0}^{\infty}\frac{(-1)^n}{2n+1}x^{2n+1}\right) \cdot \left(\sum_{n=0}^{\infty}(-1)^n x^{2n}\right) \\
&= 2x\left[1 - \left(1 + \frac{1}{3}\right)x^2 + \left(1 + \frac{1}{3} + \frac{1}{5}\right)x^4 - \left(1 + \frac{1}{3} + \frac{1}{5} + \frac{1}{7}\right)x^6 + \cdots\right] \\
&= 2\sum_{n=0}^{\infty}(-1)^n\left(1 + \frac{1}{3} + \cdots + \frac{1}{2n+1}\right)x^{2n+1}.
\end{aligned}
$$

于是, 两边积分得

$$
\begin{aligned}
f(x) &= \sum_{n=0}^{\infty}(-1)^n\left(1 + \frac{1}{3} + \cdots + \frac{1}{2n+1}\right)\frac{1}{n+1}x^{2n+2} \\
&= x^2 - \frac{2}{3}x^4 + \frac{23}{45}x^6 - \frac{44}{105}x^8 + \cdots,
\end{aligned}
$$

其中, $x \in (-\infty, \infty)$.

求函数的展开式一般也是通过求导或积分将函数化为能够用 e^x, $(1 + x)^{\alpha}$ 和 $\sin x$ 等函数的展开式, 再积分或求导, 从而得到函数的展开式.

4. 求下列级数的和：

(1) $\displaystyle\sum_{n=2}^{\infty}\ln\left(1 - \frac{1}{n^2}\right)$;

(2) $\displaystyle\sum_{n=1}^{\infty}\frac{1}{2^n}\tan\frac{x}{2^n}$;

(3) $\displaystyle\sum_{n=0}^{\infty}\operatorname{arccot}(1 + n + n^2)$;

(4) $\displaystyle\sum_{n=1}^{\infty}\frac{n2^n}{(n+1)!}$;

(5) $\displaystyle\sum_{n=1}^{\infty}\frac{(-1)^{n-1}}{n}$;

(6) $\displaystyle\sum_{n=1}^{\infty}(-1)^n\frac{(2n-1)!!}{(2n)!!}$;

(7) $\displaystyle\sum_{n=0}^{\infty}(-1)^n\left(1 + \frac{1}{3} + \cdots + \frac{1}{2n+1}\right)\frac{1}{n+1}$;

(8) $\displaystyle\sum_{n=1}^{\infty}(-1)^n\frac{(2n-1)!!}{(2n)!!(2n+1)}$.

解 (1) 由于

$$\ln\left(1 - \frac{1}{n^2}\right) = \ln(n+1) - \ln n - (\ln n - \ln(n-1)),$$

故

$$\lim_{n \to \infty} S_n = \lim_{n \to \infty} \sum_{k=2}^{n} \ln\left(1 - \frac{1}{k^2}\right) = \lim_{n \to \infty}\left(\ln\frac{n+1}{n} - \ln 2\right) = -\ln 2,$$

即

$$\sum_{n=2}^{\infty} \ln\left(1 - \frac{1}{n^2}\right) = -\ln 2.$$

(2) 由于 $\tan\frac{x}{2} = \cot\frac{x}{2} - 2\cot x$, 故 $\tan\frac{x}{2^n} = \cot\frac{x}{2^n} - 2\cot\frac{x}{2^{n-1}}$. 于是, 我们得到

$$\frac{1}{2^n}\tan\frac{x}{2^n} = \frac{1}{2^n}\cot\frac{x}{2^n} - \frac{1}{2^{n-1}}\cot\frac{x}{2^{n-1}}.$$

因此, 当 $x = 0$ 时, 级数的和为 0; 当 $x \neq n\pi$ 时,

$$\sum_{n=1}^{\infty}\frac{1}{2^n}\tan\frac{x}{2^n} = \lim_{n \to \infty}\sum_{k=1}^{n}\frac{1}{2^k}\tan\frac{x}{2^k} = \lim_{n \to \infty}\left(\frac{1}{2^n}\cot\frac{x}{2^n} - \cot x\right) = \frac{1}{x} - \cot x.$$

(3) 由于 $\arctan x - \arctan y = \arctan\dfrac{x-y}{1+xy}$, 且 $\arctan x = \operatorname{arccot}\dfrac{1}{x}$, 于是

$$\operatorname{arccot}(1 + n + n^2) = \arctan\frac{1}{1+n+n^2} = \arctan\frac{(n+1)-n}{1+(n+1)n}$$

$$= \arctan(n+1) - \arctan n.$$

因此

$$\sum_{n=0}^{\infty}\operatorname{arccot}(1+n+n^2) = \lim_{n \to \infty}\sum_{k=0}^{n}\operatorname{arccot}(1+k+k^2) = \lim_{n \to \infty}\arctan(n+1) = \frac{\pi}{2}.$$

(4) 令 $S(x) = \displaystyle\sum_{n=0}^{\infty}\frac{n}{(n+1)!}x^n$, 则这一幂级数的收敛区间为 $(-\infty, \infty)$, 且

$$\sum_{n=1}^{\infty}\frac{n2^n}{(n+1)!} = S(2).$$

由于, 当 $x \neq 0$ 时, 我们可以得到

$$S(x) = \sum_{n=0}^{\infty}\frac{n}{(n+1)!}x^n = \sum_{n=0}^{\infty}\frac{1}{n!}x^n - \sum_{n=0}^{\infty}\frac{1}{(n+1)!}x^n = e^x - \frac{1}{x}(e^x - 1).$$

因此

$$\sum_{n=1}^{\infty} \frac{n2^n}{(n+1)!} = S(2) = \frac{1}{2}(e^2 + 1).$$

(5) 令 $S(x) = \sum\limits_{n=1}^{\infty} \frac{(-1)^{n-1}}{n} x^n$, 则这一幂级数的收敛区间为 $(-1, 1]$, 且

$$\sum_{n=1}^{\infty} \frac{(-1)^{n-1}}{n} = S(1).$$

由于

$$S(x) = \sum_{n=1}^{\infty} \frac{(-1)^{n-1}}{n} x^n = \int_0^x \sum_{n=1}^{\infty} (-1)^{n-1} t^{n-1} \mathrm{d}t = \int_0^x \frac{1}{1+t} \mathrm{d}t = \ln(1+x),$$

且幂级数右端点收敛时和函数在此点左连续, 于是, $S(1) = \lim\limits_{x\to 1^-} S(x) = \lim\limits_{x\to 1^-} \ln(1+x) = \ln 2$, 即

$$\sum_{n=1}^{\infty} \frac{(-1)^{n-1}}{n} = \ln 2.$$

(6) 令 $S(x) = \sum\limits_{n=1}^{\infty} \frac{(2n-1)!!}{(2n)!!} x^n = \frac{1}{2}x + \frac{3 \cdot 1}{4 \cdot 2}x^2 + \frac{5 \cdot 3 \cdot 1}{6 \cdot 4 \cdot 2}x^3 + \frac{7 \cdot 5 \cdot 3 \cdot 1}{8 \cdot 6 \cdot 4 \cdot 2}x^4 + \cdots,$

则 $S(0) = 0$, 且所求级数的和为 $S(-1)$.

由于 $S'(x) = \frac{1}{2} + \frac{3 \cdot 1}{4 \cdot 2}2x + \frac{5 \cdot 3 \cdot 1}{6 \cdot 4 \cdot 2}3x^2 + \frac{7 \cdot 5 \cdot 3 \cdot 1}{8 \cdot 6 \cdot 4 \cdot 2}4x^3 + \cdots,$ 且

$$xS'(x) = \frac{1}{2}x + \frac{3 \cdot 1}{4 \cdot 2}2x^2 + \frac{5 \cdot 3 \cdot 1}{6 \cdot 4 \cdot 2}3x^3 + \frac{7 \cdot 5 \cdot 3 \cdot 1}{8 \cdot 6 \cdot 4 \cdot 2}4x^4 + \cdots,$$

于是

$$(1-x)S'(x) = \frac{1}{2} + \frac{1}{2}\left(\frac{1}{2}x + \frac{3 \cdot 1}{4 \cdot 2}x^2 + \frac{5 \cdot 3 \cdot 1}{6 \cdot 4 \cdot 2}x^3 + \cdots\right) = \frac{1}{2} + \frac{1}{2}S(x),$$

即

$$S'(x) - \frac{1}{2(1-x)}S(x) = \frac{1}{2(1-x)}.$$

仿例 2 题中的第 (8) 题的做法 (也可求解这个一阶线性非齐次微分方程) 得到

$$S(x) = \frac{1}{\sqrt{1-x}} - 1.$$

因此, 类似于本例中的 (5) 题, 可以得到

$$\sum_{n=1}^{\infty} (-1)^n \frac{(2n-1)!!}{(2n)!!} = S(-1) = -\frac{2-\sqrt{2}}{2}.$$

(7) 令 $S(x) = \sum\limits_{n=0}^{\infty} (-1)^n \left(1 + \dfrac{1}{3} + \cdots + \dfrac{1}{2n+1}\right) \dfrac{1}{n+1} x^{2n+2}$, 则

$$\sum_{n=0}^{\infty} (-1)^n \left(1 + \frac{1}{3} + \cdots + \frac{1}{2n+1}\right) \frac{1}{n+1} = S(1).$$

由于

$$\sum_{n=0}^{\infty} (-1)^n \left(1 + \frac{1}{3} + \cdots + \frac{1}{2n+1}\right) \frac{1}{n+1} x^{2n+2} = \arctan^2 x \quad (例\ 3\ 中的\ (4)\ 题),$$

所以, $S(x) = \arctan^2 x$. 因此

$$\sum_{n=0}^{\infty} (-1)^n \left(1 + \frac{1}{3} + \cdots + \frac{1}{2n+1}\right) \frac{1}{n+1} = \arctan^2 1 = \frac{\pi^2}{16}.$$

(8) 令 $S(x) = \sum\limits_{n=0}^{\infty} (-1)^n \dfrac{(2n-1)!!}{(2n)!!(2n+1)} x^{2n+1}$, 则 $\sum\limits_{n=1}^{\infty} (-1)^n \dfrac{(2n-1)!!}{(2n)!!(2n+1)} = S(1)$.

由例 2 中的 (8) 题知

$$S'(x) = \sum_{n=0}^{\infty} (-1)^n \frac{(2n-1)!!}{(2n)!!} x^{2n} = \sum_{n=0}^{\infty} \frac{(2n-1)!!}{(2n)!!} (-x^2)^n = \frac{1}{\sqrt{1+x^2}}.$$

即有

$$S(x) = \ln(x + \sqrt{1+x^2}).$$

于是

$$\sum_{n=0}^{\infty} (-1)^n \frac{(2n-1)!!}{(2n)!!(2n+1)} = \ln(1 + \sqrt{2}).$$

5. 求 $\sum\limits_{n=0}^{\infty} a_n$ 的和, 其中, $a_0 = a_1 = 1$, 当 $n \geqslant 2$ 时, $n(n-1)a_n = (n-1)(n-2)a_{n-1} - (n-3)a_{n-2}$.

解 由于 $a_0 = a_1 = 1$, 则由 $n(n-1)a_n = (n-1)(n-2)a_{n-1} - (n-3)a_{n-2}$ 可递推得当 $n \geqslant 2$ 时, $a_n = -\dfrac{1}{n!}$. 事实上, $a_2 = -\dfrac{1}{2 \cdot 1}$, 设 $a_k = -\dfrac{1}{k!}$, 则

$$a_{k+1} = -\frac{k(k-1)}{(k+1)k} \frac{1}{k!} + \frac{(k-2)}{(k+1)k} \frac{1}{(k-1)!}$$

$$= -\frac{1}{(k+1)!}(k-1-k+2) = -\frac{1}{(k+1)!}.$$

由归纳法得, 当 $n \geqslant 2$ 时, $a_n = -\dfrac{1}{n!}$.

由于 $\displaystyle\sum_{n=0}^{\infty} a_n = a_0 + a_1 + \sum_{n=2}^{\infty} a_n = 4 - \sum_{n=0}^{\infty} \dfrac{1}{n!}$ 和 $\displaystyle\sum_{n=0}^{\infty} \dfrac{1}{n!} = e$, 故 $\displaystyle\sum_{n=0}^{\infty} a_n = 4 - e$.

求级数的和用定义 (部分和的极限) 求之固然很好, 但求部分和需要诸如 "拆项" 或递推等技巧而求极限则也有诸多不便. 使用幂级数等函数展开式求级数的和则有其独特的方便之魅力.

6. 利用级数收敛的必要条件求下列极限:

(1) $\displaystyle\lim_{n\to\infty} \dfrac{2^n n!}{n^n}$;

(2) $\displaystyle\lim_{n\to\infty} \dfrac{2^n}{3 \cdot 5 \cdot \cdots \cdot (1 + 2^n)}$.

解 (1) 由于

$$\lim_{n\to\infty} \dfrac{\dfrac{2^{n+1}(n+1)!}{(n+1)^{n+1}}}{\dfrac{2^n n!}{n^n}} = \lim_{n\to\infty} \dfrac{2}{\left(1 + \dfrac{1}{n}\right)^n} = \dfrac{2}{e} < 1,$$

因此, $\displaystyle\sum_{n=1}^{\infty} \dfrac{2^n n!}{n^n}$ 收敛, 进而, $\displaystyle\lim_{n\to\infty} \dfrac{2^n n!}{n^n} = 0$.

(2) 由于

$$\lim_{n\to\infty} \dfrac{\dfrac{2^{n+1}}{3 \cdot 5 \cdot \cdots \cdot (1 + 2^{n+1})}}{\dfrac{2^n}{3 \cdot 5 \cdot \cdots \cdot (1 + 2^n)}} = \lim_{n\to\infty} \dfrac{2}{1 + 2^{n+1}} = 0 < 1,$$

因此, $\displaystyle\sum_{n=1}^{\infty} \dfrac{2^n}{3 \cdot 5 \cdot \cdots \cdot (1 + 2^n)}$ 收敛, 进而, $\displaystyle\lim_{n\to\infty} \dfrac{2^n}{3 \cdot 5 \cdot \cdots \cdot (1 + 2^n)} = 0$.

7. 设 $\displaystyle\sum_{n=1}^{\infty} a_n$ 绝对收敛于非零数, $\displaystyle\sum_{n=1}^{\infty} b_n$ 条件收敛, 那么级数 $\displaystyle\sum_{n=1}^{\infty}(|a_n b_1| + |a_{n-1} b_2| + \cdots + |a_1 b_n|)$ 和 $\displaystyle\sum_{n=1}^{\infty}(|a_n| + |b_n|)$ 都必定发散.

证明 首先由题设知, $\displaystyle\sum_{n=1}^{\infty} |a_n|$ 收敛, $\displaystyle\sum_{n=1}^{\infty} |b_n|$ 发散. 由于 $|a_n| + |b_n| \geqslant |b_n|$ 和比较判别法知级数 $\displaystyle\sum_{n=1}^{\infty}(|a_n| + |b_n|)$ 发散.

又由于 $\lim\limits_{n\to\infty}\sum\limits_{k=1}^{n}|a_k|$ 存在, $\lim\limits_{n\to\infty}\sum\limits_{k=1}^{n}|b_k|$ 不存在, 以及

$$\sum_{k=1}^{n}(|a_kb_1|+|a_{k-1}b_2|+\cdots+|a_1b_k|)=\left(\sum_{k=1}^{n}|a_k|\right)\left(\sum_{k=1}^{n}|b_k|\right),$$

因此

$$\lim_{n\to\infty}\sum_{k=1}^{n}(|a_kb_1|+|a_{k-1}b_2|+\cdots+|a_1b_k|)=\lim_{n\to\infty}\left(\sum_{k=1}^{n}|a_k|\right)\left(\sum_{k=1}^{n}|b_k|\right)$$

不存在. 故由级数收敛与发散性的定义知 $\sum\limits_{n=1}^{\infty}(|a_nb_1|+|a_{n-1}b_2|+\cdots+|a_1b_n|)$ 发散.

8. 如果对任意的正整数 n, 有 $a_n>0$, 且 $\lim\limits_{n\to\infty}\dfrac{a_{n+1}}{n(a_n-a_{n+1})}=\rho$, 那么

(1) 当 $\rho<1$ 时, 级数 $\sum\limits_{n=1}^{\infty}a_n$ 收敛;   (2) 当 $\rho>1$ 时, 级数 $\sum\limits_{n=1}^{\infty}a_n$ 发散.

证明 (1) 由于 $\rho<1$ 和 $\lim\limits_{n\to\infty}\dfrac{a_{n+1}}{n(a_n-a_{n+1})}=\rho$, 那么存在 r, 使得 $\rho<r<1$, 且 $N>0$, 使得 $n>N$ 时

$$\frac{a_{n+1}}{n(a_n-a_{n+1})}<r,$$

即

$$\frac{a_n}{a_{n+1}}>1+\frac{1}{nr}\geqslant\left(1+\frac{1}{n}\right)^{\frac{1}{r}}=\frac{(1+n)^{\frac{n}{r}}}{n^{\frac{1}{r}}}.$$

进而, $n^{\frac{1}{r}}a_n>(1+n)^{\frac{1}{r}}a_{n+1}$, 即数列 $n^{\frac{1}{r}}a_n$ 是单减的. 从而存在正数 M, 使当 $n>N$ 时 $a_n<\dfrac{M}{n^{\frac{1}{r}}}$ 又 $\sum\dfrac{M}{r^{1/r}}$ 收敛, 故由比较判别法知 $\sum\limits_{n=1}^{\infty}a_n$ 收敛.

(2) 由于 $\rho>1$ 和 $\lim\limits_{n\to\infty}\dfrac{a_{n+1}}{n(a_n-a_{n+1})}=\rho$, 则存在 $N>0$ 使得当 $n>N$ 时,

$$\frac{a_n}{a_{n+1}}<1+\frac{1}{n}=\frac{n+1}{n}.$$

进而, 有 $na_n<(n+1)a_{n+1}$. 这表明: $n>N$ 时, 数列 $\{na_n\}$ 是单调递增的. 于是, 存在正数 m, 使得当 $n>N$ 时

$$a_n>\frac{m}{n}.$$

又级数 $\sum\limits_{n=1}^{\infty}\dfrac{1}{n}$ 发散, 故由比较判别法有 $\sum\limits_{n=1}^{\infty}a_n$ 收敛.

9. 设 $0 < a_1 < 1$ 且 $a_{n+1} = a_n(1 - a_n)$, $n = 1, 2, \cdots$, 证明 $\displaystyle\sum_{n=1}^{\infty} a_n$ 发散, 但 $\displaystyle\sum_{n=1}^{\infty} a_n^2$ 收敛.

证明 由于

$$a_{n+1} - a_n = a_n - a_n^2 - a_n = -a_n^2 < 0,$$

因此, $\{a_n\}$ 是单调递减的. 从而, $a_n < 1$. 又由归纳法易知 $a_n > 0$, 于是, $\{a_n\}$ 是有界的. 由单调有界原理可知 $\displaystyle\lim_{n\to\infty} a_n = 0$.

又

$$(n+1)a_{n+1} = na_n + a_n[1 - (n+1)a_n],$$

而且由归纳法容易证明, 当 $n \geqslant 2$ 时, $1 - (n+1)a_n \geqslant 0$, 因此, 当 $n \geqslant 2$ 时, $\{na_n\}$ 是单调递增的, 且 $2a_2 \leqslant na_n \leqslant (n+1)a_{n+1} \leqslant (n+2)a_{n+1} \leqslant 1$. 从而, 当 $n \geqslant 2$ 时,

$$\frac{2a_2}{n} < a_n, \quad a_n^2 < \frac{1}{n^2}.$$

于是, 由 p-级数的收敛与发散的性质, 我们知道 $\displaystyle\sum_{n=1}^{\infty} a_n$ 发散, 而 $\displaystyle\sum_{n=1}^{\infty} a_n^2$ 收敛.

事实上, 注意到函数 $f(x) = x(1-x) \leqslant \dfrac{1}{2}\left(1 - \dfrac{1}{2}\right)$ 且在 $0 < x < \dfrac{1}{2}$ 上是单调递增的, 不等式 $1 - (n+1)a_n \geqslant 0 \ (n \geqslant 2)$ 的归纳法证明可这样进行. 由于 $a_2 \leqslant \dfrac{1}{2}\left(1 - \dfrac{1}{2}\right) < \dfrac{1}{3}$, 因此, 由单调递增性知道 $a_3 = a_2(1 - a_2) \leqslant \dfrac{1}{3}\left(1 - \dfrac{1}{3}\right)$, 一般地, 设 $a_k \leqslant \dfrac{1}{k}\left(1 - \dfrac{1}{k}\right)$, 那么, 由于

$$\frac{1}{k}\left(1 - \frac{1}{k}\right) - \frac{1}{k+1} = \frac{k^2 - 1 - k^2}{k^2(k+1)} = \frac{-1}{k^2(k+1)} < 0,$$

所以

$$a_k \leqslant \frac{1}{k}\left(1 - \frac{1}{k}\right) < \frac{1}{k+1}.$$

再由单调递增性知道,

$$a_{k+1} = a_k(1 - a_k) \leqslant \frac{1}{k+1}\left(1 - \frac{1}{k+1}\right).$$

这表明, 对任意的正整数 $n \geqslant 2$, 都有 $a_n \leqslant \dfrac{1}{n}\left(1 - \dfrac{1}{n}\right)$. 于是, 当 $n \geqslant 2$ 时

$$(n+1)a_n \leqslant (n+1)\frac{1}{n}\left(1 - \frac{1}{n}\right) = 1 - \frac{1}{n^2} < 1,$$

即当 $n \geqslant 2$ 时, $1 - (n+1)a_n \geqslant 0$.

10. 设 $\{a_n\}_{n=1}^{\infty}$ 为正的单调递增的无界的数列, 证明: 当 $p > 0$ 时, 级数 $\displaystyle\sum_{n=1}^{\infty}\left(\dfrac{1}{a_n^p} - \dfrac{a_n^{1-p}}{a_{n+1}}\right)$ 收敛; 当 $p \leqslant 0$ 时, 级数 $\displaystyle\sum_{n=1}^{\infty}\left(\dfrac{1}{a_n^p} - \dfrac{a_n^{1-p}}{a_{n+1}}\right)$ 发散.

证明   由题设知, $\displaystyle\lim_{n\to\infty} a_n = \infty$, 显然, 当 $p = 1$ 时,

$$\sum_{k=1}^{n}\left(\frac{1}{a_n} - \frac{1}{a_{n+1}}\right) = \frac{1}{a_1} - \frac{1}{a_{n+1}} \to \frac{1}{a_1} \quad (n \to \infty),$$

故当 $p = 1$ 时, 级数 $\displaystyle\sum_{n=1}^{\infty}\left(\dfrac{1}{a_n^p} - \dfrac{a_n^{1-p}}{a_{n+1}}\right)$ 收敛.

当 $p > 1$ 时, 由题设知, 存在 $N > 0$, 使得 $n > N$ 时, $a_n > 1$, 进而, $a_n^p \geqslant a_n$. 于是

$$\frac{1}{a_n^p} - \frac{a_n^{1-p}}{a_{n+1}} = \frac{a_{n+1} - a_n}{a_n^p a_{n+1}} \leqslant \frac{a_{n+1} - a_n}{a_n a_{n+1}} = \frac{1}{a_n} - \frac{1}{a_{n+1}}.$$

因此, 由 $p = 1$ 时级数收敛和比较判别法知, $\displaystyle\sum_{n=1}^{\infty}\left(\dfrac{1}{a_n^p} - \dfrac{a_n^{1-p}}{a_{n+1}}\right)$ 收敛.

当 $0 < p < 1$ 时, 对任意的 $x \in (0,1)$, 不等式 $1 - x < \dfrac{1}{p}(1 - x^p)$ 成立. 这个不等式利用导数很容易证明. 由于 $\{a_n\}_{n=1}^{\infty}$ 为正的单调递增数列, 故有 $0 < \dfrac{a_n}{a_{n+1}} < 1$. 于是, 由上述不等式有

$$\frac{1}{a_n^p} - \frac{a_n^{1-p}}{a_{n+1}} = \frac{1}{a_n^p}\left(1 - \frac{a_n}{a_{n+1}}\right) < \frac{1}{pa_n^p}\left(1 - \left(\frac{a_n}{a_{n+1}}\right)^p\right) = \frac{1}{p}\left(\frac{1}{a_n^p} - \frac{1}{a_{n+1}^p}\right).$$

于是, 由于

$$\sum_{k=1}^{\infty}\left(\frac{1}{a_n^p} - \frac{1}{a_{n+1}^p}\right) \text{ 收敛于 } \frac{1}{a_1^p},$$

所以, 由比较判别法可知 $\displaystyle\sum_{n=1}^{\infty}\left(\dfrac{1}{a_n^p} - \dfrac{a_n^{1-p}}{a_{n+1}}\right)$ 收敛.

当 $p = 0$ 时, 级数 $\sum\limits_{n=1}^{\infty}\left(\dfrac{1}{a_n^p} - \dfrac{a_n^{1-p}}{a_{n+1}}\right) = \sum\limits_{n=1}^{\infty}\left(1 - \dfrac{a_n}{a_{n+1}}\right)$. 令 $b_n = 1 - \dfrac{a_n}{a_{n+1}}$,

则 $0 < b_n < 1$, 且由 $a_n \to +\infty$ 知 $\forall N > 0, \exists m > N$, 使 $m > N, \dfrac{a_{N+1}}{a_{m+1}} < \dfrac{1}{2}$, 从而

$$\sum_{N+1}^{m} b_n > \frac{1}{2}(m - N - 1) \to +\infty \quad (m \to +\infty)$$

于是, $\sum\limits_{n=1}^{\infty}\left(1 - \dfrac{a_n}{a_{n+1}}\right) = \sum\limits_{n=1}^{\infty} b_n$ 发散.

当 $p < 0$ 时, 如前所述, 存在 $N > 0$ 使得当 $n > N$ 时, $a_n \geqslant 1$, 从而 $a_n^p \leqslant 1$. 于是, 当 $n > N$ 时,

$$\frac{1}{a_n^p} - \frac{a_n^{1-p}}{a_{n+1}} = \frac{a_{n+1} - a_n}{a_n^p a_{n+1}} \geqslant \frac{a_{n+1} - a_n}{a_{n+1}} = 1 - \frac{a_n}{a_{n+1}}.$$

这样, 因 $\sum\limits_{n=1}^{\infty}\left(1 - \dfrac{a_n}{a_{n+1}}\right)$ 发散和比较判别法可得 $\sum\limits_{n=1}^{\infty}\left(\dfrac{1}{a_n^p} - \dfrac{a_n^{1-p}}{a_{n+1}}\right)$ 发散.

11. 设 $\{a_n\}$ 单调递减收敛于零的正数列, 如果 $\sum\limits_{n=1}^{\infty} a_n$ 收敛, 那么,

(1) $\sum\limits_{n=1}^{\infty} n \Big/ \left(\dfrac{1}{a_1} + \dfrac{1}{a_2} + \cdots + \dfrac{1}{a_n}\right)$ 收敛;

(2) $\sum\limits_{n=1}^{\infty} \dfrac{1}{a_n} \Big/ \left(\dfrac{1}{a_1} + \dfrac{1}{a_2} + \cdots + \dfrac{1}{a_n}\right)$ 发散.

证明 (1) 令 $b_n = \dfrac{1}{a_1} + \dfrac{1}{a_2} + \cdots + \dfrac{1}{a_n}$, 则

$$b_n = \frac{1}{a_1} + \cdots + \frac{1}{a_k} + \frac{1}{a_{k+1}} + \cdots + \frac{1}{a_n} > \frac{n}{a_n},$$

故

$$\frac{n}{b_n} < \frac{n}{n} a_n < a_n,$$

从而由比较判别法, 得 $\sum\limits_{n=1}^{\infty} \dfrac{n}{b_n}$ 收敛, 即 $\sum\limits_{n=1}^{\infty} n \Big/ \left(\dfrac{1}{a_1} + \dfrac{1}{a_2} + \cdots + \dfrac{1}{a_n}\right)$ 收敛.

(2) 由 (1) 的过程知

$$\frac{1}{a_n} \Big/ \left(\frac{1}{a_1} + \frac{1}{a_2} + \cdots + \frac{1}{a_n}\right) = \frac{b_n - b_{n-1}}{b_n} = 1 - \frac{b_{n-1}}{b_n},$$

于是, 由例 10 中的 $p = 0$ 的情形可知 $\displaystyle\sum_{n=1}^{\infty} \frac{1}{a_n} \Big/ \left(\frac{1}{a_1} + \frac{1}{a_2} + \cdots + \frac{1}{a_n} \right)$ 发散.

12. 设 $f(x)$ 在 $(-\infty, \infty)$ 上可导, 且对任意 x, $f(x) > 0$, $|f'(x)| < \dfrac{1}{2}|f(x)|$. 如果任取实数 a_0, 令 $a_n = \ln f(a_{n-1})$, 那么级数 $\displaystyle\sum_{n=1}^{\infty} \frac{f(n)}{\sqrt{e^n}}(a_n - a_{n-1})$ 绝对收敛.

证明　由于
$$a_n - a_{n-1} = \ln f(a_{n-1}) - \ln f(a_{n-2}) = \frac{f'(\xi)}{f(\xi)}(a_{n-1} - a_{n-2}),$$

所以
$$|a_n - a_{n-1}| \leqslant \frac{1}{2}|a_{n-1} - a_{n-2}| \leqslant \frac{1}{2^{n-1}}|a_1 - a_0|.$$

又令 $g(x) = e^{-\frac{1}{2}x} f(x)$, 则 $g'(x) = (e^{-\frac{1}{2}x} f(x))' = e^{-\frac{1}{2}x}\left(f'(x) - \dfrac{1}{2}f(x)\right) < 0$, 故 $g(x)$ 单调递减. 于是
$$\frac{f(n)}{\sqrt{e^n}} = e^{-\frac{1}{2}n} f(n) \leqslant e^{-\frac{1}{2}} f(1).$$

因为
$$\left| \frac{f(n)}{\sqrt{e^n}}(a_n - a_{n-1}) \right| \leqslant e^{-\frac{1}{2}} f(1) |a_n - a_{n-1}| \leqslant \frac{1}{2^{n-1}} e^{-\frac{1}{2}} f(1) |a_1 - a_0|.$$

故由比较判别法知道 $\displaystyle\sum_{n=1}^{\infty} \left| \frac{f(n)}{\sqrt{e^n}}(a_n - a_{n-1}) \right|$ 收敛, 即 $\displaystyle\sum_{n=1}^{\infty} \frac{f(n)}{\sqrt{e^n}}(a_n - a_{n-1})$ 绝对收敛.

13. 利用幂级数展开式求未定式的极限:

(1) $\displaystyle\lim_{x \to 0} \frac{\sin x - x + \dfrac{1}{6}x^3}{x^5}$;　　　　　(2) $\displaystyle\lim_{x \to 0} \frac{e^x - 1 - x}{x^2}$;

(3) $\displaystyle\lim_{x \to 0} \frac{\tan x - x - \dfrac{1}{3}x^3}{x^5}$;　　　　　(4) $\displaystyle\lim_{x \to 0} \frac{1 - \cos x}{1 + x - e^x}$.

解　(1) 由于 $\sin x = x - \dfrac{1}{3!}x^3 + \dfrac{1}{5!}x^5 - \dfrac{1}{7!}x^7 + \cdots$, 所以

$$\lim_{x \to 0} \frac{\sin x - x + \dfrac{1}{6}x^3}{x^5} = \lim_{x \to 0} \frac{\left(x - \dfrac{1}{3!}x^3 + \dfrac{1}{5!}x^5 - \dfrac{1}{7!}x^7 + \cdots \right) - x + \dfrac{1}{6}x^3}{x^5}$$

$$= \lim_{x \to 0}\left(\frac{1}{5!} - \frac{1}{7!}x^2 + \cdots \right) = \frac{1}{120}.$$

(2) 由于 $e^x = 1 + x + \dfrac{1}{2!}x^2 + \dfrac{1}{3!}x^3 + \dfrac{1}{4!}x^4 + \cdots$, 所以

$$\lim_{x\to 0}\frac{e^x-1-x}{x^2} = \lim_{x\to 0}\frac{\left(1+x+\dfrac{1}{2!}x^2+\dfrac{1}{3!}x^3+\dfrac{1}{4!}x^4+\cdots\right)-1-x}{x^2}$$
$$= \lim_{x\to 0}\left(\frac{1}{2!}+\frac{1}{3!}x+\frac{1}{4!}x^2+\cdots\right) = \frac{1}{2}.$$

(3) 由于 $\sin x = x - \dfrac{1}{3!}x^3 + \dfrac{1}{5!}x^5 - \dfrac{1}{7!}x^7 + \cdots$, $\cos x = 1 - \dfrac{1}{2!}x^2 + \dfrac{1}{4!}x^4 - \dfrac{1}{6!}x^6 + \cdots$, 所以

$$\tan x = \frac{\sin x}{\cos x} = \frac{x-\dfrac{1}{3!}x^3+\dfrac{1}{5!}x^5-\dfrac{1}{7!}x^7+\cdots}{1-\dfrac{1}{2!}x^2+\dfrac{1}{4!}x^4-\dfrac{1}{6!}x^6+\cdots} = x + \frac{1}{3}x^3 + \frac{2}{15}x^5 + \frac{17}{315}x^7 + \cdots.$$

于是

$$\lim_{x\to 0}\frac{\tan x - x - \dfrac{1}{3}x^3}{x^5} = \lim_{x\to 0}\frac{\left(x+\dfrac{1}{3}x^3+\dfrac{2}{15}x^5+\dfrac{17}{315}x^7+\cdots\right)-x-\dfrac{1}{3}x^3}{x^5}$$
$$= \lim_{x\to 0}\left(\frac{2}{15}+\frac{17}{315}x^2+\cdots\right) = \frac{2}{15}.$$

(4) 由于 $\cos x = 1 - \dfrac{1}{2!}x^2 + \dfrac{1}{4!}x^3 - \dfrac{1}{6!}x^6 + \cdots$, $e^x = 1 + x + \dfrac{1}{2!}x^2 + \dfrac{1}{3!}x^3 + \cdots$, 所以

$$1-\cos x = \frac{1}{2!}x^2 - \frac{1}{4!}x^3 + \frac{1}{6!}x^6 + \cdots, \quad 1+x-e^x = -\frac{1}{2!}x^2 - \frac{1}{3!}x^3 + \cdots.$$

因此

$$\lim_{x\to 0}\frac{1-\cos x}{1+x-e^x} = \lim_{x\to 0}\frac{\dfrac{1}{2!}x^2-\dfrac{1}{4!}x^3+\dfrac{1}{6!}x^6+\cdots}{-\dfrac{1}{2!}x^2-\dfrac{1}{3!}x^3+\cdots}$$
$$= \lim_{x\to 0}\frac{\dfrac{1}{2!}-\dfrac{1}{4!}x+\dfrac{1}{6!}x^4+\cdots}{-\dfrac{1}{2!}-\dfrac{1}{3!}x+\cdots} = -1.$$

14. 利用幂级数展开式求函数的高阶导数:

(1) 已知 $f(x) = \dfrac{1}{2}\arctan x + \dfrac{1}{4}\ln\dfrac{1+x}{1-x}$, 求 $f^{(61)}(0)$;

(2) 已知 $f(x) = \arctan^2 x$, 求 $f^{(10)}(0)$.

解　由例 3 中的 (2) 和 (4) 两题可知:

(1) $f(x) = \displaystyle\sum_{n=0}^{\infty} \frac{1}{4n+1} x^{4n+1} = x + \frac{1}{5}x^5 + \frac{1}{9}x^9 + \cdots$, 其中, $x \in (-1, 1)$. 因此

$$f^{(61)}(0) = \frac{1}{4 \times 15 + 1} 61! = 60! = \Gamma(61).$$

(2) $f(x) = \displaystyle\sum_{n=0}^{\infty} (-1)^n \left(1 + \frac{1}{3} + \cdots + \frac{1}{2n+1}\right) \frac{1}{n+1} x^{2n+2} = x^2 - \frac{2}{3}x^4 +$
$\dfrac{23}{45}x^6 - \dfrac{44}{105}x^8 + \cdots$, 其中, $x \in (-\infty, \infty)$. 因此

$$f^{(10)}(0) = (-1)^4 \left(1 + \frac{1}{3} + \frac{1}{5} + \frac{1}{7} + \frac{1}{9}\right) \times \frac{1}{5} \times 10! = \frac{563}{1575}\Gamma(11).$$

15. 证明 $\displaystyle\int_0^1 x^x \mathrm{d}x = \sum_{n=1}^{\infty} \frac{(-1)^{n-1}}{n^n}$.

证明　令 $f(x) = x^x$, 则

$$f(x) = x^x = e^{x\ln x} = 1 + x\ln x + \frac{1}{2!}(x\ln x)^2 + \cdots + \frac{1}{n!}(x\ln x)^n + \cdots.$$

又

$$\int_0^1 x^n (\ln x)^n \mathrm{d}x$$

$$= \frac{x^{n+1}(\ln x)^n}{n+1}\Big|_0^1 - \frac{n}{n+1}\int_0^1 x^n(\ln x)^{n-1}\mathrm{d}x = (-1)\frac{n}{n+1}\int_0^1 x^n(\ln x)^{n-1}\mathrm{d}x$$

$$= (-1)\left[\frac{nx^{n+1}(\ln x)^{n-1}}{(n+1)^2}\Big|_0^1 - \frac{n(n-1)}{(n+1)^2}\int_0^1 x^n(\ln x)^{n-2}\mathrm{d}x\right]$$

$$= (-1)^2\frac{n(n-1)}{(n+1)^2}\int_0^1 x^n(\ln x)^{n-2}\mathrm{d}x$$

$$= (-1)^2\left[\frac{n(n-1)x^{n+1}(\ln x)^{n-2}}{(n+1)^3}\Big|_0^1 - \frac{n(n-1)(n-2)}{(n+1)^3}\int_0^1 x^n(\ln x)^{n-3}\mathrm{d}x\right]$$

$$= (-1)^3\frac{n(n-1)(n-2)}{(n+1)^3}\int_0^1 x^n(\ln x)^{n-3}\mathrm{d}x = \cdots$$

$$= (-1)^{n-1}\frac{n(n-1)\cdots 2}{(n+1)^{n-1}}\int_0^1 x^n \ln x\, \mathrm{d}x$$

$$= \frac{(-1)^n n!}{(n+1)^{n+1}} \quad (n = 1, 2, \cdots),$$

因此, 对 $f(x)$ 的表达式两边积分, 可得

$$\int_0^1 x^x \mathrm{d}x = \sum_{n=1}^{\infty} \frac{(-1)^{n-1}}{n^n}.$$

16. 证明 $\displaystyle\iint_{\substack{0 \leqslant x \leqslant 1 \\ 0 \leqslant y \leqslant 1}} \frac{1}{1-xy} \mathrm{d}x\mathrm{d}y = \sum_{n=1}^{\infty} \frac{1}{n^2}$, 并求 $\displaystyle\sum_{n=1}^{\infty} \frac{1}{n^2}$.

证明 由于 $\dfrac{1}{1-x} = 1 + x + x^2 + x^3 + \cdots$, 所以

$$\frac{1}{1-xy} = 1 + x^2 y^2 + x^3 y^3 + x^4 y^4 + \cdots.$$

对上式两边积分

$$\iint_{\substack{0 \leqslant x \leqslant 1 \\ 0 \leqslant y \leqslant 1}} \frac{1}{1-xy} \mathrm{d}x\mathrm{d}y = \sum_{n=1}^{\infty} \left(\iint_{\substack{0 \leqslant x \leqslant 1 \\ 0 \leqslant y \leqslant 1}} x^{n-1} y^{n-1} \mathrm{d}x\mathrm{d}y \right)$$

$$= \sum_{n=1}^{\infty} \left(\int_0^1 x^{n-1} \int_0^1 y^{n-1} \mathrm{d}y \mathrm{d}x \right)$$

$$= \sum_{n=1}^{\infty} \frac{1}{n^2}.$$

现在求这个重积分. 令 $x = \dfrac{u-v}{\sqrt{2}}$, $y = \dfrac{u+v}{\sqrt{2}}$, 那么

$$\iint_{\substack{0 \leqslant x \leqslant 1 \\ 0 \leqslant y \leqslant 1}} \frac{1}{1-xy} \mathrm{d}x\mathrm{d}y$$

$$= 4 \iint_{\substack{v \leqslant u \leqslant \sqrt{2}-v \\ 0 \leqslant v \leqslant \frac{\sqrt{2}}{2}}} \frac{1}{2-u^2+v^2} \mathrm{d}u\mathrm{d}v$$

$$= 4 \left(\int_0^{\frac{\sqrt{2}}{2}} \mathrm{d}u \int_0^u \frac{1}{2-u^2+v^2} \mathrm{d}v + \int_{\frac{\sqrt{2}}{2}}^{\sqrt{2}} \mathrm{d}u \int_0^{\sqrt{2}-u} \frac{1}{2-u^2+v^2} \mathrm{d}v \right)$$

$$= 4 \left(\int_0^{\frac{\sqrt{2}}{2}} \frac{1}{\sqrt{2-u^2}} \arctan \frac{u}{\sqrt{2-u^2}} \mathrm{d}u + \int_{\frac{\sqrt{2}}{2}}^{\sqrt{2}} \frac{1}{\sqrt{2-u^2}} \arctan \frac{\sqrt{2}-u}{\sqrt{2-u^2}} \mathrm{d}u \right).$$

令

$$u = \sqrt{2} \sin t$$

$$= 4\left(\int_0^{\frac{\pi}{6}} t\mathrm{d}t + \int_{\frac{\pi}{6}}^{\frac{\pi}{2}} \arctan\frac{1-\sin t}{\cos t}\mathrm{d}t\right) \quad \text{(第二个积分进行分部积分)}$$

$$= \frac{1}{6}\pi^2.$$

因此

$$\sum_{n=1}^{\infty}\frac{1}{n^2} = \frac{1}{6}\pi^2.$$

17. 如果 $f(x)$ 在 $x=0$ 附近三次可导, 且 $|f'''(x)| \leqslant M$, 那么

$$\left| f(x) - f(0) - f'(0)x - \frac{1}{2}f''(0)x^2 \right| \leqslant \frac{1}{3!}M\left|x\right|^3.$$

证明   由泰勒公式有

$$f(x) = f(0) + f'(0)x + \frac{1}{2}f''(0)x^2 + \frac{f'''(\xi)}{3!}x^3,$$

又

$$|f'''(x)| \leqslant M,$$

因此

$$\left| f(x) - f(0) - f'(0)x - \frac{1}{2}f''(0)x^2 \right| = \frac{1}{3!}\left|f'''(\xi)x^3\right| \leqslant \frac{1}{3!}M\left|x\right|^3.$$

18. 设 $f(x)$ 在 $x=0$ 附近有三阶连续导数, 如果 $f'''(0) \neq 0$ 且

$$f(x) = f(0) + f'(0)x + \frac{1}{2!}f''(\xi(x))x^2,$$

那么, $\displaystyle\lim_{x\to 0}\frac{\xi(x)}{x} = \frac{1}{3}$.

解   由于 $f''(\xi(x)) - f''(0) = f'''(\eta)\xi(x)$, 那么

$$f(x) = f(0) + f'(0)x + \frac{1}{2!}f''(\xi(x))x^2$$
$$= f(0) + f'(0)x + \frac{1}{2!}f''(0)x^2 + \frac{1}{2!}f'''(\eta)x^2\xi(x).$$

此外, 由泰勒公式有

$$f(x) = f(0) + f'(0)x + \frac{1}{2!}f''(0)x^2 + \frac{1}{3!}f'''(\zeta)x^3,$$

于是

$$\lim_{x \to 0} \frac{\xi(x)}{x} = \lim_{x \to 0} \frac{\frac{1}{3!}f'''(\zeta)x^3}{\frac{1}{2!}f'''(\eta)x^3} = \frac{1}{3}.$$

19. 设 $f(x)$ 在 $[a,b]$ 上二次可导, 且 $f(a) = f(b)$, $|f''(x)| \leqslant M$, 那么对任意的 $x \in (a,b)$ 都有 $|f'(x)| \leqslant M(b-a)$.

证明 对任意 $x \in (a,b)$, 由泰勒公式可得

$$f(a) = f(x) + f'(x)(a-x) + \frac{1}{2!}f''(\xi)(a-x)^2, \tag{1}$$

$$f(b) = f(x) + f'(x)(b-x) + \frac{1}{2!}f''(\eta)(b-x)^2. \tag{2}$$

将 (2) 式减去 (1) 式得到

$$0 = f'(x)(b-a) + \frac{1}{2!}(f''(\eta)(b-x)^2 - f''(\xi)(a-x)^2),$$

即

$$|f'(x)| \leqslant \frac{M}{2(b-a)}((b-x)^2 + (a-x)^2)$$

$$\leqslant \frac{M}{2}(b-a) \leqslant M(b-a).$$

用例 19 的方法完全可以证明: 如果对于区间 $[0,2]$ 上的一切 x 都有不等式 $|f(x)| \leqslant 1$ 和 $|f''(x)| \leqslant 1$, 那么, $|f'(x)| \leqslant 2$.

5.4 复 习 题

1. 填空题

(1) 如果级数 $\displaystyle\sum_{n=1}^{\infty} \left(n \sin \frac{2}{n} - a_n \right)$ 收敛, 那么 $\displaystyle\lim_{n \to \infty} a_n =$ _____.

(2) $\displaystyle\sum_{n=1}^{\infty} \frac{(-1)^{n-1}}{(2n-1)!} =$ _____.

(3) $\displaystyle\sum_{n=1}^{\infty} \frac{(-1)^{n-1}}{(2n-2)!} =$ _____.

(4) $\displaystyle\sum_{n=1}^{\infty} \frac{(-1)^{n+1}(3n-2)(3n-5)\cdots 4 \cdot 1}{n!3^n} =$ _____.

(5) 如果 $\displaystyle\lim_{n \to \infty} n^p a_n = 1$, 那么当 $p > 1$ 时, $\displaystyle\sum_{n=1}^{\infty} a_n$ _____ 收敛.

(6) 如果 $\sum\limits_{n=1}^{\infty} a_n$ 条件收敛, 且 $\lim\limits_{n\to\infty} b_n a_n = 1$, 那么正项级数 $\sum\limits_{n=1}^{\infty} \dfrac{1}{b_n}$ _____.

(7) 如果 $f(x) = \cos x^3$, 那么 $f^{(12)}(0) =$ _____.

(8) 如果 $\sum\limits_{n=0}^{\infty} a_n x^n$ 的收敛半径为 2, $\sum\limits_{n=0}^{\infty} b_n x^n$ 的收敛半径为 3, 那么幂级数 $\sum\limits_{n=0}^{\infty} (a_n + b_n) x^n$,

$\sum\limits_{n=0}^{\infty} (a_n b_n) x^n$, $\sum\limits_{n=0}^{\infty} \dfrac{(-1)^n a_n}{b_n} x^n$ 和 $\sum\limits_{n=0}^{\infty} \left(\sum\limits_{k=0}^{n} a_{n-k} b_k \right) x^n$ 的收敛半径各为_____.

2. 单项选择题

(1) 下列陈述对的是 _____.

(A) 因 $1 + \dfrac{1}{n} > 1$, 故 $\sum\limits_{n=1}^{\infty} \dfrac{1}{n^{1+\frac{1}{n}}}$ 收敛 　　(B) 因 $\lim\limits_{n\to\infty} \dfrac{1}{n^{1+\frac{1}{n}}} = 0$, 故 $\sum\limits_{n=1}^{\infty} \dfrac{1}{n^{1+\frac{1}{n}}}$ 收敛

(C) 因 $\dfrac{1}{n^{1+\frac{1}{n}}} < \dfrac{1}{n}$, 故 $\sum\limits_{n=1}^{\infty} \dfrac{1}{n^{1+\frac{1}{n}}}$ 收敛 　　(D) 因 $\lim\limits_{n\to\infty} \dfrac{n}{n^{1+\frac{1}{n}}} = 1$, 故 $\sum\limits_{n=1}^{\infty} \dfrac{1}{n^{1+\frac{1}{n}}}$ 发散

(2) 下列命题对的是 _____.

(A) 若 $\lim\limits_{n\to\infty} n\left(\dfrac{a_n}{a_{n+1}} - 1 \right) > 1$, 则 $\sum\limits_{n=1}^{\infty} a_n$ 收敛

(B) 若 $\lim\limits_{n\to\infty} \dfrac{a_{n+1}}{a_n} = r < 1$, 则 $\sum\limits_{n=1}^{\infty} a_n$ 收敛

(C) 若 $\lim\limits_{n\to\infty} n a_n = 1$, 则 $\sum\limits_{n=1}^{\infty} a_n^2$ 收敛

(D) 若 $a_n < \dfrac{1}{n^2}$, 则 $\sum\limits_{n=1}^{\infty} a_n$ 收敛

(3) 如果正项级数 $\sum\limits_{n=1}^{\infty} a_n$ 收敛, 那么 _____ 是不正确的.

(A) $\sum\limits_{n=1}^{\infty} \sqrt{a_n}$ 收敛 　　　　　　　　(B) $\sum\limits_{n=1}^{\infty} (a_n + a_{n+3})$ 收敛

(C) $\sum\limits_{n=1}^{\infty} \min\{a_1, \cdots, a_n\}$ 收敛 　　　(D) $\sum\limits_{n=1}^{\infty} \max\{a_1, \cdots, a_n\}$ 收敛

(4) 如果 $\sum\limits_{n=1}^{\infty} a_n$, $\sum\limits_{n=1}^{\infty} b_n$ 都是条件收敛, 那么 _____.

(A) $\sum\limits_{n=1}^{\infty} \max\{a_n, b_n\}$ 条件收敛 　　　(B) $\sum\limits_{n=1}^{\infty} \min\{a_n, b_n\}$ 条件收敛

(C) $\sum\limits_{n=1}^{\infty} (a_n + b_n)$ 条件收敛 　　　　　(D) $\sum\limits_{n=1}^{\infty} a_n \cdot b_n$ 条件收敛

(5) 如果 $\sum\limits_{n=0}^{\infty} a_n 2^n$ 收敛, 那么 _____.

(A) $\sum\limits_{n=1}^{\infty} a_n$ 条件收敛

(B) $\sum\limits_{n=1}^{\infty} a_n$ 绝对收敛

(C) $\sum\limits_{n=0}^{\infty} a_n 2^n$ 条件收敛

(D) $\sum\limits_{n=0}^{\infty} a_n 2^n$ 绝对收敛

(6) 如果幂级数 $\sum\limits_{n=0}^{\infty} a_n x^n$ 的收敛半径为 R, 则 _____.

(A) $\sum\limits_{n=0}^{\infty} a_n R^n$ 收敛

(B) $\int_0^R \left(\sum\limits_{n=0}^{\infty} a_n x^n \right) \mathrm{d}x = \sum\limits_{n=0}^{\infty} \dfrac{R^{n+1}}{n+1} a_n$

(C) $\sum\limits_{n=0}^{\infty} a_n x^{2n}$ 收敛半径为 $\sqrt{R}$

(D) $\left(\sum\limits_{n=0}^{\infty} a_n x^n \right)' \Big|_{x=R} = \sum\limits_{n=1}^{\infty} n a_n R^{n-1}$

(7) 设函数 $f(x)$ 在 x_0 处有无穷阶导数, 则 $\sum\limits_{n=0}^{\infty} \dfrac{f^{(n)}(x_0)}{n!}(x-x_0)^n$ 的 _____.

(A) 和函数为 $f(x)$ (B) 收敛半径 $R > 0$

(C) 收敛半径 $R \geqslant 0$ (D) 收敛区间是开的

(8) 设函数 $f(x)$ 在 x_0 处有无穷阶导数, 那么 $f(x)$ 在 x_0 处有泰勒展开式 _____.

(A) $f(x) = \sum\limits_{n=0}^{\infty} \dfrac{f^{(n)}(x_0)}{n!}(x-x_0)^n$

(B) $f(x) = \sum\limits_{n=0}^{n} \dfrac{f^{(n)}(x_0)}{n!}(x-x_0)^n + \dfrac{f^{(n+)}(\xi)}{(n+1)!}(x-x_0)^{n+1}$

(C) $f(x) = \sum\limits_{k=0}^{n} \dfrac{f^{(k)}(x_0)}{k!}(x-x_0)^k$

(D) $f(x) = \sum\limits_{n=1}^{\infty} \dfrac{f^{(n)}(x_0)}{n!}(x-x_0)^n$

3. 判断下列级数的收敛性, 如果收敛, 指出是绝对收敛还是条件收敛.

(1) $\sum\limits_{n=3}^{\infty} \dfrac{\ln n}{\ln(\ln n)}$;

(2) $\sum\limits_{n=1}^{\infty} \dfrac{(2n-1)!!}{3^n n!}$;

(3) $\sum\limits_{n=1}^{\infty} \dfrac{(-1)^n (n+1) 3^n}{2^{2n+1}}$;

(4) $\sum\limits_{n=1}^{\infty} \dfrac{(-n^2)^n}{(1+2n)^n}$;

(5) $\sum\limits_{n=1}^{\infty} \dfrac{(\arctan n)^2}{1+n^2}$;

(6) $\sum\limits_{n=2}^{\infty} \dfrac{(-1)^n \ln n}{n^2}$;

(7) $\sum\limits_{n=1}^{\infty} \left(\dfrac{1}{(2n-1)^x} - \dfrac{1}{(2n)^y} \right)$;

(8) $\sum\limits_{n=1}^{\infty} (-1)^n \ln \left(1 + \dfrac{1}{n^p} \right)$;

(9) $\sum\limits_{n=1}^{\infty} \dfrac{n a^n}{(n+1)(2a+1)^n}$;

(10) $\sum\limits_{n=3}^{\infty} \dfrac{(-1)^{n-1}}{n \cdot \ln n \cdot [\ln(\ln n)]^p}$;

(11) $\sum\limits_{n=1}^{\infty} (-1)^n n^p \sin \dfrac{1}{n}$;

(12) $\sum\limits_{n=1}^{\infty} \left(1 - \dfrac{1}{bn} \cos a \dfrac{1}{n} \right)^n \quad (b \neq 0)$.

4. 求下列幂级数的收敛半径、收敛区间及和函数:

(1) $\sum\limits_{n=0}^{\infty} \dfrac{1}{(2n+1)} x^n$;

(2) $\sum\limits_{n=1}^{\infty} \dfrac{(-1)^{n-1}}{n(2n-1)} x^{2n}$;

(3) $\sum\limits_{n=1}^{\infty} n(n+2)(2x-1)^n$;

(4) $\sum\limits_{n=1}^{\infty} \dfrac{(-1)^n (2n-1)!!}{(2n+2)!!(2n+1)} (x-1)^{2n+2}$.

5. 求下列级数的和:

(1) $\sum\limits_{n=1}^{\infty} \dfrac{(-1)^{n-1}(n-1)2^n \pi^n}{(2n-1)!}$;

(2) $\sum\limits_{n=1}^{\infty} \dfrac{1}{(2n-1)(2n)(2n+3)}$;

(3) $\sum\limits_{n=0}^{\infty} \dfrac{a^{2^n}}{1-a^{2^{n+1}}} (0 < a < 1)$;

(4) $\sum\limits_{n=1}^{\infty} (-1)^{1+2+\cdots+(n-1)} \dfrac{1}{n}$.

6. 利用级数求下列极限:

(1) $\lim\limits_{n\to\infty} \dfrac{n^n}{(2n)!}$;

(2) $\lim\limits_{n\to\infty} \dfrac{\log_n n!}{n^3}$;

(3) $\lim\limits_{x\to 0} \dfrac{1-\cos^2 x}{\ln(1-x)+\sin x}$;

(4) $\lim\limits_{x\to 0} \dfrac{e^x - e^{-x} - 2x}{x - \sin x}$.

7. 写出下列函数的麦克劳林级数, 并由此求 $f^{(5)}(0)$.

(1) $f(x) = \dfrac{x(1-x)}{(1+x)^3}$;

(2) $f(x) = \dfrac{1}{1+x} \ln(1+x)$.

8. 正项级数 $\sum\limits_{n=1}^{\infty} a_n$ 收敛的充分必要条件是 $\sum\limits_{n=1}^{\infty} a_{2n-1}$, $\sum\limits_{n=1}^{\infty} a_{2n}$ 均收敛.

9. 设 $a_n > 0$, 如果 $\sum\limits_{n=1}^{\infty} a_n$ 收敛, 那么

(1) $\sum\limits_{n=1}^{\infty} \dfrac{a_n}{1+a_n}$ 收敛;

(2) $\lim\limits_{n\to\infty} \prod\limits_{k=1}^{n} (1+a_k)$ 存在;

(3) $\sum\limits_{n=1}^{\infty} \dfrac{\sqrt[n]{n! a_1 a_2 \cdots a_n}}{n+1}$ 收敛;

(4) $\sum\limits_{n=1}^{\infty} \dfrac{1}{a_n} \left(\dfrac{1}{a_1} + \dfrac{1}{a_2} + \cdots + \dfrac{1}{a_n} \right)^{-2}$ 收敛;

(5) $\sum\limits_{n=1}^{\infty} \dfrac{n^2}{a_n} \left(\dfrac{1}{a_1} + \dfrac{1}{a_2} + \cdots + \dfrac{1}{a_n} \right)^{-2}$ 收敛; (6) $\sum\limits_{n=1}^{\infty} \dfrac{a_n}{r_n}$ 发散, 其中, $r_n = \sum\limits_{k=n}^{\infty} a_k$.

10. 证明: (1) 当 $0 < a < 1$, $0 < b < 1$ 时, 不等式 $1 - b < \dfrac{1}{a}(1-b^a)$ 成立.

(2) 如果 $\{a_n\}$ 为单调递增的正数列, 那么 $\sum\limits_{n=1}^{\infty} \dfrac{a_{n+1} - a_n}{a_{n+1}\sqrt{a_n}}$ 是收敛的.

11. 设 $a_1 = a_2 = 1$, $a_n = a_{n-1} + a_{n-2}$, 证明 $\sum\limits_{n=2}^{\infty} \dfrac{a_n}{a_{n-1} a_{n+1}}$ 收敛于 2.

12. 证明: (1) $\iint\limits_{\substack{0 \leqslant x \leqslant 1 \\ 0 \leqslant y \leqslant 1}} \dfrac{1}{1+xy} \mathrm{d}x\mathrm{d}y = \sum\limits_{n=1}^{\infty} \dfrac{(-1)^{n-1}}{n^2}$;

(2) 求级数 $\sum\limits_{n=1}^{\infty} \dfrac{(-1)^{n-1}}{n^2}$.

13. 证明:如果 $\sum\limits_{n=1}^{\infty} a_n$ 绝对收敛, 那么 $\sum\limits_{n=1}^{\infty} a_n = \sum\limits_{n=1}^{\infty} b_n + \sum\limits_{n=1}^{\infty} c_n$, 其中, $b_n = \begin{cases} a_n, & a_n \geqslant 0, \\ 0, & a_n < 0, \end{cases}$

$c_n = \begin{cases} 0, & a_n \geqslant 0, \\ a_n, & a_n < 0. \end{cases}$

14. 证明: 当 $|x| > 1$ 时, $\sum\limits_{n=1}^{\infty} \dfrac{n(n+1)}{x^n} = \dfrac{2x^2}{(x-1)^3}$.

15. 设 $f(x)$ 在 $(0, +\infty)$ 上有二阶导数, 且 $|f(x)| \leqslant 3$, $|f''(x)| \leqslant 3$, 那么对任意的 $x \in (0, +\infty)$ 都有 $|f'(x)| \leqslant 6$.

16. 设 $f(x)$ 在 $[a, b]$ 上有有界的 $(n+1)$ 阶导数, 且 $f^{(n)}(a) \neq 0$, 证明下列式子

$$f(a+x) = f(a) + f'(a)x + \cdots + \frac{f^{(n-1)}(a)}{(n-1)!}x^{n-1} + \frac{f^{(n)}(a+\theta x)}{(n-1)!}x^n(1-\theta)^{n-1}$$

中的 θ 满足 $\lim\limits_{x \to 0} \theta = 1 - \dfrac{1}{n - \sqrt[n]{n}}$.

5.5　复习题参考答案与提示

1. (1) 2. (2) $\sin 1$. (3) $\cos 1$. (4) $\dfrac{1}{\sqrt[3]{2}}$. (5) 绝对. (6) 发散. (7) $19, 958, 400$.
(8) $2, 6, \dfrac{2}{3}$ 和 2.

2. (1) (D). (2) (C). (3) (A). (4) (C). (5) (B). (6) (C). (7) (C). (8) (A).

3. (1) 发散. (2) 绝对收敛. (3) 绝对收敛. (4) 发散. (5) 绝对收敛. (6) 当 $p \leqslant 0$ 时, 发散; $0 < p \leqslant 1$ 时, 条件收敛; 当 $p > 1$ 时, 绝对收敛. (7) 当 $x > 1$ 且 $y > 1$ 时, 绝对收敛; 当 $0 < x = y \leqslant 1$ 条件收敛; 当 $x < 1$ 或 $y < 1$, 且 $x \neq y$ 时, 发散. (8) 当 $p \leqslant 0$ 时, 发散; 当 $0 < p \leqslant 1$ 时, 条件收敛; $p > 1$, 绝对收敛. (9) 当 $a < -1$ 或 $a > -\dfrac{1}{3}$ 时, 绝对收敛, 当 $-1 \leqslant a \leqslant -\dfrac{1}{3}$, 发散. (10) 当 $p \leqslant 1$ 时, 条件收敛; $p > 1$, 绝对收敛. (11) 当 $p \geqslant 1$ 时, 发散; 当 $-1 < p < 1$ 时, 条件收敛; 当 $p \leqslant -1$ 时, 绝对收敛. (12) 对任意的 a 和 $b \neq 0$ 级数发散.

4. (1) 收敛半径为 1; 收敛区间为 $[-1, 1)$; 和函数为

$$S(x) = \begin{cases} \dfrac{1}{2\sqrt{x}} \ln \dfrac{1+\sqrt{x}}{1-\sqrt{x}}, & 0 < x < 1, \\ 1, & x = 0, \\ \dfrac{1}{\sqrt{-x}} \arctan \sqrt{-x}, & -1 \leqslant x < 0. \end{cases}$$

(2) 收敛半径为 1; 收敛区间为 $[-1, 1]$; 和函数为 $S(x) = 2x \arctan x - \ln(1+x^2)$.

(3) 收敛半径为 1; 收敛区间为 $(0, 1)$; 和函数为 $S(x) = \dfrac{(2x-1)(2-x)}{4(1-x)^3}$.

(4) 收敛半径为 1; 收敛区间为 $[0, 2]$; 和函数

$$S(x) = \frac{1}{2} - \frac{1}{2}x^2 + x + (x-1)\ln(x - 1 + \sqrt{x^2 - 2x + 2}) - \sqrt{x^2 - 2x + 2}.$$

5. (1) $\frac{1}{2}$. (2) $\ln 2 - \frac{1}{2}$. (3) $\frac{a}{1-a}$. (4) $\frac{\pi}{4} - \ln 2$.

6. (1) 0. (2) 0. (3) -2. (4) 2.

7. (1) $\sum_{n=1}^{\infty} (-1)^{n-1} n^2 x^n$; $f^{(5)}(0) = 3000$. (2) $\sum_{n=1}^{\infty} (-1)^{n-1} \left(1 + \frac{1}{2} + \cdots + \frac{1}{n}\right) x^n$,

$f^{(5)}(0) = 274$.

8. 利用级数的部分和.

9. (1) 用极限形式的比较判别法. (2) 化为和来考虑.

(3) $\sqrt[n]{n! a_1 a_2 \cdots a_n} \leqslant \dfrac{a_1 + 2a_2 + \cdots + n a_n}{n}$ 并用部分和. (4) 考虑和 $T_n = \dfrac{1}{a_1} + \dfrac{1}{a_2} + $

$\cdots + \dfrac{1}{a_n}$. (5) 借用 (4) 的 T_n 去估计级数部分和.

(6) 注意 $a_n = r_n - r_{n+1}$, 并设法证明级数的部分和的极限不存在.

10. 仿例 10.

11. 拆通项为差式.

12. 仿例 16.

13. 注意 $a_n = b_n + c_n$.

14. 令 $y = \dfrac{1}{x}$, 求其和函数.

15. 用泰勒公式.

16. 仿例 18.

第 6 章　微分方程与差分方程

6.1　概念、性质与定理

6.1.1　微分方程

6.1.1.1　微分方程的基本概念

微分方程　含有自变量、未知函数及未知函数的导数或微分的方程式.

微分方程的解　满足微分方程的函数.

微分方程的阶数　微分方程中的未知函数的导数或微分的最高阶数.

微分方程的通解　所含任意常数的个数等于微分方程的阶数的解.

微分方程的特解　通解中满足一定条件的解.

微分方程的初始条件　用来确定特解的某时刻的条件.

6.1.1.2　两类一阶微分方程

1. 可分离变量方程　$g(y)\mathrm{d}y = f(x)\mathrm{d}x$.

此方程的求解步骤是：对方程两边积分 $\displaystyle\int g(y)\mathrm{d}y = \int f(x)\mathrm{d}x$ 便可得通解.

2. 一阶非齐次线性微分方程　$y' + p(x)y = f(x)$.

此方程的求解公式为：$y = Ce^{-\int p(x)\mathrm{d}x} + e^{-\int p(x)\mathrm{d}x}\displaystyle\int f(x)e^{\int p(x)\mathrm{d}x}\mathrm{d}x$.

6.1.1.3　几类高阶微分方程

1. 可降阶的高阶微分方程 $y^{(n)} = f(x)$.

此方程的求解公式为

$$y^{(n-1)} = \int f(x)\mathrm{d}x + C_1, \quad y^{(n-2)} = \int \left(\int f(x)\mathrm{d}x + C_1 \right)\mathrm{d}x + C_2,$$

$$y = \int \left(\int \left(\cdots \int \left(\int \left(\int f(x)\mathrm{d}x + C_1 \right)\mathrm{d}x + C_2 \right)\mathrm{d}x \right. \right.$$
$$\left. \left. + \cdots + C_{n-2} \right)\mathrm{d}x + C_{n-1} \right)\mathrm{d}x + C_n.$$

2. 不显含 x 的二阶微分方程　$y'' = f(y', y)$.

　　此方程的解法步骤是：令 $z(y) = y'(x)$, 则 $y''(x) = z'(y)y'(x)$. 将方程可降阶为以 y 为自变量的一阶微分方程 $zz' = f(z, y)$, 然后求解之.

　　3. 不显含 y 的二阶微分方程 $y'' = f(y', x)$.

　　此方程的解法步骤是：令 $z(x) = y'(x)$, 则 $y''(x) = z'(x)$. 将方程可化为以 x 为自变量的一阶微分方程 $z' = f(z, x)$, 然后求解之.

　　4. 二阶常系数齐次线性微分方程 $y'' + ay' + by = 0$.

　　定理 1　设 $y_1(x)$, $y_2(x)$ 是微分方程 $y'' + ay' + by = 0$ 的两个解, 则对任意常数 C_1, C_2, $y(x) = C_1 y_1(x) + C_2 y_2(x)$ 也是这个方程的解.

　　定理 2　如果 $y_1(x)$, $y_2(x)$ 是微分方程 $y'' + ay' + by = 0$ 的两个解, 且 $y_1(x)/y_2(x) \neq C$(常数), 那么, $y(x) = C_1 y_1(x) + C_2 y_2(x)$ 是这个方程的通解, 其中, C_1, C_2 是任意常数.

　　二阶常系数齐次线性微分方程的解法是：先求出特征方程 $\lambda^2 + a\lambda + b = 0$ 的解 λ_1, λ_2, 然后可得微分方程的通解为

　　(1) 当 λ_1, λ_2 为不相等的实根时, 微分方程的通解为 $y(x) = C_1 e^{\lambda_1 x} + C_2 e^{\lambda_2 x}$;

　　(2) 当 λ_1, λ_2 为相等的实根时, 微分方程的通解为 $y(x) = C_1 e^{\lambda_1 x} + C_2 x e^{\lambda_1 x}$;

　　(3) 当 $\lambda_{1,2} = r \pm i\beta$ 时, 微分方程的通解为 $y(x) = e^{rx}(C_1 \cos \beta x + C_2 \sin \beta x)$.

　　5. 二阶常系数非齐次线性微分方程 $y'' + ay' + by = f(x)$.

　　定理 3　设 $\tilde{y}(x)$ 是方程 $y'' + ay' + by = f(x)$ 的相对应的齐次方程 $y'' + ay' + by = 0$ 的通解, $y^*(x)$ 是非齐次方程 $y'' + ay' + by = f(x)$ 的一个特解, 那么, 这个非齐次方程的通解为

$$y(x) = \tilde{y}(x) + y^*(x).$$

　　定理 4 (叠加原理)　设 $y_i^*(x)$ 是非齐次方程 $y'' + ay' + by = f_i(x)$ 的一个特解, 那么

$$y^*(x) = y_1^*(x) + \cdots + y_m^*(x)$$

也是非齐次方程 $y'' + ay' + by = f_1(x) + \cdots + f_m(x)$ 的一个特解.

　　二阶常系数非齐次线性微分方程的解法步骤是：① 求齐次微分方程 $y'' + ay' + by = 0$ 的通解 $\tilde{y}$. ② 再求出非齐次微分方程 $y'' + ay' + by = f(x)$ 的特解 y^*. ③ $y = \tilde{y} + y^*$ 即为所求微分方程 $y'' + ay' + by = f(x)$ 的通解.

　　特别地, $y'' + ay' + by = f_1(x) + \cdots + f_m(x)$ 的通解求法与 $y'' + ay' + by = f(x)$ 的求法类似, 求特解时使用叠加原理, 即先求出 $y'' + ay' + by = f_i(x)(i = 1, 2, \cdots, m)$ 的特解 y_i^*, 再令 $y^* = y_1^* + \cdots + y_m^*$, 则 y^* 便是 $y'' + ay' + by = f_1(x) + \cdots + f_m(x)$ 的特解.

　　6. 参数变易法和待定系数法.

　　求非齐次微分方程的特解的两个方法：参数变易法和待定系数法.

参数变易法 为求非齐次微分方程的解, 将齐次微分方程的通解中的任意不同常数视为不同的关于方程中的自变量的待定函数得到一个待定解, 并将其代入非齐次微分方程中, 确定这些待定函数. 这样, 将确定后的待定函数代入待定解中便是所求的特解.

待定系数法 为求非齐次线性微分方程的特解, 针对非齐次线性微分方程中的 $f(x)$ 的不同形式, 如 $f(x) = e^{\alpha x}(p_k(x)\cos\beta x + p_l(x)\sin\beta x)$, p_k, p_l 分别为 k 阶和 l 阶的已知多项式, 将特解设定为待定系数的函数形式, 并将其代入非齐次线性微分方程中确定这些待定系数. 这样, 将求到的系数代入设定解中, 便是所求的特解. 例如, 针对 $f(x) = e^{\alpha x}(p_k(x)\cos\beta x + p_l(x)\sin\beta x)$, 其特解可设定如下形式:

$$y^* = x^m e^{\alpha x}(Q_n(x)\cos\beta x + R_n(x)\sin\beta x),$$

其中, $Q_n(x), R_n(x)$ 是两个 n 次待定多项式, $n = \max\{k, l\}$, 而 $\alpha + \beta i$ 是特征方程的根或单根时, $m = 1$; $\alpha + \beta i$ 是特征方程的重根时, $m = 2$, 否则, $m = 0$.

7. 高阶常系数非齐次线性微分方程

$$y^{(n)} + a_1 y^{(n-1)} + a_2 y^{(n-2)} + \cdots + a_{n-1}y' + a_n y = f(x),$$

这类方程的解的结构类似于二阶常系数非齐次线性微分方程的解的结构. 其求解步骤:① 求齐次微分方程 $y^{(n)} + a_1 y^{(n-1)} + a_2 y^{(n-2)} + \cdots + a_{n-1}y' + a_n y = 0$ 的通解 $\tilde{y}$. ② 再求出非齐次微分方程 $y^{(n)} + a_1 y^{(n-1)} + a_2 y^{(n-2)} + \cdots + a_{n-1}y' + a_n y = f(x)$ 的特解 y^*. ③ $y = \tilde{y} + y^*$ 为微分方程 $y^{(n)} + a_1 y^{(n-1)} + a_2 y^{(n-2)} + \cdots + a_{n-1}y' + a_n y = f(x)$ 的通解.

注 求通解时的特征方程 $\lambda^n + a_1\lambda^{n-1} + \cdots + a_{n-1}\lambda + a_n = 0$ 有重根, 不妨设有 k_1 重根 λ_1, k_2 重根 λ_2, $\cdots$, k_m 重根 λ_m 时, n 阶常系数齐次线性微分方程的通解形式为

$$y_x = (C_1 + C_2 x + \cdots + C_{k_1}x^{k_1})e^{\lambda_1 x} + \cdots + (D_1 + D_2 x + \cdots + D_{k_m}x^{k_m})e^{\lambda_m x},$$

其中, $\sum\limits_{i=1}^{m} k_i = n$.

6.1.2 差分方程

设 $y_x = f(x)$, $x \in N$, 则称 $y_{x+1} - y_x = f(x+1) - f(x)$ 为函数 y_x 的差分, 记为 Δy_x, 即 $\Delta y_x = y_{x+1} - y_x$. 类似地可定义高阶差分.

二阶差分 $\Delta^2 y_x = \Delta y_{x+1} - \Delta y_x = y_{x+2} - 2y_{x+1} + y_x, \cdots,$

n 阶差分 $\Delta^{(n)} y_x = \Delta(\Delta^{(n-1)} y_x).$

6.1.2.1　差分方程的概念

差分方程　含有自变量、未知函数及未知函数的差分的方程.

差分方程的解　满足差分方程的函数.

差分方程的阶数　差分方程中的未知函数的差分的最高阶数.

差分方程的通解　所含任意常数的个数等于差分方程的阶数的解.

差分方程的特解　满足一定条件的解.

差分方程的初始条件　用来确定特解的某时刻的条件.

6.1.2.2　四个基本的差分方程 (常系数线性差分方程)

这些方程的解的结论与结构类似于常系数线性微分方程.

1. 一阶常系数非齐次线性差分方程　$y_{x+1} + ay_x = f(x)$.

此方程的求解方法是: (1) 求齐次线性差分方程 $y_{x+1} + ay_x = 0$ 的特征方程 $\lambda + a = 0$ 的解 $\lambda = -a$.

(2) 求出齐次差分方程 $y_{x+1} + ay_x = 0$ 的通解 $y_x = C(-a)^x$.

(3) 求非齐次线性差分方程 $y_{x+1} + ay_x = f(x)$ 的特解 y_x^*(可用参数变易法和待定系数法).

(4) 非齐次线性差分方程 $y_{x+1} + ay_x = f(x)$ 的通解为 $y_x = C(-a)^x + y_x^*$.

差分方程 $y_{x+1} + ay_x = f_1(x) + \cdots + f_m(x)$ 的求解与 $y_{x+1} + ay_x = f(x)$ 类似. 不过求特解时, 先分别求出 $y_{x+1} + ay_x = f_1(x), \cdots, y_{x+1} + ay_x = f_m(x)$ 的特解 $y_{x_1}^*, \cdots, y_{x_m}^*$, 再令 $y_x^* = y_{x_1}^* + \cdots + y_{x_m}^*$, 则非齐次线性差分方程 $y_{x+1} + ay_x = f_1(x) + \cdots + f_m(x)$ 的特解为 y_x^*.

特别地, 用待定系数法求 $y_{x+1} + ay_x = f(x)(= r^x[P_k(x)\cos\theta x + P_l(x)\sin\theta x])$ 的特解的设定类同微分方程的形式, 即为 $y_x^* = x^m r^x (Q_n(x)\cos\theta x + R_n(x)\sin\theta x)$, 其中, $r(\cos\theta + i\sin\theta)$ 是特征方程的根时, $m = 1$, 否则, $m = 0$.

2. 二阶常系数齐次线性差分方程 $y_{x+1} + ay_{x+1} + by_x = 0$.

此方程的求解方法步骤是: 先求出差分方程 $y_{x+1} + ay_{x+1} + by_x = 0$ 的特征方程 $\lambda^2 + a\lambda + b = 0$ 的解 λ_1, λ_2, 然后可得差分方程的通解为

(1) 当 λ_1, λ_2 为不相等的实根时, 差分方程的通解为 $y(x) = C_1\lambda_1^x + C_2\lambda_2^x$;

(2) 当 $\lambda_1 = \lambda_2 = \lambda$ 时, 差分方程的通解为 $y(x) = C_1\lambda^x + C_2 x\lambda^x$;

(3) $\lambda_{1,2} = r(\cos\theta \pm i\sin\theta)$ 时, 差分方程的通解为 $y(x) = r^x(C_1\cos\theta x + C_2\sin\theta x)$, 其中, r 为复数 λ_1 或 λ_2 的模, θ 为复数 λ_1 或 λ_2 的辐角.

3. 二阶常系数非齐次线性差分方程 $y_{x+2} + ay_{x+1} + by_x = f(x)$.

此方程的求解方法步骤是: ① 先求出齐次线性差分方程 $y'' + ay' + by = 0$ 的通解 $\tilde{y}_x$. ② 再求出非齐次线性差分方程 $y_{x+2} + ay_{x+1} + by_x = f(x)$ 的特解 y_x^*. ③ $y_x = \tilde{y}_x + y_x^*$ 便是 $y_{x+2} + ay_{x+1} + by_x = f(x)$ 的通解.

差分方程 $y_{x+2} + ay_{x+1} + by_x = f_1(x) + \cdots + f_m(x)$ 的求解方法类似于下列差分方程的求解方法

$$y_{x+1} + ay_x = f_1(x) + \cdots + f_m(x).$$

特别地, 用待定系数法求 $y_{x+2} + ay_{x+1} + by_x = r^x[P_k(x)\cos\theta x + P_l(x)\sin\theta x]$ 的特解时, 其设定形式为 $y_x^* = x^m r^x (Q_n(x)\cos\theta x + R_n(x)\sin\theta x)$, 其中, 当 $r(\cos\theta + i\sin\theta)$ 是特征方程的根或单根时, $m = 1$; 当 $r(\cos\theta + i\sin\theta)$ 是特征方程的重根时, $m = 2$, 否则, $m = 0$.

4. 高阶常系数非齐次线性差分方程

$$y_{x+n} + a_1 y_{x+n-1} + a_2 y_{x+n-2} + \cdots + a_{n-1} y_{x+1} + a_n y_x = f(x)$$

此方程的求解方法步骤是: (1) 求齐次线性差分方程

$$y_{x+n} + a_1 y_{x+n-1} + a_2 y_{x+n-2} + \cdots + a_{n-1} y_{x+1} + a_n y_x = 0$$

的通解 $\tilde{y}_x$.

(2) 再求

$$y_{x+n} + a_1 y_{x+n-1} + a_2 y_{x+n-2} + \cdots + a_{n-1} y_{x+1} + a_n y_x = f(x)$$

的特解 y_x^*. 那么, 差分方程

$$y_{x+n} + a_1 y_{x+n-1} + a_2 y_{x+n-2} + \cdots + a_{n-1} y_{x+1} + a_n y_x = f(x)$$

的通解为 $y_x = \tilde{y}_x + y_x^*$.

注 n 阶常系数齐次线性差分方程的特征方程为

$$\lambda^n + a_1\lambda^{n-1} + a_2\lambda^{n-2} + \cdots + a_{n-1}\lambda + a_n = 0.$$

当此方程有 k_1 重根 λ_1, k_2 重根 λ_2, $\cdots$, k_m 重根 λ_m 时, n 阶常系数齐次线性差分方程的通解形式为

$$y_x = (C_1 + C_2 x + \cdots + C_{k_1} x^{k_1})\lambda_1^x + \cdots + (D_1 + D_2 x + \cdots + D_{k_m} x^{k_m})\lambda_m^x,$$

其中, $\sum_{i=1}^{m} k_i = n$.

6.2   概 念 例 解

1. 下列微分方程中是可分离的为 ___(C)___ .

(A) $x^2 y' + xy = 1$ (B) $y' = x + y$

(C) $y' = 3y - 2x + 6xy - 1$ (D) $y' + xy = e^y$

解   应选 (C). 因为 $y' = 3y - 2x + 6xy - 1 = (3y - 1)(2x + 1)$. (A), (B) 和 (D) 都不能选, 是因为它们都不能写成 $y' = f(x)g(y)$ 的形式, 因而都不是可分离变量方程.

2. 下列微分方程中是一阶线性微分方程的为 ___(C)___ .

(A) $x^2 y' + xy = y^2$ (B) $y' = \dfrac{x + y}{x - y}$

(C) $y' = \dfrac{y}{x + y^2 e^y}$ (D) $y' + xy = e^y$

解   应选 (C). 因为 $y' = \dfrac{y}{x + y^2 e^y}$ 能重新整理成 $\dfrac{\mathrm{d}x}{\mathrm{d}y} = \dfrac{1}{y}x + ye^y$, 这是把 y 看成自变量, x 看成函数的一阶线性微分方程. (A), (B) 和 (D) 都不是一阶线性微分方程, 因为不管是把 y 看成是 x 的函数还是把 x 看成是 y 的函数都不能写成一阶线性微分方程的形式. 因此, (A), (B) 和 (D) 都不选.

3. 二阶微分方程的初始条件必为 ___(D)___ .

(A) $y(x_1) = a, y(x_2) = b$ (B) $y(x_1) = a, y'(x_2) = b$

(C) $y'(x_1) = a, y(x_2) = b$ (D) $y(x_1) = a, y'(x_1) = b$

解   应选 (D). 因为 (D) 中的两个条件是同一时刻的, 而 (A)、(B) 和 (C) 中的条件都是不同时刻的, 因而都不能选.

4. 下列是有关差分方程的一些说法, 这些说法中不对的是 ___(D)___ .

(A) 差分方程中明显含函数不同点的函数值而不显含差分, 是因为含差分的形式与不含差分的形式可以互相转化

(B) 差分方程中明显含函数不同点的函数值而不显含差分, 是因为差分是函数不同点的函数值的差

(C) 用函数的不同点的函数值表示的差分方程的阶是不同点的差的最大者

(D) 满足差分方程的函数是有限个

解   应选 (D). 因为差分方程的通解是无穷多个. (A), (B) 和 (C) 都是对的.

5. 二阶常系数齐次线性差分方程的解的函数形式一般为 ___(C)___ .

(A) $y_x = e^{rx}$ (B) $y_x = x^r$

(C) $y_x = r^x$ (D) $y_x = \cos\theta x$

解 应选 (C). 这是因为此函数中的 r 是二阶常系数齐次线性差分方程的特征方程的根. (A) 应是二阶常系数齐次线性微分方程的解函数形式, (B) 既不是二阶常系数齐次线性微分方程, 也不是二阶常系数齐次线性差分方程的解函数形式, (D) 可能是二阶常系数齐次线性差分方程的特殊函数形式, 所以, (A), (B) 和 (D) 都不能选.

6. 记 $Ly_x = y_{x-1}$, $\Phi(L) = 1 + a_1 L + a_2 L^2 + + a_n L^n$, 则关于 n 阶常系数非齐次线性差分方程 $y_x + a_1 y_{x-1} + \cdots + a_{n-1} y_{x-n+1} + a_n y_{x-n} = w_x$ 的论述不正确的是 ___(D)___ .

(A) n 阶常系数非齐次线性差分方程可表示为 $\Phi(L)y_x = w_x$

(B) 这个差分方程导出的齐次差分方程的通解可通过求解 $\Phi(z) = 0$ 的根来构造

(C) $\Phi(z) = 0$ 的根与 $\lambda^n + a_1 \lambda^{n-1} + \cdots + a_{n-1}\lambda + a_n = 0$ 的根互为倒数

(D) $\Phi(z) = 0$ 一定有实根

解 应选 (D). 因为 $\Phi(z) = 0$ 可能有复数根, 例如, $\Phi(z) = 1 + \dfrac{2}{3}z + \dfrac{1}{3}z^2$. 而 (A), (B) 和 (C) 都是对的, 都不能选.

6.3 方 法 例 解

1. 用分离变量方程解下列方程:

(1) $\mathrm{d}y = (x^2 + 2x + x^2 y + 2xy + 3y + 3)\mathrm{d}x$; (2) $y' = \dfrac{y}{x}(1 - \ln y + \ln x)$;

(3) $\dfrac{\mathrm{d}y}{\mathrm{d}x} = \dfrac{2x + 3y + 4}{4x + 6y + 5}$;   (4) $xy' \sin^2(xy) = \dfrac{x}{y} - y\sin^2 xy$;

(5) $(y')^2 - 3xy' + x^3 = 0$;   (6) $(y')^2 - yy'' = y'$.

解 (1) 原方程化为

$$\frac{\mathrm{d}y}{y+1} = (x^2 + 2x + 3)\mathrm{d}x.$$

这是一个可分离变量方程. 于是, 对上式两边积分得

$$\int \frac{\mathrm{d}y}{y+1} = \int (x^2 + 2x + 3)\mathrm{d}x,$$

即 $\ln(y+1) = \dfrac{1}{3}x^3 + x^2 + x + C.$

这便是所求方程的通解.

(2) 令 $u = \dfrac{y}{x}$, 则 $y' = u + xu'$. 将 y' 代入原方程, 则原方程化为

$$\frac{1}{u \ln u}\mathrm{d}u = -\frac{1}{x}\mathrm{d}x.$$

这是一个可分离变量方程. 于是, 对上式两边积分得

$$\int \frac{1}{u \ln u} \mathrm{d}u = - \int \frac{1}{x} \mathrm{d}x,$$

即, $u = e^{\frac{C}{x}}$. 于是, 原方程的通解为 $y = xe^{\frac{C}{x}}$.

(3) 令 $u = 2x + 3y$, 则 $\dfrac{\mathrm{d}y}{\mathrm{d}x} = \dfrac{1}{3}\dfrac{\mathrm{d}u}{\mathrm{d}x} - \dfrac{2}{3}$. 于是, 原方程化为

$$\frac{2u + 5}{7u + 22} \mathrm{d}u = \mathrm{d}x.$$

这是一个可分离变量方程. 于是, 两边积分得

$$\int \frac{2u + 5}{7u + 22} \mathrm{d}u = \int \mathrm{d}x,$$

即 $14u - 9\ln(7u + 22) = 49x + C$. 因此, 原方程的通解为

$$28x + 42y - 9\ln(14x + 21y + 22) = 49x + C.$$

(4) 令 $u = xy$, 则 $u' = xy' + y$. 这样, 原方程可化为可分离变量方程 $u \sin^2 u \mathrm{d}u = x^2 \mathrm{d}x$. 解这个方程得 $6u^2 - 6u \sin 2u - 3\cos 2u = 8x^2 + C$, 即原方程的通解为

$$6x^2y^2 - 6xy \sin 2xy - 3\cos 2xy = 8x^2 + C.$$

(5) 令 $y'(x) = tx$, 则 $x = \dfrac{3t}{1 + t^3}$, 进而, $y'(x) = \dfrac{3t^2}{1 + t^3}$. 于是

$$y'(t) = y'(x) \cdot x'(t) = 3\frac{(1 - 2t^3)3t^2}{(1 + t^3)^3}$$

是一个可分离变量方程. 求解这个可分离变量方程可得

$$y(t) = \int 3\frac{(1 - 2t^2)3t^2}{1 + t^3} \mathrm{d}t = -\frac{9}{2(1 + t^3)^2} + \frac{6}{1 + t^3} + C.$$

这样, 原方程参数形式的通解为

$$x = \frac{3t}{1 + t^3}, \quad y(t) = -\frac{9}{2(1 + t^3)^2} + \frac{6}{1 + t^3} + C,$$

其中, t 为参数.

(6) 令 $y' = u(y(x))$, 则 $y''(x) = u'(y) \cdot y'(x) = uu'(y)$. 于是, 原方程可化为

$$\frac{\mathrm{d}u}{u - 1} = \frac{1}{y} \mathrm{d}y.$$

这是一个可分离变量方程. 对这个方程两边积分得

$$\int \frac{\mathrm{d}u}{u-1} = \int \frac{1}{y}\mathrm{d}y,$$

即 $u - 1 = C_1 y$. 于是, $y' = C_1 y + 1$. 对这个新的可分离方程两边积分得

$$\int \frac{\mathrm{d}y}{C_1 y + 1} = \int \mathrm{d}x,$$

即 $C_1 y = C_2 e^x - 1$. 这就是所求方程的通解.

2. 用一阶非齐次线性微分方程的求解公式解下列方程:

(1) $xy' \ln x + y = x(\ln x + 1)$;   (2) $y - xy' = y'y^2 e^y$;

(3) $y' + \dfrac{y}{x} - x^3 y^2 = 0$;   (4) $(x^2 y^3 + xy)y' = 1$;

(5) $x^2 y' - x^2 y + 2 = 0$;   (6) $y' + y^2 \sin x = 2 \sec x \tan x$;

(7) $y'' + (y')^2 = 2e^{-y}$;   (8) $e^{\frac{y'}{x}} y'' = e^{\frac{y'}{x}} \left(1 + \dfrac{y'}{x}\right) + x^2$.

解 (1) 此方程可化为一阶非齐次线性微分方程

$$y' + \frac{1}{x \ln x} y = 1 + \frac{1}{\ln x},$$

其中, $P(x) = \dfrac{1}{x \ln x}$, $Q(x) = 1 + \dfrac{1}{\ln x}$. 于是, 由求解公式可得

$$y = Ce^{-\int \frac{1}{x \ln x}\mathrm{d}x} + e^{-\int \frac{1}{x \ln x}\mathrm{d}x} \int \left(1 + \frac{1}{\ln x}\right) e^{\int \frac{1}{x \ln x}\mathrm{d}x}\mathrm{d}x$$

$$= C\frac{1}{\ln x} + \frac{1}{\ln x} \int \left(1 + \frac{1}{\ln x}\right) \ln x \, \mathrm{d}x$$

$$= C\frac{1}{\ln x} + x.$$

(2) 此方程可化为一阶非齐次线性微分方程

$$\frac{\mathrm{d}x}{\mathrm{d}y} - \frac{1}{y}x = ye^y,$$

其中, $P(y) = -\dfrac{1}{y}$, $Q(y) = ye^y$. 于是, 由求解公式可得

$$x = Ce^{\int \frac{1}{y}\mathrm{d}y} + e^{\int \frac{1}{y}\mathrm{d}y} \int ye^y e^{-\int \frac{1}{y}\mathrm{d}y}\mathrm{d}y$$

$$= Cy + y \int e^y \mathrm{d}y = Cy + ye^y.$$

(3) 这是一个伯努利方程. 此方程可化为

$$\frac{\mathrm{d}y^{-1}}{\mathrm{d}x} - \frac{1}{x}y^{-1} = -x^3.$$

将 y^{-1} 视为一个变量, 那么, 上述方程是一个一阶非齐次线性微分方程, 且 $P(x) = -\frac{1}{x}$ 以及 $Q(x) = -x^3$. 于是, 由求解公式可得

$$y^{-1} = Ce^{\int \frac{1}{x}\mathrm{d}x} - e^{\int \frac{1}{x}\mathrm{d}x} \int x^3 e^{-\int \frac{1}{x}\mathrm{d}x}\mathrm{d}x$$
$$= Cx - \frac{1}{3}x^4,$$

即 $y\left(Cx - \frac{1}{3}x^4\right) = 1$.

(4) 这是一个伯努利方程. 原方程可化为一阶非齐次线性微分方程

$$\frac{\mathrm{d}x^{-1}}{\mathrm{d}y} + yx^{-1} = -y^3$$

且 $P(y) = y, Q(y) = -y^3$. 于是, 由求解公式可得

$$x^{-1} = Ce^{-\int y\mathrm{d}y} - e^{-\int y\mathrm{d}y} \int y^3 e^{\int y\mathrm{d}y}\mathrm{d}y$$
$$= Ce^{-\frac{1}{2}y^2} - e^{-\frac{1}{2}y^2}(y^2 e^{\frac{1}{2}y^2} - 2e^{\frac{1}{2}y^2}),$$

即 $x[Ce^{-\frac{1}{2}y^2} - e^{-\frac{1}{2}y^2}(y^2 e^{\frac{1}{2}y^2} - 2e^{\frac{1}{2}y^2})] = 1$.

(5) 此方程可化为一阶非齐次线性微分方程

$$y' - y = -\frac{2}{x^2},$$

且 $P(x) = -1, Q(x) = -\frac{2}{x^2}$. 于是, 由通解公式可得

$$y = Ce^x + e^x \int -\frac{2}{x^2}e^{-x}\mathrm{d}x$$
$$= Ce^x - 2e^x \int \left(\frac{1}{x^2} - \frac{1}{x} + \frac{1}{2!} - \frac{1}{3!}x + \frac{1}{4!}x^2 + \cdots\right)\mathrm{d}x$$
$$= Ce^x - 2e^x \left(-\frac{1}{x} - \ln|x| + \frac{1}{2!}x - \frac{1}{3! \cdot 2}x^2 + \frac{2}{4! \cdot 3}x^3 + \cdots\right)$$
$$= Ce^x + \frac{2}{x}e^x + e^x \ln x^2 + 2\sum_{k=1}^{\infty} \frac{(-1)^k x^k}{(k+1)! \cdot k}e^x.$$

这是微分方程级数解的形式.

(6) 易知, $y = \sec x$ 是方程的一个解. 于是, 令 $y = u + \sec x$, 则将 y' 和 y 代入原方程可以得到一个关于未知函数为 u^{-1} 的一阶非齐次线性微分方程

$$\frac{\mathrm{d}u^{-1}}{\mathrm{d}x} - 2\sec x \sin x u^{-1} = \sin x.$$

由一阶非齐次线性微分方程的通解公式, 可知

$$u^{-1} = Ce^{2\int \sec x \sin x \mathrm{d}x} + e^{2\int \sec x \sin x \mathrm{d}x} \int \sin x e^{-2\int \sec x \sin x \mathrm{d}x} \mathrm{d}x$$

$$= C\frac{1}{\cos^2 x} + \frac{1}{\cos^2 x} \int \sin x \cos^2 x \mathrm{d}x$$

$$= C\frac{1}{\cos^2 x} - \frac{1}{3}\cos x.$$

于是, 原方程的通解为

$$y = \frac{3\cos^2 x}{3C - \cos^3 x} + \sec x.$$

(7) 令 $y' = u$, 则 $y'' = uu'$. 于是, 原方程化为 $\dfrac{\mathrm{d}u^2}{\mathrm{d}y} + 2u^2 = 4e^{-y}$. 这是一个一阶非齐次线性微分方程, 故有

$$u^2 = C_1 e^{-\int 2\mathrm{d}y} + e^{-\int 2\mathrm{d}y} \int 2e^{-y} e^{\int 2\mathrm{d}y} \mathrm{d}y$$

$$= C_1 e^{-2y} + e^{-2y} \int 4e^y \mathrm{d}y$$

$$= C_1 e^{-2y} + 4e^{-y},$$

从而

$$\frac{1}{\sqrt{C_1 e^{-2y} + 4e^{-y}}} \mathrm{d}y = \pm \mathrm{d}x.$$

因此, 对上式两边积分可得通解

$$\int \frac{1}{\sqrt{C_1 e^{-2y} + 4e^{-y}}} \mathrm{d}y = \pm \int \mathrm{d}x = \pm x + C_2,$$

$$\frac{1}{2}\sqrt{C_1 + 4e^y} = |x| + C_2.$$

(8) 令 $y' = ux$, 则 $y'' = xu' + u$. 于是, 原方程化为一阶非齐次线性微分方程

$$\frac{\mathrm{d}e^u}{\mathrm{d}x} - \frac{1}{x}e^u = x.$$

由求解公式有

$$e^u = C_1 e^{\int \frac{1}{x} \mathrm{d}x} + e^{\int \frac{1}{x} \mathrm{d}x} \int x e^{\int -\frac{1}{x} \mathrm{d}x} \mathrm{d}x = C_1 x + x^2,$$

即 $y' = x \ln(C_1 x + x^2)$. 于是

$$y = \int x \ln(C_1 x + x^2) \mathrm{d}x = \frac{1}{2} x^2 \ln(C_1 x + x^2) - \frac{1}{2} \int \frac{x(C_1 + 2x)}{C_1 + x} \mathrm{d}x$$

$$= \frac{1}{2} x^2 \ln(C_1 x + x^2) - \frac{1}{2}(C_1 x + x^2) + C_1 x - \frac{1}{2} C_1^2 \ln|C_1 + x| + C_2.$$

3. 求解下列二阶常系数非齐次线性微分方程:

(1) $y'' + 2y' + y = x + xe^{-x}$;

(2) $y'' - 3y' + 2y = 2e^{-x} \cos x + (4x + 5)e^{2x}$;

(3) $y'' + 2y' + 5y = x \sin 2x + 5e^{-x} \cos 2x$;

(4) $y'' - 4y' + 8y = e^{2x}(\cos 2x + x \sin 2x)$.

解　(1) 特征方程为 $\lambda^2 + 2\lambda + 1 = 0$, 求得 $\lambda_1 = \lambda_2 = -1$, 故相应的齐次微分方程的通解

$$y = C_1 e^{-x} + C_2 x e^{-x}.$$

下面来求特解. 首先求 $y'' + 2y' + y = x$ 的特解 y_1. 由于 $\alpha = 0$ 不是特征方程的根, 故设 $y_1 = a + bx$ 并代入 $y'' + 2y' + y = x$ 得 $2b + a + bx = x$. 比较系数得 $b = 1$, $a = -2$. 于是, $y_1 = -2 + x$.

再求 $y'' + 2y' + y = xe^{-x}$ 的特解 y_2. 由于 $\alpha = -1$ 是特征方程的重根, 故设特解为

$$y_2 = x^2(a + bx)e^{-x}.$$

将 y_2', y_2'' 和 y_2 代入 $y'' + 2y' + y = xe^{-x}$ 并比较两边的系数可得 $a = 0$, $b = \frac{1}{6}$. 于是有

$$y_2 = \frac{1}{6} x^3 e^{-x}.$$

由叠加原理知特解为 $y^* = -2 + x + \frac{1}{6} x^3 e^{-x}$. 故所求方程的通解为

$$y = C_1 e^{-x} + C_2 x e^{-x} - 2 + x + \frac{1}{6} x^3 e^{-x}.$$

(2) 特征方程为 $\lambda^2 - 3\lambda + 2 = 0$, 求得 $\lambda_1 = 1$, $\lambda_2 = 2$, 故可得相应的齐次微分方程的通解为 $y = C_1 e^x + C_2 e^{2x}$. 下面求方程的特解.

首先, 求 $y'' - 3y' + 2y = 2e^{-x} \cos x$ 的特解 y_1. 由于 $\alpha + i\beta = -1 + i$ 不是特征方程的根, 故设 $y_1 = e^{-x}(a \sin x + b \cos x)$, 并将其代入所求方程比较系数可得

$a = \dfrac{1}{5}$, $b = \dfrac{1}{5}$. 于是所求方程的特解为 $y_1 = e^{-x}\left(-\dfrac{1}{5}\sin x + \dfrac{1}{5}\cos x\right)$.

其次, 求 $y'' - 3y' + 2y = (4x + 5)e^{2x}$ 的特解 y_2. 由于 $\alpha = 2$ 是特征方程的单根, 故可设所求方程的特解为 $y_2 = x(ax + b)e^{2x}$. 将其代入所求方程并比较两端系数可得

$$2a + b + 2ax = 4x + 5,$$

且 $a = 2$, $b = 1$. 于是, 所求方程的特解为 $y_2 = x(2x+1)e^{2x}$. 因此, 由叠加原理和通解结构知原方程的通解为

$$y = C_1 e^x + C_2 e^{2x} - e^{-x}\left(\frac{1}{5}\sin x - \frac{1}{5}\cos x\right) + x(2x+1)e^{2x}.$$

(3) 特征方程为 $\lambda^2 + 2\lambda + 5 = 0$, 求得 $\lambda_1 = -1 + 2i$, $\lambda_2 = -1 - 2i$, 故可得相应的齐次微分方程的通解为 $y = e^{-x}(C_1 \sin 2x + C_2 \cos 2x)$. 首先求 $y'' + 2y' + 5y = x\sin 2x$ 的特解 y_1. 因 $\alpha = \pm 2i$ 不是特征方程的根, 故特解设为 $y_1 = (ax + b)\sin 2x + (cx + d)\cos 2x$. 将这个特解代入所求方程中并比较两边的系数可得

$$[(a - 4c)x + b + 2a - 4d - 4c]\sin 2x + [(4a + c)x + d + 4b + 2c + 4a]\cos 2x$$
$$= x\sin 2x,$$

以及

$$a = \frac{1}{17}, \quad b = -\frac{2}{289}, \quad c = -\frac{4}{17}, \quad d = \frac{76}{289}.$$

于是, 所求方程的特解为

$$y_1 = \left(\frac{1}{17}x - \frac{2}{289}\right)\sin 2x + \left(-\frac{4}{17}x + \frac{76}{289}\right)\cos 2x.$$

同理可求 $y'' + 2y' + 5y = 5e^{-x}\cos 2x$ 的特解 $y_2 = \dfrac{5}{4}xe^{-x}\cos 2x$. 因此, 根据叠加原理和通解结构可以得到原方程的通解

$$y = e^{-x}(C_1 \sin 2x + C_2 \cos 2x) + \left(\frac{1}{17}x - \frac{2}{289}\right)\sin 2x$$
$$+ \left(-\frac{4}{17}x + \frac{76}{289}\right)\cos 2x + \frac{5}{4}xe^{-x}\cos 2x.$$

(4) 特征方程为 $\lambda^2 - 4\lambda + 8 = 0$, 求解得 $\lambda_1 = 2 + 2i$, $\lambda_2 = 2 - 2i$, 故可得相应的齐次微分方程的通解 $y = e^{2x}(C_1 \sin 2x + C_2 \cos 2x)$. 由于 $\alpha \pm \beta i = 2 \pm 2i$ 是特征方程的根, 故原方程 $y'' - 4y' + 8y = e^{2x}(\cos 2x + x\sin 2x)$ 的特解可设为

$$y^* = xe^{2x}[(ax + b)\sin 2x + (cx + d)\cos 2x],$$

并且将其代入原方程得

$$[(8d-8c)x+2a]\sin 2x + [(8a-2c+8d)x+4b+2c+4d]\cos 2x$$
$$= x\sin 2x + \cos 2x.$$

比较两边系数可得

$$8d-8c=1,\quad 2a=0,\quad 8a-2c+8d=0,\quad 4b+2c+4d=1,$$

即

$$a=0,\quad b=\frac{3}{8},\quad c=-\frac{1}{6},\quad d=-\frac{1}{24}.$$

因此, 所求方程的特解为

$$y^* = xe^{2x}\left[\frac{3}{8}\sin 2x - \left(\frac{1}{6}x+\frac{1}{24}\right)\cos 2x\right],$$

通解为

$$y = e^{2x}(C_1\sin 2x + C_2\cos 2x) + xe^{2x}\left[\frac{3}{8}\sin 2x - \left(\frac{1}{6}x+\frac{1}{24}\right)\cos 2x\right].$$

4. 求下列各式中的 $f(x)$:

(1) $x^2 f''(x) - xf'(x) + f(x) = x\ln x$;

(2) $f''(x)\sin^4 x + 2f'(x)(1+\sin x\cos x)\sin^2 x + f(x) = \cot x$;

(3) $f(x) = \displaystyle\int_1^x \frac{f(t)\mathrm{d}t}{t} + x^3 e^{x^2}$;

(4) $f(x) = e^x + \displaystyle\int_0^x (2-x+t)f(t)\mathrm{d}t$.

解　(1) 令 $x=e^t$, $g(t)=f(x)$, 则 $g'(t)=f'(x)e^t$, $g''(t)=f'(x)e^t+f''(x)e^{2t}$. 于是, 原方程化为 $g''(t)-2g'(t)+g(t)=te^t$. 于是求解这个方程可得通解

$$g(t) = C_1 e^t + C_2 t e^t + \frac{1}{6}t^3 e^t.$$

因此

$$f(x) = C_1 x + C_2 x\ln x + \frac{1}{6}x(\ln x)^3.$$

(2) 令 $t=\cot x$, $g(t)=f(x)$, 那么

$$g'(t) = f'\cdot\frac{-1}{1+t^2} = -f'(x)\sin^2 x,$$
$$g''(t) = f''\frac{1}{(1+t^2)^2} + f'\frac{2t}{(1+t^2)^2} = f''(x)\sin^4 x + f'(x)2\cot x\sin^4 x,$$

于是, 原方程化为

$$g'' - 2g' + g = t.$$

解这个方程, 可以得到 $g(t) = C_1 e^t + C_2 t e^t + t + 2$. 因此, 所求的 $f(x)$ 为

$$f(x) = C_1 e^{\cot x} + C_2 \cot x e^{\cot x} + \cot x + 2.$$

(3) 对 $f(x) = \displaystyle\int_0^x t f(t) \mathrm{d}t + x^3 e^{x^2}$ 两边求导可得

$$f'(x) = \frac{1}{x} f(x) + 3x^2 e^{x^2} + 2x^4 e^{x^2}.$$

这是一个一阶线性微分方程. 于是

$$
\begin{aligned}
f(x) &= C e^{\int \frac{1}{x} \mathrm{d}x} + e^{\int \frac{1}{x} \mathrm{d}x} \int (3x^2 e^{x^2} + 2x^4 e^{x^2}) e^{\int -\frac{1}{x} \mathrm{d}x} \mathrm{d}x \\
&= Cx + x \int (3x e^{x^2} + 2x^3 e^{x^2}) \mathrm{d}x \\
&= Cx + \left(x^3 + \frac{1}{2} x \right) e^{x^2}.
\end{aligned}
$$

易知 $f(1) = e$, 由此可定出 $C = -\dfrac{e}{2}$. 因此, $f(x) = -\dfrac{e}{2} x + \left(x^3 + \dfrac{1}{2} x \right) e^{x^2}$.

(4) 易知 $f(0) = 1$, $f'(0) = 3$. 对方程两边求导可以得到

$$f''(x) - 2f'(x) = e^x.$$

这是一个二阶常系数非齐次线性微分方程. 解这个方程得到

$$f(x) = C_1 e^x + C_2 x e^x + \frac{1}{2} x^2 e^x.$$

将 $f(0) = 1$ 和 $f'(0) = 3$ 代入通解中, 可得 $C_1 = 1$, $C_2 = 2$. 于是

$$f(x) = e^x + 2x e^x + \frac{1}{2} x^2 e^x.$$

5. 求解下列差分方程:

(1) $y_{x+1} + p y_x = 0$;

(2) $y_{x+1} - 2 y_x = x 2^x$;

(3) $y_{x+1} - 3 y_x = 3^x x \sin \pi x$;

(4) $\begin{cases} n(n-1) a_n = (n-1)(n-2) a_{n-1} - (n-3) a_{n-2}, \\ a_0 = a_1 = 1; \end{cases}$

(5) $y_{x+2} - 3y_{x+1} + 2y_x = x + 1$;

(6) $y_{x+2} - 6y_{x+1} + 9y_x = 3^x$;

(7) $y_{x+2} - 2y_{x+1} + 2y_x = x\sqrt{2^x}\sin\frac{\pi}{4}x$;

(8) $y_{x+2} + 2y_{x+1} + 4y_x = x\sin\frac{2\pi}{3}x + 2^x\cos\frac{2\pi}{3}x$.

解　(1) 用递归方法可求解. 记 $y_0 = C$, 则由于

$$y_1 = -py_0, y_2 = -py_1 = (-p)^2 y_0, y_3 = (-p)^3 y_0, \cdots,$$

一般地有

$$y_x = (-p)^x y_0 = C(-p)^x.$$

这个方程也是一阶常系数线性差分方程, 故可用特征方程的办法来解. 由于这个方程的特征方程为 $\lambda + p = 0$. 其解为 $\lambda = -p$. 于是此差分方程的通解为 $y_x = C(-p)^x$.

(2) 特征方程为 $\lambda - 2 = 0$, 求得 $\lambda = 2$. 故可得相应的一阶常系数齐次线性差分方程的通解为 $y_x = C2^x$. 由于 $r = 2$ 是特征方程的解, 其特解可设为 $y_x^* = x2^x(ax + b)$. 将这个特解代入原方程有 $4ax + 2a + 2b = x$. 比较两边的系数有

$$a = \frac{1}{4}, \quad b = -\frac{1}{4}.$$

因此, 所求差分方程的特解为

$$y_x^* = x2^x\left(\frac{1}{4}x - \frac{1}{4}\right),$$

通解为

$$y_x = C2^x + x2^x\left(\frac{1}{4}x - \frac{1}{4}\right).$$

(3) 特征方程为 $\lambda - 3 = 0$, 求得 $\lambda = 3$, 故得相应的一阶常系数齐次线性差分方程的通解 $y_x = C3^x$. 由于 $3(\cos\pi + i\sin\pi)$ 不是特征方程的根, 因此, 所求方程的特解可以设定为 $y_x^* = 3^x[(ax + b)\sin\pi x + (cx + d)\cos\pi x]$. 将这个特解代入原方程可得

$$-(6ax + 6b + 3a)\sin\pi x - (6cx + 6d + 3c)\cos\pi x = x\sin\pi x.$$

比较系数可得

$$a = -\frac{1}{6}, \quad b = \frac{1}{12}, \quad c = d = 0.$$

因此, 所求方程的特解为

$$y_x^* = 3^x \left(-\frac{1}{6}x + \frac{1}{12} \right) \sin \pi x,$$

通解为

$$y_x = C3^x + 3^x \left(-\frac{1}{6}x + \frac{1}{12} \right) \sin \pi x.$$

(4) 用归纳方法求之. 由于 $a_0 = a_1 = 1$, 所以有当 $n = 2$ 时, $a_2 = \frac{1}{2}$; 当 $n = 3$ 时, $a_3 = \frac{1}{3 \cdot 2}$; 当 $n = 4$ 时, $a_4 = \frac{1}{4 \cdot 3 \cdot 2}$; $\cdots$; 一般地, 用数学归纳法可以得到 $a_n = \frac{1}{n!}$.

(5) 特征方程为 $\lambda^2 - 3\lambda + 2 = 0$, 求得 $\lambda_1 = 1$, $\lambda_2 = 2$, 故相应的二阶常系数齐次线性差分方程的通解 $y_x = C_1 + C_2 2^x$. 由于 $r = 1$ 是特征方程的单根, 故所求方程的特解可设为 $y_x^* = x(ax+b)$. 将此特解代入所求方程可得 $-2ax + a - b = x + 1$. 比较系数得

$$a = -\frac{1}{2}, \quad b = -\frac{3}{2}.$$

于是, 所求方程的特解为

$$y_x^* = x \left(-\frac{1}{2}x - \frac{3}{2} \right),$$

通解为

$$y_x = C_1 + C_2 2^x - \frac{1}{2}x^2 - \frac{3}{2}x.$$

(6) 特征方程为 $\lambda^2 - 6\lambda + 9 = 0$, 求得 $\lambda_1 = \lambda_2 = 3$, 故相应的二阶常系数齐次线性差分方程的通解为 $y_x = C_1 3^x + C_2 x 3^x$. 由于 $r = 3$ 是特征方程的重根, 因此所求方程的特解可以设为 $y_x^* = x^2 3^x a$. 将这个特解代入所求方程可得 $18a = 1$, 即 $a = \frac{1}{18}$. 因此, 所求方程的特解为 $y_x^* = \frac{1}{18}x^2 3^x$, 而通解则为 $y_x = C_1 3^x + C_2 x 3^x + \frac{1}{18}x^2 3^x$.

(7) 特征方程为 $\lambda^2 - 2\lambda + 2 = 0$, 求得 $\lambda_1 = 1 + i$, $\lambda_2 = 1 - i$, 故相应的二阶常系数齐次线性差分方程的通解为 $y_x = \sqrt{2^x} \left(C_1 \sin \frac{\pi}{4}x + C_2 \cos \frac{\pi}{4}x \right)$. 由于 $\sqrt{2} \left(\cos \frac{\pi}{4} + i \sin \frac{\pi}{4} \right) = 1 + i$ 是特征方程的单根, 故所求方程的特解可设为

$$y_x^* = x\sqrt{2^x} \left[(ax + b) \sin \frac{\pi}{4}x + (cx + d) \cos \frac{\pi}{4}x \right].$$

将其代入原方程可得

$$(-4ax - 4cx - 6c - 2d - 2a - 2b) \sin \frac{\pi}{4}x + [(4a - 4c)x$$

$$+ 6a + 2b - 2c - 2d] \cos \frac{\pi}{4} x = x \sin \frac{\pi}{4} x.$$

比较两边的系数可得

$$a = -\frac{1}{8}, \quad b = \frac{3}{8}, \quad c = -\frac{1}{8}, \quad d = \frac{1}{8},$$

于是, 所求方程的特解为

$$y_x^* = -\frac{1}{4} x \sqrt{2^x} \sin \frac{\pi}{4} x - x \left(\frac{1}{4} x + 1 \right) \sqrt{2^x} \cos \frac{\pi}{4} x,$$

其通解为

$$y_x = \sqrt{2^x} \left(C_1 \sin \frac{\pi}{4} x + C_2 \cos \frac{\pi}{4} x \right) - \frac{1}{4} x \sqrt{2^x} \sin \frac{\pi}{4} x - x \left(\frac{1}{4} x + 1 \right) \sqrt{2^x} \cos \frac{\pi}{4} x.$$

(8) 特征方程为 $\lambda^2 + 2\lambda + 4 = 0$, 求得 $\lambda_1 = -1 + \sqrt{3} i$, $\lambda_2 = -1 - \sqrt{3} i$, 故相应的二阶常系数齐次线性差分方程的通解为 $y_x = 2^x \left(C_1 \sin \frac{2\pi}{3} x + C_2 \cos \frac{2\pi}{3} x \right)$. 为求原方程的特解, 先求差分方程 $y_{x+2} + 2y_{x+1} + 4y_x = x \sin \frac{2\pi}{3} x$ 的特解 y_{1x}^*. 由于 $\cos \frac{2\pi}{3} + i \sin \frac{2\pi}{3}$ 不是特征方程的根, 故设这个特征方程的特解为 $y_{1x}^* = (ax + b) \sin \frac{2\pi}{3} x + (cx + d) \cos \frac{2\pi}{3} x$. 将这个特解代入所求方程中可得

$$\left(\frac{5}{2} ax - \frac{3\sqrt{3}}{2} cx - 2a + \frac{5}{2} b - 2\sqrt{3} c - \frac{2\sqrt{3}}{2} d \right) \sin \frac{2\pi}{3} x + \left(\frac{\sqrt{3}}{2} ax + \frac{5}{2} cx \right.$$
$$\left. + \frac{\sqrt{3}}{2} b + \frac{5}{2} d - ce \right) \cos \frac{2\pi}{3} x = x \sin \frac{2\pi}{3} x.$$

比较两边的系数得

$$a = \frac{5}{17}, \quad b = \frac{2}{289}, \quad c = -\frac{\sqrt{3}}{17}, \quad d = -\frac{14\sqrt{3}}{289}.$$

故

$$y_{1x}^* = \left(\frac{5}{11} x + \frac{25}{77} \right) \sin \frac{2\pi}{3} x + \left(\frac{\sqrt{3}}{11} x - \frac{5\sqrt{3}}{77} \right) \cos \frac{2\pi}{3} x.$$

再求 $y_{x+2} + 2y_{x+1} + 4y_x = 2^x \cos \frac{2\pi}{3} x$ 的特解 y_{2x}^*. 由于 $2 \left(\cos \frac{2\pi}{3} + i \sin \frac{2\pi}{3} \right)$ 是

特征方程的根, 故 y_{2x}^* 可设为 $y_{2x}^* = x2^x \left(a \sin \dfrac{2\pi}{3}x + b \cos \dfrac{2\pi}{3}x \right)$. 将其代入所求方程可得

$$\left(-\frac{3}{2}a + \frac{\sqrt{3}}{2}b \right) \sin \frac{2\pi}{3}x + \left(-\frac{3}{2}b - \frac{\sqrt{3}}{2}a \right) \cos \frac{2\pi}{3}x = \frac{1}{4} \cos \frac{2\pi}{3}x.$$

比较两边的系数得 $a = -\dfrac{\sqrt{3}}{24}$, $b = -\dfrac{1}{8}$. 于是

$$y_{2x}^* = -x2^x \left(\frac{\sqrt{3}}{24} \sin \frac{2\pi}{3}x + \frac{1}{8} \cos \frac{2\pi}{3}x \right).$$

因此, 根据叠加原理, 原方程的通解为

$$y_t = 2^x \left(C_1 \sin \frac{2\pi}{3}x + C_2 \cos \frac{2\pi}{3}x \right) + \left(\frac{5}{11}x + \frac{25}{77} \right) \sin \frac{2\pi}{3}x$$
$$+ \left(\frac{\sqrt{3}}{11}x - \frac{5\sqrt{3}}{77} \right) \cos \frac{2\pi}{3}x - x2^x \left(\frac{\sqrt{3}}{24} \sin \frac{2\pi}{3}x + \frac{1}{8} \cos \frac{2\pi}{3}x \right).$$

6. 设 $\{y_t\}_{t=0}^{\infty}$, $\{x_t\}_{t=0}^{\infty}$ 满足方程 $y_t - \phi y_{t-1} = x_t$. (1) 求 y_{t+j}; (2) 讨论级数 $\displaystyle\sum_{j=0}^{\infty} a^j \frac{\partial y_{t+j}}{\partial x_t}$ 的敛散性.

解 (1) 由于 x_t 不是一个具体的函数, 待定系数的方法求特解是不方便的, 因此, 这里仍用递归方法来求 y_t. 易知

当 $j = 0$ 时, $y_t = \phi y_{t-1} + x_t$;

当 $j = 1$ 时, $y_{t+1} = \phi y_t + x_{t+1} = \phi(\phi y_{t-1} + x_t) + x_{t+1} = \phi^2 y_{t-1} + \phi x_t + x_{t+1}$;

当 $j = 2$ 时,

$$y_{t+2} = \phi y_{t+1} + x_{t+2} = \phi(\phi^2 y_{t-1} + \phi x_t + x_{t+1}) + x_{t+2}$$
$$= \phi^3 y_{t-1} + \phi^2 x_t + \phi x_{t+1} + x_{t+2}.$$

一般地, 可以得到

$$y_{t+j} = \phi^{j+1} y_{t-1} + \phi^j x_t + \phi^{j-1} x_{t+1} + \phi^{i-2} x_{t+2} + \cdots + \phi x_{t+j-1} + x_{t+j}.$$

(2) 对 (1) 中的结果求 x_t 的偏导数可得

$$\frac{\partial y_{t+j}}{\partial x_t} = \phi^j.$$

于是

$$\sum_{j=0}^{\infty} a^j \frac{\partial y_{t+j}}{\partial x_t} = \sum_{j=0}^{\infty} (a\phi)^j$$

是一个几何级数, 故知, 当 $|a\phi| < 1$ 时级数收敛, 当 $|a\phi| \geqslant 1$ 时级数发散.

7. 设产量 P、资本 K 和劳动 L 的函数关系为 $P = P(K, L)$, 且 (1) 资本或劳动消失则产量也消失, (2) 资本或劳动的边际产量都与其单位产量成正比. 那么此生产函数为柯布–道格拉斯生产函数, 即 $P = AK^\alpha L^\beta$, 其中, A, α 和 β 都是常数.

证明　根据假设知 $P(0, L) = P(K, 0) = P(0, 0) = 0$ 且

$$\frac{\partial P}{\partial K} = \alpha \frac{P}{K}, \tag{A}$$

$$\frac{\partial P}{\partial L} = \beta \frac{P}{L}. \tag{B}$$

解方程 (A) 可得 $P = C(L)K^\alpha$. 注意到 $P(K, 0) = 0$, 故取初始值 $L = L_0 \neq 0$, 则 $C(L_0) = P(K, L_0)K^{-\alpha}$.

又解方程 (B) 可得 $P = C(K)L^\beta$, 且在 $L = L_0$ 处成立 $P(K, L_0) = C(K)L_0^\beta = C(L_0)K^\alpha$, 于是可以得到 $C(K) = C(L_0)L_0^{-\beta}K^\alpha$. 因此

$$P = C(K)L^\beta = C(L_0)L_0^{-\beta}K^\alpha L^\beta = AK^\alpha L^\beta,$$

其中, $A = C(L_0)L_0^{-\beta}$.

8. 已知 $z(x, y)$ 满足 $\dfrac{\partial^2 z}{\partial x^2} - y\dfrac{\partial^2 z}{\partial y^2} - \dfrac{1}{2}\dfrac{\partial z}{\partial y} = 0$,

(1) 令 $w = z\left(\dfrac{u+v}{2}, \left(\dfrac{v-u}{4}\right)^2\right) + uv$, 求 $\dfrac{\partial^2 w}{\partial u \partial v}$;

(2) 如果已知 $\left.\dfrac{\partial w}{\partial v}\right|_{(0,v)} = 2v$, $w(u, 0) = u^2$, 求 $z(x, y)$.

解　(1) 令 $x = \dfrac{u+v}{2}$, $y = \left(\dfrac{v-u}{4}\right)^2$, 由链锁规则和已知条件可得

$$\frac{\partial w}{\partial v} = \frac{1}{2}\frac{\partial z}{\partial x} + \frac{v-u}{8}\frac{\partial z}{\partial y} + u,$$

$$\frac{\partial^2 w}{\partial u \partial v} = \frac{1}{4}\left(\frac{\partial^2 z}{\partial x^2} - \left(\frac{v-u}{4}\right)^2\frac{\partial^2 z}{\partial y^2} - \frac{1}{2}\frac{\partial z}{\partial y}\right) + 1$$

$$= \frac{1}{4}\left(\frac{\partial^2 z}{\partial x^2} - y\frac{\partial^2 z}{\partial y^2} - \frac{1}{2}\frac{\partial z}{\partial y}\right) + 1 = 1.$$

(2) 现在求解方程

$$\frac{\partial^2 w}{\partial u \partial v} = 1.$$

对方程两边对 u 积分可得

$$\frac{\partial w}{\partial v} = u + C(v).$$

在结果中代入条件 $\left.\dfrac{\partial w}{\partial v}\right|_{(0,v)} = 2v$ 可得 $C(v) = 2v$. 于是

$$\frac{\partial w}{\partial v} = u + 2v.$$

又对所得到的方程两边的 v 积分可得

$$w = uv + v^2 + C(u).$$

在表达式 w 中代入条件 $w(u, 0) = u^2$ 可得, $C(u) = u^2$. 于是

$$w = u^2 + v^2 + uv.$$

因此

$$z(x, y) = w(x - 2\sqrt{y}, x + 2\sqrt{y}) - (x - 2\sqrt{y})(x + 2\sqrt{y}) = 2x^2 + 8y.$$

6.4 复 习 题

1. 填空题

(1) 如果 $y''' = e^x$, $y(0) = y'(0) = y''(0) = 2$, 则 $y =$ _____.

(2) 已知 $y(x) = C_1 e^{-x} + C_2 e^{-3x} + \dfrac{1}{5} e^{2x}$ 是方程 $y'' + 4y' + 3y = Ae^{2x}$ 的解, 则 $A =$ _____.

(3) 已知 $y(x) = ax^3 + x^2 + x$ 是方程 $y''' - \dfrac{y}{x^3} + \dfrac{1}{x^2}y' - \dfrac{1}{x} = 4$ 的解, 则 $a =$ _____.

(4) 微分方程 $y^{(4)} - 3y^{(3)} - 10y^{(2)} = e^x$ 的通解为 _____.

(5) 差分方程 $\Delta^3 y_x - \Delta^2 y_x = 1$ 的通解中所含任意独立的常数的个数为 _____.

2. 单项选择题

(1) 已知 $y = f(x)$ 满足 $x^2 y' + y = 0$, 则必定成立的是 _____.

(A) $\lim\limits_{x \to 0} f(x) = 0$ (B) $\lim\limits_{x \to 0} f(x) = f(0)$

(C) $\lim\limits_{x \to 0} f(x)$ 不存在   (D) $\lim\limits_{x \to \infty} f(x) = C$

(2) 微分方程 $y'' + ay' + by = 0$ 的实解在条件 _____ 下满足 $\lim\limits_{x \to +\infty} y = 0$.

(A) $a^2 - 4b \geqslant 0$, $b > 0$ 或 $a > 0$ (B) $a^2 - 4b \geqslant 0$, $b > 0$ 且 $a > 0$

(C) $a^2 - 4b < 0$, $a > 0$ (D) $a^2 - 4b < 0$, $b > 0$

(3) 已知数列 a_n 满足 $a_{n+2} + pa_{n+1} + qa_n = 0$, 则实常数 p, q 满足 _____ 时, $\displaystyle\sum_{n=1}^{\infty} a_n$ 绝对收敛.

(A) $p^2 - 4q < 0$ 且 $|p^2 - 2q| < 2$　　　　(B) $p^2 - 4q > 0$ 且 $|p^2 - 2q| < 2$

(C) $p^2 - 4q = 0$ 且 $|p^2 - 2q| < 2$　　　　(D) $|p^2 - 2q| < 2$

(4) 下列差分方程为三阶线性差分方程的是 _____.

(A) $\Delta^3 y_x + \Delta^2 y_x = 1$　　　　　　(B) $\Delta^3 y_x - \Delta^2 y_x = 1$

(C) $\Delta^3 y_x + y_x = 1$　　　　　　　　　(D) $\Delta^3 y_x + \sin y_x = 1$

(5) 差分方程 $y_{x+4} - 3y_{x+3} + 2y_{x+2} = x$ 的通解为 _____.

(A) $y_x = C_1 + C_2 2^x - \dfrac{1}{2} x(x+1)$　　　　(B) $y_{x+2} = C_1 + C_2 2^x - \dfrac{1}{2} x(x+1)$

(C) $y_x = C_1 + C_2 2^x - \dfrac{1}{2} x(x-3)$　　　　(D) $y_{x+2} = C_1 + C_2 2^x - \dfrac{1}{2} x(x-3)$

3. 求解下列微分方程:

(1) $(x + y^3)\mathrm{d}y = y\mathrm{d}x$;　　　　　　　　(2) $\cos y\mathrm{d}y = (x - \sin y)\mathrm{d}x$;

(3) $y' = x^3 y^3 - xy$;　　　　　　　　　　(4) $\dfrac{\mathrm{d}y}{\mathrm{d}x} = 1 - x(y-x) - x^3(y-x)^2$;

(5) $xy'' - y' \ln \dfrac{y'}{x} = 0$;　　　　　　　　(6) $y'^2 = y(y'' + 1)$;

(7) $y'' - 2y' + y = x\cos x + (x^2 + x)e^x$;　　(8) $y'' - 3y' + 2y = e^{2x} + xe^x$;

(9) $y'' - 4y' + 13y = 2e^{2x}\sin^2 \dfrac{3x}{2}$;

(10) $y'' + 2y' + 5y = x^2 e^x + 10e^{-x}\cos^2 x - 5e^{-x}$.

4. 求解下列差分方程:

(1) $y_{x+1} - y_x = x2^x + \cos 2\pi x$;

(2) $y_{x+2} - 3y_{x+1} = x3^x + 2^x \sin \dfrac{\pi}{2} x$;

(3) $y_{x+2} - y_{x+1} - 12y_x = x4^x + (-3)^x$;

(4) $y_{x+2} - 2y_{x+1} + 4y_x = 2^x \cos \dfrac{\pi}{3} x + x\sin \pi x$.

5. 设 $f(x)$ 二次可导且满足 $\displaystyle\iint\limits_{0 \leqslant y \leqslant x \leqslant t} e^{3x} f(y)\mathrm{d}x\mathrm{d}y = \dfrac{1}{18}(t^3 - 9f(t))e^{3t}$, 求 $f(x)$.

6. 设某市场 t 时刻的农副产品的需求函数为 $D(t) = \alpha_0 + \alpha_1 p(t)$, 供给函数为 $S(t) = \beta_0 + \beta_1 p(t)$. 又设该产品的价格关于时间 t 的变化率与过度需求成正比, 那么, 随着时间的变化, 价格最终趋于均衡价格 (伊万斯 (G. C. Evans) 价格调整模型).

7. 某公司以年利率 r 向银行贷得一笔 a 元的款项, 合同规定这笔贷款要在 b 年内按月等额偿还 x 元. 试求 x.

8. (常数变易法) 对于方程 $y'' - 5y' + 6y = 4e^{2x}$, 其特解 y^* 可这样求. 由于这个方程相应的齐次方程的通解为 $y = C_1 e^{2x} + C_2 e^{3x}$, 故令 $y^* = C_1(x)e^{2x} + C_2(x)e^{3x}$(常数写成函数), 则 $y^{*'} = C_1'(x)e^{2x} + 2C_1(x)e^{2x} + C_2'(x)e^{3x} + 3C_2(x)e^{3x}$. 由于只需要求到两个 $C_1(x)$ 和 $C_2(x)$, 故可在满足 $C_1'(x)e^{2x} + C_2'(x)e^{3x} = 0$ 中求得. 这样 $y^{*'} = 2C_1(x)e^{2x} + 3C_2(x)e^{3x}$, 进一步, $y^{*''} = 2C_1'(x)e^{2x} + 4C_1(x)e^{2x} + 3C_2'(x)e^{3x} + 9C_2(x)e^{3x}$, 将 y^*, $y^{*'}$ 和 $y^{*''}$ 代入原方程可得 $2C_1'(x)e^{2x} + 3C_2'(x)e^{3x} = 4e^{2x}$. 因此, 联立求解方程 $C_1'(x)e^{2x} + C_2'(x)e^{3x} = 0$ 和方程

$2C_1'(x)e^{2x} + 3C_2'(x)e^{3x} = 4e^{2x}$ 可得 $C_1'(x) = -4$ 和 $C_2'(x) = 4e^{-x}$. 于是

$$C_1(x) = \int -4\mathrm{d}x = -4x \text{ (只取一个)} \quad \text{和} \quad C_2(x) = \int 4e^{-x}\mathrm{d}x = -4e^{-x} \text{ (只取一个)}.$$

这样求到一个特解为 $y^* = -4xe^{2x} - 4e^{2x}$. 这种求特解的方法称为常数变易法或参数变易法.

试用此方法求 $y'' - 3y' + 2y = \dfrac{1}{1+e^{-x}}$ 的一个特解.

6.5 复习题参考答案与提示

1. (1) $e^x + \dfrac{1}{2}x^2 + x + 1$. (2) 3. (3) $\dfrac{1}{2}$. (4) $y = C_1 + C_2 x + C_3 e^{-2x} + C_4 e^{5x} - \dfrac{1}{12}e^x$.
(5) 3.

2. (1) (D). (2) (B). (3) (C). (4) (B). (5) (C).

3. (1) $2x = Cy + y^3$. (2) $\sin y = x - 1 + Ce^{-x}$. (3) $\dfrac{1}{y^2} = x^2 + 1 + Ce^{x^2}$.

(4) $\dfrac{1}{y-x} = Ce^{\frac{1}{2}x^2} - x^2 - 2$. (5) $y = \dfrac{1}{C_1}e^{C_1 x + 1}\left(x - \dfrac{1}{C_1}\right) + C_2$. (6) 当 $C_1 < 0$ 时,

$C_1^2 y - 1 = \sin(C_1 x + C_2)$; 当 $C_1 > 0$ 时, $C_1^2 y + 1 = \pm\dfrac{e^{C_1 x + C_2} + e^{-C_1 x - C_2}}{2}$; 当 $C_1 = 0$ 时,
$y = C_2$.

(7) $y = C_1 e^x + C_2 x e^x - \dfrac{1}{2}\cos x - \dfrac{1}{2}(x+1)\sin x + \left(\dfrac{x^4}{12} + \dfrac{x^3}{6}\right)e^x$.

(8) $y = C_1 e^x + C_2 e^{2x} + x e^{2x} - \left(\dfrac{1}{2}x^2 + x + 1\right)e^x$.

(9) $y = e^{2x}\left(C_1 \sin 3x + C_2 \cos 3x + \dfrac{1}{6}x\sin 3x + \dfrac{1}{9}\right)$.

(10) $y = e^{-x}(C_1 \sin 2x + C_2 \cos 2x) + \left(\dfrac{1}{8}x^2 - \dfrac{1}{8}x + \dfrac{1}{32}\right)e^x + \dfrac{5}{4}xe^{-x}\sin 2x$.

4. (1) $y_x = C + (x-2)2^x + x\cos 2\pi x$.

(2) $y_x = C3^x + 3^x\left(\dfrac{1}{18}x^2 - \dfrac{1}{6}x\right) + 2^x\left(\dfrac{1}{13}\sin\dfrac{\pi}{2}x - \dfrac{3}{26}\cos\dfrac{\pi}{2}x\right)$.

(3) $y_x = C_1 4^x + C_2(-3)^x + \left(\dfrac{1}{56}x^2 - \dfrac{15}{392}x\right)4^x + \dfrac{1}{21}x(-3)^x$.

(4) $y_x = 2^x\left(C_1 \sin\dfrac{\pi}{3}x + C_2 \cos\dfrac{\pi}{3}x\right) + \left(\dfrac{1}{7}x - \dfrac{4}{49}\right)\sin\pi x - x2^x\left(\dfrac{\sqrt{3}}{24}\sin\dfrac{\pi}{3}x + \dfrac{1}{8}\cos\dfrac{\pi}{3}x\right)$.

5. $f(x) = -\dfrac{4}{3}e^{-x} + \dfrac{1}{12}e^{-2x} + \dfrac{1}{2}x^2 - \dfrac{7}{6}x + \dfrac{5}{4}$.

6. 提示: 证明 $\lim\limits_{t\to\infty} p(t) = p_e$(均衡价格).

7. 建立差分方程.

8. $y^* = (e^x + e^{2x})\ln(1 + e^{-x}) - e^x$.

第 7 章 矩阵概念及运算

7.1 概念、性质与定理

7.1.1 矩阵的概念

1. 定义. 将 $m \times n$ 个数 $a_{ij}(i = 1, 2, \cdots, m, j = 1, 2, \cdots, n)$ 排列成下列矩形阵式 (Rectangular Array)

$$
\begin{pmatrix}
a_{11} & a_{12} & \cdots & a_{1n} \\
a_{21} & a_{22} & \cdots & a_{2n} \\
\vdots & \vdots & & \vdots \\
a_{m1} & a_{m2} & \cdots & a_{mn}
\end{pmatrix},
$$

则称此数的矩形阵式为 $m \times n$ 矩阵. 矩阵通常用大写英文字母 $\boldsymbol{A}, \boldsymbol{B}, \boldsymbol{C}, \cdots$ 表示, 如 $\boldsymbol{A}$ 或 $\boldsymbol{A}_{m \times n}$; 也可以用 (a_{ij}) 或 $(a_{ij})_{m \times n}$ 记之. 矩阵中的数 a_{ij} 表示第 i 行第 j 列的元素; i 为行标, j 为列标; $m \times n$ 为矩阵的阶数, 其中, m 为矩阵的行数, n 为矩阵的列数.

矩阵的行数 m 和列数 n 相等, 即当 $m = n$ 时, 此矩阵又称为 n 阶方阵. 方阵的阶数可以省略, 如 $\boldsymbol{A}_{n \times n}$ 可简记为 $\boldsymbol{A}$.

2. 零矩阵

$$
\begin{pmatrix}
0 & 0 & \cdots & 0 \\
0 & 0 & \cdots & 0 \\
\vdots & \vdots & & \vdots \\
0 & 0 & \cdots & 0
\end{pmatrix}
$$

记为 $(0)_{m \times n}$ 或 $\boldsymbol{0}$.

3. 单位矩阵

$$
\begin{pmatrix}
1 & 0 & \cdots & 0 & 0 \\
0 & 1 & \cdots & 0 & 0 \\
\vdots & \vdots & \ddots & \vdots & \vdots \\
0 & 0 & \cdots & 1 & 0 \\
0 & 0 & \cdots & 0 & 1
\end{pmatrix}_n
$$

记为 $\boldsymbol{I}_n$ 或 $\boldsymbol{E}_n$.

4. 行矩阵或行　$1 \times n$ 矩阵 $(a_{11}, a_{12}, \cdots, a_{1n})$ 又称为 n 元行矩阵或行向量.

5. 列矩阵或列　$m \times 1$ 矩阵

$$\begin{pmatrix} a_{11} \\ a_{21} \\ \vdots \\ a_{m1} \end{pmatrix}$$

又称为 m 元列矩阵或列向量.

因此矩阵的第 i 行可表示为 $(a_{i1} a_{i2} \cdots a_{in})$ 记为 $\boldsymbol{r}$ 或 $\boldsymbol{\beta}_i$, 矩阵的第 j 列记为 $\boldsymbol{c}_j$ 或 $\boldsymbol{\alpha}_j$, 并表示为

$$\begin{pmatrix} a_{1j} \\ a_{2j} \\ \vdots \\ a_{mj} \end{pmatrix}.$$

7.1.2 矩阵的运算

1. **矩阵相等**　如果矩阵 $\boldsymbol{A}$, $\boldsymbol{B}$ 是同阶的且所有的对应位置的元素相等, 则说 $\boldsymbol{A}$, $\boldsymbol{B}$ 是相等的, 记为 $\boldsymbol{A} = \boldsymbol{B}$.

2. **矩阵的和**　设 $\boldsymbol{A} = (a_{ij})_{m \times n}$, $\boldsymbol{B} = (b_{ij})_{m \times n}$, 则 $(a_{ij} + b_{ij})_{m \times n}$ 称为矩阵 $\boldsymbol{A}$ 与 $\boldsymbol{B}$ 的和, 记为 $\boldsymbol{A} + \boldsymbol{B}$, 即

$$\boldsymbol{A} + \boldsymbol{B} = (a_{ij} + b_{ij})_{m \times n} = \begin{pmatrix} a_{11} + b_{11} & a_{12} + b_{12} & \cdots & a_{1n} + b_{1n} \\ a_{21} + b_{21} & a_{22} + b_{22} & \cdots & a_{2n} + b_{2n} \\ \vdots & \vdots & & \vdots \\ a_{m1} + b_{m1} & a_{m2} + b_{m2} & \cdots & a_{mn} + b_{mn} \end{pmatrix}.$$

3. **矩阵的差**　设 $\boldsymbol{A} = (a_{ij})_{m \times n}$, $\boldsymbol{B} = (b_{ij})_{m \times n}$, 则 $(a_{ij} - b_{ij})_{m \times n}$ 称为矩阵 $\boldsymbol{A}$ 与 $\boldsymbol{B}$ 的差, 记为 $\boldsymbol{A} - \boldsymbol{B}$, 即

$$\boldsymbol{A} - \boldsymbol{B} = (a_{ij} - b_{ij})_{m \times n} = \begin{pmatrix} a_{11} - b_{11} & a_{12} - b_{12} & \cdots & a_{1n} - b_{1n} \\ a_{21} - b_{21} & a_{22} - b_{22} & \cdots & a_{2n} - b_{2n} \\ \vdots & \vdots & & \vdots \\ a_{m1} - b_{m1} & a_{m2} - b_{m2} & \cdots & a_{mn} - b_{mn} \end{pmatrix}.$$

特别地, $\boldsymbol{A} + \boldsymbol{B} = \boldsymbol{0}$, 则称 $\boldsymbol{B}$ 是 $\boldsymbol{A}$ 的负矩阵, 记为 $-\boldsymbol{A}$, 即 $\boldsymbol{B} = -\boldsymbol{A}$,

$$-\boldsymbol{A} = \begin{pmatrix} -a_{11} & -a_{12} & \cdots & -a_{1n} \\ -a_{21} & -a_{22} & \cdots & -a_{2n} \\ \vdots & \vdots & & \vdots \\ -a_{m1} & -a_{m2} & \cdots & -a_{mn} \end{pmatrix}.$$

4. **数乘矩阵** 用数 α 去乘矩阵 $\boldsymbol{A}$ 的每个元素后, 按原有位置排成的矩阵称为数 α 与 $\boldsymbol{A}$ 的积, 记为 $\alpha \cdot \boldsymbol{A}$, 即

$$\alpha\boldsymbol{A} = (\alpha a_{ij})_{m\times n} = \begin{pmatrix} \alpha a_{11} & \alpha a_{12} & \cdots & \alpha a_{1n} \\ \alpha a_{21} & \alpha a_{22} & \cdots & \alpha a_{2n} \\ \vdots & \vdots & & \vdots \\ \alpha a_{m1} & \alpha a_{m2} & \cdots & \alpha a_{mn} \end{pmatrix}.$$

5. **矩阵的乘法** 设 $\boldsymbol{A} = (a_{ij})_{m\times n}$, $\boldsymbol{B} = (b_{ij})_{n\times p}$, 则矩阵 $(c_{ij})_{m\times p}$ 称为矩阵 $\boldsymbol{A}$ 与 $\boldsymbol{B}$ 的积, 或说 $\boldsymbol{A}$ 乘以 $\boldsymbol{B}$ 或说用 $\boldsymbol{A}$ 左乘以 $\boldsymbol{B}$, 简单地说, $\boldsymbol{A}$ 左乘 $\boldsymbol{B}$ 或说 $\boldsymbol{B}$ 右乘 $\boldsymbol{A}$, 并记为 $\boldsymbol{AB}$, 其中

$$c_{ij} = a_{i1}b_{1j} + a_{i2}b_{2j} + \cdots + a_{in}b_{nj}.$$

换句话说, $\boldsymbol{AB}$ 的第 i 行第 j 列的元素是 $\boldsymbol{A}$ 的第 i 行的元素与 $\boldsymbol{B}$ 的第 j 列的元素对应相乘的积的和, 即

$$\boldsymbol{AB} = \begin{pmatrix} \cdot & \cdot & \cdots & \cdots \\ \underbrace{a_{i1} \quad a_{i2} \quad \cdots \quad a_{in}}_{i} \\ \cdot & \cdot & \cdots & \cdots \end{pmatrix} \times \begin{pmatrix} \cdots & \left\{\begin{matrix} b_{1j} \\ b_{2j} \\ \vdots \\ b_{nj} \end{matrix}\right\}j & \cdots \\ \end{pmatrix}$$

$$= (a_{i1}b_{1j} + a_{i2}b_{2j} + \cdots + a_{in}b_{nj})_{m\times n} = (c_{ij})_{m\times n}.$$

6. **矩阵的幂** 设 $\boldsymbol{A}$ 是一个 n 阶方阵, 称 $\underbrace{\boldsymbol{A} \cdot \boldsymbol{A} \cdot \cdots \cdot \boldsymbol{A}}_{m}$ 为矩阵 $\boldsymbol{A}$ 的 m 次幂 (方), 记为 $\boldsymbol{A}^m$, 即 $\boldsymbol{A}^m = \underbrace{\boldsymbol{A} \cdot \boldsymbol{A} \cdot \cdots \cdot \boldsymbol{A}}_{m}$.

7. **矩阵的逆 (运算)** 设 $\boldsymbol{A}$ 是一个 n 阶方阵, 如果存在 n 阶方阵 $\boldsymbol{B}$, 使得 $\boldsymbol{AB} = \boldsymbol{BA} = \boldsymbol{I}$, 则称 $\boldsymbol{A}$ 是一个非奇异矩阵, 或说 $\boldsymbol{A}$ 是一个可逆矩阵, 此时, 称 $\boldsymbol{B}$ 为矩阵 $\boldsymbol{A}$ 的逆, 记为 $\boldsymbol{A}^{-1}$, 即 $\boldsymbol{A}^{-1} = \boldsymbol{B}$.

8. **矩阵的转置** 将矩阵 $\boldsymbol{A} = (a_{ij})_{m \times n}$ 的行、列互换得到的矩阵 $(b_{ji})_{n \times m}$ 称为 $\boldsymbol{A}$ 的转置矩阵, 记为 $\boldsymbol{A}^{\mathrm{T}}$, 即 $\boldsymbol{A}^{\mathrm{T}} = (b_{ji})_{n \times m}$, 其中, $b_{ji} = a_{ij}$. 也就是

$$\boldsymbol{A}^{\mathrm{T}} = \begin{pmatrix} a_{11} & a_{21} & \cdots & a_{m1} \\ a_{12} & a_{22} & \cdots & a_{m2} \\ \vdots & \vdots & & \vdots \\ a_{1n} & a_{2n} & \cdots & a_{mn} \end{pmatrix}.$$

有了矩阵的转置概念后, 列矩阵就很方便地写成行矩阵的转置, 即

$$\begin{pmatrix} a_1 \\ a_2 \\ \vdots \\ a_m \end{pmatrix} = (a_1 \quad a_2 \quad \cdots \quad a_m)^{\mathrm{T}}.$$

7.1.3 运算律及性质

1. 加法的交换律与结合律 $\quad \boldsymbol{A} + \boldsymbol{B} = \boldsymbol{B} + \boldsymbol{A}; \quad \boldsymbol{A} + (\boldsymbol{B} + \boldsymbol{C}) = (\boldsymbol{A} + \boldsymbol{B}) + \boldsymbol{C}.$

2. 数乘运算的交换律、结合律和分配律.

交换律 $\quad \alpha \cdot \boldsymbol{A} = \boldsymbol{A} \cdot \alpha;$

结合律 $\quad (\alpha \cdot \beta) \cdot \boldsymbol{A} = \alpha \cdot (\beta \boldsymbol{A}),$

$\qquad\qquad \alpha \boldsymbol{A} \boldsymbol{B} = (\alpha \boldsymbol{A}) \boldsymbol{B} = \boldsymbol{A} \cdot (\alpha \boldsymbol{B});$

分配律 $\quad \alpha (\boldsymbol{A} + \boldsymbol{B}) = \alpha \boldsymbol{A} + \alpha \boldsymbol{B},$

$\qquad\qquad (\alpha + \beta) \cdot \boldsymbol{A} = \alpha \boldsymbol{A} + \beta \boldsymbol{A}.$

3. 矩阵乘法的结合律与左右分配律:

结合律 $\qquad\qquad \boldsymbol{A} \boldsymbol{B} \boldsymbol{C} = (\boldsymbol{A} \boldsymbol{B}) \cdot \boldsymbol{C} = \boldsymbol{A} \cdot (\boldsymbol{B} \boldsymbol{C});$

左分配律 $\qquad\qquad \boldsymbol{A} (\boldsymbol{B} + \boldsymbol{C}) = \boldsymbol{A} \boldsymbol{B} + \boldsymbol{A} \boldsymbol{C};$

右分配律 $\qquad\qquad (\boldsymbol{A} + \boldsymbol{B}) \boldsymbol{C} = \boldsymbol{A} \boldsymbol{C} + \boldsymbol{B} \boldsymbol{C}.$

4. 矩阵转置运算律 $\qquad (\boldsymbol{A}^{\mathrm{T}})^{\mathrm{T}} = \boldsymbol{A}, \quad (\boldsymbol{A} + \boldsymbol{B})^{\mathrm{T}} = \boldsymbol{A}^{\mathrm{T}} + \boldsymbol{B}^{\mathrm{T}},$

$$(\alpha \boldsymbol{A})^{\mathrm{T}} = \alpha \boldsymbol{A}^{\mathrm{T}}, \quad (\boldsymbol{A} \boldsymbol{B})^{\mathrm{T}} = \boldsymbol{B}^{\mathrm{T}} \boldsymbol{A}^{\mathrm{T}}.$$

5. 矩阵的逆运算的性质及运算.

唯一性 如果 $\boldsymbol{A}$ 非奇异, 则 $\boldsymbol{A}^{-1}$ 是唯一的.

积的逆 设 $\boldsymbol{A}, \boldsymbol{B}, \cdots, \boldsymbol{C}$ 是 n 阶可逆阵, 则 $\boldsymbol{A} \cdot \boldsymbol{B} \cdot \cdots \cdot \boldsymbol{C}$ 也可逆, 且

$$(\boldsymbol{A} \cdot \boldsymbol{B} \cdot \cdots \cdot \boldsymbol{C})^{-1} = \boldsymbol{C}^{-1} \cdots \boldsymbol{B}^{-1} \boldsymbol{A}^{-1}.$$

6. 数乘矩阵的逆. 设 $\boldsymbol{A}$ 可逆且 $\alpha \neq 0$, 则 $(\alpha \boldsymbol{A})^{-1} = \dfrac{1}{\alpha} \boldsymbol{A}^{-1}.$

7. 转置矩阵的逆. 设 $\boldsymbol{A}$ 可逆, 则 $\boldsymbol{A}^{\mathrm{T}}$ 也可逆, 且 $(\boldsymbol{A}^{\mathrm{T}})^{-1} = (\boldsymbol{A}^{-1})^{\mathrm{T}}$.

8. 互逆性. $(\boldsymbol{A}^{-1})^{-1} = \boldsymbol{A}$.

7.1.4　分块矩阵及其运算

1. 子块　设 $\boldsymbol{A} = (a_{ij})_{m \times n}$, 则由 $\boldsymbol{A}$ 的第 i_1 行, $\cdots$, 第 i_s 行和 $\boldsymbol{A}$ 的第 j_1 列, $\cdots$, 第 j_t 列的相交处的元素所构成的矩阵

$$
\begin{pmatrix}
a_{i_1 j_1} & \cdots & a_{i_1 j_t} \\
a_{i_2 j_1} & \cdots & a_{i_2 j_t} \\
\vdots & & \vdots \\
a_{i_s j_1} & \cdots & a_{i_s j_t}
\end{pmatrix}
$$

称为 $\boldsymbol{A}$ 的子块, 记为 $\boldsymbol{A} \begin{pmatrix} i_1 & i_2 & \cdots & i_s \\ j_1 & j_2 & \cdots & j_t \end{pmatrix}$.

2. 对矩阵 $\boldsymbol{A} = (a_{ij})_{m \times n}$, 则 $\boldsymbol{A}$ 可分块为

$$
\boldsymbol{A} = \begin{pmatrix}
\boldsymbol{A}_{11} & \boldsymbol{A}_{12} & \cdots & \boldsymbol{A}_{1q} \\
\boldsymbol{A}_{21} & \boldsymbol{A}_{22} & \cdots & \boldsymbol{A}_{2q} \\
\vdots & \vdots & & \vdots \\
\boldsymbol{A}_{p1} & \boldsymbol{A}_{p2} & \cdots & \boldsymbol{A}_{pq}
\end{pmatrix}.
$$

3. 分块矩阵的加法. 设 $\boldsymbol{A}$, $\boldsymbol{B}$ 均为 $m \times n$ 矩阵, 且 $\boldsymbol{A} = (\boldsymbol{A}_{ij})_{p \times q}$, $\boldsymbol{B} = (\boldsymbol{B}_{ij})_{p \times q}$, $\boldsymbol{A}_{ij}$, $\boldsymbol{B}_{ij}$ 都是同阶分块矩阵, 则 $\boldsymbol{A} \pm \boldsymbol{B} = (\boldsymbol{A}_{ij} \pm \boldsymbol{B}_{ij})_{p \times q}$.

4. 分块矩阵的数乘. 设 $\boldsymbol{A} = (\boldsymbol{A}_{ij})_{p \times q}$, α 是一个数, 则 $\alpha \boldsymbol{A} = (\alpha \boldsymbol{A}_{ij})_{p \times q}$.

5. 分块矩阵的乘法. 设 $\boldsymbol{A} = (\boldsymbol{A}_{ij})_{p \times q}$, $\boldsymbol{B} = (\boldsymbol{B}_{ij})_{q \times r}$, 且 $\boldsymbol{A}_{ij}$ 为 $i_k \times j_l$ 矩阵, $\boldsymbol{B}_{ij}$ 为 $j_l \times r_s$ 矩阵, 则 $\boldsymbol{AB} = (\boldsymbol{C}_{ij})_{p \times r}$, 其中, $\boldsymbol{C}_{ij} = \boldsymbol{A}_{i1} \boldsymbol{B}_{1j} + \cdots + \boldsymbol{A}_{iq} \boldsymbol{B}_{qj}$.

6. 初等矩阵.

(1) **第一种初等矩阵**　矩阵

$$
\boldsymbol{I}(\alpha \cdot \boldsymbol{r}_i) = \begin{pmatrix}
1 & & & & 0 \\
 & \ddots & & & \\
 & & \alpha & & \\
 & & & \ddots & \\
0 & & & & 1
\end{pmatrix} \quad 或 \quad \boldsymbol{I}(\alpha \boldsymbol{c}_v)
$$

称为第一种初等矩阵. 此矩阵是用数 α ($\alpha \neq 0$) 去乘单位矩阵的第 i 行得到的.

(2) **第二种初等矩阵** 矩阵

$$
I(\alpha r_i + r_j) = \begin{pmatrix} 1 & & & & & & 0 \\ & \ddots & & & & & \\ & & 1 & & & & \\ & & & \ddots & & & \\ & & \alpha & & 1 & & \\ & & & & & \ddots & \\ 0 & & & & & & 1 \end{pmatrix},
$$

$$
I(\alpha c_i + c_j) = \begin{pmatrix} 1 & & & & & & 0 \\ & \ddots & & & & & \\ & & 1 & & \alpha & & \\ & & & \ddots & & & \\ & & & & 1 & & \\ & & & & & \ddots & \\ 0 & & & & & & 1 \end{pmatrix}
$$

称为第二种初等矩阵. 此矩阵是将单位阵 I 的第 i 行 (列) 的 α 倍后, 对应加到第 j 行 (列) 上所得的矩阵.

(3) **第三种初等矩阵** 由单位阵 I 的第 i 行 (列) 和第 j 行 (列) 互相交换后得到的矩阵称之为第三种初等矩阵, 记为 $I(r_i \leftrightarrow r_j)$ 或 $I(c_i \leftrightarrow c_j)$, 即

$$
I(r_i \leftrightarrow r_j) \quad 或 \quad I(c_i \leftrightarrow c_j) = \begin{pmatrix} 1 & & & & & & 0 \\ & \ddots & & & & & \\ & & 0 & & 1 & & \\ & & & \ddots & & & \\ & & 1 & & 0 & & \\ & & & & & \ddots & \\ 0 & & & & & & 1 \end{pmatrix}.
$$

7. 初等变换.

对矩阵 A 进行下列三种变换, 统称为矩阵的初等变换.

(1) 用任意不为零的数 α 去乘矩阵 A 的第 i 行 (列);

(2) 把矩阵的第 i 行 (列) 的 α 倍加到第 j 行 (列) 上;

(3) 互换矩阵的 i, j 两行 (列).

8. 初等变换与初等矩阵的等同性.

定理 1　对任意矩阵 A 的行施以某种初等变换所得的结果等同于用同种的初等矩阵去左乘 A, 而对任意矩阵 A 的列施以某种初等变换所得的结果等同于用同种的初等矩阵去右乘 A.

9. 矩阵的等价性.

设 A, B 是两个 $m \times n$ 矩阵, 如果存在可逆矩阵 P, Q, 使得 $PAQ = B$, 则称 A 与 B 是等价的, 记为 $A \cong B$.

定理 2　对任意矩阵 A, 恒有 $A \cong \begin{pmatrix} I_r & 0 \\ 0 & 0 \end{pmatrix}$, 即存在可逆矩阵 P, Q 使得

$$PAQ = \begin{pmatrix} I_r & 0 \\ 0 & 0 \end{pmatrix},$$

其中, r 是唯一的, 矩阵 $\begin{pmatrix} I_r & 0 \\ 0 & 0 \end{pmatrix}$ 又称为矩阵 A 的标准形.

定理 3　$(A\ I) \xrightarrow{\text{行初等变换}} (I_0, B)$, 其中, $I_0 = \begin{pmatrix} I_r & 0 \\ 0 & 0 \end{pmatrix}$. 当 $0 \leqslant r < n$ 时, A 是不可逆的或是奇异的; 当 $r = n$ 时, A 是可逆的且 $B = A^{-1}$.

此定理可用来判断一个数值矩阵是否可逆, 且在可逆时, 求出逆 $A^{-1} = B$.

定理 4　A 可逆的充要条件是 $A \cong I_n$.

7.1.5　一些特殊的矩阵

1. **对角阵**　$\wedge$ 或 $D = \begin{pmatrix} \lambda_1 & 0 & \cdots & 0 \\ 0 & \lambda_2 & \cdots & 0 \\ \vdots & \vdots & \ddots & \vdots \\ 0 & 0 & \cdots & \lambda_n \end{pmatrix}$, 其中, 对角线上的元素不全为零. 对角矩阵的乘积运算满足交换律.

2. **三角矩阵**.

上三角矩阵 $\begin{pmatrix} a_{11} & a_{12} & \cdots & a_{1n} \\ 0 & a_{22} & \cdots & a_{2n} \\ \vdots & \vdots & \ddots & \vdots \\ 0 & 0 & \cdots & a_{nn} \end{pmatrix}$, 其中, $a_{ij} = 0\ (i > j)$, 其余不全为零.

下三角矩阵 $\begin{pmatrix} a_{11} & 0 & \cdots & 0 \\ a_{21} & a_{22} & \cdots & 0 \\ \vdots & \vdots & \ddots & \vdots \\ a_{n1} & a_{n2} & \cdots & a_{nn} \end{pmatrix}$, 其中, $a_{ij} = 0 \ (i < j)$, 其余不全

为零.

3. **对角块矩阵** $\boldsymbol{\Lambda} = \begin{pmatrix} \boldsymbol{A}_{11} & 0 & \cdots & 0 \\ 0 & \boldsymbol{A}_{22} & \cdots & 0 \\ \vdots & \vdots & \ddots & \vdots \\ 0 & 0 & \cdots & \boldsymbol{A}_{pp} \end{pmatrix}$, 其中, $\boldsymbol{A}_{ii}$ 不全为零 $(i = 1, 2, \cdots, p)$.

4. **三角块矩阵**.

上三角块矩阵 $\begin{pmatrix} \boldsymbol{A}_{11} & \boldsymbol{A}_{12} & \cdots & \boldsymbol{A}_{1p} \\ 0 & \boldsymbol{A}_{22} & \cdots & \boldsymbol{A}_{2p} \\ \vdots & \vdots & \ddots & \vdots \\ 0 & 0 & \cdots & \boldsymbol{A}_{pp} \end{pmatrix}$, 其中, $\boldsymbol{A}_{ij} = 0 \ (i > j)$, 其余不

全为零.

下三角块矩阵 $\begin{pmatrix} \boldsymbol{A}_{11} & 0 & \cdots & 0 \\ \boldsymbol{A}_{21} & \boldsymbol{A}_{22} & \cdots & 0 \\ \vdots & \vdots & \ddots & \vdots \\ \boldsymbol{A}_{p1} & \boldsymbol{A}_{p2} & \cdots & \boldsymbol{A}_{pp} \end{pmatrix}$, 其中, $\boldsymbol{A}_{ij} = 0 \ (i < j)$, 其余不

全为零.

5. **对称矩阵** 如果 $\boldsymbol{A}^{\mathrm{T}} = \boldsymbol{A}$, 则说 $\boldsymbol{A}$ 为对称矩阵; 如果 $\boldsymbol{A}^{\mathrm{T}} = -\boldsymbol{A}$, 则说 $\boldsymbol{A}$ 为反对称矩阵.

6. **纯量矩阵** 对角矩阵中 $\lambda_1 = \lambda_2 = \cdots = \lambda_n = a$, 即 $\wedge = a\boldsymbol{I}$ 称为纯量矩阵.

纯量矩阵与同阶的矩阵相乘满足交换律.

7.2 概 念 例 解

1. 如果 $\boldsymbol{A} \cdot \boldsymbol{B} = \boldsymbol{0}$, 则有 ____(D)____, 其中, $\boldsymbol{A}_{m \times p}$, $\boldsymbol{B}_{q \times n}$.

(A) $\boldsymbol{A} = \boldsymbol{0}$ (B) $\boldsymbol{B} = \boldsymbol{0}$ (C) $\boldsymbol{B}\boldsymbol{A} = \boldsymbol{0}$ (D) $p = q$

解 应选 (D). 因为两个矩阵相乘必须是前一个矩阵的列等于后一个矩阵的行, 故选 (D). (C) 不能选, 是因为 m, n 不相等时, $\boldsymbol{B}\boldsymbol{A}$ 是没有意义的, 即使有意义, 但 $\boldsymbol{B}\boldsymbol{A} = \boldsymbol{0}$ 也不一定成立. 例如, 设 $\boldsymbol{A} = \begin{pmatrix} 1 & 0 \\ 1 & 0 \end{pmatrix}$, $\boldsymbol{B} = \begin{pmatrix} 0 & 0 \\ 1 & 1 \end{pmatrix}$, 则

$AB = 0$, 但 $BA \neq 0$. (A) 和 (B) 也不能选, 是因为 $A \cdot B = 0$ 推不出 $A = 0$ 或

$B = 0$. 请看例子: 设矩阵 $A = \begin{pmatrix} 1 & 0 & 1 \\ 2 & 0 & 2 \end{pmatrix}$, 矩阵 $B = \begin{pmatrix} -1 & 1 & 0 \\ 0 & 0 & 1 \\ 1 & -1 & 0 \end{pmatrix}$, 则

$AB = \begin{pmatrix} 0 & 0 & 0 \\ 0 & 0 & 0 \end{pmatrix}$.

2. 下列命题中对的是 ____(C)____ .

(A) 如果 $AX = 0$, 且 $X \neq 0$, 则 $A = 0$

(B) 如果 A 可逆, $a \neq 0$, 则 $(aA)^{-1} = aA^{-1}$

(C) 对任意矩阵 A 和数 a, 则 $aA = Aa$

(D) $2A + BA = (2 + B)A$

解   应选 (C). 因为 $aA = aI \cdot A = A \cdot aI = Aa$, 其中 aI 是纯量矩阵. (A)

不对. 例如, 设 $A = \begin{pmatrix} 0 & 1 & -1 \\ 1 & 0 & -1 \end{pmatrix}$, $X = \begin{pmatrix} 1 \\ 1 \\ 1 \end{pmatrix}$, 则 $AX = 0$. (B) 不对, 这是

因为 $a \neq 0$, aI 可逆且逆矩阵为 $\dfrac{1}{a}I$, 从而

$$(aA)^{-1} = (aI \cdot A)^{-1} = A^{-1} \cdot \frac{1}{a}I = \frac{1}{a}A^{-1}.$$

(D) 也不对. 因为 $2A + BA = 2I \cdot A + BA = (2I + B)A$.

注   矩阵 "因式" 分解时, 提取 "公因式" 时, 特别要注意这一点.

3. 下列命题对的有 ____(D)____ .

(A) 对任意矩阵 A, 必有 K 次幂 A^K

(B) 对任意同阶方阵 A, B, 恒有 $(A + B)^2 = A^2 + 2AB + B^2$

(C) 两个同阶的对称矩阵 A 与 B 的积仍为对称矩阵

(D) 互逆的两个矩阵 A 与 B 的积一定满足交换律

解   应选 (D). 因为 A, B 是互逆的, 所以有 $AB = BA = I$. (A) 不对. 因

为只有 A 是方阵时才有幂. (B) 不对. 只有 $AB = BA$, 即当满足交换律时才对.

(C) 不对. 只有当 A, B 满足交换律时才对.

4. 下列命题对的有 ____(D)____ .

(A) 如果 AB 为零矩阵, BA 也为零矩阵, 则 $AB = BA$

(B) 对任意矩阵恒可通过初等行 (列) 变换化为对角矩阵

(C) 对任意方阵恒可通过初等行 (列) 变换化为对角矩阵

(D) 对任意的非零正方矩阵恒可通过初等行 (列) 变换化为上 (下) 三角阵

解 应选 (D). 以行变换为例, 由 $\boldsymbol{A} = (a_{ij})_{n \times n} \neq \boldsymbol{0}$ 知, 总有 $a_{i_0 j_0} \neq 0$. 如果 $j_0 = 1$ 时, 则第 i_0 行与第一行交换 ($i_0 = 1$ 时则不必交换), 然后, 对所得矩阵的第一行诸元素乘以 $-\dfrac{a_{i1}^*}{a_{i_0 1}}(i = 2, \cdots, n)$ 后加到第 i 行的对应元素上, 便有

$$\boldsymbol{A} \to \begin{pmatrix} a_{i_0 1} & * & \cdots & * \\ * & * & \cdots & * \\ \vdots & \vdots & & \vdots \\ * & * & \cdots & * \end{pmatrix} \to \begin{pmatrix} a_{i_0 1} & * & \cdots & * \\ 0 & * & \cdots & * \\ \vdots & \vdots & & \vdots \\ 0 & * & \cdots & * \end{pmatrix} = \begin{pmatrix} a_{i_0 1} & * \\ \boldsymbol{0} & \boldsymbol{A}_{22} \end{pmatrix}.$$

如果 $j_0 > 1$, 则 $a_{ij} = 0 (j < j_0)$, 此时, 将矩阵的第 i_0 行与第 j_0 行交换, 并对所得的矩阵的第 j_0 行诸元素乘以 $-\dfrac{a_{ij_0}^*}{a_{i_0 j_0}}(i = j_0 + 1, \cdots, n)$ 后加到第 i 行的对应元素上, 便有

$$\boldsymbol{A} \to j_0 \begin{pmatrix} 0 & 0 & \cdots & a_{1 j_0}^* & * & \cdots & * \\ \vdots & \vdots & & \vdots & \vdots & & \vdots \\ 0 & 0 & \cdots & a_{i_0-1, j_0}^* & * & \cdots & * \\ 0 & 0 & \cdots & a_{i_0 j_0} & * & \cdots & * \\ 0 & 0 & \cdots & a_{i_0+1, j_0}^* & * & \cdots & \\ \vdots & \vdots & & \vdots & & & * \\ 0 & 0 & \cdots & a_{n j_0}^* & * & \cdots & \end{pmatrix} \to \begin{pmatrix} \boldsymbol{A}_{11} & * \\ \boldsymbol{0} & \boldsymbol{A}_{22} \end{pmatrix},$$

其中, $\boldsymbol{A}_{11}$ 是上三角子块. 对子块 $\boldsymbol{A}_{22}$ 重复上述的分析, 并如此继续下去, 便可以得到

$$\boldsymbol{A} \to \begin{pmatrix} \boldsymbol{A}_{11}^* & * \\ \boldsymbol{0} & \boldsymbol{A}_{22}^* \end{pmatrix},$$

其中, $\boldsymbol{A}_{11}^*$, $\boldsymbol{A}_{22}^*$ 是上三角子块.

(A) 是不对的. 例如, $\boldsymbol{A}_{3 \times 2}$, $\boldsymbol{B}_{2 \times 3}$, $\boldsymbol{AB}$ 为三阶零矩阵, $\boldsymbol{BA}$ 为二阶零矩阵, 但 $\boldsymbol{AB} \neq \boldsymbol{BA}$. (B) 是不对的, 由于对角矩阵是方阵, 所以矩阵不是方阵时不能化为对角阵. (C) 也是不对的. 例如, $\boldsymbol{A} = \begin{pmatrix} 1 & 1 \\ 2 & 2 \end{pmatrix} \to \begin{pmatrix} 1 & 1 \\ 0 & 0 \end{pmatrix}$.

5. 如果 $\boldsymbol{AB} = \boldsymbol{BA}$, 那么下列式子中不正确的是 ___(C)___.
(A) $(\boldsymbol{AB})^2 = \boldsymbol{A}^2 \boldsymbol{B}^2$　　　　　　(B) $(\boldsymbol{AB})^{\mathrm{T}} = \boldsymbol{A}^{\mathrm{T}} \boldsymbol{B}^{\mathrm{T}}$
(C) $(\boldsymbol{AB})^{-1} = \boldsymbol{A}^{-1} \boldsymbol{B}^{-1}$　　　　　(D) $(\boldsymbol{A} - \boldsymbol{B})^2 = \boldsymbol{A}^2 - 2\boldsymbol{AB} + \boldsymbol{B}^2$

解 应选 (C). 这是由于 $\boldsymbol{A}, \boldsymbol{B}$ 虽然都是同阶的, 但它们不一定是可逆的. 例

如, 矩阵 $\boldsymbol{A} = \begin{pmatrix} 1 & -1 \\ -1 & 1 \end{pmatrix}$ 和矩阵 $\boldsymbol{B} = \begin{pmatrix} 1 & 1 \\ 1 & 1 \end{pmatrix}$ 满足 $\boldsymbol{AB} = \boldsymbol{BA}$, 但 $\boldsymbol{A}^{-1}$,
$\boldsymbol{B}^{-1}$ 和 $(\boldsymbol{AB})^{-1}$ 都是不存在的. (A) 不能选. 由于 $(\boldsymbol{AB})^2 = \boldsymbol{A}^2\boldsymbol{B}^2$ 是对的, 事实
上, $\boldsymbol{A}^2\boldsymbol{B}^2 = \boldsymbol{AABB} = \boldsymbol{ABAB} = (\boldsymbol{AB})^2$.

(B) 也是对的, 故不能选. 事实上, 因为 $(\boldsymbol{AB})^{\mathrm{T}} = (\boldsymbol{BA})^{\mathrm{T}} = \boldsymbol{A}^{\mathrm{T}}\boldsymbol{B}^{\mathrm{T}}$. (D) 不
能选. 是因为 $(\boldsymbol{A} - \boldsymbol{B})^2 = \boldsymbol{A}^2 - \boldsymbol{AB} - \boldsymbol{BA} + \boldsymbol{B}^2 = \boldsymbol{A}^2 - 2\boldsymbol{AB} + \boldsymbol{B}^2$.

6. 下列命题正确的是 ___(B)___ .

(A) 如果 $\boldsymbol{A}, \boldsymbol{B}$ 都是 n 阶可逆矩阵, 则 $\boldsymbol{A} + \boldsymbol{B}$ 也是可逆矩阵

(B) 如果 $\boldsymbol{A}, \boldsymbol{B}$ 都是 n 阶对称矩阵, 则 $\boldsymbol{A} \pm \boldsymbol{B}$ 也是对称矩阵

(C) 如果 $\boldsymbol{A}$ 是 n 阶矩阵, 则 $\boldsymbol{A} - \boldsymbol{A}^{\mathrm{T}}$ 是对称矩阵

(D) 如果 $\boldsymbol{A}, \boldsymbol{B}$ 都是 n 阶幂等矩阵, 则 $\boldsymbol{AB}$ 也是幂等矩阵

解   应选 (B). 因为 $(\boldsymbol{A} \pm \boldsymbol{B})^{\mathrm{T}} = \boldsymbol{A}^{\mathrm{T}} \pm \boldsymbol{B}^{\mathrm{T}} = \boldsymbol{A} \pm \boldsymbol{B}$. (A) 是不对的. 例如,

$\boldsymbol{A} = \begin{pmatrix} 1 & 0 & 2 \\ 0 & 1 & 0 \\ 0 & 0 & 1 \end{pmatrix}$, $\boldsymbol{B} = \begin{pmatrix} 1 & 0 & 0 \\ 0 & 1 & 0 \\ 2 & 0 & 1 \end{pmatrix}$ 均可逆, 但 $\boldsymbol{A} + \boldsymbol{B} = \begin{pmatrix} 2 & 0 & 2 \\ 0 & 2 & 0 \\ 2 & 0 & 2 \end{pmatrix}$ 不可

逆. (C) 也是不对的. 因为

$$(\boldsymbol{A} - \boldsymbol{A}^{\mathrm{T}})^{\mathrm{T}} = \boldsymbol{A}^{\mathrm{T}} - \boldsymbol{A} = -(\boldsymbol{A} - \boldsymbol{A}^{\mathrm{T}}) \neq \boldsymbol{A} - \boldsymbol{A}^{\mathrm{T}},$$

但 $\boldsymbol{A} - \boldsymbol{A}^{\mathrm{T}}$ 是反对称矩阵. (D) 不能选. 因为 $\boldsymbol{AB}$ 不是幂等矩阵, 例如, 矩阵
$\boldsymbol{A} = \begin{pmatrix} 1 & 1 \\ 0 & 1 \end{pmatrix}$, 矩阵 $\boldsymbol{B} = \begin{pmatrix} 1 & 0 \\ 1 & 1 \end{pmatrix}$, $(\boldsymbol{AB})^2 = \begin{pmatrix} 5 & 3 \\ 3 & 2 \end{pmatrix} \neq \begin{pmatrix} 2 & 1 \\ 1 & 1 \end{pmatrix} = \boldsymbol{AB}$.

7.3   方 法 例 解

1. 设 $\boldsymbol{A} = \begin{pmatrix} 1 & 3 & 3 \\ 1 & 1 & 0 \\ 0 & 3 & 2 \end{pmatrix}$, $\boldsymbol{B} = \begin{pmatrix} 1 & 2 & 2 \\ -1 & -2 & 0 \\ 0 & 2 & 2 \end{pmatrix}$, 求 $3\boldsymbol{AB} - 2\boldsymbol{A}^2$.

解 $3\boldsymbol{AB} - 2\boldsymbol{A}^2 = \boldsymbol{A}(3\boldsymbol{B} - 2\boldsymbol{A})$ (先化简)

$$= \begin{pmatrix} 1 & 3 & 3 \\ 1 & 1 & 0 \\ 0 & 3 & 2 \end{pmatrix} \cdot \left[\begin{pmatrix} 3 & 6 & 6 \\ -3 & -6 & 0 \\ 0 & 6 & 6 \end{pmatrix} - \begin{pmatrix} 2 & 6 & 6 \\ 2 & 2 & 0 \\ 0 & 6 & 4 \end{pmatrix} \right]$$

$$= \begin{pmatrix} 1 & 3 & 3 \\ 1 & 1 & 0 \\ 0 & 3 & 2 \end{pmatrix} \cdot \begin{pmatrix} 1 & 0 & 0 \\ -5 & -8 & 0 \\ 0 & 0 & 2 \end{pmatrix}$$

$$= \begin{pmatrix} -14 & -24 & 6 \\ -4 & -8 & 0 \\ -15 & -24 & 4 \end{pmatrix}.$$

2. 设 $A^{-1} = \begin{pmatrix} 2 & 3 & 5 \\ 7 & 2 & 1 \\ 4 & -4 & 3 \end{pmatrix}$, $B^{-1} = \begin{pmatrix} -6 & 4 & 3 \\ 7 & -1 & 5 \\ 2 & 3 & 1 \end{pmatrix}$, 求

$$B((A^{-1}B^{-1})^{-1}A^{-1}B)^{-1} \cdot (A(A+B)^{-1})^{-1}.$$

解

$$B((A^{-1}B^{-1})^{-1}A^{-1}B)^{-1} \cdot (A(A+B)^{-1})^{-1}$$

$$= B(BAA^{-1}B)^{-1}(A+B)A^{-1}$$

$$= B(B^{-1})^2 \cdot (I + BA^{-1})$$

$$= B^{-1} + A^{-1} = \begin{pmatrix} -4 & 7 & 8 \\ 14 & 1 & 6 \\ 6 & -1 & 4 \end{pmatrix}.$$

3. 设 $A^2 = AB + 2A$, 且 $B = \begin{pmatrix} 2 & 1 & -1 \\ 0 & 3 & 2 \\ -1 & 4 & 1 \end{pmatrix}$, A 可逆, 求 A.

解 由于 $A^2 = A(B + 2E)$, A 可逆, 因此

$$A = A^{-1} \cdot A^2 = A^{-1} \cdot A(B + 2E) = B + 2E$$

$$= \begin{pmatrix} 4 & 1 & -1 \\ 0 & 5 & 2 \\ -1 & 4 & 3 \end{pmatrix}.$$

4. 设 $A = \begin{pmatrix} 1 & 0 & 0 \\ 0 & -1 & 0 \\ 0 & 0 & 1 \end{pmatrix}$, $B = \begin{pmatrix} 0 & 2 & 1 \\ 1 & -1 & 1 \\ 3 & -1 & 2 \end{pmatrix}$, $C = \begin{pmatrix} 2 & 2 & 0 \\ 0 & 2 & 2 \\ 2 & 0 & 2 \end{pmatrix}$, 求

$A^{20}(I - C^{-1}B)^{\mathrm{T}} \cdot C^{\mathrm{T}}$.

解 $A^{20}(I - C^{-1}B)^{\mathrm{T}}C^{\mathrm{T}} = A^{20}[C^{\mathrm{T}} - B^{\mathrm{T}}(C^{\mathrm{T}})^{-1}C^{\mathrm{T}}] = A^{20}(C^{\mathrm{T}} - B^{\mathrm{T}})$

$$= \begin{pmatrix} 1 & 0 & 0 \\ 0 & -1 & 0 \\ 0 & 0 & -1 \end{pmatrix}^{20} \left[\begin{pmatrix} 2 & 0 & 2 \\ 2 & 2 & 0 \\ 0 & 2 & 2 \end{pmatrix} - \begin{pmatrix} 0 & 1 & 3 \\ 2 & -1 & -1 \\ 1 & 1 & 2 \end{pmatrix} \right]$$

$$= \begin{pmatrix} 2 & -1 & -1 \\ 0 & 3 & 1 \\ -1 & 1 & 0 \end{pmatrix}.$$

5. 已知 $\boldsymbol{A} = \begin{pmatrix} 0 & 1 & 3 \\ 5 & 5 & 4 \\ 1 & 1 & 1 \end{pmatrix}$，求 $\boldsymbol{A}^{-1}$.

解　由于

$$(\boldsymbol{A} \ \boldsymbol{I}) = \begin{pmatrix} 0 & 1 & 3 & \vdots & 1 & 0 & 0 \\ 5 & 5 & 4 & \vdots & 0 & 1 & 0 \\ 1 & 1 & 1 & \vdots & 0 & 0 & 1 \end{pmatrix} \xrightarrow[r_1 \times (-5) + r_2]{r_1 \leftrightarrow r_3} \begin{pmatrix} 1 & 1 & 1 & 0 & 0 & 1 \\ 0 & 0 & -1 & 0 & 1 & -5 \\ 0 & 1 & 3 & 1 & 0 & 0 \end{pmatrix}$$

$$\xrightarrow[r_2 \times (-3) + r_3]{r_2 \times (-1)} \begin{pmatrix} 1 & 1 & 1 & 0 & 0 & 1 \\ 0 & 0 & 1 & 0 & -1 & 5 \\ 0 & 1 & 0 & 1 & 3 & -15 \end{pmatrix}$$

$$\xrightarrow[r_2 \leftrightarrow r_3]{\substack{r_2 \times (-1) + r_1 \\ r_3 \times (-1) + r_1}} \begin{pmatrix} 1 & 0 & 0 & -1 & -2 & 11 \\ 0 & 1 & 0 & 1 & 3 & -15 \\ 0 & 0 & 1 & 0 & -1 & 5 \end{pmatrix},$$

所以，$\boldsymbol{A}^{-1} = \begin{pmatrix} -1 & -2 & 11 \\ 1 & 3 & -15 \\ 0 & -1 & 5 \end{pmatrix}$.

6. 已知 $\boldsymbol{X} + 2\boldsymbol{Y} = \begin{pmatrix} 1 & 2 & 1 \\ 1 & 1 & 2 \\ 2 & 1 & 1 \end{pmatrix}$，$3\boldsymbol{X} + \boldsymbol{Y} = \begin{pmatrix} 1 & -1 & 2 \\ 2 & -1 & 3 \\ 3 & 2 & 1 \end{pmatrix}$，求矩阵 $\boldsymbol{X}$，$\boldsymbol{Y}$.

解　由 $(\boldsymbol{X} + 2\boldsymbol{Y}) \times 3 - (3\boldsymbol{X} + \boldsymbol{Y})$ 得

$$5\boldsymbol{Y} = \begin{pmatrix} 3 & 6 & 3 \\ 3 & 3 & 6 \\ 6 & 3 & 3 \end{pmatrix} - \begin{pmatrix} 1 & -1 & 2 \\ 2 & -1 & 3 \\ 3 & 2 & 1 \end{pmatrix} = \begin{pmatrix} 2 & 7 & 1 \\ 1 & 4 & 3 \\ 3 & 1 & 2 \end{pmatrix}.$$

即 $\boldsymbol{Y} = \begin{pmatrix} \dfrac{2}{5} & \dfrac{7}{5} & \dfrac{1}{5} \\ \dfrac{1}{5} & \dfrac{4}{5} & \dfrac{3}{5} \\ \dfrac{3}{5} & \dfrac{1}{5} & \dfrac{2}{5} \end{pmatrix}$.

将 $\boldsymbol{Y}$ 代入 $3\boldsymbol{X}+\boldsymbol{Y}=\begin{pmatrix} 1 & -1 & 2 \\ 2 & -1 & 3 \\ 3 & 2 & 1 \end{pmatrix}$，可以求到

$$\boldsymbol{X}=\frac{1}{3}\left[\begin{pmatrix} 1 & -1 & 2 \\ 2 & -1 & 3 \\ 3 & 2 & 1 \end{pmatrix}-\frac{1}{5}\begin{pmatrix} 2 & 7 & 1 \\ 1 & 4 & 3 \\ 3 & 1 & 2 \end{pmatrix}\right]=\begin{pmatrix} \dfrac{1}{5} & -\dfrac{4}{5} & \dfrac{3}{5} \\ \dfrac{1}{5} & -\dfrac{3}{5} & \dfrac{4}{5} \\ \dfrac{4}{5} & \dfrac{3}{5} & \dfrac{1}{5} \end{pmatrix}.$$

7. 已知 $\boldsymbol{A}^{-1}=\begin{pmatrix} 1 & 2 & 2 \\ 0 & 3 & 1 \\ 1 & 2 & 1 \end{pmatrix}$，且有 $\boldsymbol{A}^{-1}\boldsymbol{B}\boldsymbol{A}=6\boldsymbol{A}^{-1}+\boldsymbol{B}\boldsymbol{A}$，求 $\boldsymbol{B}$.

解 由 $\boldsymbol{A}^{-1}\boldsymbol{B}\boldsymbol{A}=6\boldsymbol{A}^{-1}+\boldsymbol{B}\boldsymbol{A}$，有 $\boldsymbol{B}=6(\boldsymbol{A}^{-1}-\boldsymbol{I})^{-1}$. 又 $\boldsymbol{A}^{-1}-\boldsymbol{I}=\begin{pmatrix} 0 & 2 & 2 \\ 0 & 2 & 1 \\ 1 & 2 & 0 \end{pmatrix}$，所以，由

$$\begin{pmatrix} 0 & 2 & 2 & \vdots & 1 & 0 & 0 \\ 0 & 2 & 1 & \vdots & 0 & 1 & 0 \\ 1 & 2 & 0 & \vdots & 0 & 0 & 1 \end{pmatrix} \xrightarrow{r_2\times(-2)+r_1} \begin{pmatrix} 0 & -2 & 0 & 1 & -2 & 0 \\ 0 & 2 & 1 & 0 & 1 & 0 \\ 1 & 2 & 0 & 0 & 0 & 1 \end{pmatrix}$$

$$\xrightarrow[\substack{r_1\times(-2)+r_2 \\ r_1\times(-2)+r_3}]{r_1\times(-1/2)} \begin{pmatrix} 0 & 1 & 0 & -1/2 & 1 & 0 \\ 0 & 0 & 1 & 1 & -1 & 0 \\ 1 & 0 & 0 & 1 & -2 & 1 \end{pmatrix}$$

$$\xrightarrow[r_2\leftrightarrow r_1]{r_3\leftrightarrow r_1} \begin{pmatrix} 1 & 0 & 0 & 1 & -2 & 1 \\ 0 & 1 & 0 & -1/2 & 1 & 0 \\ 0 & 0 & 1 & 1 & -1 & 0 \end{pmatrix}$$

知 $(\boldsymbol{A}^{-1}-\boldsymbol{I})^{-1}=\begin{pmatrix} 0 & 2 & 2 \\ 0 & 2 & 1 \\ 1 & 2 & 0 \end{pmatrix}^{-1}=\begin{pmatrix} 1 & -2 & 1 \\ -1/2 & 1 & 0 \\ 1 & -1 & 0 \end{pmatrix}$. 于是

$$\boldsymbol{B}=6[(\boldsymbol{A}^{-1}-\boldsymbol{I})^{-1}]$$

$$=6\begin{pmatrix} 1 & -2 & 1 \\ -1/2 & 1 & 0 \\ 1 & -1 & 0 \end{pmatrix}$$

$$= \begin{pmatrix} 6 & -12 & 6 \\ -3 & 6 & 0 \\ 6 & -6 & 0 \end{pmatrix}.$$

8. 已知 $\boldsymbol{A} = \begin{pmatrix} 1 & -1 & -1 \\ 1 & 0 & 0 \\ 1 & -2 & 1 \end{pmatrix}, \boldsymbol{B} = \begin{pmatrix} 2 & 0 & 1 \\ 1 & 2 & 1 \\ 1 & 1 & 1 \end{pmatrix}, \boldsymbol{C} = \begin{pmatrix} 1 & 0 & 1 \\ 1 & 1 & 0 \\ 0 & 1 & 1 \end{pmatrix}$, 且

$\boldsymbol{AXB} = \boldsymbol{C}$, 求 $\boldsymbol{X}$.

解　由于

$$\left(\boldsymbol{A} \vdots \boldsymbol{C} \right) = \begin{pmatrix} 1 & -1 & -1 & 1 & 0 & 1 \\ 1 & 0 & 0 & 1 & 1 & 0 \\ 1 & -2 & 1 & 0 & 1 & 1 \end{pmatrix} \xrightarrow[\substack{r_1 \times (-1) + r_2 \\ r_1 \times (-1) + r_3}]{r_2 \leftrightarrow r_1} \begin{pmatrix} 1 & 0 & 0 & 1 & 1 & 0 \\ 0 & -1 & -1 & 0 & -1 & 1 \\ 0 & -2 & 1 & -1 & 0 & 1 \end{pmatrix}$$

$$\xrightarrow[r_2 \times (2) + r_3]{r_2 \times (-1)} \begin{pmatrix} 1 & 0 & 0 & 1 & 1 & 0 \\ 0 & 1 & 1 & 0 & 1 & -1 \\ 0 & 0 & 3 & -1 & 2 & -1 \end{pmatrix}$$

$$\xrightarrow[r_3 \times (-1) + r_2]{r_3 \times (1/3)} \begin{pmatrix} 1 & 0 & 0 & 1 & 1 & 0 \\ 0 & 1 & 0 & \dfrac{1}{3} & \dfrac{1}{3} & -\dfrac{2}{3} \\ 0 & 0 & 1 & -\dfrac{1}{3} & \dfrac{2}{3} & -\dfrac{1}{3} \end{pmatrix},$$

于是

$$\boldsymbol{XB} = \begin{pmatrix} 1 & 1 & 0 \\ \dfrac{1}{3} & \dfrac{1}{3} & -\dfrac{2}{3} \\ -\dfrac{1}{3} & \dfrac{2}{3} & -\dfrac{1}{3} \end{pmatrix} \triangleq \boldsymbol{D}.$$

又因为

$$\left(\boldsymbol{B}^{\mathrm{T}} \vdots \boldsymbol{D}^{\mathrm{T}} \right) = \begin{pmatrix} 2 & 1 & 1 & \vdots & 1 & \dfrac{1}{3} & -\dfrac{1}{3} \\ 0 & 2 & 1 & \vdots & 1 & \dfrac{1}{3} & \dfrac{2}{3} \\ 1 & 1 & 1 & \vdots & 0 & -\dfrac{2}{3} & -\dfrac{1}{3} \end{pmatrix}$$

$$\xrightarrow{r_3\times(-2)+r_1} \begin{pmatrix} 0 & -1 & -1 & 1 & \dfrac{5}{3} & \dfrac{1}{3} \\[2mm] 0 & 2 & 1 & 1 & \dfrac{1}{3} & \dfrac{2}{3} \\[2mm] 1 & 1 & 1 & 0 & -\dfrac{2}{3} & -\dfrac{1}{3} \end{pmatrix}$$

$$\xrightarrow[\substack{r_1\times(-2)+r_2 \\ r_1\times(-1)+r_3}]{r_1\times(-1)} \begin{pmatrix} 0 & 1 & 1 & -1 & -\dfrac{5}{3} & -\dfrac{1}{3} \\[2mm] 0 & 0 & -1 & 3 & \dfrac{11}{3} & \dfrac{4}{3} \\[2mm] 1 & 0 & 0 & 1 & 1 & 0 \end{pmatrix}$$

$$\xrightarrow[\substack{r_2\times(-1)+r_1}]{r_2\times(-1)} \begin{pmatrix} 0 & 1 & 0 & 2 & 2 & 1 \\[2mm] 0 & 0 & 1 & -3 & -\dfrac{11}{3} & -\dfrac{4}{3} \\[2mm] 1 & 0 & 0 & 1 & 1 & 0 \end{pmatrix}$$

$$\xrightarrow[\substack{r_2\leftrightarrow r_3}]{r_3\leftrightarrow r_1} \begin{pmatrix} 1 & 0 & 0 & 1 & 1 & 0 \\[2mm] 0 & 1 & 0 & 2 & 2 & 1 \\[2mm] 0 & 0 & 1 & -3 & -\dfrac{11}{3} & -\dfrac{4}{3} \end{pmatrix},$$

因此

$$\boldsymbol{X} = \boldsymbol{D}\boldsymbol{B}^{-1} = ((\boldsymbol{B}^{\mathrm{T}})^{-1}\boldsymbol{D}^{\mathrm{T}})^{\mathrm{T}} = \begin{pmatrix} 1 & 1 & 0 \\[2mm] 2 & 2 & 1 \\[2mm] -3 & -\dfrac{11}{3} & -\dfrac{4}{3} \end{pmatrix}^{\mathrm{T}} = \begin{pmatrix} 1 & 2 & -3 \\[2mm] 1 & 2 & -\dfrac{11}{3} \\[2mm] 0 & 1 & -\dfrac{4}{3} \end{pmatrix}.$$

9. 设 $\boldsymbol{A}$ 为 $m\times n$ 矩阵, 且满足对任意的 $\boldsymbol{X} = (x_1,\cdots,x_n)^{\mathrm{T}}$ 均有 $\boldsymbol{A}\boldsymbol{X} = \boldsymbol{0}$, 求 $\boldsymbol{A}$.

解 设 $\boldsymbol{A} = (a_{ij})_{m\times n}$, 由于对任意的 $\boldsymbol{X} = (x_1,\cdots,x_n)^{\mathrm{T}}$ 均有 $\boldsymbol{A}\boldsymbol{X} = \boldsymbol{0}$.

特别地, $\boldsymbol{X} = (1,0,\cdots,0)$, 则有 $\boldsymbol{A}\boldsymbol{X} = \begin{pmatrix} a_{11} \\ a_{21} \\ \vdots \\ a_{m1} \end{pmatrix} = \begin{pmatrix} 0 \\ 0 \\ \vdots \\ 0 \end{pmatrix}$, 即 $a_{i1} = 0$,

$i = 1,2,\cdots,m$. 同理, 取 $\boldsymbol{X} = (0,1,0,\cdots,0)^{\mathrm{T}}$, 可得 $a_{i2} = 0$, $i = 1,\cdots,m$. 如此下去, 我们可以得到 $a_{in} = 0$, $i = 1,2,\cdots,m$, 即 $a_{ij} = 0$, $i = 1,2,\cdots,m$, $j = 1,\cdots,n$. 因此, $\boldsymbol{A} = \boldsymbol{0}$.

注　"任意" 变 "特殊" 或 "任意" 化 "特殊".

10. 设 $\boldsymbol{A}$, $\boldsymbol{B}$ 为同阶矩阵, 且对任意的矩阵 $\boldsymbol{X}$ 满足 $\boldsymbol{AX} = \boldsymbol{BX}$, 则 $\boldsymbol{A} = \boldsymbol{B}$.

证明　由已知, 特别取 $\boldsymbol{X}$ 为非奇异矩阵, 则将 $\boldsymbol{AX} = \boldsymbol{BX}$ 右乘 $\boldsymbol{X}^{-1}$ 可得

$$(\boldsymbol{AX})\boldsymbol{X}^{-1} = (\boldsymbol{BX})\boldsymbol{X}^{-1},$$

即有 $\boldsymbol{A} = \boldsymbol{B}$.

11. 设 $\boldsymbol{A} = (a_{ij})$ 为 n 阶矩阵, 且对任意非零的列矩阵 $\boldsymbol{X} = (x_1, \cdots, x_n)^{\mathrm{T}}$ 恒有 $\boldsymbol{X}^{\mathrm{T}}\boldsymbol{AX} > 0$, 则 $a_{ii} > 0$, $i = 1, 2, \cdots, n$.

证明　取 $\boldsymbol{X} = (\begin{array}{ccccccc} 0 & \cdots & 0 & \overset{i}{1} & 0 & \cdots & 0 \end{array})^{\mathrm{T}}$, 则由 $\boldsymbol{X}^{\mathrm{T}}\boldsymbol{AX} > 0$, 知

$$0 < (0, 0, \cdots, 0, 1, 0, \cdots, 0) \left(\begin{array}{ccc} a_{11} & \cdots & a_{1n} \\ \vdots & & \vdots \\ a_{n1} & \cdots & a_{nn} \end{array} \right) (0, 0, \cdots, 0, 1, 0, \cdots, 0)^{\mathrm{T}}$$

$$= (a_{i1}, \cdots, a_{in}) \left(\begin{array}{c} 0 \\ \vdots \\ 0 \\ 1 \\ 0 \\ \vdots \\ 0 \end{array} \right) = a_{ii}, \quad i = 1, 2, \cdots, n.$$

12. 设 $\boldsymbol{A}$ 是一个幂等矩阵, 则 $2\boldsymbol{A} - \boldsymbol{I}$ 可逆, 并求之.

解　由已知有, $\boldsymbol{A}^2 = \boldsymbol{A}$, 进而有 $4\boldsymbol{A}^2 - 4\boldsymbol{A} + \boldsymbol{I} = \boldsymbol{I}$, 即 $(2\boldsymbol{A} - \boldsymbol{I})^2 = \boldsymbol{I}$. 因此, 矩阵 $2\boldsymbol{A} - \boldsymbol{I}$ 是可逆, 且 $(2\boldsymbol{A} - \boldsymbol{I})^{-1} = 2\boldsymbol{A} - \boldsymbol{I}$.

13. 设 $\boldsymbol{A}$ 是一个三次幂零矩阵, 求 $(\boldsymbol{A} - \boldsymbol{I})^{-1}$.

解　由已知 $\boldsymbol{A}^3 = \boldsymbol{0}$, $\boldsymbol{A} \neq \boldsymbol{0}$, $\boldsymbol{A}^2 \neq \boldsymbol{0}$. 对等式 $\boldsymbol{A}^3 = \boldsymbol{0}$ 两边加上 $-\boldsymbol{I}$ 后可得

$$\boldsymbol{A}^3 - \boldsymbol{I} = -\boldsymbol{I},$$

即

$$(\boldsymbol{A} - \boldsymbol{I})(\boldsymbol{A}^2 + \boldsymbol{A} + \boldsymbol{I}) = -\boldsymbol{I}.$$

因此, $(\boldsymbol{A} - \boldsymbol{I})^{-1} = -\boldsymbol{A}^2 - \boldsymbol{A} - \boldsymbol{I}$.

14. 设 $\boldsymbol{A}$ 是 n 阶非奇异阵, 且 $\boldsymbol{A}^{-1} + \boldsymbol{I}$ 也是非奇异阵, 则 $\boldsymbol{A} + \boldsymbol{I}$ 必定是非奇异阵.

解 由于 A 是非奇异阵, 所以, $A + I = A(I + A^{-1})$. 而 $A^{-1} + I$ 是非奇异阵, 因此, 由非奇异阵的积仍为非奇异阵知, $A(I + A^{-1})$ 也是非奇异阵. 于是, $A + I$ 是非奇异阵, 且 $(A + I)^{-1} = (A^{-1} + I)^{-1} \cdot A^{-1}$.

注 "和" 化 "积".

15. 设 $AB - I_n$ 是非奇异阵, 那么 $BA - I_m$ 也是非奇异阵, 并求 $(BA - I_m)^{-1}$.

解 由矩阵 $AB - I_n$ 和 $BA - I_m$, 易知 A 是一个 $n \times m$ 矩阵, B 是一个 $m \times n$ 矩阵. 又

$$(AB - I_n)A = ABA - A = A(BA - I_m),$$

$$A = (AB - I_n)^{-1}A(BA - I_m),$$

于是

$$I_m = I_m - BA + BA = I_m - BA + B(AB - I_n)^{-1}A(BA - I_m)$$
$$= [B(AB - I_n)^{-1}A - I_m](BA - I_m).$$

又

$$(BA - I_m)[B(AB - I_n)^{-1}A - I_m]$$
$$= BAB(AB - I_n)^{-1}A - B(AB - I_n)^{-1}A - BA + I_m$$
$$= B(AB - I_n + I_n)(AB - I_n)^{-1}A - B(AB - I_n)^{-1}A - BA + I_m$$
$$= BA + B(AB - I_n)^{-1}A - B(AB - I_n)^{-1}A - BA + I_m = I_m,$$

因此, 由非奇异阵的定义知, $BA - I_m$ 是非奇异阵, 且 $(BA - I_m)^{-1} = B(AB - I_n)^{-1}A - I_m$.

16. 设 $\boldsymbol{\alpha}, \boldsymbol{\beta}$ 是 n 维列矩阵或列向量, 且 $\boldsymbol{\alpha}^{\mathrm{T}}\boldsymbol{\beta} \neq 1$, 则 $\boldsymbol{\beta}\boldsymbol{\alpha}^{\mathrm{T}} - I_n$ 是可逆矩阵.

解 由 $\boldsymbol{\alpha}^{\mathrm{T}}\boldsymbol{\beta} \neq 1$, 则 $\boldsymbol{\alpha}^{\mathrm{T}}\boldsymbol{\beta} - 1 \neq 0$, 从而一阶矩阵 $\boldsymbol{\alpha}^{\mathrm{T}}\boldsymbol{\beta} - 1$ 可逆, 且 $(\boldsymbol{\alpha}^{\mathrm{T}}\boldsymbol{\beta} - 1)^{-1} = \dfrac{1}{\boldsymbol{\alpha}^{\mathrm{T}}\boldsymbol{\beta} - 1}$. 于是由例 15 知, $\boldsymbol{\beta}\boldsymbol{\alpha}^{\mathrm{T}} - I_n$ 也可逆, 且

$$\boldsymbol{\beta}\boldsymbol{\alpha}^{\mathrm{T}} - I_n = \boldsymbol{\beta} \cdot \frac{1}{\boldsymbol{\alpha}\boldsymbol{\beta} - 1} \cdot \boldsymbol{\alpha}^{\mathrm{T}} - I_n = \frac{1}{\boldsymbol{\alpha}^{\mathrm{T}}\boldsymbol{\beta} - 1}\boldsymbol{\beta}\boldsymbol{\alpha}^{T} - I_n.$$

17. 设 A 是 n 阶奇异阵, 则存在 n 阶矩阵 $B \neq 0, C \neq 0$, 使得 $AB = CA = 0$.

解 由 $A \cong \begin{pmatrix} I_r & 0 \\ 0 & 0 \end{pmatrix}$, 即存在可逆阵 P, Q, 使 $PAQ = \begin{pmatrix} I_r & 0 \\ 0 & 0 \end{pmatrix}$, 即 $AQ = P^{-1}\begin{pmatrix} I_r & 0 \\ 0 & 0 \end{pmatrix}$. 令 $Q = (Q_1, Q_2), P^{-1} = (P_1, P_2)$, 则 $(AQ_1, AQ_2) =$

$(P_1 \quad 0)$, 即有 $AQ_2 = 0$. 由于 Q 是可逆的, 从而 Q_2 不含零列, 即 $Q_2 \neq 0$. 令 $B = Q_2 \neq 0$, 则 $AB = 0$.

同理可证, 存在 $C \neq 0$, 使 $CA = 0$.

18. n 阶方阵 A, B 互逆的充分必要条件为 $AB = I_n$.

证明   必要性是显然的.

下面证充分性. 若不然, 则有

(1) n 阶方阵 A, B 可逆但不互逆, 此时由 $AB = I_n$ 知 $B = A^{-1}$, $A = B^{-1}$, 即 A, B 是互逆的, 这与它们不互逆矛盾; 此表明 A, B 可逆时必定是互逆的.

(2) n 阶方阵 A, B 中至少有一个不是可逆的, 不妨设为 A, 即 A 为奇异阵, 则由例 17 知, 存在矩阵 $D \neq 0$, 使得 $DA = 0$. 于是对 $AB = I_n$ 的两边左乘 D, 则有 $DAB = D$, 即 $D = 0$. 这也是矛盾的. 故 A, B 都是可逆的. 综合可知, A, B 互逆.

注   这个例题以及可逆矩阵的定义是用 "和" 化 "积" 求逆的理论依据.

19. 设 $A = \begin{pmatrix} A_{11} & A_{12} \\ A_{21} & A_{22} \end{pmatrix}$, A_{11} 可逆, $A_{22.2} = A_{22} - A_{21}A_{11}^{-1}A_{12}$ 可逆, 求 A^{-1}.

解   用分块初等变换来求. 由于

$$\begin{pmatrix} A & \vdots & I \end{pmatrix}$$

$$= \begin{pmatrix} A_{11} & A_{12} & \vdots & I_1 & 0 \\ A_{21} & A_{22} & \vdots & 0 & I_2 \end{pmatrix}$$

$$\xrightarrow[r_1 \text{ 左乘 } (-A_{21})+r_2]{r_1 \text{ 左乘 } A_{11}^{-1}} \begin{pmatrix} I_1 & A_{11}^{-1}A_{12} & A_{11}^{-1} & 0 \\ 0 & A_{22} - A_{21}A_{11}^{-1}A_{12} & A_{21}A_{11}^{-1} & I_2 \end{pmatrix}$$

$$\xrightarrow[r_2 \text{ 左乘 } (-A_{11}^{-1}A_{12})+r_1]{r_2 \text{ 左乘 } A_{22.2}^{-1}} \begin{pmatrix} I_1 & 0 & A_{11}^{-1} - A_{11}^{-1}A_{12}A_{22.2}^{-1}A_{21}A_{11}^{-1} & -A_{11}^{-1}A_{12}A_{22.2}^{-1} \\ 0 & I_2 & A_{22.2}^{-1}A_{21}A_{11}^{-1} & A_{22.2}^{-1} \end{pmatrix},$$

即

$$A^{-1} = \begin{pmatrix} A_{11}^{-1} - A_{11}^{-1}A_{12}A_{22.2}^{-1}A_{21}A_{11}^{-1} & -A_{11}^{-1}A_{12}A_{22.2}^{-1} \\ A_{22.2}^{-1}A_{21}A_{11}^{-1} & A_{22.2}^{-1} \end{pmatrix}. \qquad (*)$$

特别地,

(1) 如果上三角块阵 $A = \begin{pmatrix} A_{11} & A_{12} \\ 0 & A_{22} \end{pmatrix}$ 可逆, 则

$$A^{-1} = \begin{pmatrix} A_{11}^{-1} & -A_{11}^{-1}A_{12}A_{22}^{-1} \\ 0 & A_{22}^{-1} \end{pmatrix}.$$

(2) 如果下三角块阵 $\boldsymbol{A} = \begin{pmatrix} \boldsymbol{A}_{11} & \boldsymbol{0} \\ \boldsymbol{A}_{21} & \boldsymbol{A}_{22} \end{pmatrix}$ 可逆, 则

$$\boldsymbol{A}^{-1} = \begin{pmatrix} \boldsymbol{A}_{11}^{-1} & \boldsymbol{0} \\ -\boldsymbol{A}_{22}^{-1}\boldsymbol{A}_{21}\boldsymbol{A}_{11}^{-1} & \boldsymbol{A}_{22}^{-1} \end{pmatrix}.$$

(3) 如果对角块阵 $\boldsymbol{A} = \begin{pmatrix} \boldsymbol{A}_{11} & \boldsymbol{0} \\ \boldsymbol{0} & \boldsymbol{A}_{22} \end{pmatrix}$ 可逆, 则 $\boldsymbol{A}^{-1} = \begin{pmatrix} \boldsymbol{A}_{11}^{-1} & \boldsymbol{0} \\ \boldsymbol{0} & \boldsymbol{A}_{22}^{-1} \end{pmatrix}.$

(4) 如果斜对角块阵 $\boldsymbol{A} = \begin{pmatrix} \boldsymbol{0} & \boldsymbol{A}_{12} \\ \boldsymbol{A}_{21} & \boldsymbol{0} \end{pmatrix}$ 可逆, 则 $\boldsymbol{A}^{-1} = \begin{pmatrix} \boldsymbol{0} & \boldsymbol{A}_{21}^{-1} \\ \boldsymbol{A}_{12}^{-1} & \boldsymbol{0} \end{pmatrix}.$

(5) 如果二阶矩阵 $\boldsymbol{A} = \begin{pmatrix} a & b \\ c & d \end{pmatrix}$ 满足 $a \neq 0$ 和 $ad - bc \neq 0$, 则 $\boldsymbol{A}^{-1} = \dfrac{1}{ad-bc}\begin{pmatrix} d & -b \\ -c & a \end{pmatrix}.$

注 (∗) 式通常称为第一降阶定理.

20. 设 $\boldsymbol{A}$ 是 n 阶正交矩阵, 且令 $\boldsymbol{A} = (\boldsymbol{\alpha}_1, \cdots, \boldsymbol{\alpha}_n)$, 那么 $\boldsymbol{\alpha}_i^{\mathrm{T}}\boldsymbol{\alpha}_j = \begin{cases} 1, & i = j, \\ 0, & i \neq j. \end{cases}$

解 由于 $\boldsymbol{A}$ 是 n 阶正交矩阵, 故 $\boldsymbol{A}^{\mathrm{T}}\boldsymbol{A} = \boldsymbol{I}$, 即

$$\begin{pmatrix} \boldsymbol{\alpha}_1^{\mathrm{T}} \\ \vdots \\ \boldsymbol{\alpha}_n^{\mathrm{T}} \end{pmatrix}(\boldsymbol{\alpha}_1, \cdots, \boldsymbol{\alpha}_n) = \begin{pmatrix} \boldsymbol{\alpha}_1^{\mathrm{T}}\boldsymbol{\alpha}_1 & \cdots & \boldsymbol{\alpha}_1^{\mathrm{T}}\boldsymbol{\alpha}_n \\ \vdots & \ddots & \vdots \\ \boldsymbol{\alpha}_n^{\mathrm{T}}\boldsymbol{\alpha}_1 & \cdots & \boldsymbol{\alpha}_n^{\mathrm{T}}\boldsymbol{\alpha}_n \end{pmatrix} = \begin{pmatrix} 1 & 0 & \cdots & 0 \\ 0 & 1 & \cdots & 0 \\ \vdots & \vdots & \ddots & \vdots \\ 0 & 0 & \cdots & 1 \end{pmatrix}.$$

因此, $\boldsymbol{\alpha}_i^{\mathrm{T}}\boldsymbol{\alpha}_j = \begin{cases} 1, & i = j, \\ 0, & i \neq j. \end{cases}$

事实上, 列向量 $\boldsymbol{\alpha}_1, \cdots, \boldsymbol{\alpha}_n$ 满足 $\boldsymbol{\alpha}_i^{\mathrm{T}}\boldsymbol{\alpha}_j = \begin{cases} 1, & i = j, \\ 0, & i \neq j, \end{cases}$ 则 $(\boldsymbol{\alpha}_1, \cdots, \boldsymbol{\alpha}_n)$ 是一个正交矩阵. 这样的一组向量通常称为正交向量组.

7.4 复 习 题

1. 填空题

(1) 已知 $\boldsymbol{A} = \begin{pmatrix} 2 & 1 \\ 1 & 2 \end{pmatrix}, \boldsymbol{B} = \begin{pmatrix} 1 & 2 \\ 1 & 1 \end{pmatrix}$, 则 $\boldsymbol{AB} - \dfrac{1}{3}\boldsymbol{BA} = $ _____.

(2) 已知 $m \times p$ 矩阵 $\boldsymbol{A}$ 和 $6 \times n$ 矩阵 $\boldsymbol{B}$ 有积 $\boldsymbol{AB}$, 则 $p = $ _____.

(3) 已知 $(3\boldsymbol{A})^{-1} = \begin{pmatrix} 1 & 0 & 1 \\ 0 & 2 & 1 \\ 1 & 2 & 0 \end{pmatrix}$, 则 $\boldsymbol{A}^{-1} = $ _____.

(4) 已知 $\boldsymbol{A} = \begin{pmatrix} 1 & 2 \\ 3 & 1 \end{pmatrix}$, 则 $(3\boldsymbol{A}^{-1})^{\mathrm{T}} = $ _____.

(5) 已知 $\boldsymbol{A} = \begin{pmatrix} 1 & 1 \\ 0 & 1 \end{pmatrix}$, 则 $\boldsymbol{A}^n = $ _____.

(6) $\begin{pmatrix} 1 & 3 & 0 & 0 \\ 4 & 2 & 0 & 0 \\ 0 & 0 & 2 & 1 \\ 0 & 0 & 2 & 3 \end{pmatrix}^{-1} = $ _____.

2. 单项选择题

(1) 设 $\boldsymbol{A}$ 是 $m \times n$ 矩阵, $\boldsymbol{B}$ 是 $p \times q$ 矩阵, 且积 $\boldsymbol{AB}$ 存在且为方阵, 则 $\boldsymbol{BA}$ _____.

(A) 没有意义   (B) 有意义且为方阵

(C) 有意义但非方阵   (D) 等于 $\boldsymbol{AB}$

(2) 设 n 阶方阵满足 $\boldsymbol{ABC} = \boldsymbol{I}$, 则有 _____.

(A) $\boldsymbol{ABC} = \boldsymbol{CBA}$ (B) $\boldsymbol{ABC} = \boldsymbol{BAC}$

(C) $\boldsymbol{ABC} = \boldsymbol{BCA}$ (D) $\boldsymbol{ABC} = \boldsymbol{ACB}$

(3) 设 n 阶可逆矩阵 $\boldsymbol{A}$, $\boldsymbol{B}$, 那么 _____.

(A) $(\boldsymbol{AB})^{-1} = \boldsymbol{A}^{-1}\boldsymbol{B}^{-1}$ (B) $(\boldsymbol{A} + \boldsymbol{B})^{-1} = \boldsymbol{A}^{-1} + \boldsymbol{B}^{-1}$

(C) $(\boldsymbol{A} + \boldsymbol{B})^{-1} = \boldsymbol{B}^{-1}(\boldsymbol{A}^{-1} + \boldsymbol{B}^{-1})\boldsymbol{A}^{-1}$ (D) $\begin{pmatrix} \boldsymbol{0} & \boldsymbol{B} \\ \boldsymbol{A} & \boldsymbol{0} \end{pmatrix} = \begin{pmatrix} \boldsymbol{0} & \boldsymbol{A}^{-1} \\ \boldsymbol{B}^{-1} & \boldsymbol{0} \end{pmatrix}$

(4) 设矩阵 $\boldsymbol{A}$, $\boldsymbol{B}$ 满足 $\boldsymbol{AB} = \boldsymbol{BA}$, 则 _____.

(A) $\boldsymbol{A}$, $\boldsymbol{B}$ 是对角矩阵   (B) $\boldsymbol{A}$, $\boldsymbol{B}$ 至少一个是纯量矩阵

(C) $\boldsymbol{A}$, $\boldsymbol{B}$ 是互逆矩阵   (D) $\boldsymbol{A}$, $\boldsymbol{B}$ 是同阶方阵

(5) 设方阵 $\boldsymbol{A}$ 满足 $\boldsymbol{A}^2 = \boldsymbol{I}$, 则 _____.

(A) $\boldsymbol{A} = \boldsymbol{I}$ (B) $\boldsymbol{A} = -\boldsymbol{I}$

(C) $\boldsymbol{A}^3 = \boldsymbol{I}$ (D) $\boldsymbol{A}^4 = \boldsymbol{I}$

(6) 下列矩阵为对称矩阵的是 _____.

(A) $\boldsymbol{A} + 2\boldsymbol{A}^{\mathrm{T}}$ (B) $\boldsymbol{I}_n - \boldsymbol{A}$

(C) $\boldsymbol{I}_n + \boldsymbol{A}(\boldsymbol{A}^{\mathrm{T}}\boldsymbol{A})^{-1}\boldsymbol{A}^{\mathrm{T}}$ (D) $\boldsymbol{I}_n - \boldsymbol{AA}^{\mathrm{T}}\boldsymbol{A}^{-1}$

3. 设 $\boldsymbol{A} = \begin{pmatrix} 1 & 2 & 1 \\ 2 & 1 & 2 \\ 1 & 2 & 3 \end{pmatrix}$, $\boldsymbol{B} = \begin{pmatrix} 4 & 1 & 1 \\ -4 & 2 & 0 \\ 1 & 2 & 1 \end{pmatrix}$, 试计算 $(\boldsymbol{A} + \boldsymbol{B})(\boldsymbol{A} - \boldsymbol{B}) - (\boldsymbol{A}^2 + \boldsymbol{BA} - \boldsymbol{B}^2)$.

4. 设可逆矩阵 $\boldsymbol{A} = \begin{pmatrix} 2 & 3 & 5 \\ 7 & 2 & 1 \\ 4 & -4 & 1 \end{pmatrix}$, $\boldsymbol{B} = \begin{pmatrix} -6 & 4 & 3 \\ 7 & -1 & 5 \\ 2 & 3 & 1 \end{pmatrix}$, $\boldsymbol{C} = \begin{pmatrix} 1 & 1 & 0 \\ 1 & 2 & 0 \\ 0 & 0 & 1 \end{pmatrix}$, 试计算 $\boldsymbol{A}[(\boldsymbol{A}^{-1}\boldsymbol{B})^{-1}(\boldsymbol{C}^{-1}\boldsymbol{A})^{-1} - \boldsymbol{I}](\boldsymbol{B}^{-1}\boldsymbol{C})^{-1}$.

5. 设 $\boldsymbol{A} = \begin{pmatrix} 1 & 3 & 0 \\ 0 & -1 & 0 \\ 0 & 0 & 1 \end{pmatrix}$, 求 $(\boldsymbol{P}\boldsymbol{A}\boldsymbol{P}^{-1})^{100}$.

6. 设 $\boldsymbol{A}^{-1} = \begin{pmatrix} 2 & 3 & 5 \\ 1 & 2 & 1 \\ 1 & -1 & 1 \end{pmatrix}$, $\boldsymbol{B}^{-1} = \begin{pmatrix} -1 & 2 & 1 \\ 2 & -1 & 1 \\ 1 & 2 & -1 \end{pmatrix}$, 求 $2\boldsymbol{B}^{\mathrm{T}}(\boldsymbol{A}\boldsymbol{B}^{\mathrm{T}})^{-1} +$ $3(\boldsymbol{A}^{\mathrm{T}}\boldsymbol{B})^{-1}\boldsymbol{A}^{\mathrm{T}}$.

7. 设 n 阶方阵 $\boldsymbol{A}\boldsymbol{B} = 2\boldsymbol{A} + 3\boldsymbol{B}$, 求证 (1) $(\boldsymbol{A}-3\boldsymbol{I})$ 是非奇异阵, 并求其逆; (2) $\boldsymbol{A}\boldsymbol{B} = \boldsymbol{B}\boldsymbol{A}$.

8. 设 $\boldsymbol{X}$, $\boldsymbol{Y}$ 分别是 n 维列向量, $\boldsymbol{A}$ 是 n 阶可逆阵, 且 $\boldsymbol{Y}^{\mathrm{T}}\boldsymbol{A}^{-1}\boldsymbol{X} \neq -1$, 证明 $\boldsymbol{A} + \boldsymbol{X}\boldsymbol{Y}^{\mathrm{T}}$ 是可逆阵, 且求其逆.

9. 设方阵 $\boldsymbol{A}$, $\boldsymbol{B}$, $\boldsymbol{C}$ 满足 $\boldsymbol{A}\boldsymbol{B} = \boldsymbol{A} + \boldsymbol{B}$, $\boldsymbol{A}\boldsymbol{B}\boldsymbol{C} = \boldsymbol{A} + \boldsymbol{B} + \boldsymbol{C}$, 则 $\boldsymbol{A}\boldsymbol{B}\boldsymbol{C} = \boldsymbol{C}\boldsymbol{B}\boldsymbol{A}$.

10. 设 $\boldsymbol{A}^{-1} + \boldsymbol{B}^{-1}$ 非奇异, 则 $\boldsymbol{A} + \boldsymbol{B}$ 非奇异, 且 $(\boldsymbol{A}+\boldsymbol{B})^{-1} = \boldsymbol{B}^{-1}(\boldsymbol{A}^{-1}+\boldsymbol{B}^{-1})^{-1}\boldsymbol{A}^{-1}$.

11. 设矩阵 $\boldsymbol{A} \neq \boldsymbol{0}$, 则必定存在非零列向量 $\boldsymbol{\alpha}$ 与 $\boldsymbol{\beta}$, 使得 $\boldsymbol{\alpha}^{\mathrm{T}}\boldsymbol{A}\boldsymbol{\beta} \neq 0$.

12. 设 $\boldsymbol{A}$ 为 $m \times n$ 矩阵, $\boldsymbol{\alpha}$ 为 $n \times 1$ 列矩阵, 则 $\boldsymbol{\alpha}^{\mathrm{T}}\boldsymbol{A}^{\mathrm{T}}\boldsymbol{A}\boldsymbol{\alpha} \geqslant 0$.

13. 如果非奇异矩阵的每列元素之和均为一常数, 则 $\boldsymbol{A}^{-1}$ 的每列的元素和为 $\dfrac{1}{a}$.

14. 如果方阵 $\boldsymbol{A}$, $\boldsymbol{B}$ 的积 $\boldsymbol{A}\boldsymbol{B}$ 可逆, 则 $\boldsymbol{A}$, $\boldsymbol{B}$ 均可逆.

15. 证明 n 阶实矩阵 $\boldsymbol{A}$ 为反对称矩阵的充要条件是对任何 n 元实向量 $\boldsymbol{\alpha}$ 均有 $\boldsymbol{\alpha}^{\mathrm{T}}\boldsymbol{A}\boldsymbol{\alpha} = 0$.

16. 设 $\boldsymbol{A} = \boldsymbol{S}^{-1}\boldsymbol{P}\boldsymbol{S}$, $\boldsymbol{B} = \boldsymbol{S}^{-1}\boldsymbol{Q}\boldsymbol{S}$, 则 $\boldsymbol{A}\boldsymbol{B} = \boldsymbol{B}\boldsymbol{A}$ 的充要条件为 $\boldsymbol{P}\boldsymbol{Q} = \boldsymbol{Q}\boldsymbol{P}$.

7.5 复习题参考答案与提示

1. (1) $\begin{pmatrix} \dfrac{5}{3} & \dfrac{10}{3} \\ 2 & 3 \end{pmatrix}$. (2) 6. (3) $\begin{pmatrix} 3 & 0 & 3 \\ 0 & 6 & 3 \\ 3 & 6 & 0 \end{pmatrix}$. (4) $\begin{pmatrix} -\dfrac{3}{5} & \dfrac{9}{5} \\ \dfrac{6}{5} & -\dfrac{3}{5} \end{pmatrix}$. (5) $\begin{pmatrix} 1 & n \\ 0 & 1 \end{pmatrix}$.

(6) $\begin{pmatrix} -\dfrac{1}{5} & \dfrac{3}{10} & 0 & 0 \\ \dfrac{2}{5} & -\dfrac{1}{10} & 0 & 0 \\ 0 & 0 & \dfrac{3}{4} & -\dfrac{1}{4} \\ 0 & 0 & -\dfrac{1}{2} & \dfrac{1}{2} \end{pmatrix}$.

2. (1) (B). (2) (C). (3) (D). (4) (D). (5) (D). (6) (C).

3. $\begin{pmatrix} 3 & -7 & -2 \\ -6 & -8 & -4 \\ 1 & -11 & -4 \end{pmatrix}$. 4. $\begin{pmatrix} -9 & -15 & -8 \\ 112 & -54 & -11 \\ 130 & -63 & 4 \end{pmatrix}$. 5. $\boldsymbol{I}$. 6. $\begin{pmatrix} 1 & 12 & 13 \\ 8 & 1 & 5 \\ 5 & 4 & -1 \end{pmatrix}$.

7. 将 "和" 化成 "积". (1) $(\boldsymbol{A}-3\boldsymbol{I})(3-2\boldsymbol{I}) = 6\boldsymbol{I}$. (2) 由 (1) 有 $\boldsymbol{B}\boldsymbol{A} = 2\boldsymbol{A}+3\boldsymbol{B} = \boldsymbol{A}\boldsymbol{B}$.

8. 仿例 16.

9. 将 "和" 化成 "积".

10. 将 "和" 化成 "积", 再利用可逆矩阵的性质.

11. 针对非零元素所要求的列向量.

12. 观察 $m \times 1$ 列矩阵 $\boldsymbol{A\alpha}$.

13. 考虑 $\boldsymbol{A}^{-1}\boldsymbol{A}$.

14. 设法用例 18.

15. 取一些特殊的向量.

16. 直接运算.

第 8 章　矩阵的数字特征

8.1　概念、性质与定理

8.1.1　矩阵的行列式

8.1.1.1　矩阵的行列式

设方阵 $\boldsymbol{A} = (a_{ij})_{n \times n}$，则 $\sum\limits_{j_1 \cdots j_n} (-1)^{\tau(j_1 \cdots j_n)} a_{1j_1} \cdots a_{nj_n}$ 称为矩阵 $\boldsymbol{A}$ 的行列

式，记为 $|\boldsymbol{A}|$ 或 $|a_{ij}|$ 或 $\begin{vmatrix} a_{11} & a_{12} & \cdots & a_{1n} \\ a_{21} & a_{22} & \cdots & a_{2n} \\ \vdots & \vdots & & \vdots \\ a_{n1} & a_{n2} & \cdots & a_{nn} \end{vmatrix} = D_n$，即

$$\begin{vmatrix} a_{11} & a_{12} & \cdots & a_{1n} \\ a_{21} & a_{22} & \cdots & a_{2n} \\ \vdots & \vdots & & \vdots \\ a_{n1} & a_{n2} & \cdots & a_{nn} \end{vmatrix} = \sum_{j_1 \cdots j_n} (-1)^{\tau(j_1 \cdots j_n)} a_{1j_1} \cdots a_{nj_n},$$

其中，$\tau(j_1 \cdots j_n)$ 表示排列 $j_1 \cdots j_n$ 的逆序的个数. 所谓排列 $j_1 \cdots j_n$ 的一个逆序指的是排列中两个数的前后位置与大小顺序相反, 即大的在前小的在后的情形. $\sum\limits_{j_1 \cdots j_n}$ 表示对所有的 n 阶排列求和.

易知, n 阶矩阵的行列式或说 n 阶行列式是一个数, 由 $n!$ 项的代数和构成.

8.1.1.2　性质与定理

1. $|\boldsymbol{A}| = |\boldsymbol{A}^{\mathrm{T}}|$, 即 (矩阵的) 行列式的行列互换, 其值不变.

2. $k|\boldsymbol{A}| = \begin{vmatrix} ka_{11} & ka_{12} & \cdots & ka_{1n} \\ a_{21} & a_{22} & \cdots & a_{2n} \\ \vdots & \vdots & & \vdots \\ a_{n1} & a_{n2} & \cdots & a_{nn} \end{vmatrix} = \cdots = \begin{vmatrix} a_{11} & \cdots & ka_{1j} & \cdots & a_{1n} \\ \vdots & & \vdots & & \vdots \\ a_{n1} & \cdots & ka_{nj} & \cdots & a_{nn} \end{vmatrix},$

即 (矩阵的) 行列式的某行 (列) 的公因子可提到行列式符号之前. 易知, $|k\boldsymbol{A}| = k^n |\boldsymbol{A}|$.

3. 设 $\boldsymbol{A} = (\boldsymbol{\alpha}_1, \cdots, \boldsymbol{\alpha}_i + \boldsymbol{\beta}_i, \boldsymbol{\alpha}_{i+1}, \cdots, \boldsymbol{\alpha}_n)$, 则 $|\boldsymbol{A}| = |(\boldsymbol{\alpha}_1, \cdots, \boldsymbol{\alpha}_i, \cdots, \boldsymbol{\alpha}_n)| + |(\boldsymbol{\alpha}_1, \cdots, \boldsymbol{\beta}_i, \cdots, \boldsymbol{\alpha}_n)|$, 即如果 (矩阵的) 行列式某列 (行) 是两列 (行) 的和, 则此行列式等于此两列 (行) 与其他列 (行) 构成的行列式的和.

4. 设 $\boldsymbol{A} = (\boldsymbol{\alpha}_1, \cdots, \overset{j_1}{\boldsymbol{\alpha}}, \cdots, \overset{j_2}{\boldsymbol{\alpha}}, \cdots, \boldsymbol{\alpha}_n)$, 则 $|\boldsymbol{A}| = 0$, 即 (矩阵的) 行列式的两列 (行) 相同, 其值为零.

5. 设 $\boldsymbol{A} = (\boldsymbol{\alpha}_1, \cdots, \overset{j_1}{\boldsymbol{\alpha}_{j_1}}, \cdots, k\overset{j_2}{\boldsymbol{\alpha}_{j_1}}, \cdots, \boldsymbol{\alpha}_n)$, 则 $|\boldsymbol{A}| = 0$, 即如果 (矩阵的) 行列式某列 (行) 是另一列 (行) 的 k 倍, 则行列式的值为零.

6. 设 $\boldsymbol{A} = (\boldsymbol{\alpha}_1, \cdots, \boldsymbol{\alpha}_{j_1}, \cdots, \boldsymbol{\alpha}_{j_2}, \cdots, \boldsymbol{\alpha}_n)$, 则 $|\boldsymbol{A}| = |(\boldsymbol{\alpha}_1, \cdots, \boldsymbol{\alpha}_{j_1}, \cdots, \boldsymbol{\alpha}_{j_2} + k\boldsymbol{\alpha}_{j_1}, \cdots, \boldsymbol{\alpha}_n)|$, 即 (矩阵的) 行列式某列 (行) k 倍后加到另一列 (行) 上所得的行列式与原行列式的值相同.

7. $|(\boldsymbol{\alpha}_1, \cdots, \boldsymbol{\alpha}_{j_1}, \cdots, \boldsymbol{\alpha}_{j_2}, \cdots, \boldsymbol{\alpha}_n)| = -|(\boldsymbol{\alpha}_1, \cdots, \boldsymbol{\alpha}_{j_2}, \cdots, \boldsymbol{\alpha}_{j_1}, \cdots, \boldsymbol{\alpha}_n)|$, 即 (矩阵的) 行列式的某两列 (行) 互换后的行列式与原行列式的值反号.

8. (Laplace 定理)　设 $\boldsymbol{A} = (a_{ij})_{n \times n}$, 在 $\boldsymbol{A}$ 中任意取定 k 行 (列)$(1 \leqslant k \leqslant n)$, 由这 k 行组成的所有 k 阶子块的行列式 $A_i (i = 1, 2, \cdots, t)$ 与其代数余子式 $M_i (i = 1, 2, \cdots, t)$ 的积恰等于 $|\boldsymbol{A}|$, 即

$$|\boldsymbol{A}| = A_1 M_1 + A_2 M_2 + \cdots + A_t M_t,$$

其中 $t = \mathrm{C}_n^k$. 子式: 在 $\boldsymbol{A}$ 中选定 k 行 k 列 $(1 \leqslant k \leqslant n)$, 这 k 行 (如 $i_1, i_2, \cdots, i_k$ 行) k 列 (如 $j_1, j_2, \cdots, j_k$ 列) 组成的一个 k 阶子块的行列式 $\left| \boldsymbol{A} \begin{pmatrix} i_1, i_2, \cdots, i_k \\ j_1, j_2, \cdots, j_k \end{pmatrix} \right|$ 称为 A 的子式, 记为 $|\boldsymbol{A}|$. 而划去这 k 行 k 列的元素后, 余下的元素按原有顺序组成的子块的行列式, 又叫 $|\boldsymbol{A}|$ 的关于 A 的余子式记为 M^c. 而 $M = (-1)^{i_1 + \cdots + i_k + j_1 + \cdots + j_k} M^c$ 称为 $|\boldsymbol{A}|$ 的关于 A 的代数余子式.

例如, 设 $\boldsymbol{A} = \begin{pmatrix} a_{11} & a_{12} & a_{13} & a_{14} \\ a_{21} & a_{22} & a_{23} & a_{24} \\ a_{31} & a_{32} & a_{33} & a_{34} \\ a_{41} & a_{42} & a_{43} & a_{44} \end{pmatrix}$, 则 $|\boldsymbol{A}| = \begin{vmatrix} a_{21} & a_{23} \\ a_{41} & a_{43} \end{vmatrix}$ 为子块

$\boldsymbol{A} \begin{pmatrix} 2 & 4 \\ 1 & 3 \end{pmatrix}$ 的子式, $M^c = \begin{vmatrix} a_{12} & a_{14} \\ a_{32} & a_{34} \end{vmatrix}$ 为 $|\boldsymbol{A}|$ 的关于 A 的余子式, $M = (-1)^{2+4+1+3} M^c$ 为 $|\boldsymbol{A}|$ 的关于 A 的代数余子式.

特别地, a_{ij} 的代数余子式记为 A_{ij}, 也称之为 a_{ij} 的代数余因子. 于是由

Laplace 定理有

按第 i 行展开

$$a_{i1}A_{j1} + \cdots + a_{in}A_{jn} = \begin{cases} |\boldsymbol{A}|, & i = j, \\ 0, & i \neq j. \end{cases}$$

按第 i 列展开

$$a_{1i}A_{1j} + a_{2i}A_{2j} + \cdots + a_{ni}A_{nj} = \begin{cases} |\boldsymbol{A}|, & i = j, \\ 0, & i \neq j. \end{cases}$$

9. $\boldsymbol{A}$ 可逆的充分必要条件是 $|\boldsymbol{A}| \neq 0$, 且 $\boldsymbol{A}\boldsymbol{A}^* = \boldsymbol{A}^*\boldsymbol{A} = |\boldsymbol{A}|\boldsymbol{I}$ 或 $\boldsymbol{A}^{-1} = \dfrac{1}{|\boldsymbol{A}|}\boldsymbol{A}^*$. 其中 $\boldsymbol{A}^* = \begin{pmatrix} \boldsymbol{A}_{11} & \boldsymbol{A}_{12} & \cdots & \boldsymbol{A}_{1n} \\ \vdots & \vdots & & \vdots \\ \boldsymbol{A}_{n1} & \boldsymbol{A}_{n2} & \cdots & \boldsymbol{A}_{nn} \end{pmatrix}^{\mathrm{T}}$, 并称之为 $\boldsymbol{A}$ 的伴随矩阵, 也记为 $\mathrm{adj}(\boldsymbol{A})$.

10. 设 $\boldsymbol{A}$, $\boldsymbol{B}$ 为同阶方阵, 则 $|\boldsymbol{A}\boldsymbol{B}| = |\boldsymbol{A}| \cdot |\boldsymbol{B}|$.

11. **行列式降阶定理**　如果矩阵 $\boldsymbol{A}$ 可逆, 那么 $\begin{vmatrix} \boldsymbol{A} & \boldsymbol{B} \\ \boldsymbol{C} & \boldsymbol{D} \end{vmatrix} = |\boldsymbol{A}| \cdot |\boldsymbol{D} - \boldsymbol{C}\boldsymbol{A}^{-1}\boldsymbol{B}|$.

12. 对 n 阶方阵 $\boldsymbol{A}$, 存在非零的 n 元向量使得 $\boldsymbol{A}\boldsymbol{x} = \boldsymbol{0}$ 的充要条件为 $|\boldsymbol{A}| = 0$.

8.1.1.3　一些特殊矩阵的行列式

1. **对角矩阵的行列式**　如果 $\boldsymbol{\Lambda} = \begin{pmatrix} a_{11} & \cdots & 0 \\ \vdots & & \vdots \\ 0 & \cdots & a_{nn} \end{pmatrix}$, 则

$$|\boldsymbol{\Lambda}| = \begin{vmatrix} a_{11} & \cdots & 0 \\ \vdots & & \vdots \\ 0 & \cdots & a_{nn} \end{vmatrix} = a_{11}a_{22}\cdots a_{nn}.$$

2. **斜对角矩阵的行列式**　如果 $\boldsymbol{A} = \begin{pmatrix} 0 & \cdots & d_1 \\ \vdots & & \vdots \\ d_n & \cdots & 0 \end{pmatrix}$, 则

$$|\boldsymbol{A}| = \begin{vmatrix} 0 & \cdots & d_1 \\ \vdots & & \vdots \\ d_n & \cdots & 0 \end{vmatrix} = -d_1d_2\cdots d_n.$$

3. **下三角矩阵的行列式** 如果 $\boldsymbol{A} = \begin{pmatrix} a_{11} & 0 & \cdots & 0 \\ a_{21} & a_{22} & \cdots & 0 \\ \vdots & \vdots & & \vdots \\ a_{n1} & a_{n2} & \cdots & a_{nn} \end{pmatrix}$，则 $|\boldsymbol{A}| = a_{11} \cdots a_{nn}$.

4. **上三角矩阵的行列式** 如果 $\boldsymbol{A} = \begin{pmatrix} a_{11} & a_{12} & \cdots & a_{1n} \\ 0 & a_{22} & \cdots & a_{2n} \\ \vdots & \vdots & & \vdots \\ 0 & 0 & \cdots & a_{nn} \end{pmatrix}$，则 $|\boldsymbol{A}| = a_{11} \cdots a_{nn}$.

5. **对角块矩阵的行列式** 如果 $\boldsymbol{A} = \begin{pmatrix} \boldsymbol{A}_{11} & \cdots & 0 \\ \vdots & & \vdots \\ 0 & \cdots & \boldsymbol{A}_{nn} \end{pmatrix}$，则 $|\boldsymbol{A}| = |\boldsymbol{A}_{11}| \cdots |\boldsymbol{A}_{nn}|$.

6. **下三角块矩阵的行列** 如果 $\boldsymbol{A} = \begin{pmatrix} \boldsymbol{A}_{11} & \cdots & 0 \\ \vdots & & \vdots \\ * & \cdots & \boldsymbol{A}_{nn} \end{pmatrix}$，则 $|\boldsymbol{A}| = |\boldsymbol{A}_{11}| \cdots |\boldsymbol{A}_{nn}|$.

8.1.2 矩阵的迹

8.1.2.1 矩阵的迹

定义 设 $\boldsymbol{A}$ 是 n 阶矩阵，则 $\boldsymbol{A}$ 的主对角线上的元素之和称为矩阵 $\boldsymbol{A}$ 的迹，记为 $\mathrm{tr}(\boldsymbol{A})$，即若 $\boldsymbol{A} = (a_{ij})_{n \times n}$，则 $\mathrm{tr}(\boldsymbol{A}) = \sum\limits_{i=1}^{n} a_{ii}$.

8.1.2.2 性质与定理

1. 设 $\boldsymbol{A}$, $\boldsymbol{B}$ 都是 n 阶方阵，λ, $\mu \in \mathbf{R}$，则
(1) $\mathrm{tr}(\lambda \boldsymbol{A} + \mu \boldsymbol{B}) = \lambda \cdot \mathrm{tr}(\boldsymbol{A}) + \mu \cdot \mathrm{tr}(\boldsymbol{B})$;
(2) $\mathrm{tr}(\boldsymbol{A}) = \mathrm{tr}(\boldsymbol{A}^{\mathrm{T}})$.
2. 设 $\boldsymbol{A}$ 为 $m \times n$ 矩阵，$\boldsymbol{B}$ 为 $n \times m$ 矩阵，则 $\mathrm{tr}(\boldsymbol{AB}) = \mathrm{tr}(\boldsymbol{BA})$.

8.1.3 矩阵的秩

8.1.3.1 矩阵的秩

定义 设 $\boldsymbol{A}$ 为一 $m \times n$ 矩阵，如果存在 r 阶不为零的 $\boldsymbol{A}$ 的子式，而 $\boldsymbol{A}$ 的

任意 $r+1$ 阶子式 (如果有的话) 都为零, 则称 r 为矩阵 $\boldsymbol{A}$ 的秩, 记为 Rank($\boldsymbol{A}$) 或 $R(\boldsymbol{A})$, 即 $R(\boldsymbol{A}) = r$.

如果 $R(\boldsymbol{A}) = n$, 则称 $\boldsymbol{A}$ 为列满秩矩阵, 此时 $\boldsymbol{A} = (\boldsymbol{\alpha}_1, \cdots, \boldsymbol{\alpha}_n)$ 的列向量组 $\boldsymbol{\alpha}_1, \cdots, \boldsymbol{\alpha}_n$ 是线性无关的, 即对任意的 $x_1, \cdots, x_n$ 有 $\boldsymbol{\alpha}_1 x_1 + \cdots + \boldsymbol{\alpha}_n x_n = \boldsymbol{0}$. 否则线性相关, 且 $\forall \boldsymbol{\alpha}, \boldsymbol{\alpha}_1, \cdots, \boldsymbol{\alpha}_n, \boldsymbol{\alpha}$ 线性相关, 此时, $\boldsymbol{\alpha}_1, \cdots, \boldsymbol{\alpha}_n$ 也称为向量组 $\boldsymbol{\alpha}_1, \cdots, \boldsymbol{\alpha}_n, \boldsymbol{\alpha}$ 的极大线性无关组, 且向量组的秩为 n.

如果 $R(\boldsymbol{A}) = m$, 则称 $\boldsymbol{A}$ 为行满秩矩阵, 此时 $\boldsymbol{A} = \begin{pmatrix} \boldsymbol{\beta}_1 \\ \vdots \\ \boldsymbol{\beta}_m \end{pmatrix}$ 的行向量组 $\boldsymbol{\beta}_1, \cdots, \boldsymbol{\beta}_m$ 是线性无关的, 否则线性相关.

8.1.3.2 性质与定理

1. $R(\boldsymbol{A}) \leqslant \min\{m, n\}$, m, n 分别为 $\boldsymbol{A}$ 的行数和列数, 即矩阵的秩不超过矩阵的行数, 也不超过矩阵的列数.

2. 初等变换不改变矩阵的秩.

这是一个基础性的定理. 一般的教科书没有给出证明. 此处, 以行变换为例给出一个证明, 而列变换可以类似证明.

设 $\boldsymbol{A}$ 为 $m \times n$ 矩阵, $R(\boldsymbol{A}) = r$, 则由矩阵的定义知, $\boldsymbol{A}$ 有 r 阶子式 $\neq 0$, 而任意 $r+1$ 阶子式为 0. 不妨设这个不为 0 的 r 阶子式为 $M_r = \begin{vmatrix} a_{i_1 j_1} & \cdots & a_{i_1 j_r} \\ \vdots & & \vdots \\ a_{i_r j_1} & \cdots & a_{i_r j_r} \end{vmatrix} \neq 0$, 而任意 $r+1$ 阶子式相应也记为 M_{r+1}, 且 $M_{r+1}=0$.

(1) 将 $\boldsymbol{A}$ 施以第一种初等行变换得 $\boldsymbol{B}$, 即 $\boldsymbol{B}$ 是对 $\boldsymbol{A}$ 的第 r_i 行乘数 α 后所得的矩阵. 如果 r_i 是 $i_1, \cdots, i_r$ 行中的某一行, 则由 (矩阵的) 行列式性质 2 知, $\boldsymbol{B}$ 中有 r 阶子式 $\alpha M_r \neq 0$. 用 $M_r^{\boldsymbol{B}}$ 表示 $\boldsymbol{B}$ 中有 r 阶子式, 则有 $M_r^{\boldsymbol{B}} = \alpha M_r \neq 0$. 而任意 $r+1$ 阶子式 $M_{r+1}^{\boldsymbol{B}}$ 或为 αM_{r+1}, 或为 M_{r+1}. 又由于 $M_{r+1} = 0$, 所以 $M_{r+1}^{\boldsymbol{B}} = 0$. 于是由定义知 $R(\boldsymbol{B}) = r = R(\boldsymbol{A})$.

如果 r_i 不在 $i_1, \cdots, i_r$ 中, 则 $\boldsymbol{B}$ 必有 r 阶子式 $M_r^{\boldsymbol{B}} = M_r \neq 0$, 而 $\boldsymbol{B}$ 中的任意 $r+1$ 阶子式 $M_{r+1}^{\boldsymbol{B}}$ 或者为 αM_{r+1} 且为 0, 或者为 M_{r+1} 且为 0. 由定义知 $R(\boldsymbol{B}) = r = R(\boldsymbol{A})$.

总之, 对矩阵 $\boldsymbol{A}$ 施以第一种初等行变换所得矩阵的秩不变.

(2) 将 $\boldsymbol{A}$ 施以第二种初等变换得 $\boldsymbol{B}$, 即 $\boldsymbol{B}$ 是由 $\boldsymbol{A}$ 的第 r_i 行乘数 α 后加到第 r_j 行上所得的.

如果 r_j 不在 $i_1, \cdots, i_r$ 中, 则必有 $M_r^{\boldsymbol{B}} = M_r \neq 0$, 而 $\boldsymbol{B}$ 中任意的 $r+1$ 阶子式 $M_{r+1}^{\boldsymbol{B}}$ 或为 M_{r+1} 或为 αM_{r+1}, 且为 0. 因此, $R(\boldsymbol{B}) = r = R(\boldsymbol{A})$.

如果 r_j, r_i 都在 $i_1, \cdots, i_r$ 中, 不妨设 $r_i = i_s, r_j = i_t, 1 \leqslant s, t \leqslant r$, 则有 $M_r^{\boldsymbol{B}}$, 使得

$$
M_r^{\boldsymbol{B}} = \begin{vmatrix}
a_{i_1 j_1} & a_{i_1 j_2} & \cdots & a_{i_1 j_{r-1}} & a_{i_1 j_r} \\
\vdots & \vdots & & \vdots & \vdots \\
a_{i_s j_1} & a_{i_s j_2} & \cdots & a_{i_s j_{r-1}} & a_{i_s j_r} \\
\vdots & \vdots & & \vdots & \vdots \\
a_{i_t j_1} + \alpha a_{i_s j_1} & a_{i_t j_2} + \alpha a_{i_s j_2} & \cdots & a_{i_t j_{r-1}} + \alpha a_{i_s j_{r-1}} & a_{i_t j_r} + \alpha a_{i_s j_r} \\
\vdots & \vdots & & \vdots & \vdots \\
a_{i_r j_1} & a_{i_r j_2} & \cdots & a_{i_r j_{r-1}} & a_{i_r j_r}
\end{vmatrix}
$$
$$
= M_r \neq 0,
$$

而 $\boldsymbol{B}$ 中任意 $r+1$ 阶子式 $M_{r+1}^{\boldsymbol{B}}$ 或为不含第 i_t 行的 $r+1$ 阶子式, 此时为 $M_{r+1} = 0$ 或为 $\boldsymbol{B}$ 中含有第 i_t 行的 $r+1$ 阶子式此时为 $M_{r+1} + \alpha M_{r+1} = 0$, 故由定义知, $R(\boldsymbol{B}) = r = R(\boldsymbol{A})$.

如果 r_j 在 $i_1, \cdots, i_r$ 中, r_i 不在 $i_1, \cdots, i_r$ 中, 则不妨设 r_j 为 i_1 行, r_i 为 i_{r+1} 行, 则

$$
M_r^{\boldsymbol{B}} = \begin{vmatrix}
a_{i_1 j_1} + \alpha a_{i_{r+1} j_1} & \cdots & a_{i_1 j_r} + \alpha a_{i_{r+1} j_r} \\
a_{i_2 j_1} & \cdots & a_{i_2 j_r} \\
\vdots & & \vdots \\
a_{i_r j_1} & \cdots & a_{i_r j_r}
\end{vmatrix}
$$
$$
= M_r + \alpha \begin{vmatrix}
a_{i_{r+1} j_1} & \cdots & a_{i_{r+1} j_r} \\
a_{i_2 j_1} & \cdots & a_{i_2 j_r} \\
\vdots & & \vdots \\
a_{i_r j_1} & \cdots & a_{i_r j_r}
\end{vmatrix}.
$$

若 $M_r^{\boldsymbol{B}} \neq 0$, 则仿前段分析知 $\boldsymbol{B}$ 中任意 $r+1$ 阶子式 $M_{r+1}^{\boldsymbol{B}} = 0$, 从而 $R(\boldsymbol{B}) = r = R(\boldsymbol{A})$.

若 $M_r^{\boldsymbol{B}} = 0$, 则由 $\alpha \neq 0, M_r \neq 0$, 知 $\begin{vmatrix} a_{i_{r+1} j_1} & \cdots & a_{i_{r+1} j_r} \\ a_{i_2 j_1} & \cdots & a_{i_2 j_r} \\ \vdots & & \vdots \\ a_{i_r j_1} & \cdots & a_{i_r j_r} \end{vmatrix} \neq 0$. 取行列式

$$\begin{vmatrix} a_{i_r j_1} & \cdots & a_{i_r j_r} \\ \vdots & & \vdots \\ a_{i_r j_1} & \cdots & a_{i_r j_r} \\ a_{i_{r+1} j_1} & \cdots & a_{i_{r+1} j_r} \end{vmatrix}$$ 为 B 的 r 阶子式, 并记为 $\bar{M}_r^B$, 即 $\tilde{M}_r^B \neq 0$, 而, 仿前段

分析知 B 中任意 $r+1$ 阶子式 $M_{r+1}^B = 0$. 故由定义知 $R(B) = r = R(A)$.

总之, 对矩阵 A 施以第二种初等行变换所得矩阵的秩不变.

(3) 将 A 施以第三种初等变换得 B, 即 B 是对 A 交换某两行后所得的. 如果这两行是在 $i_1, \cdots, i_r$ 行中进行的, 则有 $M_r^B = -M_r \neq 0$, 而 M_{r+1}^B 或为 M_{r+1} 或为 $-M_{r+1}$ 都为 0. 因此, $R(B) = r = R(A)$.

如果这两行中 i_s 在 $i_1, \cdots, i_r$ 中, 而 i_t 不在 $i_1, \cdots, i_r$ 中, 则仍取 B 中的 $j_1, \cdots, j_r$ 列和原有的 $i_1, \cdots, i_r$ 行构成 M_r^B. 易知 $M_r^B \neq 0$, 而 M_{r+1}^B 或为 M_{r+1} 或为 $-M_{r+1}$ 都为 0. 由定义知 $R(B) = r = R(A)$.

如果这两行是在 $i_1, \cdots, i_r$ 行外进行的, 则取 $M_r^B = M_r \neq 0$, 而 M_{r+1}^B 或为 M_{r+1} 或为 $-M_{r+1}$ 都为 0. 由定义知 $R(B) = r = R(A)$.

总之, 对矩阵 A 施以第三种初等行变换所得矩阵的秩不变.

综上所述, 对矩阵 A 施以行初等变换所得矩阵的秩与矩阵 A 的秩相同.

3. 如果 P 为非奇异矩阵, Q 为非奇异矩阵, 那么, $R(A) = R(PA) = R(AQ) = R(PAQ)$. 此定理说明一个矩阵右乘或左乘上可逆矩阵后所得的矩阵与原矩阵的秩相同.

4. $R\begin{pmatrix} A & 0 \\ 0 & B \end{pmatrix} = R(A) + R(B)$.

5. 如果 $R(A) = r$, 那么 $A \cong \begin{pmatrix} I_r & 0 \\ 0 & 0 \end{pmatrix}$.

6. n 阶可逆矩阵的秩为 n.

7. 如果 $R(A) = r$, 那么存在秩为 r 的列满秩和行满秩的矩阵 G 和 H, 使得 $A = GH$.

8. 设 A, B 为 $m \times n$, $n \times p$ 矩阵, $R(A) = r$, $R(B) = s$, 则 $R(AB) \leqslant \min\{r, s\}$.

8.1.4 矩阵的特征值

8.1.4.1 矩阵的特征值的概念

定义 设 A 是一个 n 阶矩阵, λ 是一个数, α 是一个不为 0 的列向量, 如果 $A\alpha = \lambda\alpha$, 则称 λ 为 A 的特征值 (根), α 则称为 A 的属于 λ 的特征向量. 由

$A\alpha = \lambda\alpha$ 可写成

$$(\lambda I_n - A)\alpha = 0,$$

则由 8.1.1.2 节中的定理 11 知, λ 为 A 的特征值 (根) 的充要条件为 $|\lambda I_n - A| = 0$. 此方程又称为 A 的特征方程.

8.1.4.2   性质与定理

1. n 阶矩阵 A 与 A^{T} 有相同的特征值.

2. A 为 n 阶可逆阵的充分必要条件是其特征值均不为 0.

3. $\mathrm{tr}(A) = \sum\limits_{i=1}^{n} \lambda_i$, $|A| = \prod\limits_{i=1}^{n} \lambda_i$.

4. 实对称矩阵的特征值恒为实数.

8.1.5   向量 (列或行矩阵) 的模

8.1.5.1   向量的模

设 $\alpha = (a_1, \cdots, a_n)^{\mathrm{T}}$, 则 $\sqrt{a_1^2 + \cdots + a_n^2}$ 称为向量 α 的模, 记为 $|\alpha|$, 即

$$|\alpha| = \sqrt{a_1^2 + \cdots + a_n^2} = \sqrt{\alpha^{\mathrm{T}} \cdot \alpha}.$$

特别地, 当 $|\alpha| = 1$ 时, 又称 α 为单位向量. 一个非零的向量 α 可化单位向量 $\dfrac{1}{|\alpha|}\alpha$. 而 $\alpha^{\mathrm{T}} \cdot \alpha$ 常称为向量 α 与向量 α 的**内积**. 一般地, 设向量 α, β 为两个 n 维列向量, 则 $\alpha^{\mathrm{T}} \cdot \beta$ 称为向量 α, β 的**内积**. 如果 $\alpha^{\mathrm{T}}\beta = 0$, 则称 α, β 是两个正交向量.

8.1.5.2   性质与定理

1. 正交阵 $A = (\alpha_1, \cdots, \alpha_n)$ 必要且只要 $\alpha_i^{\mathrm{T}}\alpha_j = \begin{cases} 1, & i = j, \\ 0, & i \neq j, \end{cases}$ 也必要且只要 $A^{\mathrm{T}} = A^{-1}$.

2. 设 $A = (\alpha_1, \cdots, \alpha_p)$ 为 $n \times p$ 矩阵, 且 $R(A) = p$, 则必有列正交阵 T 和非奇异阵 U, 使得 $A = TU$.

8.2   概 念 例 解

1. 设 α 是一个非零数, $A = (\alpha_1, \cdots, \alpha_n)$ 是一个 n 阶矩阵, 则下列式子成立的有 ___(C)___ .

(A) $\alpha|A| = |\alpha A|$ (B) $|\alpha||A| = |\alpha A|$

(C) $|\alpha\boldsymbol{A}| = \alpha^n |\boldsymbol{A}|$ \qquad\qquad (D) $|\alpha| |\boldsymbol{A}| = |(\alpha\boldsymbol{\alpha}_1, \cdots, \alpha\boldsymbol{\alpha}_n)|$

解 应选 (C). 因为 $\alpha\boldsymbol{A}$ 等于 α 乘以 $\boldsymbol{A}$ 的每一列, 故由行列式的性质知, 行列式的每一列中的公因子 α 可提到行列式的前面, 从而有 $|\alpha\boldsymbol{A}| = \alpha^n |\boldsymbol{A}|$. (A) 项不对是因为数乘以一个矩阵的行列式等于这个数乘以矩阵的某列 (行) 所得矩阵的行列式. (B) 选项不对, 是因为 $|\alpha|$ 乘以 $|\boldsymbol{A}|$ 应等于 $|\alpha|$ 乘以 $\boldsymbol{A}$ 的某列 (行) 所得的矩阵的行列式. (D) 也不对, 是因为不是用 $|\alpha|$ 乘以 $\boldsymbol{A}$ 的第一列.

2. 设四阶阵 $\boldsymbol{A} = (\boldsymbol{\alpha}_1, \boldsymbol{\alpha}_2, \boldsymbol{\alpha}_3, \boldsymbol{\alpha}_4)$, $\boldsymbol{B} = (\boldsymbol{\alpha}_4, \boldsymbol{\alpha}_3, \boldsymbol{\alpha}_2, \boldsymbol{\alpha}_1)$, 则 ___(B)___ .

(A) $|\boldsymbol{A}| = -|\boldsymbol{B}|$ \qquad\qquad (B) $|\boldsymbol{A}\boldsymbol{B}| = |\boldsymbol{B}|^2$

(C) $|\boldsymbol{A} + \boldsymbol{B}| = |\boldsymbol{A}| + |\boldsymbol{B}|$ \qquad\qquad (D) $|\lambda\boldsymbol{A}| = \lambda|\boldsymbol{B}|$

解 应选 (B). 因为 $|\boldsymbol{A}| = (-1)^{\frac{(4-1)\cdot 4}{2}} |\boldsymbol{B}| = |\boldsymbol{B}|$, 故 (A) 是不对. 又因为 $|\boldsymbol{A}\boldsymbol{B}| = |\boldsymbol{A}| |\boldsymbol{B}| = |\boldsymbol{B}|^2$, 所以, (B) 是对的. (C) 不对. 因为 $\boldsymbol{A} + \boldsymbol{B}$ 的行列式中必有两列相同, 故利用行列式性质知 $|\boldsymbol{A} + \boldsymbol{B}| = 0$. (D) 不对. 因为 $|\lambda\boldsymbol{A}| = \lambda^4 |\boldsymbol{A}| = \lambda^4 |\boldsymbol{B}| \neq \lambda|\boldsymbol{B}|$.

注 一个数与行列式的积等于这个数乘行列式的某行 (列).

一个数与一个矩阵的积等于这个数乘矩阵的每一行, 利用行列式性质 2, 某行列式应是这个数的矩阵阶数幂与这个矩阵的积.

3. 设 $\boldsymbol{A}\boldsymbol{B}$ 是一个 n 阶方阵, 且 $|\boldsymbol{A}\boldsymbol{B}| = 1$, 则下列等式成立的有 ___(C)___ .

(A) $|\boldsymbol{B}\boldsymbol{A}| = 1$ \qquad (B) $|2\boldsymbol{I}_n - \boldsymbol{A}\boldsymbol{B}| = 2^n - |\boldsymbol{A}\boldsymbol{B}| = 2^n - 1$

(C) $((\boldsymbol{A}\boldsymbol{B})^*)^* = \boldsymbol{A}\boldsymbol{B}$ \qquad (D) $|\boldsymbol{A}\boldsymbol{B} - \lambda\boldsymbol{I}_n| = |\boldsymbol{B}\boldsymbol{A} - \lambda\boldsymbol{I}_n|$

解 应选 (C). 因为 $(\boldsymbol{A}\boldsymbol{B})^* = |\boldsymbol{A}\boldsymbol{B}| (\boldsymbol{A}\boldsymbol{B})^{-1} = (\boldsymbol{A}\boldsymbol{B})^{-1}$, $|(\boldsymbol{A}\boldsymbol{B})^*| = 1$, 所以 $((\boldsymbol{A}\boldsymbol{B})^*)^* = |(\boldsymbol{A}\boldsymbol{B})^*| \cdot ((\boldsymbol{A}\boldsymbol{B})^*)^{-1} = |(\boldsymbol{A}\boldsymbol{B})^*| \cdot ((\boldsymbol{A}\boldsymbol{B})^{-1})^{-1} = \boldsymbol{A}\boldsymbol{B}$.

(A) 不一定是对的, 例如, 设 $\boldsymbol{A} = \begin{pmatrix} 1 & 0 & 0 \\ 0 & 1 & 0 \end{pmatrix}$, $\boldsymbol{B} = \begin{pmatrix} 1 & 0 & 0 \\ 0 & 1 & 0 \end{pmatrix}^{\mathrm{T}}$, 则 $\boldsymbol{A}\boldsymbol{B}$ 是一个 2 阶方阵, 且 $|\boldsymbol{A}\boldsymbol{B}| = 1$, 而 $\boldsymbol{B}\boldsymbol{A}$ 是 3 阶方阵, 且 $|\boldsymbol{B}\boldsymbol{A}| = 0$. 又设 $\boldsymbol{A} = \begin{pmatrix} 1 & 1 \\ 0 & 1 \end{pmatrix}$, $\boldsymbol{B} = \begin{pmatrix} 1 & 2 \\ 0 & 1 \end{pmatrix}$, 则 $\boldsymbol{A}\boldsymbol{B}$ 是一个 2 阶方阵, 且 $|\boldsymbol{A}\boldsymbol{B}| = 1$, 而 $\boldsymbol{B}\boldsymbol{A}$ 也是 2 阶方阵, 且 $|\boldsymbol{B}\boldsymbol{A}| = 1$. 而选项 (B) 是不对的, 例如, $\boldsymbol{A}\boldsymbol{B} = \begin{pmatrix} 1 & 1 \\ 0 & 1 \end{pmatrix}$, 此时, $|2\boldsymbol{I}_n - \boldsymbol{A}\boldsymbol{B}| = \begin{vmatrix} 1 & -1 \\ 0 & 1 \end{vmatrix} = 1$, 但 $2^2 - |\boldsymbol{A}\boldsymbol{B}| = 3 \neq 1$. 事实上, 两个矩阵的和的行列式未必是这两个矩阵的行列式的和. (D) 不一定是对的, 因为 $\boldsymbol{B}\boldsymbol{A}$ 未必是 n 阶方阵.

4. 设 $\boldsymbol{A} = (\alpha_{ij})$ 是 3 阶方阵, 且 $|\boldsymbol{A}| = 2$, 记 $\boldsymbol{B} = \begin{pmatrix} A_{31} & A_{21} & A_{11} \\ A_{32} & A_{22} & A_{12} \\ A_{33} & A_{23} & A_{13} \end{pmatrix}$, 其

中 A_{ij} 为 a_{ij} 的代数余子式, 那么　　(D)　　.

　　(A) $\boldsymbol{B}$ 是奇异阵　　　　　　　　　(B) $\boldsymbol{B}$ 是 $\boldsymbol{A}$ 的伴随矩阵

　　(C) $\boldsymbol{AB} = 2\boldsymbol{I}$　　　　　　　　　(D) $\boldsymbol{AB} = \begin{pmatrix} 0 & 0 & 2 \\ 0 & 2 & 0 \\ 2 & 0 & 0 \end{pmatrix}$

　　解　　应选 (D). 因为使用 $a_{i1}A_{j1} + \cdots + a_{in}A_{jn} = \begin{cases} |\boldsymbol{A}|, & i = j, \\ 0, & i \neq j. \end{cases}$ 便知 $\boldsymbol{AB} =$

$\begin{pmatrix} 0 & 0 & 2 \\ 0 & 2 & 0 \\ 2 & 0 & 0 \end{pmatrix}$. (A) 不能选, 因为

$$|\boldsymbol{B}| = \begin{vmatrix} A_{31} & A_{21} & A_{11} \\ A_{32} & A_{22} & A_{12} \\ A_{33} & A_{23} & A_{13} \end{vmatrix} = -\begin{vmatrix} A_{11} & A_{21} & A_{31} \\ A_{12} & A_{22} & A_{32} \\ A_{13} & A_{23} & A_{33} \end{vmatrix} = -|\boldsymbol{A}^*| = -|\boldsymbol{A}|^3 |\boldsymbol{A}^{-1}| = -4.$$

因此, $\boldsymbol{B}$ 非奇异. (B) 和 (C) 都不对, 这些都可从论述 (D) 是对的过程中得知.

　　5. 设 $\boldsymbol{A}$ 是 n 阶方阵, 则　　(A)　　.

　　(A) 如果 $\boldsymbol{A}^{\mathrm{T}} = -\boldsymbol{A}$ 且 $\boldsymbol{A}$ 非奇异, 那么 n 为偶数

　　(B) 如果 $\boldsymbol{A}^{\mathrm{T}} = -\boldsymbol{A}$ 且 $\boldsymbol{A}$ 非奇异, 那么 n 为奇数

　　(C) 如果 $\boldsymbol{A}^{\mathrm{T}} = \lambda\boldsymbol{A}$ 且 $\boldsymbol{A}$ 非奇异, 那么 $\lambda = 1$

　　(D) 如果 $\boldsymbol{A}^{\mathrm{T}} = \lambda\boldsymbol{A}$ 且 $\boldsymbol{A}$ 非奇异, 那么 $\lambda = -1$

　　解　　应选 (A). 由 $|\boldsymbol{A}| = |\boldsymbol{A}^{\mathrm{T}}| = (-1)^n |\boldsymbol{A}|$ 和 $|\boldsymbol{A}| \neq 0$ 知, n 必为偶数, 从而 (A) 是对的, (B) 是错的. (C) 和 (D) 也都是错的, 由 $|\boldsymbol{A}| = |\boldsymbol{A}^{\mathrm{T}}| = \lambda^n |\boldsymbol{A}|$ 和 $|\boldsymbol{A}| \neq 0$ 知 $\lambda^n = 1$, 从而当 n 为奇数时, $\lambda = 1$; 当 n 为偶数时, $\lambda = 1$ 或 $\lambda = -1$.

　　6. 下列命题中对的是　　(C)　　.

　　(A) 对任意的 n 阶方阵 $\boldsymbol{A}, \boldsymbol{B}$, 均有 $\boldsymbol{AB} - \boldsymbol{BA} = \boldsymbol{I}_n$

　　(B) 存在 n 阶方阵 $\boldsymbol{A}, \boldsymbol{B}$, 有 $\boldsymbol{AB} - \boldsymbol{BA} = \boldsymbol{I}_n$

　　(C) 对任意的 n 阶方阵 $\boldsymbol{A}, \boldsymbol{B}$, 均有 $\boldsymbol{AB} - \boldsymbol{BA} \neq \boldsymbol{I}_n$

　　(D) 对任意的 n 阶方阵 $\boldsymbol{A}, \boldsymbol{B}$, 均有 $\boldsymbol{AB} + \boldsymbol{BA} = \boldsymbol{I}_n$

　　解　　应选 (C). 由 $\mathrm{tr}(\boldsymbol{AB}) = \mathrm{tr}(\boldsymbol{BA})$, 知 $\mathrm{tr}(\boldsymbol{AB} - \boldsymbol{BA}) = 0 \neq n = \mathrm{tr}(\boldsymbol{I}_n)$, 即 $\boldsymbol{AB} - \boldsymbol{BA} \neq \boldsymbol{I}_n$. 因此, (C) 是对的, (A) 和 (B) 都是不对的. 至于 (D) 不能选是因为存在矩阵 $\boldsymbol{A}$ 和 $\boldsymbol{B}$ 使得 $\boldsymbol{AB} + \boldsymbol{BA} \neq \boldsymbol{I}_n$.

例如, 设 $\boldsymbol{A} = \begin{pmatrix} 1 & 1 \\ 0 & 1 \end{pmatrix}$, $\boldsymbol{B} = \begin{pmatrix} 1 & 0 \\ 1 & 1 \end{pmatrix}$, 则 $\boldsymbol{A}\boldsymbol{B} + \boldsymbol{B}\boldsymbol{A} = \begin{pmatrix} 3 & 2 \\ 2 & 3 \end{pmatrix} \neq \boldsymbol{I}_n$.

7. 下列四个命题中不成立的是 ___(D)___.

(A) 设 $\boldsymbol{A}$, $\boldsymbol{B}$ 两矩阵的行是相同的且为 n, 则 $\max\{R(\boldsymbol{A}), R(\boldsymbol{B})\} \leqslant R(\boldsymbol{A}, \boldsymbol{B}) \leqslant R(\boldsymbol{A}) + R(\boldsymbol{B})$

(B) 设 $\boldsymbol{A}$, $\boldsymbol{B}$ 是同阶, 则 $R(\boldsymbol{A}) - R(\boldsymbol{B}) \leqslant R(\boldsymbol{A} - \boldsymbol{B}) \leqslant R(\boldsymbol{A}) + R(\boldsymbol{B})$

(C) 设 $\boldsymbol{A}$ 为 $m \times n$ 矩阵, $\boldsymbol{B}$ 为 $n \times m$ 矩阵, 则 $R(\boldsymbol{A}) + R(\boldsymbol{B}) - n \leqslant R(\boldsymbol{A}\boldsymbol{B}) \leqslant \min\{R(\boldsymbol{A}), R(\boldsymbol{B})\}$

(D) 设 $\boldsymbol{A}$ 为 $m \times n$ 矩阵, $\boldsymbol{B}$ 为 $n \times m$ 矩阵, 且 $\boldsymbol{A}\boldsymbol{B} = \boldsymbol{0}$, 则 $R(\boldsymbol{A}) + R(\boldsymbol{B}) \leqslant \min\{m, n\}$

解 (A), (B) 和 (C) 都不能选, 因为它们都是对的. 首先来证 (A) 是对的. 由秩的定义容易知道, $R(\boldsymbol{A}) \leqslant R(\boldsymbol{A}, \boldsymbol{B})$, $R(\boldsymbol{B}) \leqslant R(\boldsymbol{A}, \boldsymbol{B})$, 即 $\max\{R(\boldsymbol{A}), R(\boldsymbol{B})\} \leqslant R(\boldsymbol{A}, \boldsymbol{B})$. 又设 $R(\boldsymbol{A}) = r$, $R(\boldsymbol{B}) = s$, 则由 8.1.3.2 节中的定理 7 知, 存在秩为 r 的列满秩和行满秩的矩阵 $\boldsymbol{G}$ 和 $\boldsymbol{H}$, 使得 $\boldsymbol{A} = \boldsymbol{G}\boldsymbol{H}$, 也存在秩为 s 的列满秩和行满秩的矩阵 $\boldsymbol{K}$ 和 $\boldsymbol{L}$, 使得 $\boldsymbol{B} = \boldsymbol{K}\boldsymbol{L}$. 于是, 由 8.1.3.2 节中的定理 4 知

$$R(\boldsymbol{A}, \boldsymbol{B}) = R(\boldsymbol{G}\boldsymbol{H}, \boldsymbol{K}\boldsymbol{L}) = R\left[\begin{pmatrix} \boldsymbol{G} & \boldsymbol{K} \end{pmatrix} \begin{pmatrix} \boldsymbol{H} & \boldsymbol{0} \\ \boldsymbol{0} & \boldsymbol{L} \end{pmatrix}\right] \leqslant R\begin{pmatrix} \boldsymbol{H} & \boldsymbol{0} \\ \boldsymbol{0} & \boldsymbol{L} \end{pmatrix}$$
$$= R(\boldsymbol{H}) + R(\boldsymbol{L}) = r + s = R(\boldsymbol{A}) + R(\boldsymbol{B}).$$

再来证明 (B) 是对的. 由 8.1.3.2 节中的定理 7 和 (A) 的结果知

$$R(\boldsymbol{A} + \boldsymbol{B}) = R\left[(\boldsymbol{A}, \boldsymbol{B}) \begin{pmatrix} \boldsymbol{I}_n & \boldsymbol{0} \\ \boldsymbol{0} & \boldsymbol{I}_n \end{pmatrix}\right] \leqslant R(\boldsymbol{A}\boldsymbol{B}) \leqslant R(\boldsymbol{A}) + R(\boldsymbol{B}),$$

其中, n 为矩阵 $\boldsymbol{A}$, $\boldsymbol{B}$ 的列数. 注意到纯量矩阵 $-\boldsymbol{I}$ 是可逆的, 于是

$$R(\boldsymbol{A} - \boldsymbol{B}) = R[\boldsymbol{A} + (-\boldsymbol{B})] \leqslant R(\boldsymbol{A}) + R(-\boldsymbol{B})$$
$$= R(\boldsymbol{A}) + R(-\boldsymbol{I}\boldsymbol{B}) = R(\boldsymbol{A}) + R(\boldsymbol{B}).$$

最后, 证明 (C) 的正确性. (C) 中的不等式的右端就是 8.1.3.2 节中的定理 8, 因而是对的. 再证 (C) 中的不等式的左端. 仍设 $R(\boldsymbol{A}) = r$, $R(\boldsymbol{B}) = s$, 则由 8.1.3.2 节中的定理 5 知, 存在可逆矩阵 $\boldsymbol{P}$, $\boldsymbol{Q}$ 使得

$$\boldsymbol{P}\boldsymbol{A}\boldsymbol{Q} = \begin{pmatrix} \boldsymbol{I}_r & \boldsymbol{0} \\ \boldsymbol{0} & \boldsymbol{0} \end{pmatrix}.$$

将 $\boldsymbol{Q}^{-1}$ 分块为 $\boldsymbol{Q}^{-1} = (\boldsymbol{G}^{\mathrm{T}}\boldsymbol{H}^{\mathrm{T}})^{\mathrm{T}}$, 其中, $\boldsymbol{H}$ 为 $n-r$ 行的矩阵块, 这样, 由 (B) 和 8.1.3.2 节中的定理 1 知

$$
\begin{aligned}
R(\boldsymbol{AB}) = R(\boldsymbol{PAB}) &= R\begin{pmatrix} \boldsymbol{I}_r & \boldsymbol{0} \\ \boldsymbol{0} & \boldsymbol{0} \end{pmatrix}\boldsymbol{Q}^{-1}\boldsymbol{B} = R\begin{pmatrix} \boldsymbol{H}_1\boldsymbol{B} \\ \boldsymbol{0} \end{pmatrix} \\
&= R\left[\begin{pmatrix} \boldsymbol{H}_1\boldsymbol{B} \\ \boldsymbol{H}_2\boldsymbol{B} \end{pmatrix} - \begin{pmatrix} \boldsymbol{0} \\ \boldsymbol{H}_2\boldsymbol{B} \end{pmatrix}\right] \\
&\geqslant R\begin{pmatrix} \boldsymbol{H}_1\boldsymbol{B} \\ \boldsymbol{H}_2\boldsymbol{B} \end{pmatrix} - R\begin{pmatrix} \boldsymbol{0} \\ \boldsymbol{H}_2\boldsymbol{B} \end{pmatrix} = R(\boldsymbol{Q}^{-1}\boldsymbol{B}) - R(\boldsymbol{H}_2\boldsymbol{B}) \\
&= R(\boldsymbol{B}) - R(\boldsymbol{H}_2\boldsymbol{B}) \geqslant s - R(\boldsymbol{H}_2) \geqslant s - n + r,
\end{aligned}
$$

即 $R(\boldsymbol{A}) + R(\boldsymbol{B}) - n \leqslant R(\boldsymbol{AB}) \leqslant \min\{R(\boldsymbol{A}), R(\boldsymbol{B})\}$.

应选 (D). 因为 (D) 是不对. 事实上, 由 (C) 中不等式的左端知

$$
0 = R(\boldsymbol{AB}) \geqslant R(\boldsymbol{A}) + R(\boldsymbol{B}) - \boldsymbol{B} \text{ 的行数 } = R(\boldsymbol{A}) + R(\boldsymbol{B}) - n,
$$

从而, $R(\boldsymbol{A}) + R(\boldsymbol{B}) \leqslant n$. 但 $R(\boldsymbol{A}) + R(\boldsymbol{B}) \leqslant m$ 未必成立. 例如, 矩阵 $\boldsymbol{A} = \begin{pmatrix} 1 & 1 & 0 \end{pmatrix}$、矩阵 $\boldsymbol{B} = \begin{pmatrix} 1 & 0 \\ -1 & 0 \\ 0 & 1 \end{pmatrix}$, $\boldsymbol{AB} = \begin{pmatrix} 0 & 0 \end{pmatrix}$, $R(\boldsymbol{A}) = 1$, $R(\boldsymbol{B}) = 2$, 但 $R(\boldsymbol{A}) + R(\boldsymbol{B}) = 3 > \boldsymbol{A}$ 的行数.

8. 设矩阵 $\boldsymbol{A}$ 为 n 阶方阵, 则下列等式成立的有 ___(A)___ .

(A) $R(2\boldsymbol{A}) = R(\boldsymbol{A})$ (B) $\mathrm{tr}(2\boldsymbol{A}) = \mathrm{tr}(\boldsymbol{A})$

(C) $|-2\boldsymbol{A}| = 2^n|\boldsymbol{A}|$ (D) $|2\boldsymbol{I} - 2\boldsymbol{A}| = 0$

解   应选 (A). 因为 $2\boldsymbol{I}$ 是可逆矩阵, 所以由 8.1.3.2 节中的定理 3 知

$$
R(2\boldsymbol{A}) = R[(2\boldsymbol{I})\boldsymbol{A}] = R(\boldsymbol{A}),
$$

故 (A) 是对的. (B) 是错的, 因为 $\mathrm{tr}(2\boldsymbol{A}) = \sum_{i=1}^{n} 2a_{ii} = 2\sum_{i=1}^{n} a_{ii} \neq \sum_{i=1}^{n} a_{ii} = \mathrm{tr}(\boldsymbol{A})$.
(C) 也是错的. 因为 $\boldsymbol{A}$ 可逆时, $|-2\boldsymbol{A}| = (-2)^n|\boldsymbol{A}| \neq 2^n|\boldsymbol{A}|$. 注意, 不要将行列式符号与绝对值符号混淆. (D) 不对是因为数 2 未必是矩阵的特征值, 例如,
$\boldsymbol{A} = \begin{pmatrix} 2 & 1 \\ 0 & 2 \end{pmatrix}$, $|2\boldsymbol{I} - 2\boldsymbol{A}| = 4 \neq 0$. 再如, $\boldsymbol{A} = \begin{pmatrix} 2 & 1 \\ 0 & 1 \end{pmatrix}$, $|2\boldsymbol{I} - 2\boldsymbol{A}| = 0$.

9. 设 $\boldsymbol{A}$ 为 n 阶矩阵 $(n \geqslant 2)$, $\boldsymbol{A}^*$ 为 $\boldsymbol{A}$ 的伴随矩阵, 则 ___(C)___ .

(A) $R(\boldsymbol{A}^*) = R(\boldsymbol{A})$ (B) $\mathrm{tr}(\boldsymbol{A}^*) = \mathrm{tr}(\boldsymbol{A})$

(C) $\boldsymbol{A} \cdot \boldsymbol{A}^* = \boldsymbol{A}^* \boldsymbol{A}$ (D) $|\boldsymbol{A}^*| = |\boldsymbol{A}|$

解 应选 (C). 因为 (C) 是对的. 事实上, $\boldsymbol{A} \cdot \boldsymbol{A}^* = |\boldsymbol{A}| \boldsymbol{I} = \boldsymbol{A}^* \boldsymbol{A}$. (A) 不对, 因为容易证明

$$R(\boldsymbol{A}^*) = \begin{cases} n, & R(\boldsymbol{A}) = n, \\ 1, & R(\boldsymbol{A}) = n - 1, \\ 0, & R(\boldsymbol{A}) < n - 1. \end{cases}$$

(B) 也是不对的, 例如, $\boldsymbol{A} = \begin{pmatrix} 2 & 1 \\ 1 & 1 \end{pmatrix}$ 时, $\boldsymbol{A}^* = \begin{pmatrix} 1 & -1 \\ -1 & 2 \end{pmatrix}$, 此时,

$\operatorname{tr}(\boldsymbol{A}^*) = 3 = \operatorname{tr}(\boldsymbol{A})$. 再如, $\boldsymbol{A} = \begin{pmatrix} 1 & 0 & 0 \\ 0 & 1 & 1 \\ 0 & 1 & 1 \end{pmatrix}$ 时, $\boldsymbol{A}^* = \begin{pmatrix} 0 & 0 & 0 \\ 0 & 1 & -1 \\ 0 & -1 & 1 \end{pmatrix}$, 此时,

$\operatorname{tr}(\boldsymbol{A}^*) = 2 \neq 3 = \operatorname{tr}(\boldsymbol{A})$. (D) 不一定是对的, 例如, 当 $\boldsymbol{A} = \begin{pmatrix} 2 & 1 \\ 1 & 1 \end{pmatrix}$ 时, $|\boldsymbol{A}^*| = $

$1 = |\boldsymbol{A}|$. 再如, 当 $\boldsymbol{A} = \begin{pmatrix} 2 & 0 & 1 \\ 0 & 2 & 0 \\ 0 & 0 & 2 \end{pmatrix}$ 时, 那么可以得到 $\boldsymbol{A}^* = \begin{pmatrix} 4 & 0 & -2 \\ 0 & 4 & 0 \\ 0 & 0 & 4 \end{pmatrix}$,

此时, $|\boldsymbol{A}^*| = 64 \neq 8 = |\boldsymbol{A}|$.

10. 设三阶矩阵 $\boldsymbol{A}$ 的特征根为 $2, 3, 4$, 则下列式子中不成立的是 ___(D)___ .

(A) $|\boldsymbol{A}| = 24$ (B) $\operatorname{tr}(\boldsymbol{A}) = 9$

(C) $R(\boldsymbol{A}) = 3$ (D) $|3\boldsymbol{I} - \boldsymbol{A}^*| = 0$

解 应选 (D). 因为由 $\boldsymbol{A}$ 可逆知, 数 3 不是 $\boldsymbol{A}^*$ 的特征根, 从而, $|3\boldsymbol{I} - \boldsymbol{A}^*| \neq 0$. (A) 和 (B) 都是对的, 这可由 8.1.4.2 节中定理 3 知道. (C) 也是对的, 这可由 8.1.3.2 节中的定理 6 得知.

11. 设方阵 $\boldsymbol{A}$ 有特征值 2, 则___(C)___ .

(A) $2\boldsymbol{A}^{\mathrm{T}}$ 的特征值必为 4   (B) $2\boldsymbol{A}^*$ 的特征值为 $\dfrac{1}{|\boldsymbol{A}|}$

(C) $R(2\boldsymbol{A}) \geqslant 1$ (D) $\operatorname{tr}(2\boldsymbol{A}^3) \geqslant 16$

解 应选 (C). 因为 (C) 是对的. 事实上, 因为 $\boldsymbol{A}$ 有特征值 2, 故 $\boldsymbol{A}$ 必有不为 0 的元素, 不妨设为 $a_{11} \neq 0$, 于是, 由初等变换行和列知, 方阵 $\boldsymbol{A}$ 可化为

$$\boldsymbol{A} \to \begin{pmatrix} 1 & 0 \\ 0 & \boldsymbol{A}_{22} - a_{11}^{-1} \boldsymbol{A}_{21} \boldsymbol{A}_{12} \end{pmatrix} = \begin{pmatrix} 1 & 0 \\ 0 & \boldsymbol{B} \end{pmatrix}.$$

因此, $R(\boldsymbol{A}) = 1 + R(\boldsymbol{B}) \geqslant 1$, 即 $R(2\boldsymbol{A}^{\mathrm{T}}) = R(\boldsymbol{A}) \geqslant 1$. (A) 不对. $2\boldsymbol{A}^{\mathrm{T}}$ 必有特征值 4, 但不意味着 $2\boldsymbol{A}^{\mathrm{T}}$ 的特征值全为 4. 例如, $\boldsymbol{A} = \begin{pmatrix} 2 & 1 \\ 0 & 1 \end{pmatrix}$ 时, 易得 $2\boldsymbol{A}^{\mathrm{T}}$

除特征值 4 外, 另一个特征值为 2. (B) 不对, 是因为 $2\boldsymbol{A}^*$ 必有特征值 $|\boldsymbol{A}|$. 例如,

$\boldsymbol{A} = \begin{pmatrix} 2 & 1 \\ 0 & 1 \end{pmatrix}$ 时, $2\boldsymbol{A}^* = \begin{pmatrix} 2 & -2 \\ 0 & 4 \end{pmatrix}$ 有特征值 $|\boldsymbol{A}| = 2$ 但没有 $\dfrac{1}{|\boldsymbol{A}|} = \dfrac{1}{2}$. 再如,

$\boldsymbol{A} = \begin{pmatrix} 2 & 1 \\ 0 & \dfrac{1}{2} \end{pmatrix}$ 时, $2\boldsymbol{A}^* = \begin{pmatrix} 1 & -2 \\ 0 & 4 \end{pmatrix}$ 虽然有特征值 4, 但也有 $|\boldsymbol{A}| = 1 = \dfrac{1}{|\boldsymbol{A}|}$.

(D) 是不一定成立的, 如矩阵 $\boldsymbol{A} = \begin{pmatrix} 2 & 1 \\ 0 & -1 \end{pmatrix}$ 时, 则 $\mathrm{tr}(2\boldsymbol{A}^3) = 14 < 16$. 又如

$\boldsymbol{A} = \begin{pmatrix} 2 & 1 \\ 0 & 1 \end{pmatrix}$ 时, 则 $\mathrm{tr}(2\boldsymbol{A}^3) = 18 > 16$.

12. 设 n 阶矩阵 $\boldsymbol{A}$ 满足 $\boldsymbol{A}^2 - 5\boldsymbol{A} + 6\boldsymbol{I} = \boldsymbol{0}$, 则下列与 $\boldsymbol{A}$ 有关的结论中不对的是 ____(D)____ .

(A) $\boldsymbol{A}$ 有特征根 2 和 3 　　　　　(B) $\boldsymbol{A}$ 有逆阵 $5\boldsymbol{I} - \dfrac{1}{6}\boldsymbol{A}$

(C) $R(2\boldsymbol{I} - \boldsymbol{A}) = n - R(3\boldsymbol{I} - \boldsymbol{A})$ 　　(D) $\mathrm{tr}(\boldsymbol{A}) = 5$

解　应选 (D). 因为 (D) 的结论是不一定的, 例如 $\boldsymbol{A} = \begin{pmatrix} 2 & 0 & 0 \\ 0 & 3 & 0 \\ 0 & 0 & 3 \end{pmatrix}$ 时,

则 $\boldsymbol{A}^2 - 5\boldsymbol{A} + 6\boldsymbol{I} = \boldsymbol{0}$, 但 $\mathrm{tr}(\boldsymbol{A}) = 8 \neq 5$. 再如, $\boldsymbol{A} = \begin{pmatrix} 2 & 0 & 0 \\ 0 & 3 & 0 \\ 0 & 0 & 2 \end{pmatrix}$ 时, 则

$\boldsymbol{A}^2 - 5\boldsymbol{A} + 6\boldsymbol{I} = \boldsymbol{0}$, 但 $\mathrm{tr}(\boldsymbol{A}) = 7 \neq 5$. (A) 和 (C) 都不能选, 因为这两项的结论是对的. 事实上, 设 $\boldsymbol{A}$ 的特征根为 λ, 相应的特征向量为 $\boldsymbol{x}$, 则由 $(\boldsymbol{A}^2 - 5\boldsymbol{A} + 6\boldsymbol{I})\boldsymbol{x} = \boldsymbol{0}$ 和 $\boldsymbol{A}\boldsymbol{x} = \lambda\boldsymbol{x}$ 可知, $(\lambda^2 - 5\lambda + 6)\boldsymbol{x} = \boldsymbol{0}$, 即

$$\lambda^2 - 5\lambda + 6 = 0.$$

求解这个方程得 $\lambda_1 = 2$, $\lambda_2 = 3$. 这表明 (A) 是对的. 又由已知可得

$$(2\boldsymbol{I} - \boldsymbol{A})(3\boldsymbol{I} - \boldsymbol{A}) = \boldsymbol{A}^2 - 5\boldsymbol{A} + 6\boldsymbol{I} = \boldsymbol{0}.$$

于是, 由本节例 7 中的 (C) 知, $R(2\boldsymbol{I} - \boldsymbol{A}) + R(3\boldsymbol{I} - \boldsymbol{A}) \leqslant n$. 又

$$n = R(\boldsymbol{I}_n) = R(3\boldsymbol{I}_n - \boldsymbol{A} - 2\boldsymbol{I}_n + \boldsymbol{A}) \leqslant R(3\boldsymbol{I} - \boldsymbol{A}) + R(2\boldsymbol{I} - \boldsymbol{A}),$$

因此, $R(2\boldsymbol{I} - \boldsymbol{A}) + R(3\boldsymbol{I} - \boldsymbol{A}) = n$. 故知 (C) 是对的. (B) 也不能选, 因为它也是对的. 由 $\boldsymbol{A}^2 - 5\boldsymbol{A} + 6\boldsymbol{I} = \boldsymbol{0}$ 知

$$\boldsymbol{A} \cdot \dfrac{1}{6}(5\boldsymbol{I} - \boldsymbol{A}) = \boldsymbol{I}.$$

因此 $\boldsymbol{A}$ 有逆阵且为

$$\boldsymbol{A}^{-1} = \frac{1}{6}(5\boldsymbol{I} - \boldsymbol{A}).$$

8.3 方 法 例 解

1. 求 $\boldsymbol{A} = \begin{pmatrix} 2 & 1 & 1 & \cdots & 1 \\ 1 & 2 & 1 & \cdots & 1 \\ 1 & 1 & 2 & \cdots & 1 \\ \vdots & \vdots & \vdots & \ddots & \vdots \\ 1 & 1 & 1 & \cdots & 2 \end{pmatrix}$ 的行列式.

解 利用化行列式为三角行列式的办法

$$|\boldsymbol{A}| = \begin{vmatrix} 2 & 1 & 1 & \cdots & 1 \\ 1 & 2 & 1 & \cdots & 1 \\ 1 & 1 & 2 & \cdots & 1 \\ \vdots & \vdots & \vdots & \ddots & \vdots \\ 1 & 1 & 1 & \cdots & 2 \end{vmatrix} \xlongequal{c_1+c_2+\cdots+c_n} \begin{vmatrix} 2+(n-1) & 1 & 1 & \cdots & 1 \\ 2+(n-1) & 2 & 1 & \cdots & 1 \\ 2+(n-1) & 1 & 2 & \cdots & 1 \\ & \vdots & & \vdots & \ddots & \vdots \\ 2+(n-1) & 1 & 1 & \cdots & 2 \end{vmatrix}$$

$$= [2+(n-1)] \begin{vmatrix} 1 & 1 & 1 & \cdots & 1 \\ 1 & 2 & 1 & \cdots & 1 \\ 1 & 1 & 2 & \cdots & 1 \\ \vdots & \vdots & \vdots & \ddots & \vdots \\ 1 & 1 & 1 & \cdots & 2 \end{vmatrix}$$

$$\xlongequal{c_2-c_1,\cdots,c_n-c_1} (n+1) \begin{vmatrix} 1 & 0 & 0 & \cdots & 0 \\ 1 & 1 & 0 & \cdots & 0 \\ 1 & 0 & 1 & \cdots & 0 \\ \vdots & \vdots & \vdots & \ddots & \vdots \\ 1 & 0 & 0 & \cdots & 1 \end{vmatrix}$$

$$= n+1.$$

2. 求 $\lim_{n\to\infty} |\boldsymbol{A}|$, 其中 $\boldsymbol{A} = \begin{pmatrix} 2+\dfrac{1}{2} & \dfrac{1}{2^2} & \dfrac{1}{2^3} & \cdots & \dfrac{1}{2^n} \\ -2 & 1 & 0 & \cdots & 0 \\ -2 & 0 & 1 & \cdots & 0 \\ \vdots & \vdots & \vdots & & \vdots \\ -2 & 0 & 0 & \cdots & 1 \end{pmatrix}$.

解　由于 $|\boldsymbol{A}| = \begin{vmatrix} 2+\dfrac{1}{2} & \dfrac{1}{2^2} & \dfrac{1}{2^3} & \cdots & \dfrac{1}{2^n} \\ -2 & 1 & 0 & \cdots & 0 \\ -2 & 0 & 1 & \cdots & 0 \\ \vdots & \vdots & \vdots & & \vdots \\ -2 & 0 & 0 & \cdots & 1 \end{vmatrix}$

$$\xlongequal{\genfrac{}{}{0pt}{}{c_1+2c_2,\cdots,}{c_1+2c_n}} \begin{vmatrix} \dfrac{3}{2}+\displaystyle\sum_{i=0}^{n-1}\dfrac{1}{2^i} & \dfrac{1}{2^2} & \dfrac{1}{2^3} & \cdots & \dfrac{1}{2^n} \\ 0 & 1 & 0 & \cdots & 0 \\ 0 & 0 & 1 & \cdots & 0 \\ \vdots & \vdots & \vdots & & \vdots \\ 0 & 0 & 0 & \cdots & 1 \end{vmatrix}$$

$$= \frac{3}{2}+\sum_{i=0}^{n-1}\frac{1}{2^i} = \frac{3}{2}+\frac{1-\left(\dfrac{1}{2}\right)^n}{1-\dfrac{1}{2}},$$

所以, $\displaystyle\lim_{n\to\infty}|\boldsymbol{A}| = \frac{7}{2}$.

3. 求 $\boldsymbol{A} = \begin{pmatrix} x_1 & a_2 & a_3 & \cdots & a_n \\ -a_1 & x_2 & a_3 & \cdots & a_n \\ -a_1 & -a_2 & x_3 & \cdots & a_n \\ \vdots & \vdots & \vdots & & \vdots \\ -a_1 & -a_2 & -a_3 & \cdots & x_n \end{pmatrix}$ 的行列式.

解

$$|\boldsymbol{A}| = \begin{vmatrix} x_1 & a_2 & a_3 & \cdots & a_{n-1} & a_n \\ -a_1 & x_2 & a_3 & \cdots & a_{n-1} & a_n \\ -a_1 & -a_2 & x_3 & \cdots & a_{n-1} & a_n \\ \vdots & \vdots & \vdots & & \vdots & \vdots \\ -a_1 & -a_2 & -a_3 & \cdots & x_{n-1} & a_n \\ -a_1 & -a_2 & -a_3 & \cdots & -a_{n-1} & x_n \end{vmatrix}$$

$$\xrightarrow[r_2-r_1]{r_n-r_{n-1},\cdots,} \begin{vmatrix} x_1 & a_2 & a_3 & \cdots & a_{n-1} & a_n \\ -a_1-x_1 & x_2-a_2 & 0 & \cdots & 0 & 0 \\ 0 & -a_2-x_2 & x_3-a_3 & \cdots & 0 & 0 \\ \vdots & \vdots & \vdots & & \vdots & \vdots \\ 0 & 0 & 0 & \cdots & x_{n-1}-a_{n-1} & 0 \\ 0 & 0 & 0 & \cdots & -a_{n-1}-x_{n-1} & x_n-a_n \end{vmatrix}.$$

继续将上述结果行列式的第 n 列乘上 $\dfrac{x_{n-1}+a_{n-1}}{x_n-a_n}$ 后加到第 $n-1$ 列上, 得到一个行列式. 将所得的新的行列式的第 $n-1$ 列乘上 $\dfrac{x_{n-2}+a_{n-2}}{x_{n-1}-a_{n-1}}$ 后加到第 $n-2$ 列上, 又得到一个行列式, 如此一直计算下去, 便可得

$$\begin{vmatrix} x_1+\dfrac{a_2(x_1+a_1)}{x_2-a_2}+\cdots+\dfrac{a_n\prod\limits_{i=2}^{n-1}(x_i+a_i)(x_2+a_2)}{\prod\limits_{i=2}^{n}(x_i-a_i)} & * & * & * & * & * \\ 0 & x_2-a_2 & 0 & \cdots & 0 & 0 \\ 0 & 0 & x_3-a_3 & \cdots & 0 & 0 \\ \vdots & \vdots & \vdots & & \vdots & \vdots \\ 0 & 0 & 0 & \cdots & x_{n-1}-a_{n-1} & 0 \\ 0 & 0 & 0 & \cdots & 0 & x_n-a_n \end{vmatrix}.$$

于是, 由上三角矩阵的行列式的性质有

$$|\boldsymbol{A}| = \prod_{i=2}^{n}(x_i-a_i)\left[x_1+\frac{a_2(x_1+a_1)}{x_2-a_2}+\cdots+\frac{a_n\prod\limits_{i=2}^{n-1}(x_i+a_i)(x_2+a_2)}{\prod\limits_{i=2}^{n}(x_i-a_i)}\right].$$

4. 设 $\boldsymbol{A} = \begin{pmatrix} 3 & 2 & 0 & \cdots & 0 & 0 \\ 1 & 3 & 2 & \cdots & 0 & 0 \\ 0 & 1 & 3 & \cdots & 0 & 0 \\ \vdots & \vdots & \vdots & & \vdots & \vdots \\ 0 & 0 & 0 & \cdots & 3 & 2 \\ 0 & 0 & 0 & \cdots & 1 & 3 \end{pmatrix}$, 求 $D_n = |\boldsymbol{A}|$.

解　用拉普拉斯定理按行展开.

$$D_n = |\boldsymbol{A}| = \begin{vmatrix} 3 & 2 & 0 & \cdots & 0 & 0 \\ 1 & 3 & 2 & \cdots & 0 & 0 \\ 0 & 1 & 3 & \cdots & 0 & 0 \\ \vdots & \vdots & \vdots & & \vdots & \vdots \\ 0 & 0 & 0 & \cdots & 3 & 2 \\ 0 & 0 & 0 & \cdots & 1 & 3 \end{vmatrix} = 3D_{n-1} - 2\begin{vmatrix} 1 & 2 & 0 & \cdots & 0 & 0 \\ 0 & 3 & 2 & \cdots & 0 & 0 \\ 0 & 1 & 3 & \cdots & 0 & 0 \\ \vdots & \vdots & \vdots & & \vdots & \vdots \\ 0 & 0 & 0 & \cdots & 3 & 2 \\ 0 & 0 & 0 & \cdots & 1 & 3 \end{vmatrix}$$

$$= 3D_{n-1} - 2D_{n-2},$$

即 $D_n = 3D_{n-1} - 2D_{n-2}$. 这是一个差分方程, 且 $D_1 = 3$, $D_2 = 7$. 于是, 解这个差分方程可以得到 $D_n = C_1 + C_2 2^n$. 代入条件 $D_1 = 3$, $D_2 = 7$ 可以确定 $C_1 = -1$, $C_2 = 2$. 于是, 所求的行列式为

$$D_n = 2^{n+1} - 1.$$

5. 设 $\boldsymbol{A} = \begin{pmatrix} a & x & x & \cdots & x \\ y & a & x & \cdots & x \\ y & y & a & \cdots & x \\ \vdots & \vdots & \vdots & & \vdots \\ y & y & y & \cdots & a \end{pmatrix}$, 求 $|\boldsymbol{A}|$.

解　由于

$$|\boldsymbol{A}| = \begin{vmatrix} a & x & x & \cdots & x \\ y & a & x & \cdots & x \\ y & y & a & \cdots & x \\ \vdots & \vdots & \vdots & & \vdots \\ y & y & y & \cdots & a \end{vmatrix}$$

$$\frac{r_n - r_{n-1}, \cdots,}{r_2 - r_1} \begin{vmatrix} a & x & x & \cdots & x & x \\ y-a & a-x & 0 & \cdots & 0 & 0 \\ 0 & y-a & a-x & \cdots & 0 & 0 \\ \vdots & \vdots & \vdots & & \vdots & \vdots \\ 0 & 0 & 0 & \cdots & a-x & 0 \\ 0 & 0 & 0 & \cdots & y-a & a-x \end{vmatrix}.$$

并记为 D_n. 于是, 可建立初始问题

$$\begin{cases} D_n = (a-x)D_{n-1} + x(a-y)^{n-1}, \\ D_1 = a. \end{cases}$$

求解此初始问题得

$$D_n = \frac{x(a-y)^n - y(a-x)^n}{x-y}.$$

6. 设 $\boldsymbol{A} = \begin{pmatrix} 1 & 1 & 1 & \cdots & 1 \\ x_1 & x_2 & x_3 & \cdots & x_n \\ x_1^2 & x_2^2 & x_3^2 & \cdots & x_n^2 \\ \vdots & \vdots & \vdots & & \vdots \\ x_1^{n-1} & x_2^{n-1} & x_3^{n-1} & \cdots & x_n^{n-1} \end{pmatrix}$ $(n \geqslant 2)$. 求 $|\boldsymbol{A}|$.

解 此矩阵的行列式叫范德蒙德行列式. 记

$$W_n = |\boldsymbol{A}| = \begin{vmatrix} 1 & 1 & 1 & \cdots & 1 \\ x_1 & x_2 & x_3 & \cdots & x_n \\ x_1^2 & x_2^2 & x_3^2 & \cdots & x_n^2 \\ \vdots & \vdots & \vdots & & \vdots \\ x_1^{n-1} & x_2^{n-1} & x_3^{n-1} & \cdots & x_n^{n-1} \end{vmatrix},$$

则

$$W_n \xrightarrow[r_2 - x_n r_1]{r_n - x_n r_{n-1}, \cdots,} \begin{vmatrix} 1 & 1 & 1 & \cdots & 1 \\ x_1 - x_n & x_2 - x_n & x_3 - x_n & \cdots & 0 \\ x_1^2 - x_1 x_n & x_2^2 - x_2 x_n & x_3^2 - x_3 x_n & \cdots & 0 \\ \vdots & \vdots & \vdots & & \vdots \\ x_1^{n-1} - x_1^{n-2} x_n & x_2^{n-1} - x_2^{n-2} x_n & x_3^{n-1} - x_3^{n-2} x_n & \cdots & 0 \end{vmatrix}$$

$$= (-1)^{1+n} \begin{vmatrix} x_1 - x_n & x_2 - x_n & x_3 - x_n & \cdots & x_{n-1} - x_n \\ (x_1 - x_n)x_1 & (x_2 - x_n)x_2 & (x_3 - x_n)x_3 & \cdots & (x_{n-1} - x_n)x_{n-1} \\ \vdots & \vdots & \vdots & & \vdots \\ (x_1 - x_n)x_1^{n-2} & (x_2 - x_n)x_2^{n-2} & (x_3 - x_n)x_3^{n-2} & \cdots & (x_{n-1} - x_n)x_{n-1}^{n-2} \end{vmatrix}$$

$$= (-1)^{1+n}(x_1 - x_n) \cdots (x_{n-1} - x_n) \begin{vmatrix} 1 & 1 & 1 & \cdots & 1 \\ x_1 & x_2 & x_3 & \cdots & x_n \\ \vdots & \vdots & \vdots & & \vdots \\ x_1^{n-2} & x_2^{n-2} & x_3^{n-2} & \cdots & x_n^{n-2} \end{vmatrix},$$

即 $W_n = (-1)^{1+n}(x_1 - x_n) \cdots (x_{n-1} - x_n)W_{n-1}$. 这是一个变系数的一阶差分方程, 使用递推方法可求得

$$W_n = |\boldsymbol{A}| = (-1)^{\frac{n^2+3n-8}{2}}(x_1 - x_n) \cdots (x_{n-1} - x_n)$$

$$\cdot (x_1 - x_{n-1}) \cdots (x_{n-2} - x_{n-1}) \cdots (x_1 - x_2)$$

$$= \prod_{1 \leqslant j < i \leqslant n} (x_i - x_j).$$

7. 已知 $\boldsymbol{A} = \begin{pmatrix} \dfrac{1}{x_1 + y_1} & \dfrac{1}{x_1 + y_2} & \cdots & \dfrac{1}{x_1 + y_n} \\ \dfrac{1}{x_2 + y_1} & \dfrac{1}{x_2 + y_2} & \cdots & \dfrac{1}{x_2 + y_n} \\ \vdots & \vdots & & \vdots \\ \dfrac{1}{x_n + y_1} & \dfrac{1}{x_n + y_2} & \cdots & \dfrac{1}{x_n + y_n} \end{pmatrix}$, 求 $D_n = |\boldsymbol{A}|$.

解　注意到矩阵每行的分母 x_i 的下标与行列式行数相同是定的, y_i 的下标是有序递增的. 于是

$$D_n = |\boldsymbol{A}| = \begin{vmatrix} \dfrac{1}{x_1 + y_1} & \dfrac{1}{x_1 + y_2} & \cdots & \dfrac{1}{x_1 + y_n} \\ \dfrac{1}{x_2 + y_1} & \dfrac{1}{x_2 + y_2} & \cdots & \dfrac{1}{x_2 + y_n} \\ \vdots & \vdots & & \vdots \\ \dfrac{1}{x_n + y_1} & \dfrac{1}{x_n + y_2} & \cdots & \dfrac{1}{x_n + y_n} \end{vmatrix}$$

$$\xlongequal[\substack{(i=1,\cdots,n-1)}]{r_i - r_n} \begin{vmatrix} \dfrac{1}{x_1 + y_1} & \dfrac{1}{x_1 + y_2} & \cdots & \dfrac{1}{x_1 + y_n} \\ \dfrac{1}{x_2 + y_1} & \dfrac{1}{x_2 + y_2} & \cdots & \dfrac{1}{x_2 + y_n} \\ \vdots & \vdots & & \vdots \\ 1 & 1 & \cdots & 1 \end{vmatrix}$$

$$\times \frac{\prod\limits_{i=1}^{n-1}(x_n - x_i)}{\prod\limits_{i=1}^{n}(x_n + y_i)}$$

$$\frac{c_i - c_n}{i=1,\cdots,n-1} \begin{vmatrix} \dfrac{y_n - y_1}{(x_1 + y_1)(x_1 + y_n)} & \dfrac{y_n - y_2}{(x_1 + y_2)(x_1 + y_n)} & \cdots & \dfrac{1}{x_1 + y_n} \\ \dfrac{y_n - y_1}{(x_2 + y_1)(x_2 + y_n)} & \dfrac{y_n - y_2}{(x_2 + y_2)(x_2 + y_n)} & \cdots & \dfrac{1}{x_2 + y_n} \\ \vdots & \vdots & & \vdots \\ \dfrac{y_n - y_1}{(x_{n-1} + y_1)(x_{n-1} + y_n)} & \dfrac{y_n - y_2}{(x_{n-1} + y_2)(x_{n-1} + y_n)} & \cdots & \dfrac{1}{x_{n-1} + y_n} \\ 0 & 0 & \cdots & 1 \end{vmatrix}$$

$$\times \prod_{i=1}^{n-1} \frac{x_n - x_i}{(x_n + y_1)(x_n + y_{i+1})}$$

$$= \prod_{i=1}^{n-1} \frac{(x_n - x_i)(y_n - y_i)}{(x_n + y_1)(x_n + y_{i+1})(x_i + y_n)}$$

$$\cdot \begin{vmatrix} \dfrac{1}{x_1 + y_1} & \dfrac{1}{x_1 + y_2} & \cdots & \dfrac{1}{x_1 + y_{n-1}} \\ \vdots & \vdots & & \vdots \\ \dfrac{1}{x_{n-1} + y_1} & \dfrac{1}{x_{n-1} + y_2} & \cdots & \dfrac{1}{x_{n-1} + y_{n-1}} \end{vmatrix}$$

$$= \prod_{i=1}^{n-1} \frac{(x_n - x_i)(y_n - y_i)}{(x_n + y_1)(x_n + y_{i+1})(x_i + y_n)} D_{n-1}.$$

类似于例 6, 此差分方程也是变系数的差分方程. 于是, 用递推方法可得

$$D_n = \prod_{i=1}^{n-1} \frac{(x_n - x_i)(y_n - y_i)}{(x_n + y_1)(x_n + y_{i+1})(x_i + y_n)} D_{n-1}$$

$$= \prod_{i=1}^{n-1} \frac{(x_n - x_i)(y_n - y_i)}{(x_n + y_1)(x_n + y_{i+1})(x_i + y_n)}$$

$$\cdot \prod_{i=1}^{n-2} \frac{(x_{n-1} - x_i)(y_{n-1} - y_i)}{(x_{n-1} + y_1)(x_{n-1} + y_{i+1})(x_i + y_{n-1})} \cdot D_{n-2}$$

$$= \cdots = \frac{\prod\limits_{1 \leqslant i < j \leqslant n}(x_i - x_j)(y_i - y_j)}{\prod\limits_{i \cdot j=1}^{n}(x_i + y_j)}.$$

8. 设 $\boldsymbol{A} = \begin{pmatrix} 1 & \dfrac{1}{2} & \dfrac{1}{3} & \cdots & \dfrac{1}{n} \\ \dfrac{1}{2} & \dfrac{1}{3} & \dfrac{1}{4} & \cdots & \dfrac{1}{n+1} \\ \vdots & \vdots & \vdots & & \vdots \\ \dfrac{1}{n} & \dfrac{1}{n+1} & \dfrac{1}{n+2} & \cdots & \dfrac{1}{2n-1} \end{pmatrix}$, 求 $D_n = |\boldsymbol{A}|$.

解　仿例 7, 对行列式进行初等变换, 建立差分方程, 即递推关系.

$$D_n = |\boldsymbol{A}|$$

$$\xlongequal[1 \leqslant i \leqslant n-1]{r_i - r_n} \begin{vmatrix} \dfrac{n-1}{n} & \dfrac{n-1}{2(n+1)} & \dfrac{n-1}{3(n+2)} & \cdots & \dfrac{n-1}{n(2n-1)} \\ \dfrac{n-2}{2n} & \dfrac{n-2}{3(n+1)} & \dfrac{n-2}{4(n+2)} & \cdots & \dfrac{n-2}{(n+1)(2n-1)} \\ \vdots & \vdots & \vdots & & \vdots \\ \dfrac{1}{n(n-1)} & \dfrac{1}{n(n+1)} & \dfrac{1}{(n+1)(n+2)} & \cdots & \dfrac{1}{(2n-2)(2n-1)} \\ \dfrac{1}{n} & \dfrac{1}{n+1} & \dfrac{1}{n+2} & \cdots & \dfrac{1}{2n-1} \end{vmatrix}$$

$$= \dfrac{(n-1)!}{n \cdots (2n-1)} \begin{vmatrix} 1 & \dfrac{1}{2} & \dfrac{1}{3} & \cdots & \dfrac{1}{n} \\ \dfrac{1}{2} & \dfrac{1}{3} & \dfrac{1}{4} & \cdots & \dfrac{1}{n+1} \\ \vdots & \vdots & \vdots & & \vdots \\ \dfrac{1}{n-1} & \dfrac{1}{n} & \dfrac{1}{n+1} & \cdots & \dfrac{1}{2n-2} \\ 1 & 1 & 1 & \cdots & 1 \end{vmatrix}$$

$$\xlongequal[1 \leqslant i \leqslant n-1]{c_i - c_n} \dfrac{(n-1)!}{n \cdots (2n-1)}$$

$$\cdot \begin{vmatrix} \dfrac{n-1}{n} & \dfrac{n-2}{2n} & \dfrac{n-3}{3n} & \cdots & \dfrac{1}{n} \\ \dfrac{n-1}{2(n+1)} & \dfrac{n-2}{3(n+1)} & \dfrac{n-3}{4(n+1)} & \cdots & \dfrac{1}{n+1} \\ \vdots & \vdots & \vdots & & \vdots \\ \dfrac{n-1}{(n-1)(2n-2)} & \dfrac{n-2}{n(2n-2)} & \dfrac{n-3}{(n+1)(2n-2)} & \cdots & \dfrac{1}{2n-2} \\ 0 & 0 & 0 & \cdots & 1 \end{vmatrix}$$

$$
= \frac{(n-1)!(n-1)!}{n\cdots(2n-1)[n\cdots(2n-2)]} \cdot \begin{vmatrix} 1 & \frac{1}{2} & \frac{1}{3} & \cdots & \frac{1}{n-1} \\ \frac{1}{2} & \frac{1}{3} & \frac{1}{4} & \cdots & \frac{1}{n} \\ \vdots & \vdots & \vdots & & \vdots \\ \frac{1}{n-1} & \frac{1}{n} & \frac{1}{n+1} & \cdots & \frac{1}{2n-3} \end{vmatrix}
$$

$$
= \frac{(n-1)!^3}{(2n-1)![n\cdots(2n-2)]} \cdot D_{n-1} = \cdots
$$

$$
= \frac{[(n-1)!(n-2)!\cdots 3!\cdot 2!\cdot 1!]^4}{(2n-1)!(2n-2)!(2n-3)!\cdots(n+1)!n!}.
$$

注 例 7 和例 9 是变系数的差分方程, 通常利用递归的方法求之.

9. 设 $\boldsymbol{A} = \begin{pmatrix} 1 & 0 & 0 \\ 10 & 2 & 0 \\ 11 & 20 & 3 \end{pmatrix}$, $\boldsymbol{B} = \begin{pmatrix} 3 & 30 & 31 \\ 0 & 2 & 20 \\ 0 & 0 & 1 \end{pmatrix}$, 求 $|\boldsymbol{AB}|$.

解 由于

$$
|\boldsymbol{A}| = \begin{vmatrix} 1 & 0 & 0 \\ 10 & 2 & 0 \\ 11 & 20 & 3 \end{vmatrix} = 6, \quad |\boldsymbol{B}| = \begin{vmatrix} 3 & 30 & 31 \\ 0 & 2 & 20 \\ 0 & 0 & 1 \end{vmatrix} = 6,
$$

所以, $|\boldsymbol{AB}| = |\boldsymbol{A}| \cdot |\boldsymbol{B}| = 6 \times 6 = 36$.

切记: 千万不要先求出 $\boldsymbol{AB}$, 再求 $|\boldsymbol{AB}|$. 因为这是方阵, 可用公式 $|\boldsymbol{AB}| = |\boldsymbol{A}||\boldsymbol{B}|$. 否则, 计算工作量会很大.

10. 设 $\boldsymbol{A} = \begin{pmatrix} 1 & 1 & 1 & 2 \\ 1 & 2 & 2 & 1 \\ 2 & 1 & 3 & 1 \\ 1 & 2 & 1 & 3 \end{pmatrix}$, 求 $|\boldsymbol{A}|$.

解 求行列式的值有时用分块矩阵来降阶是一种便捷的方法. 由于 $|\boldsymbol{A}_{11}| = \begin{vmatrix} 1 & 1 \\ 1 & 2 \end{vmatrix} = 1$, $\boldsymbol{A}_{11}^{-1} = \begin{pmatrix} 2 & -1 \\ -1 & 1 \end{pmatrix}$, $\boldsymbol{A}_{12} = \begin{pmatrix} 1 & 2 \\ 2 & 1 \end{pmatrix}$, $\boldsymbol{A}_{21} = \begin{pmatrix} 2 & 1 \\ 1 & 2 \end{pmatrix}$, $\boldsymbol{A}_{22} = \begin{pmatrix} 3 & 1 \\ 1 & 3 \end{pmatrix}$, 因此

$$
|\boldsymbol{A}| = \begin{vmatrix} \boldsymbol{A}_{11} & \boldsymbol{A}_{12} \\ \boldsymbol{A}_{21} & \boldsymbol{A}_{22} \end{vmatrix}
$$

$$\xrightarrow{\;r_2 - \boldsymbol{A}_{21}\boldsymbol{A}_{11}^{-1}r_1\;} \begin{vmatrix} \boldsymbol{A}_{11} & \boldsymbol{A}_{12} \\ \boldsymbol{0} & \boldsymbol{A}_{22} - \boldsymbol{A}_{21}\boldsymbol{A}_{11}^{-1}\boldsymbol{A}_{12} \end{vmatrix} = |\boldsymbol{A}_{11}| \cdot \left|\boldsymbol{A}_{22} - \boldsymbol{A}_{21}\boldsymbol{A}_{11}^{-1}\boldsymbol{A}_{12}\right|$$

$$= \left| \begin{pmatrix} 3 & 1 \\ 1 & 3 \end{pmatrix} - \begin{pmatrix} 2 & 1 \\ 1 & 2 \end{pmatrix} \begin{pmatrix} 2 & -1 \\ -1 & 1 \end{pmatrix} \begin{pmatrix} 1 & 2 \\ 2 & 1 \end{pmatrix} \right|$$

$$= \left| \begin{pmatrix} 3 & 1 \\ 1 & 3 \end{pmatrix} - \begin{pmatrix} 1 & 5 \\ 2 & 1 \end{pmatrix} \right| = \begin{vmatrix} 2 & -4 \\ -1 & 2 \end{vmatrix} = 0.$$

11. 设 $\boldsymbol{A} = \begin{pmatrix} 1 & 1 & 1 & 2 & 3 \\ 1 & 2 & 2 & 1 & 2 \\ 2 & 1 & 3 & 1 & 3 \\ 1 & 2 & 1 & 3 & 1 \end{pmatrix}$, 求 $R(\boldsymbol{A})$.

解　此题用两种方法来求, 以展示求秩的常用方法. 首先, 用初等变换求之. 此方法的思想是利用初等变换不改变矩阵的秩的性质, 将矩阵变换为易用秩的定义或其他性质求出秩.

$$\boldsymbol{A} = \begin{pmatrix} 1 & 1 & 1 & 2 & 3 \\ 1 & 2 & 2 & 1 & 2 \\ 2 & 1 & 3 & 1 & 3 \\ 1 & 2 & 1 & 3 & 1 \end{pmatrix} \to \begin{pmatrix} 1 & 1 & 1 & 2 & 3 \\ 0 & 1 & 1 & -1 & -1 \\ 0 & -1 & 1 & -3 & -3 \\ 0 & 1 & 0 & 1 & -2 \end{pmatrix}$$

$$\to \begin{pmatrix} 1 & 1 & 1 & 2 & 3 \\ 0 & 1 & 1 & -1 & -1 \\ 0 & 0 & 2 & -4 & -4 \\ 0 & 0 & -1 & 2 & -1 \end{pmatrix} \to \begin{pmatrix} 1 & 1 & 1 & 2 & 3 \\ 0 & 1 & 1 & -1 & -1 \\ 0 & 0 & 2 & -4 & -4 \\ 0 & 0 & 0 & 0 & -3 \end{pmatrix},$$

易知变换后的矩阵有一个 3 阶不为零的子式而任意 4、5 阶子式都为零, 故 $R(\boldsymbol{A}) = 3$.

再用降阶法求之. 降阶法既可以按矩阵块一次降几阶, 也可以按某非零元素一阶一阶地降. 先按块来降阶.

由于

$$\boldsymbol{A}_{11} = \begin{pmatrix} 1 & 1 \\ 1 & 2 \end{pmatrix}, \quad \boldsymbol{A}_{11}^{-1} = \begin{pmatrix} 2 & -1 \\ -1 & 1 \end{pmatrix}, \quad \boldsymbol{A}_{12} = \begin{pmatrix} 1 & 2 & 3 \\ 2 & 1 & 2 \end{pmatrix},$$

$$\boldsymbol{A}_{21} = \begin{pmatrix} 2 & 1 \\ 1 & 2 \end{pmatrix}, \quad \boldsymbol{A}_{22} = \begin{pmatrix} 3 & 1 & 3 \\ 1 & 3 & 1 \end{pmatrix},$$

因此

$$R(\boldsymbol{A}) = R\begin{pmatrix} \boldsymbol{A}_{11} & \boldsymbol{A}_{12} \\ \boldsymbol{A}_{21} & \boldsymbol{A}_{22} \end{pmatrix} = R\begin{pmatrix} \boldsymbol{I}_2 & \boldsymbol{A}_{11}^{-1}\boldsymbol{A}_{12} \\ \boldsymbol{0} & \boldsymbol{A}_{22} - \boldsymbol{A}_{21}\boldsymbol{A}_{11}^{-1}\boldsymbol{A}_{12} \end{pmatrix}$$

$$= 2 + R(\boldsymbol{A}_{22} - \boldsymbol{A}_{21}\boldsymbol{A}_{11}^{-1}\boldsymbol{A}_{12})$$

$$= 2 + R\left[\begin{pmatrix} 3 & 1 & 3 \\ 1 & 3 & 1 \end{pmatrix} - \begin{pmatrix} 2 & 1 \\ 1 & 2 \end{pmatrix} \begin{pmatrix} 2 & -1 \\ -1 & 1 \end{pmatrix} \begin{pmatrix} 1 & 2 & 3 \\ 2 & 1 & 2 \end{pmatrix} \right]$$

$$= 2 + R\begin{pmatrix} 2 & -4 & -4 \\ -1 & 2 & -1 \end{pmatrix} = 3.$$

再按元素一阶一阶地降. 由于第一行第一列的元素不为零, 于是

$$R(\boldsymbol{A}) = 1 + R\begin{pmatrix} 1 & 1 & -1 & -1 \\ -1 & 1 & -3 & -3 \\ 1 & 0 & 1 & -2 \end{pmatrix}$$

$$= 2 + R\begin{pmatrix} 2 & -4 & -4 \\ -1 & 2 & -1 \end{pmatrix} = 3.$$

注 按块降阶的公式是

$$\begin{pmatrix} \boldsymbol{A}_{11} & \boldsymbol{A}_{12} \\ \boldsymbol{A}_{21} & \boldsymbol{A}_{22} \end{pmatrix} \to \begin{pmatrix} \boldsymbol{A}_{11} & * \\ \boldsymbol{0} & \boldsymbol{A}_{22} - \boldsymbol{A}_{21}\boldsymbol{A}_{11}^{-1}\boldsymbol{A}_{12} \end{pmatrix}$$

$$R\begin{pmatrix} \boldsymbol{A}_{11} & \boldsymbol{A}_{12} \\ \boldsymbol{A}_{21} & \boldsymbol{A}_{22} \end{pmatrix} = R(\boldsymbol{A}_{11}) + R(\boldsymbol{A}_{22} - \boldsymbol{A}_{21}\boldsymbol{A}_{11}^{-1}\boldsymbol{A}_{12}).$$

按元素降阶的公式是

$$\begin{pmatrix} a_{11} & \boldsymbol{A}_{12} \\ \boldsymbol{A}_{21} & \boldsymbol{A}_{22} \end{pmatrix} \to \begin{pmatrix} a_{11} & \boldsymbol{0} \\ \boldsymbol{0} & \boldsymbol{A}_{22} - \dfrac{1}{a_{11}}\boldsymbol{A}_{21}\boldsymbol{A}_{12} \end{pmatrix},$$

$$R\begin{pmatrix} a_{11} & \boldsymbol{A}_{12} \\ \boldsymbol{A}_{21} & \boldsymbol{A}_{22} \end{pmatrix} = 1 + R(a_{11}\boldsymbol{A}_{22} - \boldsymbol{A}_{21}\boldsymbol{A}_{12}),$$

其中, $a_{11}\boldsymbol{A}_{22} - \boldsymbol{A}_{21}\boldsymbol{A}_{12} = \begin{pmatrix} \begin{vmatrix} a_{11} & a_{12} \\ a_{21} & a_{22} \end{vmatrix} & \begin{vmatrix} a_{11} & a_{13} \\ a_{21} & a_{23} \end{vmatrix} & \cdots & \begin{vmatrix} a_{11} & a_{1n} \\ a_{21} & a_{2n} \end{vmatrix} \\ \begin{vmatrix} a_{11} & a_{12} \\ a_{31} & a_{32} \end{vmatrix} & \begin{vmatrix} a_{11} & a_{13} \\ a_{31} & a_{33} \end{vmatrix} & \cdots & \begin{vmatrix} a_{11} & a_{1n} \\ a_{31} & a_{3n} \end{vmatrix} \\ \begin{vmatrix} a_{11} & a_{12} \\ a_{n1} & a_{n2} \end{vmatrix} & \begin{vmatrix} a_{11} & a_{13} \\ a_{n1} & a_{n3} \end{vmatrix} & \cdots & \begin{vmatrix} a_{11} & a_{1n} \\ a_{n1} & a_{nn} \end{vmatrix} \end{pmatrix}.$

使用降阶法求矩阵的秩关键是找可逆块和非零元素. 找块时, 一般为二阶块. 这是因为计算其逆方便之故.

12. 设 $\boldsymbol{A} = \begin{pmatrix} 1 & 2 & 3 & \cdots & n \\ 2 & 8 & 1 & \cdots & n-2 \\ 3 & n-2 & 27 & \cdots & n-3 \\ \vdots & \vdots & \vdots & & \vdots \\ n & n-2 & n-1 & \cdots & n^3 \end{pmatrix}$, 求 $\mathrm{tr}(\boldsymbol{A})$.

解　由迹的定义知

$$\mathrm{tr}(\boldsymbol{A}) = 1 + 2^3 + 3^3 + \cdots + n^3 = \left[\frac{n(n+1)}{2}\right]^2.$$

这个和可对等式 $(n+1)^4 - n^4 = 4n^3 + 6n^2 + 4n + 1$ 两边从 1 到 n 求和得到. 这个和式的恒等式可作为公式用.

13. 设 $\boldsymbol{A} = \begin{pmatrix} -1 & 15 & 15 \\ 0 & 1 & 2 \\ -1 & 0 & 3 \end{pmatrix}$, 求 $\boldsymbol{A}$ 的特征值.

解　矩阵 $\boldsymbol{A}$ 的特征方程为 $|\lambda\boldsymbol{E} - \boldsymbol{A}| = 0$, 即

$$\begin{vmatrix} \lambda+1 & -15 & -15 \\ 0 & \lambda-1 & -2 \\ 1 & 0 & \lambda-3 \end{vmatrix} = 0.$$

计算行列式可得 $(\lambda-3)(\lambda^2 - 16) = 0$. 解这个方程得到 $\boldsymbol{A}$ 的特征值: $\lambda_1 = 3$, $\lambda_2 = 4$, $\lambda_3 = -4$.

14. 设 $\boldsymbol{A} = \begin{pmatrix} 1 & 1 & 1 & \cdots & 1 \\ 2 & 2 & 2 & \cdots & 2 \\ 3 & 3 & 3 & \cdots & 3 \\ \vdots & \vdots & \vdots & & \vdots \\ n & n & n & \cdots & n \end{pmatrix}$, 求 $\boldsymbol{A}$ 的特征值.

解　此矩阵的特征方程为 $|\lambda\boldsymbol{E} - \boldsymbol{A}| = 0$. 由于

$$|\lambda\boldsymbol{E} - \boldsymbol{A}| = \begin{vmatrix} \lambda-1 & -1 & -1 & \cdots & -1 \\ -2 & \lambda-2 & -2 & \cdots & -2 \\ -3 & -3 & \lambda-3 & \cdots & -3 \\ \vdots & \vdots & \vdots & & \vdots \\ -n & -n & -n & \cdots & \lambda-n \end{vmatrix}$$

$$\frac{r_i+(-i)r_1}{2\leqslant i\leqslant n}\begin{vmatrix} \lambda-1 & -1 & -1 & \cdots & -1 & -1 \\ -2\lambda & \lambda & 0 & \cdots & 0 & 0 \\ -3\lambda & 0 & \lambda & \cdots & 0 & 0 \\ \vdots & \vdots & \vdots & & \vdots & \vdots \\ -(n-1)\lambda & 0 & 0 & \cdots & \lambda & 0 \\ -n\lambda & 0 & 0 & \cdots & 0 & \lambda \end{vmatrix}$$

$$=\left(\lambda-\frac{1}{2}n(n+1)\right)\lambda^{n-1}=0,$$

所以, 可以求得 $\boldsymbol{A}$ 的特征值为 $\lambda_1=\cdots=\lambda_{n-1}=0, \lambda_n=\dfrac{n(n+1)}{2}$.

15. 设 $\displaystyle\sum_{i=1}^{n}a_i=0, \boldsymbol{A}=\begin{pmatrix} a_1 \\ \vdots \\ a_n \end{pmatrix}\begin{pmatrix} a_1 & \cdots & a_n \end{pmatrix}+\begin{pmatrix} 1 & 1 & \cdots & 1 \\ 1 & 1 & \cdots & 1 \\ 1 & 1 & \cdots & 1 \end{pmatrix}$, 求 $\boldsymbol{A}$

的特征值.

解 先求出 $\boldsymbol{A}$. 易得

$$\boldsymbol{A}=\begin{pmatrix} a_1^2+1 & a_1a_2+1 & \cdots & a_1a_n+1 \\ a_2a_1+1 & a_2^2+1 & \cdots & a_2a_n+1 \\ \vdots & \vdots & & \vdots \\ a_na_1+1 & a_na_2+1 & \cdots & a_n^2+1 \end{pmatrix},$$

再求特征方程

$$|\lambda\boldsymbol{E}-\boldsymbol{A}|=0.$$

由于

$$|\lambda\boldsymbol{E}-\boldsymbol{A}|=\begin{vmatrix} \lambda-a_1^2-1 & -a_1a_2-1 & \cdots & -a_1a_n-1 \\ -a_2a_1-1 & \lambda-a_2^2-1 & \cdots & -a_2a_n-1 \\ \vdots & \vdots & & \vdots \\ -a_na_1-1 & -a_na_2-1 & \cdots & \lambda-a_n^2-1 \end{vmatrix}$$

$$\xlongequal{c_1 + \sum\limits_{i=2}^{n} c_i} \begin{vmatrix} \lambda - a_1 \left(\sum\limits_{i=1}^{n} a_i \right) - n & -a_1 a_2 - 1 & \cdots & -a_1 a_n - 1 \\ \lambda - a_2 \left(\sum\limits_{i=1}^{n} a_i \right) - n & \lambda - a_2^2 - 1 & \cdots & -a_n a_2 - 1 \\ \vdots & \vdots & & \vdots \\ \lambda - a_n \left(\sum\limits_{i=1}^{n} a_i \right) - n & -a_n a_2 - 1 & \cdots & \lambda - a_n^2 - 1 \end{vmatrix}$$

$$= (\lambda - n) \begin{vmatrix} 1 & -a_1 a_2 - 1 & \cdots & -a_1 a_n - 1 \\ 1 & \lambda - a_2^2 - 1 & \cdots & -a_n a_2 - 1 \\ \vdots & \vdots & & \vdots \\ 1 & -a_n a_2 - 1 & \cdots & \lambda - a_n^2 - 1 \end{vmatrix}$$

$$\xlongequal[2 \leqslant i \leqslant n]{r_i - r_1} (\lambda - n) \begin{vmatrix} \lambda + a_2(a_1 - a_2) & a_n(a_1 - a_2) \\ \vdots & \vdots \\ a_2(a_1 - a_n) & \lambda + a_n(a_1 - a_n) \end{vmatrix}$$

$$= (\lambda - n) |\lambda \boldsymbol{E} - \boldsymbol{B}| = 0,$$

则求得一个特征值为 $\lambda_1 = n$, 而其余特征值则由 $|\lambda \boldsymbol{E} - \boldsymbol{B}| = 0$ 确定. 其中

$$|\lambda \boldsymbol{E} - \boldsymbol{B}| = \begin{vmatrix} \lambda + a_2(a_1 - a_2) & a_n(a_1 - a_2) \\ \vdots & \vdots \\ a_2(a_1 - a_n) & \lambda + a_n(a_1 - a_n) \end{vmatrix}.$$

又由于

$$|\boldsymbol{B}| = a_2 \cdots a_n \begin{vmatrix} a_2 - a_1 & \cdots & a_2 - a_1 \\ \vdots & & \vdots \\ a_n - a_1 & \cdots & a_n - a_1 \end{vmatrix}$$

$$= a_2 \cdots a_n (a_2 - a_1)(a_n - a_1) \begin{vmatrix} 1 & \cdots & 1 \\ \vdots & & \vdots \\ 1 & \cdots & 1 \end{vmatrix} = 0.$$

由行列式与特征值的关系知 $\lambda = 0$ 是 $\boldsymbol{B}$ 的特征值, 从而也是 $\boldsymbol{A}$ 的特征值. 此外, 易得 $R(\boldsymbol{B}) \leqslant 1$, 从而, $n - 1$ 阶阵 $\boldsymbol{B}$ 的非零特征值不超过 1. 换句话说, $\lambda = 0$ 至少是 $\boldsymbol{B}$ 的 $n - 2$ 重的特征值, 即 $\boldsymbol{A}$ 至少有 $n - 2$ 重的零特征值. 又由于

$\mathrm{tr}(\boldsymbol{A}) = n + \sum\limits_{i=1}^{n} a_i^2$ 也是 $\boldsymbol{A}$ 的特征值之和且 $\boldsymbol{A}$ 已有一非零特征值 $\lambda_1 = n$, 故知,

另一特征值为 $\lambda_2 = n + \sum\limits_{i=1}^{n} a_i^2 - n - 0 = \sum\limits_{i=1}^{n} a_i^2$. 因此, $\boldsymbol{A}$ 的特征值为

$$\lambda_1 = n, \quad \lambda_2 = \sum_{i=1}^{n} a_i^2, \quad \lambda_3 = \cdots = \lambda_{n-2} = 0.$$

16. 设

$$\boldsymbol{A} = \begin{pmatrix} 1 & 2 & -1 \\ a_{21} & a_{22} & a_{23} \\ a_{31} & a_{32} & z_{33} \end{pmatrix}, \quad \text{且} \quad \boldsymbol{C} = \begin{pmatrix} A_{11} & A_{12} & A_{13} \\ A_{21} & A_{22} & A_{23} \\ A_{31} & A_{32} & A_{33} \end{pmatrix} = \begin{pmatrix} -7 & 5 & 4 \\ -4 & 3 & 2 \\ 9 & -7 & -5 \end{pmatrix},$$

求 $\boldsymbol{A}$.

解 由已知有 $\boldsymbol{A}^* = \boldsymbol{C}^{\mathrm{T}} = \begin{pmatrix} -7 & -4 & 9 \\ 5 & 3 & -7 \\ 4 & 2 & -5 \end{pmatrix}$, $|\boldsymbol{A}| = 1 \times (-7) + 2 \times 5 +$

$(-1) \times 4 = -1$, 故 $\boldsymbol{A}$ 是可逆的, 且

$$\boldsymbol{A}^{-1} = \frac{1}{|\boldsymbol{A}|} \boldsymbol{A}^* = \begin{pmatrix} 7 & 4 & -9 \\ -5 & -3 & 7 \\ -4 & -2 & 5 \end{pmatrix}.$$

于是

$$\boldsymbol{A} = \begin{pmatrix} 7 & 4 & -9 \\ -5 & -3 & 7 \\ -4 & -2 & 5 \end{pmatrix}^{-1} = \begin{pmatrix} 1 & 2 & -1 \\ 3 & 1 & 4 \\ 2 & 2 & 1 \end{pmatrix}.$$

17. 设 $\boldsymbol{A} = (a_{ij})_{n \times n}$, a_{ij} 均为整数, 则 $\left| \dfrac{1}{2} \boldsymbol{I} - \boldsymbol{A} \right| \neq 0$.

证明 令 $f(x) = |\lambda \boldsymbol{I} - \boldsymbol{A}| = \lambda^n + b_{n-1} \lambda^{n-1} + \cdots + b_0$, 则因 $b_i (i = 0, \cdots, n-1)$ 是由 a_{ij} 的加、减、乘而来的, 因而也是整数. 如果 $\left| \dfrac{1}{2} \boldsymbol{I} - \boldsymbol{A} \right| = 0$, 则 $f\left(\dfrac{1}{2} \right) = 0$, 即

$$\frac{1}{2^n} + b_{n-1} \frac{1}{2^{n-1}} + \cdots + b_0 = 0, \quad \text{于是} \quad 1 + b_{n-1} 2 + b_{n-2} 2^2 + \cdots + b_0 2^n = 0.$$

易知, $2b_{n-1} + 2^2 b_{n-2} + \cdots + 2^n b_0$ 是整数, 且为偶数, 这与下式

$$1 + 2(b_{n-1} + 2b_{n-2} + \cdots + 2^{n-1} b_0) = 0$$

是矛盾的, 故 $f\left(\dfrac{1}{2}\right) \neq 0$, 即 $\left|\dfrac{1}{2}I - A\right| \neq 0$.

18. 如果 $|A| = 0$, 则必有 t 使 $|tI - A| \neq 0$.

证明 设 A 的特征值为 $\lambda_1, \cdots, \lambda_n$, 则取 $t, t \notin \{\lambda_1, \cdots, \lambda_n\}$ 时, $|tI - A| \neq 0$.

19. 设 $|A| = 0$, $AC = CA$, 则 $\begin{vmatrix} A & B \\ C & D \end{vmatrix} = |AD - CB|$.

证明 由于 $|A| = 0$ 和例 18 知, 对不等于 A 的特征值的所有 λ, 必有 $|\lambda I - A| \neq 0$. 又由于 $AC = CA$, 所以, $(\lambda I + A)C = C(\lambda I + A)$. 因此, 由行列式降阶定理知

$$\begin{vmatrix} \lambda I + A & B \\ C & D \end{vmatrix} = |(\lambda I + A)D - CB|.$$

此式两边都是 λ 的 n 次多项式, 除 n 个点不相等外, 其余均相等, 故此两个多项式相等, 因此, 在上式中令 $\lambda = 0$, 便有

$$\begin{vmatrix} A & B \\ C & D \end{vmatrix} = |AD - CB|.$$

注 利用多项式的连续性证题, 此法处理不是可逆矩阵时是很有效的.

20. 设 $A = \begin{pmatrix} a_{11} & \cdots & a_{1n} \\ \vdots & & \vdots \\ a_{n1} & \cdots & a_{nn} \end{pmatrix}$, 且 $\sum_{j \neq i} |a_{ij}| < |a_{ii}|$, $i = 1, 2, \cdots, n$. 证明 $|A| \neq 0$.

证明 设 A 的特征根为 λ, 相应特征向量为 $x = (x_1, \cdots, x_n)^{\mathrm{T}}$, 则 $(\lambda I - A)x = 0$. 从而

$$-a_{i1}x_1 + \cdots + (\lambda - a_{ii})x_i + \cdots + (-a_{in}x_n) = 0, \quad i = 1, 2, \cdots, n.$$

于是, 取 $|x_1|, \cdots, |x_n|$ 中的最大者为 $|x_{i_0}|$, 则对于上述等式中的第 i_0 个式子成立下式

$$|\lambda - a_{i_0 i_0}||x_{i_0}| = |a_{i_0 1}x_1 + \cdots + a_{i_0 i_0 - 1}x_{i_0 - 1} + a_{i_0 i_0 + 1}x_{i_0 + 1} + \cdots + a_{i_0 n}x_n|$$

$$\leqslant |a_{i1}||x_i| + \cdots + |a_{in}||x_i| = \sum_{j \neq i}^{n} |a_{ij}||x_i|,$$

即

$$|\lambda - a_{i_0 i_0}| \leqslant \sum_{j \neq i_0}^{n} |a_{ij}|.$$

当 $\lambda = 0$ 时, 这个结论与题设是矛盾的. 因此, $\lambda = 0$ 不是 $\boldsymbol{A}$ 的特征值, 即

$$|\boldsymbol{A}| = |0 \cdot \boldsymbol{I} - \boldsymbol{A}| \neq 0.$$

值得注意的是, 此题的结论可改为证明 $\boldsymbol{A}$ 的特征值大于零或 $|\boldsymbol{A}| > 0$. 认真思考一下对你是很有收获的.

21. 设 $\boldsymbol{A}_{m \times n}$, $\boldsymbol{B}_{n \times k}$, $\boldsymbol{C}_{k \times l}$ 满足 $\boldsymbol{ABC} = \boldsymbol{0}$, 证明 $R(\boldsymbol{A}) + R(\boldsymbol{C}) \leqslant R(\boldsymbol{B})$.

证明 设 $R(\boldsymbol{A}) = r$, $R(\boldsymbol{B}) = s$, $R(\boldsymbol{C}) = l$, 则存在列满秩的矩阵 $\boldsymbol{P}_{n \times s}$, $\boldsymbol{Q}_{p \times s}$, 使得

$$\boldsymbol{B} = \boldsymbol{P} \boldsymbol{Q}^{\mathrm{T}}.$$

于是

$$\begin{aligned}
0 = R(\boldsymbol{ABC}) = R(\boldsymbol{AP} \cdot \boldsymbol{Q}^{\mathrm{T}} \boldsymbol{C}) &\geqslant R(\boldsymbol{AP}) + R(\boldsymbol{Q}^{\mathrm{T}} \boldsymbol{C}) - s \\
&= R(\boldsymbol{A}) + R(\boldsymbol{C}) - s,
\end{aligned}$$

即

$$R(\boldsymbol{A}) + R(\boldsymbol{C}) \leqslant R(\boldsymbol{B}).$$

注 此题的证明易悟出结论, $R(\boldsymbol{ABC}) \geqslant R(\boldsymbol{A}) + R(\boldsymbol{C}) - R(\boldsymbol{B})$.

22. 设 $\boldsymbol{A}$ 为一个 $m \times n$ 矩阵, 且 $R(\boldsymbol{A}) = n$, 则

(1) 对任意矩阵 $\boldsymbol{B}_{n \times p}$, 都有 $R(\boldsymbol{AB}) = R(\boldsymbol{B})$;

(2) 对任意矩阵 $\boldsymbol{C}_{m \times n}$, 都有 $R(\boldsymbol{CA}^{\mathrm{T}}) = R(\boldsymbol{C})$;

(3) 存在秩为 n 的矩阵 $\boldsymbol{G}$, 使得 $\boldsymbol{GA} = \boldsymbol{I}_n$ (这里的 $\boldsymbol{G}$ 常被称为 $\boldsymbol{A}$ 的左逆).

证明 (1) 首先由 $R(\boldsymbol{AB}) \leqslant R(\boldsymbol{B})$. 再由 $R(\boldsymbol{A}) = n$ 和 8.2 节中的例 7 中的 (C) 可得

$$R(\boldsymbol{AB}) \geqslant R(\boldsymbol{A}) + R(\boldsymbol{B}) - n = n + R(\boldsymbol{B}) - n \geqslant R(\boldsymbol{B}).$$

于是

$$R(\boldsymbol{B}) \leqslant R(\boldsymbol{AB}) \leqslant R(\boldsymbol{B}),$$

即

$$R(\boldsymbol{AB}) = R(\boldsymbol{B}).$$

(2) 由 $R(\boldsymbol{CA}^{\mathrm{T}}) \leqslant R(\boldsymbol{C})$, 且 $R(\boldsymbol{A}) = n$, 知

$$R(\boldsymbol{CA}^{\mathrm{T}}) \geqslant R(\boldsymbol{C}) + R(\boldsymbol{A}^{\mathrm{T}}) - n = R(\boldsymbol{C}) + n - n = R(\boldsymbol{C}).$$

于是

$$R(\boldsymbol{CA}^{\mathrm{T}}) = R(\boldsymbol{C}).$$

(3) 由于 $R(\boldsymbol{A}) = n$, 故存在可逆矩阵 $\boldsymbol{P}$ 和 $\boldsymbol{Q}$, 使得 $\boldsymbol{PAQ} = \begin{pmatrix} \boldsymbol{I}_n \\ \boldsymbol{0} \end{pmatrix}$. 于

是 $\boldsymbol{PA} = \begin{pmatrix} \boldsymbol{Q}^{-1} \\ \boldsymbol{0} \end{pmatrix}$. 令 $\boldsymbol{P} = \begin{pmatrix} \boldsymbol{P}_1 \\ \boldsymbol{P}_2 \end{pmatrix}$, 则有 $\boldsymbol{P}_1\boldsymbol{A} = \boldsymbol{Q}^{-1}$, $\boldsymbol{P}_2\boldsymbol{A} = \boldsymbol{0}$. 进而,

$\boldsymbol{QP}_1\boldsymbol{A} = \boldsymbol{I}_n$. 因此, $R(\boldsymbol{QP}_1) = n$. 又令 $\boldsymbol{G} = \boldsymbol{QP}_1$, 则 $\boldsymbol{G}$ 是 $n \times m$ 阵, 且
$\boldsymbol{GA} = \boldsymbol{I}_n$.

　　此题表明: ① 一个矩阵左乘一个列满秩的矩阵后所得矩阵的秩与原矩阵的秩
相同; ② 一个矩阵右乘一个行满秩 (或列满秩的转置) 矩阵后所得矩阵的秩与原矩
阵的秩相同; ③ 列满秩矩阵有左逆, 同样, 还可证明行满秩矩阵有右逆.

　　23. 设 $\boldsymbol{A}$ 为 $m \times k$ 矩阵, 且 $R(\boldsymbol{A}) = k$, 那么必有秩为 $m - k$ 的列满秩阵 $\boldsymbol{B}$,
使得

$$|(\boldsymbol{A}, \boldsymbol{B})| \neq 0.$$

　　证明　由于 $R(\boldsymbol{A}) = k$, 知必有非奇异阵 $\boldsymbol{P}$, 使得 $\boldsymbol{PA} = \begin{pmatrix} \boldsymbol{I}_k \\ \boldsymbol{0} \end{pmatrix}$. 易知

$$\begin{aligned}
\boldsymbol{P}^{-1} = \boldsymbol{P}^{-1} \cdot \boldsymbol{I}_m &= \boldsymbol{P}^{-1} \begin{pmatrix} \boldsymbol{I}_k & \boldsymbol{0} \\ \boldsymbol{0} & \boldsymbol{I}_{m-k} \end{pmatrix} \\
&= \left[\boldsymbol{P}^{-1} \begin{pmatrix} \boldsymbol{I}_k \\ \boldsymbol{0} \end{pmatrix}, \boldsymbol{P}^{-1} \begin{pmatrix} \boldsymbol{0} \\ \boldsymbol{I}_{m-k} \end{pmatrix} \right] \\
&= (\boldsymbol{A}, \boldsymbol{B}),
\end{aligned}$$

其中, $\boldsymbol{B} = \boldsymbol{P}^{-1} \begin{pmatrix} \boldsymbol{0} \\ \boldsymbol{I}_{m-k} \end{pmatrix}$. 易知 $|(\boldsymbol{A}, \boldsymbol{B})| = |\boldsymbol{P}^{-1}| \neq 0$, 而 $\boldsymbol{B} = \boldsymbol{P}^{-1} \begin{pmatrix} \boldsymbol{0} \\ \boldsymbol{I}_{n-k} \end{pmatrix}$

为 $m \times (m - k)$ 阵, 且 $R(\boldsymbol{B}) = m - k$. 这表明 $\boldsymbol{B}$ 是一个秩为 $m - k$ 的列满秩阵,
且 $|(\boldsymbol{A}, \boldsymbol{B})| \neq 0$.

8.4 复 习 题

1. 填空题

　　(1) 设 $\boldsymbol{A} = (\begin{array}{ccc} \boldsymbol{A}_1 & 2\boldsymbol{A}_2 & 3\boldsymbol{A}_3 \end{array})$, $\boldsymbol{B} = (\begin{array}{ccc} \boldsymbol{B}_1 & \boldsymbol{A}_2 & \boldsymbol{A}_3 \end{array})$, 且 $|\boldsymbol{A}| = 18$, $|\boldsymbol{B}| = 2$, 则
$|2\boldsymbol{A} - 3\boldsymbol{B}| = $ _____.

(2) 设 $\boldsymbol{A} = \begin{pmatrix} a_{11} & a_{12} & a_{13} & a_{14} \\ a_{21} & a_{22} & a_{23} & a_{24} \\ a_{31} & a_{32} & a_{33} & a_{34} \\ a_{41} & a_{42} & a_{43} & a_{44} \end{pmatrix}$, 且 $|\boldsymbol{A}| = 2,\, b \neq 0$, 则 $\begin{vmatrix} a_{11} & \dfrac{1}{b}a_{12} & \dfrac{1}{b^2}a_{13} & \dfrac{1}{b^3}a_{14} \\ ba_{21} & a_{22} & \dfrac{1}{b}a_{23} & \dfrac{1}{b^2}a_{24} \\ b^2 a_{31} & ba_{32} & a_{33} & \dfrac{1}{b}a_{34} \\ b^3 a_{41} & b^2 a_{42} & ba_{43} & a_{44} \end{vmatrix} =$

_____.

(3) 已知三阶矩阵 $\boldsymbol{A}$ 满足 $|\boldsymbol{A}| = 2$, 则 $|2\boldsymbol{A}^*| = $_____.

(4) 已知矩阵 $\boldsymbol{A}$ 的一个特征值为 8, 则 $4\boldsymbol{A}^*$ 的特征值为_____.

(5) 已知 $\boldsymbol{A}_{3 \times 5}$ 的秩为 2, $\boldsymbol{B}^{\mathrm{T}} = \begin{pmatrix} 1 & 2 & 3 & 2 & 1 \\ 0 & 2 & 1 & 2 & 1 \\ 0 & 1 & 0 & 0 & 0 \end{pmatrix}$, $R(\boldsymbol{BA}) = $_____.

(6) 设向量 $\boldsymbol{\alpha} = (3, 0, 4)^{\mathrm{T}}$, 这个向量的单位化向量为_____.

(7) 设 $\boldsymbol{A}$ 是 n 阶正交矩阵, 向量 $\boldsymbol{X}$ 的模 $|\boldsymbol{X}| = 8$, 则 $|\boldsymbol{AX}| = $_____.

(8) 设 $\boldsymbol{A}$ 是 n 阶反对称矩阵, 则 $\mathrm{tr}(\boldsymbol{A}) = $_____.

2. 单项选择题

(1) 设 $\boldsymbol{A}$ 是 n 阶矩阵, 则 $\boldsymbol{A}$ 的_____ 与 $\boldsymbol{A}$ 的负号无关.

(A) 行列式   (B) 迹   (C) 秩   (D) 特征值

(2) $R(\boldsymbol{A})$ 与 $\boldsymbol{A}$ 的_____ 无关.

(A) 阶数   (B) 行列相等   (C) 逆   (D) 幂

(3) 设三阶矩阵 $\boldsymbol{A}$ 有特征根 1 和 0, 则_____.

(A) $R(\boldsymbol{A}) = 1$ (B) $R(\boldsymbol{A}) \leqslant 1$ (C) $R(\boldsymbol{A}) > 1$ (D) $R(\boldsymbol{A}) \geqslant 1$

(4) n 阶矩阵 $\boldsymbol{A}$ 经初等变换化为 $\boldsymbol{B}$, 则_____.

(A) $\boldsymbol{A}^{-1} = \boldsymbol{B}^{-1}$ (B) $|\boldsymbol{A}| = |\boldsymbol{B}|$ (C) $R(\boldsymbol{A}) = R(\boldsymbol{B})$ (D) $\mathrm{tr}(\boldsymbol{A}) = \mathrm{tr}(\boldsymbol{B})$

(5) 设 n 阶矩阵 $\boldsymbol{A}$ 的伴随矩阵为 $\boldsymbol{A}^*$, 则_____.

(A) $|\boldsymbol{A}^*| = |\boldsymbol{A}|$ (B) $\mathrm{tr}(\boldsymbol{A}) = \mathrm{tr}(\boldsymbol{A}^*)$ (C) $R(\boldsymbol{A}^*) = R(\boldsymbol{A})$ (D) $\boldsymbol{A}$ 与 $\boldsymbol{A}^*$ 可交换

(6) 设 $\boldsymbol{A}, \boldsymbol{B}$ 均为 n 阶矩阵, 则_____ 不成立.

(A) $|\boldsymbol{AB}| = |\boldsymbol{A}||\boldsymbol{B}|$ (B) $|\lambda\boldsymbol{I} - \boldsymbol{AB}| = |\lambda\boldsymbol{I} - \boldsymbol{BA}|$

(C) $\mathrm{tr}(\boldsymbol{AB}) = \mathrm{tr}(\boldsymbol{BA})$ (D) $R(\boldsymbol{AB}) = R(\boldsymbol{BA})$

(7) 设 $\boldsymbol{A}^2 = \boldsymbol{A}$, 则_____.

(A) $(\boldsymbol{A}\boldsymbol{A}^{\mathrm{T}})^2 = \boldsymbol{A}\boldsymbol{A}^{\mathrm{T}}$ (B) $|\boldsymbol{A}| = 1$ (C) $|\boldsymbol{A}| = 0$ (D) $\mathrm{tr}(\boldsymbol{A}) = R(\boldsymbol{A})$

(8) 设 $\boldsymbol{A}$ 为 n 阶矩阵, $R(\boldsymbol{A}) = r$, 则_____.

(A) 有 r 行满秩和 r 列满秩的矩阵 $\boldsymbol{P}, \boldsymbol{Q}$, 使得 $\boldsymbol{A} = \boldsymbol{PQ}$

(B) 对任意非零向量 $\boldsymbol{X}$, 均有 $\boldsymbol{AX} = \boldsymbol{0}$

(C) $\boldsymbol{A}$ 存在 r 个不同的非零特征根

(D) 对任意非零向量 $\boldsymbol{X}$, 均有 $\boldsymbol{AX} \neq \boldsymbol{0}$

(9) 设 $\boldsymbol{A}_{m \times n}$ 为列满秩矩阵, 即 $R(\boldsymbol{A}) = n$, 则_____.

(A) 存在矩阵 $\boldsymbol{B}$ 使 $\boldsymbol{AB} = \boldsymbol{I}$ (B) 存在矩阵 $\boldsymbol{B}$ 使 $\boldsymbol{BA} = \boldsymbol{I}$

(C) $R(\boldsymbol{A}) \neq R(\boldsymbol{AB})$ (D) 存在 $\boldsymbol{B}$ 使 $|\lambda\boldsymbol{I}_m - \boldsymbol{AB}| = |\lambda\boldsymbol{I}_n - \boldsymbol{BA}|$

(10) 设 $\boldsymbol{A}$ 是 $n \times n$ 阵, 且 $R(\boldsymbol{A}) = 1$, 则下列命题中不对的是_____.

(A) 对任意向量 $\boldsymbol{\alpha} = (a_1, \cdots, a_n)^{\mathrm{T}}$ 和 $\boldsymbol{\beta} = (b_1, \cdots, b_n)^{\mathrm{T}}$, $\boldsymbol{A}$ 都可表示为 $\boldsymbol{\alpha}^{\mathrm{T}}\boldsymbol{\beta}$

(B) 存在不为零的数 k, 使得 $\boldsymbol{A}^2 = k\boldsymbol{A}$

(C) 存在矩阵 $\boldsymbol{B}$ 和 $\boldsymbol{C}$, 使得 $\boldsymbol{A} = \boldsymbol{B}\boldsymbol{C}$

(D) 存在数 λ, 使得 $R(\lambda\boldsymbol{I} - \boldsymbol{A}) + R(\boldsymbol{A}) = n$

3. 求下列矩阵的行列式:

(1) $\boldsymbol{A} = \begin{pmatrix} 1 & 2 & 1 & 2 \\ 2 & 0 & 1 & 1 \\ 1 & -1 & 2 & 1 \\ 4 & 3 & 2 & 1 \end{pmatrix}$;

(2) $\boldsymbol{A} = \begin{pmatrix} 2 & 4 & -2 & -2 \\ 1 & 3 & 1 & 2 \\ 3 & 1 & 1 & 3 \\ -1 & 2 & -1 & 2 \end{pmatrix}$;

(3) $\boldsymbol{A} = \begin{pmatrix} x+1 & x & x & \cdots & x \\ x & x+\dfrac{1}{2} & x & \cdots & x \\ x & x & x+\dfrac{1}{3} & \cdots & x \\ \vdots & \vdots & \vdots & \ddots & \vdots \\ x & x & x & \cdots & x+\dfrac{1}{n} \end{pmatrix}$;

(4) $\boldsymbol{A} = \begin{pmatrix} 1 & 2 & 3 & \cdots & n \\ x & 1 & 2 & \cdots & n-1 \\ x & x & 1 & \cdots & n-2 \\ \vdots & \vdots & \vdots & \ddots & \vdots \\ x & x & x & \cdots & 1 \end{pmatrix}$;

(5) $\boldsymbol{A} = \begin{vmatrix} \dfrac{5}{4} & \dfrac{1}{2} & 0 & \cdots & 0 \\ \dfrac{1}{2} & \dfrac{5}{4} & \dfrac{1}{2} & \cdots & 0 \\ 0 & \dfrac{1}{2} & \dfrac{5}{4} & \cdots & 0 \\ \vdots & \vdots & \vdots & & \vdots \\ 0 & 0 & 0 & \cdots & \dfrac{5}{4} \end{vmatrix}$;

(6) $\boldsymbol{A} = \begin{pmatrix} x-2 & 2 & \cdots & 2 \\ 2 & x-2 & \cdots & 2 \\ \vdots & \vdots & \ddots & \vdots \\ 2 & 2 & \cdots & x-2 \end{pmatrix}$;

(7) $\boldsymbol{A} = \begin{pmatrix} 2 & 3 & 3 & \cdots & 3 & 3 \\ 1 & 2 & 3 & \cdots & 3 & 3 \\ 1 & 1 & 2 & \cdots & 3 & 3 \\ \vdots & \vdots & \vdots & \ddots & \vdots & \vdots \\ 1 & 1 & 1 & \cdots & 2 & 3 \\ 1 & 1 & 1 & \cdots & 1 & 2 \end{pmatrix}$;

(8) $\boldsymbol{A} = \begin{pmatrix} 1+x_1y_1 & 1+x_1y_2 & \cdots & 1+x_1y_n \\ 1+x_2y_1 & 1+x_2y_2 & \cdots & 1+x_2y_n \\ \vdots & \vdots & \ddots & \vdots \\ 1+x_ny_1 & 1+x_ny_2 & \cdots & 1+x_ny_n \end{pmatrix}$;

(9) $\boldsymbol{A} = \begin{pmatrix} 1+yz & y & 0 & \cdots & 0 & 0 \\ z & 1+yz & y & \cdots & 0 & 0 \\ 0 & z & 1+yz & \cdots & 0 & 0 \\ \vdots & \vdots & \vdots & \ddots & \vdots & \vdots \\ 0 & 0 & 0 & \cdots & 1+yz & y \\ 0 & 0 & 0 & \cdots & z & 1+yz \end{pmatrix}$;

(10) $\boldsymbol{A} = (|i-j|)_{n\times n}$.

4. 求下列矩阵的秩:

(1) $\boldsymbol{A} = \begin{pmatrix} 7 & 6 & 3 & 4 & 1 \\ 6 & 104 & 21 & 9 & 17 \\ 14 & 12 & 6 & 8 & 2 \\ 35 & 30 & 15 & 20 & 5 \end{pmatrix}$;

(2) $\boldsymbol{A} = \begin{pmatrix} 6 & 7 & 8 & 0 & -9 \\ 1 & 0 & -1 & 5 & 12 \\ 2 & 2 & 2 & -1 & 5 \\ 5 & 4 & 3 & -5 & -4 \end{pmatrix}$.

5. 求下列矩阵的特征值:

(1) $\boldsymbol{A} = \begin{pmatrix} 2 & 1 & -3 \\ 1 & 2 & 2 \\ -1 & -1 & 3 \end{pmatrix}$;

(2) $\boldsymbol{A} = \begin{pmatrix} 3 & 6 & -1 \\ 5 & 2 & -1 \\ -1 & -1 & 3 \end{pmatrix}$;

(3) $\boldsymbol{A} = \begin{pmatrix} 1 & 1 & -2 \\ 2 & 1 & -1 \\ -1 & -1 & 2 \end{pmatrix}$;

(4) $\boldsymbol{A} = \begin{pmatrix} 3 & -3 & 1 \\ 1 & -1 & 1 \\ -1 & 3 & 1 \end{pmatrix}$;

(5) $\boldsymbol{A} = \begin{pmatrix} 3 & -3 & -2 \\ 1 & -1 & -2 \\ -1 & 3 & 4 \end{pmatrix}$;

(6) $\boldsymbol{A} = \begin{pmatrix} 1 & 1 & 1 & 1 \\ 1 & 3 & -3 & -2 \\ 1 & 1 & -1 & -2 \\ -1 & -1 & 3 & 4 \end{pmatrix}$;

(7) $\boldsymbol{A} = \begin{pmatrix} 2 & -2 & -2 & \cdots & -2 \\ -2 & 2 & -2 & \cdots & -2 \\ -2 & -2 & 2 & \cdots & -2 \\ \vdots & \vdots & \vdots & \ddots & \vdots \\ -2 & -2 & -2 & \cdots & 2 \end{pmatrix}$;

(8) $\boldsymbol{A} = \begin{pmatrix} 2 & 1 & 1 & \cdots & 1 \\ 1 & 2 & 1 & \cdots & 1 \\ 1 & 1 & 2 & \cdots & 1 \\ \vdots & \vdots & \vdots & \ddots & \vdots \\ 1 & 1 & 1 & \cdots & 2 \end{pmatrix}$.

6. 设 $\boldsymbol{A}$, $\boldsymbol{B}$ 是 n 阶矩阵, 且 $\boldsymbol{B}$ 是非奇异阵, 证明

(1) $|\lambda\boldsymbol{I} - \boldsymbol{A}| = |\lambda\boldsymbol{I} - \boldsymbol{B}^{-1}\boldsymbol{A}\boldsymbol{B}|$;

(2) $|\lambda\boldsymbol{I} - \boldsymbol{A}\boldsymbol{B}| = |\lambda\boldsymbol{I} - \boldsymbol{B}\boldsymbol{A}|$.

7. 设 n 阶非零矩阵 $\boldsymbol{A}$, $\boldsymbol{B}$ 满足 $\boldsymbol{A}\boldsymbol{B} = \boldsymbol{0}$, 则 $|\boldsymbol{A}| = 0$ 且 $|\boldsymbol{B}| = 0$.

8. 设 $\boldsymbol{A}$, $\boldsymbol{B}$ 是 n 阶矩阵, 证明 $(\boldsymbol{A}\boldsymbol{B})^* = \boldsymbol{B}^*\boldsymbol{A}^*$.

9. 设 $\boldsymbol{A}$ 是 n 阶实矩阵, 证明

(1) 存在正整数 N, 使 $|N\boldsymbol{I} + \boldsymbol{A}| > 0$;

(2) 如果对任意 n 维实向量 $\boldsymbol{x}$ 满足 $\boldsymbol{x}^{\mathrm{T}}\boldsymbol{A}\boldsymbol{x} \neq 0$, 则 $|\boldsymbol{A}| \neq 0$;

(3) 如果对任意 n 维实向量 $\boldsymbol{x}$ 满足 $\boldsymbol{x}^{\mathrm{T}}\boldsymbol{A}\boldsymbol{x} > 0$, 则 $|\boldsymbol{A}| > 0$.

10. 设 $\boldsymbol{A}$ 为 n 阶矩阵, 证明 $R(\boldsymbol{A}^*) \leqslant R(\boldsymbol{A})$.

11. 设 $\boldsymbol{A}$ 为 $m \times n$ 阵, $R(\boldsymbol{A}) = r < n$, 则证明必有非零向量 $\boldsymbol{X}$, 使 $\boldsymbol{A}\boldsymbol{X} = \boldsymbol{0}$.

12. 设 $\boldsymbol{A}$ 为 n 阶方阵, 且有 $\boldsymbol{A}^2 + \boldsymbol{A} - 2\boldsymbol{I} = \boldsymbol{0}$, 则证明 $R(\boldsymbol{A} + 2\boldsymbol{I}) + R(\boldsymbol{A} - \boldsymbol{I}) = n$.

13. 设 $\boldsymbol{A} = (a_{ij})$, a_{ij} 为有理数, 则证明 $\pi\boldsymbol{I} - \boldsymbol{A}$ 是可逆的.

14. 设 λ_1, λ_2 是矩阵 $\boldsymbol{A}$ 的两个不同的特征值, $\boldsymbol{X}_1$, $\boldsymbol{X}_2$ 分别是 λ_1, λ_2 的特征向量, 那么, 向量 $\boldsymbol{X}_1 + \boldsymbol{X}_2$ 一定不是 $\boldsymbol{A}$ 的特征向量.

15. 设 $\boldsymbol{A}$, $\boldsymbol{B}$ 为任意矩阵, $\boldsymbol{A}\boldsymbol{B}$, $\boldsymbol{B}\boldsymbol{A}$ 均为方阵, 证明

(1) $\mathrm{tr}(\boldsymbol{A}\boldsymbol{B}) = \mathrm{tr}(\boldsymbol{B}\boldsymbol{A})$;

(2) $\boldsymbol{A}\boldsymbol{B}$ 与 $\boldsymbol{B}\boldsymbol{A}$ 的非零特征根相同;

(3) $\boldsymbol{A}\boldsymbol{B}$ 与 $\boldsymbol{B}\boldsymbol{A}$ 有公共的特征向量吗?

16. 设 $\boldsymbol{A}$ 是 n 阶矩阵, 证明 $\boldsymbol{A}$ 的秩大于或等于 $\boldsymbol{A}$ 的非零特征值的个数.

17. 设 $\boldsymbol{X}$ 为一 $n \times k$ 矩阵, 且 $R(\boldsymbol{X}) = k$, 证明

(1) $\boldsymbol{X}^{\mathrm{T}} \boldsymbol{X}$ 可逆;

(2) $R(\boldsymbol{I}_n - \boldsymbol{X}(\boldsymbol{X}^{\mathrm{T}} \boldsymbol{X})^{-1} \boldsymbol{X}^{\mathrm{T}}) = n - k$;

(3) 存在 t, 使得 $R(t\boldsymbol{I}_n - \boldsymbol{X}(\boldsymbol{X}^{\mathrm{T}} \boldsymbol{X})^{-1} \boldsymbol{X}^{\mathrm{T}}) = n$.

18. 设 λ, μ 是对称矩阵 $\boldsymbol{A}$ 的不同特征根, $\boldsymbol{x}_1$, $\boldsymbol{x}_2$ 分别为其特征向量, 则证明 $\boldsymbol{X}_1^{\mathrm{T}} \boldsymbol{X}_2 = \boldsymbol{0}$.

8.5　复习题参考答案与提示

1. (1) 90. (2) 2. (3) 32. (4) $\dfrac{1}{2}|\boldsymbol{A}|$. (5) 2. (6) $\left(\dfrac{3}{5},\ 0,\ \dfrac{4}{5}\right)^{\mathrm{T}}$. (7) 8. (8) 0.

2. (1) (C). (2) (B). (3) (D). (4) (C). (5) (D). (6) (D). (7) (D). (8) (A). (9) (B). (10) (A).

3. (1) 19. (2) 112. (3) $\dfrac{1}{n!} \cdot \left[1 + \dfrac{n(n+1)}{2}x\right]$. (4) $(-1)^n\left[(x-1)^n - x^n\right]$. (5) $\dfrac{4^{n+1}-1}{3 \cdot 4^n}$.

(6) $[x + 2n - 4] \cdot (x-4)^{n-1}$. (7) $|\boldsymbol{A}| = \begin{cases} 2, & n \text{ 为奇数}, \\ 1, & n \text{ 为偶数}. \end{cases}$ (8) 0. (9) $\dfrac{1-(yz)^{n+1}}{1-yz}$.

(10) $\dfrac{n-1}{2}(-2)^{n-1}$.

4. (1) $R(\boldsymbol{A}) = 2$. (2) $R(\boldsymbol{A}) = 4$.

5. (1) $\lambda_1 = 1$, $\lambda_2 = 2$, $\lambda_3 = 4$. (2) $\lambda_1 = -3$, $\lambda_2 = \dfrac{11-\sqrt{3}}{2}$, $\lambda_3 = \dfrac{11+\sqrt{33}}{2}$. (3) $\lambda_1 = \lambda_2 = 0$, $\lambda_3 = 4$. (4) $\lambda_1 = -1$, $\lambda_2 = \lambda_3 = 2$. (5) $\lambda_1 = \lambda_2 = \lambda_3 = 2$. (6) $\lambda_1 = \lambda_2 = 2$, $\lambda_3 = \dfrac{3+\sqrt{5}}{2}$, $\lambda_4 = \dfrac{3-\sqrt{5}}{2}$. (7) $\lambda_1 = \lambda_2 = \cdots = \lambda_{n-1} = 4$, $\lambda_n = 4 - 2n$. (8) $\lambda_1 = \lambda_2 = \cdots = \lambda_{n-1} = 1$, $\lambda_n = n + 1$.

6. 用行列式的积的公式证明.

7. 用反证法.

8. 按例 19 的注的提示.

9. (1) 利用例 20 找 N. (2) 用反证法. (3) 考虑函数 $f(t) = |t\boldsymbol{I}_n + \boldsymbol{A}|$. 再仿例 20 证法.

10. 利用 $\boldsymbol{A}\boldsymbol{A}^* = \boldsymbol{A}^*\boldsymbol{A} = |\boldsymbol{A}|\,\boldsymbol{I}$ 证明.

11. 用 8.1.3.2 节中的 5.

12. 利用 8.2 节中的例 7 中的 (C).

13. 注意 π 是无理数.

14. 用反证法.

15. (1) 用定义. (2) 设 $\boldsymbol{A}$, $\boldsymbol{B}$ 为 $m \times n$ 阵 $(m > n)$, 去证 $|\lambda\boldsymbol{I}_m - \boldsymbol{A}\boldsymbol{B}| = \lambda^{m-n}|\lambda\boldsymbol{I}_n - \boldsymbol{B}\boldsymbol{A}|$. (3) 注意, 方阵 $\boldsymbol{A}\boldsymbol{B}$, $\boldsymbol{B}\boldsymbol{A}$ 的阶数.

16. 设法证明存在 r 阶矩阵 $\boldsymbol{A}_{11}$, 使得 $|\lambda\boldsymbol{I}_n - \boldsymbol{A}| = \lambda^{n-R(\boldsymbol{A})}|\lambda\boldsymbol{I}_r - \boldsymbol{A}_{11}|$.

17. (1) 满秩阵. (2) 注意到 $\boldsymbol{X}(\boldsymbol{X}^{\mathrm{T}} \boldsymbol{X})^{-1} \boldsymbol{X}^{\mathrm{T}}[\boldsymbol{I}_n - \boldsymbol{X}(\boldsymbol{X}^{\mathrm{T}} \boldsymbol{X})^{-1} \boldsymbol{X}^{\mathrm{T}}] = \boldsymbol{0}$. (3) 仿 9 题 (1).

18. 用特征值的定义证明.

第 9 章　矩阵数字特征的应用

本章论及的向量均指有序数组 $(a_1, a_2, \cdots, a_n)$ 或 $(a_1, a_2, \cdots, a_n)^{\mathrm{T}}$, 其中 a_i 称为向量的分量. 前者为 n 维行向量, 也就是行矩阵; 后者为 n 维列向量, 也就是列矩阵. 向量通常记为 $\boldsymbol{\alpha}$, $\boldsymbol{\beta}$, $\boldsymbol{\gamma}$, $\boldsymbol{x}$, $\cdots$.

所论及的方程组一般为

$$\begin{cases} a_{11}x_1 + \cdots + a_{1n}x_n = b_1, \\ a_{21}x_1 + \cdots + a_{2n}x_n = b_2, \\ \qquad\cdots\cdots \\ a_{m1}x_1 + \cdots + a_{mn}x_n = b_m. \end{cases} \tag{1}$$

如果记 $\boldsymbol{\alpha}_j = (a_{1j}, a_{2j}, \cdots, a_{mj})^{\mathrm{T}}$, $\boldsymbol{b} = (b_1, b_2, \cdots, b_m)^{\mathrm{T}}$, 则方程组 (1) 又表示为

$$\boldsymbol{\alpha}_1 x_1 + \cdots + \boldsymbol{\alpha}_n x_n = \boldsymbol{b}. \tag{2}$$

此为方程组的向量表达形式. 记 $\boldsymbol{A} = (\boldsymbol{\alpha}_1, \cdots, \boldsymbol{\alpha}_n)$, $\boldsymbol{x} = (x_1, \cdots, x_n)^{\mathrm{T}}$, $\boldsymbol{b} = (b_1, \cdots, b_m)^{\mathrm{T}}$, 并借用分块矩阵的思想, 则方程组 (1) 又可表示为

$$\boldsymbol{A}\boldsymbol{x} = \boldsymbol{b}. \tag{3}$$

此为方程组的矩阵表示式. 此外, 行 (列) 矩阵的运算适合于向量.

9.1　概念、性质与定理

9.1.1　矩阵的秩及行列式的应用

矩阵的秩及行列式的应用, 主要有几何应用——讨论向量的线性关系和代数应用——讨论方程组的解的存在、解的结构以及方程组的求法.

9.1.1.1　概念

1. 设 $\boldsymbol{\alpha}_1, \cdots, \boldsymbol{\alpha}_m$ 是 m 个 n 维向量, $k_1, \cdots, k_m$ 是一组数, 则 $k_1\boldsymbol{\alpha}_1 + \cdots + k_m\boldsymbol{\alpha}_m$ 为向量组 $\boldsymbol{\alpha}_1, \cdots, \boldsymbol{\alpha}_m$ 的线性组合. 这是一个新的 n 维向量.

2. 设 $\boldsymbol{\alpha}_1, \cdots, \boldsymbol{\alpha}_m$ 是 m 个 n 维向量, 如果有不全为零的数 $k_1, \cdots, k_m$, 使得

$$k_1\boldsymbol{\alpha}_1 + \cdots + k_m\boldsymbol{\alpha}_m = \boldsymbol{0},$$

则称向量 $\boldsymbol{\alpha}_1, \cdots, \boldsymbol{\alpha}_m$ 线性相关, 否则, 称 $\boldsymbol{\alpha}_1, \cdots, \boldsymbol{\alpha}_m$ 线性无关. 这两个概念在矩阵的秩那里就引出了, 但未能详述.

3. 设 $\boldsymbol{\alpha}_1, \cdots, \boldsymbol{\alpha}_m, \boldsymbol{\beta}$ 是一组 n 维向量, 如果有数 $k_1, \cdots, k_m$ 使

$$\boldsymbol{\beta} = k_1 \boldsymbol{\alpha}_1 + \cdots + k_m \boldsymbol{\alpha}_m,$$

则称 $\boldsymbol{\beta}$ 是向量组 $\boldsymbol{\alpha}_1, \cdots, \boldsymbol{\alpha}_m$ 的线性组合, 或称 $\boldsymbol{\beta}$ 可由 $\boldsymbol{\alpha}_1, \cdots, \boldsymbol{\alpha}_m$ 线性表示.

4. 设 $\boldsymbol{\alpha}_1, \cdots, \boldsymbol{\alpha}_m$ 和 $\boldsymbol{\beta}_1, \cdots, \boldsymbol{\beta}_p$ 是两组 n 维向量, 如果 $\boldsymbol{\beta}_i$ 可由 $\boldsymbol{\alpha}_1, \cdots, \boldsymbol{\alpha}_m$ 线性表示 $(i = 1, \cdots, p)$, 且 $\boldsymbol{\alpha}_j$ 也可由 $\boldsymbol{\beta}_1, \cdots, \boldsymbol{\beta}_p$ 线性表示 $(j = 1, \cdots, m)$, 则说这两个向量组等价, 记为

$$(\boldsymbol{\alpha}_1, \cdots, \boldsymbol{\alpha}_m) \cong (\boldsymbol{\beta}_1, \cdots, \boldsymbol{\beta}_p).$$

5. 设 $\boldsymbol{\alpha}_1, \cdots, \boldsymbol{\alpha}_m$ 是一组 n 维向量, 如果这组向量中有 $\boldsymbol{\alpha}_{i_1}, \cdots, \boldsymbol{\alpha}_{i_r}$, 满足

(1) $\boldsymbol{\alpha}_{i_1}, \cdots, \boldsymbol{\alpha}_{i_r}$ 线性无关.

(2) $\boldsymbol{\alpha}_j$ 可由 $\boldsymbol{\alpha}_{i_1}, \cdots, \boldsymbol{\alpha}_{i_r}$ 线性表示.

则称 $\boldsymbol{\alpha}_{i_1}, \cdots, \boldsymbol{\alpha}_{i_r}$ 为 $\boldsymbol{\alpha}_1, \cdots, \boldsymbol{\alpha}_m$ 的一个极大线性无关组, 而 r 则称为向量 $\boldsymbol{\alpha}_1, \cdots, \boldsymbol{\alpha}_m$ 的秩, 记为

$$R(\boldsymbol{\alpha}_1, \cdots, \boldsymbol{\alpha}_m) = r.$$

6. $\boldsymbol{Ax} = \boldsymbol{0}$ 的全体解向量组的一个极大线性无关组称为 $\boldsymbol{Ax} = \boldsymbol{0}$ 的一个基础解系.

7. n 维向量的全体称为向量空间. 向量空间的一个极大线性无关组称为向量空间的一个基底, 简称基, 而基底所含向量的个数称为向量空间的维数. 这样, $\boldsymbol{Ax} = \boldsymbol{0}$ 的全体解向量组又称解空间, 基础解系是解空间的基.

9.1.1.2 定理

1. 设 $\boldsymbol{\alpha}_1, \cdots, \boldsymbol{\alpha}_m$ 为 n 维列向量组, $\boldsymbol{A} = (\boldsymbol{\alpha}_1, \cdots, \boldsymbol{\alpha}_m)$ (如果 $\boldsymbol{\alpha}_i$ 为行向量, 则 $\boldsymbol{A} = (\boldsymbol{\alpha}_1^{\mathrm{T}}, \cdots, \boldsymbol{\alpha}_m^{\mathrm{T}})$), 则 $\boldsymbol{\alpha}_1, \cdots, \boldsymbol{\alpha}_m$ 线性无关的充分必要条件为 $R(\boldsymbol{A}) = m$; $R(\boldsymbol{A}) = m$ 的充分必要条件为 $\boldsymbol{Ax} = \boldsymbol{0}$ 只有零解.

当向量组的向量个数 $m = n$ 时, $\boldsymbol{Ax} = \boldsymbol{0}$ 只有零解的充分必要条件为 $|\boldsymbol{A}| \neq \boldsymbol{0}$; $|\boldsymbol{A}| \neq \boldsymbol{0}$ 的充分必要条件为 $\boldsymbol{A}$ 的特征值 $\lambda_i \neq 0, i = 1, \cdots, n$.

2. 如果 $\boldsymbol{\alpha}_1, \cdots, \boldsymbol{\alpha}_m, \boldsymbol{\beta}$ 线性相关, $\boldsymbol{\alpha}_1, \cdots, \boldsymbol{\alpha}_m$ 线性无关, 则 $\boldsymbol{\beta}$ 可唯一表示成 $\boldsymbol{\alpha}_1, \cdots, \boldsymbol{\alpha}_m$ 的线性组合.

3. 设 $\boldsymbol{\alpha}_1, \cdots, \boldsymbol{\alpha}_m$ 为 n 维向量组, $\boldsymbol{A} = (\boldsymbol{\alpha}_1, \cdots, \boldsymbol{\alpha}_m)$, 则 $R(\boldsymbol{\alpha}_1, \cdots, \boldsymbol{\alpha}_m) = R(\boldsymbol{A})$.

4. 设 $\boldsymbol{\alpha}_1, \cdots, \boldsymbol{\alpha}_m$ 为 n 维向量组. $\boldsymbol{A} = (\boldsymbol{\alpha}_1, \cdots, \boldsymbol{\alpha}_m)$, 如果存在非奇异阵 $\boldsymbol{P}$, 使得

$$\boldsymbol{PA} = (\boldsymbol{\alpha}_1^*, \cdots, \boldsymbol{e}_{i_1}, \cdots, \boldsymbol{e}_{i_r}, \cdots, \boldsymbol{\alpha}_m^*),$$

则 $\boldsymbol{\alpha}_1, \cdots, \boldsymbol{\alpha}_m$ 为 $\boldsymbol{\alpha}_1, \cdots, \boldsymbol{\alpha}_m$ 的一个极大线性无关组, 且 $\boldsymbol{\alpha}_j = a_{1j}\boldsymbol{\alpha}_{i_1} + \cdots + a_{rj}\boldsymbol{\alpha}_{i_r}, j \neq i_1, \cdots, i_r$, 以及 $R(\boldsymbol{\alpha}_1, \boldsymbol{\alpha}_m) = r = R(\boldsymbol{A})$. 其中, $\boldsymbol{e}_{i_j} = (0, \cdots, 0, \overset{j}{1}, 0, \cdots, 0)^{\mathrm{T}}$, $j = 1, 2, \cdots, r$, $\boldsymbol{\alpha}_j^* = (a_{1j}, \cdots, a_{rj}, 0, \cdots, 0)^{\mathrm{T}}$, a_{ij} 不全为零, $i = 1, 2, \cdots, r$.

证明 首先, 易知 $\boldsymbol{\alpha}_j^* = a_{1j}\boldsymbol{e}_{i_1} + \cdots + a_{rj}\boldsymbol{e}_{i_r}$, $j \neq i_1, \cdots, i_r$. 而

$$\boldsymbol{A} = (\boldsymbol{P}^{-1}\boldsymbol{\alpha}_1^* \cdots \boldsymbol{P}^{-1}\boldsymbol{e}_{i_1}, \cdots, \boldsymbol{P}^{-1}\boldsymbol{e}_{i_r}, \cdots, \boldsymbol{P}^{-1}\boldsymbol{\alpha}_m^*) = (\boldsymbol{\alpha}_1, \cdots, \boldsymbol{\alpha}_m),$$

即 $\boldsymbol{\alpha}_{i_t} = \boldsymbol{P}^{-1}\boldsymbol{e}_{i_t}(t = 1, 2, \cdots, r)$, $\boldsymbol{\alpha}_j = \boldsymbol{P}^{-1}\boldsymbol{\alpha}_j^*(j \neq i_t)$. 于是

$$\begin{aligned} \boldsymbol{\alpha}_j = \boldsymbol{P}^{-1}\boldsymbol{\alpha}_j^* &= a_{1j}\boldsymbol{P}^{-1}\boldsymbol{e}_{i_1} + \cdots + a_{rj}\boldsymbol{P}^{-1}\boldsymbol{e}_{i_r} \\ &= a_{1j}\boldsymbol{\alpha}_{i_1} + \cdots + a_{rj}\boldsymbol{\alpha}_{i_r} \quad (j \neq i_1, \cdots, i_r). \end{aligned} \quad (*)$$

又由于 $R(\boldsymbol{\alpha}_{i_1}, \cdots, \boldsymbol{\alpha}_{i_r}) = R(\boldsymbol{P}^{-1}\boldsymbol{e}_{i_1}, \cdots, \boldsymbol{P}^{-1}\boldsymbol{e}_{i_r}) = R(\boldsymbol{e}_{i_1}, \cdots, \boldsymbol{e}_{i_r}) = r$, 因此, $\boldsymbol{\alpha}_{i_t}, \cdots, \boldsymbol{\alpha}_{i_r}$ 为极大线性无关组, 秩为 r, 其余向量由极大线性无关组线性表示, 如 $(*)$ 式.

5. 设 $\boldsymbol{\alpha}_1, \cdots, \boldsymbol{\alpha}_m, \boldsymbol{\beta}_1, \cdots, \boldsymbol{\beta}_s$ 是两个 n 维向量组, 矩阵 $\boldsymbol{A} = (\boldsymbol{\alpha}_1, \cdots, \boldsymbol{\alpha}_m)$, $\boldsymbol{B} = (\boldsymbol{\beta}_1, \cdots, \boldsymbol{\beta}_s)$, 那么

(1) 如果有矩阵 $\boldsymbol{C}$, 使得 $\boldsymbol{A} = \boldsymbol{BC}$, 则 $\boldsymbol{\alpha}_1, \cdots, \boldsymbol{\alpha}_m$ 可由 $\boldsymbol{\beta}_1, \cdots, \boldsymbol{\beta}_s$ 线性表示.

(2) 如果有行满秩矩阵 $\boldsymbol{C}$, 使得 $\boldsymbol{A} = \boldsymbol{BC}$, 则 $\boldsymbol{\alpha}_1, \cdots, \boldsymbol{\alpha}_m$ 与 $\boldsymbol{\beta}_1, \cdots, \boldsymbol{\beta}_s$ 是等价的.

6. n 维向量空间的维数为 n; 任意 n 个线性无关的 n 维向量都构成向量空间的一个基.

如果 n 维向量组 $\boldsymbol{\alpha}_1, \cdots, \boldsymbol{\alpha}_r$ 线性无关, 则必存在 $n - r$ 个 n 维向量 $\boldsymbol{\beta}_1, \cdots, \boldsymbol{\beta}_{n-r}$, 使得 $\boldsymbol{\alpha}_1, \cdots, \boldsymbol{\alpha}_r, \boldsymbol{\beta}_1, \cdots, \boldsymbol{\beta}_{n-r}$ 线性无关.

换句话说, 任意一个线性无关的 n 维向量组必定可以扩充成 n 维向量空间的一个基.

7. $\boldsymbol{Ax} = \boldsymbol{b}$ 有解的充分必要条件为 $R(\boldsymbol{A}) = R(\boldsymbol{A}, \boldsymbol{b})$.

8. 方程组 $\boldsymbol{Ax} = \boldsymbol{b}$ 的解的结构:

(1) 如果 $R(\boldsymbol{A}, \boldsymbol{b}) = R(\boldsymbol{A}) = n$, 那么 $\boldsymbol{Ax} = \boldsymbol{b}$ 有唯一的解 $\boldsymbol{x} = \boldsymbol{A}^{-1}\boldsymbol{b}$, 其中, $R(\boldsymbol{A}) = n$ 且 $\boldsymbol{A}^{-1}\boldsymbol{A} = \boldsymbol{I}_n$.

(2) 如果 $R(\boldsymbol{A}, \boldsymbol{b}) = R(\boldsymbol{A}) = r < n$, 那么 $\boldsymbol{Ax} = \boldsymbol{b}$ 有无穷多解

$$\boldsymbol{x} = k_1\boldsymbol{x}_1 + \cdots + k_{n-r}\boldsymbol{x}_{n-r} + \boldsymbol{x}_0,$$

其中, $\boldsymbol{x}_1, \cdots, \boldsymbol{x}_{n-r}$ 为 $\boldsymbol{A}\boldsymbol{x} = \boldsymbol{0}$ 的基础解系. $\boldsymbol{x}_0$ 为 $\boldsymbol{A}\boldsymbol{x} = \boldsymbol{b}$ 的一个解.

9. 如果 $R(\boldsymbol{A}) = r < n$, 则 $\boldsymbol{A}\boldsymbol{x} = \boldsymbol{0}$ 有基础解系 $\boldsymbol{x}_1, \cdots, \boldsymbol{x}_{n-r}$.

证明　由 $R(\boldsymbol{A}) = r$, 知存在 $\boldsymbol{P}^{-1}$, 使得 $\boldsymbol{P}\boldsymbol{A} = (\cdots, \boldsymbol{e}_{i_1}, \cdots, \boldsymbol{e}_{i_r}, \cdots)$, 其中,

$$\boldsymbol{e}_{i_j} = (0, \cdots, 0, \overset{j}{1}, 0, \cdots, 0)^{\mathrm{T}} \quad (j = 1, 2, \cdots, r),$$

其余向量 $\boldsymbol{\alpha}_j^* = (a_{1j}, \cdots, a_{rj}, 0, \cdots, 0)^{\mathrm{T}} (j \neq i_1, \cdots, i_r)$. 令

$$\boldsymbol{x}_{j_t} = (\boldsymbol{0}, \cdots, \overset{j_t}{1}, \cdots, x_{i_1}, \cdots, x_{i_r}, \cdots, \boldsymbol{0})^{\mathrm{T}},$$

其中, 第 i_1 个元素为 x_{i_1}, $\cdots$, 第 i_r 个元素为 x_{i_r}, 其余的第 j_t 个元素为 1, 而另一些均取零, $t = 1, \cdots, n-r$. 那么, 由 $\boldsymbol{P}\boldsymbol{A}\boldsymbol{x}_j = (\cdots, \boldsymbol{e}_{i1}, \cdots, \boldsymbol{e}_{ir}, \cdots)\boldsymbol{x}_j = \boldsymbol{0}$ 可求得

$$\boldsymbol{x}_{j_t} = (0, \cdots, \overset{j_t}{1}, \cdots, 0, \overset{i_1}{a_{i_1j}}, \cdots, \overset{i_r}{a_{i_rj}}, \cdots, 0)^{\mathrm{T}} \quad (t = 1, \cdots, n-r).$$

这意味着 $\boldsymbol{x}_{j_t}$ 是 $\boldsymbol{A}\boldsymbol{x} = \boldsymbol{0}$ 的解. 又令 $\boldsymbol{B} = (\boldsymbol{x}_{j_1}, \cdots, \boldsymbol{x}_{j_{n-r}})$, 则 $\boldsymbol{B}$ 中有子式 $|\boldsymbol{I}_{n-r}| \neq 0$, 而任意 $n - r + 1$ 阶子式必有一行为 $\boldsymbol{0}$, 进而, $R(\boldsymbol{B}) = n - r$. 故知 $\boldsymbol{x}_{j_1}, \cdots, \boldsymbol{x}_{j_{n-r}}$ 线性无关. 任取方程组 $\boldsymbol{A}\boldsymbol{x} = \boldsymbol{0}$ 的一个解 $\boldsymbol{x}$, 即有 $\boldsymbol{P}\boldsymbol{A}\boldsymbol{x} = \boldsymbol{0}$. 于是有 $(\cdots, \boldsymbol{e}_{i_1}, \cdots, \boldsymbol{e}_{i_r}, \cdots)\boldsymbol{x} = \boldsymbol{0}$, 即

$$\begin{pmatrix} a_{i_1j_1}^* & \cdots & \overset{i_1}{1} & \cdots & \overset{i_r}{0} & \cdots & a_{i_1j_{n-r}}^* \\ \vdots & & \vdots & & \vdots & & \vdots \\ a_{i_rj_1}^* & \cdots & 0 & \cdots & 1 & \cdots & a_{i_rj_n}^* \\ 0 & \cdots & 0 & \cdots & 0 & \cdots & 0 \end{pmatrix} \begin{pmatrix} x_{j_1} \\ \vdots \\ x_{i_1} \\ \vdots \\ x_{i_r} \\ \vdots \\ x_{i_{n-r}} \end{pmatrix} = \boldsymbol{0}.$$

因此, $x_{i_1} = -a_{1j_1}^* x_{j_1} - \cdots - a_{1j_{n-r}}^* x_{j_{n-r}}, \cdots, x_{i_r} = -a_{rj_1}^* x_{j_1} - \cdots - a_{rj_{n-r}}^* x_{j_{n-r}}$. 把这个解写成向量形式, 则有

$$\begin{pmatrix} x_{j_1} \\ \vdots \\ x_{i_1} \\ \vdots \\ x_{i_r} \\ \vdots \\ x_{j_{n-r}} \end{pmatrix} = \begin{pmatrix} x_{j_1} \\ \vdots \\ -a_{i_1j_1}^* x_{j_1} - \cdots - a_{i_1j_{n-r}} x_{n-r} \\ \vdots \\ -a_{i_rj_1}^* x_1 - \cdots - a_{i_rj_{n-r}} x_{n-r} \\ \vdots \\ x_{j_{n-r}} \end{pmatrix} = x_{j_1} \boldsymbol{x}_{j_1} + \cdots + x_{j_{n-r}} \boldsymbol{x}_{j_{n-r}},$$

即 $x_{j_1}, \cdots, x_{j_{n-r}}$ 为 $Ax = 0$ 的基础解系.

10. 如果 $Ax = 0$ 与 $Bx = 0$ 是同解方程组, 那么 $R(A) = R(B)$.

证明 设 $R(A) = s$, $R(B) = t$, 则 $Ax = 0$ 有基础解系 $x_1, \cdots, x_{n-s}$, 又已知 $x_1, \cdots, x_{n-s}$ 是 $Bx = 0$ 的解, 故 $x_1, \cdots, x_{n-s}$ 可由 $Bx = 0$ 的基础解系 $\eta_1, \cdots, \eta_{n-t}$ 表示. 反之亦然, 于是

$$n - s = R(x_1, \cdots, x_{n-s}) = R(\eta_1, \cdots, \eta_{n-t}) = n - t,$$

即 $s = t$.

11. 如果 $R(AB) = R(B)$, 那么, 方程 $ABx = 0$ 和 $Bx = 0$ 是同解的.

证明 设 $R(AB) = R(B) = r < n$, 其中, n 为 B 的列数. 当 $r = n$ 时, 结论显然成立. 当 $r < n$ 时, 则 $BX = 0$ 有基础解系 $\eta_1, \cdots, \eta_{n-r}$, 且 $AB\eta_i = 0$ $(i = 1, 2, \cdots, n - r)$, 即 η_i 是 $ABx = 0$ 的解. 又 $R(AB) = r$, $ABx = 0$ 也有基础解系 $x_1, \cdots, x_{n-r}$. 此表明 $\eta_1, \cdots, \eta_{n-r}$ 可由 $x_1, \cdots, x_{n-r}$ 线性表示. 也就是说, 如果记 $P = (\eta_1, \cdots, \eta_{n-r})$, $Q = (x_1, \cdots, x_{n-r})$, 则有 C, 使得 $P = QC$, 其中 C 为一个 $n - r$ 阶的方阵. 由基础解系知, $R(P) = n - r$, 从而可得 $n - r = R(P) = R(QC) \leqslant R(C) \leqslant n - r$. 于是, $R(C) = n - r$, 从而 C 为可逆阵. 因此有 $Q = PC^{-1}$. 这表明 $x_1, \cdots, x_{n-r}$ 可由 $\eta_1, \cdots, \eta_{n-r}$ 线性表示, 可知 $\eta_1, \cdots, \eta_{n-r}$ 也是 $ABx = 0$ 的基础解系, 故 $ABx = 0$ 与 $Bx = 0$ 同解.

12. **Cramer 法则** 设矩阵 A 是一个 n 阶方阵, 且 $|A| \neq 0$, 则方程组 $Ax = b$ 的解为

$$x_i = \frac{|A_i|}{|A|} \quad (i = 1, 2, \cdots, n),$$

其中, $A_i = (\alpha_1, \cdots, \alpha_{i-1}, \overset{i}{b}, \alpha_{i+1}, \cdots, \alpha_n)$, α_i 为矩阵 A 的第 i 列 $(i = 1, 2, \cdots, n)$.

9.1.2 矩阵特征值的应用

矩阵特征值 (根) 的应用, 主要用于讨论矩阵的相似对角化, 特别是对称矩阵的相似对角化、二次型标准化变换以及一些常见的矩阵分解.

9.1.2.1 概念

1. 设 A, B 为两个 n 阶矩阵. 如果存在非奇异阵 P, 使得 $PAP^{-1} = B$, 则称矩阵 A 与 B 相似或说 A 相似于 B, 记为 $A \sim B$.

2. 设 A, B 为两个 n 阶矩阵. 如果存在非奇异阵 P, 使得 $PAP^{\mathrm{T}} = B$, 则称矩阵 A 与 B 合同, 或说 A 合同于 B, 或说 B 是 A 的合同矩阵. 记为 $A \simeq B$.

3. 如果矩阵 A 相似于对角矩阵 Λ 或合同于对角矩阵 Λ, 则说 A 可相似对角化或合同对角化, 简称对角化.

4. 设 $\boldsymbol{A}$ 是 n 阶对称矩阵, $\boldsymbol{x}$ 是 n 维列向量, 则 $f(x_1, \cdots, x_n) = \boldsymbol{x}^{\mathrm{T}} \boldsymbol{A} \boldsymbol{x}$ 称为含变量 $x_1, \cdots, x_n$ 的 n 元二次型, 简称二次型, 通常也写为

$$f(x_1, \cdots, x_n) = a_{11} x_1^2 + \cdots + a_{nn} x_n^2 + 2a_{12} x_1 x_2 + \cdots + 2a_{n-1,n} x_{n-1} x_n.$$

此处, $\boldsymbol{A}$ 称为二次型矩阵, $R(\boldsymbol{A})$ 也称为二次型的秩.

5. 二次型 $f(x_1, \cdots, x_n) = x_1^2 + \cdots + x_p^2 - x_{p+1}^2 - \cdots - x_{p+q}^2$ 称为二次型的规范形. 其中, 式中的 p 称为正惯性指数, q 称为负惯性指数, $p - q$ 称为符号差, $p + q$ 为二次型的秩.

6. 二次型 $f(x_1, \cdots, x_n) = \lambda_1 x_1^2 + \lambda_2 x_2^2 + \cdots + \lambda_n x_n^2$ 称为二次型的标准形.

7. 设 $f(x_1, \cdots, x_n)$ 是二次型. 如果对任意的列向量 $\boldsymbol{x} \neq \boldsymbol{0}$, 都有 $f(x_1, \cdots, x_n) = \boldsymbol{x}^{\mathrm{T}} \boldsymbol{A} \boldsymbol{x} > 0$, 则称 $f(x_1, \cdots, x_n)$ 为正定二次型, 此时, $\boldsymbol{A}$ 称为正定矩阵.

8. 设 $f(x_1, \cdots, x_n)$ 是二次型. 如果对任意的列向量 $\boldsymbol{x} \neq \boldsymbol{0}$, 都有 $f(x_1, \cdots, x_n) = \boldsymbol{x}^{\mathrm{T}} \boldsymbol{A} \boldsymbol{x} < 0$, 则称 $f(x_1, \cdots, x_n)$ 为负定二次型, $\boldsymbol{A}$ 称为负定矩阵.

9. 设 $f(x_1, \cdots, x_n)$ 是二次型. 如果对任意的列向量 $\boldsymbol{x} \neq \boldsymbol{0}$, 都有 $f(x_1, \cdots, x_n) = \boldsymbol{x}^{\mathrm{T}} \boldsymbol{A} \boldsymbol{x} \geqslant 0$, 则称 $f(x_1, \cdots, x_n)$ 为半正定 (非负定) 二次型, $\boldsymbol{A}$ 称为半正定 (非负定) 矩阵.

10. 设 $f(x_1, \cdots, x_n)$ 是二次型. 如果对任意的列向量 $\boldsymbol{x} \neq \boldsymbol{0}$, 都有 $f(x_1, \cdots, x_n) = \boldsymbol{x}^{\mathrm{T}} \boldsymbol{A} \boldsymbol{x} \leqslant 0$, 则称 $f(x_1, \cdots, x_n)$ 为半负定 (非正定) 二次型, $\boldsymbol{A}$ 称为半负定 (非正定) 矩阵.

11. 设 $f(x_1, \cdots, x_n)$ 是二次型. 如果存在列向量 $\boldsymbol{x}_1 \neq \boldsymbol{0}$, $\boldsymbol{x}_2 \neq \boldsymbol{0}$ 使得 $f(\boldsymbol{x}_1) = \boldsymbol{x}_1^{\mathrm{T}} \boldsymbol{A} \boldsymbol{x}_1 > 0 (< 0)$, $f(\boldsymbol{x}_2) = \boldsymbol{x}_2^{\mathrm{T}} \boldsymbol{A} \boldsymbol{x}_2 < 0 (> 0)$, 则称 $f(x_1, \cdots, x_n)$ 为不定型, $\boldsymbol{A}$ 称为不定型矩阵.

9.1.2.2 性质与定理

1. 设 λ_1, λ_2 是 $\boldsymbol{A}$ 的相异特征根, $\boldsymbol{x}_1$, $\boldsymbol{x}_2$ 分别是 $\boldsymbol{A}$ 的相应于 λ_1, λ_2 的特征向量, 则 $\boldsymbol{x}_1$, $\boldsymbol{x}_2$ 线性无关. 特别地, 当 $\boldsymbol{A}$ 对称时, $\boldsymbol{x}_1$, $\boldsymbol{x}_2$ 是正交的.

2. $\boldsymbol{A} \sim \boldsymbol{\Lambda}$ 的充分必要条件是 $\boldsymbol{A}$ 有 n 个线性无关的特征向量 $\boldsymbol{x}_1, \boldsymbol{x}_2, \cdots, \boldsymbol{x}_n$. 如果令 $\boldsymbol{P}^{-1} = (\boldsymbol{x}_1, \boldsymbol{x}_2, \cdots, \boldsymbol{x}_n)$, 则有 $\boldsymbol{P}^{-1} \boldsymbol{A} \boldsymbol{P} = \boldsymbol{\Lambda}$.

3. 如果 n 阶矩阵 $\boldsymbol{A}$ 有 n 个相异的特征值 $\lambda_1, \lambda_2, \cdots, \lambda_n$, 则

$$\boldsymbol{A} \sim \begin{pmatrix} \lambda_1 & & \\ & \ddots & \\ & & \lambda_n \end{pmatrix}.$$

4. 设 $\boldsymbol{A}$ 的特征根 λ_i 为 n_i 重的, $i = 1, 2, \cdots, s$, 则 $\boldsymbol{A}$ 相似于 $\boldsymbol{\lambda} \sim$

$$\begin{pmatrix} \lambda_1 \boldsymbol{I}_{n_1} & & \\ & \ddots & \\ & & \lambda_s \boldsymbol{I}_{n_s} \end{pmatrix}$$ 的充分必要条件为 $R(\lambda_i \boldsymbol{I} - \boldsymbol{A}) = n - n_i$, 这里 $n_1 + n_2 + \cdots + n_s = n$.

5. 设 $\boldsymbol{A}$ 为实对称的 n 阶矩阵, 则必有正交矩阵 $\boldsymbol{Q}$ 使得 $\boldsymbol{QAQ}^{\mathrm{T}} = \boldsymbol{\Lambda} = \begin{pmatrix} \lambda_1 & & \\ & \ddots & \\ & & \lambda_n \end{pmatrix}$, 其中, λ_i 为特征值, $i = 1, 2, \cdots, n$.

6. 设 $\boldsymbol{A}$ 为实对称的 n 阶矩阵, 则必有非奇异阵 $\boldsymbol{P}$ 使得

$$\boldsymbol{PAP}^{\mathrm{T}} = \begin{pmatrix} \boldsymbol{I}_p & & 0 \\ & -\boldsymbol{I}_q & \\ 0 & & 0 \end{pmatrix}.$$

注 5 和 6 告诉我们二次型一定可以通过正交变换化为规范型和合同变换化为标准形.

7. 设 $\boldsymbol{A}$ 为 n 阶对称矩阵, 那么 $\boldsymbol{A}$ 为正定阵充分且必要 $\boldsymbol{A}$ 的所有特征值大于 0 充分且必要 $\boldsymbol{A}$ 所有的顺序主子式大于 0 充分且必要存在非奇异阵 $\boldsymbol{P}$, 使得 $\boldsymbol{A} = \boldsymbol{PP}^{\mathrm{T}}$ 充分且必要对应的二次型 $\boldsymbol{x}^{\mathrm{T}} \boldsymbol{Ax}$ 的正惯性指数 $p = n$.

8. 设 $\boldsymbol{A}$ 为 n 阶对称矩阵, 则 $\boldsymbol{A}$ 为半正定充分且必要 $\boldsymbol{A}$ 的所有特征根非负充分且必要 $\boldsymbol{A}$ 的所有的顺序主子式大于等于 0 充分且必要存在列满秩阵 $\boldsymbol{P}$, 使得 $\boldsymbol{A} = \boldsymbol{PP}^{\mathrm{T}}$ 充分且必要对应的二次型 $\boldsymbol{x}^{\mathrm{T}} Ax$ 的负惯性指数为 0, 正惯性指数小于 n.

9. 设 $\boldsymbol{A}$ 为正定阵, 则 $a_{ii} > 0$ $(i = 1, 2, \cdots, n)$.

9.2 概 念 例 解

1. 设向量组 $\boldsymbol{\alpha}_1, \cdots, \boldsymbol{\alpha}_s$ 与向量组 $\boldsymbol{\beta}_1, \cdots, \boldsymbol{\beta}_t$ 等价, 则有___(D)___.

(A) $s = t$

(B) 存在非奇异矩阵 $\boldsymbol{A}$ 使得 $(\boldsymbol{\alpha}_1, \cdots, \boldsymbol{\alpha}_s) = (\boldsymbol{\beta}_1, \cdots, \boldsymbol{\beta}_t) \boldsymbol{A}$

(C) 两个向量组的极大线性无关组相同

(D) $R(\boldsymbol{\alpha}_1, \cdots, \boldsymbol{\alpha}_s) = R(\boldsymbol{\beta}_1, \cdots, \boldsymbol{\beta}_t)$

解 应选 (D). 因为等价的向量组秩相等. 事实上, 由已知存在矩阵 $\boldsymbol{A}$, $\boldsymbol{B}$, 使得 $(\boldsymbol{\alpha}_1, \cdots, \boldsymbol{\alpha}_s) = (\boldsymbol{\beta}_1, \cdots, \boldsymbol{\beta}_t) \boldsymbol{A}$, 以及 $(\boldsymbol{\beta}_1, \cdots, \boldsymbol{\beta}_t) = (\boldsymbol{\alpha}_1, \cdots, \boldsymbol{\alpha}_s) \boldsymbol{B}$. 于是

$$R(\boldsymbol{\alpha}_1, \cdots, \boldsymbol{\alpha}_s) = R((\boldsymbol{\beta}_1, \cdots, \boldsymbol{\beta}_t) \boldsymbol{A}) \leqslant R(\boldsymbol{\beta}_1, \cdots, \boldsymbol{\beta}_t)$$

$$= R((\boldsymbol{\alpha}_1, \cdots, \boldsymbol{\alpha}_s)\boldsymbol{B}) \leqslant R(\boldsymbol{\alpha}_1, \cdots, \boldsymbol{\alpha}_s),$$

即 $R(\boldsymbol{\alpha}_1, \cdots, \boldsymbol{\alpha}_s) = R(\boldsymbol{\beta}_1, \cdots, \boldsymbol{\beta}_t)$. (A) 是不对的, 向量组等价不要求两个向量组的向量个数相同, 例如, 向量组 $\boldsymbol{\alpha}_1 = \begin{pmatrix} 1 \\ 0 \end{pmatrix}$, $\boldsymbol{\alpha}_2 = \begin{pmatrix} 0 \\ 1 \end{pmatrix}$, $\boldsymbol{\alpha}_3 = \begin{pmatrix} 1 \\ 1 \end{pmatrix}$ 与

向量组 $\boldsymbol{\beta}_1 = \begin{pmatrix} 1 \\ 0 \end{pmatrix}$, $\boldsymbol{\beta}_2 = \begin{pmatrix} 1 \\ 1 \end{pmatrix}$ 是等价的, 但 $s = 3 \neq 2 = t$, (B) 也是不对

的. 由于 $\boldsymbol{\alpha}_1, \cdots, \boldsymbol{\alpha}_s$ 可由 $\beta_1, \cdots, \beta_t$ 线性表示, 即 $\boldsymbol{\alpha}_1 = a_{11}\beta_1 + \cdots + a_{t1}\beta_t, \cdots,$ $\boldsymbol{\alpha}_s = a_{1s}\beta_1 + \cdots + a_{ts}\beta_t.$ 写成矩阵形式

$$(\boldsymbol{\alpha}_1, \cdots, \boldsymbol{\alpha}_s) = (\boldsymbol{\beta}_1, \cdots, \boldsymbol{\beta}_t) \begin{pmatrix} a_{11} & \cdots & a_{1s} \\ \vdots & & \vdots \\ a_{t1} & \cdots & a_{ts} \end{pmatrix}.$$

显然, 当 $s \neq t$ 时, $\begin{pmatrix} a_{11} & \cdots & a_{1s} \\ \vdots & & \vdots \\ a_{t1} & \cdots & a_{ts} \end{pmatrix}$ 不是方阵. 例如说明 (A) 不对的那个例子

有

$$(\boldsymbol{\alpha}_1, \boldsymbol{\alpha}_2, \boldsymbol{\alpha}_3) = (\boldsymbol{\beta}_1, \boldsymbol{\beta}_2) \cdot \begin{pmatrix} 1 & -1 & 0 \\ 0 & 1 & 1 \end{pmatrix} = (\boldsymbol{\beta}_1, \boldsymbol{\beta}_2)\boldsymbol{A},$$

而 $\boldsymbol{A}$ 却是一个 2×3 矩阵, 无逆可谈. (C) 也是不对的. 因为等价的向量组中的向量个数未必相同, 但等价的向量组的秩相同, 因而极大线性无关组等价, 且极大线性无关组的向量个数相同, 而这个极大线性无关组的向量未必是相同的. 例如, 向量组 $\boldsymbol{\alpha}_1 = \begin{pmatrix} 1 \\ 0 \end{pmatrix}$, $\boldsymbol{\alpha}_2 = \begin{pmatrix} 0 \\ 1 \end{pmatrix}$, $\boldsymbol{\alpha}_3 = \begin{pmatrix} 1 \\ 1 \end{pmatrix}$ 的极大线性无关组为

$\boldsymbol{\alpha}_1 = \begin{pmatrix} 1 \\ 0 \end{pmatrix}$, $\boldsymbol{\alpha}_2 = \begin{pmatrix} 0 \\ 1 \end{pmatrix}$, 而向量组 $\boldsymbol{\beta}_1 = \begin{pmatrix} 2 \\ 0 \end{pmatrix}$, $\boldsymbol{\beta}_2 = \begin{pmatrix} 1 \\ 2 \end{pmatrix}$ 的极大线性无

关组为其本身, 显然这两个极大线性无关组是不相同的.

2. 设 $\boldsymbol{\alpha}_1, \cdots, \boldsymbol{\alpha}_m$ 是 n 维向量组, 且 $\boldsymbol{\alpha}_1, \cdots, \boldsymbol{\alpha}_m$ 线性相关, 则　　(D)　　.

(A) $\boldsymbol{\alpha}_1, \cdots, \boldsymbol{\alpha}_m$ 中必有零向量　　　(B) $\boldsymbol{\alpha}_1, \cdots, \boldsymbol{\alpha}_m$ 中必有成比例的向量

(C) $|(\boldsymbol{\alpha}_1, \cdots, \boldsymbol{\alpha}_m)| = 0$　　　　　(D) $R(\boldsymbol{\alpha}_1, \cdots, \boldsymbol{\alpha}_m) < m$

解　应选 (D). 因为 (D) 是对的. 事实上, $R(\boldsymbol{\alpha}_1, \cdots, \boldsymbol{\alpha}_m) \leqslant m$ 但如果 $R(\boldsymbol{\alpha}_1, \cdots, \boldsymbol{\alpha}_m) = m$, 则 $\boldsymbol{\alpha}_1, \cdots, \boldsymbol{\alpha}_m$ 线性无关. 这与已知 $\boldsymbol{\alpha}_1, \cdots, \boldsymbol{\alpha}_m$ 线性相关矛盾, 故 $R(\boldsymbol{\alpha}_1, \cdots, \boldsymbol{\alpha}_m) < m$. (A) 不对. 例如, 向量组 $\boldsymbol{\alpha}_1 = \begin{pmatrix} 1 \\ 1 \end{pmatrix}$, $\boldsymbol{\alpha}_2 = \begin{pmatrix} 2 \\ 2 \end{pmatrix}$

线性相关但不含零向量.

注 存在零向量的向量必线性相关.

(B) 也是不对的, 例如, 向量组 $\boldsymbol{\alpha}_1 = (1,0,0)^{\mathrm{T}}, \boldsymbol{\alpha}_2 = (1,1,0)^{\mathrm{T}}, \boldsymbol{\alpha}_3 = (0,1,0)^{\mathrm{T}}$ 线性相关, 但三个向量中任意两个向量都不成比例.

注 向量组中有某两个向量成比例, 或一个向量可由另一个向量线性表示, 则向量一定线性相关.

(C) 不对, 因为 m 不一定等于 n.

注 当 $m = n$ 时, 结论是对的.

3. 设 $\boldsymbol{\alpha}_1, \cdots, \boldsymbol{\alpha}_m, \boldsymbol{b}$ 是一组 n 维向量, 则 ____(C)____ .

(A) 若 $\boldsymbol{\alpha}_1, \cdots, \boldsymbol{\alpha}_m$ 线性无关, 那么 $\boldsymbol{\alpha}_1, \cdots, \boldsymbol{\alpha}_m, \boldsymbol{b}$ 线性无关

(B) 若 $\boldsymbol{\alpha}_1, \cdots, \boldsymbol{\alpha}_m$ 线性相关, 那么 $\boldsymbol{b}$ 可由 $\boldsymbol{\alpha}_1, \cdots, \boldsymbol{\alpha}_m$ 线性表示

(C) 若 $\boldsymbol{\alpha}_1, \cdots, \boldsymbol{\alpha}_m, \boldsymbol{b}$ 线性无关, 那么 $\boldsymbol{\alpha}_1, \cdots, \boldsymbol{\alpha}_m$ 线性无关

(D) 若 $\boldsymbol{\alpha}_1, \cdots, \boldsymbol{\alpha}_m, \boldsymbol{b}$ 线性相关, 那么 $\boldsymbol{\alpha}_1, \cdots, \boldsymbol{\alpha}_m$ 线性相关

解 应选 (C). 这是因为向量组全体无关则向量组的部分组也无关. (A) 不对, 因为向量组部分无关未必有全体组无关, 例如, 向量组 $\boldsymbol{\alpha}_1 = \begin{pmatrix} 1 \\ 0 \\ 0 \end{pmatrix}, \boldsymbol{\alpha}_2 = \begin{pmatrix} 0 \\ 1 \\ 0 \end{pmatrix}, \boldsymbol{b} = \begin{pmatrix} 1 \\ 1 \\ 0 \end{pmatrix}$ 中的 $\boldsymbol{\alpha}_1, \boldsymbol{\alpha}_2$ 是线性无关的, 但向量组线性相关. (B) 不对, 这是因为 $\boldsymbol{\alpha}_1, \cdots, \boldsymbol{\alpha}_m$ 线性相关必有 $\boldsymbol{\alpha}_1, \cdots, \boldsymbol{\alpha}_m, \boldsymbol{b}$ 线性相关, 线性相关的向量组必有向量可由其余向量线性表示而不是指定的某向量可由其余向量线性表示. 出现这种情况的根本原因是 $R(\boldsymbol{\alpha}_1, \cdots, \boldsymbol{\alpha}_m) = R(\boldsymbol{\alpha}_1, \cdots, \boldsymbol{\alpha}_m, \boldsymbol{b})$ 未必成立. 请看向量组 $\boldsymbol{\alpha}_1 = \begin{pmatrix} 1 \\ 0 \\ 0 \end{pmatrix}, \boldsymbol{\alpha}_2 = \begin{pmatrix} 0 \\ 1 \\ 0 \end{pmatrix}, \boldsymbol{\alpha}_3 = \begin{pmatrix} 1 \\ 1 \\ 0 \end{pmatrix}, \boldsymbol{b} = \begin{pmatrix} 0 \\ 0 \\ 1 \end{pmatrix}$. (D) 不对, 全体相关的向量组去掉一个向量后的向量组有可能线性无关, 例如, 将 (B) 的例子中的向量 $\boldsymbol{\alpha}_3$ 去掉后的向量组是线性无关的.

4. 设向量组 $\boldsymbol{\alpha}_1, \cdots, \boldsymbol{\alpha}_r$ 可由向量组 $\boldsymbol{\beta}_1, \cdots, \boldsymbol{\beta}_s$ 线性表示, $\boldsymbol{\beta}_1, \cdots, \boldsymbol{\beta}_s$ 又能由 $\boldsymbol{\gamma}_1, \cdots, \boldsymbol{\gamma}_t$ 线性表示, 且 $r > s > t$, 则 ____(A)____ .

(A) $\boldsymbol{\alpha}_1, \cdots, \boldsymbol{\alpha}_r$ 和 $\boldsymbol{\beta}_1, \cdots, \boldsymbol{\beta}_s$ 都线性相关

(B) $\boldsymbol{\alpha}_1, \cdots, \boldsymbol{\alpha}_r$ 和 $\boldsymbol{\gamma}_1, \cdots, \boldsymbol{\gamma}_t$ 都线性相关

(C) $\boldsymbol{\beta}_1, \cdots, \boldsymbol{\beta}_s$ 和 $\boldsymbol{\gamma}_1, \cdots, \boldsymbol{\gamma}_t$ 都线性相关

(D) $\boldsymbol{\alpha}_1, \cdots, \boldsymbol{\alpha}_r$ 和 $\boldsymbol{\beta}_1, \cdots, \boldsymbol{\beta}_s$ 线性无关

解   应选 (A). 因为 (A) 是对的. 事实上, 由已知有矩阵 $\boldsymbol{A}$, 使得

$$(\boldsymbol{\alpha}_1, \cdots, \boldsymbol{\alpha}_r) = (\boldsymbol{\beta}_1, \cdots, \boldsymbol{\beta}_s)\boldsymbol{A}.$$

如果 $\boldsymbol{\alpha}_1, \cdots, \boldsymbol{\alpha}_r$ 线性无关, 则 $r = R(\boldsymbol{\alpha}_1, \cdots, \boldsymbol{\alpha}_r) = R(\boldsymbol{\beta}_1, \cdots, \boldsymbol{\beta}_s)\boldsymbol{A} \leqslant R(\boldsymbol{\beta}_1, \cdots, \boldsymbol{\beta}_s) \leqslant s$. 这与已知 $r > s$ 是矛盾的. 故 $\boldsymbol{\alpha}_1, \cdots, \boldsymbol{\alpha}_r$ 线性相关, 同理知, $\boldsymbol{\beta}_1, \cdots, \boldsymbol{\beta}_s$ 也线性相关. 这也表明 (D) 是不对的. (B),(C) 也都是不对的, 这是因为 $\boldsymbol{\gamma}_1, \cdots, \boldsymbol{\gamma}_t$ 不一定线性相关. 例如, $\boldsymbol{\alpha}_1 = \begin{pmatrix} 1 \\ 0 \\ 0 \end{pmatrix}$, $\boldsymbol{\alpha}_2 = \begin{pmatrix} 0 \\ 1 \\ 0 \end{pmatrix}$, $\boldsymbol{\alpha}_3 = \begin{pmatrix} 1 \\ 1 \\ 0 \end{pmatrix}$, $\boldsymbol{\alpha}_4 = \begin{pmatrix} 0 \\ 0 \\ 1 \end{pmatrix}$;

$\boldsymbol{\beta}_1 = \begin{pmatrix} 1 \\ 0 \\ 0 \end{pmatrix}$, $\boldsymbol{\beta}_2 = \begin{pmatrix} 0 \\ 1 \\ 0 \end{pmatrix}$, $\boldsymbol{\beta}_3 = \begin{pmatrix} 1 \\ 1 \\ 0 \end{pmatrix}$; $\boldsymbol{\gamma}_1 = \begin{pmatrix} 1 \\ 0 \\ 0 \end{pmatrix}$, $\boldsymbol{\gamma}_2 = \begin{pmatrix} 0 \\ 1 \\ 0 \end{pmatrix}$. 这三个

向量组满足题设要求, 但向量组 $\boldsymbol{\alpha}_1, \boldsymbol{\alpha}_2, \boldsymbol{\alpha}_3, \boldsymbol{\alpha}_4$ 和 $\boldsymbol{\beta}_1, \boldsymbol{\beta}_2, \boldsymbol{\beta}_3$ 都线性相关, 而 $\boldsymbol{\gamma}_1, \boldsymbol{\gamma}_2$ 却是线性无关的.

5. 设向量组 A: $\boldsymbol{\alpha}_1, \cdots, \boldsymbol{\alpha}_s$ 和向量组 B: $\boldsymbol{\beta}_1, \cdots, \boldsymbol{\beta}_t$ 为两个 n 维向量组, 那么 ___(C)___.

(A) $s = t$ 时, 向量组等价

(B) $s \neq t$ 时, 向量组不等价

(C) $R(A) = R(B)$ 时, 向量组等价

(D) $R(A) = s$ 且 $R(B) = t$ 时, 向量组等价

解   应选 (C). 这是因为 $(\boldsymbol{\alpha}_1, \cdots, \boldsymbol{\alpha}_s) \cong \begin{pmatrix} \boldsymbol{I}_r & \boldsymbol{0} \\ \boldsymbol{0} & \boldsymbol{0} \end{pmatrix} \cong (\boldsymbol{\beta}_1, \cdots, \boldsymbol{\beta}_t)$. (A)

和 (B) 都不对, 例如, 向量组 $\boldsymbol{\alpha}_1 = \begin{pmatrix} 1 \\ 1 \end{pmatrix}$, $\boldsymbol{\alpha}_2 = \begin{pmatrix} 2 \\ 2 \end{pmatrix}$ 和 $\boldsymbol{\beta}_1 = \begin{pmatrix} 1 \\ 0 \end{pmatrix}$, $\boldsymbol{\beta}_2 = $

$\begin{pmatrix} 1 \\ 1 \end{pmatrix}$ 满足 $s = t$, 但是不等价的, 而向量组 $\boldsymbol{\alpha}_1 = \begin{pmatrix} 1 \\ 0 \end{pmatrix}$, $\boldsymbol{\alpha}_2 = \begin{pmatrix} 0 \\ 1 \end{pmatrix}$, $\boldsymbol{\alpha}_3 = $

$\begin{pmatrix} 1 \\ 1 \end{pmatrix}$ 和 $\boldsymbol{\beta}_1 = \begin{pmatrix} 1 \\ 0 \end{pmatrix}$, $\boldsymbol{\beta}_2 = \begin{pmatrix} 1 \\ 1 \end{pmatrix}$ 是等价的, 但 $s \neq t$.

6. 设四维向量组 $\boldsymbol{\alpha}_1, \boldsymbol{\alpha}_2, \boldsymbol{\alpha}_3, \boldsymbol{\alpha}_4$ 线性无关, 则 ___(B)___ 也线性无关.

(A) $\boldsymbol{\alpha}_1 + \boldsymbol{\alpha}_2, \boldsymbol{\alpha}_2 + \boldsymbol{\alpha}_3, \boldsymbol{\alpha}_3 + \boldsymbol{\alpha}_4, \boldsymbol{\alpha}_4 + \boldsymbol{\alpha}_1$

(B) $\boldsymbol{\alpha}_1 + 2\boldsymbol{\alpha}_4, \boldsymbol{\alpha}_2, \boldsymbol{\alpha}_3 + 3\boldsymbol{\alpha}_2, \boldsymbol{\alpha}_4$

(C) $\boldsymbol{\alpha}_1 - \boldsymbol{\alpha}_2, \boldsymbol{\alpha}_1 - \boldsymbol{\alpha}_2 + \boldsymbol{\alpha}_3, \boldsymbol{\alpha}_1 - \boldsymbol{\alpha}_2 + \boldsymbol{\alpha}_4$

(D) $\boldsymbol{\alpha}_1 + \boldsymbol{\alpha}_2 + \boldsymbol{\alpha}_3 + \boldsymbol{\alpha}_4, -\boldsymbol{\alpha}_2, -\boldsymbol{\alpha}_3, -\boldsymbol{\alpha}_1 - \boldsymbol{\alpha}_4$

解   应选 (B). 由已知有 $|\boldsymbol{\alpha}_1 + 2\boldsymbol{\alpha}_4 \, \boldsymbol{\alpha}_2 \, \boldsymbol{\alpha}_3 + 3\boldsymbol{\alpha}_2 \, \boldsymbol{\alpha}_4| = |\boldsymbol{\alpha}_1 \boldsymbol{\alpha}_2 \boldsymbol{\alpha}_3 \boldsymbol{\alpha}_4| \neq 0$, 因

而, $\boldsymbol{\alpha}_1 + 2\boldsymbol{\alpha}_4, \boldsymbol{\alpha}_2, \boldsymbol{\alpha}_3 + 3\boldsymbol{\alpha}_2, \boldsymbol{\alpha}_4$ 也线性无关. (A), (C) 和 (D) 都不对, 因为其向量组构成的行列式都为 0.

7. 设 $\boldsymbol{\alpha}_1, \cdots, \boldsymbol{\alpha}_m$ 是 n 维向量, 那么下列命题对的是 ___(A)___ .

(A) 如果对任意不全为 0 的数 $k_1, \cdots, k_m$, 都有 $k_1\boldsymbol{\alpha}_1 + \cdots + k_m\boldsymbol{\alpha}_m = \boldsymbol{0}$, 则 $\boldsymbol{\alpha}_1, \cdots, \boldsymbol{\alpha}_m$ 线性相关

(B) 如果 $k_1 = \cdots = k_m = 0$, 使 $k_1\boldsymbol{\alpha}_1 + \cdots + k_m\boldsymbol{\alpha}_m = \boldsymbol{0}$, 则 $\boldsymbol{\alpha}_1, \cdots, \boldsymbol{\alpha}_m$ 线性无关

(C) 如果 $\boldsymbol{\alpha}_1, \cdots, \boldsymbol{\alpha}_m$ 线性相关, 则向量组中的任一向量可由其余向量线性表示

(D) 如果 $\boldsymbol{\alpha}_1, \cdots, \boldsymbol{\alpha}_m$ 中有向量不能由其余向量线性表示, 则 $\boldsymbol{\alpha}_1, \cdots, \boldsymbol{\alpha}_m$ 线性无关

解 应选 (A). 因为线性相关的定义只要求有一组不全为 0 的数 $k_1, \cdots, k_m$, 使得 $k_1\boldsymbol{\alpha}_1 + \cdots + k_m\boldsymbol{\alpha}_m = \boldsymbol{0}$ 成立即可. (B) 不对, 这是因为 $\boldsymbol{\alpha}_1, \cdots, \boldsymbol{\alpha}_m$ 线性无关的充要条件是有且仅有 $k_1 = \cdots = k_m = 0$ 成立 $k_1\boldsymbol{\alpha}_1 + \cdots + k_m\boldsymbol{\alpha}_m = \boldsymbol{0}$. (C) 不对, 这是因为只要有向量可由其余向量线性表示, 就能保证 $\boldsymbol{\alpha}_1, \cdots, \boldsymbol{\alpha}_m$ 线性相关. (D) 也是不对的, 例如 $\boldsymbol{\alpha}_1 = (1, 0, 1)^{\mathrm{T}}$, $\boldsymbol{\alpha}_2 = (0, 1, 0)^{\mathrm{T}}$, $\boldsymbol{\alpha}_3 = (2, 0, 2)^{\mathrm{T}}$, 则 $\boldsymbol{\alpha}_2$ 不能由 $\boldsymbol{\alpha}_1, \boldsymbol{\alpha}_3$ 线性表示, 但 $\boldsymbol{\alpha}_1, \boldsymbol{\alpha}_2, \boldsymbol{\alpha}_3$ 线性相关.

8. 设向量 $\boldsymbol{\alpha}_1 = (a_{11}, a_{12}, a_{13})^{\mathrm{T}}$ 和 $\boldsymbol{\alpha}_2 = (a_{21}, a_{22}, a_{23})^{\mathrm{T}}$ 是两个不同的非零向量, 则下列命题对的有 ___(A)___ .

(A) 必存在 a_{14}, a_{24} 使得 $\boldsymbol{\beta}_1 = (a_{11}, a_{12}, a_{13}, a_{14})^{\mathrm{T}}$, $\boldsymbol{\beta}_2 = (a_{21}, a_{22}, a_{23}, a_{24})^{\mathrm{T}}$ 线性无关

(B) 向量组 $\boldsymbol{\beta}_1 = (a_{11}, a_{12})^{\mathrm{T}}$, $\boldsymbol{\beta}_2 = (a_{21}, a_{22})^{\mathrm{T}}$ 必线性无关

(C) 对任意的非零向量 $\boldsymbol{\alpha}_3 = (a_{31}, a_{32}, a_{33})^{\mathrm{T}}$, 都有 $\boldsymbol{\alpha}_1, \boldsymbol{\alpha}_2, \boldsymbol{\alpha}_3$ 线性无关

(D) 对任意的非零向量 $\boldsymbol{\alpha}_3 = (a_{31}, a_{32}, a_{33})^{\mathrm{T}}$, 都有 $\boldsymbol{\alpha}_1, \boldsymbol{\alpha}_3$ 线性无关

解 应选 (A). 这是因为 (A) 是对的. 事实上, 易知 $R(\boldsymbol{\alpha}_1, \boldsymbol{\alpha}_2) = 1$ 或者 $R(\boldsymbol{\alpha}_1, \boldsymbol{\alpha}_2) = 2$. 当 $R(\boldsymbol{\alpha}_1, \boldsymbol{\alpha}_2) = 1$ 时, 因 $\boldsymbol{\alpha}_1, \boldsymbol{\alpha}_2$ 均非零知 $\boldsymbol{\alpha}_1, \boldsymbol{\alpha}_2$ 各元素对应成比例, 因而存在 a_{14}, a_{24} 使得 $\boldsymbol{\beta}_1, \boldsymbol{\beta}_2$ 不对应成比例, 即结论 $\boldsymbol{\beta}_1, \boldsymbol{\beta}_2$ 线性无关. 当 $R(\boldsymbol{\alpha}_1, \boldsymbol{\alpha}_2) = 2$ 时, 结论显然是对的. (B) 不对, 因为 $\boldsymbol{\alpha}_1, \boldsymbol{\alpha}_2$ 线性相关时 $\boldsymbol{\beta}_1, \boldsymbol{\beta}_2$ 必线性相关. 事实上, 若不然, $\boldsymbol{\beta}_1, \boldsymbol{\beta}_2$ 线性无关, 则知行列式 $\begin{vmatrix} a_{11} & a_{21} \\ a_{12} & a_{22} \end{vmatrix} \neq 0$, 从而 $R(\boldsymbol{\alpha}_1, \boldsymbol{\alpha}_2) = 2$, 即 $\boldsymbol{\alpha}_1, \boldsymbol{\alpha}_2$ 线性无关. 这是矛盾的. 故 $\boldsymbol{\beta}_1, \boldsymbol{\beta}_2$ 必定线性相关. (C) 不对, 这是因为取 $\boldsymbol{\alpha}_1, \boldsymbol{\alpha}_2$ 的一个非零的线性组合时, $\boldsymbol{\alpha}_1, \boldsymbol{\alpha}_2, \boldsymbol{\alpha}_3$ 必线性相关. (D) 也不对, 类似于 (C) 取 $\boldsymbol{\alpha}_3 = k\boldsymbol{\alpha}_1 (k \neq 0)$ 时, $\boldsymbol{\alpha}_1, \boldsymbol{\alpha}_3$ 线性相关.

9. 设 $\boldsymbol{A}$ 为 n 阶方阵, 且方程组 $\boldsymbol{A}\boldsymbol{x} = \boldsymbol{0}$ 有两个线性无关的解 $\boldsymbol{x}_1, \boldsymbol{x}_2$, 则下

列结论中必定不对的是 ___(C)___ .

(A) $\lambda \boldsymbol{x}_1 + \mu \boldsymbol{x}_2$ 也是 $\boldsymbol{A}\boldsymbol{x} = \boldsymbol{0}$ 的解　　　　(B) $R(\boldsymbol{A}) \leqslant n - 2$

(C) $\boldsymbol{A}\boldsymbol{x} = \boldsymbol{0}$ 的任一解为 $\boldsymbol{x}_1, \boldsymbol{x}_2$ 的线性组合　　(D) $\boldsymbol{A}$ 有零特征值

解　应选 (C). 因为 (C) 只有 $R(\boldsymbol{A}) = n - 2$ 时才成立. (A) 是对的, 因为

$$\boldsymbol{A}(\lambda \boldsymbol{x}_1 + \mu \boldsymbol{x}_2) = \lambda \boldsymbol{A}\boldsymbol{x}_1 + \mu \boldsymbol{A}\boldsymbol{x}_2 = \boldsymbol{0}.$$

(B) 也是对的, 因为 $0 = R[\boldsymbol{A}(\boldsymbol{x}_1, \boldsymbol{x}_2)] \geqslant R(\boldsymbol{A}) + 2 - n$, 即 $R(\boldsymbol{A}) \leqslant n - 2$. (D) 是对的, 因为 $\boldsymbol{x}_1$ 是非零向量, 且有 $\boldsymbol{A}\boldsymbol{x}_1 = 0 \cdot \boldsymbol{x}_1$, 于是由特征值的定义知 0 是一个特征值.

10. 设 $\boldsymbol{A}$ 为 $m \times n$ 阵, $\boldsymbol{A}\boldsymbol{x} = \boldsymbol{0}$ 的基础解系为 $\boldsymbol{x}_1, \boldsymbol{x}_2, \boldsymbol{x}_3$, 则 ___(B)___ .

(A) $m \leqslant n - 3$　　　(B) $\boldsymbol{x}_1, \boldsymbol{x}_1 + \boldsymbol{x}_2$, $\boldsymbol{x}_1 + \boldsymbol{x}_3$ 也是 $\boldsymbol{A}\boldsymbol{x} = \boldsymbol{0}$ 的基础解系

(C) $R(\boldsymbol{A}) \leqslant n - 3$　　(D) 对 $p \times m$ 阵, $\boldsymbol{x}_1, \boldsymbol{x}_2, \boldsymbol{x}_3$ 也是 $\boldsymbol{B}\boldsymbol{A}\boldsymbol{x} = \boldsymbol{0}$ 的基础解系

解　应选 (B). 因为结论 (B) 是对的, 由 $\boldsymbol{x}_1, \boldsymbol{x}_2, \boldsymbol{x}_3$ 线性无关知 $\boldsymbol{x}_1, \boldsymbol{x}_1 + \boldsymbol{x}_2$, $\boldsymbol{x}_1 + \boldsymbol{x}_3$ 是线性无关的. 又易知 $R(\boldsymbol{A}) = n - 3$, 故知 $\boldsymbol{x}_1, \boldsymbol{x}_1 + \boldsymbol{x}_2, \boldsymbol{x}_1 + \boldsymbol{x}_3$ 也是 $Ax = 0$ 的基础解系.

(A) 和 (C) 都是不对的, 因为基础解系中的解的个数为 $n - R(\boldsymbol{A}) = 3$, 故 $R(\boldsymbol{A}) = n - 3$.

(D) 也不对, 因为 $R(\boldsymbol{B}\boldsymbol{A}) = R(\boldsymbol{A})$ 未必成立, 所以 $\boldsymbol{A}\boldsymbol{x} = \boldsymbol{0}$ 与 $\boldsymbol{B}\boldsymbol{A}\boldsymbol{x} = \boldsymbol{0}$ 未必是同解的.

11. 设 $\boldsymbol{x}_1, \boldsymbol{x}_2$ 是 $\boldsymbol{A}\boldsymbol{x} = \boldsymbol{b}(\boldsymbol{b} \neq \boldsymbol{0})$ 的两个相异的非零解, 则 ___(D)___ 是不对的.

(A) $\boldsymbol{x}_2 - \boldsymbol{x}_1$ 是 $\boldsymbol{A}\boldsymbol{x} = \boldsymbol{0}$ 的解　　　　(B) $R(\boldsymbol{A}) = R(\boldsymbol{A}, \boldsymbol{b})$

(C) $\boldsymbol{A}\boldsymbol{x} = \boldsymbol{b}$ 一定有无穷多个解　　　(D) $\boldsymbol{x}_1 + \boldsymbol{x}_2$ 是 $\boldsymbol{A}\boldsymbol{x} = \boldsymbol{b}$ 的解

解　应选 (D). 因为 (D) 是不对的, 事实上, $\boldsymbol{A}(\boldsymbol{x}_1 + \boldsymbol{x}_2) = \boldsymbol{A}\boldsymbol{x}_1 + \boldsymbol{A}\boldsymbol{x}_2 = \boldsymbol{b} + \boldsymbol{b} = 2\boldsymbol{b} \neq \boldsymbol{b}$. 而 (A), (B), (C) 都是对的, (A) 对是因为 $\boldsymbol{A}(\boldsymbol{x}_2 - \boldsymbol{x}_1) = \boldsymbol{A}\boldsymbol{x}_2 - \boldsymbol{A}\boldsymbol{x}_1 = \boldsymbol{b} - \boldsymbol{b} = \boldsymbol{0}$. (B) 也是对的, 因为若 $R(\boldsymbol{A}) \neq R(\boldsymbol{A}, \boldsymbol{b})$, 则 $\boldsymbol{A}\boldsymbol{x} = \boldsymbol{b}$ 无解, 这是矛盾的. 故结论 (B) 是对的. (C) 也是对的, 因为 $R(\boldsymbol{A}, \boldsymbol{b}) = R(\boldsymbol{A})$ 小于 $\boldsymbol{A}$ 的列数或未知数的个数, $\boldsymbol{A}\boldsymbol{x} = \boldsymbol{b}$ 一定有无穷多个解. 事实上, 如果 $R(\boldsymbol{A}, \boldsymbol{b}) \neq R(\boldsymbol{A})$ 或 $R(\boldsymbol{A}, \boldsymbol{b}) = R(\boldsymbol{A})$ 等于 $\boldsymbol{A}$ 的列数. 那么, $\boldsymbol{A}\boldsymbol{x} = \boldsymbol{b}$ 无解或有唯一解. 这与题设矛盾.

12. 设矩阵 $\boldsymbol{A}_{m \times n}$ 的秩 $R(\boldsymbol{A}) = r < n$, 则 ___(C)___ .

(A) $\boldsymbol{A}$ 不是正交阵, 则 $\boldsymbol{A}\boldsymbol{x} = \boldsymbol{0}$ 没有正交基础解系　　(B) $\boldsymbol{A}\boldsymbol{x} = \boldsymbol{b}$ 一定有解

(C) $\boldsymbol{A}\boldsymbol{x} = \boldsymbol{0}$ 恒有正交基础解系　　　　　　　　　(D) $\boldsymbol{A}\boldsymbol{x} = \boldsymbol{b}$ 一定无解

解　应选 (C). 因为 $\boldsymbol{A}\boldsymbol{x} = \boldsymbol{0}$ 一定有 $n - r$ 个线性无关的解, 将其正交化可得正交基础解系. (A) 不对, 是因为 $\boldsymbol{A}$ 不是正交阵时 $\boldsymbol{A}\boldsymbol{x} = \boldsymbol{0}$ 也有正交基础解系,

参看 (C) 是对的论述. (B) 不对, 因为 $R(\boldsymbol{A}) = R(\boldsymbol{A}, \boldsymbol{b})$ 不一定成立. (D) 不对, 因为 $R(\boldsymbol{A}) \neq R(\boldsymbol{A}, \boldsymbol{b})$ 不一定成立.

13. 设矩阵 $\boldsymbol{A}$ 有特征根 2 和 3, 相应的特征向量为 $\boldsymbol{x}_1, \boldsymbol{x}_2$, 则 ___(D)___ 是不对的.

(A) $3\boldsymbol{x}_1$ 是 2 的特征向量　　　　(B) $2\boldsymbol{x}_2$ 是 3 的特征向量

(C) $\boldsymbol{x}_1, \boldsymbol{x}_2$ 线性无关　　　　　　(D) $\boldsymbol{x}_1, \boldsymbol{x}_2$ 正交

解　应选 (D). 因为 (D) 不对, 例如, $\boldsymbol{A} = \begin{pmatrix} 2 & 1 \\ 0 & 3 \end{pmatrix}$ 有特征值 2 和 3, 其特征向量分别为 $\boldsymbol{x}_1 = \begin{pmatrix} 1 \\ 0 \end{pmatrix}$ 和 $\boldsymbol{x}_2 = \begin{pmatrix} 1 \\ 1 \end{pmatrix}$, 但 $\boldsymbol{x}_1, \boldsymbol{x}_2$ 不是正交的. 注意对称矩阵 $\boldsymbol{A}$ 的不同特征值的特征向量是正交的. (A) 是对的, 因为 $\boldsymbol{A}(3\boldsymbol{X}_1) = 3\boldsymbol{A}\boldsymbol{X}_1 = 3 \times 2\boldsymbol{x}_1 = 2(3\boldsymbol{x}_1)$. (B) 是对的, 类似于 (A) 的论述. (C) 也是对的, 因为特征值 2 和 3 是相异的, 而相异特征值的特征向量恒线性无关.

14. 设 $\boldsymbol{A}$ 有非零特征根 λ_0, 其特征向量为 $\boldsymbol{x}_0$, 则 ___(B)___ .

(A) $\boldsymbol{A}$ 可逆且 $\dfrac{1}{\lambda_0}$ 是 $\boldsymbol{A}^{-1}$ 的特征根　　(B) $\dfrac{1}{\lambda_0}\boldsymbol{A}$ 必有特征根 1

(C) $\dfrac{1}{\lambda_0}|\boldsymbol{A}|$ 是 $\boldsymbol{A}^*$ 的非零特征根　　(D) $\dfrac{1}{\lambda_0}\boldsymbol{A}^{\mathrm{T}}$ 的特征根必定不为 1

解　应选 (B). 因为 $\dfrac{1}{\lambda_0}\boldsymbol{A}\boldsymbol{x}_0 = \dfrac{1}{\lambda_0}\lambda_0\boldsymbol{x}_0 = \boldsymbol{x}_0$, 故 1 为 $\dfrac{1}{\lambda_0}\boldsymbol{A}$ 的特征根. (A) 不对. 因为 $\boldsymbol{A}$ 不一定可逆, 例如, 矩阵 $\boldsymbol{A} = \begin{pmatrix} 3 & 1 \\ 0 & 0 \end{pmatrix}$ 有不为零的特征根 3, 但 $\boldsymbol{A}^{-1}$ 不存在, 从而没有特征根. (C) 不对. 因为 $|\boldsymbol{A}| \neq 0$ 未必成立, 例如 (A) 的论述中的例子. (D) 也不对. 因为 $\boldsymbol{A}^{\mathrm{T}}$ 与 $\boldsymbol{A}$ 的特征根相同, 从而由 (B) 的论述知 $\dfrac{1}{\lambda_0}\boldsymbol{A}^{\mathrm{T}}$ 也必定有特征根 1.

15. 设 $\boldsymbol{A}$ 为非奇异阵, $\boldsymbol{x}_0$ 为其一个特征根的特征向量, 则下列结论中 ___(C)___ 是不对的.

(A) $\boldsymbol{x}_0$ 是 $\boldsymbol{A}^2$ 的特征向量　　　　(B) $\boldsymbol{x}_0$ 是 $\boldsymbol{A}^{-1}$ 的特征向量

(C) $\boldsymbol{x}_0$ 是 $\boldsymbol{A}^{\mathrm{T}}$ 的特征向量　　　　(D) $\boldsymbol{x}_0$ 是 $\boldsymbol{A}$ 的特征向量

解　应选 (C). 因为有相同特征根的两个矩阵的特征向量未必相同. 例如, 矩阵 $\boldsymbol{A} = \begin{pmatrix} 1 & 1 \\ 0 & 2 \end{pmatrix}$ 有特征根 $\lambda_0 = 1$, 其相应的特征向量 $\boldsymbol{x}_0 = (1, 0)^{\mathrm{T}}$, 又

$\boldsymbol{A}^{\mathrm{T}} = \begin{pmatrix} 1 & 0 \\ 1 & 2 \end{pmatrix}$ 也有特征根 $\lambda_0 = 1$. 但 $\boldsymbol{x}_0$ 不是 $\boldsymbol{A}^{\mathrm{T}}$ 的属于 $\lambda_0 = 1$ 的特征向量,

这是因为 $\boldsymbol{A}^{\mathrm{T}}\boldsymbol{x}_0 = \begin{pmatrix} 1 \\ 1 \end{pmatrix} \neq 1 \cdot \boldsymbol{x}_0$. (A) 是对的, 因为设 $\boldsymbol{x}_0$ 相应的特征值为 λ_0,

则 $\boldsymbol{A}\boldsymbol{x}_0 = \lambda_0 \boldsymbol{x}_0$, 于是 $\boldsymbol{A}^2 \boldsymbol{x}_0 = \lambda_0^2 \boldsymbol{x}_0$, 从而 $\boldsymbol{x}_0$ 是 $\boldsymbol{A}^2$ 属于 λ_0^2 的特征向量. (B) 和 (D) 也都是对的. 这可类似于 (A) 的论述证明之.

16. 设 $\boldsymbol{A} \sim \boldsymbol{B}$, 则下列结论不对的有 ___(C)___ .

(A) $R(\boldsymbol{A}) = R(\boldsymbol{B})$ (B) $\mathrm{tr}(\boldsymbol{A}) = \mathrm{tr}(\boldsymbol{B})$

(C) $\boldsymbol{A}, \boldsymbol{B}$ 的特征向量相同   (D) $\boldsymbol{A}, \boldsymbol{B}$ 的特征根相同

解　应选 (C). 因为相似矩阵的秩、迹、行列式及特征多项式都相同, 因而 (A)、(B) 和 (D) 都是对的, 但 $(\lambda_0 \boldsymbol{I} - \boldsymbol{A})\boldsymbol{x} = \boldsymbol{0}$ 与 $(\lambda_0 \boldsymbol{I} - \boldsymbol{B})\boldsymbol{x} = \boldsymbol{0}$ 未必是同解线性方程组, 进而 $\boldsymbol{A}, \boldsymbol{B}$ 的特征向量未必是相同的. 例如, 矩阵 $\boldsymbol{A} = \begin{pmatrix} 1 & 1 \\ 0 & 2 \end{pmatrix}$ 和矩阵

$\boldsymbol{B} = \begin{pmatrix} 1 & 0 \\ 1 & 2 \end{pmatrix}$ 是相似的, 但 $\boldsymbol{A}$ 的属于特征根 $\lambda = 1$ 的特征向量为 $\boldsymbol{x} = (1,0)^{\mathrm{T}}$, 而 $\boldsymbol{B}$ 的属于特征根 $\mu = 1$ 的特征向量为 $\boldsymbol{x} = (-1,1)^{\mathrm{T}}$, 这是不相同的.

17. 设 $\boldsymbol{A}$ 为对称阵, 则 $\boldsymbol{A}$ 为正定阵的充要条件为 ___(D)___ .

(A) $|\boldsymbol{A}| > 0$ (B) $\boldsymbol{A}$ 的主对角线上的元素都大于 0

(C) $\mathrm{tr}(\boldsymbol{A}) > 0$ (D) 存在非奇异矩阵 $\boldsymbol{B}$, 使 $\boldsymbol{A} = \boldsymbol{B}^{\mathrm{T}}\boldsymbol{B}$

解　应选 (D). (D) 是 $\boldsymbol{A}$ 为正定阵的充要条件. 事实上, 因为 $\boldsymbol{A}$ 为正定阵的充要条件为 $\boldsymbol{A} \simeq \boldsymbol{I}$, 即存在非奇异阵 $\boldsymbol{P}$ 使得 $\boldsymbol{P}^{\mathrm{T}}\boldsymbol{A}\boldsymbol{P} = \boldsymbol{I}$, $\boldsymbol{A} = (\boldsymbol{P}^{-1})^{\mathrm{T}}\boldsymbol{P}^{-1}$, 令 $\boldsymbol{B} = \boldsymbol{P}^{-1}$, 则 $\boldsymbol{A} = (\boldsymbol{B})^{\mathrm{T}}\boldsymbol{B}$. 反之, 由于存在非奇异矩阵 $\boldsymbol{B}$, 使 $\boldsymbol{A} = \boldsymbol{B}^{\mathrm{T}}\boldsymbol{B}$, 于是, $(\boldsymbol{B}^{-1})^{\mathrm{T}}\boldsymbol{A}\boldsymbol{B}^{-1} = \boldsymbol{I}$, 即 $\boldsymbol{A} \simeq \boldsymbol{I}$. 故 $\boldsymbol{A}$ 为正定阵. (A) 是正定矩阵的必要条件, 因为 $\boldsymbol{A}$ 合同于单位阵易知 $|\boldsymbol{A}| > 0$, 从而 (A) 是必要的, 但不是充分条件,

例如, $\boldsymbol{A} = \begin{pmatrix} -1 & 0 & 0 \\ 0 & -2 & 0 \\ 0 & 0 & 5 \end{pmatrix}$ 的行列式大于 0, 但此矩阵不是正定矩阵. (B) 是

正定的必要条件, 这是因为令 $\boldsymbol{x} = (0,\cdots,0,\overset{i}{1},0,\cdots,0)^{\mathrm{T}}$, 则 $a_{ii} = \boldsymbol{x}^{\mathrm{T}}\boldsymbol{A}\boldsymbol{x} > 0$

$(i = 1,\cdots,n)$. 但不是充分条件, 例如, $\boldsymbol{A} = \begin{pmatrix} 1 & 2 & 0 \\ 2 & 2 & 0 \\ 0 & 0 & 5 \end{pmatrix}$ 不是正定的, 这是因为

二阶顺序主子式 $\begin{vmatrix} 1 & 2 \\ 2 & 2 \end{vmatrix} = -2 < 0$. (C) 是正定的必要条件这可从 (B) 的论述中看出, 进一步从 (A) 的例子中可以看出 (C) 也不是充分条件.

18. 满足 ___(A)___ 的对称阵必定不是负定的.

(A) $|\boldsymbol{A}| \geqslant 0$　　　　　　　　(B) $\boldsymbol{A}$ 的特征根均非正且不为 0

(C) $\forall \boldsymbol{x} \neq \boldsymbol{0}$, $\boldsymbol{x}^{\mathrm{T}} \boldsymbol{A} \boldsymbol{x} < 0$　　　　(D) $\boldsymbol{A}$ 顺序主子式全为负

解　应选 (A). 因为 $\boldsymbol{A}$ 为负定时, 则 $|\boldsymbol{A}| < 0$. 而 (B), (C) 和 (D) 均为 $\boldsymbol{A}$ 负定的充要条件. 这充要条件的证明都可仿正定的充要条件的证明证之.

19. 设 $\boldsymbol{A}, \boldsymbol{B}$ 为 n 阶正定矩阵, 则下列结论不对的有 ___(D)___.

(A) $\boldsymbol{A}^{-1} + \boldsymbol{B}^{-1}$ 必是正定矩阵　　　(B) $\boldsymbol{A}^* + \boldsymbol{B}^*$ 也是正矩阵

(C) $\boldsymbol{A}\boldsymbol{B}\boldsymbol{A}$ 也是正定矩阵　　　　(D) $\boldsymbol{A}\boldsymbol{B}$ 也是正矩阵

解　应选 (D). 因为 (A), (B) 和 (C) 都是对的. 事实上, 由于 $\boldsymbol{A}, \boldsymbol{B}$ 正定有 $\boldsymbol{A}^{-1}, \boldsymbol{B}^{-1}, \boldsymbol{A}^*, \boldsymbol{B}^*$ 都是正定的, 这是因为它们各自的特征根全大于 0. 故 (A)、(B) 和 (C) 都是对的. 但 $(\boldsymbol{A}\boldsymbol{B})^{\mathrm{T}} = \boldsymbol{B}^{\mathrm{T}}\boldsymbol{A}^{\mathrm{T}} = \boldsymbol{B}\boldsymbol{A}$ 不一定等于 $\boldsymbol{A}\boldsymbol{B}$, 即 $\boldsymbol{A}\boldsymbol{B}$ 未必是对称矩阵. 因而它也未必正定.

20. 设 $\boldsymbol{A}$ 为 n 阶实矩阵, 且 $R(\boldsymbol{A}) = n$, 则下列结论不对的有 ___(C)___.

(A) $\boldsymbol{A}^{\mathrm{T}}\boldsymbol{A}$ 的特征根全大于 0　　　(B) $\boldsymbol{A}\boldsymbol{A}^{\mathrm{T}}$ 的顺序主子式全大于 0

(C) $\left|2\boldsymbol{I} - (\boldsymbol{A}^{\mathrm{T}} + \boldsymbol{A})\right| > 0$　　　(D) $\left|2\boldsymbol{I} - (\boldsymbol{A}^{\mathrm{T}} - \boldsymbol{A})^2\right| > 0$

解　应选 (C), 因为 (C) 是不对的. 事实上, 矩阵 $\boldsymbol{A}^{\mathrm{T}} + \boldsymbol{A}$ 为实对称矩阵, 其特征根为实数, 不妨设为 $\lambda_1, \cdots, \lambda_n$, 于是, $2\boldsymbol{I} - (\boldsymbol{A}^{\mathrm{T}} + \boldsymbol{A})$ 的特征根 $2 - \lambda_i(i = 1, \cdots, n)$. 由于 $2 - \lambda_i > 0$ 未必对所有的 i 成立, $2\boldsymbol{I} - (\boldsymbol{A}^{\mathrm{T}} + \boldsymbol{A})$ 未必是正定的, 故 $\left|2\boldsymbol{I} - (\boldsymbol{A}^{\mathrm{T}} + \boldsymbol{A})\right| > 0$ 未必成立. 例如, 矩阵 $\boldsymbol{A} = \begin{pmatrix} 1 & 1 \\ 0 & 2 \end{pmatrix}$, 则 $\boldsymbol{A}^{\mathrm{T}} + \boldsymbol{A}$ 的特征根为 $\lambda_1 = 3 + \sqrt{2}, \lambda_2 = 3 - \sqrt{2}$, 从而有 $2\lambda_1 = -1 - \sqrt{2}, 2 - \lambda_2 = -1 + \sqrt{2}$, 因此, $\left|2\boldsymbol{I} - (\boldsymbol{A}^{\mathrm{T}} + \boldsymbol{A})\right| < 0$. (A) 和 (B) 都是对的, 因为, 由 $R(\boldsymbol{A}) = n$ 和本节例 17 中的 (C) 可知 $\boldsymbol{A}^{\mathrm{T}}\boldsymbol{A}, \boldsymbol{A}\boldsymbol{A}^{\mathrm{T}}$ 均为正定矩阵, 从而 (A) 和 (B) 都是对的. (D) 是对的, 因为 $\boldsymbol{A}^{\mathrm{T}} - \boldsymbol{A}$ 是反对称矩阵, 其特征根为 0 或为虚数 βi, 于是 $\left(\boldsymbol{A}^{\mathrm{T}} - \boldsymbol{A}\right)^2$ 的特征根为 0 或 $-\beta^2$, 于是 $2\boldsymbol{I} - (\boldsymbol{A}^{\mathrm{T}} - \boldsymbol{A})^2$ 的特征根全大于 0. 从而 $2\boldsymbol{I} - (\boldsymbol{A}^{\mathrm{T}} - \boldsymbol{A})^2$ 为正定矩阵, 进而 $\left|2\boldsymbol{I} - (\boldsymbol{A}^{\mathrm{T}} - \boldsymbol{A})^2\right| > 0$.

9.3　方 法 例 解

1. 设向量组

$$\boldsymbol{\alpha}_1 = (1, 2, -1, -2)^{\mathrm{T}}, \quad \boldsymbol{\alpha}_2 = (1, 1, 1, 1)^{\mathrm{T}}, \quad \boldsymbol{\alpha}_3 = (2, 3, 0, -1)^{\mathrm{T}}, \quad \boldsymbol{\alpha}_4 = (3, 4, 1, 0)^{\mathrm{T}}.$$

求向量组的秩和一个极大线性无关组, 并将向量组由此极大线性无关组线性表示.

解　由于 $(\boldsymbol{\alpha}_1, \boldsymbol{\alpha}_2, \boldsymbol{\alpha}_3, \boldsymbol{\alpha}_4) = \begin{pmatrix} 1 & 1 & 2 & 3 \\ 2 & 1 & 3 & 4 \\ -1 & 1 & 0 & 1 \\ -2 & 1 & -1 & 0 \end{pmatrix} \xrightarrow{\text{行变换}} \begin{pmatrix} 1 & 0 & 1 & 1 \\ 0 & 1 & 1 & 2 \\ 0 & 0 & 0 & 0 \\ 0 & 0 & 0 & 0 \end{pmatrix}$,

故易知, 向量组的秩为 2, 一个极大线性无关组为 $\boldsymbol{\alpha}_1, \boldsymbol{\alpha}_2$. 此向量组可由这个极大线性无关组表示为

$$(\boldsymbol{\alpha}_1, \boldsymbol{\alpha}_2, \boldsymbol{\alpha}_3, \boldsymbol{\alpha}_4) = (\boldsymbol{\alpha}_1, \boldsymbol{\alpha}_2) \begin{pmatrix} 1 & 0 & 1 & 1 \\ 0 & 1 & 1 & 2 \end{pmatrix}.$$

2. 设向量 $\boldsymbol{\beta}_1 = \lambda\boldsymbol{\alpha}_1 - 2\boldsymbol{\alpha}_2 + \boldsymbol{\alpha}_3$, $\boldsymbol{\beta}_2 = 2\boldsymbol{\alpha}_1 - \lambda\boldsymbol{\alpha}_2 + \boldsymbol{\alpha}_3$, $\boldsymbol{\beta}_3 = 4\boldsymbol{\alpha}_1 - 2\boldsymbol{\alpha}_2 + \lambda\boldsymbol{\alpha}_3$ 且 $\boldsymbol{\alpha}_1, \boldsymbol{\alpha}_2, \boldsymbol{\alpha}_3$ 线性无关, 则 λ 为何值时 $\boldsymbol{\beta}_1, \boldsymbol{\beta}_2, \boldsymbol{\beta}_3$ 线性无关, 线性相关? 相关时秩为多少? 并求出极大线性无关组.

解　易知 $(\boldsymbol{\beta}_1, \boldsymbol{\beta}_2, \boldsymbol{\beta}_3) = (\boldsymbol{\alpha}_1, \boldsymbol{\alpha}_2, \boldsymbol{\alpha}_3) \begin{pmatrix} \lambda & 2 & 4 \\ -2 & -\lambda & -2 \\ 1 & 1 & \lambda \end{pmatrix}$. 于是, 由 $\boldsymbol{\alpha}_1, \boldsymbol{\alpha}_2, \boldsymbol{\alpha}_3$ 线性无关知

$$R(\boldsymbol{\beta}_1, \boldsymbol{\beta}_2, \boldsymbol{\beta}_3) = R\begin{pmatrix} \lambda & 2 & 4 \\ -2 & -\lambda & -2 \\ 1 & 1 & \lambda \end{pmatrix}.$$

而

$$\begin{pmatrix} \lambda & 2 & 4 \\ -2 & \lambda & 2 \\ 1 & 1 & \lambda \end{pmatrix} \rightarrow \begin{pmatrix} 1 & 1 & \lambda \\ 0 & 2-\lambda & 2\lambda-2 \\ 0 & 2-\lambda & 4-\lambda^2 \end{pmatrix},$$

故当 $\lambda \neq 2$ 时, $R\begin{pmatrix} \lambda & 2 & 4 \\ -2 & \lambda & 2 \\ 1 & 1 & \lambda \end{pmatrix} = 3$, 即 $R(\boldsymbol{\beta}_1, \boldsymbol{\beta}_2, \boldsymbol{\beta}_3) = 3$, 因而, $\boldsymbol{\beta}_1, \boldsymbol{\beta}_2, \boldsymbol{\beta}_3$ 线性无关.

当 $\lambda = 2$ 时, $R(\boldsymbol{\beta}_1, \boldsymbol{\beta}_2, \boldsymbol{\beta}_3) = R\begin{pmatrix} 2 & 2 & 4 \\ -2 & 2 & -2 \\ 1 & 1 & 2 \end{pmatrix} = R\begin{pmatrix} 1 & 1 & 0 \\ 0 & 0 & 1 \\ 0 & 0 & 0 \end{pmatrix} = 2$, 因而 $\boldsymbol{\beta}_1, \boldsymbol{\beta}_2, \boldsymbol{\beta}_3$ 线性相关, 且秩为 2. 此时, 由 $(\boldsymbol{\beta}_1, \boldsymbol{\beta}_2, -\boldsymbol{\beta}_3) = (\boldsymbol{\alpha}_1, \boldsymbol{\alpha}_2, \boldsymbol{\alpha}_3)$ $\begin{pmatrix} 2 & 2 & 2 \\ -2 & 2 & -2 \\ 1 & 1 & 2 \end{pmatrix}$ 和 $R(\boldsymbol{\beta}_1, \boldsymbol{\beta}_3) = 2$ 知, $\boldsymbol{\beta}_1, \boldsymbol{\beta}_3$ 线性无关. 又由于 $\boldsymbol{\beta}_1, \boldsymbol{\beta}_2,$

$\boldsymbol{\beta}_3$ 线性相关, 因此 $\boldsymbol{\beta}_1, \boldsymbol{\beta}_3$ 是 $\boldsymbol{\beta}_1, \boldsymbol{\beta}_2, \boldsymbol{\beta}_3$ 的一个极大线性无关组.

注 由于第一类初等变换某行 (列) 乘的数要求是非零的, 所以对有未知参数的矩阵进行初等变换时, 在不明情况下, 不要乘上 $\dfrac{1}{\lambda}$ 等因式.

3. a, b 为何值时, 线性方程组

$$\begin{cases} ax_1 + x_2 + 2x_3 - 3x_4 = 2, \\ a^2 x_1 - 3x_2 + 2x_3 + x_4 = -1, \\ a^3 x_1 - x_2 + 2x_3 - x_4 = b \end{cases}$$

无解、有唯一解、有无穷多解、有解时求出其全部解.

解 由于系数矩阵 $\boldsymbol{A} = \begin{pmatrix} a & 1 & 2 & -3 \\ a^2 & -3 & 2 & 1 \\ a^3 & -1 & 2 & -1 \end{pmatrix}$, 常数项向量 $\boldsymbol{b} = \begin{pmatrix} 2 \\ -1 \\ b \end{pmatrix}$, 因此, 增广矩阵为

$$(\boldsymbol{A}, \boldsymbol{b}) = \begin{pmatrix} a & 1 & 2 & -3 & 2 \\ a^2 & -3 & 2 & 1 & -1 \\ a^3 & -1 & 2 & -1 & b \end{pmatrix}.$$

由于

$$(\boldsymbol{A}, \boldsymbol{b}) = \begin{pmatrix} a & 1 & 2 & -3 & 2 \\ a^2 & -3 & 2 & 1 & -1 \\ a^3 & -1 & 2 & -1 & b \end{pmatrix}$$

$$\to \begin{pmatrix} a & 1 & 2 & -3 & 2 \\ a^2 + 3a & 0 & 8 & -8 & 5 \\ 2a^3 - a^2 - a & 0 & 0 & 0 & 2b - 1 \end{pmatrix},$$

所以,

(1) 当 $a \neq 0, 1, -\dfrac{1}{2}$, 任意的 $\boldsymbol{b} \in R$ 时, $\begin{vmatrix} a & 1 & 2 \\ a^2 + 3a & 0 & 8 \\ 2a^3 - a^2 - a & 0 & 0 \end{vmatrix} = 8(2a^3 - a^2 - a) \neq 0$, 且 $R(\boldsymbol{A}, \boldsymbol{b}) = R(\boldsymbol{A}) = 3 < 4$. 于是, 方程组有无穷多解, 取 x_4 为自由变量, 并令其为 1, 可求得基础解系 $\boldsymbol{x} = (0, 1, 1, 1)^{\mathrm{T}}$. 又令自由变量为 0, 则可由

$$\begin{cases} ax_1 + x_2 + 2x_3 = 2, \\ (a^2 + 3a)\,x_1 + 8x_3 = 5, \qquad 求得特解 \\ (2a^3 - a^2 - a)x_1 = 2b - 1, \end{cases}$$

$$\boldsymbol{x}_0 = \left(\frac{2b-1}{2a^3 - a^2 - a},\ \frac{3a^2 + ab - 2a - b - 1}{2(2a^2 - a - 1)},\ \frac{5a^2 - ab - 2a - 3b - 1}{4\,(2a^2 - a - 1)},\ 0 \right)^{\mathrm{T}}.$$

于是所求方程组的通解为 $\boldsymbol{x} = k\boldsymbol{x} + \boldsymbol{x}_0 (k$ 为任意常数$)$.

(2) 当 $a = 0$ 或 $a = 1$ 或 $a = -\dfrac{1}{2}$, 且 $b = \dfrac{1}{2}$ 时, $R\,(\boldsymbol{A}, \boldsymbol{b}) = R(\boldsymbol{A}, \boldsymbol{b}) = 2 < n$. 于是方程组也有无穷多解. 选 x_1, x_4 为自由变量, 令 $x_1 = 1$, $x_4 = 0$, 则由

$$\begin{cases} ax_1 + x_2 + 2x_3 - 3x_4 = 0, \\ (a^2 + 3a)\,x_1 + 8x_3 - 8x_4 = 0, \end{cases} \quad 可求得\ \boldsymbol{x}_1 = \left(1, \frac{a^2 - a}{4}, -\frac{a^2 + 3a}{8}, 0\right)^{\mathrm{T}}.\ 同理$$

令 $x_1 = 0, x_4 = 1$ 可求得 $\boldsymbol{x}_2 = (0, 1, 1, 1)^{\mathrm{T}}$. 又令 $x_1 = 0, x_4 = 0$, 则由方程组

$$\begin{cases} ax_1 + x_2 + 2x_3 - 3x_4 = 2, \\ (a^2 + 3a)\,x_1 + 8x_3 - 8x_4 = 5, \end{cases} \quad 求得特解\ \boldsymbol{x}_0 = \left(0, \frac{3}{4}, \frac{5}{8}, 0\right)^{\mathrm{T}}.\ 于是所求方程组$$

的通解为 $\boldsymbol{x} = k_1\boldsymbol{x}_1 + k_2\boldsymbol{x}_2 + \boldsymbol{x}_0$.

(3) 当 $a = 0$ 或 $a = 1$ 或 $a = -\dfrac{1}{2}, b \neq \dfrac{1}{2}$ 时, $R(\boldsymbol{A}, \boldsymbol{b}) = 3 \neq 2 = R(\boldsymbol{A})$. 因此, 方程组无解.

4. 设 $\boldsymbol{\alpha}_1 = (a, 1, 1, 2, 3)^{\mathrm{T}}$, $\boldsymbol{\alpha}_2 = (1, b, 2b, 3b, 4b)^{\mathrm{T}}$, $\boldsymbol{\alpha}_3 = (1, 1, 1, 2, 3)^{\mathrm{T}}$, $\boldsymbol{\alpha}_4 = (4, 3, 4, 7, 10)^{\mathrm{T}}$. 求 a, b 的值, 使得 (1) $\boldsymbol{\alpha}_4$ 是 $\boldsymbol{\alpha}_1, \boldsymbol{\alpha}_2, \boldsymbol{\alpha}_3$ 的唯一线性组合. (2) $\boldsymbol{\alpha}_4$ 是 $\boldsymbol{\alpha}_1, \boldsymbol{\alpha}_2, \boldsymbol{\alpha}_3$ 的线性组合, 但不唯一. (3) $\boldsymbol{\alpha}_4$ 不是 $\boldsymbol{\alpha}_1, \boldsymbol{\alpha}_2, \boldsymbol{\alpha}_3$ 的线性组合.

解 由于

$$(\boldsymbol{\alpha}_1, \boldsymbol{\alpha}_2, \boldsymbol{\alpha}_3, \boldsymbol{\alpha}_4) = \begin{pmatrix} a & 1 & 1 & 4 \\ 1 & b & 1 & 3 \\ 1 & 2b & 1 & 4 \\ 2 & 3b & 2 & 7 \\ 3 & 4b & 3 & 10 \end{pmatrix}$$

$$\xrightarrow[变换]{经初等行} \begin{pmatrix} 1 & 0 & 1 & 2 \\ 0 & 1 & 1-a & 4-2a \\ 0 & 0 & b(a-1) & 1-4b+2ab \\ 0 & 0 & 0 & 0 \\ 0 & 0 & 0 & 0 \end{pmatrix},$$

易知, (1) 当 $b \neq 0$ 且 $a \neq 1$ 时. $\boldsymbol{\alpha}_1, \boldsymbol{\alpha}_2, \boldsymbol{\alpha}_3$ 是 $\boldsymbol{\alpha}_1, \boldsymbol{\alpha}_2, \boldsymbol{\alpha}_3, \boldsymbol{\alpha}_4$ 的一个极大线性无

关组, 且

$$
\begin{pmatrix}
1 & 0 & 1 & 2 \\
0 & 1 & 1-a & 4-2a \\
0 & 0 & b(a-1) & 1-4b+2ab \\
0 & 0 & 0 & 0 \\
0 & 0 & 0 & 0
\end{pmatrix}
\rightarrow
\begin{pmatrix}
1 & 0 & 0 & \dfrac{2b-1}{b(a-1)} \\
0 & 1 & 0 & \dfrac{1}{b} \\
0 & 0 & 1 & \dfrac{1-4b+2ab}{b(a-1)} \\
0 & 0 & 0 & 0 \\
0 & 0 & 0 & 0
\end{pmatrix}.
$$

于是, $\boldsymbol{\alpha}_4 = \dfrac{2b-1}{b(a-1)}\boldsymbol{\alpha}_1 + \dfrac{1}{b}\boldsymbol{\alpha}_2 + \dfrac{1-4b+2ab}{b(a-1)}\boldsymbol{\alpha}_3$, 由 $R(\boldsymbol{\alpha}_1, \boldsymbol{\alpha}_2, \boldsymbol{\alpha}_3) = 3$ 知, 此表示式唯一.

(2) 当 $a = 1, b = \dfrac{1}{2}$ 时, 则 $R(\boldsymbol{\alpha}_1, \boldsymbol{\alpha}_2, \boldsymbol{\alpha}_3) = 2 = R(\boldsymbol{\alpha}_1, \boldsymbol{\alpha}_2, \boldsymbol{\alpha}_3, \boldsymbol{\alpha}_4)$. 此时, 知 $\boldsymbol{\alpha}_1, \boldsymbol{\alpha}_2$ 是向量组 $\boldsymbol{\alpha}_1, \boldsymbol{\alpha}_2, \boldsymbol{\alpha}_3, \boldsymbol{\alpha}_4$ 的一个极大线性无关组, 且

$$
(\boldsymbol{\alpha}_1, \boldsymbol{\alpha}_2, \boldsymbol{\alpha}_3, \boldsymbol{\alpha}_4) \rightarrow
\begin{pmatrix}
1 & 0 & 1 & 2 \\
0 & 1 & 0 & 2 \\
0 & 0 & 0 & 0 \\
0 & 0 & 0 & 0 \\
0 & 0 & 0 & 0
\end{pmatrix}.
$$

于是, $\boldsymbol{\alpha}_4 = 2\boldsymbol{\alpha}_1 + 2\boldsymbol{\alpha}_2 + 0\boldsymbol{\alpha}_3$, 也可表示为 $\boldsymbol{\alpha}_4 = 2\boldsymbol{\alpha}_3 + 2\boldsymbol{\alpha}_2 + 0\boldsymbol{\alpha}_1$, 即表达式不唯一.

(3) 当 $b = 0$ 且 $a \neq 1$ 时, 则 $R(\boldsymbol{\alpha}_1, \boldsymbol{\alpha}_2, \boldsymbol{\alpha}_3) = 2$, $R(\boldsymbol{\alpha}_1, \boldsymbol{\alpha}_2, \boldsymbol{\alpha}_3, \boldsymbol{\alpha}_4) = 3$. 从而 $\boldsymbol{\alpha}_1, \boldsymbol{\alpha}_2, \boldsymbol{\alpha}_3$ 不是 $\boldsymbol{\alpha}_1, \boldsymbol{\alpha}_2, \boldsymbol{\alpha}_3, \boldsymbol{\alpha}_4$ 的极大线性无关组, 因此 $\boldsymbol{\alpha}_4$ 不能由 $\boldsymbol{\alpha}_1, \boldsymbol{\alpha}_2, \boldsymbol{\alpha}_3$ 线性表示, 否则, $\boldsymbol{\alpha}_1, \boldsymbol{\alpha}_2, \boldsymbol{\alpha}_3, \boldsymbol{\alpha}_4$ 可由 $\boldsymbol{\alpha}_1, \boldsymbol{\alpha}_2, \boldsymbol{\alpha}_3$ 线性表示. 从而有 $3 = R(\boldsymbol{\alpha}_1, \boldsymbol{\alpha}_2, \boldsymbol{\alpha}_3, \boldsymbol{\alpha}_4) \leqslant R(\boldsymbol{\alpha}_1, \boldsymbol{\alpha}_2, \boldsymbol{\alpha}_3) = 2$. 这是矛盾的.

(4) 当 $b \neq 0, a = 1$ 且 $b \neq \dfrac{1}{2}$ 时, 则 $R(\boldsymbol{\alpha}_1, \boldsymbol{\alpha}_2, \boldsymbol{\alpha}_3) = 2$, $R(\boldsymbol{\alpha}_1, \boldsymbol{\alpha}_2, \boldsymbol{\alpha}_3, \boldsymbol{\alpha}_4) = 3$. 因此, 由 (3) 的讨论知 $\boldsymbol{\alpha}_4$ 也不能由 $\boldsymbol{\alpha}_1, \boldsymbol{\alpha}_2, \boldsymbol{\alpha}_3$ 线性表示.

5. 设向量组 $\boldsymbol{\alpha}_1 = (1, 1, 1,)^{\mathrm{T}}$, $\boldsymbol{\alpha}_2 = (0, 1, 1)^{\mathrm{T}}$, $\boldsymbol{\alpha}_3 = (0, 0, 1)^{\mathrm{T}}$ 且向量组 $\boldsymbol{\beta}_1, \boldsymbol{\beta}_2, \boldsymbol{\beta}_3$ 是向量组 $\boldsymbol{\alpha}_1, \boldsymbol{\alpha}_2, \boldsymbol{\alpha}_3$ 的线性表示 $\boldsymbol{\beta}_1 = \boldsymbol{\alpha}_1 + 2\boldsymbol{\alpha}_2 + 3\boldsymbol{\alpha}_3$, $\boldsymbol{\beta}_2 = 2\boldsymbol{\alpha}_1 + \boldsymbol{\alpha}_2 + 3\boldsymbol{\alpha}_3$, $\boldsymbol{\beta}_3 = 3\boldsymbol{\alpha}_1 + 2\boldsymbol{\alpha}_2 + 5\boldsymbol{\alpha}_3$. 求: (1) $x_1\boldsymbol{\beta}_1 + x_2\boldsymbol{\beta}_2 + x_3\boldsymbol{\beta}_3 = \mathbf{0}$ 的基础解系. (2) 求 $\boldsymbol{\beta}_1, \boldsymbol{\beta}_2, \boldsymbol{\beta}_3$ 的一个极大线性无关组.

解 (1) 由 $(\boldsymbol{\beta}_1, \boldsymbol{\beta}_2, \boldsymbol{\beta}_3) = (\boldsymbol{\alpha}_1, \boldsymbol{\alpha}_2, \boldsymbol{\alpha}_3) \begin{pmatrix} 1 & 2 & 3 \\ 2 & 1 & 2 \\ 3 & 3 & 5 \end{pmatrix}$ 和 $R(\boldsymbol{\alpha}_1, \boldsymbol{\alpha}_2, \boldsymbol{\alpha}_3) = 3$

知 $x_1\boldsymbol{\beta}_1 + x_2\boldsymbol{\beta}_2 + x_3\boldsymbol{\beta}_3 = \mathbf{0}$ 与 $\begin{pmatrix} 1 & 2 & 3 \\ 2 & 1 & 2 \\ 3 & 3 & 5 \end{pmatrix} \begin{pmatrix} x_1 \\ x_2 \\ x_3 \end{pmatrix} = \mathbf{0}$ 同解, 而

$$\begin{pmatrix} 1 & 2 & 3 \\ 2 & 1 & 2 \\ 3 & 3 & 5 \end{pmatrix} \rightarrow \begin{pmatrix} 1 & 0 & \dfrac{1}{3} \\ 0 & 1 & \dfrac{4}{3} \\ 0 & 0 & 0 \end{pmatrix}.$$

于是, 可求得基础解 $\boldsymbol{x}_0 = \left(-\dfrac{1}{3}, -\dfrac{4}{3}, 1 \right)^{\mathrm{T}}$.

(2) 易知 $R(\boldsymbol{\beta}_1, \boldsymbol{\beta}_2, \boldsymbol{\beta}_3) = R\begin{pmatrix} 1 & 2 & 3 \\ 2 & 1 & 2 \\ 3 & 3 & 5 \end{pmatrix} = 2.$ 故知 $(1,2,3)^{\mathrm{T}}, (2,1,3)^{\mathrm{T}}$ 是

$\begin{pmatrix} 1 & 2 & 3 \\ 2 & 1 & 2 \\ 3 & 3 & 5 \end{pmatrix}$ 的列向量组的极大线性无关组. 从而, $\boldsymbol{\beta}_1 = 1\boldsymbol{\alpha}_1 + 2\boldsymbol{\alpha}_2 + 3\boldsymbol{\alpha}_3 =$

$(1,3,6), \boldsymbol{\beta}_2 = (2,3,6)$ 为 $\boldsymbol{\beta}_1, \boldsymbol{\beta}_2, \boldsymbol{\beta}_3$ 的一个极大线性无关组.

6. 设方程组 $\boldsymbol{Bx} = \mathbf{0}$ 有基础解系 $\boldsymbol{\alpha}_1 = (1,0,1,a+1)^{\mathrm{T}}, \boldsymbol{\alpha}_2 = (-1,2,b,1)^{\mathrm{T}}.$

(1) 试求 a, b 的值, 使 $\boldsymbol{Bx} = \mathbf{0}$ 与方程组 $\begin{cases} x_1 + x_2 - x_3 = 0, \\ x_2 - x_3 - x_4 = 0 \end{cases}$ 有公共非零解但

不同解. (2) 试求 a, b 的值, 使 $\boldsymbol{Bx} = \mathbf{0}$ 与方程组 $\begin{cases} x_1 + x_2 - x_3 = 0, \\ x_2 - x_3 - x_4 = 0 \end{cases}$ 同解.

解　令 $\boldsymbol{A} = \begin{pmatrix} 1 & 1 & -1 & 0 \\ 0 & 1 & -1 & -1 \end{pmatrix}$, 则方程组 $\begin{cases} x_1 + x_2 - x_3 = 0, \\ x_2 - x_3 - x_4 = 0 \end{cases}$ 可写为

$\boldsymbol{Ax} = \mathbf{0}$. 容易知道 $\boldsymbol{Ax} = \mathbf{0}$ 的基础解系为 $\boldsymbol{\eta}_1 = (0,1,1,0)^{\mathrm{T}}, \boldsymbol{\eta}_2 = (-1,1,0,1)^{\mathrm{T}}.$
由于

$$(\boldsymbol{\eta}_2, \boldsymbol{\eta}_1, \boldsymbol{\alpha}_1, \boldsymbol{\alpha}_2) = \begin{pmatrix} -1 & 0 & 1 & -1 \\ 1 & 1 & 0 & 2 \\ 0 & 1 & 1 & b \\ 1 & 0 & a+1 & 1 \end{pmatrix} \rightarrow \begin{pmatrix} -1 & 0 & 1 & -1 \\ 0 & 1 & 1 & 1 \\ 0 & 1 & 1 & b \\ 0 & 0 & a+2 & 0 \end{pmatrix}$$

$$\to \begin{pmatrix} -1 & 0 & 1 & -1 \\ 0 & 1 & 1 & 1 \\ 0 & 0 & 0 & b-1 \\ 0 & 0 & a+2 & 0 \end{pmatrix} \to \begin{pmatrix} 1 & 0 & -1 & 1 \\ 0 & 1 & 1 & 1 \\ 0 & 0 & a+2 & 0 \\ 0 & 0 & 0 & b-1 \end{pmatrix},$$

所以, (1) 当 $a+2 \neq 0$, $b=1$ 时, $\boldsymbol{\alpha}_2 = \boldsymbol{\eta}_2 + \boldsymbol{\eta}_1 = (-1, 2, 1, 1)^{\mathrm{T}} \neq \mathbf{0}$ 是 $\boldsymbol{Bx} = \mathbf{0}$ 的一个解. 而 $R(\boldsymbol{\eta}_2, \boldsymbol{\eta}_1, \boldsymbol{\alpha}_1, \boldsymbol{\alpha}_2) = 3$, $\boldsymbol{\alpha}_1$ 不能由 $\boldsymbol{\eta}_1, \boldsymbol{\eta}_2$ 线性表示, 即 $\boldsymbol{\alpha}_1$ 不是 $\boldsymbol{Bx} = \mathbf{0}$ 的解. 因此, $\boldsymbol{Ax} = \mathbf{0}$ 与 $\boldsymbol{Bx} = \mathbf{0}$ 不同解, 但有相同的非零公共解 $\boldsymbol{\alpha}_2 = (-1, 2, 1, 1)^{\mathrm{T}}$.

(2) 当 $a = -2$, $b = 1$ 时, 此时, $R(\boldsymbol{\eta}_2, \boldsymbol{\eta}_1, \boldsymbol{\alpha}_1, \boldsymbol{\alpha}_2) = 2$. 于是, $\boldsymbol{\alpha}_1, \boldsymbol{\alpha}_2$ 可由 $\boldsymbol{\eta}_1, \boldsymbol{\eta}_2$ 线性表示. 易得 $\boldsymbol{\eta}_1, \boldsymbol{\eta}_2$ 也能由 $\boldsymbol{\alpha}_1, \boldsymbol{\alpha}_2$ 线性表示. 这表明 $\boldsymbol{\alpha}_1, \boldsymbol{\alpha}_2$ 也是 $\boldsymbol{Bx} = \mathbf{0}$ 的基础解系, 而 $\boldsymbol{\eta}_1, \boldsymbol{\eta}_2$ 也是 $\boldsymbol{Ax} = \mathbf{0}$ 的基础解系. 因此, $\boldsymbol{Ax} = \mathbf{0}$ 与 $\boldsymbol{Bx} = \mathbf{0}$ 是同解的.

7. 设三维向量组 $\boldsymbol{\alpha}_1, \boldsymbol{\alpha}_2, \boldsymbol{\alpha}_3$ 线性无关, $\boldsymbol{A}$ 是一个 3 阶方阵, 且 $\boldsymbol{A\alpha}_1 = \boldsymbol{\alpha}_1 + 2\boldsymbol{\alpha}_2 + 3\boldsymbol{\alpha}_3$, $\boldsymbol{A\alpha}_2 = 2\boldsymbol{\alpha}_1 + \boldsymbol{\alpha}_2 + \boldsymbol{\alpha}_3$, $\boldsymbol{A\alpha}_3 = 3\boldsymbol{\alpha}_1 + 3\boldsymbol{\alpha}_2 + 4\boldsymbol{\alpha}_3$. (1) 求 $R(\boldsymbol{A})$; (2) 求 $\boldsymbol{Ax} = \mathbf{0}$ 的基础解系和全部解 (通解).

解 (1) 首先由已知有

$$\boldsymbol{A}(\boldsymbol{\alpha}_1, \boldsymbol{\alpha}_2, \boldsymbol{\alpha}_3) = (\boldsymbol{\alpha}_1, \boldsymbol{\alpha}_2, \boldsymbol{\alpha}_3) \begin{pmatrix} 1 & 2 & 3 \\ 2 & 1 & 3 \\ 3 & 1 & 4 \end{pmatrix}$$

$$= (\boldsymbol{\alpha}_1, \boldsymbol{\alpha}_2, \boldsymbol{\alpha}_3)\boldsymbol{B}, \quad \text{其中}, \quad \boldsymbol{B} = \begin{pmatrix} 1 & 2 & 3 \\ 2 & 1 & 3 \\ 3 & 1 & 4 \end{pmatrix}.$$

于是, 由 $\boldsymbol{\alpha}_1, \boldsymbol{\alpha}_2, \boldsymbol{\alpha}_3$ 线性无关知 $\boldsymbol{P} = (\boldsymbol{\alpha}_1, \boldsymbol{\alpha}_2, \boldsymbol{\alpha}_3)$ 可逆, 从而

$$R(\boldsymbol{A}) = R(\boldsymbol{AP}) = R(\boldsymbol{PB}) = R(\boldsymbol{B}) = 2.$$

事实上, $R(\boldsymbol{B}) = 2$ 可由下式求得

$$\boldsymbol{B} = \begin{pmatrix} 1 & 2 & 3 \\ 2 & 1 & 3 \\ 3 & 1 & 4 \end{pmatrix} \to \begin{pmatrix} 1 & 2 & 3 \\ 0 & -3 & -3 \\ 0 & -5 & -5 \end{pmatrix} \to \begin{pmatrix} 1 & 2 & 3 \\ 0 & 1 & 1 \\ 0 & 0 & 0 \end{pmatrix}.$$

(2) 由 (1) 可知, $\boldsymbol{B} = \boldsymbol{P}^{-1}\boldsymbol{AP}$. 又由 $\boldsymbol{Bx} = \mathbf{0}$ 可以得到 $\boldsymbol{APx} = \mathbf{0}$, 即 $\boldsymbol{Px}$ 是 $\boldsymbol{Ax} = \mathbf{0}$ 的解. 由于 $\boldsymbol{Bx} = \mathbf{0}$ 的一个基础解系为 $(-1, -1, 1)^{\mathrm{T}}$, 所以, $(\boldsymbol{\alpha}_1, \boldsymbol{\alpha}_2, \boldsymbol{\alpha}_3) \begin{pmatrix} -1 \\ -1 \\ 1 \end{pmatrix} = \boldsymbol{\alpha}_3 - \boldsymbol{\alpha}_1 - \boldsymbol{\alpha}_2$ 是方程组 $\boldsymbol{Ax} = \mathbf{0}$ 的一个非零解. 因为 $R(\boldsymbol{A}) = 2$, 故 $\boldsymbol{Ax} = \mathbf{0}$ 的一个基础解系为 $\boldsymbol{\eta}_1 = \boldsymbol{\alpha}_3 - \boldsymbol{\alpha}_1 - \boldsymbol{\alpha}_2$. 其通解为 $\boldsymbol{x} = k\boldsymbol{\alpha}_3 - k\boldsymbol{\alpha}_1 - k\boldsymbol{\alpha}_2$.

8. 求矩阵 P 使得 A 相似于对角阵, 其中 $A = \begin{pmatrix} 3 & -3 & 1 \\ 1 & -1 & 1 \\ -1 & 3 & 1 \end{pmatrix}$.

解　特征方程为 $\begin{vmatrix} \lambda-3 & 3 & -1 \\ -1 & \lambda+1 & -1 \\ 1 & -3 & \lambda-1 \end{vmatrix} = 0$. 求解这个方程的特征根为

$\lambda_1 = \lambda_2 = 2$, $\lambda_3 = -1$. 由 $(2I - A)x = 0$ 可求得 $\lambda_1 = \lambda_2 = 2$ 的特征向量

$p_1 = \begin{pmatrix} 3 \\ 1 \\ 0 \end{pmatrix}$, $p_2 = \begin{pmatrix} -1 \\ 0 \\ 1 \end{pmatrix}$. 又 $(-1 \cdot I - A)x = 0$ 可求得 $\lambda_3 = -1$ 的特征向量

$p_3 = \begin{pmatrix} -1 \\ -1 \\ 1 \end{pmatrix}$. 令 $P^{-1} = (p_1, p_2, p_3) = \begin{pmatrix} 3 & -1 & -1 \\ 1 & 0 & -1 \\ 0 & 1 & 1 \end{pmatrix}$, 则

$$PAP^{-1} = \begin{pmatrix} 2 & 0 & 0 \\ 0 & 2 & 0 \\ 0 & 0 & -1 \end{pmatrix}.$$

9. 已知 $A = \begin{pmatrix} 1 & -1 & 1 \\ 2 & 4 & -2 \\ -3 & -3 & 5 \end{pmatrix}$, 求 $\lim\limits_{n \to \infty} 2^n (A^{-1})^n$.

解　首先由特征方程 $|\lambda I - A| = 0$ 求得 $\lambda_1 = \lambda_2 = 2$, $\lambda_3 = 6$. 再由

$(6I - A)x = 0$ 求得特征向量 $p_1 = \begin{pmatrix} 1 \\ -1 \\ 0 \end{pmatrix}$, $p_2 = \begin{pmatrix} 1 \\ 0 \\ 1 \end{pmatrix}$. 又由 $(6I - A)x =$

0 求得特征向量 $p_3 = \begin{pmatrix} 1 \\ -2 \\ 3 \end{pmatrix}$. 于是, 令 $P^{-1} = \begin{pmatrix} 1 & 1 & 1 \\ -1 & 0 & -2 \\ 0 & 1 & 3 \end{pmatrix}$, 则 $P =$

$\begin{pmatrix} \dfrac{1}{2} & -\dfrac{1}{2} & -\dfrac{1}{2} \\ \dfrac{3}{4} & \dfrac{3}{4} & \dfrac{1}{4} \\ -\dfrac{1}{4} & -\dfrac{1}{4} & \dfrac{1}{4} \end{pmatrix}$, 且 $P^{-1}AP = \begin{pmatrix} 2 & & \\ & 2 & \\ & & 6 \end{pmatrix}$, 进而有

$$P^{-1}A^{-1}P = \begin{pmatrix} \dfrac{1}{2} & & \\ & \dfrac{1}{2} & \\ & & \dfrac{1}{6} \end{pmatrix}.$$

因此

$$(A^{-1})^n = P \begin{pmatrix} \dfrac{1}{2^n} & & \\ & \dfrac{1}{2^n} & \\ & & \dfrac{1}{6^n} \end{pmatrix} P^{-1}$$

$$= \begin{pmatrix} \dfrac{1}{2} & -\dfrac{1}{2} & -\dfrac{1}{2} \\ \dfrac{3}{4} & \dfrac{3}{4} & \dfrac{1}{4} \\ -1\dfrac{1}{4} & -\dfrac{1}{4} & \dfrac{1}{4} \end{pmatrix} \begin{pmatrix} \dfrac{1}{2^n} & & \\ & \dfrac{1}{2^n} & \\ & & \dfrac{1}{6^n} \end{pmatrix} \begin{pmatrix} 1 & 1 & 1 \\ -1 & 0 & -2 \\ 0 & 1 & 3 \end{pmatrix}$$

$$= \begin{pmatrix} \dfrac{2}{2^{n+1}} & \dfrac{1}{2^{n+1}} - \dfrac{1}{2 \times 6^{n+1}} & \dfrac{1}{2^{n+1}} + \dfrac{1}{2^n} - \dfrac{3}{2 \times 6^n} \\ 0 & \dfrac{3}{2^{n+2}} + \dfrac{1}{4 \cdot 6^n} & \dfrac{3}{2^{n+2}} - \dfrac{3}{2^{n+1}} + \dfrac{3}{4 \times 6^n} \\ 0 & -\dfrac{1}{2^{n+2}} + \dfrac{1}{4 \cdot 6^n} & -\dfrac{1}{2^{n+2}} + \dfrac{1}{2^{n+1}} + \dfrac{3}{4 \times 6^n} \end{pmatrix}.$$

于是, $\lim\limits_{n \to \infty} 2^n (A^{-1})^n = \begin{pmatrix} 1 & \dfrac{1}{2} & \dfrac{3}{2} \\ 0 & \dfrac{3}{4} & \dfrac{3}{4} \\ 0 & -\dfrac{1}{4} & \dfrac{1}{4} \end{pmatrix}.$

10. 求正交矩阵 T 使得 $A = \begin{pmatrix} 6 & 3 & 3 \\ 3 & 6 & 3 \\ 3 & 3 & 6 \end{pmatrix}$ 为对角阵.

解 由 $|\lambda I - A| = 0$ 可求得特征值 $\lambda_1 = \lambda_2 = 3, \lambda_3 = 12$. 当 $\lambda = 3$ 时, 求得齐次线性方程组 $(3I - A)x = 0$ 的正交基础解系为 $\eta_1 = (1, -1, 0)^{\mathrm{T}}$, $\eta_2 = \left(\dfrac{1}{2}, \dfrac{1}{2}, -1\right)^{\mathrm{T}}$. 将其单位化有

$$t_1 = \left(\dfrac{1}{\sqrt{2}}, -\dfrac{1}{\sqrt{2}}, 0\right)^{\mathrm{T}}, \quad t_2 = \left(\dfrac{1}{\sqrt{6}}, \dfrac{1}{\sqrt{6}}, -\dfrac{2}{\sqrt{6}}\right)^{\mathrm{T}}.$$

当 $\lambda = 12$ 时, 求得齐次线性方程组 $(12I - A)x = 0$ 的基础解系 $\eta_3 = (1, 1, 1)$. 将其单位化有

$$t_3 = \left(\dfrac{1}{\sqrt{3}}, \dfrac{1}{\sqrt{3}}, \dfrac{1}{\sqrt{3}}\right)^{\mathrm{T}}.$$

由于 A 为对称矩阵, 且 $\lambda = 3$ 与 $\lambda = 12$ 是不同的特征根, 故 t_1, t_2, t_3 正交, 于是令

$$T = \begin{pmatrix} \dfrac{1}{\sqrt{2}} & \dfrac{1}{\sqrt{6}} & \dfrac{1}{\sqrt{3}} \\ -\dfrac{1}{\sqrt{2}} & \dfrac{1}{\sqrt{6}} & \dfrac{1}{\sqrt{3}} \\ 0 & -\dfrac{2}{\sqrt{6}} & \dfrac{1}{\sqrt{3}} \end{pmatrix},$$

则 T 为正交矩阵, 且

$$T^{\mathrm{T}} A T = \begin{pmatrix} 3 & & \\ & 3 & \\ & & 12 \end{pmatrix}.$$

11. 设 $\alpha_1, \alpha_2, \alpha_3, \alpha_4$ 为四维标准正交向量组, 矩阵 A 满足 $A\alpha_1 = 2\alpha_1 + \alpha_2$, $A\alpha_2 = \alpha_1 + 2\alpha_2$, $A\alpha_3 = 2\alpha_3 + \alpha_4$, $A\alpha_4 = \alpha_3 + 2\alpha_4$. (1) 求正交矩阵 Q, 使 $Q^{\mathrm{T}} A Q$ 为对角矩阵. (2) 求矩阵 B, 使 $A = B^2$.

解　(1) 由已知有

$$A(\alpha_1, \alpha_2, \alpha_3, \alpha_4) = (\alpha_1, \alpha_2, \alpha_3, \alpha_4) \begin{pmatrix} 2 & 1 & 0 & 0 \\ 1 & 2 & 0 & 0 \\ 0 & 0 & 2 & 1 \\ 0 & 0 & 1 & 2 \end{pmatrix} = (\alpha_1, \alpha_2, \alpha_3, \alpha_4) C,$$

其中, $C = \begin{pmatrix} 2 & 1 & 0 & 0 \\ 1 & 2 & 0 & 0 \\ 0 & 0 & 2 & 1 \\ 0 & 0 & 1 & 2 \end{pmatrix}$. 令 $P = (\alpha_1, \alpha_2, \alpha_3, \alpha_4)$, 则 P 为正交矩阵且有 $P^{\mathrm{T}} A P = C$. 又由 $|\lambda I - C| = 0$, 可求得 C 的特征值为 $\lambda_1 = \lambda_2 = 1$, $\lambda_3 = \lambda_4 = 3$. 由 $(\lambda_1 I - C) x = 0$ 可求得 C 的相应于 λ_1, λ_2 的特征向量 $\eta_1 = (-1, 1, 0, 0)^{\mathrm{T}}$ 和 $\eta_2 = (0, 0, -1, 1)^{\mathrm{T}}$. 由 $(\lambda_3 I - C) x = 0$ 可求得 C 的相应于 λ_3, λ_4 的特征向量 $\eta_3 = (1, 1, 0, 0)^{\mathrm{T}}$ 和 $\eta_4 = (0, 0, 1, 1)^{\mathrm{T}}$. 将 η_1, η_2 正交单位化可得 $t_1 = \left(-\dfrac{1}{\sqrt{2}}, \dfrac{1}{\sqrt{2}}, 0, 0\right)^{\mathrm{T}}$ 和 $t_2 = \left(0, 0, -\dfrac{1}{\sqrt{2}}, \dfrac{1}{\sqrt{2}}\right)^{\mathrm{T}}$. 将 η_3, η_4 正交单位化也可得 $t_3 = \left(\dfrac{1}{\sqrt{2}}, \dfrac{1}{\sqrt{2}}, 0, 0\right)^{\mathrm{T}}$ 和 $t_4 = \left(0, 0, \dfrac{1}{\sqrt{2}}, \dfrac{1}{\sqrt{2}}\right)^{\mathrm{T}}$. 令 $T = (t_1, t_2, t_3, t_4)$, 则

T 是一个正交矩阵, 且

$$T^{\mathrm{T}}CT = \begin{pmatrix} 1 & & & \\ & 1 & & \\ & & 3 & \\ & & & 3 \end{pmatrix}.$$

又由于 $P^{\mathrm{T}}AP = C$, 故令 $Q = PT$, 则 Q 为正交阵且

$$Q^{\mathrm{T}}AQ = T^{\mathrm{T}}P^{\mathrm{T}}APT = \begin{pmatrix} 1 & & & \\ & 1 & & \\ & & 3 & \\ & & & 3 \end{pmatrix}.$$

(2) 又由 (1) 的结果知

$$A = Q \begin{pmatrix} 1 & & & \\ & 1 & & \\ & & 3 & \\ & & & 3 \end{pmatrix} Q^{\mathrm{T}}$$

$$= Q \begin{pmatrix} 1 & & & \\ & 1 & & \\ & & \sqrt{3} & \\ & & & \sqrt{3} \end{pmatrix} Q^{\mathrm{T}}Q \begin{pmatrix} 1 & & & \\ & 1 & & \\ & & \sqrt{3} & \\ & & & \sqrt{3} \end{pmatrix} Q^{\mathrm{T}} = B^2,$$

其中, $B = Q \begin{pmatrix} 1 & & & \\ & 1 & & \\ & & \sqrt{3} & \\ & & & \sqrt{3} \end{pmatrix} Q^{\mathrm{T}}$.

12. 化二次型 $f(x_1, x_2, x_3) = 3x_1^2 + 3x_2^2 + 3x_3^2 + 2x_1x_2 - 2x_1x_3 - 2x_2x_3$ 为规范形. 并指出二次型的正定性.

解 二次型的矩阵为 $A = \begin{pmatrix} 3 & 1 & -1 \\ 1 & 3 & -1 \\ -1 & -1 & 3 \end{pmatrix}$. 由 A 的特征方程 $|\lambda I - A| = 0$ 可求得 A 的特征值为 $\lambda_1 = \lambda_2 = 2$, $\lambda_3 = 5$. 由 $(\lambda_1 I - A)x = 0$ 可求 A 的 λ_1 的特征向量 $\eta_1 = \begin{pmatrix} -1 \\ 1 \\ 0 \end{pmatrix}$ 和 $\eta_2 = \begin{pmatrix} 1 \\ 0 \\ 1 \end{pmatrix}$. 将所求到的向量正交

化 $\boldsymbol{\alpha}_1 = (-1,1,0)^{\mathrm{T}}$, $\boldsymbol{\alpha}_2 = \boldsymbol{\eta}_2 - \dfrac{\boldsymbol{\eta}_2^{\mathrm{T}}\boldsymbol{\alpha}_1}{\boldsymbol{\alpha}_1^{\mathrm{T}}\boldsymbol{\alpha}_1}\boldsymbol{\alpha}_1 = \left(\dfrac{1}{2},\dfrac{1}{2},1\right)^{\mathrm{T}}$. 再将它们单位化得
$\boldsymbol{t}_1 = \dfrac{1}{|\boldsymbol{\alpha}_1|}\boldsymbol{\alpha}_1 = \left(-\dfrac{1}{\sqrt{2}},\dfrac{1}{\sqrt{2}},0\right)^{\mathrm{T}}$ 和 $\boldsymbol{t}_2 = \dfrac{1}{|\boldsymbol{\alpha}_2|}\boldsymbol{\alpha}_2 = \left(\dfrac{1}{\sqrt{6}},\dfrac{1}{\sqrt{6}},\dfrac{2}{\sqrt{6}}\right)^{\mathrm{T}}$. 由
$(\lambda_3 \boldsymbol{I} - \boldsymbol{A})\boldsymbol{x} = \boldsymbol{0}$ 可求 $\boldsymbol{A}$ 的 λ_3 的特征向量 $\boldsymbol{\eta}_3 = (-1,-1,1)^{\mathrm{T}}$. 由于 $\boldsymbol{A}$ 是对称的且 $\lambda_1 = \lambda_2 = 2$ 与 $\lambda_3 = 5$ 相异. 故 $\boldsymbol{\eta}_3$ 与 $\boldsymbol{\eta}_1, \boldsymbol{\eta}_2$ 正交. 于是, 将 $\boldsymbol{\eta}_3$ 单位化得
$\boldsymbol{t}_3 = \dfrac{1}{|\boldsymbol{\eta}_3|}\boldsymbol{\eta}_3 = \left(-\dfrac{1}{\sqrt{3}},-\dfrac{1}{\sqrt{3}},\dfrac{1}{\sqrt{3}}\right)^{\mathrm{T}}$. 于是令

$$\boldsymbol{T} = \begin{pmatrix} -\dfrac{1}{\sqrt{2}} & \dfrac{1}{\sqrt{6}} & -\dfrac{1}{\sqrt{3}} \\ \dfrac{1}{\sqrt{2}} & \dfrac{1}{\sqrt{6}} & -\dfrac{1}{\sqrt{3}} \\ 0 & \dfrac{2}{\sqrt{6}} & \dfrac{1}{\sqrt{3}} \end{pmatrix}$$

和 $\boldsymbol{x} = \boldsymbol{T}\boldsymbol{y}$, 则

$$f(x_1,\cdots,x_3) = \boldsymbol{x}^{\mathrm{T}}\boldsymbol{A}\boldsymbol{x} = \boldsymbol{y}^{\mathrm{T}}\boldsymbol{T}^{\mathrm{T}}\boldsymbol{a}\boldsymbol{T}\boldsymbol{y} = \boldsymbol{y}^{\mathrm{T}}\begin{pmatrix} 2 & & \\ & 2 & \\ & & 5 \end{pmatrix}\boldsymbol{y} = 2y_1^2 + 2y_2^2 + 5y_3^2.$$

又由于 $\lambda_1 = \lambda_2 = 2 > 0$, $\lambda_3 = 5 > 0$. 故知二次型为正定二次型.

13. 设 $\boldsymbol{\alpha} = (1,1,\cdots,1)^{\mathrm{T}}$. 求矩阵 $\boldsymbol{T}$, 使 $\boldsymbol{T}^{\mathrm{T}}\boldsymbol{A}\boldsymbol{T}$ 为对角阵, 其中 $\boldsymbol{A} = \boldsymbol{\alpha}\boldsymbol{\alpha}^{\mathrm{T}}$.

解　易知 $\boldsymbol{A} = \begin{pmatrix} 1 & 1 & \cdots & 1 \\ 1 & 1 & \cdots & 1 \\ \vdots & \vdots & & \vdots \\ 1 & 1 & \cdots & 1 \end{pmatrix}$. 由 $|\lambda\boldsymbol{I} - \boldsymbol{A}| = 0$ 可求得特征值 $\lambda_1 = n$,

$\lambda_2 = \cdots = \lambda_n = 0$. 显然 $\boldsymbol{\eta}_1 = (1,1,\cdots,1)^{\mathrm{T}}$ 为 $\boldsymbol{A}$ 的属于 $\lambda = n$ 的特征向量. 又 $\boldsymbol{A}$ 为对称阵. 故 $\lambda_2 = \cdots = \lambda_n = 0$ 的特征向量 $\boldsymbol{x} = (x_1, x_2, \cdots, x_n)$ 与 $\boldsymbol{\eta}_1$ 正交, 故有 $x_1 + x_2 + \cdots + x_n = 0$. 选 $x_2, \cdots, x_n$ 为自由变量, 令 $(x_2,\cdots,x_n)^{\mathrm{T}} = (1,0,\cdots,0,0)^{\mathrm{T}}, \cdots, (0,0,\cdots,0,1)^{\mathrm{T}}$, 则由 $x_1 + x_2 + \cdots + x_n = 0$ 可求得 $\boldsymbol{A}$ 的属于 $\lambda_2 = \cdots = \lambda_n = 0$ 的特征向量 $\boldsymbol{\eta}_2 = (-1,1,0,\cdots,0)^{\mathrm{T}}$, $\boldsymbol{\eta}_3 = (-1,0,1,\cdots,0)^{\mathrm{T}}, \cdots, \boldsymbol{\eta}_n = (-1,0,0,\cdots,1)^{\mathrm{T}}$. 现将 $\boldsymbol{\eta}_2, \cdots, \boldsymbol{\eta}_n$ 正交化可以得到 $\boldsymbol{\alpha}_2 = (-1,1,0,\cdots,0)^{\mathrm{T}}$,

$$\boldsymbol{\alpha}_3 = (-1,0,1,\cdots,0)^{\mathrm{T}} - \dfrac{\boldsymbol{\eta}_3^{\mathrm{T}}\boldsymbol{\alpha}_2}{\boldsymbol{\alpha}_2^{\mathrm{T}}\boldsymbol{\alpha}_2}(-1,1,0,\cdots,0)^{\mathrm{T}} = \left(-\dfrac{1}{2},-\dfrac{1}{2},1,0,\cdots,0\right)^{\mathrm{T}},$$

$$\boldsymbol{\alpha}_4 = (-1, 0, 0, 1, \cdots, 0)^{\mathrm{T}} - \frac{\boldsymbol{\eta}_4^{\mathrm{T}} \boldsymbol{\alpha}_3}{\boldsymbol{\alpha}_3^{\mathrm{T}} \boldsymbol{\alpha}_3} \left(-\frac{1}{2}, -\frac{1}{2}, 1, 0, \cdots, 0\right)^{\mathrm{T}}$$

$$- \frac{\boldsymbol{\eta}_4^{\mathrm{T}} \boldsymbol{\alpha}_2}{\boldsymbol{\alpha}_2^{\mathrm{T}} \boldsymbol{\alpha}_2} (-1, 1, 0, 0, \cdots, 0)^{\mathrm{T}}$$

$$= \left(-\frac{1}{3}, -\frac{1}{3}, -\frac{1}{3}, 1, \cdots, 0\right)^{\mathrm{T}},$$

$$\cdots,$$

$$\boldsymbol{\alpha}_n = (-1, 0, 0, \cdots, 1)^{\mathrm{T}} - \frac{\boldsymbol{\eta}_n^{\mathrm{T}} \boldsymbol{\alpha}_{n-1}}{\boldsymbol{\alpha}_{n-1}^{\mathrm{T}} \boldsymbol{\alpha}_{n-1}} \boldsymbol{\alpha}_{n-1} - \cdots - \frac{\boldsymbol{\eta}_n^{\mathrm{T}} \boldsymbol{\alpha}_1}{\boldsymbol{\alpha}_1^{\mathrm{T}} \boldsymbol{\alpha}_1} \boldsymbol{\alpha}_1$$

$$= \left(-\frac{1}{n-1}, \cdots, -\frac{1}{n-1}, 1\right)^{\mathrm{T}}.$$

将 $\boldsymbol{\eta}_1, \boldsymbol{\alpha}_2, \cdots, \boldsymbol{\alpha}_n$ 单位化得

$$\boldsymbol{t}_1 = \left(\frac{1}{\sqrt{n}}, \frac{1}{\sqrt{n}}, \cdots, \frac{1}{\sqrt{n}}\right)^{\mathrm{T}}, \quad \boldsymbol{t}_2 = \left(-\frac{1}{\sqrt{2}}, \frac{1}{\sqrt{2}}, 0, \cdots, 0\right)^{\mathrm{T}},$$

$$\boldsymbol{t}_3 = \left(-\frac{1}{\sqrt{2 \cdot 3}}, -\frac{1}{\sqrt{2 \cdot 3}}, \frac{2}{\sqrt{2 \cdot 3}}, 0, \cdots, 0\right)^{\mathrm{T}},$$

$$\boldsymbol{t}_4 = \left(-\frac{1}{\sqrt{3 \cdot 4}}, -\frac{1}{\sqrt{3 \cdot 4}}, -\frac{1}{\sqrt{3 \cdot 4}}, \frac{3}{\sqrt{3 \cdot 4}}, 0, \cdots, 0\right)^{\mathrm{T}},$$

$$\cdots,$$

$$\boldsymbol{t}_n = \left(-\frac{1}{\sqrt{(n-1)n}}, -\frac{1}{\sqrt{(n-1)n}}, \cdots, -\frac{1}{\sqrt{(n-1)n}}, \frac{n-1}{\sqrt{(n-1)n}}\right)^{\mathrm{T}}.$$

令 $\boldsymbol{T} = (\boldsymbol{t}_1, \boldsymbol{t}_2, \cdots, \boldsymbol{t}_n)$, 则 $\boldsymbol{T}$ 是一个正交矩阵, 且

$$\boldsymbol{T}^{\mathrm{T}} \boldsymbol{A} \boldsymbol{T} = \begin{pmatrix} n & 0 & \cdots & 0 \\ 0 & 0 & \cdots & 0 \\ \vdots & \vdots & & \vdots \\ 0 & 0 & \cdots & 0 \end{pmatrix}.$$

14. 设 $\boldsymbol{B} = (a_{ij})$ 为 n 阶实对称阵且 $\sum_{j=1}^{n} a_{ij} = n(i = 1, 2, \cdots, n)$, $\boldsymbol{1}_n = (1, 1, \cdots, 1)^{\mathrm{T}}$. 那么 $n+1$ 阶矩阵 $\boldsymbol{A} = \begin{pmatrix} 1 & \boldsymbol{1}_n^{\mathrm{T}} \\ \boldsymbol{1}_n & \boldsymbol{B} \end{pmatrix}$ 能正交对角化吗? 若能, 求对角化的正交矩阵 $\boldsymbol{T}$.

解　能. 因为 $\boldsymbol{B}^{\mathrm{T}} = \boldsymbol{B}$, 所以, $\boldsymbol{A}^{\mathrm{T}} = \begin{pmatrix} 1 & \mathbf{1}_n^{\mathrm{T}} \\ \mathbf{1}_n & \boldsymbol{B}^{\mathrm{T}} \end{pmatrix} = \begin{pmatrix} 1 & \mathbf{1}_n^{\mathrm{T}} \\ \mathbf{1}_n & \boldsymbol{B} \end{pmatrix} = \boldsymbol{A}$,

从而 $\boldsymbol{A}$ 为实对称矩阵. 由于 $\boldsymbol{A}\mathbf{1}_{n+1} = (1+n)\mathbf{1}_{n+1}$, 知 $\lambda_1 = n+1$ 为 $\boldsymbol{A}$ 的特征值, $\boldsymbol{x}_1 = \mathbf{1}_{n+1} = (1,\cdots,1)^{\mathrm{T}}$ 为相应的特征向量. 又由于 $\boldsymbol{A}$ 的第一列可由其余列线性表示, 故 $R(\boldsymbol{A}) \leqslant n$. 因此, $\boldsymbol{A}$ 必有异于 λ_1 的零特征根, 其相应的特征向量 $\boldsymbol{x} = (x_1, x_2, \cdots, x_{n+1})^{\mathrm{T}}$ 与 $\boldsymbol{x}_1$ 是正交的. 于是有 $x_1 + x_2 + \cdots + x_n + x_{n+1} = 0$. 解此方程可得到 $\boldsymbol{x}_2 = (-1, 1, \cdots, 0)^{\mathrm{T}}$, $\boldsymbol{x}_3 = (-1,, 0, 1, \cdots, 0)^{\mathrm{T}}$, $\cdots$, $\boldsymbol{x}_{n+1} = (-1, 0, \cdots, 0, 1)^{\mathrm{T}}$. 沿用例 13 中的方法将 $\boldsymbol{x}_2, \boldsymbol{x}_3, \cdots, \boldsymbol{x}_{n+1}$ 正交单位化得

$$\boldsymbol{t}_2 = \left(-\frac{1}{\sqrt{2}}, \frac{1}{\sqrt{2}}, 0, \cdots, 0\right)^{\mathrm{T}},$$

$$\boldsymbol{t}_3 = \left(-\frac{1}{\sqrt{2\cdot3}}, -\frac{1}{\sqrt{2\cdot3}}, \frac{2}{\sqrt{2\cdot3}}, 0, \cdots, 0\right)^{\mathrm{T}},$$

$$\cdots,$$

$$\boldsymbol{t}_{n+1} = \left(-\frac{1}{\sqrt{n(n+1)}}, -\frac{1}{\sqrt{n(n+1)}}, \cdots, -\frac{1}{\sqrt{n(n+1)}}, \frac{n}{\sqrt{n(n+1)}}\right)^{\mathrm{T}}.$$

再将 $\boldsymbol{x}_1 = (1,1,\cdots,1)^{\mathrm{T}}$ 单位化得 $\boldsymbol{t}_1 = \left(\frac{1}{\sqrt{n+1}}, \cdots, \frac{1}{\sqrt{n+1}}\right)^{\mathrm{T}}$. 于是令 $\boldsymbol{T} = (\boldsymbol{t}_1, \cdots, \boldsymbol{t}_{n+1})$, 则 $\boldsymbol{T}$ 为正交矩阵, 且

$$\boldsymbol{T}^{\mathrm{T}}\boldsymbol{A}\boldsymbol{T} = \begin{pmatrix} n+1 & & & \\ & 0 & & \\ & & \ddots & \\ & & & 0 \end{pmatrix}.$$

15. 设 $\boldsymbol{A}$ 为 $n \times k$ 矩阵, 且 $\sum_{i=1}^{n} |a_{ij}| < 2|a_{jj}| \, (j = 1, \cdots, k)$. 证明:

(1) $R(\boldsymbol{A}) = k$.

(2) 如果 $\boldsymbol{B} = (\boldsymbol{b}_1, \boldsymbol{b}_2, \cdots, \boldsymbol{b}_n)$ 是一非奇异阵, 则必有 $\boldsymbol{B}$ 中 $n-k$ 个列 $\boldsymbol{b}_{i_1}, \cdots, \boldsymbol{b}_{i_{n-k}}$ 使得矩阵 $(\boldsymbol{\alpha}_1, \cdots, \boldsymbol{\alpha}_k, \boldsymbol{b}_{i_1}, \cdots, \boldsymbol{b}_{i_{n-k}})$ 为非奇异矩阵.

(3) 如果 $\boldsymbol{P} = \boldsymbol{A}\boldsymbol{Q}$, 则 $\boldsymbol{P}$ 的列线性相关的充要条件为 $\boldsymbol{Q}$ 的列线性相关.

解　(1) 用反证法. 若 $R(\boldsymbol{A}) < k$, 则 $\boldsymbol{A}$ 的列 $\boldsymbol{\alpha}_1, \boldsymbol{\alpha}_2, \cdots, \boldsymbol{\alpha}_k$ 线性相关. 于是有不全为 0 的数 $x_1, x_2, \cdots, x_k, \cdots, x_n$, 使得 $\begin{pmatrix} \boldsymbol{A}^{\mathrm{T}} \\ \boldsymbol{C} \end{pmatrix} (x_1, x_2, \cdots, x_k, \cdots, x_n)^{\mathrm{T}} = \boldsymbol{0}$, 其中 $\boldsymbol{C} = (\boldsymbol{0}, \boldsymbol{I}_{n-k})$. 由此可以知道 $x_{k+1} = \cdots = x_n = 0$, 而 $x_1, x_2, \cdots, x_k$ 不

全为 0. 取 $|x_{j_0}| = \max\{|x_1|, \cdots, |x_k|\}$, 则 $a_{1j_0}x_1 + \cdots + a_{j_0j_0}x_{i_0} + \cdots + a_{kj_0}x_k = 0$. 于是

$$|a_{j_0j_0}x_{j_0}| = |-a_{1i_0}x_1 - \cdots - a_{j_0-1j_0}x_{i_0-1} - a_{j_0+1i_0}x_{j_0+1} - \cdots - a_{kj_0}x_k|$$
$$\leqslant |a_{1i_0}||x_{j_0}| + \cdots + |a_{j_0-1j_0}||x_{j_0}| + |a_{j_0+1i_0}||x_{j_0}| + \cdots + |a_{kj_0}||x_{j_0}|,$$

即

$$2|a_{j_0j_0}| \leqslant |a_{1j_0}| + \cdots + |a_{j_0-1j_0}| + |a_{j_0j_0}| + |a_{j_0+1j_0}| + \cdots + |a_{kj_0}| \leqslant \sum_{i=1}^n |a_{ij_0}|.$$

这是矛盾的. 故 $\boldsymbol{A}$ 的列线性无关, 即 $R(\boldsymbol{A}) = k$.

(2) 由 $R(\boldsymbol{A}) = k$, 矩阵 $(\boldsymbol{A} \quad \boldsymbol{B})$ 可经过行初等变换化为 $\begin{pmatrix} \boldsymbol{I}_k & * \\ \boldsymbol{0} & \boldsymbol{B}_1 \end{pmatrix}$. 又

由 $R(\boldsymbol{A} \quad \boldsymbol{B}) = n$ 知 $R(\boldsymbol{A} \quad \boldsymbol{B}) = R\begin{pmatrix} \boldsymbol{I}_k & * \\ \boldsymbol{0} & \boldsymbol{B}_1 \end{pmatrix} = k + R(\boldsymbol{B}_1) = n$. 这意味着

$R(\boldsymbol{B}_1) = n - k$. 于是 $\boldsymbol{B}_1$ 中存在 $i_1, \cdots, i_{n-k}$ 列与其行相交处的元素构成的子式不为 0, 即 $R(\boldsymbol{\alpha}_1, \cdots, \boldsymbol{\alpha}_k, \boldsymbol{b}_{i_1}, \cdots, \boldsymbol{b}_{i_{n-k}}) = n$. 于是, 矩阵 $(\boldsymbol{\alpha}_1, \cdots, \boldsymbol{\alpha}_k, \boldsymbol{b}_{i_1}, \cdots, \boldsymbol{b}_{i_{n-k}})$ 是非奇异的.

(3) 由于 $\boldsymbol{A}$ 的列是线性无关的, 且 $\boldsymbol{P} = \boldsymbol{AQ}$, 从而 $\boldsymbol{Px} = \boldsymbol{0}$ 与 $\boldsymbol{AQx} = \boldsymbol{0}$ 及 $\boldsymbol{Qx} = \boldsymbol{0}$ 是同解方程, 即有 $R(\boldsymbol{P}) = R(\boldsymbol{Q})$. 又由于矩阵 $\boldsymbol{P}$ 与矩阵 $\boldsymbol{Q}$ 的列相同, 因此, $R(\boldsymbol{Q}) < \boldsymbol{Q}$ 的列数时, $R(\boldsymbol{P}) < \boldsymbol{P}$ 的列数; 反之, $R(\boldsymbol{P}) < \boldsymbol{P}$ 的列数时, $R(\boldsymbol{Q}) < \boldsymbol{Q}$ 的列数. 因此结论得证.

16. 设 $m \times n$ 矩阵 $\boldsymbol{A}$ 的秩为 r, 且 $\boldsymbol{\alpha}_1, \boldsymbol{\alpha}_2, \cdots, \boldsymbol{\alpha}_{n-r}$ 为 $\boldsymbol{Ax} = \boldsymbol{0}$ 的一个基础解系. $\boldsymbol{\beta}_0, \boldsymbol{\beta}_1, \boldsymbol{\beta}_2, \cdots, \boldsymbol{\beta}_{n-r}$ 为 $\boldsymbol{Ax} = \boldsymbol{b}$ 的线性无关的解. 证明:

(1) $\boldsymbol{\beta}_0, \boldsymbol{\beta}_0 + \boldsymbol{\alpha}_1, \cdots, \boldsymbol{\beta}_0 + \boldsymbol{\alpha}_{n-r}$ 线性无关.

(2) $\boldsymbol{\beta}_1 - \boldsymbol{\beta}_0, \boldsymbol{\beta}_2 - \boldsymbol{\beta}_0, \cdots, \boldsymbol{\beta}_{n-r} - \boldsymbol{\beta}_0$ 是 $\boldsymbol{Ax} = \boldsymbol{0}$ 的一个基础解系.

(3) $\boldsymbol{Ax} = \boldsymbol{b}$ 的任一个解 $\boldsymbol{x}$ 可表示为 $\boldsymbol{x} = k_1\boldsymbol{\beta}_0 + k_2(\boldsymbol{\beta}_0 + \boldsymbol{\alpha}_1) + \cdots + k_{n-r+1}(\boldsymbol{\beta}_0 + \boldsymbol{\alpha}_{n-r})$, 其中, $k_1 + k_2 + \cdots + k_{n-r+1} = 1$.

证明 (1) 考虑方程组

$$\boldsymbol{\beta}_0 x_1 + (\boldsymbol{\beta}_0 + \boldsymbol{\alpha}_1)x_2 + \cdots + (\boldsymbol{\beta}_0 + \boldsymbol{\alpha}_{n-r})x_{n-r-1} = \boldsymbol{0}, \qquad (*)$$

对上式左乘 $\boldsymbol{A}$ 可得 $\boldsymbol{b}(x_1 + x_2 + \cdots + x_{n-r+1}) = \boldsymbol{0}$, 即 $x_1 + x_2 + \cdots + x_{n-r+1} = 0$. 从此式解出 x_1 并代入 $(*)$ 式可得 $\boldsymbol{\alpha}_1 x_2 + \cdots + \boldsymbol{\alpha}_{n-r}x_{n-r+1} = \boldsymbol{0}$. 由于 $\boldsymbol{\alpha}_1, \boldsymbol{\alpha}_2, \cdots, \boldsymbol{\alpha}_{n-r}$ 线性无关, 于是得到唯一的解 $x_2 = \cdots = x_{n-r+1} = 0$. 从而 $x_1 = x_2 = \cdots = x_{n-r+1} = 0$ 是 $(*)$ 式的唯一的解. 因此 $\boldsymbol{\beta}_0, \boldsymbol{\beta}_0 + \boldsymbol{\alpha}_1, \cdots, \boldsymbol{\beta}_0 + \boldsymbol{\alpha}_{n-r}$ 线性无关.

(2) 考虑方程组 $(\boldsymbol{\beta}_1 - \boldsymbol{\beta}_0)x_1 + \cdots + (\boldsymbol{\beta}_{n-r} - \boldsymbol{\beta}_0)x_{n-r} = \boldsymbol{0}$, 即

$$-(x_1 + x_2 + \cdots + x_{n-r})\boldsymbol{\beta}_0 + x_1\boldsymbol{\beta}_1 + \cdots + x_{n-r}\boldsymbol{\beta}_{n-r} = \boldsymbol{0}.$$

由于 $\boldsymbol{\beta}_0, \boldsymbol{\beta}_1, \boldsymbol{\beta}_2, \cdots, \boldsymbol{\beta}_{n-r}$ 是线性无关的, 故方程组有且只有 $x_1 + x_2 + \cdots + x_{n-r} = 0, x_1 = 0, \cdots, x_{n-r} = 0$, 即 $x_1 = x_2 = \cdots = x_{n-r} = 0$ 是方程组的唯一解. 故 $\boldsymbol{\beta}_1 - \boldsymbol{\beta}_0, \boldsymbol{\beta}_2 - \boldsymbol{\beta}_0, \cdots, \boldsymbol{\beta}_{n-r} - \boldsymbol{\beta}_0$ 是线性无关的. 又 $\boldsymbol{A}(\boldsymbol{\beta}_i - \boldsymbol{\beta}_0) = \boldsymbol{b} - \boldsymbol{b} = \boldsymbol{0}$, 且 $\boldsymbol{A}$ 的秩为 r, 因此 $\boldsymbol{\beta}_1 - \boldsymbol{\beta}_0, \boldsymbol{\beta}_2 - \boldsymbol{\beta}_0, \cdots, \boldsymbol{\beta}_{n-r} - \boldsymbol{\beta}_0$ 是 $\boldsymbol{A}\boldsymbol{x} = \boldsymbol{0}$ 的一个基础解系.

(3) 又 $\boldsymbol{A}\boldsymbol{x} = \boldsymbol{b}$ 的任一个解 $\boldsymbol{x}$ 可表示为 $\boldsymbol{x} = k_2\boldsymbol{\alpha}_1 + \cdots + k_{n-r+1}\boldsymbol{\alpha}_{n-r} + \boldsymbol{\beta}_0$. 令 $k_1 = 1 - k_2 - \cdots - k_{n-r+1}$, 则

$$\boldsymbol{x} = k_2\boldsymbol{\alpha}_1 + \cdots + k_{n-r+1}\boldsymbol{\alpha}_{n-r} + (k_1 + k_2 + \cdots + k_{n-r+1})\boldsymbol{\beta}_0$$
$$= k_1\boldsymbol{\beta}_0 + k_2(\boldsymbol{\beta}_0 + \boldsymbol{\alpha}_1) + \cdots + k_{n-r+1}(\boldsymbol{\beta}_0 + \boldsymbol{\alpha}_{n-r}),$$

其中, $k_1 + k_2 + \cdots + k_{n-r+1} = 1$.

另解: 还可以证明 $\boldsymbol{A}\boldsymbol{x} = \boldsymbol{b}$ 的任一个解 $\boldsymbol{x}$ 可表示为 $\boldsymbol{x} = k_0\boldsymbol{\beta}_0 + k_1\boldsymbol{\beta}_1 + \cdots + k_{n-r}\boldsymbol{\beta}_{n-r}$, 其中, $k_0 + k_1 + \cdots + k_{n-r} = 1$.

17. 设 $\boldsymbol{A}$ 为 $m \times n$ 矩阵, $\boldsymbol{b}$ 为 m 维列向量, $\boldsymbol{\alpha}$ 为 n 维列向量, β 是一个数, 则 $\boldsymbol{A}\boldsymbol{x} = \boldsymbol{b}$ 的解都是 $\boldsymbol{\alpha}^{\mathrm{T}}\boldsymbol{x} = \beta$ 的解的充分必要条件是 $(\boldsymbol{\alpha}^{\mathrm{T}}, \beta)$ 可由 $(\boldsymbol{A}, \boldsymbol{b})$ 的行向量线性表示.

证明　必要性　$\boldsymbol{A}\boldsymbol{x} = \boldsymbol{b}$ 的解是 $\boldsymbol{\alpha}^{\mathrm{T}}\boldsymbol{x} = \beta$ 的解, 则 $\begin{pmatrix} \boldsymbol{A} & \boldsymbol{b} \\ \boldsymbol{\alpha}^{\mathrm{T}} & \beta \end{pmatrix} \begin{pmatrix} \boldsymbol{x} \\ -\boldsymbol{E} \end{pmatrix} = \boldsymbol{0}$ 与 $\begin{pmatrix} \boldsymbol{A} & \boldsymbol{b} \end{pmatrix} \begin{pmatrix} \boldsymbol{x} \\ -1 \end{pmatrix} = \boldsymbol{0}$ 是同解的. 因而 $R\begin{pmatrix} \boldsymbol{A} & \boldsymbol{b} \\ \boldsymbol{\alpha}^{\mathrm{T}} & \beta \end{pmatrix} = R\begin{pmatrix} \boldsymbol{A} & \boldsymbol{b} \end{pmatrix}$. 这表明 $\begin{pmatrix} \boldsymbol{\alpha}^{\mathrm{T}} & \beta \end{pmatrix}$ 可由 $\begin{pmatrix} \boldsymbol{A} & \boldsymbol{b} \end{pmatrix}$ 的行向量线性表示.

充分性　由 $\begin{pmatrix} \boldsymbol{\alpha}^{\mathrm{T}} & \beta \end{pmatrix}$ 可由 $\begin{pmatrix} \boldsymbol{A} & \boldsymbol{b} \end{pmatrix}$ 的行向量线性表示, 即有数 $\lambda_1, \cdots, \lambda_m$, 使得

$$\begin{pmatrix} \boldsymbol{\alpha}^{\mathrm{T}} & \beta \end{pmatrix} = (\lambda_1, \cdots, \lambda_m) \begin{pmatrix} \boldsymbol{A} & \boldsymbol{b} \end{pmatrix},$$

于是, 任取 $\boldsymbol{A}\boldsymbol{x} = \boldsymbol{b}$ 的一个解 $\boldsymbol{x}_0$, 有 $\begin{pmatrix} \boldsymbol{A} & \boldsymbol{b} \end{pmatrix} \begin{pmatrix} \boldsymbol{x}_0 \\ -1 \end{pmatrix} = \boldsymbol{0}$. 由上式可得

$$\begin{pmatrix} \boldsymbol{\alpha}^{\mathrm{T}} & \beta \end{pmatrix} \begin{pmatrix} \boldsymbol{x}_0 \\ -1 \end{pmatrix} = (\lambda_1, \cdots, \lambda_m) \begin{pmatrix} \boldsymbol{A} & \boldsymbol{b} \end{pmatrix} \begin{pmatrix} \boldsymbol{x}_0 \\ -1 \end{pmatrix} = \boldsymbol{0},$$

即 $\boldsymbol{\alpha}^{\mathrm{T}}\boldsymbol{x}_0 = \beta$. 此表明 $\boldsymbol{x}_0$ 也是 $\boldsymbol{\alpha}^{\mathrm{T}}\boldsymbol{x} = \beta$ 的解.

18. 设 $\boldsymbol{\alpha}_1, \cdots, \boldsymbol{\alpha}_n$ 线性无关, $\boldsymbol{A}, \boldsymbol{B}$ 是 n 阶矩阵, 且 $\boldsymbol{A}(\boldsymbol{\alpha}_1, \cdots, \boldsymbol{\alpha}_n) = (\boldsymbol{\alpha}_1, \cdots, \boldsymbol{\alpha}_n)\boldsymbol{B}$, 则 $\boldsymbol{A}$ 相似于 $\boldsymbol{B}$.

证明 由 $\boldsymbol{\alpha}_1, \cdots, \boldsymbol{\alpha}_n$ 线性无关知, $\boldsymbol{P}^{-1} = (\boldsymbol{\alpha}_1, \cdots, \boldsymbol{\alpha}_n)$ 是非奇异阵, 于是有 $\boldsymbol{A}\boldsymbol{P}^{-1} = \boldsymbol{P}^{-1}\boldsymbol{B}$, 即 $\boldsymbol{P}\boldsymbol{A}\boldsymbol{P}^{-1} = \boldsymbol{B}$. 故由定义知 $\boldsymbol{A} \sim \boldsymbol{B}$.

19. 设 $\boldsymbol{A}$ 为 n 阶方阵. 如果 $R(\boldsymbol{A}) = n$, 则 $\boldsymbol{A}\boldsymbol{B}$ 与 $\boldsymbol{B}\boldsymbol{A}$ 相似.

证明 由于 $\boldsymbol{A}\boldsymbol{B} = \boldsymbol{A}\boldsymbol{B}\boldsymbol{A}\boldsymbol{A}^{-1} = \boldsymbol{P}\boldsymbol{B}\boldsymbol{A}\boldsymbol{P}^{-1}$, 其中, $\boldsymbol{P} = \boldsymbol{A}$ 是非奇异矩阵. 则由定义知 $\boldsymbol{A}\boldsymbol{B} \sim \boldsymbol{B}\boldsymbol{A}$.

20. 如果 n 维向量组 $\boldsymbol{\alpha}_1, \cdots, \boldsymbol{\alpha}_r$ 线性无关, 则必存在 $n-r$ 个线性无关的 n 维向量 $\boldsymbol{\beta}_1, \cdots, \boldsymbol{\beta}_{n-r}$, 使得 $\boldsymbol{\alpha}_1, \cdots, \boldsymbol{\alpha}_r, \boldsymbol{\beta}_1, \cdots, \boldsymbol{\beta}_{n-r}$ 线性无关.

证明 令 $\boldsymbol{A} = (\boldsymbol{\alpha}_1, \cdots, \boldsymbol{\alpha}_r)$, 则由题设知 $R(\boldsymbol{A}) = r$. 于是, 存在可逆矩阵 $\boldsymbol{P}$, 使得

$$\boldsymbol{P}\boldsymbol{A} = \begin{pmatrix} \boldsymbol{I}_r \\ \boldsymbol{0} \end{pmatrix} = (\boldsymbol{e}_1, \cdots, \boldsymbol{e}_r).$$

易知

$$\begin{aligned} R(\boldsymbol{\alpha}_1, \cdots, \boldsymbol{\alpha}_r, \boldsymbol{P}^{-1}\boldsymbol{e}_{r+1}, \cdots, \boldsymbol{P}^{-1}\boldsymbol{e}_n) &= R[\boldsymbol{P}^{-1}(\boldsymbol{P}\boldsymbol{A}, \boldsymbol{e}_{r+1}, \cdots, \boldsymbol{e}_n)] \\ &= R(\boldsymbol{P}\boldsymbol{A}, \boldsymbol{e}_{r+1}, \cdots, \boldsymbol{e}_n) \\ &= R(\boldsymbol{e}_1, \cdots, \boldsymbol{e}_r, \boldsymbol{e}_{r+1}, \cdots, \boldsymbol{e}_n) = n. \quad (*) \end{aligned}$$

令 $\boldsymbol{\beta}_1 = \boldsymbol{P}^{-1}\boldsymbol{e}_{r+1}, \cdots, \boldsymbol{\beta}_{n-r} = \boldsymbol{P}^{-1}\boldsymbol{e}_n$, 则

$$\begin{aligned} R(\boldsymbol{\beta}_1, \cdots, \boldsymbol{\beta}_{n-r}) &= R(\boldsymbol{P}^{-1}(\boldsymbol{e}_{r+1}, \cdots, \boldsymbol{e}_n)) \\ &= R(\boldsymbol{e}_{r+1}, \cdots, \boldsymbol{e}_n) = n - r, \end{aligned}$$

即向量组 $\boldsymbol{\beta}_1, \cdots, \boldsymbol{\beta}_{n-r}$ 线性无关. 又由 $(*)$ 式知向量组 $\boldsymbol{\alpha}_1, \cdots, \boldsymbol{\alpha}_r, \boldsymbol{\beta}_1, \cdots, \boldsymbol{\beta}_{n-r}$ 的秩为 n, 故向量组 $\boldsymbol{\alpha}_1, \cdots, \boldsymbol{\alpha}_r, \boldsymbol{\beta}_1, \cdots, \boldsymbol{\beta}_{n-r}$ 线性无关.

21. 设 $\boldsymbol{\alpha}_1, \cdots, \boldsymbol{\alpha}_r$ 是 n 维列线性无关的向量组, 且 $\boldsymbol{A}(\boldsymbol{\alpha}_1, \cdots, \boldsymbol{\alpha}_r) = (\boldsymbol{\alpha}_1, \cdots, \boldsymbol{\alpha}_r)\boldsymbol{B}$, 则 $\boldsymbol{B}$ 的特征值均为 $\boldsymbol{A}$ 的特征值.

证明 由 $\boldsymbol{\alpha}_1, \cdots, \boldsymbol{\alpha}_r$ 线性无关知: 存在 $\boldsymbol{\beta}_1, \cdots, \boldsymbol{\beta}_{n-r}$ 使得 $\boldsymbol{\alpha}_1, \cdots, \boldsymbol{\alpha}_r, \boldsymbol{\beta}_1, \cdots, \boldsymbol{\beta}_{n-r}$ 线性无关, 于是存在 $\boldsymbol{C}$ 使得

$$\begin{aligned} \boldsymbol{A}(\boldsymbol{\alpha}_1, \cdots, \boldsymbol{\alpha}_r, \boldsymbol{\beta}_1, \cdots, \boldsymbol{\beta}_{n-r}) &= (\boldsymbol{A}(\boldsymbol{\alpha}_1, \cdots, \boldsymbol{\alpha}_r), \boldsymbol{A}(\boldsymbol{\beta}_1, \cdots, \boldsymbol{\beta}_{n-r})) \\ &= ((\boldsymbol{\alpha}_1, \cdots, \boldsymbol{\alpha}_r)\boldsymbol{B}, (\boldsymbol{\beta}_1, \cdots, \boldsymbol{\beta}_{n-r})\boldsymbol{C}) \\ &= (\boldsymbol{\alpha}_1, \cdots, \boldsymbol{\alpha}_r, \boldsymbol{\beta}_1, \cdots, \boldsymbol{\beta}_{n-r}) \begin{pmatrix} \boldsymbol{B} & * \\ \boldsymbol{0} & \boldsymbol{C} \end{pmatrix}, \end{aligned}$$

其中, $\boldsymbol{C}$ 为 $(n-r) \times (n-r)$ 矩阵, 且

$$\boldsymbol{A}(\boldsymbol{\beta}_1, \cdots, \boldsymbol{\beta}_{n-r}) = (\boldsymbol{\beta}_1, \cdots, \boldsymbol{\beta}_{n-r})\boldsymbol{C}.$$

令 $D^{-1} = (\alpha_1, \cdots, \alpha_r, \beta_1, \cdots, \beta_{n-r})$, 则 $DAD^{-1} = \begin{pmatrix} B & * \\ 0 & C \end{pmatrix}$. 故 $A \sim$ $\begin{pmatrix} B & * \\ 0 & C \end{pmatrix}$.

于是, $|\lambda I - A| = |\lambda I - B| \cdot |\lambda I - C|$. 这表明 B 的所有的特征根均为 A 的特征根.

22. 设 n 阶矩阵 A, B 满足 $AB = BA$. 证明:

(1) 如果 x 是 A 的属于 λ 的特征向量, 那么 Bx 也是 A 的属于 λ 的特征向量.

(2) A, B 至少有一个公共的特征向量.

证明　(1) 由题设知 $Ax = \lambda x$, 从而 $\lambda Bx = BAx = ABx$. 由特征向量的定义知 Bx 也为 A 的属于 λ 的特征向量.

(2) 借用 (1) 中的讨论, 设 $(\lambda I - A)x = 0$ 的基础解系为 $\eta_1, \cdots, \eta_r$. 于是知, $B\eta_i$ 也是方程组 $(\lambda I - A)x = 0$ 的解, 且 $B(\eta_1, \cdots, \eta_r) = (\eta_1, \cdots, \eta_r)B_0$. 现将 $\eta_1, \cdots, \eta_r$ 扩充为一组 n 维线性无关组 $\eta_1, \cdots, \eta_{n-r}, \xi_{n-r+1}, \cdots, \xi_n$, 则

$$B(\eta_1, \cdots, \eta_{n-r}, \xi_{n-r+1}, \cdots, \xi_n) = (\eta_1, \cdots, \eta_{n-r}, \xi_{n-r+1}, \cdots, \xi_n)\begin{pmatrix} B_0 & * \\ 0 & B_1 \end{pmatrix},$$

其中 B_0 为 r 阶方阵. 上式表明 $B \sim \begin{pmatrix} B_0 & * \\ 0 & B_1 \end{pmatrix}$. 因此, B_0 的特征根也为 B 的特征根. 又由于 $|\lambda I - B_0|$ 为一 k 阶多项式 $(k \geqslant 1)$, 故一定有根, 记为 μ_0. 于是, 方程组 $(\mu_0 I - B_0)x = 0$ 一定有非零解 $x = (x_1, x_2, \cdots, x_r)^{\mathrm{T}}$(比如, μ_0 的特征向量). 令 $\eta_0 = x_1\eta_1 + \cdots + x_r\eta_r$, 则

$$A\eta_0 = x_1 A\eta_1 + \cdots + x_r A\eta_r = \lambda(x_1\eta_1 + \cdots + x_r\eta_r) = \lambda\eta_0,$$

即 η_0 是 A 的特征向量. 又

$$B\eta_0 = x_1 B\eta_1 + \cdots + x_r B\eta_r = B(\eta_1, \cdots, \eta_r)\begin{pmatrix} x_1 \\ \vdots \\ x_r \end{pmatrix}$$

$$= (\eta_1, \cdots, \eta_r)B_0\begin{pmatrix} x_1 \\ \vdots \\ x_r \end{pmatrix}$$

$$= (\boldsymbol{\eta}_1, \cdots, \boldsymbol{\eta}_r)\mu_0 \begin{pmatrix} x_1 \\ \vdots \\ x_r \end{pmatrix} = \mu_0 \boldsymbol{\eta}_0,$$

此表明 $\boldsymbol{\eta}_0$ 也是 $\boldsymbol{B}$ 的一个特征向量, 因此 $\boldsymbol{A}, \boldsymbol{B}$ 有公共的特征向量 $\boldsymbol{\eta}_0$.

23. 设 $\boldsymbol{A}^2 = \boldsymbol{A}, \boldsymbol{B}^2 = \boldsymbol{B}$, 则 $\boldsymbol{A}\boldsymbol{x} = \boldsymbol{0}$ 与 $\boldsymbol{B}\boldsymbol{x} = \boldsymbol{0}$ 有同解的充分必要条件为 $\boldsymbol{A}\boldsymbol{B} = \boldsymbol{A}, \boldsymbol{B}\boldsymbol{A} = \boldsymbol{B}$.

证明 由于 $\boldsymbol{A}^2 = \boldsymbol{A}$ 知, $\boldsymbol{A}$ 是幂等矩阵. 于是, $\boldsymbol{A}$ 相似于 $\begin{pmatrix} \boldsymbol{I}_r & \boldsymbol{0} \\ \boldsymbol{0} & \boldsymbol{0} \end{pmatrix}$, 其中, $R(A) = r$ 故 $\boldsymbol{A}\boldsymbol{x} = \boldsymbol{0}$ 有解 $\boldsymbol{\eta}_1, \cdots, \boldsymbol{\eta}_{n-r}$ 构成基础解系. 又 $R(\boldsymbol{I} - \boldsymbol{A}) = n - r$, 故方程组 $(\boldsymbol{I} - \boldsymbol{A})\boldsymbol{x} = \boldsymbol{0}$ 有解 $\boldsymbol{\xi}_1, \cdots, \boldsymbol{\xi}_r$ 构成基础解系, 即 $\boldsymbol{A}\boldsymbol{\xi}_i = \boldsymbol{\xi}_i (i = 1, \cdots, r)$. 易知 $\boldsymbol{\eta}_1, \cdots, \boldsymbol{\eta}_{n-r}, \boldsymbol{\xi}_1, \cdots, \boldsymbol{\xi}_r$ 线性无关. 事实上, 令

$$k_1\boldsymbol{\eta}_1 + \cdots + k_{n-r}\boldsymbol{\eta}_{n-r} + k_{n-r+1}\boldsymbol{\xi}_1 + \cdots + k_n\boldsymbol{\xi}_r = \boldsymbol{0}, \quad (*)$$

并对上式左乘 $\boldsymbol{A}$, 则有 $k_{n-r+1}\boldsymbol{\xi}_1 + \cdots + k_n\boldsymbol{\xi}_r = \boldsymbol{0}$. 由 $\boldsymbol{\xi}_1, \cdots, \boldsymbol{\xi}_r$ 线性无关知 $k_{n-r+1} = \cdots = k_n = 0$. 将其代入 $(*)$ 式有 $k_1\boldsymbol{\eta}_1 + \cdots + k_{n-r}\boldsymbol{\eta}_{n-r} = 0$. 又由 $\boldsymbol{\eta}_1, \cdots, \boldsymbol{\eta}_{n-r}$ 线性无关知 $k_1 = \cdots = k_{n-r} = 0$, 即 $k_1 = \cdots = k_{n-r} = k_{n-r+1} = \cdots = k_n = 0$ 是 $(*)$ 式成立的唯一的一组解. 故 $\boldsymbol{\eta}_1, \cdots, \boldsymbol{\eta}_{n-r}, \boldsymbol{\xi}_1, \cdots, \boldsymbol{\xi}_r$ 线性无关. 于是对任意的 n 维向量 $\boldsymbol{x}$ 恒可以表示成

$$\boldsymbol{x} = a_1\boldsymbol{\eta}_1 + \cdots + a_{n-r}\boldsymbol{\eta}_{n-r} + b_1\boldsymbol{\xi}_1 + \cdots + b_r\boldsymbol{\xi}_r.$$

记 $\boldsymbol{x}_1 = a_1\boldsymbol{\eta}_1 + \cdots + a_{n-r}\boldsymbol{\eta}_{n-r}$, $\boldsymbol{x}_2 = b_1\boldsymbol{\xi}_1 + \cdots + b_r\boldsymbol{\xi}_r$, 则 $\boldsymbol{x} = \boldsymbol{x}_1 + \boldsymbol{x}_2$.

充分性 由于 $\boldsymbol{A}\boldsymbol{x} = \boldsymbol{0}$ 与 $\boldsymbol{B}\boldsymbol{x} = \boldsymbol{0}$ 同解, 故 $R(\boldsymbol{A}) = R(\boldsymbol{B})$, 不妨设为 $R(\boldsymbol{A}) = R(\boldsymbol{B}) = r$. 注意到 $\boldsymbol{A}^2 = \boldsymbol{A}$, $\boldsymbol{B}^2 = \boldsymbol{B}$. 故由前段证明知, 存在两组等价的线性无关的向量组, 即 $\boldsymbol{\eta}_1, \cdots, \boldsymbol{\eta}_{n-r}, \boldsymbol{\xi}_1, \cdots, \boldsymbol{\xi}_r$ 和 $\boldsymbol{\eta}_1, \cdots, \boldsymbol{\eta}_{n-r}, \boldsymbol{\zeta}_1, \cdots, \boldsymbol{\zeta}_r$, 其中, $\boldsymbol{A}\boldsymbol{\eta}_i = \boldsymbol{B}\boldsymbol{\eta}_i = \boldsymbol{0}, \boldsymbol{A}\boldsymbol{\xi}_i = \boldsymbol{\xi}_i, \boldsymbol{B}\boldsymbol{\zeta}_i = \boldsymbol{\zeta}_i$. 于是, 存在矩阵 $\boldsymbol{C}$ 使得

$$(\boldsymbol{\eta}_1, \cdots, \boldsymbol{\eta}_{n-r}, \boldsymbol{\xi}_1, \cdots, \boldsymbol{\xi}_r) = (\boldsymbol{\eta}_1, \cdots, \boldsymbol{\eta}_{n-r}, \boldsymbol{\zeta}_1, \cdots, \boldsymbol{\zeta}_r)\boldsymbol{C}. \quad (**)$$

$(**)$ 式左乘 $\boldsymbol{A}$ 有

$$(\boldsymbol{0}, \boldsymbol{A}(\boldsymbol{\xi}_1, \cdots, \boldsymbol{\xi}_r)) = (\boldsymbol{0}, \boldsymbol{A}(\boldsymbol{\zeta}_1, \cdots, \boldsymbol{\zeta}_r)) \begin{pmatrix} \boldsymbol{C}_1 \\ \boldsymbol{C}_2 \end{pmatrix},$$

即 $\boldsymbol{A}(\boldsymbol{\xi}_1, \cdots, \boldsymbol{\xi}_r) = \boldsymbol{A}(\boldsymbol{\zeta}_1, \cdots, \boldsymbol{\zeta}_r)\boldsymbol{C}_2$. $(**)$ 式左乘 $\boldsymbol{B}$ 也有 $\boldsymbol{B}(\boldsymbol{\xi}_1, \cdots, \boldsymbol{\xi}_r) = (\boldsymbol{\zeta}_1, \cdots, \boldsymbol{\zeta}_r)\boldsymbol{C}_2$. 于是

$$\boldsymbol{A}\boldsymbol{B}(\boldsymbol{\xi}_1, \cdots, \boldsymbol{\xi}_r) = \boldsymbol{A}(\boldsymbol{\zeta}_1, \cdots, \boldsymbol{\zeta}_r)\boldsymbol{C}_2 = \boldsymbol{A}(\boldsymbol{\xi}_1, \cdots, \boldsymbol{\xi}_r).$$

由于 $\xi_1, \cdots, \xi_r$ 线性无关, 知 $AB = A$. 同理可证 $BA = B$.

必要性 任取 $Ax = 0$ 的解 x_0, 则由 $BA = B$ 知, $BAx_0 = Bx_0$, 即 $Bx_0 = 0$, 此表明 x_0 是 $Bx = 0$ 的解; 反之, 任取 $Bx = 0$ 的解 x_0, 则由 $AB = A$ 也知 $Ax_0 = ABx_0 = 0$, 即 x_0 也是 $Ax = 0$ 的解. 故 $Ax = 0$ 与 $Bx = 0$ 同解.

24. (1) 设 A 为非零的半正定阵, B 为正定阵, 则 $|A + B| > |B|$.

(2) 如果 $\begin{pmatrix} A & B \\ B^T & D \end{pmatrix}$ 为正定阵, 且 B 非零, 则 $\begin{vmatrix} A & B \\ B^T & D \end{vmatrix} < |A||D|$.

解 (1) 由 B 是正定阵, 故有非奇异阵 P, 使 $B = PP^T$. 于是

$$|A + B| = |A + PP^T| = |P| \left| P^{-1}A(P^T)^{-1} + I \right| |P^T|.$$

由 A 为半正定, 则 $P^{-1}A(P^T)^{-1}$ 也是半正定, 从而有正交阵 T 使得

$$TP^{-1}A(P^T)^{-1}T^T = \begin{pmatrix} \lambda_1 & & \\ & \ddots & \\ & & \lambda_n \end{pmatrix}, \quad \lambda_i \geqslant 0, i = 1, \cdots, n.$$

由 $A \neq 0$, 必有 $\lambda_{i_0} > 0$, 于是

$$|A + B| = |P| |P^T| |T| \left| P^{-1}A(P^T)^{-1} + I \right| |T^T|$$

$$= |B| \left| \begin{pmatrix} \lambda_1 & & \\ & \ddots & \\ & & \lambda_n \end{pmatrix} + \begin{pmatrix} 1 & & \\ & \ddots & \\ & & 1 \end{pmatrix} \right|$$

$$= |B| \prod_{i=1}^{n} (\lambda_i + 1) > |B|.$$

(2) 由 $\begin{pmatrix} A & B \\ B^T & D \end{pmatrix}$ 正定, 则 $|A| > 0, A^T = A$ 顺序主子式 > 0, 于是

$$\begin{pmatrix} I & 0 \\ -B^T A^{-1} & I \end{pmatrix} \begin{pmatrix} A & B \\ B^T & D \end{pmatrix} \begin{pmatrix} I & -A^{-1}B^T \\ 0 & I \end{pmatrix} = \begin{pmatrix} A & 0 \\ 0 & D - B^T A^{-1} B \end{pmatrix}$$

$$(*)$$

且

$$\begin{pmatrix} I & 0 \\ -B^T A^{-1} & I \end{pmatrix}^T = \begin{pmatrix} I & -A^{-1}B^T \\ 0 & I \end{pmatrix},$$

从而 (∗) 式左边为正定阵, 故右边亦然. 从而 $D - B^{\mathrm{T}} A^{-1} B$ 正定. 于是对 (∗) 式两边取行列式有

$$\begin{vmatrix} A & B \\ B^{\mathrm{T}} & D \end{vmatrix} = |A| \left| D - B^{\mathrm{T}} A^{-1} B \right|.$$

由于 $B^{\mathrm{T}} A^{-1} B = B^{\mathrm{T}} P P^{\mathrm{T}} B = B^{\mathrm{T}} P (B^{\mathrm{T}} P)^{\mathrm{T}} = C C^{\mathrm{T}}$ 为半正定阵和 $D - B^{\mathrm{T}} A^{-1} B$ 为正定, 于是由 (1) 的结论知

$$|D| = \left| D - B^{\mathrm{T}} A^{-1} B + B^{\mathrm{T}} A^{-1} B \right| > \left| D - B^{\mathrm{T}} A^{-1} B \right|.$$

因此

$$\begin{vmatrix} A & B \\ B^{\mathrm{T}} & D \end{vmatrix} = |A| \left| D - B^{\mathrm{T}} A^{-1} B \right| < |A| |D|.$$

25. 设 A 为 n 阶正定阵, B 为 n 阶半正定阵, 则有非奇异阵 P 使 $P A P^{\mathrm{T}} = I$, $P B P^{\mathrm{T}} = \Lambda$, $\Lambda = \operatorname{diag}(\lambda_1, \cdots, \lambda_n)$, 且 $\lambda_1 \geqslant \lambda_2 \geqslant \cdots \geqslant \lambda_n \geqslant 0$, 其中, λ_i 是 $|B - \lambda A| = 0$ 的根.

证明 由于 A 是正定矩阵, 所以有可逆矩阵 Q, 使得 $Q A Q^{\mathrm{T}} = I$. 又因为 B 为 n 阶半正定矩阵, 所以 $Q B Q^{\mathrm{T}}$ 也为半正定矩阵. 对于矩阵 $Q B Q^{\mathrm{T}}$, 存在正交矩阵 T, 使得

$$T (Q B Q^{\mathrm{T}}) T^{\mathrm{T}} = \begin{pmatrix} \lambda_1 & & \\ & \ddots & \\ & & \lambda_n \end{pmatrix}, \quad 其中, \quad \lambda_1 \geqslant \lambda_2 \geqslant \cdots \geqslant \lambda_n.$$

令 $P = T Q$, 则有

$$P A P^{\mathrm{T}} = T Q A Q^{\mathrm{T}} T^{\mathrm{T}} = T T^{\mathrm{T}} = I,$$

且

$$P B P^{\mathrm{T}} = T Q B Q^{\mathrm{T}} T^{\mathrm{T}} = \begin{pmatrix} \lambda_1 & & \\ & \ddots & \\ & & \lambda_n \end{pmatrix}.$$

由于

$$\begin{aligned} |B - \lambda A| &= \left| B - \lambda Q^{-1} (Q^{\mathrm{T}})^{-1} \right| \\ &= \left| Q^{-1} (Q^{\mathrm{T}})^{-1} \right| \left| Q B Q^{\mathrm{T}} - \lambda I \right| = 0, \end{aligned}$$

故知 $\lambda_1, \cdots, \lambda_n$ 是 $Q B Q^{\mathrm{T}}$ 的特征根. 又因为 $Q B Q^{\mathrm{T}}$ 为半正定矩阵, 所以 $Q B Q^{\mathrm{T}}$ 的特征根均大于等于 0, 即 $\lambda_i \geqslant 0$.

26. 设 $\boldsymbol{A}$ 是可逆矩阵. 证明:

(1) $\boldsymbol{A}$ 可表示为一个正交矩阵和一个对角元都为正的上三角矩阵的积, 且表示式是唯一的.

(2) 存在正交矩阵 $\boldsymbol{T}$ 和 $\boldsymbol{S}$, 使得

$$
\boldsymbol{T}^{\mathrm{T}}\boldsymbol{A}\boldsymbol{S} = \begin{pmatrix} \lambda_1 & & \\ & \ddots & \\ & & \lambda_n \end{pmatrix},
$$

其中, $\lambda_i > 0$, λ_i^2 是 $\boldsymbol{A}^{\mathrm{T}}\boldsymbol{A}$ 的特征值 $(i = 1, 2, \cdots, n)$.

解　(1) 将 $\boldsymbol{A}$ 按列分块为 $\boldsymbol{A} = (\boldsymbol{\alpha}_1, \boldsymbol{\alpha}_2, \cdots, \boldsymbol{\alpha}_n)$. 先对 $\boldsymbol{\alpha}_1, \boldsymbol{\alpha}_2, \cdots, \boldsymbol{\alpha}_n$ 正交化得 $\boldsymbol{\beta}_1 = \boldsymbol{\alpha}_1$, $\boldsymbol{\beta}_2 = \boldsymbol{\alpha}_2 - \dfrac{\boldsymbol{\alpha}_2^{\mathrm{T}}\boldsymbol{\beta}_1}{\boldsymbol{\beta}_1^{\mathrm{T}}\boldsymbol{\beta}_1}\boldsymbol{\beta}_1$, $\cdots$, $\boldsymbol{\beta}_n = \boldsymbol{\alpha}_n - \dfrac{\boldsymbol{\alpha}_n^{\mathrm{T}}\boldsymbol{\beta}_{n-1}}{\boldsymbol{\beta}_{n-1}^{\mathrm{T}}\boldsymbol{\beta}_{n-1}}\boldsymbol{\beta}_{n-1} - \cdots - \dfrac{\boldsymbol{\alpha}_n^{\mathrm{T}}\boldsymbol{\beta}_1}{\boldsymbol{\beta}_1^{\mathrm{T}}\boldsymbol{\beta}_1}\boldsymbol{\beta}_1$, 再对 $\boldsymbol{\beta}_1, \cdots, \boldsymbol{\beta}_n$ 单位化可得 $\boldsymbol{t}_1 = \dfrac{1}{\|\boldsymbol{\beta}_1\|}\boldsymbol{\beta}_1$, $\boldsymbol{t}_2 = \dfrac{1}{\|\boldsymbol{\beta}_2\|}\boldsymbol{\beta}_2$, $\cdots$, $\boldsymbol{t}_n = \dfrac{1}{\|\boldsymbol{\beta}_n\|}\boldsymbol{\beta}_n$. 于是, $\boldsymbol{\alpha}_1 = \|\boldsymbol{\beta}_1\|\boldsymbol{t}_1$, $\boldsymbol{\alpha}_2 = \boldsymbol{\alpha}_2^{\mathrm{T}}\boldsymbol{\beta}_1\boldsymbol{t}_1 + \|\boldsymbol{\beta}_2\|\boldsymbol{t}_2$, $\cdots$, $\boldsymbol{\alpha}_n = \boldsymbol{\alpha}_n^{\mathrm{T}}\boldsymbol{\beta}_1\boldsymbol{t}_1 + \boldsymbol{\alpha}_n^{\mathrm{T}}\boldsymbol{\beta}_2\boldsymbol{t}_2 + \cdots + \boldsymbol{\alpha}_n^{\mathrm{T}}\boldsymbol{\beta}_{n-1}\boldsymbol{t}_{n-1} + \|\boldsymbol{\beta}_n\|\boldsymbol{t}_n$. 令 $\boldsymbol{T} = (\boldsymbol{t}_1, \boldsymbol{t}_2, \cdots, \boldsymbol{t}_n)$, 则 $\boldsymbol{T}$ 是一个正交矩阵, 又令

$$
\boldsymbol{U} = \begin{pmatrix} \|\boldsymbol{\beta}_1\| & \boldsymbol{\alpha}_2^{\mathrm{T}}\boldsymbol{\beta}_1 & \cdots & \boldsymbol{\alpha}_n^{\mathrm{T}}\boldsymbol{\beta}_1 \\ 0 & \|\boldsymbol{\beta}_2\| & \cdots & \boldsymbol{\alpha}_n^{\mathrm{T}}\boldsymbol{\beta}_2 \\ \vdots & \vdots & & \vdots \\ 0 & 0 & \cdots & \|\boldsymbol{\beta}_n\| \end{pmatrix},
$$

则 $\boldsymbol{U}$ 是一个对角元都为正的上三角矩阵. 于是可得 $\boldsymbol{A} = \boldsymbol{T}\boldsymbol{U}$. 下证唯一性. 假设还有正交矩阵 $\boldsymbol{T}_1$ 和对角元都为正的上三角矩阵 $\boldsymbol{U}_1$ 使得 $\boldsymbol{A} = \boldsymbol{T}_1\boldsymbol{U}_1$, 则有 $\boldsymbol{T}\boldsymbol{U} = \boldsymbol{T}_1\boldsymbol{U}_1$, 从而 $\boldsymbol{U} = \boldsymbol{T}^{-1}\boldsymbol{T}_1\boldsymbol{U}_1$. 由复习题 24 知 $\boldsymbol{U} = \boldsymbol{U}_1$, 进而有 $\boldsymbol{T} = \boldsymbol{T}_1$, 这表明 $\boldsymbol{A} = \boldsymbol{T}\boldsymbol{U} = \boldsymbol{T}_1\boldsymbol{U}_1$, 从而唯一.

(2) 由 $\boldsymbol{A}$ 是可逆的, 故 $\boldsymbol{A}^{\mathrm{T}}\boldsymbol{A}$ 为正定矩阵, 于是有正交矩阵 $\boldsymbol{S}$, 使得

$$
\boldsymbol{S}^{\mathrm{T}}\boldsymbol{A}^{\mathrm{T}}\boldsymbol{A}\boldsymbol{S} = \begin{pmatrix} \mu_1 & & \\ & \ddots & \\ & & \mu_n \end{pmatrix},
$$

其中, $\mu_1, \cdots, \mu_n$ 为正定矩阵 $\boldsymbol{A}^{\mathrm{T}}\boldsymbol{A}$ 的特征值. 令 $\lambda_i = \sqrt{\mu_i}$, 则 $\lambda_i^2 = \mu_i$ 是 $\boldsymbol{A}^{\mathrm{T}}\boldsymbol{A}$ 的特征值, 且

$$
\boldsymbol{S}^{\mathrm{T}}\boldsymbol{A}^{\mathrm{T}}\boldsymbol{A}\boldsymbol{S} = \begin{pmatrix} \lambda_1 & & \\ & \ddots & \\ & & \lambda_n \end{pmatrix}\begin{pmatrix} \lambda_1 & & \\ & \ddots & \\ & & \lambda_n \end{pmatrix}.
$$

于是, 令

$$T = AS \begin{pmatrix} \lambda_1^{-1} & & \\ & \ddots & \\ & & \lambda_n^{-1} \end{pmatrix},$$

则 $T^{\mathrm{T}}T = I$, 从而 T 是正交矩阵, 且

$$T^{\mathrm{T}}AS = \begin{pmatrix} \lambda_1^{-1} & & \\ & \ddots & \\ & & \lambda_n^{-1} \end{pmatrix} S^{\mathrm{T}}A^{\mathrm{T}}AS$$

$$= \begin{pmatrix} \lambda_1^{-1} & & \\ & \ddots & \\ & & \lambda_n^{-1} \end{pmatrix} \begin{pmatrix} \lambda_1 & & \\ & \ddots & \\ & & \lambda_n \end{pmatrix} \begin{pmatrix} \lambda_1 & & \\ & \ddots & \\ & & \lambda_n \end{pmatrix}$$

$$= \begin{pmatrix} \lambda_1 & & \\ & \ddots & \\ & & \lambda_n \end{pmatrix}.$$

9.4 复 习 题

1. 填空题

(1) 设向量组 $\boldsymbol{\alpha}_1 = (x-2, -1, -1)^{\mathrm{T}}$, $\boldsymbol{\alpha}_2 = (-1, x-2, -1)^{\mathrm{T}}$, $\boldsymbol{\alpha}_3 = (-1, -1, x-2)^{\mathrm{T}}$ 的秩为 1, 则 $x =$ _____.

(2) 设向量组 $\boldsymbol{\alpha}_1 = (1, -1, -1, 1)^{\mathrm{T}}$, $\boldsymbol{\alpha}_2 = (-1, x, -1, 1)^{\mathrm{T}}$, $\boldsymbol{\alpha}_3 = (0, 1-x, -2, 2)^{\mathrm{T}}$ 线性无关, 则 $x =$ _____.

(3) 线性方程组 $\boldsymbol{A}_{4 \times 3}\boldsymbol{x} = \boldsymbol{b}$ 有唯一解, 则 $R(\boldsymbol{Ab}) =$ _____.

(4) 设 $\boldsymbol{\alpha}_1 = (1, -1, -1)^{\mathrm{T}}$, 向量 $\boldsymbol{x}$ 与 $\boldsymbol{\alpha}_1$ 正交, 则 $\boldsymbol{x} =$ _____.

(5) 设四元一次线性方程组 $(\boldsymbol{\alpha}_1, \boldsymbol{\alpha}_2, \boldsymbol{\alpha}_3, \boldsymbol{\alpha}_4)\boldsymbol{x} = \boldsymbol{b}$ 的解为 $\boldsymbol{x} = (1, 2, 3, 1)^{\mathrm{T}}$, 那么 $\dfrac{|(\boldsymbol{\alpha}_1 + \boldsymbol{b}, \boldsymbol{\alpha}_2 + \boldsymbol{b}, \boldsymbol{\alpha}_3 + \boldsymbol{b}, \boldsymbol{\alpha}_4 + \boldsymbol{b})|}{|(\boldsymbol{\alpha}_1, \boldsymbol{\alpha}_2, \boldsymbol{\alpha}_3, \boldsymbol{\alpha}_4)|} =$ _____.

(6) 如果 $\boldsymbol{Ax} = \boldsymbol{b}$ 对所有的 $\boldsymbol{b}$ 都有解, 则 $\boldsymbol{A}$ 的列向量组必定_____.

(7) 设 $\boldsymbol{A} \sim \boldsymbol{B}$ 且 $\mathrm{tr}(\boldsymbol{A}) = 6$, 则 $\mathrm{tr}(3\boldsymbol{B}) =$ _____.

(8) 已知矩阵 $\boldsymbol{A} = \begin{pmatrix} 1 & 0 & 1 \\ 0 & 1 & 0 \\ 2 & 0 & x \end{pmatrix}$ 相似于矩阵 $\boldsymbol{B} = \begin{pmatrix} 2 & & \\ & y & \\ & & 1 \end{pmatrix}$, 则 $(x, y) =$ _____.

(9) 设三阶矩阵 $\boldsymbol{A}$ 满足 $\boldsymbol{A}^2 - 3\boldsymbol{A} = 10\boldsymbol{I}$, 则 $\boldsymbol{A} \sim$ _____.

(10) 设 $f(x_1, x_2, x_3) = x_2^2 + x_3^2 - 6x_2x_3$, 则二次型矩阵为_____.

(11) 设二次型 $f(x_1, x_2, x_3) = x_1^2 + x_2^2 + 25x_3^2 + Xx_1x_2 - 6x_2x_3$ 是正定的, 则 X 满足_____.

(12) 设 A 为 n 阶正定矩阵, B 和 C 都是 n 阶矩阵. 如果

$$\begin{pmatrix} I_n & 0 \\ -C^{\mathrm{T}}A^{-1} & I_n \end{pmatrix} \begin{pmatrix} A & C \\ C^{\mathrm{T}} & B \end{pmatrix} \begin{pmatrix} I_n & -A^{-1}C \\ 0 & I_n \end{pmatrix} = \begin{pmatrix} A & 0 \\ 0 & B - C^{\mathrm{T}}A^{-1}C \end{pmatrix},$$

那么, 矩阵 $\begin{pmatrix} A & C \\ C^{\mathrm{T}} & B \end{pmatrix}$ 与矩阵 $\begin{pmatrix} A & 0 \\ 0 & B - C^{\mathrm{T}}A^{-1}C \end{pmatrix}$ 的关系是_____.

2. 单项选择题

(1) 设 $BA = I$ 为 $m \times m$ 阵, A 为 $n \times m$ 阵. 则 _____.
(A) A 的列线性无关, B 的列线性无关　　(B) A 的列线性无关, B 的行线性无关
(C) A 的行线性无关, B 的行线性无关　　(D) A 的行线性无关, B 的列线性无关

(2) 设 $A = BC$, 则有_____.
(A) A 的列线性无关时, B 的列线性无关　(B) A 的列线性相关时, B 的列线性相关
(C) A 的行线性无关时, B 的行线性无关　(D) A 的行线性相关时, B 的行线性相关

(3) 设 $\alpha_1, \cdots, \alpha_t$ 和 $\beta_1, \cdots, \beta_s$ 是两个线性无关的 n 维向量组. 如果除 α_1, α_2 外, 其余 $\alpha_3, \cdots, \alpha_t$ 可由 $\beta_1, \cdots, \beta_s$ 线性表示, 那么_____.
(A) $\alpha_3, \cdots, \alpha_t, \beta_1, \cdots, \beta_s$ 是线性无关的
(B) $\alpha_3, \cdots, \alpha_t, \beta_1, \cdots, \beta_s$ 是 $\alpha_1, \cdots, \alpha_t, \beta_1, \cdots, \beta_s$ 的极大线性无关组
(C) $\alpha_1, \alpha_2, \beta_1, \cdots, \beta_s$ 是线性无关的
(D) $\alpha_1, \alpha_2, \beta_1, \cdots, \beta_s$ 是 $\alpha_1, \cdots, \alpha_t, \beta_1, \cdots, \beta_s$ 的极大线性无关组

(4) 设行向量 b 可由 A 的行向量线性表示, 且 $R(A) = t < A$ 的列数, 则_____.
(A) $Ax = 0$ 的解可由 $bx = 0$ 的基础解系线性表示
(B) $bx = 0$ 的解可由 $Ax = 0$ 的基础解系线性表示
(C) $bx = 0$ 至少有 $n - t$ 个线性无关的解
(D) $bx = 0$ 恰有 $n - t$ 个线性无关的解

(5) n 阶非满秩矩阵 A 的伴随矩阵 $A^* \neq 0$, 则齐次方程组 $A^*x = 0$ 的基础解系中包含的解的个数为_____.
(A) 0　　　　　(B) 1　　　　　(C) $n - 1$　　　　　(D) n

(6) $Ax = b$ 与方程组_____ 不是同解.
(A) $BAx = Bb$ ($B \neq 0$)　　　　(B) $PAx = Pb$ (P 为非奇异阵)
(C) $QAx = Qb$ (Q 为列满秩阵)　　(D) $TAx = Tb$ (T 为正交阵)

(7) 设三阶阵 A 的特征值 $\lambda_1 = \lambda_2 = 0, \lambda_3 = 1$ 且 $R(A) = 2$, 则 A 的线性无关的特征向量的个数为_____.
(A) 0　　　　　(B) 1　　　　　(C) 2　　　　　(D) 3

(8) 设 $\lambda_1, \lambda_2, \lambda_3$ 是 A 的相异特征根, 相应的特征向量为 x_1, x_2, x_3, 则向量组 x_1, $Ax_1 + x_2, A(x_2 + x_3)$ 线性相关的充分必要条件为_____.
(A) $\lambda_1 = 0$　　(B) $\lambda_2 = 0$　　(C) $\lambda_2 = 0$ 或 $\lambda_3 = 0$　(D) $\lambda_3 = 0$

(9) 若设 $\lambda_1, \lambda_2, \lambda_3, \lambda_4$ 是 A 的相异特征根, 相应的特征向量分别为 x_1, x_2, x_3, x_4, 则向量组 $x_1, x_2 + Ax_1, x_3 + Ax_2, A(x_4 + x_3)$ 线性相关的充分必要条件为_____.
(A) $\lambda_1 = 0$　　(B) $\lambda_2 = 0$　　(C) $\lambda_3 = 0$　　　(D) $\lambda_4 = 0$

(10) 设 A 的特征根为 λ_1, λ_2, 相应的特征向量为 x_1, x_2, 则_____.

(A) $\boldsymbol{x}_1 \neq \boldsymbol{x}_2$ 时, $\lambda_1 \neq \lambda_2$ (B) $\boldsymbol{x}_1, \boldsymbol{x}_2$ 线性无关时, $\lambda_1 \neq \lambda_2$

(C) $\boldsymbol{x}_1, \boldsymbol{x}_2$ 线性无关时, $\boldsymbol{x}_1, \boldsymbol{x}_2$ 必正交 (D) $\boldsymbol{x}_1, \boldsymbol{x}_2$ 正交时, $\boldsymbol{x}_1, \boldsymbol{x}_2$ 必线性无关

(11) 设 $\boldsymbol{\alpha}^{\mathrm{T}}\boldsymbol{\alpha} = \boldsymbol{\beta}^{\mathrm{T}}\boldsymbol{\beta} = 2$, 且 $\boldsymbol{\alpha}, \boldsymbol{\beta}$ 正交, $\boldsymbol{A} = \boldsymbol{\alpha}\boldsymbol{\alpha}^{\mathrm{T}} + \boldsymbol{\beta}\boldsymbol{\beta}^{\mathrm{T}}$, 则不正确的有_____.

(A) $\boldsymbol{\alpha}$ 是 $\boldsymbol{A}$ 的特征向量 (B) $\boldsymbol{\beta}$ 是 $\boldsymbol{A}$ 的特征向量

(C) $\boldsymbol{\alpha} + \boldsymbol{\beta}$ 是 $\boldsymbol{A}$ 的特征向量 (D) $\boldsymbol{\alpha} + \boldsymbol{\beta}$ 不是 $\boldsymbol{A}$ 的特征向量

(12) 设 $\boldsymbol{A} = (a_{ij})$, a_{ij} 为整数, 则不正确的结论有_____.

(A) $f(x) = |\lambda \boldsymbol{I} - \boldsymbol{A}|$ 的系数一定为整数 (B) $|\lambda \boldsymbol{I} - \boldsymbol{A}|$ 的根一定为整数

(C) $\boldsymbol{A}$ 的特征向量一定为整数分量的向量 (D) $\boldsymbol{A}$ 的特征向量中有整数分量的向量

(13) 设矩阵 $\boldsymbol{A}$ 相似于 $\boldsymbol{B}$, 则_____.

(A) $\boldsymbol{A}$ 正交相似于 $\boldsymbol{B}$ (B) $\boldsymbol{A}$ 等价于 $\boldsymbol{B}$

(C) $\begin{pmatrix} \boldsymbol{A} & \boldsymbol{0} \\ \boldsymbol{0} & \boldsymbol{B} \end{pmatrix}$ 正交相似于 $\begin{pmatrix} \boldsymbol{B} & \boldsymbol{0} \\ \boldsymbol{0} & \boldsymbol{B} \end{pmatrix}$ (D) $\boldsymbol{A}$ 合同于 $\boldsymbol{B}$

(14) 如果 $\boldsymbol{A}$ 等价于 $\boldsymbol{B}$, 则_____.

(A) $\boldsymbol{A}, \boldsymbol{B}$ 的特征根相同 (B) $\boldsymbol{A}, \boldsymbol{B}$ 的秩相同

(C) $\boldsymbol{A}$ 正定时, $\boldsymbol{B}$ 也正定 (D) $\boldsymbol{A}, \boldsymbol{B}$ 的迹相同

(15) 对称矩阵 $\boldsymbol{A}, \boldsymbol{B}$ 满足 $\boldsymbol{A}\boldsymbol{B} = \boldsymbol{A} + \boldsymbol{B}$, 则有_____.

(A) 如果 $\boldsymbol{A}$ 正定, $\boldsymbol{B}$ 半正定, 则 $\boldsymbol{B}\boldsymbol{A}$ 正定

(B) 如果 $\boldsymbol{A}$ 正定, $\boldsymbol{B}$ 负定, 则 $\boldsymbol{B}\boldsymbol{A}$ 正定

(C) 如果 $\boldsymbol{A}$ 正定, $\boldsymbol{B}$ 负定, 则 $\boldsymbol{B}\boldsymbol{A}$ 负定

(D) 如果 $\boldsymbol{A}$ 正定, $\boldsymbol{B}$ 半负定, 则 $\boldsymbol{B}\boldsymbol{A}$ 半负定

(16) 设 $\boldsymbol{A}$ 相似于 $\begin{pmatrix} \lambda_1 & & \\ & \ddots & \\ & & \lambda_n \end{pmatrix}$, 则 $\boldsymbol{A}$ 一定可分解为_____.

(A) 存在 $\boldsymbol{T}_1, \boldsymbol{T}_2, \cdots, \boldsymbol{T}_n$ 为标准化正交向量组, 使得 $\boldsymbol{A} = \lambda_1 \boldsymbol{T}_1 \boldsymbol{T}_1^{\mathrm{T}} + \cdots + \lambda_n \boldsymbol{T}_n \boldsymbol{T}_n^{\mathrm{T}}$

(B) 存在 $\boldsymbol{B}$ 使得 $\boldsymbol{A} = \boldsymbol{B}^2$

(C) 存在 $\boldsymbol{B}$ 使得 $\boldsymbol{A} = \boldsymbol{B}^3$

(D) 存在 $\boldsymbol{B}$ 使得 $\boldsymbol{A} = \boldsymbol{B}^4$

(17) 设 $\boldsymbol{A}$ 是一个不定矩阵, 则_____.

(A) 存在非奇异矩阵 $\boldsymbol{B}$, 使 $\boldsymbol{A} = \boldsymbol{B}\boldsymbol{B}^{\mathrm{T}}$ (B) 存在非奇异矩阵 $\boldsymbol{B}$, 使 $\boldsymbol{A} = \boldsymbol{B}^2$

(C) 存在非奇异矩阵 $\boldsymbol{B}$, 使 $\boldsymbol{A} = \boldsymbol{B}^3$ (D) 存在非奇异矩阵 $\boldsymbol{B}$, 使 $\boldsymbol{A} = \boldsymbol{B}^4$

(18) 设 $f(\boldsymbol{x}) = \boldsymbol{x}^{\mathrm{T}}\boldsymbol{A}\boldsymbol{x}$ 是一个 n 元二次型. 那么, 下列命题中不正确的是_____.

(A) $f(\boldsymbol{x}) = \boldsymbol{x}^{\mathrm{T}}\boldsymbol{A}\boldsymbol{x}$ 是正定二次型的充要条件是 $f(\boldsymbol{x}) = \boldsymbol{x}^{\mathrm{T}}\boldsymbol{A}^*\boldsymbol{x}$ 为正定二次型

(B) $f(\boldsymbol{x}) = \boldsymbol{x}^{\mathrm{T}}\boldsymbol{A}\boldsymbol{x}$ 是正定二次型的充要条件是其正惯性指数为 n

(C) $f(\boldsymbol{x}) = \boldsymbol{x}^{\mathrm{T}}\boldsymbol{A}\boldsymbol{x}$ 是正定二次型的充要条件是其负惯性指数为 0

(D) $f(\boldsymbol{x}) = \boldsymbol{x}^{\mathrm{T}}\boldsymbol{A}\boldsymbol{x}$ 是正定二次型的充要条件是二次型 $f(\boldsymbol{x}) = -\boldsymbol{x}^{\mathrm{T}}\boldsymbol{A}\boldsymbol{x}$ 的负惯性指数为 n

3. 设向量组 $\boldsymbol{\alpha}_1 = (1, 1, \lambda, -1)^{\mathrm{T}}$, $\boldsymbol{\alpha}_2 = (\lambda, -1, 0, 0)^{\mathrm{T}}$, $\boldsymbol{\alpha}_3 = (1, \lambda, -1, 1)^{\mathrm{T}}$, $\boldsymbol{\beta}_1 = (1, 1, -1, 1)^{\mathrm{T}}$, $\boldsymbol{\beta}_2 = (1, 1, \mu, 0)^{\mathrm{T}}$, $\boldsymbol{\beta}_3 = (1, 1, 0, \mu)^{\mathrm{T}}$, $\boldsymbol{\beta}_4 = (0, 1, \mu, 0)^{\mathrm{T}}$,

(1) 求 λ, μ 的值, 使得 $\boldsymbol{\alpha}_1, \boldsymbol{\alpha}_2, \boldsymbol{\alpha}_3$ 可由 $\boldsymbol{\beta}_1, \boldsymbol{\beta}_2, \boldsymbol{\beta}_3, \boldsymbol{\beta}_4$ 线性表示, 反之亦然.

(2) 求出 $\boldsymbol{\alpha}_1, \boldsymbol{\alpha}_2, \boldsymbol{\alpha}_3$ 的线性表达式.

4. 解下列方程组:

(1) $\begin{cases} x_1 + 2x_2 + x_3 + x_4 = 0, \\ 2x_1 + x_2 + x_3 + x_4 = 0; \end{cases}$ 　　　　(2) $\begin{cases} x_1 + 2x_2 + 2x_3 + x_4 = 1, \\ 2x_1 + x_2 + x_3 + 2x_4 = 2, \\ x_1 + x_2 + x_3 + x_4 = 1. \end{cases}$

5. 讨论 λ, μ 的值, 使下列方程组有唯一解、有无穷多解和无解, 并求有解时的全部解.

(1) $\begin{cases} \lambda x_1 + x_2 + x_3 = 4, \\ x_1 + \mu x_2 + x_3 = \lambda, \\ x_1 + x_2 + \lambda x_3 = 4; \end{cases}$ 　　(2) $\begin{cases} (\lambda - 1)x_1 - x_2 + x_4 = 0, \\ x_1 + (\lambda + 1)x_2 = \mu, \\ 2x_1 + \lambda x_2 + (\lambda - 2)x_3 + x_4 = 1, \\ 3x_1 + 2\lambda x_2 + (\lambda - 2)x_3 + x_4 = 0. \end{cases}$

6. 讨论 a, b, c 的值, 使得方程组 (I)

$$\begin{cases} x_1 + x_2 - x_3 - x_4 = 1, \\ 2x_1 + ax_2 - x_3 - x_4 = 2, \\ 3x_1 + (1 + a)x_2 + x_3 - 2x_4 = 3 \end{cases}$$

和方程组 (II)

$$\begin{cases} x_1 - x_2 + x_3 - x_4 = 1, \\ x_2 - x_3 + x_4 = c, \\ x_1 + bx_3 = 1 + c \end{cases}$$

有公共解但不同解.

7. 讨论 a, b, c 的值, 使得方程组 (I)

$$\begin{cases} x_1 + x_2 + x_3 - x_4 = 1, \\ 2x_1 + ax_2 + x_3 - 3x_4 = 2, \\ 3x_1 + (1 + a)x_2 + x_3 - 4x_4 = 3 \end{cases}$$

和方程组 (II)

$$\begin{cases} x_1 - x_2 + x_3 - x_4 = 1, \\ x_2 - x_3 + x_4 = c, \\ x_1 + bx_3 = 1 + c \end{cases}$$

(1) 有公共非零解, (2) 同解.

8. 设 $\boldsymbol{A}$ 为 $m \times n$ 矩阵, $\boldsymbol{B}$ 为 $m \times p$ 矩阵, 证明 $\boldsymbol{AX} = \boldsymbol{B}$ 有解的充分必要条件为 $R(\boldsymbol{A}, \boldsymbol{B}) = R(\boldsymbol{A})$.

9. 设 $\boldsymbol{A}_{m \times n} = (\boldsymbol{r}_1^{\mathrm{T}}, \cdots, \boldsymbol{r}_m^{\mathrm{T}})^{\mathrm{T}}$, $\boldsymbol{b}$ 为 n 维列向量, 证明 $\boldsymbol{Ax} = \boldsymbol{0}$ 的解都是 $\boldsymbol{b}^{\mathrm{T}}\boldsymbol{x} = \boldsymbol{0}$ 的解的充分必要条件为 $\boldsymbol{b}^{\mathrm{T}}$ 是 $\boldsymbol{r}_1, \cdots, \boldsymbol{r}_m$ 的线性组合.

10. 设 $\boldsymbol{A}$ 为 $m \times n$ 矩阵, 则 $\boldsymbol{Ax} = \boldsymbol{b}$ 有解的充分必要条件为 $\boldsymbol{A}^{\mathrm{T}}\boldsymbol{y} = \boldsymbol{0}$ 必隐含 $\boldsymbol{b}^{\mathrm{T}}\boldsymbol{y} = \boldsymbol{0}$.

11. 求矩阵 $\boldsymbol{P}$ 使得 $\boldsymbol{PAP}^{-1} = \boldsymbol{\Lambda}$.

(1) $\boldsymbol{A} = \begin{pmatrix} 1 & 0 & 5 \\ 0 & 1 & -2 \\ 2 & 4 & 0 \end{pmatrix}$; 　　　　(2) $\boldsymbol{A} = \begin{pmatrix} 3 & 2 & -1 \\ -2 & -2 & 2 \\ 3 & 6 & -1 \end{pmatrix}$.

12. 求正交矩阵 $\boldsymbol{T}$ 使得 $\boldsymbol{TAT}^{\mathrm{T}} = \boldsymbol{\Lambda}$.

$$(1) \ \boldsymbol{A} = \begin{pmatrix} 1 & 2 & 1 \\ 2 & 0 & 2 \\ 1 & 2 & 1 \end{pmatrix}; \qquad\qquad (2) \ \boldsymbol{A} = \begin{pmatrix} 2 & -2 & 2 \\ -2 & 2 & 2 \\ 2 & 2 & 2 \end{pmatrix}.$$

13. 化下列二次型为规范形. 并指出其是否正定的, 并求出正负惯性指数.

(1) $f = 3x_1^2 + 3x_3^2 + 4x_1x_2 + 8x_1x_3 + 4x_2x_3$;

(2) $f = 2x_1^2 - x_2^2 - x_3^2 - 4x_1x_2 - 4x_1x_3 - 8x_2x_3$.

14. 判定下列矩阵是否正定矩阵:

$$(1) \ \boldsymbol{A} = \begin{pmatrix} 2 & 1 & 1 & \cdots & 1 \\ 1 & 2 & 1 & \cdots & 1 \\ 1 & 1 & 2 & \cdots & 1 \\ \vdots & \vdots & \vdots & & \vdots \\ 1 & 1 & 1 & \cdots & 2 \end{pmatrix};$$

$$(2) \ \boldsymbol{A} = \begin{pmatrix} x_1 & 1 & \cdots & 1 \\ 1 & x_2 & \cdots & 1 \\ \vdots & \vdots & & \vdots \\ 1 & 1 & \cdots & x_n \end{pmatrix} \quad (x_i > 1).$$

15. 设 $\boldsymbol{AB} = \boldsymbol{A} + \boldsymbol{B}$, 证明 $\boldsymbol{A}, \boldsymbol{B}$ 至少有一个公共的特征向量.

16. 设 $\boldsymbol{A}$ 为非零半正定矩阵, 则 $|\boldsymbol{A} + \boldsymbol{I}| > 1$.

17. $\boldsymbol{A} = (a_{ij})$ 为 n 阶正定矩阵, 则 $|\boldsymbol{A}| \leqslant a_{11} \cdots a_{nn}$ 等号成立当且仅当 $\boldsymbol{A}$ 为对角阵.

18. $\boldsymbol{B} = (a_{ij})$ 为 n 阶非奇异阵, 则 $|\boldsymbol{B}| \leqslant \sqrt{\prod_{i=1}^{n} \left(\sum_{j=1}^{n} b_{ij}^2 \right)}$ 等号成立当且仅当 $\boldsymbol{B}$ 为正交阵.

19. 设 $\boldsymbol{A}_i$ 为 n 阶矩阵, $i = 1, 2, \cdots, k$, 满足

(1) $(\boldsymbol{A}_1 + \cdots + \boldsymbol{A}_k)^2 = \boldsymbol{A}_1 + \cdots + \boldsymbol{A}_k$,

(2) $R(\boldsymbol{A}_1 + \cdots + \boldsymbol{A}_k) = R(\boldsymbol{A}_1) + \cdots + R(\boldsymbol{A}_k)$, 那么 $\boldsymbol{A}_i^2 = \boldsymbol{A}_i$ 且 $\boldsymbol{A}_i \cdot \boldsymbol{A}_j = \boldsymbol{0}(i \neq j)$.

20. 求矩阵 $\boldsymbol{B}$ 使 $\boldsymbol{A} = \boldsymbol{B}^3$, 其中 $\boldsymbol{A} = \begin{pmatrix} 1 & -2 & 2 \\ -2 & -2 & 4 \\ 2 & 4 & -2 \end{pmatrix}$.

21. 求非奇异阵 $\boldsymbol{P}$ 使得 $\boldsymbol{A} = \boldsymbol{PP}^{\mathrm{T}}$, 其中 $\boldsymbol{A} = \begin{pmatrix} 4 & 0 & 0 \\ 0 & 3 & 1 \\ 0 & 1 & 3 \end{pmatrix}$.

22. 求非奇异阵 $\boldsymbol{P}, \boldsymbol{Q}$ 使得 $\boldsymbol{PAQ} = \begin{pmatrix} \boldsymbol{I}_r & \boldsymbol{0} \\ \boldsymbol{0} & \boldsymbol{0} \end{pmatrix}$, 其中

$$\boldsymbol{A} = \begin{pmatrix} 1 & 1 & 1 & 4 & -3 \\ 1 & 1 & -1 & -2 & -1 \\ 2 & 2 & 1 & 5 & -5 \\ 3 & 3 & 1 & 6 & -7 \end{pmatrix}.$$

23. 如果 $(\boldsymbol{\alpha}_1, \cdots, \boldsymbol{\alpha}_s) = (\boldsymbol{\beta}_1, \cdots, \boldsymbol{\beta}_s)\boldsymbol{A}$, 那么 $\boldsymbol{\alpha}_1, \cdots, \boldsymbol{\alpha}_s$ 线性无关的充要条件为 $|\boldsymbol{A}| \neq \boldsymbol{0}$.

24. 设 $\boldsymbol{T}$ 为正交矩阵, $\boldsymbol{U}$ 和 $\boldsymbol{V}$ 是两个对角元为正的上三角矩阵, 且 $\boldsymbol{U} = \boldsymbol{TV}$, 证明 $\boldsymbol{U} = \boldsymbol{V}$.

25. 证明 n 元二次型 $f(\boldsymbol{x}) = \boldsymbol{x}^{\mathrm{T}} \boldsymbol{A} \boldsymbol{x}$ 为正定型的充分必要条件是 $f(\boldsymbol{y}) = \begin{vmatrix} \boldsymbol{A} & \boldsymbol{y} \\ \boldsymbol{y}^{\mathrm{T}} & \boldsymbol{0} \end{vmatrix}$ 是一个负定二次型.

26. 求 n 元二次型 $f(\boldsymbol{x}) = \boldsymbol{x}^{\mathrm{T}} \boldsymbol{A} \boldsymbol{x}$ 在 $\boldsymbol{x}^{\mathrm{T}} \boldsymbol{x} = 1$ 条件下的最大最小值.

9.5　复习题参考答案与提示

1. (1) 1. (2) $x \in R$ 但 $x \neq 1$. (3) 3. (4) $\boldsymbol{x} = k_1 (1,1,0)^{\mathrm{T}} + k_2 (1,0,1)^{\mathrm{T}}$. (5) 8. (6) 线性无关. (7)18. (8)(0,1). (9) $\begin{pmatrix} -2 & & \\ & -2 & \\ & & 5 \end{pmatrix}$ 或 $\begin{pmatrix} -2 & & \\ & 5 & \\ & & 5 \end{pmatrix}$. (10) $\begin{pmatrix} 0 & 0 & 0 \\ 0 & 1 & -3 \\ 0 & -3 & 1 \end{pmatrix}$, 合同关系. (11) $\left(-\dfrac{8}{5}, \dfrac{8}{5} \right)$. (12) 合同.

2. (1) (B). (2) (C). (3) (C). (4) (C). (5) (C). (6) (A). (7) (C). (8) (D). (9) (D). (10) (D). (11) (D). (12) (C). (13) (B). (14) (B). (15) (A). (16) (C). (17) (C). (18) (C).

3. (1) $\lambda = 1$, $\mu = 0$. (2) $\boldsymbol{\alpha}_1 = -\boldsymbol{\beta}_1 + 2\boldsymbol{\beta}_2$, $\boldsymbol{\alpha}_2 = \boldsymbol{\beta}_2 - 2\boldsymbol{\beta}_4$, $\boldsymbol{\alpha}_3 = \boldsymbol{\beta}_1$.

4. (1) $\boldsymbol{x} = k_1 (1,1,-3,0)^{\mathrm{T}} + k_2 (1,1,0,-3)^{\mathrm{T}}$ (k_1, k_2 为任意常数).

(2) $\boldsymbol{x} = k_1 (0,1,-1,0)^{\mathrm{T}} + k_2 (1,0,0,-1)^{\mathrm{T}} + (1,0,0,0)^{\mathrm{T}}$ (k_1, k_2 为任意常数).

5. (1) $\lambda = 1$, $\mu = 1$ 时, 无解; $\lambda = 1$, $\mu \neq 1$ 时, 有无穷多解且

$$\boldsymbol{x} = k(-1,0,1)^{\mathrm{T}} + \left(\frac{4\mu - 1}{\mu - 1}, \frac{3}{1 - \mu}, 0 \right)^{\mathrm{T}};$$

$\lambda = -1$, $\forall \mu$ 时, 有唯一解 $\left(\dfrac{-4\mu - 1}{2}, 4\dfrac{-1 - 4\mu}{2} \right)^{\mathrm{T}}$; $\lambda \neq \pm 1$, $\mu \neq \dfrac{2}{\lambda + 1}$ 时, 有唯一解 $\left(\dfrac{\lambda - 4\mu}{2 - \mu(\lambda + 1)}, \dfrac{8 - \lambda(\lambda + 1)}{2 - \mu(\lambda + 1)}, \dfrac{\lambda - 4\mu}{2 - \mu(\lambda + 1)} \right)^{\mathrm{T}}$.

(2) $\lambda \neq 2$, $\forall \mu$ 时, 方程组有唯一解, 且为 $x_1 = -(\lambda + \mu\lambda) - 1$, $x_2 = 1 + \mu$,

$$x_3 = -\frac{(1 + \mu)\lambda^2 - (1 + 2\mu)\lambda + \mu - 3}{\lambda - 2}, \quad x_4 = (1 + \mu)\lambda^2 - \mu\lambda + \mu;$$

$\lambda = 2$, $\mu = 1$ 时, 方程组有无穷多解, 且为 $\boldsymbol{x} = k(0,0,1,0)^{\mathrm{T}} + (-5,2,0,7)^{\mathrm{T}}$ (k 为任意常数); $\lambda = 2$, $\mu \neq 1$ 时, 方程组无解.

6. 任意 a, b 和 $c = 0$ 有公共解但对任意 a, b 和 c 两个方程组不同解.

7. (1) $c = 0$, a 和 b 任意, 公共非零解 $(1,0,0,0)^{\mathrm{T}}$. (2) $a = 3$, $b \neq 0$, $c = 0$.

8. $R(\boldsymbol{A}, \boldsymbol{B}) = R(\boldsymbol{A})$ 的充要条件是 $\boldsymbol{B}$ 的列向量组可由 $\boldsymbol{A}$ 的列向量组线性表示.

9. 注意 $R \begin{pmatrix} \boldsymbol{A} \\ \boldsymbol{b}^{\mathrm{T}} \end{pmatrix} = R(\boldsymbol{A})$ 的充要条件是 $\boldsymbol{b}^{\mathrm{T}}$ 可由 $\boldsymbol{A}$ 的行向量线性表示.

10. 利用复习题 9.

11. (1) $P = \dfrac{1}{3} \begin{pmatrix} 6 & 15 & 0 \\ -1 & -2 & 1 \\ 2 & 4 & 1 \end{pmatrix}$, $\Lambda = \begin{pmatrix} 1 & & \\ & -1 & \\ & & 2 \end{pmatrix}$.

(2) $P = \dfrac{1}{6} \begin{pmatrix} -2 & 2 & 2 \\ 3 & 6 & 3 \\ -1 & -2 & 1 \end{pmatrix}$, $\Lambda = \begin{pmatrix} 2 & & \\ & 2 & \\ & & -4 \end{pmatrix}$.

12. (1) $T = \begin{pmatrix} 1/\sqrt{2} & 0 & -1/\sqrt{2} \\ 1/\sqrt{6} & -2/\sqrt{6} & 1/\sqrt{6} \\ 1/\sqrt{3} & 1/\sqrt{3} & 1/\sqrt{3} \end{pmatrix}$, $\Lambda = \begin{pmatrix} 0 & & \\ & -2 & \\ & & 4 \end{pmatrix}$.

(2) $T = \begin{pmatrix} -1/\sqrt{2} & 1/\sqrt{2} & 0 \\ 1/\sqrt{6} & 1/\sqrt{6} & 2/\sqrt{6} \\ 1/\sqrt{3} & 1/\sqrt{3} & -1/\sqrt{3} \end{pmatrix}$, $\Lambda = \begin{pmatrix} 4 & & \\ & 4 & \\ & & -2 \end{pmatrix}$.

13. (1) $f = y_1^2 - y_2^2 - y_3^2$, 是不定型, 正惯性指数为 1, 负惯性指数为 2.
(2) $f = y_1^2 + y_2^2 - y_3^2$, 是不定型, 正惯性指数为 2, 负惯性指数为 1.

14. (1) 正定矩阵. (2) 正定矩阵.

15. 注意 A, B 是可交换的.

16. 仿例题 24(1).

17. 利用例题 24(2).

18. 考虑 BB^{T} 的正定性, 再利用复习题 17.

19. 作矩阵的秩分解.

20. $B = \begin{pmatrix} 8\sqrt[3]{2} + \sqrt[3]{-7} & -2\sqrt[3]{2} + 2\sqrt[3]{-7} & 2\sqrt[3]{2} - 2\sqrt[3]{-7} \\ -2\sqrt[3]{2} + 2\sqrt[3]{-7} & 5\sqrt[3]{2} + 4\sqrt[3]{-7} & 4\sqrt[3]{2} - 4\sqrt[3]{-7} \\ 2\sqrt[3]{2} - 2\sqrt[3]{-7} & 4\sqrt[3]{2} - 4\sqrt[3]{-7} & 5\sqrt[3]{2} + 4\sqrt[3]{-7} \end{pmatrix}$.

21. $P = \begin{pmatrix} 2 & 0 & 0 \\ 0 & \sqrt{2} & -1 \\ 0 & \sqrt{2} & 1 \end{pmatrix}$.

22. $P = \begin{pmatrix} 1 & 0 & 0 & 0 \\ 2 & 0 & -1 & 0 \\ 3 & 1 & -2 & 0 \\ 1 & 0 & -2 & 1 \end{pmatrix}$, $Q = \begin{pmatrix} 1 & -1 & -1 & -1 & 3 \\ 0 & 0 & 1 & 0 & 0 \\ 0 & 1 & 0 & -3 & \frac{3}{2} \\ 0 & 0 & 0 & 1 & 0 \\ 0 & 0 & 0 & 0 & \frac{3}{2} \end{pmatrix}$. 注: 这样的矩阵不

唯一.

23. 考虑 $Ax = 0$ 的解.

24. 对矩阵的阶数用归纳法.

25. 利用四块矩阵的行列式计算公式.

26. 先证明 $x^{\mathrm{T}} x \min\{\lambda_1, \cdots, \lambda_n\} \leqslant x^{\mathrm{T}} A x \leqslant x^{\mathrm{T}} x \max\{\lambda_1, \cdots, \lambda_n\}$.

第 10 章　事件与概率

10.1　概念、性质与定理

10.1.1　事件

10.1.1.1　概念

1. 试验是一次观察活动或一个观察过程, 常记为 E.

2. 试验的所有可能结果的集合, 称为试验的样本空间, 记为 S.

3. S 中的元素称为试验的基本事件, 记为 ω 或 e, 这意味着 $\omega \in S$.

4. 试验的结果或 S 的子集称为事件. 常用 $A, B, C, \cdots$ 表示, 不可能事件用 $\varnothing$ 表示, S 也表示必然事件.

5. 事件的关系.

设 A, B 是两个事件,

(1) 如果事件 A 发生必然引起事件 B 发生, 则称事件 A 包含于 B, 记为 $A \subset B$.

(2) 如果事件 A 发生必然引起事件 B 发生, 事件 B 发生也必然引起事件 A 发生, 即 $A \subset B, B \subset A$, 则称事件 A 与事件 B 相等, 记为 $A = B$ 或说事件 A 与事件 B 相同.

(3) 事件 A 发生或者事件 B 发生这一新事件称为事件 A 与事件 B 的和, 记为 $A \cup B$.

(4) 事件 A 发生且事件 B 发生这一新事件称为事件 A 与事件 B 的积, 记为 $A \cap B$.

(5) 事件 A 发生但事件 B 不发生这一新事件称为事件 A 与事件 B 的差, 记为 $A - B$.

(6) 事件 S 发生但事件 A 不发生这一新事件称为事件 A 的对立事件, 记为 A^c 或 $\bar{A}$, 即 $A^c = S - A$ 或 $\bar{A} = S - A$.

6. 事件发生　试验的基本事件 ω 出现在 A 中, 则说事件 A 发生, 常记为 $\omega \in A$. 事件的关系也可用数学表达式表示.

(1) 事件的包含关系 $A \subset B \Leftrightarrow \forall \omega \in A \Rightarrow \omega \in B$;

(2) 事件的相等关系 $A = B \Leftrightarrow A \subset B$ 且 $B \subset A$;

(3) 事件的和或并 $A \cup B = \{\omega | \omega \in A$ 或 $\omega \in B\}$;

(4) 事件的积或交 $A \cap B = \{\omega | \omega \in A \text{ 且 } \omega \in B\}$;

(5) 事件的差 $A - B = \{\omega | \omega \in A \text{ 但 } \omega \notin B\}$;

(6) 事件的补事件或对立事件 A^c 或 $\bar{A} = \{\omega | \omega \in S \text{ 但 } \omega \notin A\}$.

以上这些式子表明了事件关系与集合关系类似.

7. 互斥事件 (不相容事件).

设 A, B 是两个事件, 如果 $A \cap B = \varnothing$, 则称事件 A, B 是互斥的或不相容的.

8. 对立事件.

设 A, B 是两个事件, $A \cup B = S$ 且 $A \cap B = \varnothing$, 则称 A, B 为互补事件或互斥, B 的对立事件记为 $\bar{B}$ 或 B^c, 即 $A^c = B$ 或 $B^c = A$.

9. 独立事件 (见 10.2.1 中的 4).

10.1.1.2 性质与定理

1. 事件运算律.

设 A, B, C 为事件, 则

(1) $A \cup B = B \cup A$, $A \cap B = B \cap A$;

(2) $A \cup B \cup C = (A \cup B) \cup C = A \cup (B \cup C) = (A \cup C) \cup B$;

(3) $A \cap B \cap C = (A \cap B) \cap C = A \cap (B \cap C) = (A \cap C) \cap B$;

(4) $A \cap (B \cup C) = (A \cap B) \cup (A \cap C) = (B \cup C) \cap A = (B \cap A) \cup (C \cap A)$;

(5) $(A \cup B)^c = A^c \cap B^c$, $(A \cap B)^c = A^c \cup B^c$.

这些运算律适合于多个事件的运算.

2. 补事件的运算性质.

$$A \cup A^c = S; \quad A \cap A^c = \varnothing; \quad A - B = A \cap B^c; \quad (A^c)^c = A.$$

10.1.2 概率

10.1.2.1 概念

1. 事件 A 的概率.

事件 A 的概率是事件 A 发生的机会的精确度量值 p, 常记为 $P = P(A)$. 其精确定义是设 S 为试验 E 的样本空间, $\forall A \subset S$, 有唯一的实数 p 与之对应, 我们记为 $p = P(A)$. 如果 $p = P(\cdot)$ 满足

(1) 若 $\forall A \subset S$, 则 $P(A) \geqslant 0$;

(2) $P(S) = 1$;

(3) 若 $\forall A_i \subset S$, 且 $A_i \cap A_j = \varnothing \ (i \neq j, \ i, j = 1, 2, \cdots)$, 则 $P\left(\bigcup_{i=1}^{\infty} A_i\right) = \sum_{i=1}^{\infty} P(A_i)$. 那么, $p = P(A)$ 称为事件 A 的概率.

2. 古典概率.

如果试验满足

(1) 所有可能结果数是有限的, 即 $S = \{\omega_1, \cdots, \omega_n\}$;

(2) 所有可能结果出现的可能性相同, 即 $P(\omega_1) = \cdots = P(\omega_n)$,

则称此试验为古典概型试验, 其事件 A 的概率计算式为

$$P(A) = \frac{A \text{ 中的基本事件总数}}{S \text{ 中的基本事件总数}}.$$

3. 条件概率.

设 A, B 是两个事件且 $P(B) > 0$, 称 $\dfrac{P(A \cap B)}{P(B)}$ 为在事件 B 发生的条件下 A 发生的概率或称 A 在 B 发生时的条件概率, 记为 $P(A|B)$, 即

$$P(A|B) = \frac{P(A \cap B)}{P(B)}.$$

4. 独立事件.

如果两个事件 A, B 满足 $P(A \cap B) = P(A)P(B)$, 则称事件 A 与事件 B 是独立的, 否则, 事件 A, B 不是独立的.

5. 多个事件的独立性.

如果 $A_1, A_2, \cdots, A_n$ 满足 $P(A_{i_1} \cap \cdots \cap A_{i_k}) = P(A_{i_1}) \cdots P(A_{i_k})(i \leqslant k \leqslant n)$, 则称事件 $A_1, A_2, \cdots, A_n$ 是相互独立的.

如果 $A_1, A_2, \cdots, A_n$ 满足 $P(A_i \cap A_j) = P(A_i) \cdot P(A_j)(i \neq j)$, 则称事件 $A_1, A_2, \cdots, A_n$ 是两两独立的.

6. 几何概率.

如果试验满足

(1) 所有可能结果集 $S \subset R^n$;

(2) 所有可能结果出现的可能性相同,

则称此试验为几何概型试验. 其中事件 A 的概率计算式为

$$P(A) = \frac{A \text{ 的几何度量}}{S \text{ 的几何度量}}.$$

10.1.2.2　性质与定理

1. 不可能事件的概率 $P(\varnothing) = 0$.

2. 概率的有限可加性　设 $A_1, A_2, \cdots, A_n$ 满足 $A_i \cap A_j = \varnothing (i \neq j)$, 则

$$P(A_1 \cup A_2 \cup \cdots \cup A_n) = \sum_{i=1}^{n} P(A_i).$$

3. 概率的单调性 如果 $A \subset B$, 则 $P(A) \leqslant P(B)$.

4. 概率的非负有限性 $\forall A \subset S$, 则 $0 \leqslant P(A) \leqslant 1$.

5. 对立事件概率公式 $P(A^c) = 1 - P(A)$.

6. 概率加法公式 $P(A \cup B) = P(A) + P(B) - P(A \cap B)$.

$$P(A \cup B \cup C) = P(A) + P(B) + P(C) - P(A \cap B) - P(B \cap C)$$
$$- P(A \cap C) + P(A \cap B \cap C).$$

一般地有

$$P\left(\bigcup_{i=1}^{n} A_i\right) = \sum_{i=1}^{n} P(A_i) - \sum_{1 \leqslant i < j \leqslant n} P(A_i \cap A_j)$$
$$+ \sum_{1 \leqslant i < j < k \leqslant n} P(A_i \cap A_j \cap A_k) + \cdots + (-1)^{n-1} P\left(\bigcap_{i=1}^{n} A_i\right).$$

7. 若 $B \subset S, P(B) > 0$, 则 $\forall A \subset S$ 条件概率 $P(A|B)$ 也满足前面的性质 1—性质 6.

8. 全概率公式.

设 $A_1, A_2, \cdots, A_n$ 满足 $A_i \cap A_j = \varnothing (i \neq j)$, 则事件 B 的概率为

$$P(B) = P(B|A_1)P(A_1) + \cdots + P(B|A_n)P(A_n) = \sum_{i=1}^{n} P(B|A_i)P(A_i).$$

9. Bayes 公式.

设 $A_1, A_2, \cdots, A_n$ 满足 $A_i \cap A_j = \varnothing (i \neq j)$, 则

$$P(A_i|B) = \frac{P(B|A_i)P(A_i)}{\displaystyle\sum_{i=1}^{n} P(B|A_i)P(A_i)}.$$

10. 概率乘法公式.

设 n 个事件 $A_1, A_2, \cdots, A_n$ 满足 $P(A_1 \cap \cdots \cap A_{n-1}) > 0$, 则

$$P(A_1 \cap A_2 \cap \cdots \cap A_{n-1})$$
$$= P(A_n|A_1 \cap \cdots \cap A_{n-1}) \cdot P(A_{n-1}|A_1 \cap \cdots \cap A_{n-2}) \cdots \cdot P(A_2|A_1) \cdot P(A_1).$$

11. 独立性定理.

设 A, B 为两个事件, 则 A, B 独立的充要条件为 A, B^c 独立. A, B^c 独立的充要条件为 A^c, B^c 独立. A^c, B^c 独立的充要条件为 A^c, B 独立. A^c, B 独立的充要条件为 A, B 独立.

10.2 概 念 例 解

1. 设某试验的样本空间为 $S = \{\omega_1, \omega_2, \omega_3\}$, 则此试验的全体事件是   (D)   .

(A) ω_1, ω_2 和 ω_3

(B) ω_1, ω_2, ω_3, ω_1 或 ω_2, ω_1 或 ω_3, ω_2 或 ω_3

(C) ω_1, ω_2, ω_3, ω_1 或 ω_2, ω_1 或 ω_3, ω_2 或 ω_3, S

(D) ω_1, ω_2, ω_3, ω_1 或 ω_2, ω_1 或 ω_3, ω_2 或 ω_3, S, $\varnothing$

解　应选 (D). 因为全体事件即为样本空间的全体子集.

2. 满足   (D)   的试验为随机试验.

(A) 相同条件下的可重复性　　　　　(B) 所有结果的可知性

(C) 具体结果出现的不可控性　　　　(D) (A)、(B) 和 (C)

解　应选 (D). 因为随机试验同时具有三个特点: 在相同条件下可重复进行; 结果不止一个且所有结果是明确的; 试验前不可控制哪一个具体结果会发生.

3. 抛一颗骰子出现了 5 点, 事件 A 表示出现奇数点, B 表示出现大于或等于 3 的点数, 则下列说法正确的有   (D)   .

(A) 事件 A 没有发生　　　　　　　(B) 事件 B 没有发生

(C) 事件 A 和事件 B 都没有发生　(D) 事件 A 和事件 B 都发生了

解　应选 (D). 因为事件发生指的是事件中的某个基本事件在试验中出现, 而不是在一次讨论中这个事件所包含的基本事件都出现.

4. 有关试验、观察者、样本空间和事件描述正确的有   (C)   .

(A) 试验与观察者无关

(B) 样本空间仅与试验有关, 与观察者无关

(C) 样本空间与试验和观察者有关

(D) 事件与观察者无关

解　应选 (C). 因为 (A), (B) 和 (D) 都不对, 只有 (C) 对. 因为试验是由观察者参与并完成的, 且由于观察者观察视觉不同, 而样本空间也不同. 而事件的不可控性指的是事件出现与否的不可控性. 对于 (C), 我们还可以看一个例子, m 张剧票以抽签方式分配给 n 个人, 其中第 k_1 个人和第 k_2 个人 $(k_1 \neq k_2)$ 获得剧票. 把 n 个人抽完 n 张签作为一次分配, 试验的基本事件实际上是 n 张签的一个排列 ω_i, 故样本空间 $S = \{\omega_1, \cdots, \omega_{n-1}\}$. 现只考察第 k_1 个人和第 k_2 个人得票情况. 将 n 张签分配给这两个人或第 k_1 个人抽一张签和第 k_2 个人抽一张签作为一次分配, 则试验的基本事件为第 k_1 个人在 n 张签中取一张, 第 k_2 个人在剩下的 $n-1$ 张签中取一张, 取法记为 ω_i, 此时样本空间为 $S = \{\omega_1, \cdots, \omega_{n(n-1)}\}$.

5. 事件 A, B, C 的运算式为 $A \cap B \cap C^c \cup A \cap B^c \cap C \cup A^c \cap B \cap C$ 表示 ___(C)___.

(A) 事件 A, B, C 至少有两个发生　　(B) 事件 A, B, C 至少有一个发生

(C) 事件 A, B, C 仅有两个发生　　(D) 事件 A, B, C 最多有一个发生

解　应选 (C). 由 $\omega \in A \cap B \cap C^c \cup A \cap B^c \cap C \cup A^c \cap B \cap C$ 知

$$\omega \in A \cap B \cap C^c, \ \text{或} \ A \cap B^c \cap C, \ \text{或} \ A^c \cap B \cap C,$$

而 $\omega \in A, \omega \in B$ 但 $\omega \notin C$, 此表明 A, B 同时发生, C 不发生.

同理, $\omega \in A \cap B^c \cap C$ 表明 A, C 同时发生, B 不发生. $\omega \in A^c \cap B \cap C$ 表明 B, C 共同发生, A 不发生. 每种情况, 只有两个事件发生, 故运算式表示 A, B, C 仅有两个发生, 因此选 (C).

6. 事件 A, B, C 的下列运算式正确的是 ___(D)___.

(A) $(A - B) \cup (B - A) \cup C = C$　　(B) $A - (B \cup C) = (A - B) \cup C$

(C) $A \cup B - C = A \cup (B - C)$　　(D) $A \cup (B \cap C) = (A \cup B) \cap (A \cup C)$

解　应选 (D). 由 $\omega \in A \cup (B \cap C)$ 可知, $\omega \in A$ 或 $\omega \in B$ 且 $\omega \in C$. 这意味着 $\omega \in A$ 或 $\omega \in B$, 并且 $\omega \in A$ 或 $\omega \in C$, 即 $\omega \in A \cup B$ 且 $\omega \in A \cup C$, 从而, $\omega \in (A \cup B) \cap (A \cup C)$. 又 $\omega \in (A \cup B) \cap (A \cup C)$, $\omega \in A \cup B$ 且 $\omega \in A \cup C$, 即 $\omega \in A$ 或 $\omega \in B$, 并且 $\omega \in A$ 或 $\omega \in C$. 于是有 $\omega \in A$ 或 $\omega \in B$ 且 $\omega \in C$, 即 $\omega \in A \cup (B \cap C)$. 这就证明了 (D) 是对的.

也可以这样证明

$$\begin{aligned}
A \cup (B \cap C) &= ((A \cup (B \cap C))^c)^c = (A^c \cap (B^c \cup C^c))^c \\
&= ((A^c \cap B^c) \cup (A^c \cap C^c))^c = ((A \cup B)^c \cup (A \cup C)^c)^c \\
&= (A \cup B) \cap (A \cup C).
\end{aligned}$$

(A) 不对. 这是因为 $(A - B) \cup (B - A) \cup C = A \cup B - A \cap B \cup C$. (B) 不对, 这是因为

$$A - (B \cup C) = A \cap (B \cup C)^c = A \cap B^c \cap C^c = (A - B) \cap (B - C) \neq (A - B) \cup C.$$

(C) 不对. 这是因为

$$A \cup B - C = (A \cup B) \cap C^c = (A \cap C^c) \cup (B \cap C^c) = (A - C) \cup (B - C) \neq A \cup (B - C).$$

7. 设事件 A, B 不相容, C 是任意事件, 则有 ___(B)___.

(A) $C = (A \cap C) \cup (B \cap C)$　　(B) $C = (A^c \cap C) \cup (B^c \cap C)$

(C) $C = (A \cap C) \cup (B^c \cup C)$　　(D) $C = (A^c \cap C) \cup (B \cap C)$

解 应选 (B). 由于 $AB = \varnothing$, $A^c \cup B^c = S$ 可知

$$C = S \cap C = (A^c \cup B^c) \cap C = (A^c \cap C) \cup (B^c \cap C),$$

故选 (B).

8. 设 $P(A \cap B) = 0$, C 是任意事件, 则下列结论错误的是 ___(A)___ .

(A) 事件 $A \cap B$, C 不相容   (B) 事件 $A \cap B$, C 独立
(C) 事件 $A \cap B$, C^c 独立   (D) 事件 $A^c \cup B^c$, C 独立

解 应选 (A). 尽管式子 $0 \leqslant P(A \cap B \cap C) \leqslant P(A \cap B) = 0$ 成立, 但是, 这并不意味着 $A \cap B \cap C = \varnothing$, 但 $P(A \cap B \cap C) = 0 = P(A \cap B)P(C)$. 这表明 $A \cap B$, C 是独立的, 因而 (C), (D) 也是对的.

9. 设 $P(A) = 1$, B 是任意事件, 则下列结论正确的是 ___(C)___ .

(A) 事件 A 和 B 不相容   (B) 事件 A 和 B 互斥
(C) 事件 A 和 B 相互独立   (D) 事件 A 和 B 不独立

解 应选 (C). 因为

$$P(B) = P(B \cap A^c) + P(A \cap B),$$

而

$$0 \leqslant P(B \cap A^c) \leqslant P(A^c) = 1 - P(A) = 0,$$

于是有

$$P(A \cap B) = P(B) = 1 \cdot P(B) = P(A) \cdot P(B),$$

故事件 A 和 B 独立.

10. 设 A, B 为两个事件, 则下列式子正确的有 ___(B)___ .

(A) $P(A - B) = P(A) - P(B)$ (B) $P(A - B) = P(A) - P(A \cap B)$
(C) $P(A \cap B) = P(A) \cdot P(B)$ (D) $P(A \cup B) = P(A) + P(B)$

解 应选 (B). 由于 $A - B = A \cap B^c$, 于是, $P(A) = P(A \cap B^c) + P(A \cap B)$, 即

$$P(A \cap B^c) = P(A) - P(A \cap B),$$

$$P(A - B) = P(A) - P(A \cap B).$$

故 (B) 是对的. (A) 仅在 $B \subset A$ 的条件下才是对的. (C) 成立则要求 A, B 独立, 而 A, B 不相容时 (D) 才成立. 因此, (A), (C) 和 (D) 都不能选.

11. 设 $P(A) > 0$, $P(B) > 0$, 则下列命题正确的是 ___(B)___ .

(A) 如果事件 A, B 独立, 那么事件 A, B 不相容
(B) 如果事件 A, B 独立, 那么事件 A, B 相容

(C) 如果事件 A, B 不相容, 那么事件 A, B 独立

(D) 如果事件 A, B 不相容, 那么事件 A, B 互为对立

解 应选 (B). 因为 $P(A \cap B) = P(A) \cdot P(B) > 0$, 如果不相容, 则 $P(A \cap B) = 0$, 故 (B) 是对的. 而 (A) 是错的, 因为 A, B 不相容可知 $A \cap B = \varnothing$, 因而 $P(A \cap B) = 0$. 这与已知 $P(A \cap B) = P(A) \cdot P(B) > 0$ 矛盾. (A) 的论述意味着 (C) 也是错的. 又由于 A, B 不相容知

$$P(A \cup B) = P(A) + P(B) - P(A \cap B) = P(A) + P(B) = 1$$

未必成立, 而 A, B 互为对立时可知 $A \cup B = S$, 进而, $P(A \cup B) = 1$ 是必定成立的, 因而选项 (D) 也是不对的. 值得注意的是即使 $P(A \cup B) = P(A) + P(B) = 1$ 也推不出 $A \cup B = S$. 例如, 设样本空间 $S = [0,1]$, 事件 $A = \left(0, \dfrac{1}{3}\right)$, 事件 $B = \left(\dfrac{1}{3}, 1\right)$, 那么事件 A 和 B 是不相容的, 而且 $P(A \cup B) = 1$, 但 $A \cup B \neq S$, 从而事件 A, B 不是对立的.

12. 如果事件 A, B, C 和 D 构成 S 的一个划分, 那么事件 A, B, C 和 D 的下列各组概率值中合理的一组是 ___(A)___ .

(A) $P(A) = 0.48$, $P(B) = 0.22$, $P(C) = 0.18$ 和 $P(D) = 0.12$

(B) $P(A) = 0.45$, $P(B) = 0.35$, $P(C) = 0.21$ 和 $P(D) = 0.01$

(C) $P(A) = 0.36$, $P(B) = -0.12$, $P(C) = 0.56$ 和 $P(D) = 0.20$

(D) $P(A) = 0.32$, $P(B) = 0.26$, $P(C) = 0.26$ 和 $P(D) = 0.15$

解 应选 (A). 因为 $S = A \cup B \cup C \cup D$, $P(S) = P(A) + P(B) + P(C) + P(D) = 1$, 故 (A) 是合理的. (B) 不对是因为违背 $P(S) = 1$. (C) 不对是因为 $P(B) < 0$, 违背了概率的非负性. (D) 不对也是因为违背了 $P(S) = 1$.

13. 如果事件 A, B, C 和 D 构成 S 的一个划分, $P(H) > 0$, 则下列四组条件概率中合理的一组是 ___(A)___ .

(A) $P(A|H) = 0.11$, $P(B|H) = 0.16$, $P(C|H) = 0.35$ 和 $P(D|H) = 0.38$

(B) $P(A|H) = 0.16$, $P(B|H) = 0.31$, $P(C|H) = 0.28$ 和 $P(D|H) = 0.27$

(C) $P(A|H) = 0.27$, $P(B|H) = 0.47$, $P(C|H) = 0.32$ 和 $P(D|H) = -0.06$

(D) $P(A|H) = 0.0625$, $P(B|H) = 0.25$, $P(C|H) = 0.5$ 和 $P(D|H) = 0.125$

解 应选 (A). 条件概率 $P(\cdot|H)$ 同样具备概率的各种性质, 特别是 $P(S|H) = 1$ 和非负性 $P(\cdot|H) \geqslant 0$. 由于 $S = A \cup B \cup C \cup D$, 且 $A \cap B = \varnothing$, $A \cap C = \varnothing$, $A \cap D = \varnothing$, $B \cap C = \varnothing$, $B \cap D = \varnothing$ 和 $C \cap D = \varnothing$. 于是

$$P(S|H) = P(A|H) + P(B|H) + P(C|H) + P(D|H) = 1.$$

故 (A) 是合理的. (B) 不能选是因为 $P(S|H) = 1$ 不成立. (C) 不能选是因为违背了概率的非负性. (D) 不能选也是违背了 $P(S|H) = 1$.

14. 事件 A, B 和 C 互不相容, 且 $P(A) = P(B) = P(C) = p$, 则 $P(A \cup B^c \cup C) = $ ___(D)___ .

(A) $3p$　　　　　　(B) $2p$　　　　　　(C) p　　　　　　(D) $1 - p$

解　应选 (D). 因为

$$P(A \cup B^c \cup C) = P(A) + P(B^c) + P(C) - P(A \cap B^c)$$
$$- P(A \cap C) - P(B^c \cap C) + P(A \cap B^c \cap C),$$

又

$$P(A \cap B^c) = P(A) - P(A \cap B) = P(A), \quad P(B^c \cap C) = P(C),$$
$$P(A \cap C) = 0, \quad P(A \cap B^c \cap C) = 0,$$

故

$$P(A \cup B^c \cup C) = P(A) + P(B^c) + P(C) - P(A) - P(C)$$
$$= P(B^c) = 1 - P(B) = 1 - p.$$

15. 设非零概率事件 A, B 满足 $P(A^c|B) + P(A|B^c) = 1$, 则事件 A, B ___(C)___ .

(A) 互不相容　　　(B) 互为对立　　　(C) 相互独立　　　(D) 不独立

解　应选 (C). 由 $P(A^c|B) + P(A|B^c) = 1$ 可知, $P(A|B) = P(A|B^c)$, 即

$$\frac{P(A \cap B)}{P(B)} = \frac{P(A \cap B^c)}{P(B^c)} = \frac{P(A) - P(A \cap B)}{1 - P(B)}.$$

于是

$$P(A \cap B) = P(A) \cdot P(B),$$

即事件 A, B 是独立的. 结果 (A), (B) 和 (D) 都是不对的, 从而都不能选.

16. 设非零概率事件 A, B 满足 $P(A^c|B^c) = P(A^c)$, 则下列等式中不成立的是 ___(D)___ .

(A) $P(A|B) + P(A^c|B^c) = 1$　　　　(B) $P(A^c|B) + P(A|B^c) = 1$

(C) $P(A|B) + P(A^c|B) = 1$　　　　(D) $P(A|B) + P(A|B^c) = 1$

解　应选 (D). 因为非零事件 A^c, B^c 独立的充要条件是 $P(A^c|B^c) = P(A^c)$, 故 A 与 B, A^c 与 B, A 与 B^c 都是独立的. 因此可以得到

$$P(A^c|B) + P(A|B^c) = 1,$$

$$P(A|B) + P(A^c|B^c) = 1,$$

$$P(A|B) + P(A^c|B) = 1.$$

从而选项 (A), (B) 和 (C) 都是对的. 对于选项 (D), 由 A 与 B^c, A 与 B 的独立性知 $P(A|B) + P(A|B^c) = 2P(A)$, 但 $2P(A)$ 未必等于 1, 故 (D) 是不成立的.

17. 如果事件 A, B, C 和 D 中的任意三个事件都是相互独立的, 那么事件 A, B, C, D 相互独立的充要条件是 ___(A)___.

(A) AB 与 CD 独立   (B) ABC 与 $ABCD$ 独立

(C) ABC 与 BCD 独立   (D) ABC 与 CD 独立

解 应选 (A). 由于事件 A, B, C, D 独立的充要条件为

$$P(A \cap B) = P(A) \cdot P(B), \quad P(A \cap C) = P(A) \cdot P(C), \quad P(A \cap D) = P(A) \cdot P(D),$$

$$P(B \cap C) = P(B) \cdot P(C), \quad P(B \cap D) = P(B) \cdot P(D), \quad P(C \cap D) = P(C) \cdot P(D),$$

且

$$P(ABC) = P(A) \cdot P(B) \cdot P(C), \quad P(ACD) = P(A) \cdot P(C) \cdot P(D),$$
$$P(ABD) = P(A) \cdot P(B) \cdot P(D), \quad P(BCD) = P(B) \cdot P(C) \cdot P(D),$$
$$P(ABCD) = P(A) \cdot P(B) \cdot P(C) \cdot P(D).$$

现在, 因事件 A, B, C 和 D 中的任意三个事件都是相互独立的, 进而, 事件 A, B, C, D 也是两两独立的. 于是, 事件 A, B, C, D 是独立的充要条件是

$$P(ABCD) = P(A) \cdot P(B) \cdot P(C) \cdot P(D).$$

上式的等价条件显然是 AB 与 CD 独立, 因为

$$P(ABCD) = P(AB) \cdot P(CD) = P(A) \cdot P(B) \cdot P(C) \cdot P(D).$$

因此, 应选 (A), 而其他选项都不能选.

18. 设有事件 A, B 和 C, 则下列陈述不正确的有 ___(D)___.

(A) 如果 A, B, C 为古典概型中的事件, 那么, $P(A|B) = \dfrac{AB \text{ 的基本事件数}}{B \text{ 的基本事件数}}$

(B) 如果 $A \cap B = \varnothing$, $C \subset A \cup B$, 则 $P(C) = P(C|A) \cdot P(A) + P(C|B) \cdot P(B)$

(C) 在 (B) 的条件下, $P(A|C) = \dfrac{P(C|A) \cdot P(A)}{P(A)}$

(D) 在 (A) 的条件下, $P(AB) = AB$ 的基本事件数

解 应选 (D). (B), (C) 是不要求 $A \cup B = S$ 下的全概率公式和贝叶斯公式, 因而是对的. (A) 是古典概型的条件概率公式, 其证明为

$$P(A|B) = \frac{P(AB)}{P(B)} = \frac{\dfrac{AB \text{ 的基本事件数}}{S \text{ 的基本事件数}}}{\dfrac{B \text{ 的基本事件数}}{S \text{ 的基本事件数}}} = \frac{AB \text{ 的基本事件数}}{B \text{ 的基本事件数}}.$$

而 (D) 是计算两个事件的积的概率. 正确的计算为

$$P(AB) = P(A|B) \cdot P(B) = \frac{AB \text{ 的基本事件数}}{B \text{ 的基本事件数}} \cdot \frac{B \text{ 的基本事件数}}{S \text{ 的基本事件数}}$$

$$= \frac{AB \text{ 的基本事件数}}{S \text{ 的基本事件数}}.$$

因而, 选项 (D) 的陈述是不对的, 故应选 (D).

10.3 方 法 例 解

1. 设 A_1, A_2, A_3 三个事件的相关概率为 $P(A_1) = 0.22$, $P(A_2) = 0.25$, $P(A_3) = 0.28$, $P(A_1 \cap A_2) = 0.11$, $P(A_1 \cap A_3) = 0.05$, $P(A_2 \cap A_3) = 0.07$, $P(A_1 \cap A_2 \cap A_3) = 0.01$, 试求下列事件的概率:

(1) A_1, A_2 都发生, 而 A_3 不发生;   (2) A_1 发生, 但 A_2, A_3 不发生;

(3) A_1, A_2, A_3 至少发生一个;   (4) A_1, A_2, A_3 至少有两个发生;

(5) A_1, A_2, A_3 都不发生;   (6) A_1, A_2, A_3 恰有一个发生;

(7) A_1, A_2, A_3 至多有两个发生;   (8) A_2 发生, A_1, A_3 至少有一个不发生.

解 (1) 所求概率的事件为 $A_1 \cap A_2 \cap A_3^c$. 于是

$$P(A_1 \cap A_2 \cap A_3^c) = P(A_1 \cap A_2) - P(A_1 \cap A_2 \cap A_3)$$

$$= 0.11 - 0.01 = 0.1.$$

(2) 所求概率的事件为 $A_1 \cap (A_2 \cup A_3)^c$, 于是

$$P(A_1 \cap (A_2 \cup A_3)^c) = P(A_1) - P(A_1 \cap (A_2 \cup A_3))$$

$$= P(A_1) - (P(A_1 \cap A_2) + P(A_1 \cap A_3) - P(A_1 \cap A_2 \cap A_3))$$

$$= 0.22 - (0.11 + 0.05 - 0.01)$$

$$= 0.07.$$

(3) 所求概率的事件为 $A_1 \cup A_2 \cup A_3$, 于是

$$P(A_1 \cup A_2 \cup A_3) = P(A_1) + P(A_2) + P(A_3) - P(A_1 \cap A_2) - P(A_1 \cap A_3)$$

$$- P(A_2 \cap A_3) + P(A_1 \cap A_2 \cap A_3)$$
$$= 0.22 + 0.25 + 0.28 - 0.11 - 0.05 - 0.07 + 0.01 = 0.53.$$

(4) 所求概率的事件为 $(A_1 \cap A_2) \cup (A_1 \cap A_3) \cup (A_2 \cap A_3)$, 于是

$$P\left((A_1 \cap A_2) \cup (A_1 \cap A_3) \cup (A_2 \cap A_3)\right) = P(A_1 \cap A_2) + P(A_1 \cap A_3) + P(A_2 \cap A_3)$$
$$- 2P(A_1 \cap A_2 \cap A_3)$$
$$= 0.11 + 0.05 + 0.07 - 2 \times 0.01$$
$$= 0.21.$$

(5) 所求概率的事件为 $A_1^c \cap A_2^c \cap A_3^c$, 于是

$$P\left(A_1^c \cap A_2^c \cap A_3^c\right) = 1 - P(A_1 \cup A_2 \cup A_3) = 1 - 0.53 = 0.47.$$

(6) 所求概率的事件为 $(A_1 \cap A_2^c \cap A_3^c) \cup (A_1^c \cap A_2 \cap A_3^c) \cup (A_1^c \cap A_2^c \cap A_3)$, 并记为 B, 于是

$$\begin{aligned}
P(B) &= P\left((A_1 \cap A_2^c \cap A_3^c) \cup (A_1^c \cap A_2 \cap A_3^c) \cup (A_1^c \cap A_2^c \cap A_3)\right) \\
&= P\left(A_1 \cap A_2^c \cap A_3^c\right) + P\left(A_1^c \cap A_2 \cap A_3^c\right) + P\left(A_1^c \cap A_2^c \cap A_3\right) \\
&= P(A_1) - P\left(A_1 \cap (A_2 \cup A_3)\right) + P(A_2) - P\left(A_2 \cap (A_1 \cup A_3)\right) \\
&\quad + P(A_3) - P\left(A_3 \cap (A_1 \cup A_2)\right) \\
&= P(A_1) - \left(P(A_1 \cap A_2) + P(A_1 \cap A_3) - P(A_1 \cap A_2 \cap A_3)\right) \\
&\quad + P(A_2) - \left(P(A_1 \cap A_2) + P(A_2 \cap A_3) - P(A_1 \cap A_2 \cap A_3)\right) \\
&\quad + P(A_3) - \left(P(A_1 \cap A_3) + P(A_2 \cap A_3) - P(A_1 \cap A_2 \cap A_3)\right) \\
&= 0.22 + 0.25 + 0.28 - 2\left(0.11 + 0.05 + 0.07\right) + 3 \times 0.01 \\
&= 0.32.
\end{aligned}$$

(7) 所求概率的事件为 $A \cup B \cup C$, 其中, A 表示 A_1, A_2, A_3 中恰有两个事件发生的这件事, 即 $A = (A_1 \cap A_2 \cap A_3^c) \cup (A_1 \cap A_2^c \cap A_3) \cup (A_1^c \cap A_2 \cap A_3)$; B 表示 A_1, A_2, A_3 中恰有一个事件发生的这件事; C 表示 A_1, A_2, A_3 都不发生的这件事. 于是, 由事件 A, B, C 不相容以及前面的计算知

$$\begin{aligned}
P(A \cup B \cup C) &= P(A) + P(B) + P(C) \\
&= P(A) + 0.32 + 0.47 \\
&= P(A_1 \cap A_2 \cap A_3^c) + P(A_1 \cap A_2^c \cap A_3)
\end{aligned}$$

$$+ P\left(A_1^c \cap A_2 \cap A_3\right) + 0.32 + 0.47$$
$$= P(A_1 \cap A_2) + P(A_1 \cap A_3) + P(A_2 \cap A_3)$$
$$- 3P(A_1 \cap A_2 \cap A_3) + 0.32 + 0.47$$
$$= 0.11 + 0.05 + 0.07 - 3 \times 0.01 + 0.32 + 0.47 = 0.99.$$

(8) 所求概率的事件为 $A_2 \cap (A_1^c \cup A_3^c)$, 于是

$$P\left(A_2 \cap (A_1^c \cup A_3^c)\right) = P\left((A_2 \cap A_1^c) \cup (A_2 \cap A_3^c)\right)$$
$$= P(A_2 \cap A_1^c) + P(A_2 \cap A_3^c)$$
$$= P(A_2) - P(A_1 \cap A_2) + P(A_2) - P(A_2 \cap A_3)$$
$$= 2 \times 0.25 - 0.11 - 0.07$$
$$= 0.32.$$

2. 假设事件 A_1, A_2, A_3 有下列概率关系: $P(A_1)= 0.75$, $P(A_2|A_1)= 0.9$, $P(A_2|A_1^c)= 0.8$, $P(A_3|A_1 \cap A_2)= 0.8$, $P(A_3|A_1 \cap A_2^c)= 0.6$, $P(A_3|A_1^c \cap A_2^c)= 0.3$, $P\left(A_3|A_1^c \cap A_2\right) = 0.7$, 试求下列事件的概率.

(1) 事件 A_1, A_2, A_3 都发生; (2) 事件 A_2, A_3 都发生; (3) 事件 A_3 发生; (4) 事件 A_2, A_3 都发生的条件下 A_1 发生.

解   (1) 所求概率的事件可表示为 $A_1 \cap A_2 \cap A_3$, 于是

$$P(A_1 \cap A_2 \cap A_3) = P(A_1) \cdot P(A_2|A_1) \cdot P(A_3|A_1 \cap A_2)$$
$$= 0.75 \times 0.9 \times 0.8 = 0.54.$$

(2) 所求概率的事件可表示为 $A_2 \cap A_3$, 于是

$$P(A_2 \cap A_3) = P(A_1 \cap A_2 \cap A_3) + P\left(A_1^c \cap A_2 \cap A_3\right)$$
$$= 0.54 + P(A_1^c)P(A_2|A_1^c)P\left(A_3|A_1^c \cap A_2\right)$$
$$= 0.54 + (1 - 0.75) \times 0.8 \times 0.7 = 0.68.$$

(3) 令 $B_1 = A_1 \cap A_2$, $B_2 = A_1 \cap A_2^c$, $B_3 = A_1^c \cap A_2$, $B_4 = A_1^c \cap A_2^c$, 则 B_1, B_2, B_3, B_4 两两不相容且为 S 的一个划分, 又

$$P(B_1) = P(A_1 \cap A_2) = P(A_1) \cdot P(A_2|A_1) = 0.75 \times 0.9 = 0.675,$$
$$P(B_2) = P(A_1 \cap A_2^c) = P(A_1) - P(A_1 \cap A_2) = 0.75 - 0.675 = 0.075,$$
$$P(B_3) = P(A_1^c \cap A_2) = P(A_1^c) \cdot P(A_2|A_1^c) = 0.25 \times 0.8 = 0.2,$$
$$P(B_4) = P(A_1^c \cap A_2^c) = P(A_1^c) - P(A_1^c \cap A_2) = 0.25 - 0.2 = 0.05,$$

于是由全概率公式得

$$
\begin{aligned}
P(A_3) &= P(B_1) \cdot P(A_3|B_1) + P(B_2) \cdot P(A_3|B_2) \\
&\quad + P(B_3) \cdot P(A_3|B_3) + P(B_4) \cdot P(A_3|B_4) \\
&= 0.675 \times 0.8 + 0.075 \times 0.6 + 0.2 \times 0.7 + 0.05 \times 0.3 \\
&= 0.74.
\end{aligned}
$$

(4) 所求概率的事件可表示为 $A_1|(A_2 \cap A_3)$, 于是

$$
P(A_1|(A_2 \cap A_3)) = \frac{P(A_1 \cap A_2 \cap A_3)}{P(A_2 \cap A_3)},
$$

$$
\begin{aligned}
P(A_2 \cap A_3) &= P(A_1 \cap A_2 \cap A_3) + P(A_1^c \cap A_2 \cap A_3) \\
&= 0.54 + P(A_3|(A_1^c \cap A_2)) \cdot P(A_1^c \cap A_2) \\
&= 0.54 + 0.7 \times 0.2 = 0.68,
\end{aligned}
$$

因此

$$
P(A_1|(A_2 \cap A_3)) = \frac{0.54}{0.68} = 0.794.
$$

3. 假设事件 A, B 独立, 且 $P(A) > P(B)$, $P(A \cap B) = 0.0002$, $P(A \cup B) = 0.03$, 求 $P(A)$ 和 $P(B)$.

解   由于

$$
P(A \cap B) = P(A) \cdot P(B) = 0.0002, \tag{1}
$$
$$
P(A \cup B) = P(A) + P(B) - P(A \cap B) = 0.03,
$$

即

$$
P(A) + P(B) = 0.0302, \tag{2}
$$

所以, 联立 (1) 和 (2), 并注意到 $P(A) > P(B)$, 可得

$$
P(A) = 0.0204, \quad P(B) = 0.0098.
$$

4. (超几何分布概型) 一批产品有 N 件, 这 N 件产品中有 M 件不合格, 其余为合格品. 先从该产品中抽取 n 件进行检验, 问抽取 n 件产品恰有 k 件为不合格品的概率.

解   无放回抽样试验. 试验中从 N 件产品中取出 n 件产品为一基本事件. 这样的取法的种数有 C_N^n, 即基本事件总数为 C_N^n. 而所求概率的事件的基本事件数可这样计算, 由 n 件产品中必须含有且只含有 k 件不合格品, 故可从 M 件不合格品中取 k 件, 取法的种数为 C_M^k, 而余下的 $n - k$ 件产品则从 $N - M$ 中取出,

取法的种数为 C_{N-M}^{n-k}. 由乘法原理知, 所求概率事件的基本事件数为 $C_M^k \cdot C_{N-M}^{n-k}$, 因此, 所求概率为

$$P(A) = \frac{C_M^k \cdot C_{N-M}^{n-k}}{C_N^n} \quad (\text{此为超几何分布}).$$

有放回抽样试验. 试验的基本事件总数等同于从 N 件产品中随机地一件件可重复地取出 n 件产品的取法的种数, 即 N^n. 而所求概率的事件的基本事件数可以这样计算, 先固定 k 件产品为不合格品, 这种固定方式有 C_n^k 种, 这 k 件不合格品是从 M 件中重复地一件件取出, 取法的种数为 M^k, 其余 $n-k$ 件的合格品的取法的种数为 $(N-M)^{n-k}$. 因此, 所求概率事件的基本事件数为 $C_n^k(N-M)^{n-k} \cdot M^k$, 从而所求概率为

$$p = \frac{C_n^k(N-M)^{n-k} \cdot M^k}{N^n}.$$

注　此题在产品质检中常用到, 无放回抽样无特别声明通常指一次取 n 件.

5. 在所有的五位整数中任取一数, 求这个数的各位数都不相同且第二大是 6 的概率.

解　用 A 记所求概率的事件, 由于是整数, 样本空间 S 的基本事件为不含第一位是零的五位数字的其他五位数字. 因此 S 的基本事件数为 $9 \cdot 10^4$, 而所求概率事件 A 的基本事件数为 $C_3^1 C_7^1 A_7^4$, 故

$$P(A) = \frac{C_3^1 C_7^1 A_7^4}{9 \cdot 10^4} = \frac{49 \times 4}{1000} = 0.196.$$

注　A 的基本事件数的计算先从 $7, 8, 9$ 中随机地选一数, 选法的种数为 C_3^1, 然后从由所选的数和 6 以及 $1, 2, \cdots, 5$ 这 7 个数中随机地选一数作为万位, 选法的种数为 C_7^1, 而其余各位由去掉作万位的那个数所剩 6 个数和 0 选出 4 个作排列, 排列数为 A_7^4, 于是, A 的基本事件数为 $C_3^1 C_7^1 A_7^4$.

6. 从数字 $1, 2, \cdots, 9$ 中有重复地取 n 次, 每次取一个数字, 求这 n 次取到的数字的乘积可被 10 整除的概率.

解　试验可视为从 $1, 2, \cdots, 9$ 中有重复地取 n 个数字作一个排列. 这样的排列总数为 9^n 个. 用 A 表示事件 "n 次取到的数字的乘积可被 10 整除", 这样, 由于乘积要求能被 10 整除, 此意味着取出的数字中必含有 5 和 $2, 4, 6, 8$ 中的一个, 因而 A 所含的排列数计算起来不算很方便. 现考虑 A 的对立事件 A^c 不含数字 5 或者含 5 但不含 $2, 4, 6, 8$ 中的任何一个, 记 B 为不含 5 这一事件, C 为含 5 但不含 $2, 4, 6, 8$ 中的任何一个这一事件, 则 $A^c = B \cup C$. 于是, B 所含的基本事件数为 8^n, C 所含的基本事件为从 $1, 3, 5, 7, 9$ 中有重复地取 n 个数字作成的排列

数 5^n (包含含 5 的排列) 减去不含 5 的这样的排列数 4^n, 即 C 所含的基本事件数为 $5^n - 4^n$. 这样所求概率为

$$p = P(A) = 1 - P(\bar{A}) = 1 - P(B) - P(C)$$
$$= 1 - \frac{8^n}{9^n} - \frac{5^n - 4^n}{9^n} = \frac{9^n - 8^n - 5^n + 4^n}{9^n}.$$

7. 袋中有 n 个黑球, m 个白球, r 个黑白两色的球. 现随机地无放回地一个个从袋中取球, 试求:

(1) 第 k 次取出的球带白色的概率;

(2) 第 k_1 次和第 k_2 次取出的球都带白色的概率;

(3) 第 k_1 次和第 k_2 次取出的球是黑白两色的球的概率;

(4) 第 k_1 次和第 k_2 次取出的球带白色, 这两个球是黑白两色球的概率.

解　(1) 仅就这个问题给出四种不同的解法, 用以说明样本空间的构建或不同的试验设计给解题所带来的方便.

解一　假设除了颜色外球是各不相同的. 试验是将球一个个地取出, 直到取完. 此试验的一个结果就是一次完整取球所出现的一个排列, 因此, 样本空间的基本事件数为 $(m+n+r)!$. 现在让第 k 次 (也就是第 k 号位置) 固定地取带白色的球, 而其余任意取球, 这样所得的排列数为 $(m+n+r-1)!(m+r)$, 因此, 所求概率为

$$p = \frac{(m+n+r-1)!(m+r)}{(m+n+r)!} = \frac{m+r}{n+m+r}.$$

解二　在解一中的假设下, 试验是将袋中的球一个个取出, 直到取到 k 次为止. 此试验的基本事件为从 $n+m+r$ 个球中取 k 个球排成一排, 其排列数为 A_{m+n+r}^k, 而由于所求概率事件的基本事件数为第 k 次取带白色的球, 而前 $k-1$ 次在剩下的球中任意取 $k-1$ 个球所得排列数, 这样的排列数为 $\mathrm{A}_{m+n+r-1}^{k-1} \cdot (m+r)$. 因此

$$p = \frac{\mathrm{A}_{m+n+r-1}^{k-1} \cdot (m+r)}{\mathrm{A}_{m+n+r}^k}$$
$$= \frac{(m+n+r-1)(m+n+r-1-2)\cdots(m+n+r-1-(k-1)+1)(m+r)}{(m+n+r)(m+n+r-1)\cdots(m+n+r-k+1)}$$
$$= \frac{m+r}{m+n+r}.$$

解三　仍在解一中的假设下, 试验只考察第 k 次取球的情况. 此试验的基本事件是出现一球, 其总数为 $m+n+r$, 由于所求概率的事件的基本事件数是 $m+r$, 故所求概率为

$$p = \frac{m+r}{n+m+r}.$$

解四 假设除了颜色外球均是相同的. 试验是将球一个个地取出, 直到取完. 由于这些球除颜色外都相同, 从而取出的球排成一排, 其特点是此排列各位置只有纯黑色的球和带白色的球之分, 因此, 这样的排列数等同于从有序的 $m+n+r$ 个盒子中任意取出 $m+r$ 个盒子的取法数, 即为 C_{m+n+r}^{m+r}. 为求所求概率事件的基本事件数, 可先让第 k 次取到带白色的球, 排列中的其余的球从 $m+n+r-1$ 个球中任取. 这样, 所求概率事件的排列数等同于从除第 k 只盒子外的其余 $m+n+r-1$ 个盒子中任取 $m+r-1$ 个盒子的取法数, 即为 $C_{m+n+r-1}^{m+r-1}$, 因此所求概率为

$$p = \frac{C_{m+n+r-1}^{m+r-1}}{C_{m+n+r}^{m+r}} = \frac{m+r}{m+n+r}.$$

注 这四种解法浸透了试验者的假设与观察角度. 假设与观察角度是经济学家等分析和解决问题的最基本的方法之一. 当然, 这个问题的解决还不只是这四种解法. 如果你乐意, 你就去试着寻找出另一方法, 那将是如愿以偿, 饱受成功之悦.

(2) 仍假设除了颜色外球是各不相同的 (以下同). 试验只观察第 k_1 次和第 k_2 次取球的情况. 这样, 基本事件总数为 $(m+n+r) \cdot (m+n+r-1)$. 而所求概率事件的基本事件总数为 $(m+r) \cdot (m+r-1)$, 因此, 所求事件的概率为

$$p = \frac{(m+r) \cdot (m+r-1)}{(m+n+r) \cdot (m+n+r-1)}.$$

(3) 仿 (2) 有

$$p = \frac{r \cdot (r-1)}{(m+n+r) \cdot (m+n+r-1)}.$$

(4) 这是条件概率. 用 A 表示带白色的球, B 表示带黑色的球, $A \cap B$ 表示黑白两色的球, 所求概率为

$$P(B|A) = \frac{AB \text{ 的基本事件数}}{A \text{ 的基本事件数}}$$
$$= \frac{r(r-1)}{(m+r) \cdot (m+r-1)},$$

或者

$$P(B|A) = \frac{P(AB)}{P(A)}$$
$$= \frac{\dfrac{r(r-1)}{(m+n+r) \cdot (n+m+r-1)}}{\dfrac{(m+r)(m+r-1)}{(m+n+r) \cdot (n+m+r-1)}}$$

$$= \frac{r(r-1)}{(m+r)\cdot(m+r-1)}.$$

8. 袋中有 n 个黑球, m 个白球, r 个黑白两色的球, 随机地有放回地每次取一球, 试求

(1) 第 k 次取出的球带白色的概率;

(2) 第 k_1 次和第 k_2 次取出的球都带白色的概率;

(3) 第 k_1 次和第 k_2 次取出的球是黑白两色的球的概率;

(4) 第 k_1 次和第 k_2 次取出的球带白色, 这两个球是黑白两色球的概率.

解 (1) 假设除颜色外球是各不相同的 (以下同). 试验是随机地有放回地每次取一球, 直到进行了 k 次为止. 试验的样本空间的基本事件总数为 $(m+n+r)^k$, 所求概率事件的基本事件数为 $(m+n+r)^{k-1}\cdot(m+r)$, 于是, 所求概率为

$$p = \frac{(m+n+r)^{k-1}\cdot(m+r)}{(m+n+r)^k} = \frac{m+r}{m+n+r}.$$

(2) 试验的样本空间的基本事件总数为 $(m+n+r)^k$, 其中 $k = \max\{k_1, k_2\}$, 所求概率事件的基本事件数为 $(m+n+r)^{k-2}\cdot(m+r)^2$, 于是所求概率为

$$p = \frac{(m+n+r)^{k-2}\cdot(m+r)^2}{(m+n+r)^k}$$
$$= \left(\frac{m+r}{m+n+r}\right)^2.$$

(3) 类似于 (2), 所求概率为

$$p = \left(\frac{r}{m+n+r}\right)^2.$$

(4) 由 (2) 和 (3) 可知, 这个条件概率为

$$p = \frac{(m+n+r)^{k-2}r^2}{(m+n+r)^{k-2}\cdot(m+r)^2}$$
$$= \left(\frac{r}{m+r}\right)^2.$$

无论是有放回抽样还是无放回抽样, 例 7 和例 8 这两个题的概率结果都与取样的次序无关. 这一点在实际中有不少应用, 如民间中流传不绝的抽签分配方式等.

9. 把 n 个不同的球随机地放入 N 只不同的箱子中 $(n < N)$, 箱子容量足够大. 求 (1) 恰有 n 只箱子中各有一球的概率; (2) 至少有一箱子有不少于两个球的概率 (玻尔兹曼质点问题).

解　由于每个球都可放入 N 个箱子中的任何一只箱子, 因而每个球有 N 种放入方法, 所以 n 个不同的球放入 N 个盒子中的放入方法的种数为 N^n.

(1) "恰有 n 只箱子中各有一球" 这一事件可以这样来实现: 先从 N 只箱子中选出 n 只箱子, 再在每个箱子中各放一球. 这样放入的方法种数为 $C_N^n n!$, 因此, 所求概率为

$$p = \frac{C_N^n n!}{N^n}.$$

(2) "至少有一箱子有不少于两个球" 的对立事件为 "没有盒子放两个球" 或 "每个盒子最多放一个球" 或 "有 n 只箱子各放一球, 其余均为 0 个球", 记 (2) 中的事件为 A, 那么, 事件 $\bar{A}$ 就是 (1) 的事件, 于是所求事件的概率为

$$P(A) = 1 - P(\bar{A}) = \frac{N^n - C_N^n n!}{N^n}.$$

注　有许多问题与此相同, 如生日问题等.

10. 把相同的 n 个球随机放入 N 只不同的箱子中 $(n < N)$, 且箱子容量足够大. 求 (1) 恰有 n 只箱子中各有一球的概率; (2) 至少有一个箱子有不少于两个球的概率 (玻色–爱因斯坦质点问题).

解　这个试验等同于将相同的 n 个球分成不同的 N 份, 这种分法数为 C_{N+n-1}^{N-1}.

(1) 恰有 n 只箱子中各有一球等价于 N 份中有 n 份为一球, 或者说有 n 份相同, 故基本事件数为 C_N^n, 故所求事件的概率为

$$p = \frac{C_N^n}{C_{N+n-1}^{N-1}} = \frac{N!(N-1)!}{(N-n)!(N+n-1)!}.$$

(2) 仿 9 题的第 (2) 问, 可以得到所求概率为

$$p = \frac{(N-n)!(N+n-1)! - N!(N-1)!}{(N-n)!(N+n-1)!}.$$

11. 把相同的 n 个球随机放入 N 只不同的箱子中 $(n < N)$, 且每只箱子最多只能放下一个球, 求 (1) 恰有 n 只箱子中各有一球的概率; (2) 某指定的 n 只箱子中各放一个球的概率. (费米–狄拉克质点问题).

解　这个试验等同于将相同的 n 个球分成 N 份, 每份最多一个球, 这种分法数为 C_N^n.

(1) 事件 "恰有 n 只箱子中各有一球" 记为 A, 其基本事件数为 C_N^n, 因此, 所求事件的概率为

$$P(A) = \frac{C_N^n}{C_N^n} = 1.$$

(2) 所求概率事件的基本事件只有一个, 因此, 所求的概率为

$$p = \frac{1}{C_N^n} = \frac{n!(N-n)!}{N!}.$$

12. 甲、乙二人相约于 11 点到 12 点之间在某办公室见面, 先到的人要等候另一个人 20 分钟, 过时便离开. 假定每人可在指定的一小时内任何时刻到达且彼此到达时刻不相干, 求这两个人能见面的概率.

解 此为几何概型. 设甲在指定的这一小时内到达时刻为 x, 而乙则为 y, 于是 $0 \leqslant x \leqslant 60, 0 \leqslant y \leqslant 60$, 此时样本空间为 $S = \{(x,y)|0 \leqslant x \leqslant 60, 0 \leqslant y \leqslant 60\}$, 用 A 记两人能见面这一事件, 则 $A = \{(x,y)| |x-y| \leqslant 20\}$, 于是

$$P(A) = \frac{A \text{ 的面积}}{S \text{ 的面积}} = \frac{60 \times 60 - 2 \times \frac{1}{2} \times 40 \times 40}{60 \times 60} = \frac{5}{9}.$$

13. 一配送公司为 A, B 两超市供应某种商品, 每月随机地给两超市配送该商品数量在 0 到 50 件之间, 和两超市的实际需求量是没有关系的, 问 (1) 配送公司每月至少库存多少件该商品才能让两超市每月不缺货的概率最大? (2) 两超市要求配送公司给出 98% 的信任不缺货, 配送公司每月至少库存多少件该商品?

解 (1) 此为几何概型. 设两超市每月实际需要此种商品数量分别为 x 和 y 件, 则易知两变量满足 $0 \leqslant x \leqslant 50, 0 \leqslant y \leqslant 50$, 此时的样本空间为

$$S = \{(x,y)|0 \leqslant x \leqslant 50, 0 \leqslant y \leqslant 50\}.$$

用 C 记两超市每月不缺货这一事件, 则事件 C 等价于配送公司每月库存数量 t 应大于或等于 $x+y$ 这一事件, 即 $C = \{(x,y)|x+y \leqslant t\}$. 于是

$$P(C) = \frac{C \text{ 的面积}}{S \text{ 的面积}} = \frac{50 \times 50 - \frac{1}{2} \times (100-t)^2}{50 \times 50} = -\frac{1}{5000}t^2 + \frac{1}{25}t - 1.$$

令 $\dfrac{\mathrm{d}P(C)}{\mathrm{d}t} = -\dfrac{1}{2500}t + \dfrac{1}{25} = 0$, 可求得 $t = 100$. 又 $\dfrac{\mathrm{d}^2 P(C)}{\mathrm{d}t^2} = -\dfrac{1}{2500} < 0$, 故由 $t = 100$ 是唯一的值, $t = 100$ 时能使两超市不缺货的概率最大.

(2) 所求问题实际上是保证不缺货的概率为 0.98. 于是由 (1) 易知

$$0.98 = 1 - \frac{1}{5000}(100-t)^2.$$

求解这个方程, 可以得到 $t = 90$ 件.

注 如这样的几何概率问题可直接推广用于诸如码头、车站调度物流等管理决策中.

14. (Banach 问题) 某人随身带有装有 n 根火柴的火柴盒两盒, 每次使用时随机地任取一盒并从中抽取一根. 某次使用时, 他发现一盒已空另一盒还有 $r(0 \leqslant r \leqslant n)$ 根这一事实, 问这一事实出现的概率是多少.

解　为方便起见, 对两盒火柴称为 A 盒和 B 盒, 那么所求概率事件为 "一盒已空另一盒还有 r 根" 可以视为 "A 盒已空, B 盒还有 r 根" 并记为 A_1 或 "B 盒已空, A 盒还有 r 根" 同样记为 A_2. 这样, A_1, A_2 显然不相容且所求概率事件为 $A_1 \cup A_2$.

考虑 A_1 这一事实, 表明此人已经使用火柴 $2n - r$ 根, 即 A 盒抽到 $n + 1$ 次, B 盒抽到 $n - r$ 次. 由于每次使用火柴时, 总是从 A 盒和 B 盒中任取一盒, 即每次使用火柴盒的取法种数都是 $\mathrm{C}_2^1 = 2$. 由乘法原理知, 使用 $2n - r + 1$ 次火柴盒的取法种数为 2^{2n-r+1}, 此即为样本空间的基本事件总数. 而在 $2n - r + 1$ 次取火柴盒的最后一次必定取到 A 盒, 此时才能发现 A 盒已空, 这样, 前 $2n - r$ 次取火柴盒中有 n 次取到 A 盒, 于是, A_1 中的基本事件数为 C_{2n-r}^n, 故

$$P(A_1) = \frac{\mathrm{C}_{2n-r}^n}{2^{2n-r+1}}.$$

同理

$$P(A_2) = \frac{\mathrm{C}_{2n-r}^n}{2^{2n-r+1}}.$$

因此

$$\begin{aligned} P(A_1 \cup A_2) &= P(A_1) + P(A_2) + P(A_1 \cap A_2) \\ &= \frac{\mathrm{C}_{2n-r}^n}{2^{2n-r+1}} + \frac{\mathrm{C}_{2n-r}^n}{2^{2n-r+1}} + 0 \\ &= \frac{\mathrm{C}_{2n-r}^n}{2^{2n-r}}. \end{aligned}$$

15. 某企业职工新年联欢, 把 n 位职工的工号写成签, 让他们一个个地抽, 规定抽到自己的工号的职工表演节目, 求: (1) 至少有一位职工表演节目的概率; (2) 没有职工表演节目的概率; (3) 恰有 r 位职工表演节目的概率.

解　用 A_i 表示第 i 位职工表演节目, 则

(1) 所求概率的事件为 $A_1 \cup A_2 \cup \cdots \cup A_n$, 因 $P(A_i) = \dfrac{1}{n}$, 故有 $\sum P(A_i) = n \cdot \dfrac{1}{n}$. 又由于 $P(A_i \cap A_j) = P(A_i) \cdot P(A_j | A_i) = \dfrac{1}{n(n-1)}$ 知 $\displaystyle\sum_{i \neq j} P(A_i \cap A_j) = \mathrm{C}_n^2 \dfrac{1}{n} \cdot \dfrac{1}{n-1} = \dfrac{1}{2!}$. 一般地

$$\sum_{0 \leqslant i < j < \cdots \leqslant r} P(A_i \cap A_j \cap \cdots \cap A_j) = \mathrm{C}_n^r \frac{1}{n(n-1)(n-2)\cdots(n-r+1)} = \frac{1}{r!}.$$

因此, 由事件和的概率公式得

$$P(A_1 \cup A_2 \cup \cdots \cup A_n)$$

$$= \sum_{i=1}^{n} P(A_i) - \sum_{1 \leqslant i < j \leqslant n} P(A_i \cap A_j)$$

$$+ \sum_{1 \leqslant i < j < k \leqslant n} P(A_i \cap A_j \cap A_n) + \cdots + (-1)^{n-1} P\left(\bigcap_{i=1}^{n} A_i\right)$$

$$= 1 - \frac{1}{2!} + \frac{1}{3!} + \cdots + (-1)^n \frac{1}{n!}$$

$$\doteq 1 - e^{-1} = 0.6321.$$

(2) 所求概率的事件为 $\bigcap_{i=1}^{n} A_i^c$, 于是由乘法公式有

$$P\left(\bigcap_{i=1}^{n} A_i^c\right) = P(A_1^c) P(A_2^c | A_1^c) P(A_3^c | A_1^c \cap A_2^c) \cdots P(A_n^c | A_1^c \cap \cdots \cap A_{n-1}^c)$$

$$= \frac{n-1}{n} \cdot \left(1 + \frac{n-2}{n-1}\right) \cdot \left(1 + \frac{n-3}{n-2}\right) \cdots \cdot \left(1 + \frac{1}{2}\right).$$

或者

$$P\left(\bigcap_{i=1}^{n} A_i^c\right) = 1 - P(A_1 \cup A_2 \cup \cdots \cup A_n)$$

$$= \frac{1}{2!} - \frac{1}{3!} + \cdots + (-1)^n \frac{1}{n!} \doteq 0.3688.$$

(3) 先固定 r 位职工抽到自己的工号, 而其余 $n-r$ 位职工没有一个抽到自己的工号的概率为

$$\frac{1}{n(n-1)(n-2)\cdots(n-r+1)} \cdot \sum_{i=2}^{n-r} (-1)^i \frac{1}{i!}, \tag{*}$$

而这 r 位职工的工号固定方法有 C_n^r, 故所求事件的概率为

$$p = \frac{C_n^r}{n(n-1)(n-2)\cdots(n-r+1)} \cdot \sum_{i=2}^{n-r} (-1)^i \frac{1}{i!}$$

$$= \frac{1}{r!} \cdot \sum_{i=2}^{n-r} (-1)^i \frac{1}{i!}.$$

事实上, (∗) 式的计算可以这样进行. 为方便不妨设 $A_1, \cdots, A_r$ 发生, 而 $A_{r+1}^c,$ $\cdots, A_n^c$ 发生, 则有

$$P(A_1 \cap \cdots \cap A_r \cap A_{r+1}^c \cap \cdots \cap A_n^c)$$
$$= P(A_1 \cap \cdots \cap A_r) \cdot P(A_{r+1}^c \cap \cdots \cap A_n^c | A_1 \cap \cdots \cap A_r)$$
$$= \frac{1}{n(n-1)(n-2)\cdots(n-r+1)} \cdot \sum_{i=2}^{n-r} (-1)^i \frac{1}{i!}.$$

16. (二项分布概型) 假设事件 A 出现的概率为 p, 试验只有两个结果 A 和 $\bar{A}$. 对这个试验重复独立地进行 n 次. 试求这 n 次独立试验中 A 出现 k 次的概率.

解　为方便起见, 我们用 B_{ij} 表示第 i 次试验出现 A 的结果. 于是, 先指定 k 个 $B_{ij}(j = 1, 2, \cdots, k)$ 发生, 其余不发生, 即 $B_{i1} = B_{i2} = \cdots = B_{ik} = A$. 于是, 由独立性知

$$P(\bar{B}_{1j} \cdots B_{i1} \cdots B_{i2} \cdots B_{ik} \cdots \bar{B}_{nj}) = P(\bar{B}_{1j}) \cdots P(B_{i1}) \cdots P(B_{ik}) \cdots P(\bar{B}_{nj})$$
$$= P(\bar{A}) \cdots P(\bar{A}) \cdots P(A) \cdots P(A)$$
$$= p^k (1-p)^{n-k}.$$

k 个 B_i 的指定的方法为 C_n^k, 且由于这 C_n^k 个事件 $\bar{B}_{1j}, \cdots, B_{i1}, \cdots, B_{i2}, \cdots,$ $B_{ik}, \cdots, \bar{B}_{nj}$ 是两两不相容的. 故所求事件的概率为

$$p_k = C_n^k p^k (1-p)^{n-k}.$$

注　很多问题均可归为此类概型. 例如, 抛 n 次骰子的试验中, 点数 6 出现 m 次的概率为

$$p = C_n^m \left(\frac{1}{6}\right)^m \left(\frac{5}{6}\right)^{n-m}.$$

再如, 在含有 10 件次品的 100 件产品中有放回地一件件地抽取四件, 这四件产品中恰好有三件次品的概率为

$$p = C_4^3 \left(\frac{10}{100}\right)^3 \left(\frac{90}{100}\right) = 0.0036.$$

17. 一家保险公司以一年 4 元卖出了 2500 份人寿保单. 保险公司承约在这一年内被保险人 (买单人) 意外死亡, 公司理赔其家人 4000 元. 问这家公司亏本的概率 (已知死亡概率为 0.002).

解　设这 2500 位被保险人有 k 个意外死亡, 则理赔额为 $k \times 4000$, 而这家公司保费收入为 4×2500, 亏本意味着 $4000k > 10000$, 即 $k > 2.5$. 也就是说, 这

2500 位被保险人中至少有 3 位出现意外死亡时, 保险公司才亏本. 于是, 所求事件的概率为

$$P(k \geqslant 3) = \sum_{k=3}^{2500} \mathrm{C}_{2500}^{k}(0.002)^{k}(0.998)^{2500-k}$$

$$= 1 - \mathrm{C}_{2500}^{0}(0.002)^{0}(0.998)^{2500-0} - \mathrm{C}_{2500}^{1}(0.002)^{1}(0.998)^{2500-1}$$

$$- \mathrm{C}_{2500}^{2}(0.002)^{2}(0.998)^{2500-2}$$

$$= 0.87561.$$

18. 抛一枚骰子 n 次. 用 A_1 表示出现 1 点, A_2 表示出现偶数点, 试求这 n 次试验中 A_1 出现 k_1 次, A_2 出现 k_2 次的概率.

解 按照 16 题的做法, 考虑指定的 k_1 次出现 A_1, k_2 次出现 A_2, 而其余 $n-k_1-k_2$ 次出现大于 1 的奇数点. 于是, $P(A_1) = \dfrac{1}{6}$, $P(A_2) = \dfrac{1}{2}$, $P(A_1^c \cap A_2^c) = \dfrac{1}{3}$. 因此, 所指定的这一事件的概率为

$$\left(\frac{1}{6}\right)^{k_1} \left(\frac{1}{2}\right)^{k_2} \left(\frac{1}{3}\right)^{n-k_1-k_2}.$$

又由于这种指定的方法有

$$\mathrm{C}_n^{k_1} \mathrm{C}_{n-k_1}^{k_2} = \frac{n!}{k_1! k_2! (n-k_1-k_2)!},$$

故所求概率为

$$p = \frac{n!}{k_1! k_2! (n-k_1-k_2)!} \left(\frac{1}{6}\right)^{k_1} \left(\frac{1}{2}\right)^{k_2} \left(\frac{1}{3}\right)^{n-k_1-k_2}.$$

此为三项概率公式. 一般地, 如果试验有事件 A_1, A_2, $\cdots$, A_r, 且 A_1, A_2, $\cdots$, A_r 为 S 的划分, 即 $S = A_1 \cup \cdots \cup A_r$ (其中, $A_i \cap A_j = \varnothing$, $i \neq j$), 将这个试验独立重复进行 n 次, 这 n 次试验中 A_1 出现 k_1 次, $\cdots$, A_r 出现 k_r 次的概率公式为

$$p = \frac{n!}{k_1! k_2! \cdots k_r!} p_1^{k_1} p_2^{k_2} \cdots p_r^{k_r}.$$

19. 一种试验只有两个事件 A 和 $\bar{A}$, 且 $p = P(A)$. 将这个试验独立重复进行下去直到出现 k 次 A 为止. 求此试验重复进行了 n 次的概率.

解 显然 $n \geqslant k$, 用 A_n 表示所求事件的概率, 由题设知第 k 次出现 A 在第 n 次试验结果中, 所求事件告诉我们第 $n-1$ 次试验中出现事件 A_{k-1} 次. 于是, 参照 16 题和 18 题, 我们有

$$P(A_n) = \mathrm{C}_{n-1}^{k-1} p^{k-1} (1-p)^{n-k} \cdot p$$

$$= \mathrm{C}_{n-1}^{k-1}p^k(1-p)^{n-k} \quad (n=k, k+1, \cdots)$$
$$= \mathrm{C}_{k+l-1}^{k-1}p^k(1-p)^l \quad (l=0, 1, 2, \cdots).$$

此公式为负二项概率公式, 其意在于为得到 A 出现的次数而关注的是伯努利试验重复试验的次数. 这一思想广泛用于各种产品抽样技术中.

20. 设甲、乙两赌徒下注赌博, 规定先胜 r 局者获全部赌金. 当赌博进行到甲胜 s 局, 乙胜 t 局时因故中止. 问如何分配赌金才是合理的.

解　赌金的分配有许多原则, 这里以概率的大小来进行分配. 由于是两人博弈, 甲胜的概率及乙胜的概率和为 1. 故此分配原则实际上就是按比例分配原则. 为求甲胜的概率, 我们用 A 表示甲每局获胜, 如果赌博继续下去, 那么, 甲获胜还必须胜出 $n=r-s$ 局, 而乙获胜还必须胜出 $m=r-t$ 局. 易知 $p_甲=1-p_乙$, 其中, $p_甲, p_乙$ 为甲、乙获胜的概率.

现求 $p_甲$. 设甲获胜还必须进行 k 局比赛, 此时, $k \geqslant n$. 在这第 k 局前 $k-1$ 次中 A 出现了 $n-1$ 次, $\bar{A}$ 出现 $k-n$ 次 $(k-n \leqslant m-1)$. 否则, 乙胜. 于是, 甲胜的概率为

$$p_甲 = \sum_{k=n}^{n+m-1} \mathrm{C}_{k-1}^{n-1}p^n q^{k-n} = \sum_{l=0}^{m-1} \mathrm{C}_{n+l+1}^{n-1}p^n q^l,$$

其中 $p=p(A), q=1-p$, 此时, 乙获胜的概率为

$$p_乙 = 1 - p_甲.$$

故赌金分配比应为 $p_甲 : p_乙$. 具体地说来, 例如, 取 $n=m=3, p=\dfrac{1}{3}$, 那么

$$p_甲 = \left(\frac{1}{3}\right)^3 \cdot \left(\frac{2}{3}\right)^0 + 3 \cdot \left(\frac{1}{3}\right)^3 \cdot \left(\frac{2}{3}\right)^1 + 6 \cdot \left(\frac{1}{3}\right)^3 \cdot \left(\frac{2}{3}\right)^2 = \frac{17}{81},$$
$$p_乙 = 1 - p_甲 = 1 - \frac{17}{81} = \frac{64}{81}.$$

于是可得赌金分配比例为 $17:64$, 即甲应得 21% 和乙应得 79%. 再如, 取 $n = m=3, p=\dfrac{2}{3}$, 那么

$$p_甲 = \left(\frac{2}{3}\right)^3 \cdot \left(\frac{1}{3}\right)^0 + 3 \cdot \left(\frac{2}{3}\right)^3 \cdot \left(\frac{1}{3}\right)^1 + 6 \cdot \left(\frac{2}{3}\right)^3 \cdot \left(\frac{1}{3}\right)^2 = \frac{64}{81},$$
$$p_乙 = 1 - p_甲 = \frac{17}{81}.$$

因此可得, 甲应得 79%, 乙应得 21%.

这里, 前者, 甲每局获胜的概率小于乙每局获胜的概率, 因而, 甲获得赌金所占的比率小; 后者, 甲每局获胜的概率大于每局乙获胜的概率, 因而, 甲获得赌金所占的比率大. 这种分配客观地度量了赌徒赌艺, 因而是合理的.

21. 某系统在 Δt 时间内停止工作的概率为 $\lambda\Delta t + o(\Delta t)$, 且知该系统在不交叉时间内停止工作的各个时间彼此独立的. 试求该系统在时刻 t_0 到 $t_0 + t$ 这段时间内继续工作的概率 $P(t)$.

解 已知所求事件的概率意味着系统在时刻 t_0+t 正在工作. 用 A_t 和 $A_{t+\Delta t}$ 分别表示系统在时刻 t_0 到 $t_0 + t$ 正在工作和系统在时刻 t_0 到 $t_0 + t + \Delta t$ 正在工作. B 表示在时刻 $t_0 + t$ 到时刻 $t_0 + t + \Delta t$ 继续工作, 则

$$
\begin{aligned}
P(A_{t+\Delta t}) &= P(A_t \cap B) \\
&= P(A_t) \cdot P(B) \\
&= P(A_t) \cdot (1 - P(\bar{B})) \\
&= P(A_t)(1 - \lambda\Delta t + o(\Delta t)). \qquad \text{(由独立性可知)}
\end{aligned}
$$

于是

$$
\frac{P(A_{t+\Delta t}) - P(A_t)}{\Delta t} = -\lambda P(A_t) + \frac{o(\Delta t)}{\Delta t} P(A_t).
$$

对于上式, 令 $\Delta t \to 0$, 则有

$$
P'(A_t) = -\lambda P(A_t). \qquad \text{(这是一个微分方程)}
$$

注意到初值 $t = 0$, $P(A_0) = 1$, 求解这个微分方程可得

$$
P(A_t) = e^{-\lambda t}.
$$

22. (Polya 概型) 设袋中有 b 个蓝色球, r 个绿色球. 每次从袋中任意取出一个, 然后放回, 并再放入 c 个与取出的颜色相同的球, 再从袋中取出一球. 如此一直继续下去. 试求

(1) 最初取出的球是蓝色的, 第 2 次取出的球是绿色的概率;

(2) n 次取球后的观察结果正好是 n_1 个蓝色球, n_2 个绿色球的概率;

(3) 第 k 次取得蓝色球的概率;

(4) 第 k 次取得绿色球的概率;

(5) 第 k_1 次和第 k_2 次取得的球都是蓝色的概率.

解 (1) A_1 表示最初取出的球为蓝色球, A_2 表示第 2 次取出的球为绿色球, 则

$$
P(A_1) = \frac{b}{b+r},
$$

$$P(A_2^c|A_1) = \frac{r}{b+r+c},$$

$$P(A_1 A_2^c) = P(A_1)P(A_2^c|A_1) = \frac{br}{(b+r)(b+r+c)}.$$

(2) 用 $A_n^{n_1}$ 表示在 n 次取球中取到 n_1 个蓝色球, 其概率记为 $P_{n_1}(n)$, 则由全概率公式, 得

$$P_{n_1}(n) = P(A_n^{n_1}) = P(A_{n-1}^{n_1}) \cdot P(A_n^{n_1}|A_{n-1}^{n_1}) + P(A_{n-1}^{n_1-1}) \cdot P(A_n^{n_1}|A_{n-1}^{n_1-1})$$

$$= P_{n_1}(n-1) \cdot \frac{r+(n_2-1)c}{b+r+(n-1)c} + P_{n_1-1}(n-1) \cdot \frac{b+(n_1-1)c}{b+r+(n-1)c}.$$

(3) A_k 表示第 k 次取到蓝色球, 则

$$p_k = P(A_k) = P(A_{k-1}) \cdot P(A_k|A_{k-1}) + P(\bar{A}_{k-1}) \cdot P(A_k|\bar{A}_{k-1})$$

$$= P_{k-1} \cdot P(A_k|A_{k-1}) + P(\bar{A}_{k-1}) \cdot P(A_k|\bar{A}_{k-1}).$$

特别地, 当 $k=1$ 时, $p_1 = \dfrac{b}{b+r}$; 当 $k=2$ 时, $p_2 = \dfrac{b}{b+r}$; 设 $k=t$ 时, $p_t = \dfrac{b}{b+r}$, 于是

$$p_{t+1} = \frac{b}{b+r}P(A_{t+1}|A_t) + \left(1 - \frac{b}{b+r}\right)P(A_{t+1}|\bar{A}_t)$$

$$= \frac{b}{b+r} \cdot \frac{b}{b+r} + \frac{r}{b+r} \cdot \frac{b}{b+r} = \frac{b}{b+r}.$$

由数学归纳法知

$$p_k = \frac{b}{b+r}.$$

(4) 类似于 (3), 我们可以求到第 k 次取得绿色球的概率为

$$p_k = \frac{r}{b+r}.$$

(5) 基于 k_1 使用归纳法. 由于对称性, 我们不妨设 $k_1 < k_2$. 当 $k_1 = 1$, k_2 任意时, 则

$$P(A_1 A_{k_2}) = P(A_1) \cdot P(A_{k_2}|A_1) = \frac{b}{b+r} \cdot \frac{b+c}{b+r+c}$$

$$= \frac{b(b+c)}{(b+r)(b+r+c)};$$

设 $k_1 = t$, k_2 任意时, 成立下式

$$P(A_t A_{k_2}) = \frac{b(b+c)}{(b+r)(b+r+c)},$$

于是, 当 $k_1 = t + 1$, k_2 任意时,

$$
\begin{aligned}
P(A_{t+1}A_{k_2}) &= P(A_t) \cdot P(A_{t+1} \cdot A_{k_2}|A_t) + P(\bar{A}_t) \cdot P(A_{t+1} \cdot A_{k_2}|\bar{A}_t) \\
&= \frac{b}{b+r} \cdot \frac{b(b+c)}{(b+r)(b+r+c)} + \frac{r}{b+r} \cdot \frac{(b+c)}{(b+r)(b+r+c)} \\
&= \frac{b(b+c)}{(b+r)(b+r+c)}.
\end{aligned}
$$

因此, 由数学归纳法知, 第 k_1 次和第 k_2 次取得的球都是蓝色的概率为

$$
p = P(A_{k_1}A_{k_2}) = \frac{b(b+c)}{(b+r)(b+r+c)}.
$$

23. 如果三个独立事件 A, B, C 满足 $P(A) = a$, $P(\bar{A}\bar{B}\bar{C}) = b$, $P(\bar{A}\cup\bar{B}\cup\bar{C}) = c$, 并且 $P(C\bar{A}\bar{B}) = x$, (1) 求 $P(B), P(C)$; (2) 证明 $c \geqslant 1 - a + \dfrac{ab}{1-a}$.

证明 (1) 由已知有 $P(C\bar{A}\bar{B}) + P(\bar{C}\bar{A}\bar{B}) = P(\bar{A})P(\bar{B})$, 即 $x + b = (1 - a)P(\bar{B})$. 因此

$$
P(\bar{B}) = \frac{x+b}{1-a}, \quad P(B) = \frac{1-a-x-b}{1-a}.
$$

又由于

$$
x = P(C) \cdot P(\bar{A}) \cdot P(\bar{B}) = P(C) \cdot (1-a)(x+b)/(1-a) = P(C) \cdot (x+b),
$$

所以

$$
P(C) = \frac{x}{x+b}.
$$

(2) 由于

$$
\begin{aligned}
c &= P(\bar{A} \cup \bar{B} \cup \bar{C}) \\
&= P(\bar{A}) + P(\bar{B}) + P(\bar{C}) - P(\bar{A}) \cdot P(\bar{B}) \\
&\quad - P(\bar{A}) \cdot P(\bar{C}) - P(\bar{B}) \cdot P(\bar{C}) + P(\bar{A}\bar{B}\bar{C}) \\
&= (1-a) + \frac{x+b}{1-a} + \frac{b}{x+b} - (x+b) - \frac{b(1-a)}{x+b} - \frac{b}{1-a} + b \\
&= (1-a) + \frac{a(x+b)}{1-a} + \frac{ab}{x+b} - \frac{ab}{1-a},
\end{aligned}
$$

因此有

$$
ax^2 + [(1-a)^2 + ab - c(1-a)]x + (1-a)b(1-c) = 0.
$$

由于 x 是唯一的非负根, 即

$$
x = -\frac{(1-a)^2 + ab - c(1-a)}{2a} \geqslant 0,
$$

$$(1-a)^2 + ab \leqslant c(1-a),$$

所以, 求解上述关于 c 的不等式可以得到

$$c \geqslant 1 - a + ab/(1-a).$$

24. 一批产品有三箱, 第一箱产品的次品率为 1%; 第二箱产品的次品率为 2% 或 4%; 第三箱产品的次品率为 6% 或 8% 或 10%. 现从三箱中任取一箱且任取一件产品进行检验, 问: (1) 这件产品为合格品的概率为多少? (2) 这件产品是第三箱产品的概率是多少?

解 用 A_i 表示取到第 i 箱, B 表示取到合格品; C_{21} 表示第二箱次品率为 2%, C_{22} 表示第二箱次品率为 4%; C_{31} 表示第三箱次品率为 6%, C_{32} 表示第三箱次品率为 8%, C_{33} 表示第三箱次品率为 10%. 那么

$$P(A_1) = P(A_2) = P(A_3) = \frac{1}{3}, \quad P(C_{21}A_2) = P(C_{22}A_2) = \frac{1}{2},$$

$$P(C_{31}A_3) = P(C_{32}A_3) = P(C_{33}A_3) = \frac{1}{3}$$

且

$$P(B|A_1) = 0.99,$$
$$P(B|A_2) = P(C_{21}A_2)P(B|C_{21}A_2) + P(C_{22}A_2)P(B|C_{22}A_2)$$
$$= \frac{1}{2}(0.98 + 0.96) = 0.97,$$
$$P(B|A_3) = P(C_{31}A_3)P(B|C_{31}A_3) + P(C_{32}A_3)P(B|C_{32}A_3)$$
$$+ P(C_{33}A_3)P(B|C_{33}A_3)$$
$$= \frac{1}{3}(0.94 + 0.92 + 0.90) = 0.92.$$

因此, (1) 由全概率公式有

$$P(B) = P(A_1)P(B|A_1) + P(A_2)P(B|A_2) + P(A_3)P(B|A_3)$$
$$= \frac{1}{3}(0.99 + 0.97 + 0.92) = 0.96.$$

(2) 由逆概率公式有

$$P(A_3|B) = \frac{P(A_3)P(B|A_3)}{P(B)} = \frac{\frac{1}{3} \times 0.92}{0.96} = \frac{23}{72}.$$

25. 一个系统有独立工作的 10 个相同零件, 且每个零件被损坏的概率为 0.01. 系统在 3 个以内的此零件被损坏而出故障的概率为 0.2, 系统在所有此零件被损坏而出故障的概率为 0.98, 而系统在此零件被损坏的其他情况而出故障的概率为 0.6. 求系统出故障的概率以及出现故障时, 此零件最多损坏三个的概率.

解　用 A_1 表示零件最多被损坏三个, 用 A_2 表示零件全部被损坏, 用 A_3 表示零件被损坏的其他情况, 用 B 表示系统出故障, 那么, $P(B|A_1)=0.2$, $P(B|A_2)=0.98$, $P(B|A_3)=0.6$. 又

$$
\begin{aligned}
P(A_1) &= \mathrm{C}_{10}^0 \left(\frac{99}{100}\right)^{10} + \mathrm{C}_{10}^1 \left(\frac{99}{100}\right)^9 \frac{1}{100} + \mathrm{C}_{10}^2 \left(\frac{99}{100}\right)^8 \left(\frac{1}{100}\right)^2 \\
&\quad + \mathrm{C}_{10}^3 \left(\frac{99}{100}\right)^7 \left(\frac{1}{100}\right)^3 \\
&\approx 0.0322,
\end{aligned}
$$

$$
P(A_2) = \left(\frac{1}{100}\right)^{10} \approx 0,
$$

$$
P(A_3) = 1 - P(A_1) - P(A_2) \approx 1 - 0.0322 - 0 = 0.9678,
$$

于是, 由全概率公式有

$$
\begin{aligned}
P(B) &= P(A_1)P(B|A_1) + P(A_2)P(B|A_2) + P(A_3)P(B|A_3) \\
&= 0.0322 \times 0.2 + 0 \times 0.98 + 0.9678 \times 0.6 = 0.58712.
\end{aligned}
$$

26. 一台机器在时刻 t 需要电但在时刻 $t + \Delta t$ 不再需要电的概率为 $\lambda \Delta t + o(\Delta t)$; 在时刻 t 不需要电但在时刻 $t + \Delta t$ 需要电的概率为 $\mu \Delta t + o(\Delta t)$. 现有 n 台机器已接上输电电线, 并知道一台机器与另一台机器的工作是独立的, 试求在时刻 t 有 r 台机器需要电的概率 $P_r(t)$ 所满足的微分方程.

解　用 $A_r(t)$ 表示在时刻 t 有 r 台机器需要电, 则 $P_r(t) = P(A_r(t))$. 于是由全概率公式有

$$
\begin{aligned}
P_r(t + \Delta t) &= P(A_r(t + \Delta t)) \\
&= P(A_r(t))P(A_r(t + \Delta t)|A_r(t)) + P(A_{r-1}^c(t))P(A_r(t + \Delta t)|A_{r-1}^c(t)) \\
&= P(A_r(t))[1 - \lambda \Delta t + o(\Delta t)]^r \\
&\quad + \sum_{i=0}^{r-1} P(A_i(t))[1 - \lambda \Delta t + o(\Delta t)]^i \mathrm{C}_{n-i}^{r-i}[\mu \Delta t + o(\Delta t)]^{r-i} \\
&= P(A_r(t))[1 - r\lambda \Delta t + o(\Delta t)] + P(A_{r-1}(t))[(n+1-r)\mu \Delta t + o(\Delta t)] \\
&= P_r(t)[1 - r\lambda \Delta t + o(\Delta t)] + P_{r-1}(t)[(n+1-r)\mu \Delta t + o(\Delta t)],
\end{aligned}
$$

即有

$$\frac{P_r(t+\Delta t)-P_r(t)}{\Delta t}=-r\lambda+\frac{P_r(t)\cdot o(\Delta t)}{\Delta t}+P_{r-1}(t)(n+1-r)\mu+\frac{P_{r-1}(t)\cdot o(\Delta t)}{\Delta t}.$$

令 $\Delta t\to 0$, 则由上式可得

$$P_r'(t)=-r\lambda P_r(t)+(n+1-r)\mu P_{r-1}(t).$$

27. 从整数中任取一数 n, 试求 (1) 这个数的平方的尾数为 1 的概率; (2) 这个数的四次方的尾数为 1 的概率; (3) 这个数的任意次方的尾数为 1 的概率; (4) 这个数去乘任意正整数后所得的整数尾数是 1 的概率.

解 用 A_1 表示取到一个正整数, A_2 表示取到一个负整数, B 表示取到一个平方后尾数为 1 的整数, C 表示取到一个四次方后尾数为 1 的整数, D 表示任意次方后尾数为 1 的整数, E 表示取到去乘任意正整数后尾数为 1 的整数, 那么

$$A_1\cap A_2=\varnothing,\quad B\subset A_1\cup A_2,\quad C\subset A_1\cup A_2,\quad E\subset A_1\cup A_2,$$
$$D\subset A_1\cup A_2,\quad P(A_1)=P(A_2)=\frac{1}{2}.$$

记 a 为整数 n 的个位数 (若为一位数的整数则此整数也就是 a), 则, $a\in\{0,1,2,\cdots,9\}$.

(1) 易知, n^2 的尾数为 1 的个位数 a 的取值能且只能是 1 或 9, 故可求得

$$P(B|A_1)=\frac{C_2^1}{C_{10}^1}=\frac{1}{5}.$$

同理可得

$$P(B|A_2)=\frac{C_2^1}{C_{10}^1}=\frac{1}{5}.$$

因此, 由全概率公式知

$$P(B)=P(A_1)P(B|A_1)+P(A_2)P(B|A_2)=\frac{1}{2}\left(\frac{1}{5}+\frac{1}{5}\right)=\frac{1}{5}.$$

(2) n^4 的尾数为 1 的个位数 a 的取值能且只能是 1 或 3 或 7 或 9. 于是可求得

$$P(C|A_1)=\frac{C_4^1}{C_{10}^1}=\frac{2}{5},\quad P(C|A_2)=\frac{C_4^1}{C_{10}^1}=\frac{2}{5},$$

从而, 由全概率公式知

$$P(C)=P(A_1)P(C|A_1)+P(A_2)P(C|A_2)=\frac{1}{2}\left(\frac{2}{5}+\frac{2}{5}\right)=\frac{2}{5}.$$

(3) 类似于 (1) 和 (2) 易知

$$P(D) = \frac{1}{10}.$$

(4) 由于整数 $2n$ 中的个位数 a 的 2 倍的尾数不可能是 1, 故事件 E 是一个不可能事件. 因此

$$P(E) = 0.$$

28. 装有 $m(m \geqslant 3)$ 个甲零件和 n 个乙零件的箱子现丢失一个零件. 为补上这一零件, 必须确定零件的组成成分, 于是从箱中任取两个零件, 结果是甲零件. 求丢失的零件是甲零件的概率.

解 用 A 表示丢失的是甲零件, B 表示取到两个甲零件, 那么, $P(A) = P(A^c) = \frac{1}{2}$, 且

$$P(B|A) = \frac{(m-1)(m-2)}{(m+n-1)(m+n-2)}, \quad P(B|A^c) = \frac{m(m-1)}{(m+n-1)(m+n-2)}.$$

于是, 由全概率公式知

$$\begin{aligned}
P(B) &= P(A)P(B|A) + P(A^c)P(B|A^c) \\
&= \frac{1}{2} \cdot \frac{(m-1)(m-2)}{(m+n-1)(m+n-2)} + \frac{1}{2} \cdot \frac{m(m-1)}{(m+n-1)(m+n-2)} \\
&= \frac{1}{2} \cdot \frac{(m-1)(2m-2)}{(m+n-1)(m+n-2)} = \frac{(m-1)^2}{(m+n-1)(m+n-2)}.
\end{aligned}$$

因此, 由贝叶斯公式可得

$$P(A|B) = \frac{P(A)P(B|A)}{P(B)} = \frac{\dfrac{1}{2} \cdot \dfrac{(m-1)(m-2)}{(m+n-1)(m+n-2)}}{\dfrac{(m-1)^2}{(m+n-1)(m+n-2)}} = \frac{1}{2} \frac{m-2}{m-1}.$$

29. 用概率模型证明下列等式

(1) $1 + \dfrac{n-m}{n-1} + \dfrac{(n-m)(n-m-1)}{(n-1)(n-2)} + \cdots + \dfrac{(n-m)(n-m-1)\cdots 2 \cdot 1}{(n-1)(n-2)\cdots(m+1)m} = \dfrac{n}{m}$;

(2) $C_n^0 + \dfrac{1}{2}C_{n+1}^1 + \cdots + \dfrac{1}{2^n}C_{2n}^n = 2^n$.

证明 (1) 考虑从装有 $n-m$ 个黑球 m 个白球的盒子中不放回地每次取一球. 用 A_k 表示事件 "第 k 次取到白球", 用 B_j 表示 "首次取到白球时已取

到 j 个黑球"这一事件, $j = 0, 1, \cdots, n-m$, 则 $B_j = A_1^c A_2^c \cdots A_{j-1}^c A_j^c A_{j+1}$,
$S = B_0 \cup B_1 \cup B_2 \cup \cdots \cup B_{n-m}$, 且 $B_i \cap B_j = \varnothing, i \neq j$.

由于

$$
\begin{aligned}
P(B_j) &= P(A_1^c A_2^c \cdots A_{j-1}^c A_j^c A_{j+1}) \\
&= P(A_1^c) P(A_2^c | A_1^c) P(A_3^c | A_1^c A_2^c) \cdots P(A_j^c | A_1^c \cdots A_{j-1}^c) P(A_{j+1} | A_1^c A_2^c \cdots A_j^c) \\
&= \frac{n-m}{n} \cdot \frac{n-m-1}{n-1} \cdot \cdots \cdot \frac{n-m-j+1}{n-j+1} \cdot \frac{m}{n-j}, \quad j = 0, 1, 2, \cdots, n-m,
\end{aligned}
$$

所以

$$
\begin{aligned}
1 = P(S) &= P(B_0 \cup B_1 \cup B_2 \cup \cdots \cup B_{n-m}) \\
&= P(B_0) + P(B_1) + \cdots + P(B_{n-m}) \\
&= \frac{m}{n} + \frac{(n-m)m}{n(n-1)} + \frac{(n-m)(n-m-1)m}{n(n-1)(n-2)} + \cdots \\
&\quad + \frac{m(n-m)(n-m-1) \cdots 2 \cdot 1}{n(n-1)(n-2) \cdots (m+1)m},
\end{aligned}
$$

即有

$$
1 + \frac{n-m}{n-1} + \frac{(n-m)(n-m-1)}{(n-1)(n-2)} + \cdots + \frac{(n-m)(n-m-1) \cdots 2 \cdot 1}{(n-1)(n-2) \cdots (m+1)m} = \frac{n}{m}.
$$

(2) 考虑从装有 n 个红球 n 个蓝球的袋子中不放回地取一球, 用 A 表示取到 n 个红球, B_k 表示取到 n 个红球 k 个蓝球 $(k = 0, 1, 2, \cdots, n)$, 则样本空间 $S = B_0 \cup B_1 \cup B_2 \cup \cdots \cup B_n$, 且有 $A = AB_0 \cup AB_1 \cup \cdots \cup AB_n$. 于是

$$
\begin{aligned}
P(A) &= P(AB_0) + P(AB_1) + \cdots + P(AB_n) \\
&= P(A)P(B_0 | A) + P(A)P(B_1 | A) + \cdots + P(A)P(B_n | A) \\
&= P(A)[P(B_0 | A) + P(B_1 | A) + \cdots + P(B_n | A)],
\end{aligned}
$$

即

$$
P(B_0 | A) + P(B_1 | A) + \cdots + P(B_n | A) = 1.
$$

由于每次取到红球或蓝球的概率都是

$$
p = \frac{C_n^1}{C_{2n}^1} = \frac{1}{2},
$$

而事件 $B_k | A$ 表示已取了 $n+k$ 次球, 其中蓝球为 k 个, 因此

$$
P(B_k | A) = C_{n+k}^k \left(\frac{1}{2} \right)^k \cdot \left(\frac{1}{2} \right)^{n+k-k} = C_{n+k}^k \left(\frac{1}{2} \right)^{n+k}.
$$

这样

$$1 = P(B_0|A) + P(B_1|A) + \cdots + P(B_n|A) = \sum_{k=0}^{n} \mathrm{C}_{n+k}^{k} \frac{1}{2^{n+k}} = \frac{1}{2^n} \sum_{k=0}^{n} \mathrm{C}_{n+k}^{k} \frac{1}{2^k},$$

即

$$\sum_{k=0}^{n} \mathrm{C}_{n+k}^{k} \frac{1}{2^k} = 2^n.$$

值得注意的是, 用构建概率模型证明一些等式的方法因构建模型不一而不唯一. 如果你愿意动脑筋, 也许能找到比这个更好的证明方法.

30. 证明下列结论

(1) 如果 $P(A) = 1 - \sqrt{q}$, $P(B) = q$, $0 < q < 1$, 那么 $0 < P(A^c \cup B^c) < 1$ 的充分必要条件是 $0 < P(A^c \cap B^c)$.

(2) 设 $0 < P(A) < 1$, 那么事件 A, B 独立且 $P(A \cap B) = 0$ 的充分必要条件是三个事件 A^c, B^c, $A^c \cup B^c$ 独立.

(3) $A_1, A_2, \cdots, A_n$ 独立的充分必要条件是 $A_1^c, A_2^c, \cdots, A_n^c$ 独立.

(4) 设 $A_i \subset S(i = 1, 2, \cdots, n)$, 那么, $P\left(\bigcup_{i=1}^{n} A_i\right) \leqslant \sum_{i=1}^{n} P(A_i)$.

(5) 设 $A_i \subset S(i = 1, 2, \cdots, n)$, $A \subset S$ 且 $A_1 \subset A_2 \subset \cdots \subset A_n$, 则 $\lim_{n \to \infty} P(A_n) = P(A)$.

证明 (1) **必要性** 由已知可知 $P(A^c) = \sqrt{q}$, $P(B^c) = 1 - q$. 于是

$$P(A^c \cap B^c) = P(A^c) + P(B^c) - P(A^c \cup B^c)$$
$$> \sqrt{q} + 1 - q - 1 = \sqrt{q}(1 - \sqrt{q}) > 0.$$

充分性 借用前面的证明有

$$P(A^c \cup B^c) = P(A^c) + P(B^c) - P(A^c \cap B^c)$$
$$\geqslant \sqrt{q} + 1 - q - 1 = \sqrt{q}(1 - \sqrt{q}) > 0,$$
$$P(A^c \cup B^c) = P(A^c) + P(B^c) - P(A^c \cap B^c)$$
$$< \sqrt{q} + 1 - q = 1 - \sqrt{q}(1 - \sqrt{q}) < 1,$$

即

$$0 < P(A^c \cup B^c) < 1.$$

(2) **必要性** 由于事件 A, B 是独立的, 所以

$$P(A^c \cap B^c) = P(A^c) + P(B^c) - P(A^c \cup B^c)$$

$$= P(A^c) + P(B^c) - 1 + P(A \cap B)$$
$$= P(A^c) + P(B^c) - 1 + P(A)P(B)$$
$$= P(A^c) - P(B)(1 - P(A))$$
$$= P(A^c)P(B^c).$$

又由于 $P(A \cap B) = 0$, 故知 $P(A^c \cup B^c) = 1$. 于是

$$P(A^c \cap (A^c \cup B^c)) = P(A^c) \cdot 1 = P(A^c)P(A^c \cup B^c),$$
$$P(B^c \cap (A^c \cup B^c)) = P(B^c) \cdot 1 = P(B^c)P(A^c \cup B^c),$$
$$P(A^c \cap (A^c \cup B^c) \cap B^c) = P(A^c) \cdot 1 \cdot P(B^c) = P(A^c)P(A^c \cup B^c)P(B^c),$$

因此, 三事件 A^c, B^c, $A^c \cup B^c$ 独立.

充分性 由三事件 A^c, B^c, $A^c \cup B^c$ 独立知

$$P(A \cap B) = P(A) + P(B) - P(A \cup B)$$
$$= P(A) + P(B) - 1 + P(A^c)P(B^c)$$
$$= P(A) - P(B^c) + P(B^c) - P(A)P(B^c)$$
$$= P(A)P(B).$$

又由 $0 < P(A) < 1$ 知 $P(A^c) \neq 0$. 从而, 由 A^c, $A^c \cup B^c$ 独立知

$$P(A^c) = P(A^c \cap (A^c \cup B^c)) = P(A^c)P(A^c \cup B^c),$$

即, $P(A^c \cup B^c) = 1$, 进而, $P(A \cap B) = 0$.

(3) **必要性** 只需证 A_1^c, A_2^c, $\cdots$, A_n^c 中对任意的 k 个 $A_{i_1}^c$, $A_{i_2}^c$, $\cdots$, $A_{i_k}^c$ 恒有

$$P(A_{i_1}^c A_{i_2}^c \cdots A_{i_k}^c) = P(A_{i_1}^c)P(A_{i_2}^c) \cdots P(A_{i_k}^c)$$

即可. 现用归纳法证明这一事实. 当 $k = 2$ 时,

$$P(A_{i_1}^c A_{i_2}^c) = 1 - P(A_{i_1} \cup A_{i_2})$$
$$= 1 - P(A_{i_1}) - P(A_{i_2}) + P(A_{i_1} \cap A_{i_2}) \quad (\text{和事件概率公式})$$
$$= 1 - P(A_{i_1}) - P(A_{i_2}) + P(A_{i_1})P(A_{i_2}) \quad (\text{两两独立性})$$
$$= P(A_{i_1}^c)P(A_{i_2}^c).$$

因此, $A_{i_1}^c$, $A_{i_2}^c$ 是独立的. 设 $k = l$ 时, 事件 $A_{i_1}^c$, $A_{i_2}^c$, $\cdots$, $A_{i_l}^c$ 是独立的, 那么, 当 $k = l + 1$ 时, 为方便记 $B = A_{i_1}^c A_{i_2}^c \cdots A_{i_l}^c$, 则由于 $P(A_{i_1}^c A_{i_2}^c \cdots A_{i_l}^c) = P(BA_{i_{l+1}}^c) + P(BA_{i_{l+1}})$, 所以

$$P(A_{i_1}^c A_{i_2}^c \cdots A_{i_l}^c A_{i_{l+1}}^c)$$

$$= P(A_{i_1}^c A_{i_2}^c \cdots A_{i_l}^c) - P(BA_{i_{l+1}}^c)$$

$$= P(A_{i_1}^c A_{i_2}^c \cdots A_{i_l}^c) - P((A_{i_1} \cup \cdots \cup A_{i_l})^c A_{i_{l+1}})$$

$$= P(A_{i_1}^c A_{i_2}^c \cdots A_{i_l}^c) - P(A_{i_{l+1}}) + P(A_{i_1} A_{i_{l+1}} \cup \cdots \cup A_{i_l} A_{i_{l+1}})$$

$$(\text{概率加法公式}) = P(A_{i_1}^c) P(A_{i_2}^c) \cdots P(A_{i_l}^c) - P(A_{i_{l+1}}) + \sum_{s=1}^{l} P(A_{i_s}) P(A_{i_{l+1}})$$

$$- \sum_{1 \leqslant s < t \leqslant l} P(A_{i_s} \cap A_{j_t}) P(A_{i_{l+1}}) + \cdots$$

$$+ (-1)^{l-1} P\left(\bigcap_{s=1}^{l} A_{i_s}\right) P(A_{i_{l+1}})$$

$$= P(A_{i_1}^c) P(A_{i_2}^c) \cdots P(A_{i_l}^c) - P(A_{i_{l+1}}) + P(A_{i_{l+1}})\left[\sum_{s=1}^{l} P(A_{i_s})\right.$$

$$\left. - \sum_{1 \leqslant s < t \leqslant l} P(A_{i_s} \cap A_{j_t}) + \cdots + (-1)^{l-1} P\left(\bigcap_{s=1}^{l} A_{i_s}\right)\right]$$

$$= P(A_{i_1}^c) P(A_{i_2}^c) \cdots P(A_{i_l}^c) - P(A_{i_{l+1}}) + P(A_{i_{l+1}}) P(A_{i_1} \cup \cdots \cup A_{i_l})$$

$$= P(A_{i_1}^c) P(A_{i_2}^c) \cdots P(A_{i_l}^c) - P(A_{i_{l+1}})[1 - P(A_{i_1} \cup \cdots \cup A_{i_l})]$$

$$= P(A_{i_1}^c) P(A_{i_2}^c) \cdots P(A_{i_l}^c) - P(A_{i_{l+1}}) P(A_{i_1}^c) P(A_{i_2}^c) \cdots P(A_{i_l}^c)$$

$$= P(A_{i_1}^c) P(A_{i_2}^c) \cdots P(A_{i_l}^c) P(A_{i_{l+1}}^c).$$

于是, 由数学归纳法知, 对任意的 k 都有 $P(A_{i_1}^c A_{i_2}^c \cdots A_{i_k}^c) = P(A_{i_1}^c) P(A_{i_2}^c) \cdots$ $P(A_{i_k}^c)$, 即事件 $A_1^c, A_2^c, \cdots, A_n^c$ 是独立的.

充分性的证明可仿必要性的证明进行.

(4) 用数学归纳法证之. 当 $n = 2$ 时, 则易知 $P(A_1 \cup A_2) \leqslant P(A_1) + P(A_2)$. 设当 $n = k$ 时,

$$P(A_1 \cup \cdots \cup A_k) \leqslant P(A_1) + \cdots + P(A_k).$$

那么, 当 $n = k+1$ 时,

$$P(A_1 \cup \cdots \cup A_k \cup A_{k+1}) \leqslant P(A_1 \cup \cdots \cup A_k) + P(A_{k+1})$$

$$\leqslant P(A_1) + \cdots + P(A_k) + P(A_{k+1}),$$

即有

$$P\left(\bigcup_{i=1}^{n} A_i\right) \leqslant \sum_{i=1}^{n} P(A_i).$$

(5) 令 $B_1 = A_1$, $B_2 = A_2 - A_1$, $\cdots$, $B_k = A_k - A_{k-1}$, $\cdots$, 那么 $B_i \cap B_j = \varnothing$ 且 $A = \bigcup\limits_{i=1}^{\infty} B_i$. 于是, 由概率无限可加性知

$$
\begin{aligned}
P(A) = P\left(\bigcup_{i=1}^{\infty} B_i\right) &= \sum_{i=1}^{\infty} P(B_i) \\
&= P(A_1) + \sum_{i=2}^{\infty} P(A_i - A_{i-1}) \\
&= P(A_1) + \lim_{n\to\infty} \sum_{i=2}^{n} [P(A_i) - P(A_{i-1})] \\
&= \lim_{n\to\infty} P(A_n),
\end{aligned}
$$

即

$$
\lim_{n\to\infty} P(A_n) = P(A).
$$

10.4　复　习　题

1. 填空题

(1) 已知 $P(A) = \dfrac{1}{3}$, $P(B) = \dfrac{2}{5}$ 和 $P(A|B) = \dfrac{2}{3}$, 则 $P(A \cup B) = $＿＿＿＿＿＿.

(2) 已知 $P(A) = \dfrac{1}{2}$, $P(A|B) = P(B|A) = \dfrac{1}{6}$, 则 $P((A-B) \cup (B-A)) = $＿＿＿＿＿＿.

(3) 三个元件串联成一个系统, 设三个元件各自不影响地工作且正常工作的概率分别为 $\dfrac{1}{2}$, $\dfrac{2}{3}$ 和 $\dfrac{4}{5}$, 那么这个系统不能正常工作的概率为＿＿＿＿＿＿. 如果这个系统是由这三个元件并联而成的, 那么这个系统不能正常工作的概率是＿＿＿＿＿＿.

(4) 假设 $P(A) = \dfrac{1}{3}$, $P(B) = \dfrac{2}{5}$. 如果事件 A, B 是互不相容的, 那么 $P(BA^c) = $＿＿＿＿＿＿; 如果事件 A, B 是独立的, 那么 $P(BA^c) = $＿＿＿＿＿＿.

(5) 如果事件 A, B 和 C 至少发生一个是必然事件, 事件 C 与事件 A, B 都不相容但 A, B 是独立的, 那么, 当 $P(A) = \dfrac{2}{3}$, $P(B) = \dfrac{3}{4}$ 时, $P(C) = $＿＿＿＿＿＿.

(6) 检验员在一批含有 2 个次品、数量为 50 的灯泡中连续地取出灯泡进行检验, 如果采用不放回抽样方式取出两个灯泡, 那么, 第一次取得次品而第二次取得合格品的概率为＿＿＿＿＿＿; 如果采用有放回抽样方式取出两个灯泡, 那么, 两次取得一个合格品、一个次品的概率为＿＿＿＿; 为确保抽样结果中至少出现一个次品的概率不小于 $\dfrac{1}{2}$, 检查员应至少连续抽取＿＿＿＿＿＿ 次.

(7) 如果一个袋子中有四个各带有 $0, 1, \cdots, 9$ 中的某个数字的球, 那么这四个球中恰有两个球的数字相同的概率为＿＿＿＿＿＿.

(8) 设 $A_1, \cdots, A_n, \cdots$ 为一个随机事件数列, $P(A_1) = 1 - q$. 且对任意正整数 m, n 都有 $P(A_{m+n}|A_m) = P(A_n)$, 则 $P(A_{n+1}^c A_n) = $ _____.

2. 单项选择题

(1) 已知 $P(A) = 1, P(B) = 0$, 则 _____.

(A) A, B 不相容

(B) A, B 互斥

(C) A, B 独立

(D) $B \subset A$

(2) 已知 $P(A) = \dfrac{1}{3}, P(B) = \dfrac{2}{3}, P(A \cup B) = 1$, 则 _____.

(A) A, B 不相容

(B) A, B 互斥

(C) A, B 独立

(D) B, AB 独立

(3) 已知 $P(A) = a, P(B) = 2a, P(C) = 3a, P(AB) = P(BC) = P(CA) = b$, 则下列结论成立的是 _____.

(A) $a \leqslant \dfrac{1}{4}, b \geqslant \dfrac{1}{4}$

(B) $a \geqslant \dfrac{1}{4}, b \geqslant \dfrac{1}{4}$

(C) $a \leqslant \dfrac{1}{4}, b \leqslant \dfrac{1}{4}$

(D) $a \geqslant \dfrac{1}{4}, b \leqslant \dfrac{1}{4}$

(4) 如果 $P(A) > 0, P(B) > 0$, 那么 _____.

(A) $P(B|A) = P(B)$

(B) $P(A|B) = P(A)$

(C) $P(B|A) = \dfrac{P(B)}{P(A)}$

(D) $P(A|B) = 1 - P(A^c|B)$

(5) 对任意事件 A, B 和 C, 如果 $P(A) > 0$, 那么 _____.

(A) $P((B \cup C)|A) = P(B|A) + P(C|A)$

(B) $P((B \cap C)|A) = P(B|A) \cdot P(C|A)$

(C) $P((B - C)|A) = P(B|A) - P(C|A)$

(D) $P((B^c \cup C^c)|A) = 1 - P((B \cap C)|A)$

(6) 袋中装有四个分别涂有蓝色、绿色、黄色和蓝绿黄三色的球, 现从中任取一球, 并用 A 表示取到蓝色的球, B 表示取到绿色的球, C 表示取到黄色的球, 那么下列给出的结论中不正确的是 _____.

(A) A, B 是独立的

(B) A, C 是独立的

(C) B, C 是独立的

(D) A, B, C 是独立的

(7) 对任意的独立事件 A, B, 且 $P(B) > 0$, 则必定不对的是 _____.

(A) $P(A|B) + P(A^c|B^c) = 1$

(B) $P(A^c|B) + P(A|B^c) = 1$

(C) $P(A|B) + P(A^c|B) = 1$

(D) $P(A|B) + P(A|B^c) = 1$

(8) 对任意的事件 A, B, 且 $P(B) > 0$, 则必定 _____.

(A) $P(A|B) + P(A^c|B^c) = 1$

(B) $P(A|B) + P(A^c|B) = 1$

(C) $P(A|B^c) + P(A^c|B) = 1$

(D) $P(A|B) + P(A|B^c) = 1$

3. 有 mn 件产品, 其中, 一个二等品, 一个三等品, 其余都是一等品. 按每箱 n 件产品的要求将这些产品随意地分装在 m 个箱子中, 问二等品与三等品在同一箱中的概率是多少?

4. n 位朋友随机地围着一张圆桌就坐, 分别求下列事件的概率:

(1) 指定 A, B 两人坐在一起, 而且, A 坐在 B 的右边;

(2) 指定 A, B, C 三人坐在一起, 而且, A 坐在 B 的左边, C 坐在 B 的右边.

5. 袋中有 n 个白球, m 个黑球 $(m < n)$, 现从袋中不放回地逐个全部取出, 求取球至第 k 次时取出的黑球数小于取出的白球数的概率.

6. 把 n 根同一型号的拐杖分成一长一短两部分, 然后将所有的 $2n$ 根小段任意地分成 n 对, 每对又接成一根新的拐杖. 求下列事件的概率:

(1) 全部新的拐杖是原来的 n 根拐杖;

(2) n 根新的拐杖都是长和短相连接的.

7. 设袋中装有 m 个编号为 $1, 2, \cdots, m$ 的球, 现从中任取出 n 个 $(0 < n < m)$ 球, 问取出的球中编号比所有未取出的球的编号都大的个数为 k 的概率.

8. 设有装有 n 个球的 m 个袋子, 现从中任取 k 个球, 求各个袋子的球都被取到的概率 $p_k(n)$, 并求 $\lim\limits_{n\to\infty} p_k(n)$.

9. 现有甲乙两个装有红球和绿球的盒子, 其中, 甲盒子装有 6 个红球 4 个绿球, 乙盒子装有 7 个红球 3 个绿球. 现从甲盒子中任取一个球并放入乙盒子中, 再从乙盒子中任取一个球并放入甲盒子中, 问 (1) 取球交换后, 从甲盒子中取一红球乙盒子中取一红球的概率是多少? (2) 取球交换后甲盒子中红绿球相等的概率.

10. 设有四箱味精, 且它们的次品率分别为 0.1, 0.2, 0.3 和 0.4. 现从任意一箱中任取一包检验, 结果为合格品, 然后放回此箱, 再从这一箱中取一包, 求这一包是次品的概率.

11. 一个系统有三个零件且相互独立地工作, 经验表明一号零件、二号零件以及三号零件被烧坏的次数比为 $10 : 20 : 30$; 一个零件被烧坏系统出现故障的概率为 0.25, 两个零件被烧坏系统出现故障的概率为 0.6, 三个零件被烧坏系统出现故障的概率为 0.9. 求 (1) 系统出现故障的概率; (2) 系统出现故障是由三个零件被烧坏所致的概率.

12. 某公司生产的零件每 10 个一盒, 不含有次品的盒子有 50%; 含有一个次品的盒子有 30%; 有两个次品的盒子有 20%. 现任取一盒中的两个零件进行检验, 问 (1) 检验的两个零件中一个为次品而另一个为正品的概率是多少? (2) 两个检验的零件都是正品时这一盒子中有两个次品的概率又是多少?

13. 三个同质的箱子分别装有红球和白球, 每个箱子中红球与白球的个数之比分别为 $5 : 3$, $2 : 7$ 和 $3 : 4$. 现随机取一箱后再从中任取一球, 那么此球是红球的概率是多少? 这个红球是红球与白球之比为 $2 : 7$ 的那个箱子的概率是多少?

14. 一批产品共有 100 件, 其中次品 4 件. 现从中任取 3 件来检验, 若检验出次品, 则认为这批产品不合格. 经验表明: 一件正品误判为次品的概率为 0.05, 而一件次品误判为正品的概率为 0.01. 求这批产品是合格品的概率.

15. 已知具有某种症状的患者为癌患者的概率为 0.05. 在有该症状的患者中, 癌患者经仪器检查为阳性反应的概率为 0.85; 在有该症状的患者中, 非癌患者经仪器检查为阳性反应的概率为 0.05. 现有一患者谈了他具有该症状, 且经仪器检查为阳性反应, 求该患者为癌患者的概率.

16. 甲乙两人独立地轮流投篮, 他们投中的概率分别为 p_1, p_2, 规定其中有一人投中一次, 投篮即告结束. 如果甲以概率 p 首先投篮, 那么投篮中止的概率是多少?

17. 从装有 4 个白球 4 个黑球的一个盒子中任取 4 个放入甲盒中, 其余放入乙盒, 然后分别在两盒中各取一球, 颜色正好相同. 求放入甲盒中的 4 个球中概率最大时的白球个数.

18. 设甲盒装有 m_1 个红球和 n_1 个绿球, 乙盒中装有 m_2 个红球和 n_2 个绿球. 现从甲乙两盒中各取一球放在没有球的丙盒中, 再从丙盒中任取一球, 问:

(1) 这个球是红球的概率是多少?

(2) 如果此球是红球, 则此球是甲盒中的概率是多少?

19. 设某个项目有 10 个任务 A, B, C, D, E, F, G, H, I, J. 这 10 个任务的先后工作关系及每个任务如期完成的概率如下图所示. 假设每个任务都是独立完成, 问 (1) 这个项目如期完成的概率是多少? (2) 如果只考虑 $ABFGIJ$ 这一路, 这个项目如期完成的概率又是多少?

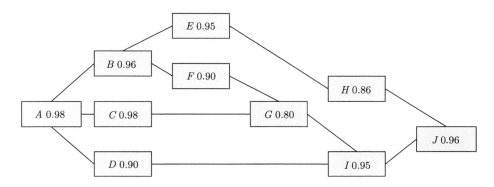

20. 如果事件 A, B, C 满足 $P(A) > 0$, $P(B) = P(B|A)$, $AB \subset C$, $A^cB^c \subset C^c$, 则 $P(AC) \geqslant P(A)P(C)$.

21. 设事件 A, B, C 两两独立但不同时发生. 如果 $P(A) = P(B) = P(C) = x$, 那么, 事件 A, B, C 的概率都不超过 $\dfrac{1}{2}$.

22. 用概率论的思想验证

$$1 + \frac{N-m}{N} \cdot \frac{m+1}{m} + \frac{(N-m)(N-m-1)}{N^2} \cdot \frac{m+2}{m} + \cdots + \frac{(N-m)!}{N^{N-m}} \cdot \frac{N}{m} = \frac{N}{m}.$$

23. 设事件列 A_1, $\cdots$, A_n, $\cdots$. 那么 $P\left(\bigcap_{n=1}^{\infty} \bigcup_{k=n}^{\infty} A_k\right) = 0$ 的充要条件是 $\sum_{n=1}^{\infty} P(A_n)$ 收敛.

10.5 复习题参考答案与提示

1. (1) $\dfrac{7}{15}$. (2) $\dfrac{5}{6}$. (3) $\dfrac{11}{15}$, $\dfrac{1}{30}$. (4) $\dfrac{2}{5}$, $\dfrac{4}{15}$. (5) $\dfrac{1}{12}$. (6) $\dfrac{48}{1225}$, $\dfrac{48}{625}$, 15 或 17. (7) 0.486. (8) $q(1-q)^n$.

2. (1) (C). (2) (D). (3) (C). (4) (D). (5) (D). (6) (D). (7) (D). (8) (B).

3. $p = \dfrac{n-1}{mn-1}$.

4. (1) $\dfrac{1}{n-1}$. (2) $\dfrac{1}{(n-1)(n-2)}$.

5. $p = \dfrac{n-m}{n+m}$.

6. (1) $\dfrac{2^n n!}{(2n)!}$. (2) $\dfrac{2^n}{C_{2n}^n}$.

7. $\dfrac{\mathrm{C}_{m-k-1}^{n-k}}{\mathrm{C}_m^n}$.

8. $\displaystyle\sum_{i=0}^{m}(-1)^i \mathrm{C}_m^i \dfrac{\mathrm{C}_{mn-in}^k}{\mathrm{C}_{mn}^k}$, $\displaystyle\sum_{i=0}^{m}(-1)^i \mathrm{C}_m^i\left(1-\dfrac{i}{m}\right)^k$.

9. (1) 0.436. (2) 0.581.

10. $\dfrac{7}{30}$.

11. (1) 0.1601. (2) $\dfrac{54}{1601}$.

12. (1) 0.144. (2) 0.543.

13. $\dfrac{979}{1512}$, $\dfrac{112}{979}$.

14. 0.75860489.

15. $\dfrac{17}{36}$.

16. $P(C_n)=\begin{cases}(1-p_1)^k(1-p_2)^k[pp_1+(1-p)p_2], & n=2k+1,\\ (1-p_1)^{k-1}(1-p_2)^{k-1}[pp_2+(1-p-p_2)p_1], & n=2k.\end{cases}$

17. 2 个白球概率最大且为 $p=\dfrac{3}{5}$.

18. (1) $\dfrac{2m_1m_2+m_1n_2+n_1m_2}{2(m_1+n_1)(m_2+n_2)}$. (2) $\dfrac{2m_1m_2+m_1n_2}{2m_1m_2+m_1n_2+n_1m_2}$.

19. (1) 0.7277. (2) 0.8490.

20. 利用条件概率的定义.

21. 利用独立性.

22. 仿例 29.

23. 例 30 中的 (4) 对无限形式也是对的, 利用它并使用级数收敛与级数的余项关系.

第 11 章　随机变量及其分布与数字特征

11.1　概念、性质与定理

11.1.1　单随机变量及其分布与数字特征

11.1.1.1　概念

1. 样本空间 S 的一个随机变量 $X(\omega)$ 是 S 上的一个单值实函数且对任意实数 x, $\{\omega | X(\omega) \leqslant x\}$ 是一个事件. 随机变量 $X(\omega)$ 常简记为 X.

离散型随机变量 X 指的是 X 的所有可能取值为 x_1, x_2, $\cdots$, x_N 或 x_1, x_2, $\cdots$, x_n, $\cdots$.

连续型随机变量 X 指的是 X 的所有可能取值为实数轴上的一个完整区间.

2. 设 X 是一个随机变量, 则对任意实数 x,

$$F(x) = P(X \leqslant x)$$

称为随机变量 X 的分布函数.

离散型随机变量 X 的分布函数为

$$F(x) = P(X \leqslant x) = \sum_{x_i \leqslant x} P(X = x_i) = \sum_{x_i \leqslant x} p_i,$$

而 $p_i = P(X = x_i)(i = 1, 2, \cdots, N$ 或 $i = 1, 2, \cdots)$ 又称为离散型随机变量 X 的分布律或分布列或概率函数 (probability function).

连续型随机变量 X 的分布函数为

$$F(x) = P(X \leqslant x) = \int_{-\infty}^{x} f(t) \mathrm{d}t,$$

而此处的非负可积的函数 $f(x)$ 又称为连续型随机变量 X 的分布密度函数或概率密度函数, 简称密度函数.

3. 设离散型随机变量 X 有分布列 $p_k = P(X = x_k)$, $k = 1, 2, \cdots, N$ 或 $1, 2, \cdots$, 则绝对收敛的和式 $\sum\limits_{k=1}^{N} x_k p_k$ 或 $\sum\limits_{k=1}^{\infty} x_k p_k$ 称为离散型随机变量 X 的数学期望或均值, 记为 EX, 即有 $EX = \sum\limits_{k=1}^{N} x_k p_k$ 或 $EX = \sum\limits_{k=1}^{\infty} x_k p_k$.

如果连续型随机变量 X 的密度函数为 $f(x)$, 且 $\displaystyle\int_{-\infty}^{+\infty} xf(x)\mathrm{d}x$ 绝对收敛. 则称此积分为随机变量 X 的数学期望或均值, 记为 EX, 即 $EX = \displaystyle\int_{-\infty}^{+\infty} x\mathrm{d}F(x)$.

4. 称 $E(X - EX)^2$ 为随机变量 X 的方差, 记为 $\mathrm{Var}X$ 或 DX, 即 $\mathrm{Var}X = E(X - EX)^2$.

5. 设 X 为一随机变量, $y = g(x)$ 为一函数, 则 $Y = g(X)$ 也是一随机变量, 其分布函数为 $F_Y(y) = P(Y \leqslant y) = P(g(X) \leqslant y)$, 期望 $EY = Eg(X)$, 方差 $\mathrm{Var}Y = E(g(X) - Eg(X))^2$. 特别地, 当 $g(x) = x^k$ 时, 则期望 $Eg(X) = EX^k$ 称为随机变量 X 的 k 阶原点矩, 记为 A_k, 即 $A_k = EX^k$. $k = 1$ 时, A_1 即为数学期望. $g(x) = (x - EX)^k$ 时, 期望 $Eg(X) = E(X - EX)^k$ 称为随机变量 X 的 k 阶中心矩, 记为 B_k, 即 $B_k = E(X - EX)^k$, $k = 2$ 时, B_2 是方差.

6. 斜度与峰度 (skewness and kurtosis)　设 X 是一随机变量, 如果其三阶矩存在, 那么称 $\dfrac{E(X - EX)^3}{(\sqrt{\mathrm{Var}X})^3}$ 为随机变量 X 的斜度, 并记为 $\mathrm{Skew}X$, 即 $\mathrm{Skew}X = \dfrac{E(X - EX)^3}{(\sqrt{\mathrm{Var}X})^3}$. 如果 X 的四阶矩存在, 那么称 $\dfrac{E(X - EX)^4}{(\sqrt{\mathrm{Var}X})^4}$ 为随机变量 X 的峰度, 并记为 $\mathrm{Kurt}X$, 即 $\mathrm{Kurt}X = \dfrac{E(X - EX)^4}{(\sqrt{\mathrm{Var}X})^4}$.

11.1.1.2　性质与定理

1. 设 $F(x)$ 为随机变量 X 的一个分布函数. 则

(1) $F(x)$ 的定义域为 R.

(2) $0 \leqslant F(x) \leqslant 1$.

(3) $F(x)$ 是单调不减函数.

(4) $F(x)$ 是右连续的, 即 $F(x + 0) = F(x)$ 或 $\displaystyle\lim_{x \to x_0^+} F(x) = F(x_0)$.

(5) $F(-\infty) = \displaystyle\lim_{x \to -\infty} F(x) = 0$, $F(+\infty) = \displaystyle\lim_{x \to +\infty} F(x) = 1$.

(6) $\forall x_1, x_2 \in R$, $x_1 < x_2$ 时, 则有 $P(x_1 < x < x_2) = F(x_2) - F(x_1)$.

(7) 离散型随机变量 X 的 $F(x)$ 的图像是阶梯形.

(8) 连续型随机变量 X 的 $F(x)$ 的图像是连续型, 即 $F(x)$ 是连续的.

2. 如果一个函数 $F(x)$ 满足 1 中的 (3)—(5), 则此函数必定为某随机变量的分布函数.

3. 离散型随机变量的分布律 p_k 必定满足 (1) $p_k \geqslant 0$ 和 (2) $\displaystyle\sum_k p_k = 1$. 反之, 满足 (1) 和 (2) 的某数列 p_k 必定为某个随机变量的分布律.

4. 随机变量 X 的密度函数 $f(x)$ 必满足 $(1)f(x) \geqslant 0$ 和 $(2)\int_{-\infty}^{+\infty} f(x)\mathrm{d}x = 1$. 反之, 满足 (1) 和 (2) 的函数 $f(x)$ 必定为某随机变量 X 的分布密度函数.

5. 离散型随机变量 X 的函数 $Y = g(X)$ 的分布列为 $P_k = P(g(x_i) = y_k) = \sum_{g(x_i)=y_k} p_i$.

如果多个 x_i 的函数值 $g(x_i)$ 都为 y_k, 则 $p_k = P(g(x_i) = y_k)$ 是 $X = x_i$ 时的那些概率的和.

6. 连续型随机变量 X 的函数 $Y = g(X)$ 的分布密度函数为

$$f_Y(y) = \begin{cases} f_x(h_1(y)) \cdot \left| \dfrac{\mathrm{d}h_1(y)}{\mathrm{d}y} \right| + \cdots + f_x(h_n(y)) \cdot \left| \dfrac{\mathrm{d}h_n(y)}{\mathrm{d}y} \right| + \cdots, & y \in R_g, \\ 0, & y \notin R_g, \end{cases}$$

其中, $f_x(x)$ 为 X 的分布密度函数. $h_n(y)$ 是 $y = g(x)$ 在区间 I_n 上的反函数. 这里假设 $g(x)$ 在不相交 (除界点外) 的区间 $I_1, I_2, \cdots, I_n, \cdots$ 上单调且可导.

7. 随机变量 X 的函数 $Y = g(X)$ 的期望为 $Eg(X) = \int_R g(x)\mathrm{d}F(x)$.

X 为离散型时, $Eg(X) = \sum_i g(x_i)p_i$.

X 为连续型时, $Eg(X) = \int_{-\infty}^{+\infty} g(x)f(x)\mathrm{d}x$.

8. $E(ag(X) + b) = aEg(X) + b$.

9. $\mathrm{Var}X = EX^2 - (EX)^2$.

10. 切比雪夫 (Chebyshev) 不等式.

如果随机变量 X 的均值和方差都存在. 则对任意的正数 ε, 恒有

$$P(|X - EX| \geqslant \varepsilon) \leqslant \frac{\mathrm{Var}^2 X}{\varepsilon^2}$$

或

$$P(|X - EX| < \varepsilon) \geqslant 1 - \frac{(\mathrm{Var}X)^2}{\varepsilon^2}.$$

11.1.2 随机向量及其分布与数字特征

11.1.2.1 概念

1. 设 $X_1, \cdots, X_n$ 为随机变量. 则称 $(X_1, \cdots, X_n)^\mathrm{T}$ 为 n 维随机向量或 n 维随机变量, 并记为 $\boldsymbol{X}$, 即 $\boldsymbol{X} = (X_1, \cdots, X_n)^\mathrm{T}$. 对任意的一个实数 $x_i(i = 1, \cdots, n)$, 事件 $\bigcap_{i=1}^{n} \{\omega | X_i \leqslant x_i\}$ 常常被记为 $(X_1 \leqslant x_1, \cdots, X_n \leqslant x_n)$ 或 $(\boldsymbol{X} \leqslant \boldsymbol{x})$,

其中, $\boldsymbol{x} = (x_1, \cdots, x_n)^{\mathrm{T}}$, 即有

$$
\begin{aligned}
(\boldsymbol{X} \leqslant \boldsymbol{x}) &= (X_1 \leqslant x_1, \cdots, X_n \leqslant x_n) \\
&= \{\omega | X_1 \leqslant x_1, \cdots, X_n \leqslant x_n\} \\
&= \bigcap_{i=1}^{n} \{\omega | X_i \leqslant x_i\}.
\end{aligned}
$$

如果 $X_1, X_2, \cdots, X_n$ 为离散型随机变量, 则称 $(X_1, \cdots, X_n)^{\mathrm{T}}$ 为 n 维离散型随机向量; 如果 $X_1, X_2, \cdots, X_n$ 为连续型随机变量, 则称 $(X_1, \cdots, X_n)^{\mathrm{T}}$ 为 n 维连续型随机向量.

2. 对任意的实向量 $\boldsymbol{x} = (x_1, \cdots, x_n)^{\mathrm{T}}$, 概率 $P(X_1 \leqslant x_1, \cdots, X_n \leqslant x_n)$ 或 $P(\boldsymbol{X} \leqslant \boldsymbol{x})$ 称为随机向量 $(X_1, \cdots, X_n)^{\mathrm{T}}$ 的分布函数或 n 维随机变量 $X_1, X_2, \cdots, X_n$ 的联合分布函数. 记为 $F(x_1, \cdots, x_n)$ 或简记为 $F(\boldsymbol{x})$, 即

$$
F(x_1, \cdots, x_n) = P(X_1 \leqslant x_1, \cdots, X_n \leqslant x_n),
$$

或

$$
F(\boldsymbol{x}) = P(\boldsymbol{X} \leqslant \boldsymbol{x}).
$$

特别地, 当 $n = 2$ 时, 随机向量 (变量) 的 (联合) 分布函数为 $F(x_1, x_2) = P(X_1 \leqslant x_1, X_2 \leqslant x_2)$. 二维离散型随机向量 $(X_1, X_2)^{\mathrm{T}}$ 的分布函数或二维离散型随机变量 X_1, X_2 的联合分布函数为

$$
F(x_1, x_2) = P(X_1 \leqslant x_1, X_2 \leqslant x_2) = \sum_{\substack{x_i^{(1)} \leqslant x_1 \\ x_j^{(2)} \leqslant x_2}} P\left(X_1 = x_i^{(1)}, X_2 = x_j^{(2)}\right) = \sum_{\substack{x_i^{(1)} \leqslant x_1 \\ x_j^{(2)} \leqslant x_2}} p_{ij},
$$

而 $p_{ij} = P\left(X_1 = x_i^{(1)}, X_2 = x_j^{(2)}\right)$ 称为随机向量 $(X_1, X_2)^{\mathrm{T}}$ 的分布律或 X_1, X_2 的联合分布律或概率函数.

二维连续型随机向量 $(X_1, X_2)^{\mathrm{T}}$ 的分布函数或连续型随机变量 X_1, X_2 的联合分布函数

$$
F(x_1, x_2) = P(X_1 \leqslant x_1, X_2 \leqslant x_2) = \int_{-\infty}^{x_1} \int_{-\infty}^{x_2} f(u, v) \mathrm{d}u \mathrm{d}v.
$$

而非负可积函数 $f(x_1, x_2)$ 称为随机向量 $(X_1, X_2)^{\mathrm{T}}$ 的分布概率密度函数, 或二维随机变量 X_1, X_2 的联合分布密度函数, 简称联合密度函数.

3. 设随机变量 X, Y 的联合分布为 $F(x, y)$. 称 $F_X(x) = F(x, +\infty) = P(X \leqslant x, Y < +\infty)$ 为随机向量 $(X, Y)^{\mathrm{T}}$ 关于 X 的边缘 (或边际) 分布函数, 简称 X 的

边缘 (或边际) 分布函数, 而 $F_Y(y) = F(+\infty, y)$ 称为 Y 的边缘分布函数. 特别地, 当 X, Y 为离散型随机变量时,

$$F_X(x) = \sum_{x_i \leqslant x} \sum_j p_{ij}$$ 称为 X 的边缘分布函数, 而 $\sum_j p_{ij} = P(X = x_i)$ 称为

X 的边缘分布律, 记为 $p_{i\cdot}$, 即 $p_{i\cdot} = \sum_j p_{ij} = P(X = x_i)$. 此时, $F_X(x) = \sum_{x_i \leqslant x} p_{i\cdot}$.

$$F_Y(y) = \sum_{y_j \leqslant y} \sum_i p_{ij}$$ 称为 Y 的边缘分布函数, 而 $\sum_i p_{ij} = P(Y = y_j)$ 称为

Y 的边缘分布律, 记为 $p_{\cdot j}$, 即 $p_{\cdot j} = \sum_i p_{ij} = P(Y = y_j)$. 此时, $F_Y(y) = \sum_{y_j \leqslant y} p_{\cdot j}$.

当 X, Y 为连续型随机变量时, 称

$$F_X(x) = F(x, +\infty) = \int_{-\infty}^{x} \left(\int_{-\infty}^{+\infty} f(u, v) \mathrm{d}v \right) \mathrm{d}u$$

为 X 的边缘分布函数, 而 $\displaystyle\int_{-\infty}^{+\infty} f(x, y)\mathrm{d}y$ 称为 X 的边缘分布密度函数, 记为

$f_X(x)$, 即 $f_X(x) = \displaystyle\int_{-\infty}^{+\infty} f(x, y)\mathrm{d}y$. 此时, X 的边缘分布函数

$$F_X(x) = \int_{-\infty}^{x} f_X(u)\mathrm{d}u.$$

称 $F_Y(x) = F(+\infty, y) = \displaystyle\int_{-\infty}^{y} \left(\int_{-\infty}^{+\infty} f(u, v)\mathrm{d}u \right) \mathrm{d}v$ 为 Y 的边缘分布函数, 而

$\displaystyle\int_{-\infty}^{+\infty} f(x, y)\mathrm{d}x$ 称为 Y 的边缘密度函数, 记为 $f_Y(y)$, 即 $f_Y(y) = \displaystyle\int_{-\infty}^{+\infty} f(x, y)\mathrm{d}x$.

此时, Y 的边缘分布函数 $F_Y(x) = \displaystyle\int_{-\infty}^{y} f_Y(u)\mathrm{d}u$.

4. 设随机变量 X, Y 的联合分布函数为 $F(x, y)$. 如果 $P(X \leqslant x) > 0$, 则称 $P(Y \leqslant y | X \leqslant x)$ 为在条件 $X \leqslant x$ 下随机变量 Y 的条件分布函数. 记为 $F_{Y|X \leqslant x}(y)$, 即

$$F_{Y|X \leqslant x}(y) = P(Y \leqslant y | X \leqslant x) = \frac{F(x, y)}{F_X(x)}.$$

类似地, 有当 $P(Y \leqslant y) > 0$ 时, $F_{Y|Y \leqslant y}(x) = P(X \leqslant x | Y \leqslant y) = \dfrac{F(x, y)}{F_Y(y)}$.

特别地, 对于二维离散型随机变量 X, Y, 当 $p_{i\cdot} = P(X = x_i) > 0$ 时, $X = x_i$ 条件下的 Y 的条件分布律定义为 $P_{Y|X} = P(Y = y_j | X = x_i) = \dfrac{p_{ij}}{p_{i\cdot}}$. 类似地, $Y = y_j$ 条件下的 X 的条件分布律定义为 $P_{X|Y} = \dfrac{p_{ij}}{p_{\cdot j}} (p_{\cdot j} > 0)$.

对于二维连续型随机变量 X, Y. 当 $f_X(x) > 0$ 时, $X = x$ 条件下随机变量

Y 的条件分布密度函数为 $f_{Y|X}(y) = \dfrac{f(x,y)}{f_X(x)}$. 当 $f_Y(y) > 0$ 时, $Y = y$ 条件下随

机变量 X 的条件分布密度函数为 $f_{X|Y}(x) = \dfrac{f(x,y)}{f_Y(y)}$.

有了条件分布律或条件分布密度, 就可求 $X = x(x_i)$ 或 $Y = y(y_i)$ 条件下另一随机变量的条件分布函数. 如已知 $Y = y$ 条件下随机变量 X 的条件密度函数为 $f_{X|Y}(x) = \dfrac{f(x,y)}{f_Y(y)}$, 而在 $Y = y$ 的条件下 X 的条件分布函数 $F_{X|Y}(x) =$

$\displaystyle\int_{-\infty}^{x} f_{X|Y}(x)dx = \dfrac{1}{f_Y(y)}\int_{-\infty}^{x} f(x,y)\mathrm{d}x$. 注意: 这里 $F_{X|Y}(x)$ 与 $F_{X|Y\leqslant y}(x) =$

$\dfrac{F(x,y)}{F_Y(y)}$ 是不同的.

5. 设两个随机变量 X, Y 的分布函数为 $F(x,y)$. 如果 $F(x,y) = F_X(x) \cdot F_Y(y)$, 则称 X, Y 是相互独立的随机变量.

如果随机向量 $(X_1, \cdots, X_n)^\mathrm{T}$ 的分布 $F(x_1, \cdots, x_n)$ 满足

$$F(x_1, \cdots, x_n) = F_{X_1}(x_1) \cdots F_{X_n}(x_n),$$

则称 $X_1, \cdots, X_n$ 相互独立或者说是相互独立的.

如果随机向量 $\boldsymbol{X} = (X_1, \cdots, X_n)^\mathrm{T}$ 和随机向量 $\boldsymbol{Y} = (Y_1, \cdots, Y_n)^\mathrm{T}$ 的联合分布 $F(\boldsymbol{x}, \boldsymbol{y})$ 满足

$$F(\boldsymbol{x}, \boldsymbol{y}) = F(x_1, \cdots, x_n, y_1, \cdots, y_n) = F_X(x_1, \cdots, x_n) \cdot F_Y(y_1, \cdots, y_n),$$

则称随机向量 $\boldsymbol{X}$, $\boldsymbol{Y}$ 独立.

6. 设随机向量 $(X,Y)^\mathrm{T}$ 有分布 $F(x,y)$, 则随机变量 $Z = g(X,Y)$ 的分布为

$$F_Z(z) = P(g(X,Y) \leqslant z) = \iint\limits_{g(x,y)\leqslant z} \mathrm{d}F(x,y).$$

特别地, 在离散情形下, $F(z) = P(Z \leqslant z) = \displaystyle\sum_{g(x_i,y_j)\leqslant z} p_{ij}$.

在连续情形下, $F(z) = P(Z \leqslant z) = \iint\limits_{g(x,y)\leqslant z} f(x,y)\mathrm{d}x\mathrm{d}y$.

如果 $U = g(X,Y)$, $V = h(X,Y)$, 则随机向量 $(U,V)^\mathrm{T}$ 的分布函数或为 U, V 的联合分布函数

$$\begin{aligned} F_{U,V}(u,v) = P(U \leqslant u, V \leqslant v) &= P(g(X,Y) \leqslant u, h(X,Y) \leqslant v) \\ &= \iint\limits_{\substack{g(x,y)\leqslant u \\ h(x,y)\leqslant v}} \mathrm{d}F(x,y). \end{aligned}$$

特别地, 离散型随机向量 $(X, Y)^{\mathrm{T}}$ 情形下, $F_{U,V}(u, v) = P(U \leqslant u, V \leqslant v) = \sum\limits_{\substack{g(x_i, y_j) \leqslant u \\ h(x_i, y_j) \leqslant v}} p_{ij}$. 连续型随机向量 $(X, Y)^{\mathrm{T}}$ 情形下, $F_{U,V}(u, v) = P(U \leqslant u, V \leqslant v) =$

$$\iint\limits_{\substack{g(x,y) \leqslant u \\ h(x,y) \leqslant v}} f(x, y) \mathrm{d}x \mathrm{d}y.$$

7. 随机向量的期望与方差.

设随机向量为 $\boldsymbol{X} = (X_1, \cdots, X_n)^{\mathrm{T}}$, 那么, 随机向量 $\boldsymbol{X} = (X_1, \cdots, X_n)^{\mathrm{T}}$ 的数学期望或均值定义为 $E\boldsymbol{X} = (EX_1, \cdots, EX_n)^{\mathrm{T}}$, 方差定义为 $\mathrm{Var}\boldsymbol{X} = (\mathrm{Var}X_1, \cdots, \mathrm{Var}X_n)^{\mathrm{T}}$.

8. 随机向量的函数的数字特征.

设随机变量 $X_1, \cdots, X_n$ 的联合分布函数或随机向量 $\boldsymbol{X} = (X_1, \cdots, X_n)^{\mathrm{T}}$ 的分布函数为 $F(x_1, \cdots, x_n)$, $Y = g(\boldsymbol{X}) = g(X_1, \cdots, X_n)$, 则

$$EY = Eg(\boldsymbol{X}) = Eg(X_1, \cdots, X_n) = \int \cdots \int\limits_{R^n} g(x_1, \cdots, x_n) \mathrm{d}F.$$

特别地, X, Y 为离散型随机变量, 其联合分布律为 $P(X = x_i, Y = y_j) = p_{ij}$, 那么随机变量 $Z = g(X, Y)$ 的数学期望为 $EZ = Eg(X, Y) = \sum\limits_{i,j} g(x_i, y_j) p_{ij}$.

X, Y 为连续型随机变量, 其联合分布密度函数为 $f(x, y)$, 则 $Z = g(X, Y)$ 的数学期望为 $EZ = Eg(X, Y) = \int_{-\infty}^{+\infty} \int_{-\infty}^{+\infty} g(x, y) f(x, y) \mathrm{d}x \mathrm{d}y$.

不论是离散情形还是连续情形, Z 的方差为 $\mathrm{Var}Z = E(Z - EZ)^2 = EZ^2 - (EZ)^2$.

X, Y 的协方差定义为 $\mathrm{Cov}(X, Y) = E(X - EX)(Y - EY)$. X, Y 的相关系数定义为

$$\rho_{XY} = \frac{\mathrm{Cov}(X, Y)}{\sqrt{\mathrm{Var}X \cdot \mathrm{Var}Y}}.$$

如果 $\rho_{XY} = 0$, 则称随机变量 X, Y 不相关.

9. 随机矩阵 $\boldsymbol{A} = (X_{ij})$ 的期望定义为 $E\boldsymbol{A} = (EX_{ij})$, 方差定义为 $\mathrm{Var}\boldsymbol{A} = (\mathrm{Var}X_{ij})$.

如果随机向量 $\boldsymbol{X} = (X_1, \cdots, X_n)^{\mathrm{T}}$ 的数学期望 $E\boldsymbol{X}$ 存在, 那么

$$E(\boldsymbol{X} - E\boldsymbol{X})(\boldsymbol{X} - E\boldsymbol{X})^{\mathrm{T}} = (E(X_i - EX_i)(X_j - EX_j))_{n \times n}$$

称为 $X_1, \cdots, X_n$ 的协方差阵, 记为 $\boldsymbol{\Sigma_X}$, 即 $\boldsymbol{\Sigma_X} = E(\boldsymbol{X} - E\boldsymbol{X})(\boldsymbol{X} - E\boldsymbol{X})^{\mathrm{T}}$. 于是

$$\boldsymbol{\Sigma_X} = \begin{pmatrix} E(X_1 - EX_1)(X_1 - EX_1) & \cdots & E(X_1 - EX_1)(X_n - EX_n) \\ \vdots & & \vdots \\ E(X_n - EX_n)(X_1 - EX_1) & \cdots & E(X_n - EX_n)(X_n - EX_n) \end{pmatrix}.$$

进一步, 如果随机向量 $\boldsymbol{X} = (X_1, \cdots, X_n)^{\mathrm{T}}$ 的方差 $\mathrm{Var}\boldsymbol{X}$ 存在, 那么 X_1, $\cdots$, X_n 的相关系数矩阵为 $\boldsymbol{R} = E(\boldsymbol{X}_0 - E\boldsymbol{X}_0)(\boldsymbol{X}_0 - E\boldsymbol{X}_0)^{\mathrm{T}}$, 其中

$$\boldsymbol{X}_0 - E\boldsymbol{X}_0 = \left(\frac{X_1 - EX_1}{\sqrt{\mathrm{Var}X_1}}, \cdots, \frac{X_n - EX_n}{\sqrt{\mathrm{Var}X_n}} \right)^{\mathrm{T}},$$

即

$$\boldsymbol{R} = E(\boldsymbol{X}_0 - E\boldsymbol{X}_0)(\boldsymbol{X}_0 - E\boldsymbol{X}_0)^{\mathrm{T}} = \left(\frac{\mathrm{Cov}(X_i, Y_j)}{\sqrt{\mathrm{Var}X_i \cdot \mathrm{Var}Y_j}} \right)_{n \times n}.$$

11.1.2.2　性质与定理

下面给出的有关性质都是以二维随机向量 $(X, Y)^{\mathrm{T}}$ 或二维随机变量 X, Y 为例.

1. 设 X, Y 的联合分布函数为 $F(x, y)$, 则

(1) $F(x, y)$ 的定义域为 R^2.

(2) $F(x, y)$ 关于 x 或 y 都是单调不减函数.

(3) $F(x, y)$ 关于 x 或 y 都是右连续的.

(4) $\forall x_1 < x_2,\ y_1 < y_2,\ F(x_2, y_2) - F(x_2, y_1) - F(x_1, y_2) + F(x_1, y_1) \geqslant 0$.

(5) $F(-\infty, y) = 0,\ F(x, -\infty) = 0,\ F(-\infty, -\infty) = 0,\ F(+\infty, +\infty) = 1$.

(6) 对任意的 $x_1 < x_2,\ y_1 < y_2$, 都有

$$P(x_1 < x \leqslant x_2,\ y_1 < y \leqslant y_2) = F(x_2, y_2) - F(x_1, y_2) - F(x_2, y_1) + F(x_1, y_1).$$

2. 如果一个二元函数 $F(x, y)$ 满足性质与定理 1 中的 (2)—(5), 则此函数必为某随机向量 $(X, Y)^{\mathrm{T}}$ 的分布或随机变量 X, Y 的联合分布函数.

3. 离散型随机向量 $(X, Y)^{\mathrm{T}}$ 的分布或随机变量 X, Y 的联合分布 $p_{ij} = P(X = x_i, Y = y_j)$ 满足 (1) $p_{ij} \geqslant 0$; (2) $\sum\limits_{i,j} p_{ij} = 1$.

4. 连续型随机变量 $(X, Y)^{\mathrm{T}}$ 的分布或随机变量 X, Y 的联合分布密度函数 $f(x, y)$ 满足

(1) $f(x, y) \geqslant 0$; 　　(2) $\displaystyle\int_{-\infty}^{+\infty} \int_{-\infty}^{+\infty} f(x, y)\mathrm{d}x\mathrm{d}y = 1$.

5. 边缘分布、条件分布都有分布函数所具有的性质.

6. 离散型随机变量 X, Y 的函数 $Z = g(X, Y)$ 的分布律

$$p_k = P(Z = z_k) = \sum_{g(x_i, y_i) = z_k} p_{ij}.$$

函数 $U = g(X, Y)$, $V = h(X, Y)$ 的联合分布律为

$$q_{kl} = P(U = u_k, V = v_l) = \sum_{g(x_i, y_i) = u_k, h(x_i, y_i) = v_l} p_{ij}.$$

7. 连续型随机变量 X, Y 的联合分布密度函数为 $f(x, y)$, 则

(1) $Z = g(X, Y)$ 的分布函数为 $F_Z(z) = \iint\limits_{g(x,y) \leqslant z} f(x, y) \mathrm{d}x \mathrm{d}y.$

(2) $U = g(X, Y)$, $V = h(X, Y)$ 的联合分布函数为

$$F_{UV}(u, v) = \iint\limits_{\substack{g(x,y) \leqslant u \\ h(x,y) \leqslant v}} f(x, y) \mathrm{d}x \mathrm{d}y,$$

而密度函数为 $f_{UV}(u, v) = \begin{cases} f(x(u,v), y(u,v)) |J|, & (u, v) \text{ 在 } g, h \text{ 的值域内}, \\ 0, & \text{否则}, \end{cases}$

其中, $J = \begin{vmatrix} \dfrac{\partial x}{\partial u} & \dfrac{\partial y}{\partial u} \\ \dfrac{\partial x}{\partial v} & \dfrac{\partial y}{\partial v} \end{vmatrix}.$

8. $E(X + Y) = EX \pm EY$, $E\alpha X = \alpha EX$.

9. 若 X, Y 独立, 则 (1) $EXY = EX \cdot EY$. (2) $\mathrm{Var}(\alpha X + \beta Y) = \alpha^2 \mathrm{Var}(X) + \beta^2 \mathrm{Var}(Y)$.

10. $\mathrm{Var}(X) = 0$ 的充要条件为 $P(X = EX) = 1$.

11. (1) $|\rho_{XY}| \leqslant 1$. (2) $|\rho_{XY}| = 1$ 的充分必要条件为 $P(Y = a + bX) = 1 (a, b$ 为常数$)$.

12. 若 X, Y 独立, 则 X, Y 不相关, 反之不然.

13. $EXY \leqslant \sqrt{EX^2 \cdot EY^2}$.

14. 如果 X, Y 独立, 则 $f(X), g(Y)$ 也独立.

11.1.3 独立随机变量和的分布及有关极限分布

11.1.3.1 概念

1. 设随机变量 $X_1, X_2, \cdots, X_n$ 是独立的,

(1) 如果 EX_i 存在, $\mathrm{Var}X_i$ 存在, 那么 $\dfrac{X_1 - EX_1}{\sqrt{\mathrm{Var}X_1}}, \cdots, \dfrac{X_n - EX_n}{\sqrt{\mathrm{Var}X_n}}$ 也是独立的.

(2) 随机变量 $X_1, X_2, \cdots, X_n$ 的联合分布函数 $F(x_1, \cdots, x_n) = F_{X_1}(x_1) \cdots F_{X_n}(x_n)$.

(3) 称 $X_1 + \cdots + X_n$ 或 $\dfrac{X_1 - EX_1}{\sqrt{\operatorname{Var} X_1}} + \cdots + \dfrac{X_n - EX_n}{\sqrt{\operatorname{Var} X_n}}$ 为独立随机变量 X_1, $\cdots, X_n$ 的和.

2. 设随机变量 $X_1, \cdots, X_n$ 独立同分布于 $N(0,1)$, 则称 $\chi^2 = X_1^2 + \cdots + X_n^2$ 的分布为自由度为 n 的 χ^2-分布, 记为 $\chi^2(n)$, 即 $\chi^2 = X_1^2 + \cdots + X_n^2 \sim \chi^2(n)$.

3. 设随机变量 X, Y 独立, 且 $X \sim N(0,1)$, $Y \sim \chi^2(n)$, 则称 $\dfrac{X}{\sqrt{Y/n}}$ 的分布为自由度为 n 的 t-分布, 记为 $t(n)$. 记随机变量 $\dfrac{X}{\sqrt{Y/n}}$ 为 T, 则 $T = \dfrac{X}{\sqrt{Y/n}} \sim t(n)$.

4. 设随机变量 X, Y 独立, 且 $X \sim \chi^2(n)$, $Y \sim \chi^2(m)$, 则称 $\dfrac{X/n}{Y/m}$ 的分布为自由度为 (n, m) 的 F-分布, 记为 $F(n, m)$. 记随机变量 $\dfrac{X/n}{Y/m}$ 为 F, 即 $F = \dfrac{X/n}{Y/m} \sim F(n, m)$.

5. 设随机变量 $X_1, \cdots, X_n$ 独立同分布于伯努利分布

$$P(X = x) = \begin{cases} 1 - p, & x = 0, \\ p, & x = 1, \end{cases}$$

那么, 随机变量 $X_1, \cdots, X_n$ 的分布为 $P(X_1 + \cdots + X_n = k) = \mathrm{C}_n^k p^k (1 - p)^{n-k}$, 此分布也称为二项分布.

6. 设随机序列 $\{X_n\}$ 的分布为 $F_n(x)$, 如果对任意连续点 x, $\lim\limits_{n \to \infty} F_n(x) = F(x)$. 则称 $F(x)$ 为随机序列 $\{X_n\}$ 的极限分布.

7. 如果 $P(|X_n| > \varepsilon) \to 0 (n \to \infty)$, 则称 X_n 依概率收敛于 0, 记为 $X_n \xrightarrow{p} 0$.

11.1.3.2　性质与定理

1. 设独立随机变量 X_1, X_2 有 $X_1 \sim \chi^2(n)$, $X_2 \sim \chi^2(m)$, 则 $X_1 + X_2 \sim \chi^2(n + m)$.

2. 如果随机变量 $F \sim F(n, m)$, 则 $\dfrac{1}{F} \sim F(m, n)$.

3. 设随机变量 $X_1, X_2, \cdots, X_n$ 独立同分布于 $N(\mu, \sigma^2)$, $\dfrac{X_1 + X_2 + \cdots + X_n}{n}$ 记为 $\bar{X}$, $\dfrac{(X_1 - \bar{X})^2 + \cdots + (X_n - \bar{X})^2}{n - 1}$ 记为 S^2, 则 $(1)\bar{X} \sim N\left(\mu, \dfrac{\sigma^2}{n}\right)$. (2) $\bar{X}$, S^2 是独立的. (3) $\dfrac{(n-1)S^2}{\sigma^2} \sim \chi^2(n-1)$. (4) $\dfrac{\bar{X} - \mu}{S/\sqrt{n}} \sim t(n-1)$.

4. 设随机变量 X_1, X_2, $\cdots$, X_n 独立同分布于 $N(\mu_1, \sigma_1^2)$. Y_1, Y_2, $\cdots$, Y_m 独立同分布于 $N(\mu_2, \sigma_2^2)$, 且随机变量 $(X_1, X_2, \cdots, X_n)^{\mathrm{T}}$, $(Y_1, Y_2, \cdots, Y_m)^{\mathrm{T}}$ 独立. 那么

(1) $Z = \dfrac{\bar{X} - \bar{Y} - (\mu_1 - \mu_2)}{\sqrt{\dfrac{\sigma_1^2}{n} + \dfrac{\sigma_2^2}{m}}} \sim N(0, 1)$.

(2) $V = \dfrac{(n-1)S_X^2}{\sigma_1^2} + \dfrac{(m-1)S_Y^2}{\sigma_2^2} \sim \chi^2(n+m-2)$.

(3) $T = \dfrac{\bar{X} - \bar{Y} - (\mu_1 - \mu_2)}{\sqrt{m\sigma_1^2 + n\sigma_2^2}} \Big/ \sqrt{\dfrac{nm}{n+m-2}\left(\dfrac{(n-1)S_X^2}{\sigma_1^2} + \dfrac{(m-1)S_Y^2}{\sigma_2^2}\right)} \sim t(n+m-2)$.

(4) $F = \dfrac{(n-1)S_X^2}{(n-1)\sigma_1^2} \Big/ \dfrac{(m-1)S_Y^2}{(m-1)\sigma_2^2} = \dfrac{S_X^2}{S_Y^2} \cdot \dfrac{\sigma_2^2}{\sigma_1^2} \sim F(n-1, m-1)$.

5. $X_n \xrightarrow{p} 0$ 的充要条件为 $\lim\limits_{n \to \infty} F_n(x) = D(x)$, $\forall$ 连续点 x. 其中, $F_n(x)$ 是 X_n 的分布. $D(x)$ 为退化分布又称单点分布, 即 $D(x) = \begin{cases} 0, & x < 0, \\ 1, & x \geqslant 0. \end{cases}$

6. 辛钦 (Khinchin) 大数定理. 设随机变量 X_1, $\cdots$, X_n, $\cdots$ 相互独立, 且同分布于 $F(x)$, EX_i 存在, 则 $\lim\limits_{n \to \infty} F_n(x) = D(x)$, 其中, $F_n(x)$ 是 $\dfrac{1}{n}\sum\limits_{i=1}^{n} X_i - \mu$ 的分布, $D(x)$ 为退化分布.

7. 林德伯格-列维 (Lindburg-Levy) 定理. 设随机变量 X_1, $\cdots$, X_n, $\cdots$ 相互独立且同分布. $EX_i = \mu$, $\mathrm{Var}X_i = \sigma^2$, 那么, $\lim\limits_{n \to \infty} F_n(x) = \Phi(x)$. 其中, $F_n(x)$ 为 $\dfrac{\sum X_i - n\mu}{\sqrt{n\sigma^2}}$ 的分布函数, $\Phi(x) = \dfrac{1}{\sqrt{2\pi}}\displaystyle\int_{-\infty}^{x} e^{-\frac{t^2}{2}}\,\mathrm{d}t$.

8. 如果 $\lim\limits_{n \to \infty} np = \lambda$. 则对固定的 k, 恒有 $\lim\limits_{n \to \infty} \mathrm{C}_n^k p^k (1-p)^{n-k} = \dfrac{\lambda^k}{k!} e^{-\lambda}$. 此表明二项分布的极限分布为泊松 (Poisson) 分布. 进一步, 由 (7) 可知, Poisson 分布的极限分布为正态分布.

9. 如果 $\lim\limits_{N \to \infty} \dfrac{M}{N} = p$, 则对固定的 n, k, 有 $\lim\limits_{N \to \infty} \dfrac{\mathrm{C}_m^k \mathrm{C}_{N-m}^{n-k}}{\mathrm{C}_N^n} = \mathrm{C}_n^k p^k (1-p)^{n-k}$. 此表明超几何分布的极限分布为二项分布.

11.1.4 常用分布

1. 退化分布 $(D(x, C), D(x) = D(x, 0))$.

(1) 概率函数为 $P(X = C) = 1$.　(2) 分布函数为 $D(x, C) = \begin{cases} 0, & x < C, \\ 1, & x \geqslant C. \end{cases}$

(3) 均值 $EX = C$.　　　　　　　　　(4) 方差 $\mathrm{Var}X = 0$.

2. 伯努利分布或二点分布 $(B(p))$.

(1) 概率函数为 $P(X = 1) = p$, $P(X = 0) = 1 - p$.

(2) 分布函数为 $F(x) = \begin{cases} 0, & x < 0, \\ 1 - p, & 0 \leqslant x < 1, \\ 1, & x \geqslant 1. \end{cases}$

(3) 均值 $EX = p$;

(4) 方差 $\mathrm{Var}X = pq$ $(q = 1 - p)$.

3. 二项分布 $(B(n, p))$.

(1) 概率函数为 $P(X = k) = \lim\limits_{n \to \infty} \mathrm{C}_n^k p^k (1-p)^{n-k} (k = 0, 1, \cdots, n)$.

(2) 分布函数为 $F(x) = \sum\limits_{k \leqslant x} \mathrm{C}_n^k p^k (1-p)^{n-k}$.

(3) 均值 $EX = np$.

(4) 方差 $\mathrm{Var}X = np(1 - p)$.

4. 泊松分布 $(P(\lambda))$.

(1) 概率函数为 $P(X = k) = \dfrac{e^{-\lambda} \lambda^k}{k!} (k = 0,\ 1,\ 2,\ \cdots)$.

(2) 分布函数为 $F(x) = \sum\limits_{k \leqslant x}^{\infty} \dfrac{e^{-\lambda} \lambda^k}{k!}$.

(3) 均值 $EX = \lambda$.

(4) 方差 $\mathrm{Var}(X) = \lambda$.

5. 均匀分布 $(U(a, b))$.

(1) 密度函数为 $f(x) = \begin{cases} \dfrac{1}{b - a}, & a \leqslant x \leqslant b, \\ 0, & \text{其他}. \end{cases}$

(2) 分布函数为 $F(x) = \begin{cases} 0, & x < a, \\ \dfrac{x - a}{b - a}, & a \leqslant x < b, \\ 1, & x \geqslant b. \end{cases}$

(3) 均值 $EX = \dfrac{a + b}{2}$.

(4) 方差 $\mathrm{Var}X = \dfrac{(b - a)^2}{12}$.

6. 正态分布 $(N(\mu, \sigma^2))$.

(1) 密度函数为 $\varphi(x) = \dfrac{1}{\sqrt{2\pi}\sigma} e^{-\frac{(x - \mu)^2}{2\sigma^2}}$.

(2) 分布函数为 $\Phi(x) = \dfrac{1}{\sqrt{2\pi}\sigma} \displaystyle\int_{-\infty}^{x} e^{-\frac{(t - \mu)^2}{2\sigma^2}} \,\mathrm{d}t$.

(3) 均值 $EX = \mu$.

(4) 方差 $\text{Var}(X) = \sigma^2$.

(5) 斜度 $\text{Skew} X = 0$.

(6) 峰度 $\text{Kurt} X = 3$.

(7) 如果 $X \sim N(\mu, \sigma^2)$, 那么 $Y = \dfrac{X - \mu}{\sigma} \sim N(0, 1)$.

7. χ^2-分布 ($\chi^2(n)$).

(1) 密度函数为 $\chi^2(x) = \begin{cases} \dfrac{x^{\frac{n}{2}-1} e^{-\frac{x}{2}}}{2^{\frac{n}{2}} \Gamma\left(\dfrac{2}{n}\right)}, & x \geqslant 0, \\ 0, & x < 0. \end{cases}$

(2) 分布函数为 $F(x) = \begin{cases} \displaystyle\int_0^x \chi^2(t) \mathrm{d}t, & x > 0, \\ 0, & x \leqslant 0. \end{cases}$

(3) 均值 $EX = n$.

(4) 方差 $\text{Var} X = 2n$.

8. t-分布 ($t(n)$).

(1) 密度函数为 $f(x) = \dfrac{1}{\Gamma\left(\dfrac{n}{2}\right) \sqrt{n\pi}} \Gamma\left(\dfrac{n+1}{2}\right) \left(1 + \dfrac{x^2}{n}\right)^{-\frac{n+1}{2}}$ ($-\infty < x < +\infty$).

(2) 分布函数为 $F(x) = \displaystyle\int_{-\infty}^x f(t) \mathrm{d}t$.

(3) 均值 $EX = 0$.

(4) 方差 $\text{Var} X = \dfrac{n}{n-2}$ ($n > 2$).

9. F-分布 ($F(n, m)$).

(1) 密度函数为 $f(x) = \begin{cases} \dfrac{\Gamma\left(\dfrac{n+m}{2}\right)}{\Gamma\left(\dfrac{n}{2}\right) \Gamma\left(\dfrac{m}{2}\right)} \left(\dfrac{n}{m}\right)^{\frac{n}{2}} \dfrac{x^{\frac{n-2}{2}}}{\left(1 + \dfrac{n}{m} x\right)^{\frac{n+m}{2}}}, & x > 0, \\ 0, & x \leqslant 0. \end{cases}$

(2) 分布函数为 $F(x) = \displaystyle\int_{-\infty}^x f(t) \mathrm{d}t$.

(3) 均值 $EX = \dfrac{m}{m-2}$ ($m > 2$).

(4) 方差 $\text{Var} X = 2 \left(\dfrac{m}{m-2}\right)^2 \dfrac{(n+m-2)}{n(m-4)}$ ($m > 4$).

10. 伽马分布 ($\Gamma(\alpha, \beta)$).

(1) 密度函数为 $f(x) = \begin{cases} \dfrac{1}{p(\alpha)\beta^{\alpha}}x^{\alpha-1}e^{-\frac{x}{\beta}}, & x \geqslant 0, \\ 0, & x < 0 \end{cases}$ $(\alpha > 0, \beta > 0)$.

(2) 分布函数为 $F(x) = \displaystyle\int_{-\infty}^{x} f(t, \alpha, \beta)\mathrm{d}t$.

(3) 均值 $EX = \alpha\beta$.

(4) 方差 $\mathrm{Var}X = \alpha\beta^2$.

11. 贝塔分布 $(\mathrm{B}(\alpha, \beta))$.

(1) 密度函数为 $f(x) = \begin{cases} \dfrac{1}{\mathrm{B}(\alpha, \beta)}x^{\alpha-1}(1-x)^{\beta-1}, & 0 \leqslant x \leqslant 1, \\ 0, & \text{其他}. \end{cases}$

(2) 分布函数为 $F(x) = \displaystyle\int_{-\infty}^{x} f(t, \alpha, \beta)\mathrm{d}t$.

(3) 均值 $EX = \dfrac{\alpha}{\alpha + \beta}$.

(4) 方差 $\mathrm{Var}X = \dfrac{\alpha\beta}{(\alpha + \beta)^2(\alpha + \beta + 1)}$.

12. 指数分布 $(E(\beta))$.

(1) 密度函数为 $f(x) = \begin{cases} \dfrac{1}{\beta}e^{-\frac{1}{\beta}x}, & x \geqslant 0, \\ 0, & x < 0 \end{cases}$ $(\beta > 0)$.

(2) 分布函数为 $F(x) = \begin{cases} 1 - e^{-\frac{x}{\beta}}, & x \geqslant 0, \\ 0, & x < 0. \end{cases}$

(3) 均值 $EX = \beta$.

(4) 方差 $\mathrm{Var}X = \beta^2$.

13. 对数正态分布 $(\log N(\mu, \sigma^2))$.

(1) 密度函数为 $\log\varphi(x) = \begin{cases} \dfrac{1}{\sqrt{2\pi}\sigma}\dfrac{e^{-(\log x - \mu)/2\sigma^2}}{x}, & x > 0, \\ 0, & x \leqslant 0. \end{cases}$

(2) 分布函数为 $F(x) = \displaystyle\int_{-\infty}^{x} \log\varphi(t)\mathrm{d}t$.

(3) 均值 $EX = e^{\mu + \frac{\sigma^2}{2}}$.

(4) 方差 $\mathrm{Var}X = e^{2(\mu + \sigma^2)} - e^{2\mu + \sigma^2}$.

14. 韦布尔分布 $(W(\alpha, \beta))$.

(1) 密度函数 $W(x) = \begin{cases} \dfrac{\alpha}{\beta}x^{\alpha-1}e^{-\frac{x^{\alpha}}{\beta}}, & x \geqslant 0, \\ 0, & x < 0 \end{cases}$ $(\alpha > 0, \beta > 0)$.

(2) 分布函数 $F(x) = \int_{-\infty}^{x} W(t)\mathrm{d}t$.

(3) 均值 $EX = \beta^{\frac{1}{\alpha}} \Gamma \left(1 + \dfrac{1}{\alpha} \right)$.

(4) 方差 $\mathrm{Var}X = \beta^{\frac{2}{\alpha}} \left[\Gamma \left(1 + \dfrac{2}{\alpha} \right) - \Gamma^2 \left(1 + \dfrac{1}{\alpha} \right) \right]$.

15. 二维正态分布 $(N(\mu_1, \mu_2, \sigma_1^2, \sigma_2^2, \rho))$.

(1) 密度函数为

$$\varphi(x,y) = \frac{1}{2\pi\sigma_1\sigma_2\sqrt{1-\rho^2}} e^{-\frac{1}{2(1-\rho^2)} \left(\frac{(x-\mu_1)^2}{\sigma_1^2} - 2\rho\frac{(x-\mu_1)(y-\mu_2)}{\sigma_1\sigma_2} + \frac{(y-\mu_2)^2}{\sigma_2^2} \right)}.$$

(2) 分布函数为 $\Phi(x,y) = \int_{-\infty}^{x} \int_{-\infty}^{y} \varphi(u,v)\mathrm{d}u\mathrm{d}v$.

(3) 均值 $EX = \mu_1$, $EY = \mu_2$.

(4) 方差 $\mathrm{Var}X = \sigma_1^2$, $\mathrm{Var}Y = \sigma_2^2$.

(5) 相关系数 $\dfrac{\mathrm{Cov}(X,Y)}{\sigma_1\sigma_2} = \rho$.

(6) X, Y 独立的充分必要条件是 $\rho = 0$.

11.2 概 念 例 解

1. 设试验 E 的样本空间为 S, 则 ___(C)___ .

(A) S 上的随机变量 X 是唯一的

(B) S 上的随机变量 X 取值范围为 R

(C) S 上的随机变量 X 取值为 $x(x \in R)$, 即 $X = x$ 是试验 E 的事件

(D) S 上的随机变量 X 只能是离散型或者是连续型

解   应选 (C), 因为 $\forall x \in R$, $X = x$ 是事件 $\{X \leqslant x\}$ 等号成立的情形. 这里 $\forall x \in R$ 不意味着 X 的取值范围. 由于随机变量是 S 上的一个单值函数. 而 $\{X \leqslant x\}$, 对任意 $x \in R$ 是一个随机事件. 由函数概念易理解 X 的值域未必为 R, 而是 R 的一个子集, 同时, 在 S 上定义单值函数的方式不是唯一, 故 (A)、(B) 不对. (D) 也是不对的. 例如试验是从区间 $[0,1]$ 上任取一点, 此时样本空间 $S = [0,1]$. 定义 $0 \leqslant \omega \leqslant \dfrac{1}{3}$ 时, $X(\omega) = 1$; $\dfrac{1}{3} \leqslant \omega < \dfrac{2}{3}$ 时, $X(\omega) = 2$; $\dfrac{2}{3} \leqslant \omega \leqslant 1$ 时, $X(\omega) = \omega$, 那么, X 既非离散型也非连续型的随机变量.

2. 设随机变量 X 的取值范围 $[0, +\infty)$, $Y = i$, 当 $i \leqslant X < i + 1(i = 0, 1, 2, \cdots)$. 那么 ___(B)___ .

(A) Y 是连续型随机变量　　　　　　　　　(B) Y 是离散型随机变量

(C) Y 既不是离散型也不是连续型的随机变量　(D) Y 不是随机变量

解　应选 (B). 由于 X 是随机变量, 而 $Y(X) = i(i \leqslant X < i+1)$, $i = 0, 1,$ $2, \cdots$ 是 X 的函数, 故 Y 是随机变量. 又 Y 的取值为非负整数, 故 Y 是离散型随机变量. 而 (A), (C), (D) 都不对.

注意: 一个连续型随机变量根据需要可离散化. 反之亦然.

3. 设 $F(x)$ 是随机变量 X 的分布函数, 则 _____(D)_____ .

(A) $F(x)$ 是连续的可导的函数

(B) $F(x)$ 是单调函数

(C) $F(x)$ 是凹函数

(D) 曲线 $y = F(x)$ 有两条渐近线 $y = 1$ 和 $y = 0$

解　应选 (D). 因为 $\lim\limits_{X \to -\infty} F(x) = 0$ 和 $\lim\limits_{X \to +\infty} F(x) = 1$. (A), (B), (C) 都不一定是对的. 因为 $F(x)$ 是右连续的, 单调不减的. 某些连续型随机变量的分布函数也只成立 (A) 和 (B), 而 (C) 不成立. 例如服从正态分布 $N(0,1)$ 的随机变量 X 的分布函数.

4. 设随机变量 X, Y 的分布函数分别为 $F_1(x)$ 和 $F_2(y)$. 令 $F(x,y) = F_1(x) \cdot F_2(y)$, 则 _____(C)_____ .

(A) $F(x,y)$ 是随机变量 X, Y 的联合分布函数

(B) $F(x,y)$ 是一个分布函数, 但与随机变量 X, Y 无关

(C) $F(x,y)$ 是一个分布函数且与随机变量 X, Y 有关

(D) $F(x,y)$ 不是一个分布函数

解　应选 (C). 这是因为比较容易验证 $F(x,y)$ 具有 11.1.2.2 节中的性质与定理 1 (2) 中的分布函数的条件, 同时 $F(x, +\infty) = F_1(x)$, $F(+\infty, y) = F_2(y)$ 又分别是随机变量 X 和 Y 的边缘分布, 故 $F(x,y)$ 是与随机变量 X 和 Y 有关的分布函数. 由此也知 (D) 和 (B) 不对. (A) 也不对的, 因为只有 X, Y 独立时, (A) 才是对的. 可参看服从二维正态分布 $N(\mu_1, \mu_2, \sigma_1^2, \sigma_2^2, \rho)$ 的随机变量 X, Y.

5. 下列函数为分布函数的是 _____(D)_____ .

(A) $F(x) = \sin x$　　　　　　　　　　　(B) $F(x) = 1 - e^{-x}$

(C) $F(x) = \dfrac{2}{\pi} \arctan |x|$　　　　　　(D) $F(x) = \begin{cases} \dfrac{1}{2} e^x, & x \leqslant 0, \\ 1 - \dfrac{1}{2} e^{-x}, & x > 0 \end{cases}$

解　应选 (D). 因为 $F(x)$ 右连续, 单调不减且 $F(-\infty) = 0$, $F(+\infty) = 1$. (A) 不对, 因 $F(x)$ 有负值. (B) 不对, $F(x)$ 有负值. (C) 不对, $F(x)$ 不是单调的.

6. 下列函数为分布密度函数的是 _____(B)_____ .

(A) $f(x,y) = \begin{cases} y\sin x, & 0 \leqslant x \leqslant \dfrac{\pi}{2}, 0 \leqslant y \leqslant 1, \\ 0, & \text{其他} \end{cases}$

(B) $f(x,y) = \dfrac{1}{4}e^{-|x|-|y|}$

(C) $f(x,y) = \dfrac{y^2}{1+x^2}$

(D) $f(x,y) = \begin{cases} \dfrac{8}{(xy)^3}, & x \geqslant 1, y \geqslant 1, \\ 0, & x < 1 \text{ 或 } y < 1 \end{cases}$

解 应选 (B). 因为 $f(x,y)$ 是绝对可积, 且非负, $F(x,y) = \displaystyle\int_{-\infty}^{x} \int_{-\infty}^{y} f(x,y)\mathrm{d}x\mathrm{d}y$ 是一分布函数. (A) 不对, 因为 $\displaystyle\int_{-\infty}^{+\infty} \int_{-\infty}^{+\infty} f(x,y)\mathrm{d}x\mathrm{d}y = \dfrac{1}{2} \neq 1$. (C) 不对, 因为 $\displaystyle\int_{-\infty}^{+\infty} \int_{-\infty}^{+\infty} f(x,y)\mathrm{d}x\mathrm{d}y$ 不存在. (D) 不对, 因为 $\displaystyle\int_{-\infty}^{+\infty} \int_{-\infty}^{+\infty} f(x,y)\mathrm{d}x\mathrm{d}y = 2 \neq 1$.

7. 设 X 为连续型随机变量, $F(x)$ 为分布函数, 则 $F(x)$ 是 ___(A)___ .

(A) 连续函数　　　(B) 可导函数　　　(C) 单调函数　　　(D) 阶梯函数

解 应选 (A), 因为 $F(x) = \displaystyle\int_{-\infty}^{x} f(t)\mathrm{d}t$, $f(t)$ 非负可积, 且

$$F(x) - F(x_0) = \int_{-\infty}^{x} f(t)\mathrm{d}t - \int_{-\infty}^{x_0} f(t)\mathrm{d}t = \int_{x_0}^{x} f(t)\mathrm{d}t \to 0, \quad x \to x_0,$$

故有 $\displaystyle\lim_{x \to x_0} F(x) = F(x_0)$. (B) 不一定对, 因为 $\dfrac{\mathrm{d}F(x)}{\mathrm{d}x} = \left(\displaystyle\int_{-\infty}^{x} f(t)\mathrm{d}t \right)'$ 只有在连续点 x 处成立. (C) 也不一定对, 参看均匀分布函数便知. (D) 不对, 因为只有离散型随机变量的分布函数才是阶梯函数.

8. 设 $F(x)$ 为离散型随机变量 X 的分布函数, 则 $F(x)$ 是 ___(D)___ .

(A) 连续函数　　　(B) 可导函数　　　(C) 单调函数　　　(D) 阶梯函数

解 应选 (D). 参看第 7 题.

9. 设连续型随机变量 X 分布密度函数为 $f(x)$, 则 ___(C)___ .

(A) $f(x)$ 是连续的　　　　　　　　(B) $f(x)$ 是有界的

(C) $\displaystyle\int_{x}^{+\infty} f(t)\mathrm{d}t$ 收敛　　　　　　(D) $\displaystyle\int_{x}^{+\infty} f(t)\mathrm{d}t$ 发散

解 应选 (C), 由于密度函数具有两个重要特征, 即 $f(x) \geqslant 0$ 和 $\displaystyle\int_{-\infty}^{+\infty} f(x)\mathrm{d}x = 1$. 由于

$$\int_{-\infty}^{+\infty} f(x)\mathrm{d}x = \int_{-\infty}^{x} f(t)\mathrm{d}t + \int_{x}^{+\infty} f(t)\mathrm{d}t,$$

且 $\int_{-\infty}^{x} f(t)\mathrm{d}t$ 收敛, 因此, $\int_{x}^{+\infty} f(t)\mathrm{d}t$ 收敛. 由此也知, (D) 是不对的. (A) 和 (B) 则是不一定的, 例如, 连续型随机变量 X 分布密度函数

$$f(x) = \begin{cases} \dfrac{1}{2}, & x \in [0,2], \\ 0, & x \notin [0,2] \end{cases}$$

是不连续的, 而连续型随机变量 X 分布密度函数

$$f(x) = \begin{cases} \dfrac{1}{\sqrt{1-x}}, & x \in [0,1), \\ 0, & x \notin [0,1) \end{cases}$$

是无界的.

10. 设离散型随机变量 X 的分布列为 $P_k = P(X = x_k), k = 1, 2, \cdots$, 则 ___(D)___.

　　(A) $\sum\limits_k x_k p_k$ 收敛　(B) $\sum\limits_k x_k p_k$ 发散　(C) $\sum\limits_k p_k^2$ 发散　(D) $\sum\limits_k p_k^2$ 收敛

　　解　应选 (D), 因为 $0 \leqslant p_k^2 \leqslant p_k$, $\sum\limits_k p_k$ 收敛, 从而 $\sum\limits_k p_k^2$ 收敛. 这里也知 (C) 的结论不对. (A) 和 (B) 结论是不一定的, 例如, $p_n = P(X = (-1)^n n) = \dfrac{6}{\pi^2 n^2}(n = 1, 2, \cdots)$, 则 p_n 是 X 的分布列, 且 $\sum\limits_k x_k p_k = \dfrac{6}{\pi^2} \sum\limits_k (-1)^k \dfrac{1}{n}$ 收敛. 又 $p_n = P(X = n) = \dfrac{6}{\pi^2 n^2}$ $(n = 1, 2, \cdots)$ 时, p_n 也是 X 的分布列, 但 $\sum\limits_k x_k p_k = \dfrac{6}{\pi^2} \sum\limits_k \dfrac{1}{n}$ 发散.

11. 设 $g(x)$ 是连续函数, X 是一个随机变量, $Y = g(X)$, 则 ___(B)___.
　　(A) X 为连续型随机变量, Y 必为连续型随机变量
　　(B) X 为离散型随机变量, Y 必为离散型随机变量
　　(C) Y 为离散型随机变量, X 必为离散型随机变量
　　(D) Y 为非连续型随机变量, X 必为非连续型随机变量

　　解　应选 (B). 由 X 为离散型随机变量知, 随机变量 X 取值有限或可列无穷多个值, 因此, 由函数的定义知, $g(X)$ 的值也必然是有限或可列无穷多个值. 于是, Y 必为离散型随机变量. (A) 不对, 例如, 连续型随机变量 $X \sim U(0,1)$, 函数

$$y = g(x) = \begin{cases} x - \dfrac{1}{2}, & \dfrac{1}{2} \leqslant x \leqslant 1, \\ 0, & x < \dfrac{1}{2} \end{cases}$$

是连续函数, 则随机变量

$$Y = g(X) = \begin{cases} X - \dfrac{1}{2}, & \dfrac{1}{2} \leqslant X \leqslant 1, \\ 0, & 0 \leqslant X < \dfrac{1}{2}, \end{cases}$$

有下列分布函数

$$F_Y(y) = \begin{cases} 0, & y < 0, \\ \dfrac{1}{2} + y, & 0 \leqslant y < \dfrac{1}{2}, \\ 1, & \dfrac{1}{2} \leqslant y. \end{cases}$$

此函数不是连续函数, 因此, Y 不是连续型随机变量. 这个例子也说明 (D) 不对.

再有 (C) 也是不对的, 例如, 函数 $g(x) = \begin{cases} x, & x > 1, \\ 1, & x \leqslant 1, \end{cases}$ 是连续函数, 服从 $U(0,1)$ 分布的随机变量 X 是连续型随机变量, 而随机变量 $Y = g(X) = 1$ 是离散型随机变量, 其分布为

$$F_Y(y) = P(Y \leqslant y) = \begin{cases} 0, & y < 1, \\ 1, & y \geqslant 1, \end{cases}$$

但 X 是连续型随机变量.

12. 设连续型随机变量 X, Y 的联合分布函数为 $F(x,y) = \displaystyle\int_{-\infty}^{y} \int_{-\infty}^{x} f(u, v)\mathrm{d}u\mathrm{d}v$, 则 __(A)__ .

(A) $F(x,y)$ 为连续函数

(B) $f(x,y)$ 是连续的

(C) $f(x,y) = \dfrac{\partial^2 F(x,y)}{\partial y \partial x}, \forall (x,y) \in R^2$

(D) $\dfrac{\partial^2 F(x,y)}{\partial y \partial x} \neq \dfrac{\partial^2 F(x,y)}{\partial x \partial y}$, 其中 (x,y) 为 $f(x,y)$ 的连续点

解　应选 (A). 因为 X, Y 为连续型随机变量, 故存在非负可积函数 $f(x,y)$ 使得

$$F(x,y) = \int_{-\infty}^{y} \int_{-\infty}^{x} f(u,v)\mathrm{d}u\mathrm{d}v.$$

易知, $\displaystyle\lim_{(s,t)\to(0,0)} F(x+s, y+t) = F(x,y)$, 从而 $F(x,y)$ 为连续函数. 又对 $f(x,y)$ 的连续点 (x,y) 有 $\dfrac{\partial^2 F(x,y)}{\partial x \partial y} = f(x,y)$. 又由于

$$F(x,y) = \int_{-\infty}^{y} \int_{-\infty}^{x} f(u,v)\mathrm{d}u\mathrm{d}v = \int_{-\infty}^{x} \left(\int_{-\infty}^{y} f(u,v)\mathrm{d}v \right) \mathrm{d}u,$$

且 $\displaystyle\int_{-\infty}^{y} f(u,v)\mathrm{d}v$ 关于 u 的函数在 x 处是连续的, 因而 $\dfrac{\partial F}{\partial x} = \displaystyle\int_{-\infty}^{y} f(x,v)\mathrm{d}v.$ 又由 $f(x,v)$ 关于 v 的函数在 y 处是连续的, 因而有

$$\frac{\partial^2 F}{\partial y \partial x} = \left(\int_{-\infty}^{y} f(x,v)\mathrm{d}v \right)' = f(x,y).$$

于是, $\dfrac{\partial^2 F}{\partial x \partial y} = \dfrac{\partial^2 F}{\partial y \partial x}.$ 这表明 (D) 是不对的. 再请看, $X \sim U(0,1)$, $y \sim E(1)$, 且 X, Y 独立, 则 X, Y 的联合分布函数为

$$F(x,y) = \begin{cases} 0, & x < 0, y \in R \text{ 或 } x \geqslant 0, y < 0, \\ x - x e^{-y}, & 0 \leqslant x < 1, y \geqslant 0, \\ 1 - e^{-y}, & 1 \leqslant x, y \geqslant 0. \end{cases}$$

$F(x,y)$ 在点 $\left(\dfrac{1}{2}, 0 \right)$ 处对 y 的偏导数不存在, 故 (C) 不对. (B) 也不对, 因为 (C) 中论述的密度函数为 $f(x,y) = f_X(x) \cdot f_Y(y) = \begin{cases} e^{-y}, & y \geqslant 0, 0 \leqslant x \leqslant 1, \\ 0, & \text{否则}. \end{cases}$ 这个函数是不连续的.

13. 设 X 的分布律为

X	-2	-1	1	2
p	$\dfrac{1}{4}$	$\dfrac{1}{4}$	$\dfrac{1}{4}$	$\dfrac{1}{4}$

则 $Y = X^2$ 的分布律为 ____(D)____ .

(A)

Y	4	1	1	4
p	$\dfrac{1}{4}$	$\dfrac{1}{4}$	$\dfrac{1}{4}$	$\dfrac{1}{4}$

(B)

Y	1	4	4
p	$\dfrac{1}{2}$	$\dfrac{1}{4}$	$\dfrac{1}{4}$

(C)

Y	1	1	4
p	$\dfrac{1}{4}$	$\dfrac{1}{4}$	$\dfrac{1}{2}$

(D)

Y	1	4
p	$\dfrac{1}{2}$	$\dfrac{1}{2}$

解　应选 (D). 因为离散型随机变量取值 x_i, x_i 是不相同的, 从而随机变量 Y 取值为 $1, 4$ 且 $\{Y=1\} = \{X=-1\} \cup \{X=1\}$, $\{Y=4\} = \{X=-2\} \cup \{X=2\}$

而事件 $\{X = -1\}$, $\{X = 1\}$ 不相容, 事件 $\{X = -2\}$, $\{X = 2\}$ 也不相容. 因此, $P(Y = 1) = P(X = -1) + P(X = 1) = \dfrac{1}{2}$, $P(Y = 4) = P(X = -2) + P(X = 2) = \dfrac{1}{2}$. (A), (B) 和 (C) 都是不对的.

14. 设随机变量 $X \sim U(0, 3\pi)$. $Y = \sin X$ 的分布密度函数为＿＿＿(D)＿＿＿.

(A) $f_X(x) = \begin{cases} \dfrac{1}{3\pi} \dfrac{1}{\sqrt{1-y^2}}, & -1 \leqslant y \leqslant 1, \\ 0, & 否则 \end{cases}$

(B) $f_Y(y) = \begin{cases} \dfrac{1}{\pi} \dfrac{1}{\sqrt{1-y^2}}, & -1 \leqslant y \leqslant 1, \\ 0, & 否则 \end{cases}$

(C) $f_Y(y) = \begin{cases} \dfrac{1}{2\pi} \dfrac{1}{\sqrt{1-y^2}}, & -1 \leqslant y \leqslant 1, \\ 0, & 否则 \end{cases}$

(D) $f_Y(y) = \begin{cases} \dfrac{2}{3\pi} \dfrac{1}{\sqrt{1-y^2}}, & -1 \leqslant y \leqslant 0, \\ \dfrac{4}{3\pi} \dfrac{1}{\sqrt{1-y^2}}, & 0 < y \leqslant 1, \\ 0, & 否则 \end{cases}$

解 应选 (D). 因为 (D) 是对的, 而其余三个选项都不对. 事实上, 如图 11.1, 在 $0 \leqslant y \leqslant 1$ 上, X 的范围分成: $0 \leqslant x \leqslant \dfrac{\pi}{2}, \dfrac{\pi}{2} \leqslant x \leqslant \pi, 2\pi \leqslant x \leqslant \dfrac{5}{2}\pi$, $\dfrac{5}{2}\pi \leqslant x \leqslant 3\pi$. 由

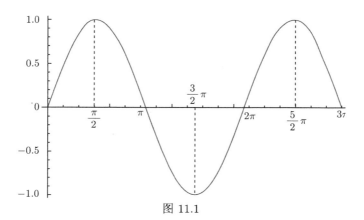

图 11.1

11.1.1.2 节中的性质与定理 6 可知 $f_Y(y) = \dfrac{4}{3\pi} \dfrac{1}{\sqrt{1-y^2}}$；在 $-1 \leqslant y \leqslant 0$ 上,

X 的单调区间为 $\left[\pi, \dfrac{3}{2}\pi\right]$, $\left[\dfrac{3}{2}\pi, 2\pi\right]$, 同样, 由 11.1.1.2 节中定理 6 可知 $f_Y(y) = \dfrac{2}{3\pi}\dfrac{1}{\sqrt{1-y^2}}$; $y \notin [-1,1]$ 时, $f_Y(y) = 0$. 故 (D) 是对的.

15. 设随机变量 X, Y 的联合分布为正态分布 $N(\mu_1, \mu_2, 4, 9, \rho)$, 且 $p_1 = P(X \leqslant \mu_1 - 4)$, $p_2 = P(Y \geqslant \mu_2 + 6)$, 则 ___(D)___.

(A) $p_1 = p_2$ 仅当 $\mu_1 = \mu_2$ 时成立　　　　(B) $p_1 > p_2$ 仅当 $\mu_1 > \mu_2$ 时成立

(C) $p_1 < p_2$ 仅当 $\mu_1 < \mu_2$ 时成立　　　　(D) $p_1 = p_2$ 恒成立

解　应选 (D). 因为随机变量 X 的密度函数为 $f_X(x) = \dfrac{1}{\sqrt{2\pi}\sigma_1}e^{-\frac{(x-2\mu_1)^2}{2\sigma_1^2}}$, 随机变量 Y 的密度函数为 $f_Y(y) = \dfrac{1}{\sqrt{2\pi}\sigma_2}e^{-\frac{(y-\mu_2)^2}{\sigma_2^2}}$, 而 $\dfrac{X-\mu_1}{2} \sim N(0,1)$ 且 $\dfrac{Y-\mu_2}{3} \sim N(0,1)$, 故

$$p_1 = P(X \leqslant \mu_1 - 4) = P\left(\frac{X-\mu_1}{2} \leqslant -2\right) = P\left(\frac{X-\mu_1}{2} \geqslant 2\right)$$
$$= P\left(\frac{Y-\mu_2}{3} \geqslant 2\right) = p_2.$$

因此, (D) 是对的, 而 (A), (B) 和 (C) 都不对.

16. 设连续型随机变量 X, Y 满足 $EX = EY = 1$, 且 X, Y 在任意面积不为零的区域上的概率不为零, 则下列结论对的有 ___(D)___.

(A) $P(X+Y \leqslant 2) > P(X+Y > 2)$　　　　(B) $P(X+Y \leqslant 2) < P(X+Y > 2)$

(C) $P(X-Y \geqslant 0) > P(X-Y > 0)$　　　　(D) $P(X-Y < 1) > P(X-Y \geqslant 1)$

解　应选 (D). (A), (B) 和 (C) 都不能选. 由已知, 随机变量 X, Y 取值 (x, y) 的分布中心为 $(1,1)$, 而过中心的直线 $x+y=2$ 把整个 xOy 平面分为相等的两部分, 且 $P(X+Y=2) = 0$, 所以, $P(X+Y \leqslant 2) = P(X+Y > 2)$, 即 (A) 和 (B) 都不对. (C) 也不对, 这是因为过中心 $(1,1)$ 的直线 $y=x$ 也将 xOy 平面分成相等的两部分, 但直线上的概率 $P(X-Y=0) = 0$, 因而 $P(X-Y \geqslant 0) = P(X-Y > 0)$. (D) 是对的, 因为 $x-y=1$ 平行于过中心点 $(1,1)$ 的直线 $x-y=0$, 且在 $x-y=0$ 的下方. 注意到直线 $x-y=-1$ 与直线 $x-y=1$ 关于直线 $x-y=0$ 对称, 于是有

$$\{\omega \,|\, X-Y < 1\} = \{\omega \,|\, X-Y \leqslant -1\} \cup \{\omega \,|\, -1 < X-Y < 1\}.$$

因此, 由 $P\{-1 < Y-X < 1\} \neq 0$ 以及区域 $x-y \leqslant -1$ 和 $x-y \geqslant 1$ 的对称性知

$$P(X-Y < 1) = P\{(X-Y \leqslant -1) \cup (-1 < Y-X < 1)\}$$
$$= P(X-Y \leqslant -1) + P(-1 < X-Y < 1)$$

$$= P(X - Y \geqslant 1) + P(-1 < X - Y < 1)$$
$$> P(X - Y \geqslant 1).$$

17. 下列有关随机变量 X, Y 的命题对的是 ___(D)___ .

(A) X, Y 不相关, 则 X^2, Y^2 不相关 (B) X, Y 不独立, 则 X^2, Y^2 不独立

(C) X^2, Y^2 独立, 则 X, Y 独立 (D) X^2, Y^2 不独立, 则 X, Y 不独立

解 应选 (D). 这是因为如果 (D) 不对, 则由 X, Y 独立可知 X^2, Y^2 独立. 这与 X^2, Y^2 不独立相矛盾, 故 (D) 是对的. (A) 是不对的, 因随机变量 X, Y 不相关, 指的是不是线性相关, X^2, Y^2 还是可能相关的. 例如, 设 X, Y 的联合分布为

$$f(x, y) = \begin{cases} \dfrac{1}{\pi}, & x^2 + y^2 \leqslant 1, \\ 0, & x^2 + y^2 > 1, \end{cases}$$

易知 $\mathrm{Cov}(X, Y) = 0, \mathrm{Cov}(X^2, Y^2) = \dfrac{-2}{24} = -\dfrac{1}{12} \neq 0$, 即随机变量 X, Y 不相关, 而随机变量 X^2, Y^2 相关. (B), (C) 也不对, 例如, 设随机变量 X, Y 服从下列分布律

Y \ X	-2	-1	1	2	p_Y
-2	$\dfrac{2}{20}$	$\dfrac{1}{20}$	$\dfrac{2}{20}$	$\dfrac{1}{20}$	$\dfrac{6}{20}$
-1	$\dfrac{1}{20}$	$\dfrac{1}{20}$	$\dfrac{1}{20}$	$\dfrac{1}{20}$	$\dfrac{4}{20}$
1	$\dfrac{1}{20}$	$\dfrac{1}{20}$	$\dfrac{2}{20}$	$\dfrac{2}{20}$	$\dfrac{6}{20}$
2	$\dfrac{1}{20}$	$\dfrac{1}{20}$	$\dfrac{1}{20}$	$\dfrac{1}{20}$	$\dfrac{4}{20}$
p_X	$\dfrac{5}{20}$	$\dfrac{4}{20}$	$\dfrac{6}{20}$	$\dfrac{5}{20}$	

易知, X, Y 不独立. 进一步可求得 X^2, Y^2 的分布律为

Y^2 \ X^2	1	4	p_{Y^2}
1	$\dfrac{1}{4}$	$\dfrac{1}{4}$	$\dfrac{1}{2}$
4	$\dfrac{1}{4}$	$\dfrac{1}{4}$	$\dfrac{1}{2}$
p_{X^2}	$\dfrac{1}{2}$	$\dfrac{1}{2}$	

由此可知, X^2, Y^2 独立.

18. 设随机变量 X, Y 的均值都存在且 $\mathrm{Var}(X - Y) = 0$, 则下列结论中正确的有　(C)　.

(A) $X = Y$ 　　　　　　　　　　　　(B) $P(X = Y) = 1$

(C) $P(X - EX = Y - EY) = 1$ 　　　(D)$\mathrm{Var}X = \mathrm{Var}Y$

解　应选 (C), 因为 $1 \geqslant P(|X - Y - (EX - EY)| < \varepsilon) > 1 - \dfrac{\mathrm{Var}(X - Y)}{\varepsilon^2} = 1$. 由于 ε 是任意小的正数, 所以, $P(X - EX = Y - EY) = 1$, 故 (C) 是对的, 进而也知 (B) 是不对的. (A) 和 (D) 均不对, 例如, 设随机变量 X 的分布为 $P(X = x) = \left(\dfrac{1}{3}\right)^{2-x} \left(\dfrac{2}{3}\right)^{x-1}$ $(x = 1, 2)$, 随机变量 Y 的分布为 $P(Y = y) = \left(\dfrac{1}{4}\right)^{y} \left(\dfrac{3}{4}\right)^{1-y}$ $(y = 0, 1)$, 那么 $\mathrm{Var}X = \dfrac{4}{9} \neq \mathrm{Var}Y = \dfrac{3}{16}$ 且 $X \neq Y$. 但由于 $X - Y = 1$ 知 $\mathrm{Var}(X - Y) = 0$. 这表明 $\mathrm{Var}(X - Y) = 0$ 得不到结论 (A), 也得不到结论 (D), 因而 (A) 和 (D) 都是不对的.

19. 设随机变量 X, Y 的相关系数为 $\rho = 1$, 则下列结论正确的是　(B)　.

(A) 存在 $a > 0, b$ 使得 $Y = aX + b$

(B) 存在 $a > 0, b$ 使得 $EY = aEX + b$

(C) 存在 $a > 0, b$ 使得 $\mathrm{Var}Y = a^2\mathrm{Var}X$

(D) 存在 $a > 0, b$ 使得 $P(Y = -aX + b) = 1$

解　应选 (B), 由 $\rho = 1$, 存在常数 $a > 0$ 和常数 b, 使得 $P(Y - aX = b) = 1$, 从而, $P(Y - aX \neq b) = 0$. 令 $Z = Y - aX$, 则 $E(Z) = b \cdot 1$, 即 $EY = aEX + b$. 故 (B) 是对的. 选项 (A), (C) 和 (D) 都不正确, 因为随机变量 X, Y 的相关系数为 $\rho = 1$, 表明 X, Y 之间存在正线性关系, 指的是 $P(Y = aX + b) = 1$, 故 (A) 不对, 进而 (D) 也是不对的. 容易证明 $\mathrm{Var}Y = 2a\rho\sqrt{\mathrm{Var}Y \cdot \mathrm{Var}X} - a^2\mathrm{Var}X \neq a^2\mathrm{Var}X$, 故选项 (C) 也是不对的.

11.3　方 法 例 解

1. 设随机变量 X 有下列分布密度函数

$$f(x) = \begin{cases} \dfrac{A}{x^4}, & x \geqslant 1, \\ 0, & x < 1. \end{cases}$$

试求 (1) 常数 A; (2)$P(0 \leqslant X \leqslant \sqrt[3]{3})$; (3) $EX(1 + X)$; (4) $\mathrm{Var}X$; (5) $F(x)$; (6) $Y = \sqrt{X}$ 的分布密度函数和 $Y = \dfrac{1}{X}$ 的分布密度函数.

解 (1) 由于 $f(x)$ 为密度函数, 故

$$1 = \int_{-\infty}^{+\infty} f(x)\mathrm{d}x = A\int_{1}^{+\infty} \frac{1}{x^4}\mathrm{d}x = A\frac{-1}{3x^3}\Big|_{1}^{+\infty} = \frac{1}{3}A,$$

即 $A = 3$.

(2) $P(0 \leqslant X \leqslant \sqrt[3]{3}) = 3\int_{1}^{\sqrt[3]{3}} \frac{1}{x^4}\mathrm{d}x = -\frac{1}{x^3}\Big|_{1}^{\sqrt[3]{3}} = \frac{2}{3}$.

(3) 由于 $EX(1+X) = EX + EX^2$, 而

$$EX = 3\int_{-\infty}^{+\infty} xf(x)\mathrm{d}x = 3\int_{1}^{+\infty} \frac{1}{x^3}\mathrm{d}x = -\frac{3}{2}\frac{1}{x^2}\Big|_{1}^{+\infty} = \frac{3}{2},$$

$$EX^2 = 3\int_{-\infty}^{+\infty} x^2 f(x)\mathrm{d}x = 3\int_{1}^{+\infty} \frac{1}{x^2}\mathrm{d}x = 3,$$

所以

$$EX(1+X) = EX + EX^2 = \frac{3}{2} + 3 = \frac{9}{2}.$$

注 也可直接求 $EX(1+X) = 3\int_{1}^{+\infty} \frac{1}{x^4}x(1+x)\mathrm{d}x$.

(4) $\mathrm{Var}(X) = EX^2 - (EX)^2 = 3 - \left(\frac{3}{2}\right)^2 = \frac{3}{4}$.

(5) 当 $x < 1$ 时, $F(x) = P(X \leqslant x) = 0$.

当 $x \geqslant 1$ 时,

$$F(x) = P(X \leqslant x) = \int_{-\infty}^{x} f(t)\mathrm{d}t = 3\int_{1}^{x} \frac{1}{t^4}\mathrm{d}t$$
$$= 1 - \frac{1}{x^3},$$

即

$$F(x) = \begin{cases} 1 - \dfrac{1}{x^3}, & x \geqslant 1, \\ 0, & x < 1. \end{cases}$$

(6) 利用 11.1.1.2 节中性质与定理 6 来计算.

先求 $Y = \sqrt{X}$ 的分布函数. 由于 $y = \sqrt{x}$ 的值域为 $y \geqslant 0$, $x = y^2$ 在 $y \geqslant 0$ 上是单调的, 且 $x'(y) = 2y$. 因而 $x = y^2$ 在 $y \geqslant 1$ 上是单调的, 且 $x'(y) = 2y$. 于是

$$f_Y(y) = \begin{cases} \dfrac{6}{y^7}, & y \geqslant 1, \\ 0, & y < 1. \end{cases}$$

再求 $Y = \dfrac{1}{X}$ 的分布函数. 由 $x \geqslant 1$ 知, $0 \leqslant y \leqslant 1$. $x = \dfrac{1}{y}$ 在 $(0, 1]$ 上是单调可导的. 且有 $x'(y) = -\dfrac{1}{y^2}$, 于是, 当 $0 < y \leqslant 1$ 时, $f_Y(y) = f_X\left(\dfrac{1}{y}\right)|x'(y)| = 3y^2$. 因此

$$f_Y(y) = \begin{cases} 3y^2, & y \in (0, 1], \\ 0, & y \notin (0, 1]. \end{cases}$$

2. 设随机变量 X 的分布函数为 $F(x) = A + B\arctan x$, 求 (1) A 和 B; (2) X 的值落在区间 $[-\sqrt{3}, \sqrt{3}]$ 的概率; (3) X 的分布密度函数; (4) $Y = F(X)$ 的分布函数; (5) EY 和 $\mathrm{Var}Y$; (6) $\sqrt{\mathrm{Var}Y}/EY$; (7) $Z = \begin{cases} 1, & X \geqslant 1, \\ 0, & -1 \leqslant X < 1, \\ -1, & X < -1 \end{cases}$ 的分布律、EZ 和 EZ^2.

解　(1) 由分布函数的性质 $F(-\infty) = 0$ 和 $F(+\infty) = 1$ 知:

$$A - B\frac{\pi}{2} = 0, \tag{I}$$

$$A + \frac{\pi}{2}B = 1, \tag{II}$$

联立求解 (I) 和 (II) 可得: $A = \dfrac{1}{2}$, $B = \dfrac{1}{\pi}$.

(2) 所求概率的事件为 $-\sqrt{3} \leqslant X \leqslant \sqrt{3}$. 于是

$$\begin{aligned} P(-\sqrt{3} \leqslant X \leqslant \sqrt{3}) &= F(\sqrt{3}) - F(-\sqrt{3}) \\ &= \frac{1}{\pi}\left(\frac{\pi}{3} + \frac{\pi}{3}\right) = \frac{2}{3}. \end{aligned}$$

(3) X 的分布密度函数为

$$f(x) = F'(x) = \frac{1}{\pi}\frac{1}{1 + x^2}.$$

(4) 由于 $F(x)$ 在 $(-\infty, +\infty)$ 上单增, 且 $0 \leqslant F \leqslant 1$, 故 $X = \tan\left(\pi Y - \dfrac{\pi}{2}\right)$ $(0 \leqslant Y \leqslant 1)$, 且 $0 \leqslant \pi Y - \dfrac{\pi}{2} \leqslant \dfrac{\pi}{2}$. 于是

$$\begin{aligned} f_Y(y) &= f\left(\tan\left(\pi y - \frac{\pi}{2}\right)\right) \cdot \sec^2\left(\pi y - \frac{\pi}{2}\right) \cdot \pi \\ &= \frac{1}{\pi}\frac{\sec^2\left(\pi y - \dfrac{1}{2}\right)}{1 + \tan^2\left(\pi y - \dfrac{1}{2}\right)}\pi = 1. \quad 0 \leqslant y \leqslant 1. \end{aligned}$$

而由分布函数知 $y < 0$ 或 $y > 1$ 是不可能的. 因此, $f_Y(y) = 0$. 于是可以得到, $Y = F(X)$ 的分布密度函数为 $f_Y(y) = \begin{cases} 1, & y \in [0,1], \\ 0, & y \notin [0,1], \end{cases}$ 分布函数为

$$F_Y(y) = \begin{cases} 0, & y < 0, \\ y, & 0 \leqslant y \leqslant 1, \\ 1, & y > 1. \end{cases}$$

另法 求随机变量函数 $Y = g(X)$ 的密度函数可利用随机变量的分布函数的定义来作. 通常分两步: ① 先求出分布函数 $F_Y(y) = P(Y \leqslant y) = P(g(X) \leqslant y)$; ②再求 $f_Y(y) = (F_Y(y))'$. 要是只求随机变量函数的分布函数只要完成第一步即可.

(4) 的**另解** 当 $y < 0$ 时, 由于 $Y \geqslant 0$ 知, $F_Y(y) = P(Y \leqslant y) = 0$; 当 $0 \leqslant y \leqslant 1$ 时,

$$\begin{aligned} F_Y(y) = P(Y \leqslant y) &= P\left(\frac{1}{2} + \frac{1}{\pi}\arctan X \leqslant y\right) = P\left(X \leqslant \tan\pi\left(y - \frac{1}{2}\right)\right) \\ &= \frac{1}{2} + \frac{1}{\pi}\arctan\left(\tan\pi\left(y - \frac{1}{2}\right)\right) = y; \end{aligned}$$

当 $1 < y$ 时, $F_Y(y) = P(Y \leqslant y) = P(Y \leqslant 1) + P(1 < Y \leqslant y) = 1 + 0 = 1$. 于是有

$$F_Y(y) = \begin{cases} 0, & y < 0, \\ y, & 0 \leqslant y \leqslant 1, \\ 1, & y > 1. \end{cases}$$

因此

$$f_Y(y) = \begin{cases} 1, & 0 \leqslant y \leqslant 1, \\ 0, & y < 0 \text{ 或 } 1 < y. \end{cases}$$

这个方法的思想容易理解, 使用起来有时还是很方便的.

(5) $EY = \displaystyle\int_0^1 y\mathrm{d}y = \frac{1}{2}$,

$$\mathrm{Var}Y = EY^2 - (EY)^2 = \int_0^1 y^2\mathrm{d}y - \frac{1}{4} = \frac{1}{3} - \frac{1}{4} = \frac{1}{12}.$$

注 A EX 不存在, 即期望不存在的随机变量的函数期望可能存在.

注 B 求随机变量函数的数学期望也可直接使用随机变量函数的期望公式, 不必求出随机变量函数的分布密度或分布律, 再由期望的定义求之. 如

$$EY = EF(X) = \int_{-\infty}^{+\infty} \left(\frac{1}{2} + \frac{1}{\pi}\arctan x\right) \cdot \frac{1}{\pi(1+x^2)}\mathrm{d}x$$

$$= \int_{-\infty}^{+\infty} \frac{1}{2} \cdot \frac{1}{\pi(1+x^2)} \mathrm{d}x + \frac{1}{\pi} \int_{-\infty}^{+\infty} \frac{1}{\pi} \arctan x \cdot \frac{1}{1+x^2} \mathrm{d}x$$

$$= \frac{1}{2} + \frac{1}{\pi^2} \frac{1}{2} \arctan^2 x \Big|_{-\infty}^{+\infty} = \frac{1}{2}.$$

(6) 由于 (5) 的结果可以知

$$\frac{\sqrt{\mathrm{Var}Y}}{EY} = \frac{\sqrt{1/12}}{1/2} = \frac{1}{3}\sqrt{3}.$$

注 C　$\sqrt{\mathrm{Var}Y}, EY$ 常称为随机变量 Y 的变易系数.

(7) 由于

$$P(Z=1) = P(X \geqslant 1) = \frac{1}{4}, \quad P(Z=0) = P(-1 \leqslant X < 1) = \frac{1}{2},$$

$$P(Z=-1) = P(X < -1) = \frac{1}{4},$$

故 Z 的分布律为

Z	-1	0	1
p	$\frac{1}{4}$	$\frac{1}{2}$	$\frac{1}{4}$

于是

$$EZ = -1 \cdot \frac{1}{4} + 0 \cdot \frac{1}{2} + 1 \cdot \frac{1}{4} = 0, \quad EZ^2 = \frac{1}{2}.$$

3. 设离散型随机变量 X 的分布律为

X	-3	-2	-1	1	2	3
p	$\frac{1}{6}A$	$\frac{1}{4}$	A^2	$\frac{1}{3}$	$\frac{1}{2}A$	$\frac{1}{12}$

求 (1)A; (2)X 的取值范围为 $[-2.5, 2.5]$ 的概率; (3) $E(X - \sin \pi X)$; (4) $Y = |X|$ 的分布列, $F_Y(y)$ 和 $E|X|$; (5) $P(X^2 < 3)$.

　　解　(1) 由分布列的性质知

$$1 = \sum p_i = \frac{1}{6}A + \frac{1}{4} + A^2 + \frac{1}{3} + \frac{1}{2}A + \frac{1}{12}$$
$$= A^2 + \frac{2}{3}A + \frac{2}{3},$$

即

$$A^2 + \frac{2}{3}A - \frac{1}{3} = 0.$$

求解这个方程得, $A = \dfrac{1}{3}$, $A = -1$. 因为概率是非负的, 所以 $A = -1$ 应舍去. 于是所求的常数 $A = \dfrac{1}{3}$.

(2) $P(-2.5 \leqslant X \leqslant 2.5) = P(X = -2) + P(X = -1) + P(X = 1) + P(X = 2)$

$$= \frac{1}{4} + \frac{1}{9} + \frac{1}{3} + \frac{1}{6} = \frac{31}{36}.$$

(3) 由于 $E(X - \sin \pi X) = EX - E \sin \pi X$, 而 $EX = -\dfrac{5}{36}$, $E \sin \pi X = 0$, 因此可得

$$E(X - \sin \pi X) = EX - E \sin \pi X = -\frac{5}{36} - (0) = -\frac{5}{36}.$$

(4) 先求随机变量 Y 的分布列. 易知, 随机变量 Y 取值为 $1, 2, 3$. 于是

$$P(Y = 1) = P(X = -1) + P(X = 1) = \frac{1}{9} + \frac{1}{3} = \frac{4}{9},$$

$$P(Y = 2) = P(X = -2) + P(X = 2) = \frac{1}{4} + \frac{1}{6} = \frac{5}{12},$$

$$P(Y = 3) = P(X = -3) + P(X = 3) = \frac{1}{18} + \frac{1}{12} = \frac{5}{36}.$$

故随机变量 Y 的分布列为

Y	1	2	3
p	$\dfrac{4}{9}$	$\dfrac{5}{12}$	$\dfrac{5}{36}$

再求随机变量 Y 的分布函数. 由离散型随机变量的分布函数的定义知

$$F_Y(y) = P(Y \leqslant y) = P(|X| \leqslant y) = \sum_{|x_i| \leqslant y} p_i$$

$$= \begin{cases} 0, & y < 1, \\ 4/9, & 1 \leqslant y < 2, \\ 31/36, & 2 \leqslant y < 3, \\ 1, & 3 \leqslant y. \end{cases}$$

最后求随机变量 Y 的数学期望. 由 Y 的分布列和期望的定义可得

$$EY = E|X| = 1 \times \frac{4}{9} + 2 \times \frac{5}{12} + 3 \times \frac{5}{36} = \frac{61}{36}.$$

(5) $\qquad P(X^2 < 3) = P(-3 < X < 3)$

$$= P(X = -2) + P(X = -1) + P(X = 1) + P(Y = 2)$$

$$= \frac{1}{4} + \frac{1}{9} + \frac{1}{3} + \frac{1}{6} = \frac{31}{36}.$$

这个概率也可用逆事件的概率来求. 如

$$P(X^2 < 3) = P(-3 < X < 3) = 1 - P(X \leqslant -3) - P(X \geqslant 3)$$
$$= 1 - \frac{1}{18} - \frac{1}{12} = \frac{31}{36}.$$

4. 设随机变量 X 的概率函数为 $p_n = P(X = n) = A\dfrac{n+1}{2^n}(n = 0, 1, 2, \cdots)$,
试求 (1) 常数 A; (2) $E\dfrac{X}{1+X}$; (3) $\mathrm{Var}\left(\dfrac{1}{1+X}\right)$; (4) $Y = \begin{cases} 1, & X = 2k, \\ 0, & X = 2k+1 \end{cases}$ $(k = 1, 2, \cdots)$ 的概率函数; (5) 如果 $Y_1, Y_2, \cdots, Y_n$ 独立且与 Y 同分布, 进一步求 $Z = Y_1 + Y_2 + \cdots + Y_n$ 的分布律和 EZ^2.

解　(1) 由已知有

$$1 = A\sum_{n=0}^{\infty} \frac{n+1}{2^n} = A\left(\sum_{n=0}^{\infty}(n+1)x^n\right)\Bigg|_{x=\frac{1}{2}} = A\left(\sum_{n=0}^{\infty}x^{n+1}\right)'\Bigg|_{x=\frac{1}{2}}$$
$$= A\left(\frac{x}{1-x}\right)'\Bigg|_{x=\frac{1}{2}} = A\frac{1}{(1-x)^2}\Bigg|_{x=\frac{1}{2}} = 4A,$$

即 $A = \dfrac{1}{4}$.

(2) 由随机变量的函数的期望公式得

$$E\frac{X}{1+X} = \sum_{n=1}^{\infty} \frac{n}{1+n}p_n = \frac{1}{4}\sum_{n=1}^{\infty}\frac{n}{2^n} = \frac{1}{4}\left(\sum_{n=1}^{\infty}nx^n\right)\Bigg|_{x=\frac{1}{2}} = \frac{1}{4}x\left(\sum_{n=1}^{\infty}x^n\right)'\Bigg|_{x=\frac{1}{2}}$$
$$= \frac{1}{4}x\left(\frac{x}{1-x}\right)'\Bigg|_{x=\frac{1}{2}} = \frac{1}{4}\frac{x}{(1-x)^2}\Bigg|_{x=\frac{1}{2}} = \frac{1}{2}.$$

(3) 由于 $E\dfrac{1}{1+X} = \dfrac{1}{4}\displaystyle\sum_{n=0}^{\infty}\dfrac{n+1}{(n+1)2^n} = \dfrac{1}{4}\displaystyle\sum_{n=0}^{\infty}\dfrac{1}{2^n} = \dfrac{1}{2}$,

$$E\frac{1}{(1+X)^2} = \frac{1}{4}\sum_{n=0}^{\infty}\frac{n+1}{(n+1)^2 2^n} = \frac{1}{4}\sum_{n=0}^{\infty}\frac{1}{(n+1)2^n} = \frac{1}{2}\left(\sum_{n=0}^{\infty}\frac{1}{(n+1)}x^{n+1}\right)\Bigg|_{x=\frac{1}{2}}$$
$$= \frac{1}{2}\left(\int_0^x \sum_{n=0}^{\infty}t^n \mathrm{d}t\right)\Bigg|_{x=\frac{1}{2}} = \frac{1}{2}\left(\int_0^x \frac{1}{1-t}\mathrm{d}t\right)\Bigg|_{x=\frac{1}{2}} = \frac{1}{2}\ln 2,$$

所以

$$\mathrm{Var}\left(\frac{1}{1+X}\right) = E\left(\frac{1}{1+X}\right)^2 - \left(E\frac{1}{1+X}\right)^2 = \frac{1}{4}(2\ln 2 - 1).$$

(4) 由于

$$P(Y=1) = P(X=2k) = \frac{1}{4}\sum_{k=0}^{\infty}\frac{2k+1}{2^{2k}} = \frac{1}{4}\left(2\sum_{k=0}^{\infty}\frac{k}{4^k} + \sum_{k=0}^{\infty}\frac{1}{4^k}\right) = \frac{5}{9},$$

$$P(Y=0) = 1 - P(Y=1) = \frac{4}{9},$$

所以

$$P(Y=y) = \frac{1}{9}5^y 4^{1-y}, \quad y=0,1.$$

(5) 由于事件 $\{Z=k\} = \{Y_1+Y_2+\cdots+Y_n=k\}$ 表示事件 $Y_1=1,\cdots,$ $Y_n=1$ 当且仅当有 k 个事件发生, 因此

$$P(Z=k) = P(Y_1+\cdots+Y_n=k) = \mathrm{C}_n^k\left(\frac{5}{9}\right)^k\left(\frac{4}{9}\right)^{1-k}.$$

此分布为 $p=\dfrac{5}{9}$ 的二项分布. 由此可得 $EZ = \dfrac{5}{9}n$, $\mathrm{Var}Z = n\dfrac{5}{9}\cdot\dfrac{4}{9} = \dfrac{20}{81}n$. 于是

$$EZ^2 = \mathrm{Var}Z + (EZ)^2 = \frac{20}{81}n + \frac{25}{81}n^2 = \frac{n}{81}(25n+20).$$

另解 如果不直接使用二项分布数学期望与方差而去求 EZ^2, 利用独立性条件, 下列的解法应该是一个不错的解法. 由于 $EY_i = \dfrac{5}{9}$, $EY_i^2 = \dfrac{5}{9}$, 所以

$$\begin{aligned}
EZ^2 &= E(Y_1^2+\cdots+Y_n^2+2Y_1Y_2+\cdots+2Y_{n-1}Y_n)\\
&= n\frac{5}{9} + n(n-1)\frac{25}{81}\\
&= \frac{n}{81}(25n+20).
\end{aligned}$$

5. 设随机向量 $(X,Y)^{\mathrm{T}}$ 的分布密度函数为

$$f(x,y) = \begin{cases} Axy, & 0\leqslant x\leqslant y\leqslant 1,\\ 0, & \text{其他,} \end{cases}$$

试求 (1) 常数 A; (2) $P\left(0\leqslant X\leqslant\dfrac{1}{4}, -\infty<Y<\infty\right)$; (3) $f_X(x)$ 和 $f_Y(y)$; (4) ρ_{XY}; (5) $f_{Y|0<X<1/2}(y)$ 和 $E\left(Y\bigg|0<X<\dfrac{1}{2}\right)$; (6) $f_{X|Y}(x)$ 和 $E(Y|X)$; (7) $F(x,y)$; (8) $E\max\{X,Y\}$ 和 $E\min\{X,Y\}$; (9) 随机变量 $U=X+Y$ 和 $V=Y/X$ 的分布密度函数; (10)$U=X-Y$, $V=XY$ 的联合分布密度函数, 并指出随机变量 U,V 是否独立?

注　$E\left(Y \middle| 0 < X < \dfrac{1}{2}\right)$ 表示在条件 $0 < X < \dfrac{1}{2}$ 下随机变量 Y 的期望, 而 $E(Y|X)$ 表示在条件 $X = x$ 下的随机变量 Y 的期望.

解　(1) 由 $1 = A \iint\limits_{R^2} f(x,y)\mathrm{d}x\mathrm{d}y = A \int_0^1 \mathrm{d}x \int_x^1 xy\mathrm{d}y = \dfrac{1}{2}A \int_0^1 x(1 - x^2)\mathrm{d}x = \dfrac{1}{8}A$ 得 $A = 8$.

(2) $P\left(0 \leqslant X \leqslant \dfrac{1}{4}, -\infty < Y < \infty\right) = 8\int_0^{\frac{1}{4}} x\mathrm{d}x \int_x^1 y\mathrm{d}y = \dfrac{31}{256}$.

(3) 当 $0 \leqslant x \leqslant 1$ 时, $f_X(x) = \displaystyle\int_{-\infty}^{\infty} f(x,y)\mathrm{d}y = 8\int_x^1 xy\mathrm{d}y = 4x(1 - x^2)$, 当 $x < 0$ 或 $x > 1$ 时, $f_X(x) = 0$. 于是

$$f_X(x) = \begin{cases} 4x(1 - x^2), & x \in [0,1], \\ 0, & x \notin [0,1]. \end{cases}$$

同理有

$$f_Y(y) = \begin{cases} 4y^3, & y \in [0,1], \\ 0, & y \notin [0,1]. \end{cases}$$

(4) 由 $EX = \iint\limits_{R^2} xf(x,y)\mathrm{d}x\mathrm{d}y = 8\int_0^1 x^2\mathrm{d}x \int_x^1 y\mathrm{d}y = \dfrac{8}{15}$, $EY = \iint\limits_{R^2} yf(x, y)\mathrm{d}x\mathrm{d}y = \dfrac{4}{5}$, 以及 $EXY = \iint\limits_{R^2} xyf(x,y)\mathrm{d}x\mathrm{d}y = 8\int_0^1 x^2\mathrm{d}x \int_x^1 y^2\mathrm{d}y = \dfrac{4}{9}$ 知, $\mathrm{Cov}(X,Y) = EXY - (EX)(EY) = \dfrac{4}{225}$.

又由于 $EX^2 = \dfrac{1}{3}$, $EY^2 = \dfrac{2}{3}$, 所以, $\mathrm{Var}X = EX^2 - (EX)^2 = \dfrac{11}{225}$, $\mathrm{Var}Y = \dfrac{2}{75}$. 因此

$$\rho_{XY} = \frac{\mathrm{Cov}(X,Y)}{\sqrt{\mathrm{Var}(X)\mathrm{Var}(Y)}} = \frac{\dfrac{4}{225}}{\sqrt{\dfrac{11}{225}} \cdot \sqrt{\dfrac{2}{75}}} = \frac{2}{33}\sqrt{66}.$$

(5) 先求在 $0 < X < \dfrac{1}{2}$ 的条件下 Y 的分布 $F_{Y|0<X<1/2}(y)$. 由于 $P\left(0 < X < \dfrac{1}{2}\right) = \dfrac{7}{16}$, 以及

$$F_{Y|0<X<1/2}(y) = P\left(Y \leqslant y \middle| 0 < X < \dfrac{1}{2}\right) = \frac{P\left(Y \leqslant y, 0 < X < \dfrac{1}{2}\right)}{P\left(0 < X < \dfrac{1}{2}\right)},$$

所以, 当 $y < 0$ 时, $P\left(Y \leqslant y, 0 < X < \dfrac{1}{2}\right) = 0$; 当 $1 < y$ 时, $P\left(Y \leqslant y, 0 < X < \dfrac{1}{2}\right) = \dfrac{7}{16}$; 当 $0 \leqslant y \leqslant \dfrac{1}{2}$ 时, $P\left(Y \leqslant y, 0 < X < \dfrac{1}{2}\right) = 8\displaystyle\int_0^y \mathrm{d}x \int_x^y xv\,\mathrm{d}v =$ $8\displaystyle\int_0^y x(y^2 - x^2)\mathrm{d}x = y^4$; 当 $\dfrac{1}{2} < y \leqslant 1$ 时, $P\left(Y \leqslant y, 0 < X < \dfrac{1}{2}\right) =$ $8\displaystyle\int_0^{\frac{1}{2}} \mathrm{d}x \int_x^{\frac{1}{2}} xv\,\mathrm{d}v + 8\int_0^{\frac{1}{2}} \mathrm{d}x \int_{\frac{1}{2}}^y xv\,\mathrm{d}v = \dfrac{1}{2}y^2 - \dfrac{1}{16}$. 所以

$$
F_{Y|0<X<1/2}(y) = \begin{cases} 0, & y < 0, \\ \dfrac{16y^4}{7}, & 0 \leqslant y \leqslant 1/2, \\ \dfrac{8y^2 - 1}{7}, & 1/2 < y \leqslant 1, \\ 1, & 1 < y. \end{cases}
$$

因此, 在 $0 < X < 1/2$ 的条件下 Y 的分布密度函数为

$$
f_{Y|0<X<1/4}(y) = \begin{cases} \dfrac{64y^3}{7}, & 0 \leqslant y \leqslant 1/2, \\ \dfrac{16y}{7}, & 1/2 < y \leqslant 1, \\ 0, & \text{其他}. \end{cases}
$$

在 $0 < X < 1/2$ 的条件下 Y 的期望为

$$
E\left(Y|0 < X < \dfrac{1}{2}\right) = \dfrac{64}{7}\int_0^{\frac{1}{2}} y^4\mathrm{d}y + \dfrac{16}{7}\int_{\frac{1}{2}}^1 y^2\mathrm{d}y = \dfrac{76}{105}.
$$

(6) 由于 $f_{X|Y}(x) = \dfrac{f(x,y)}{f_Y(y)}$ 和 (3) 知

$$
f_{X|Y}(x) = \begin{cases} \dfrac{2x}{y^2}, & 0 \leqslant x \leqslant y, 0 < y \leqslant 1, \\ 0, & \text{其他}, \end{cases}
$$

又由于 $X = x$ 的条件下的随机变量 Y 的分布密度函数为

$$
f_{Y|X}(y) = \begin{cases} \dfrac{2y}{1 - x^2}, & 0 \leqslant x \leqslant y \leqslant 1, 0 \leqslant x < 1, \\ 0, & \text{其他}. \end{cases}
$$

所以, $E(Y|X) = \displaystyle\int_{-\infty}^{\infty} yf_{Y|X}(y)\mathrm{d}y = \int_x^1 \dfrac{2y^2}{1 - x^2}\mathrm{d}y = \dfrac{2}{3}\dfrac{1 + x + x^2}{1 + x}\ (0 \leqslant x < 1)$.

(7) 由于当 $x < 0$ 或 $y < 0$ 时, $F(x,y) = P(X \leqslant x, Y \leqslant y) = 0$; 当 $0 \leqslant x$, $x \leqslant y \leqslant 1$ 时,

$$F(x,y) = P(X \leqslant x, Y \leqslant y) = 8 \int_0^x \mathrm{d}u \int_u^y uv\mathrm{d}v$$

$$= 4 \int_0^x u(y^2 - u^2)\mathrm{d}u = 2x^2y^2 - x^4;$$

当 $y < x$, $0 \leqslant y \leqslant 1$ 时, $F(x,y) = P(X \leqslant x, Y \leqslant y) = 8 \int_0^y \mathrm{d}u \int_u^y uv\mathrm{d}v = y^4$;

当 $0 \leqslant x \leqslant 1$, $1 < y$ 时, $F(x,y) = P(X \leqslant x, Y \leqslant y) = 8 \int_0^x \mathrm{d}u \int_u^1 uv\mathrm{d}v = 2x^2y^2 - x^4$.

当 $1 < x$, $1 < y$ 时, $F(x,y) = 1$. 于是, 随机向量 $(X,Y)^{\mathrm{T}}$ 的分布函数为

$$F(x,y) = \begin{cases} 0, & x < 0 \text{ 或 } y < 0, \\ 2x^2y^2 - x^4, & 0 \leqslant x \leqslant y \leqslant 1, \\ x^4y^4, & 0 \leqslant y < x \leqslant 1, \\ 2x^2 - x^4, & 0 \leqslant x \leqslant 1, y > 1, \\ y^4, & 0 \leqslant y \leqslant 1, x > 1, \\ 1, & x > 1, y > 1. \end{cases}$$

(8) $E\max\{X,Y\} = \iint\limits_{R^2} \max\{x,y\}f(x,y)\mathrm{d}x\mathrm{d}y = 8 \int_0^1 \mathrm{d}x \int_x^1 xy^2\mathrm{d}y$

$$= \frac{8}{3} \int_0^1 x(1 - x^3)\mathrm{d}x = \frac{4}{5}.$$

同理有 $E\min\{X,Y\} = \dfrac{8}{15}$.

另解　先求 $\max\{X,Y\}$ 和 $\min\{X,Y\}$ 的分布密度函数. 由于当 $z < 0$ 时,

$$F_{\max}(z) = P(\max\{X,Y\} \leqslant z) = P(X \leqslant z, Y \leqslant z) = 0;$$

当 $0 \leqslant z \leqslant 1$ 时,

$$F_{\max}(z) = P(\max\{X,Y\} \leqslant z) = P(X \leqslant z, Y \leqslant z)$$

$$= 8 \int_0^z \mathrm{d}x \int_x^z xy\mathrm{d}y = z^4;$$

当 $z > 1$ 时,

$$F_{\max}(z) = P(\max\{X,Y\} \leqslant z) = P(X \leqslant z, Y \leqslant z) = 1.$$

于是, $\max\{X, Y\}$ 的分布密度函数为

$$f_{\max}(z) = \begin{cases} 4z^3, & 0 \leqslant z \leqslant 1, \\ 0, & \text{其他.} \end{cases}$$

这时

$$E\max\{X, Y\} = 4\int_0^1 z^4 \mathrm{d}z = \frac{4}{5}.$$

同理, 当 $z < 0$ 时,

$$F_{\min}(z) = P(\min\{X, Y\} \leqslant z) = 1 - P(\min\{X, Y\} > z) = 1 - P(X > z, Y > z) = 0;$$

当 $0 \leqslant z \leqslant 1$ 时,

$$F_{\min}(z) = 1 - P(X > z, Y > z) = 1 - 8\int_z^1 \mathrm{d}x \int_x^1 xy\mathrm{d}y = 2z^2 - z^4;$$

当 $z > 1$ 时,

$$F_{\min}(z) = 1 - P(X > z, Y > z) = 1 - 0 = 1.$$

于是, $\min\{X, Y\}$ 的分布密度函数为

$$f_{\min}(z) = \begin{cases} 4(z - z^3), & 0 \leqslant z \leqslant 1, \\ 0, & \text{其他.} \end{cases}$$

这时

$$E\min\{X, Y\} = 4\int_0^1 z(z - z^4)\mathrm{d}z = \frac{2}{3}.$$

(9) 先求随机变量 $U = X + Y$ 的分布密度函数.

当 $z < 0$ 时, $F_{X+Y}(z) = P(X + Y \leqslant z) = \iint\limits_{x+y \leqslant z} f(x, y)\mathrm{d}x\mathrm{d}y = 0$; 当 $0 \leqslant z \leqslant 1$ 时,

$$F_{X+Y}(z) = P(X + Y \leqslant z) = \iint\limits_{x+y \leqslant z} f(x, y)\mathrm{d}x\mathrm{d}y = 8\int_0^{z/2} x\mathrm{d}x \int_x^{z-x} y\mathrm{d}y = \frac{1}{6}z^4;$$

当 $1 < z \leqslant 2$ 时,

$$F_{X+Y}(z) = \iint\limits_{x+y \leqslant z} f(x, y)\mathrm{d}x\mathrm{d}y = 8\int_0^{z-1} x\mathrm{d}x \int_x^1 y\mathrm{d}y + 8\int_{z-1}^{z/2} x\mathrm{d}x \int_x^{z-x} y\mathrm{d}y$$

$$= \frac{1}{6}z^4 + (z-1)^2\left(1 - \frac{1}{3}z^2 - \frac{2}{3}z\right).$$

当 $z > 2$ 时, $F_{X+Y}(z) = \iint\limits_{x+y \leqslant z} f(x,y)\mathrm{d}x\mathrm{d}y = 1$. 因此

$$f_{X+Y}(z) = \begin{cases} \dfrac{2}{3}z^3, & 0 \leqslant z \leqslant 1, \\ 4z - \dfrac{2}{3}z^3 - \dfrac{8}{3}, & 1 < z \leqslant 2, \\ 0, & 2 < z, \end{cases}$$

再求 $V = Y/X$ 的分布密度函数.

当 $z < 0$ 时, $F_{Y/X}(z) = P(Y/X \leqslant z) = P(X < 0, Y > 0) + P(X > 0, Y < 0) = 0$;

当 $0 \leqslant z < 1$ 时,

$$\begin{aligned} F_{Y/X}(z) &= P(Y/X \leqslant z) \\ &= P(Y/X \leqslant z, X < 0, Y < 0) + P(Y/X \leqslant z, X > 0, Y > 0) \\ &= 0 + P(Y \leqslant zX, X > 0, Y > 0) = 0; \end{aligned}$$

当 $1 \leqslant z$ 时,

$$\begin{aligned} F_{Y/X}(z) = P(Y/X \leqslant z) &= P(Y \leqslant zX, X > 0, Y > 0) \\ &= 8\int_0^1 y\mathrm{d}y \int_{y/z}^y x\mathrm{d}x = 1 - \frac{1}{z^2}. \end{aligned}$$

这样, $V = Y/X$ 的分布密度函数为

$$f_{Y/X}(z) = \begin{cases} \dfrac{2}{z^3}, & z \geqslant 1, \\ 0, & z < 1. \end{cases}$$

求随机向量的函数的分布除了此题的解法外, 还可以先求出向量 $(U, V)^{\mathrm{T}}$ 的联合分布, 如分布密度 $f_{U,V}(u,v)$, 再分别求 U 和 V 的边缘分布, 如边缘密度函数 $f_U(u)$ 和 $f_V(v)$. 求随机向量 $(U, V)^{\mathrm{T}}$ 的分布又有两种方法: 利用分布函数 $F_{U,V}(u,v) = P(U \leqslant u, V \leqslant v)$, 以及直接利用 11.1.2.2 节中性质与定理 7 中的有关密度函数公式求随机向量 $(U, V)^{\mathrm{T}}$ 的分布密度函数 $f_{U,V}(u,v)$. 下面用这两种方法求解此题以说明之.

另解一　用求分布函数的办法求之. 由于

$$F_{U,V}(u,v) = P(U \leqslant u, V \leqslant v) = P(X + Y \leqslant u, Y/X \leqslant v)$$

$$= \iint\limits_{\substack{x+y \leqslant u \\ y/x \leqslant v}} f(x,y)\mathrm{d}x\mathrm{d}y,$$

所以, 当 $u < 0$, $v < 0$ 时, $F_{U,V}(u,v) = P(U \leqslant u, V \leqslant v) = 0$; 当 $0 \leqslant u$, $0 \leqslant v \leqslant 1$ 时, $F_{U,V}(u,v) = P(U \leqslant u, V \leqslant v) = 0$; 当 $0 \leqslant u \leqslant 1$, $1 < v$ 时,

$$F_{U,V}(u,v) = P(X+Y \leqslant u, Y/X \leqslant v) = \iint\limits_{\substack{x+y \leqslant u \\ y/x \leqslant v}} f(x,y)\mathrm{d}x\mathrm{d}y$$

$$= 8 \int_0^{\frac{u}{v+1}} x\mathrm{d}x \int_x^{vx} y\mathrm{d}y + 8 \int_{\frac{u}{v+1}}^{\frac{u}{2}} x\mathrm{d}x \int_x^{u-x} y\mathrm{d}y$$

$$= (v^2 - 1)\frac{u^4}{(v+1)^4} + 2u^2\left(\frac{u^2}{4} - \frac{u^2}{(v+1)^2}\right) - \frac{8}{3}u\left(\frac{u^3}{8} - \frac{u^3}{(v+1)^3}\right)$$

$$= \frac{u^4(v^3 + 3v^2 - 3v - 1)}{6(v+1)^3};$$

当 $1 < u \leqslant \dfrac{1+v}{v} \leqslant 2$, $1 < v$ 时,

$$F_{U,V}(u,v) = \iint\limits_{\substack{x+y \leqslant u \\ y/x \leqslant v}} f(x,y)\mathrm{d}x\mathrm{d}y = 8 \int_0^{\frac{u}{1+v}} x\mathrm{d}x \int_x^{vx} y\mathrm{d}y + 8 \int_{\frac{u}{1+v}}^{\frac{u}{2}} x\mathrm{d}x \int_x^{u-x} y\mathrm{d}y$$

$$= \frac{u^4(v^3 + 3v^2 - 3v - 1)}{6(v+1)^3};$$

当 $\dfrac{1+v}{v} < u \leqslant 2$, $1 < v$ 时,

$$F_{U,V}(u,v) = \iint\limits_{\substack{x+y \leqslant u \\ y/x \leqslant v}} f(x,y)\mathrm{d}x\mathrm{d}y = 8 \int_0^{\frac{1}{v}} x\mathrm{d}x \int_x^{vx} y\mathrm{d}y$$

$$+ 8 \int_{\frac{1}{v}}^{u-1} x\mathrm{d}x \int_x^1 y\mathrm{d}y + 8 \int_{u-1}^{\frac{u}{2}} x\mathrm{d}x \int_x^{u-x} y\mathrm{d}y$$

$$= \frac{v^2 - 1}{v^4} + 2(u-1)^2 - \frac{2}{v^2} - (u-1)^4 + \frac{1}{v^4}$$

$$+ \frac{u^4}{2} - 2u^2(u-1)^2 - \frac{u^4}{3} + \frac{8}{3}u(u-1)^3$$

$$= -\frac{1}{6}u^4 + 2u^2 - \frac{8}{3}u + 1 - \frac{1}{v^2};$$

当 $2 < u$, $1 < v$ 时, $F_{U,V}(u,v) = P(U \leqslant u, V \leqslant v) = 1$.

因此, 向量 (U, V) 的联合分布密度函数为

$$f_{U,V}(u, v) = \begin{cases} \dfrac{8v}{(1+v)^4} u^3, & 0 \leqslant u \leqslant \dfrac{1+v}{v}, 1 \leqslant v, \\ 0, & \text{其他.} \end{cases}$$

于是, 当 $0 \leqslant u \leqslant 1$ 时,

$$f_U(u) = \int_{-\infty}^{\infty} f(u, v) \mathrm{d}v = \int_1^{\infty} \frac{8v}{(1+v)^3} u^3 \mathrm{d}v = \frac{2}{3} u^3,$$

当 $1 < u \leqslant 2$ 时,

$$f_U(u) = \int_{-\infty}^{\infty} f(u, v) \mathrm{d}v = \int_1^{\frac{1}{u-1}} \frac{8v}{(1+v)^3} u^3 \mathrm{d}v = 4u - \frac{2}{3} u^3 - \frac{8}{3}.$$

即

$$f_U(u) = \begin{cases} \dfrac{2}{3} u^3, & 0 \leqslant u \leqslant 1, \\ 4u - \dfrac{2}{3} u^3 - \dfrac{8}{3}, & 1 < u \leqslant 2, \\ 0, & u \notin [0, 2]. \end{cases}$$

同理

$$f_V(v) = \begin{cases} \dfrac{2}{v^3}, & 1 \leqslant v, \\ 0, & v < 1. \end{cases}$$

另解二　用求密度函数公式求之. 由于求 $U = X + Y$ 和 $V = Y/X$ 的联合密度函数, 因此, 由 $u = x + y$ 和 $v = y/x$ 可得 $x = \dfrac{u}{1+v}$, $y = \dfrac{uv}{1+v}$. 由于 $(x, y) \in \{(x, y)| 0 \leqslant x \leqslant y \leqslant 1\}$ 时, $f(x, y) = 8xy$, 此时, $(u, v) \in \left\{ (u, v) \middle| 0 \leqslant u \leqslant \dfrac{1+v}{v}, 1 \leqslant v \right\}$, 且

$$J = \begin{vmatrix} \dfrac{\partial x}{\partial u} & \dfrac{\partial x}{\partial v} \\ \dfrac{\partial y}{\partial u} & \dfrac{\partial y}{\partial v} \end{vmatrix} = \begin{vmatrix} \dfrac{1}{1+v} & -\dfrac{u}{(1+v)^2} \\ \dfrac{v}{1+v} & \dfrac{u}{(1+v)^2} \end{vmatrix} = \frac{u}{(1+v)^2},$$

于是

$$f_{U,V}(u, v) = f(x(u, v), y(u, v)) \cdot |J| = \begin{cases} \dfrac{8v}{(1+v)^4} u^3, & 0 \leqslant u \leqslant \dfrac{1+v}{v}, 1 \leqslant v, \\ 0, & \text{其他.} \end{cases}$$

这样, 由另解一知,

$$f_U(u) = \begin{cases} \dfrac{2}{3}u^3, & 0 \leqslant u \leqslant 1, \\ 4u - \dfrac{2}{3}u^3 - \dfrac{8}{3}, & 1 < u \leqslant 2, \\ 0, & u \notin [0,2], \end{cases}$$

$$f_V(v) = \begin{cases} \dfrac{2}{v^3}, & 1 \leqslant v \\ 0, & v < 1. \end{cases}$$

这两种求联合密度函数的方法, 本质是一个. 因为公式法就是由前一方法推导而来的. 值得注意的是: 使用求分布函数的方法时, 要依据 u, v 的变化范围进行积分; 使用公式法时, 要依据 x, y 的联合密度函数 $f(x,y) \neq 0$ 的 x, y 的区域确定好 u, v 的区域. 下面使用公式法来处理 (10), 以便更好地理解这一方法.

(10) 令 $u = x - y$, $v = xy$, 则由 $0 \leqslant x \leqslant y \leqslant 1$ 知 $-1 \leqslant u \leqslant 0$. 由 $x \geqslant 0$, $y \geqslant 0$ 和 $-1 \leqslant u$ 知, $0 \leqslant v \leqslant u + 1$. 联立求解 $u = x - y$ 和 $v = xy$ 可得

$$\begin{cases} x = \dfrac{u + \sqrt{u^2 + 4v}}{2}, \\ y = \dfrac{-u + \sqrt{u^2 + 4v}}{2} \end{cases} \quad (-1 \leqslant u \leqslant 0, 0 \leqslant v \leqslant u+1),$$

进而

$$J = \begin{vmatrix} \dfrac{1}{2} + \dfrac{u}{2\sqrt{u^2 + 4v}} & \dfrac{1}{\sqrt{u^2 + 4v}} \\ -\dfrac{1}{2} + \dfrac{u}{2\sqrt{u^2 + 4v}} & \dfrac{1}{\sqrt{u^2 + 4v}} \end{vmatrix} = \dfrac{1}{\sqrt{u^2 + 4v}}.$$

于是, $U = X - Y$, $V = XY$ 的联合分布密度函数为

$$f_{U,V}(u,v) = f(x(u,v), y(u,v)) \cdot |J|$$

$$= \begin{cases} \dfrac{8v}{\sqrt{u^2 + 4v}}, & 0 \leqslant v \leqslant u+1, -1 \leqslant u \leqslant 0, \\ 0, & \text{其他}. \end{cases}$$

又由于

$$f_U(u) = \int_{-\infty}^{\infty} f(u,v) \mathrm{d}v = \int_0^{u+1} \frac{8v}{\sqrt{u^2 + 4v}} \mathrm{d}v$$

$$= 2 \int_0^{u+1} \left(\sqrt{u^2 + 4v} - \frac{u^2}{\sqrt{u^2 + 4v}} \right) \mathrm{d}v$$

$$= \frac{1}{3}\sqrt{(u^2+4v)^3}\Big|_0^{u+1} - u^2\sqrt{u^2+4v}\Big|_0^{u+1} = -\frac{4}{3}u^3 + 4u + \frac{8}{3} \quad (-1 \leqslant u \leqslant 0),$$

$$f_V(v) = \int_{-\infty}^{\infty} f(u,v)\mathrm{d}u = \int_{v-1}^{0} \frac{8v}{\sqrt{u^2+4v}}\mathrm{d}u = 8v\ln(u+\sqrt{u^2+4v})\Big|_{v-1}^0$$

$$= 8v\ln(2\sqrt{v}) - 8v\ln(v-1+\sqrt{(v-1)^2+4v}) = -4v\ln v \quad (0 < v \leqslant 1),$$

又

$$f_{U,V}(u,v) = \frac{8v}{\sqrt{u^2+4v}} \neq \left(-\frac{4}{3}u^3 + 4u + \frac{8}{3}\right)\cdot(-4v\ln v) = f_U(u)\cdot f_V(v).$$

因此, 随机变量 U, V 不是独立的.

6. 设随机变量 X, Y 的联合概率函数如下表所示, 且满足 $P(Y = 1) = P(X = 2)$.

Y \ X	0	1	2	3
0	0.17	0.08	0.10	0.16
1	0.06	α	0.05	0.08
2	0.05	0.05	β	0.08

试求: (1) 常数 α 和 β; (2) p_X 和 p_Y 并说明 X, Y 的独立性; (3) 协方差阵 $\boldsymbol{\Sigma}_{X^2Y}$ 和相关系数矩阵 $\boldsymbol{R}_{X^2Y}$; (4) Z 的概率函数, 其中, $Z = 1$ 表示方程 $t^2 + Xt + Y = 0$ 有实根, 否则, $Z = 0$; (5) $\max\{X, Y\}$ 和 $\min\{X, Y\}$ 的联合概率函数; (6) $E(Y^2 | X \geqslant 2)$.

解　(1) 由分布律的性质有

$$\alpha + \beta = 0.12, \tag{I}$$

再由 $P(Y = 1) = P(X = 2)$ 知

$$\alpha - \beta = -0.04. \tag{II}$$

联立求解方程 (I) 和 (II) 可以得到: $\alpha = 0.04$, $\beta = 0.08$.

(2) X 的边缘分布如下:

X	0	1	2	3
p_X	0.28	0.17	0.23	0.32

Y 的边缘分布如下:

Y	0	1	2
p_Y	0.51	0.23	0.26

由于 $p_{11} = 0.04 \neq 0.0391 = p_{1.} \cdot p_{.1}$, 所以 X, Y 不是独立的.

(3) 由 (2) 易知 $EX^2 = 3.97, EX^4 = 29.77, EY = 0.75, EY^2 = 1.27$. 于是 $\mathrm{Var}X^2 = EX^4 - (EX^2)^2 = 14.0091, \mathrm{Var}Y = EY^2 - (EY)^2 = 0.7075$.

现在求 X^2 与 Y 的协方差阵. 易知 X^2Y 的概率函数为下表所示.

X^2Y	0	1	2	4	8	9	18
p	0.62	0.04	0.05	0.05	0.08	0.08	0.08

这样有

$$EX^2Y = 0 \times 0.62 + 1 \times 0.04 + 2 \times 0.05 + 4 \times 0.05 + 8 \times 0.08$$
$$+ 9 \times 0.08 + 18 \times 0.08$$
$$= 3.14,$$

$$\mathrm{Cov}(X^2, Y) = EX^2Y - EX^2EY = 3.14 - 3.97 \times 0.75 = 0.1625.$$

于是, 协方差阵和相关系数矩阵如下

$$\begin{pmatrix} 14.0091 & 0.1625 \\ 0.1625 & 0.7075 \end{pmatrix} \quad 和 \quad \begin{pmatrix} 1 & 0.0516 \\ 0.0516 & 1 \end{pmatrix}.$$

(4) 由于方程 $t^2 + Xt + Y = 0$ 有实根的充分必要条件是 $X^2 - 4Y \geqslant 0$, 故有

$$Z = \begin{cases} 1, & X^2 - 4Y \geqslant 0, \\ 0, & X^2 - 4Y < 0. \end{cases}$$

于是

$$P(Z = 0) = P(X^2 - 4Y < 0) = P(X = 0, Y = 1) + P(X = 1, Y = 1)$$
$$+ P(X = 0, Y = 2) + P(X = 1, Y = 2) + P(X = 2, Y = 2)$$
$$= 0.28,$$

且 $P(Z = 1) = 1 - P(Z = 0) = 0.72$, 即 Z 的概率函数为

$$P(Z = z) = 0.72^z 0.28^{1-z} = \left(\frac{18}{25}\right)^z \left(\frac{7}{25}\right)^{1-z} \quad (z = 0, 1).$$

(5) 由于 $\{\max\{X, Y\} < \min\{X, Y\}\}$ 是不可能事件, 故 $P(\max\{X, Y\} < \min\{X, Y\}) = 0$.

事件 $\{\max\{X, Y\} = 0, \min\{X, Y\} = 0\}$ 等价于 $\{X = 0, Y = 0\}$, 所以

$$P(\max\{X, Y\} = 0, \min\{X, Y\} = 0) = P(X = 0, Y = 0) = 0.17,$$

事件 $\{\max\{X,Y\} = 1, \min\{X,Y\} = 0\}$ 等价于 $\{X = 1, Y = 0\} \cup \{X = 0, Y = 1\}$, 从而

$$P(\max\{X,Y\} = 1, \min\{X,Y\} = 0) = P(X = 1, Y = 0) + P(X = 0, Y = 1)$$
$$= 0.14;$$

事件 $\{\max\{X,Y\} = 1, \min\{X,Y\} = 1\}$ 等价于 $\{X = 1, Y = 1\}$, 从而

$$P(\max\{X,Y\} = 1, \min\{X,Y\} = 1) = P(X = 1, Y = 1) = 0.04;$$

事件 $\{\max\{X,Y\} = 2, \min\{X,Y\} = 0\}$ 等价于 $\{X = 2, Y = 0\} \cup \{X = 0, Y = 2\}$, 从而

$$P(\max\{X,Y\} = 2, \min\{X,Y\} = 0) = P(X = 2, Y = 0) + P(X = 0, Y = 2)$$
$$= 0.15;$$

类似地

$$P(\max\{X,Y\} = 2, \min\{X,Y\} = 1) = 0.10;$$
$$P(\max\{X,Y\} = 2, \min\{X,Y\} = 2) = 0.08;$$
$$P(\max\{X,Y\} = 3, \min\{X,Y\} = 0) = 0.16;$$
$$P(\max\{X,Y\} = 3, \min\{X,Y\} = 1) = 0.08;$$
$$P(\max\{X,Y\} = 3, \min\{X,Y\} = 2) = 0.08;$$

因此, $\max\{X,Y\}$ 和 $\min\{X,Y\}$ 的联合概率函数如下表所示.

$\min\{X,Y\}$ \ $\max\{X,Y\}$	0	1	2	3
0	0.17	0.14	0.15	0.16
1	0	0.04	0.10	0.08
2	0	0	0.08	0.08

(6) 这里要计算的是, 在条件 $X \geqslant 2$ 下, 随机变量 Y^2 的数学期望 $E(Y^2|X \geqslant 2)$. 首先求 $X \geqslant 2$ 的概率 $P(X \geqslant 2)$, 即

$$P(X \geqslant 2) = P(X = 2) + P(X = 3) = 0.23 + 0.32 = 0.55.$$

再求 $X \geqslant 2$ 的条件下 Y^2 的分布概率函数. 这一概率函数可由

$$P(Y^2 = k|X \geqslant 2) = \frac{P(Y^2 = k, X \geqslant 2)}{P(X \geqslant 2)}$$

来计算. 于是

$$P(Y^2 = 0|X \geqslant 2) = \frac{P(Y^2 = 0, X \geqslant 2)}{P(X \geqslant 2)}$$

$$= \frac{P(Y = 0, X = 2) + P(Y = 0, X = 3)}{P(X \geqslant 2)}$$

$$= \frac{0.10 + 0.16}{0.55} = \frac{26}{55}.$$

类似地, $P(Y^2 = 1|X \geqslant 2) = \dfrac{13}{55}$, $P(Y^2 = 4|X \geqslant 2) = \dfrac{16}{55}$. 于是可得

$Y^2\|X \geqslant 2$	0	1	4
p	$\dfrac{26}{55}$	$\dfrac{13}{55}$	$\dfrac{16}{55}$

因此, 在条件 $X \geqslant 2$ 下, 随机变量 Y^2 的数学期望

$$E(Y^2|X \geqslant 2) = 0 \times \frac{26}{55} + 1 \times \frac{13}{55} + 4 \times \frac{16}{55} = \frac{7}{5}.$$

7. 设 X, Y 独立同分布于 $N(0,1)$. (1) 求 $U = X^2$, $V = X^2 + Y^2$ 的联合分布密度函数; (2) 证明 U, V 不是独立的.

解   (1) 由于 X, Y 独立同分布于 $N(0,1)$, 故 X, Y 的联合分布密度函数为

$$\varphi(x,y) = \frac{1}{2\pi} e^{-\frac{x^2+y^2}{2}}.$$

令 $u = x^2$, $v = x^2 + y^2$, 则

$$\begin{cases} x_1 = \sqrt{u}, \\ y_1 = \sqrt{v-u}, \end{cases} \quad \begin{cases} x_2 = \sqrt{u}, \\ y_2 = -\sqrt{v-u}, \end{cases} \quad \begin{cases} x_3 = -\sqrt{u}, \\ y_3 = \sqrt{v-u}, \end{cases} \quad \begin{cases} x_4 = -\sqrt{u}, \\ y_4 = -\sqrt{v-u}, \end{cases}$$

且

$$|J^i| = \left\| \begin{matrix} \dfrac{\partial x}{\partial u} & \dfrac{\partial x}{\partial v} \\ \dfrac{\partial y}{\partial u} & \dfrac{\partial y}{\partial v} \end{matrix} \right\| = \frac{1}{4\sqrt{uv - u^2}} \quad (i = 1,2,3,4).$$

因此, 由随机变量的函数的密度函数公式可得 U, V 的联合分布密度函数为

$$\begin{aligned} f_{U,V}(u,v) &= f(x_1(u,v), y_1(u,v))|J^1| + f(x_2(u,v), y_2(u,v))|J^2| \\ &\quad + f(x_3(u,v), y_3(u,v))|J^3| + f(x_4(u,v), y_4(u,v))|J^4| \\ &= 4\frac{1}{2\pi} e^{-\frac{v}{2}} \frac{1}{4\sqrt{uv - u^2}} = \frac{1}{2\pi} e^{-\frac{v}{2}} \frac{1}{\sqrt{uv - u^2}} \quad (u \geqslant 0, v \geqslant u). \end{aligned}$$

(2) 由于 U 的边缘分布为

$$f_U(u) = \int_{-\infty}^{\infty} f_{U,V}(u,v)\mathrm{d}v = \frac{1}{2\pi}\int_u^{\infty} e^{-\frac{v}{2}}\frac{1}{\sqrt{uv-u^2}}\mathrm{d}v$$

$$\overset{\substack{x=uv-u^2\\ \mathrm{d}x=u\mathrm{d}v}}{=\!=\!=\!=\!=} \frac{1}{2\pi u}\int_0^{\infty} e^{-\frac{x+u^2}{2u}}\frac{1}{\sqrt{x}}\mathrm{d}x = \frac{1}{2\pi}e^{-\frac{u}{2}}\int_0^{\infty} e^{-\frac{x}{2u}}\frac{1}{\sqrt{x}}\mathrm{d}x$$

$$= \frac{1}{\sqrt{2\pi}\sqrt{u}}e^{-\frac{u}{2}}\quad (u\geqslant 0),$$

$$f_V(v) = \int_{-\infty}^{\infty} f_{U,V}(u,v)\mathrm{d}v = \frac{1}{2\pi}\int_0^v e^{-\frac{v}{2}}\frac{1}{\sqrt{uv-u^2}}\mathrm{d}u$$

$$= \frac{1}{\pi}e^{-\frac{v}{2}}\int_0^v \frac{1}{\sqrt{1-\left(\sqrt{\frac{u}{v}}\right)^2}}\mathrm{d}\sqrt{\frac{u}{v}} = \frac{1}{\pi}e^{-\frac{v}{2}}\arcsin\sqrt{\frac{u}{v}}\,\Big|_0^v$$

$$= \frac{1}{2}e^{-\frac{v}{2}}\quad (v\geqslant 0).$$

所以, U, V 不是独立的.

8. 设随机变量 X 服从 $N(\mu,\sigma^2)$, 随机变量 $X_1, \cdots, X_p, Y_1, \cdots, X_q$ 独立且与 X 是同分布的, 求

(1) $Y = e^X$ 的分布密度函数;

(2) $\dfrac{1}{\sigma^2}[(X_1-\mu)^2+\cdots+(X_p-\mu)^2]$ 的分布密度函数;

(3) $\dfrac{X_1+\cdots+X_p-p\mu}{\sqrt{(Y_1-\mu)^2+\cdots+(Y_q-\mu)^2}}\sqrt{\dfrac{q}{p}}$ 的分布密度函数;

(4) $\dfrac{[(X_1-\mu)^2+(X_2-\mu)^2+\cdots+(X_p-\mu)^2]/p}{[(Y_1-\mu)^2+(Y_2-\mu)^2+\cdots+(Y_q-\mu)^2]/q}$ 的分布密度函数.

解　(1) 令 $y=e^x$, 易知 $y>0$ 且 $x=\ln y$, $\mathrm{d}x/\mathrm{d}y=1/y$. 由于 X 的分布密度函数为

$$f(x) = \frac{1}{\sqrt{2\pi}\sigma}e^{-\frac{(x-\mu)^2}{2\sigma^2}}\quad (-\infty < x < \infty),$$

于是, $Y = e^X$ 的分布密度函数为

$$f_Y(y) = \begin{cases} \dfrac{1}{\sqrt{2\pi}\sigma y}e^{-\frac{1}{2\sigma^2}(\ln y-\mu)^2}, & y>0, \\ 0, & y\leqslant 0. \end{cases}$$

这是对数正态分布密度函数.

(2) 令 $Z = \dfrac{X-\mu}{\sigma}$, 则知 $Z\sim N(0,1)$, $Z_i = \dfrac{X_i-\mu}{\sigma}$, $Z_i\sim N(0,1)$ 且

$$\frac{1}{\sigma^2}[(X_1-\mu)^2+\cdots+(X_p-\mu)^2] = Z_1^2+Z_2^2+\cdots+Z_p^2.$$

由上题可知 Z^2 的分布密度函数为

$$f_{Z^2}(z) = \begin{cases} \dfrac{1}{\sqrt{2\pi}} z^{-\frac{1}{2}} e^{-\frac{z}{2}}, & z > 0, \\ 0, & z \leqslant 0 \end{cases}$$

$$= \begin{cases} \dfrac{1}{\Gamma\left(\dfrac{1}{2}\right) 2^{\frac{1}{2}}} z^{\frac{1}{2}-1} e^{-\frac{z}{2}}, & z > 0, \\ 0, & z \leqslant 0. \end{cases}$$

$Z_1^2 + Z_2^2$ 的分布密度函数为

$$f_{Z_1^2+Z_2^2}(z) = \begin{cases} \dfrac{1}{2} e^{-\frac{z}{2}}, & z > 0, \\ 0, & z \leqslant 0 \end{cases}$$

$$= \begin{cases} \dfrac{1}{\Gamma\left(\dfrac{2}{2}\right) 2^{\frac{2}{2}}} z^{\frac{2}{2}-1} e^{-\frac{z}{2}}, & z > 0, \\ 0, & z \leqslant 0. \end{cases}$$

于是, 假定 $U = Z_1^2 + \cdots + Z_{p-1}^2$ 的分布密度函数为

$$f_U(u) = \begin{cases} \dfrac{1}{\Gamma\left(\dfrac{p-1}{2}\right) 2^{\frac{p-1}{2}}} u^{\frac{p-1}{2}-1} e^{-\frac{u}{2}}, & u > 0, \\ 0, & u \leqslant 0. \end{cases}$$

又由于 U, Z_p^2 独立且 Z_p^2 的分布密度函数为

$$f_{Z_p^2}(z) = \begin{cases} \dfrac{1}{\Gamma\left(\dfrac{1}{2}\right) 2^{\frac{1}{2}}} z^{\frac{1}{2}-1} e^{-\frac{z}{2}}, & z > 0, \\ 0, & z \leqslant 0. \end{cases}$$

因此, U, Z_p^2 的联合分布密度函数为

$$f_{U,Z_p^2}(u,z) = \begin{cases} \dfrac{1}{\Gamma\left(\dfrac{1}{2}\right) \Gamma\left(\dfrac{p-1}{2}\right) 2^{\frac{p}{2}}} u^{\frac{p-1}{2}-1} z^{\frac{1}{2}-1} e^{-\frac{u+z}{2}}, & u > 0, z > 0, \\ 0, & \text{否则.} \end{cases}$$

令 $Y = U, V = U + Z_p^2$, 则可由随机变量函数的密度函数公式知

$$f_{Y,V}(y,v) = \begin{cases} \dfrac{1}{\Gamma\left(\dfrac{1}{2}\right) \Gamma\left(\dfrac{p-1}{2}\right) 2^{\frac{p}{2}}} y^{\frac{p-1}{2}-1} (v-y)^{\frac{1}{2}-1} e^{-\frac{v}{2}}, & y > 0, v > y, \\ 0, & \text{否则.} \end{cases}$$

于是, $V = U + Z_p^2 = Z_1^2 + \cdots + Z_{p-1}^2 + Z_p^2$ 的分布密度函数为

$$f_V(v) = \int_{-\infty}^{\infty} f_{Y,V}(y,v)\mathrm{d}y = \frac{1}{\Gamma\left(\frac{1}{2}\right)\Gamma\left(\frac{p-1}{2}\right)2^{\frac{p}{2}}} \int_0^v y^{\frac{p-1}{2}-1}(v-y)^{\frac{1}{2}-1}e^{-\frac{v}{2}}\mathrm{d}y$$

$$\xlongequal{y=vt} \frac{1}{\Gamma\left(\frac{1}{2}\right)\Gamma\left(\frac{p-1}{2}\right)2^{\frac{p}{2}}} v^{\frac{p}{2}-1}e^{-\frac{v}{2}} \int_0^1 t^{\frac{p-1}{2}-1}(1-t)^{\frac{1}{2}-1}\mathrm{d}t$$

$$= \frac{\mathrm{B}\left(\frac{p-1}{2},\frac{1}{2}\right)}{\Gamma\left(\frac{1}{2}\right)\Gamma\left(\frac{p-1}{2}\right)2^{\frac{p}{2}}} v^{\frac{p}{2}-1}e^{-\frac{v}{2}} = \frac{1}{\Gamma\left(\frac{p}{2}\right)2^{\frac{p}{2}}} v^{\frac{p}{2}-1}e^{-\frac{v}{2}} \quad (v>0).$$

因此, 由数学归纳法知, $\dfrac{1}{\sigma^2}[(X_1-\mu)^2 + \cdots + (X_p-\mu)^2]$ 的分布密度函数为

$$f(x) = \begin{cases} \dfrac{1}{\Gamma\left(\frac{p}{2}\right)2^{\frac{p}{2}}} x^{\frac{p}{2}-1}e^{-\frac{x}{2}}, & x > 0, \\ 0, & x \leqslant 0. \end{cases}$$

此分布密度函数是自由度为 p 的卡方分布密度函数 $\chi^2(p)$.

(3) 令 $Y = \dfrac{1}{\sigma^2}[(Y_1-\mu)^2 + \cdots + (Y_q-\mu)^2]$, 则由 (2) 知 $Y \sim \chi^2(q)$, 其分布密度函数为

$$f_Y(y) = \begin{cases} \dfrac{1}{\Gamma\left(\frac{q}{2}\right)2^{\frac{q}{2}}} y^{\frac{q}{2}-1}e^{-\frac{y}{2}}, & y > 0, \\ 0, & y \leqslant 0. \end{cases}$$

而令 $X = \dfrac{1}{\sqrt{p}\sigma}(X_1 + \cdots + X_p - p\mu)$, 则易知 X 服从 $N(0,1)$. 由于 X, Y 是独立的, 所以, X, Y 的联合分布密度函数为

$$f_{X,Y}(x,y) = \begin{cases} \dfrac{1}{\sqrt{2\pi}\Gamma\left(\frac{q}{2}\right)2^{\frac{q}{2}}} y^{\frac{q}{2}-1}e^{-\frac{1}{2}(y+x^2)}, & y > 0, \\ 0, & y \leqslant 0 \end{cases} \quad (x \in R).$$

又令 $U = X$, $V = \dfrac{X}{\sqrt{Y/q}} = \dfrac{X_1 + \cdots + X_p - p\mu}{\sqrt{(Y_1-\mu)^2 + \cdots + (Y_q-\mu)^2}}\sqrt{\dfrac{q}{p}}$, 则可由随机变量函数的密度函数公式知

$$f_{U,V}(u,v) = \frac{1}{\sqrt{2\pi}\Gamma\left(\frac{q}{2}\right)2^{\frac{q}{2}-1}} q^{\frac{q}{2}}\left(\frac{u^2}{v^2}\right)^{\frac{q}{2}} e^{-\frac{1}{2}\left(q\frac{u^2}{v^2}+u^2\right)}\frac{1}{|v|} \quad ((u,v) \in R^2).$$

因此, $\dfrac{X_1 + \cdots + X_p - p\mu}{\sqrt{(Y_1-\mu)^2 + \cdots + (Y_q-\mu)^2}}\sqrt{\dfrac{q}{p}} = V$ 的分布密度函数为

$$f_V(v) = \int_{-\infty}^{\infty} f_{U,V}(u,v)\mathrm{d}u = \frac{1}{\sqrt{2\pi}\,\Gamma\left(\frac{q}{2}\right)2^{\frac{q}{2}-1}}q^{\frac{q}{2}}\int_{-\infty}^{\infty}\left(\frac{u^2}{v^2}\right)^{\frac{q}{2}-1}e^{-\frac{1}{2}\left(q\frac{u^2}{v^2}+u^2\right)}\frac{u^2}{|v|^3}\mathrm{d}u$$

$$= \frac{1}{\sqrt{2\pi}\,\Gamma\left(\frac{q}{2}\right)2^{\frac{p}{2}-1}}q^{\frac{q}{2}}\frac{1}{|v|^{q+1}}\int_{-\infty}^{\infty}e^{-\frac{1}{2}\left(q\frac{1}{v^2}+1\right)u^2}(u^2)^{\frac{q}{2}}\mathrm{d}u$$

$$= \frac{1}{\sqrt{2\pi}\,\Gamma\left(\frac{q}{2}\right)2^{\frac{q}{2}-1}}q^{\frac{q}{2}}\frac{1}{|v|^{q+1}}\int_{0}^{\infty}e^{-\frac{1}{2}\left(q\frac{1}{v^2}+1\right)t}t^{\frac{q+1}{2}-1}\mathrm{d}t$$

$$= \frac{\Gamma\left(\dfrac{q+1}{2}\right)2^{\frac{q+1}{2}}\left(q\dfrac{1}{v^2}+1\right)^{-\frac{q+1}{2}}}{\sqrt{2\pi}\,\Gamma\left(\dfrac{q}{2}\right)2^{\frac{q}{2}-1}}q^{\frac{q}{2}}\frac{1}{|v|^{q+1}}$$

$$= \frac{\Gamma\left(\dfrac{q+1}{2}\right)}{\Gamma\left(\dfrac{q}{2}\right)\sqrt{q\pi}}\left(1+\frac{v^2}{q}\right)^{-\frac{q+1}{2}} \qquad \text{(此为自由度为 } q \text{ 的 } t\text{-分布密度函数)}.$$

(4) 令 $X = \dfrac{1}{\sigma^2}[(X_1-\mu)^2 + \cdots + (X_p-\mu)^2]$, $Y = \dfrac{1}{\sigma^2}[(Y_1-\mu)^2 + \cdots + (Y_q-\mu)^2]$, 则 X, Y 是独立的, 且 $X \sim \chi^2(p)$, $Y \sim \chi^2(q)$. 于是, 可由随机变量的函数的分布密度函数公式求得 X, Y 的联合分布密度函数为

$$f_{X,Y}(x,y) = \begin{cases} \dfrac{1}{\Gamma\left(\frac{p}{2}\right)\Gamma\left(\frac{q}{2}\right)2^{\frac{p+q}{2}}}x^{\frac{p}{2}-1}y^{\frac{q}{2}-1}e^{-\frac{1}{2}(x+y)}, & x>0, y>0, \\ 0, & \text{其他.} \end{cases}$$

令 $U = X$, $V = \dfrac{X/p}{Y/q} = \dfrac{[(X_1-\mu)^2+(X_2-\mu)^2+\cdots+(X_p-\mu)^2]/p}{[(Y_1-\mu)^2+(Y_2-\mu)^2+\cdots+(Y_q-\mu)^2]/q}$, 则由随机变量的函数的分布密度函数公式求得 U, V 的联合分布密度函数为

$$f_{U,V}(u,v) = \begin{cases} \dfrac{1}{\Gamma\left(\frac{p}{2}\right)\Gamma\left(\frac{q}{2}\right)2^{\frac{p+q}{2}}}\left(\dfrac{q}{p}\right)^{\frac{q}{2}}u^{\frac{p+q}{2}-1}\left(\dfrac{1}{v}\right)^{\frac{q}{2}+1}e^{-\frac{1}{2}\left(1+\frac{q}{pv}\right)u}, & u>0, v>0, \\ 0, & \text{其他.} \end{cases}$$

因此, $\dfrac{[(X_1-\mu)^2+(X_2-\mu)^2+\cdots+(X_p-\mu)^2]/p}{[(Y_1-\mu)^2+(Y_2-\mu)^2+\cdots+(Y_q-\mu)^2]/q} = V$ 的分布密度函数为

$$f_V(v) = \int_{-\infty}^{\infty} f_{U,V}(u,v)\mathrm{d}u$$

$$= \int_0^\infty \frac{1}{\Gamma\left(\frac{p}{2}\right)\Gamma\left(\frac{q}{2}\right)2^{\frac{p+q}{2}}} \left(\frac{q}{p}\right)^{\frac{q}{2}} u^{\frac{p+q}{2}-1} \left(\frac{1}{v}\right)^{\frac{q}{2}+1} e^{-\frac{1}{2}\left(1+\frac{q}{pv}\right)u} \mathrm{d}u$$

$$= \frac{1}{\Gamma\left(\frac{p}{2}\right)\Gamma\left(\frac{q}{2}\right)2^{\frac{p+q}{2}}} \left(\frac{q}{p}\right)^{\frac{q}{2}} \left(\frac{1}{v}\right)^{\frac{q}{2}+1} \int_0^\infty u^{\frac{p+q}{2}-1} e^{-\frac{1}{2}\left(1+\frac{q}{pv}\right)u} \mathrm{d}u$$

$$= \frac{1}{\Gamma\left(\frac{p}{2}\right)\Gamma\left(\frac{q}{2}\right)2^{\frac{p+q}{2}}} \left(\frac{q}{p}\right)^{\frac{q}{2}} \left(\frac{1}{v}\right)^{\frac{q}{2}+1} \Gamma\left(\frac{p+q}{2}\right) 2^{\frac{p+q}{2}} \left(1+\frac{q}{pv}\right)^{-\frac{p+q}{2}}$$

$$= \frac{\Gamma\left(\dfrac{p+q}{2}\right)}{\Gamma\left(\dfrac{p}{2}\right)\Gamma\left(\dfrac{q}{2}\right)} \left(\frac{p}{q}\right)^{\frac{p}{2}} v^{\frac{p}{2}-1} \left(1+\frac{pv}{q}\right)^{-\frac{p+q}{2}} \quad (\text{此为 } F(p,q) \text{ 的密度函数}).$$

9. 设某企业的价格函数为 $p = 5 + \dfrac{125}{32}Q - Q^2$, 生产成本函数为 $C(x) = -10Q + \dfrac{5}{2}Q^2$, 因需求量受市场状态 S 的影响, 该企业面临三个状态 S_1, S_2, S_3, 且 $P(S_1) = P(S_2) = \dfrac{1}{5}$, $P(S_3) = \dfrac{3}{5}$, $Q_{S_1} = x$, $Q_{S_2} = 2x$ 和 $Q_{S_3} = 3x$, 求平均利润最大时企业的平均产量 x.

解　依题意知, 企业的收益函数为

$$R(Q) = pQ = \left(5 + \frac{125}{32}Q - 1Q^2\right)Q,$$

利润函数为

$$P(Q) = 15Q + \frac{45}{32}Q^2 - 1Q^3.$$

用 $Y = 1$ 表示状态 S_1 出现, $Y = 2$ 表示状态 S_2 出现, $Y = 3$ 表示状态 S_3 出现, 那么

$$Q(Y) = \begin{cases} x, & Y = 1, \\ 2x, & Y = 2, \\ 3x, & Y = 3. \end{cases}$$

且 $P(Y = 1) = P(Y = 2) = \dfrac{1}{5}$, $P(Y = 3) = \dfrac{3}{5}$. 这样

$$EQ = x \times \frac{1}{5} + 2x \times \frac{1}{5} + 3x \times \frac{3}{5} = \frac{12}{5}x, \quad EQ^2 = \frac{32}{5}x^2, \quad EQ^3 = 18x^3.$$

于是, 平均利润函数为

$$EP(Q) = 15EQ + \frac{45}{32}EQ^2 - 1EQ^3 = 36x + 9x^2 - 18x^3.$$

令 $\dfrac{\mathrm{d}EP(Q)}{\mathrm{d}x} = 36 + 18x - 54x^2 = 0$, 求得 $x = 1 \left(x = -\dfrac{2}{3} \text{ 舍去} \right)$. 又

$$\dfrac{\mathrm{d}^2 EP(Q)}{\mathrm{d}x^2}\bigg|_{x=4} = -90 < 0,$$

而 $x = 1$ 是唯一的极大值点, 故 $x = 1$ 时, 平均利润最大, 此时, 平均产量为 $EQ = 2.4$ 单位.

10. 设某企业年产量为 A 台产品, 分若干批均匀生产, 由于受各种随机因素的影响, 每批生产准备费 p 服从 $B\left(4, \dfrac{1}{2}\right)$, 全年每台产品库存费 c 服从 $N(0.09, 1)$, 试求最优批量.

解 由题意知最优批量应使全年生产费用和库存费用的和平均达最小. 设批量为 x, 则批数为 $\dfrac{A}{x}$, 全年库存量为 $\dfrac{1}{2}x$. 于是, 全年生产费用和库存费用的和 S 可表示为

$$S = \dfrac{Ap}{x} + \dfrac{xc}{2}.$$

由于 $Ep = 4 \times \dfrac{1}{2} = 2$, $Ec = 0.09$, 所以, 全年生产费用和库存费用的和 S 的平均为

$$ES = E\left(\dfrac{Ap}{x} + \dfrac{xc}{2}\right) = \dfrac{A}{x}Ep + \dfrac{x}{2}Ec = \dfrac{2A}{x} + \dfrac{0.09x}{2}.$$

令

$$\dfrac{\mathrm{d}(ES)}{\mathrm{d}x} = \dfrac{-2A}{x^2} + \dfrac{0.09}{2} = 0,$$

求得 $x = \dfrac{20}{3}\sqrt{A}\left(x = -\dfrac{20}{3}\sqrt{A} \text{ 舍去}\right)$. 又

$$\dfrac{\mathrm{d}^2(ES)}{\mathrm{d}x^2} = \dfrac{4A}{x^3}\bigg|_{x=\frac{20}{3}\sqrt{A}} = \dfrac{27}{2000\sqrt{A}} > 0,$$

而 $x = \dfrac{20}{3}\sqrt{A}$ 是唯一的极大值点, 所以 ES 在 $x = \dfrac{20}{3}\sqrt{A}$ 处取到最大值, 即所求的最优批量为 $x = \dfrac{20}{3}\sqrt{A}$.

11. 设厂商生产 A 和 B 两种产品的总成本为 $C(Q_A, Q_B) = 10Q_A + 17Q_B - 500$, A 产品的需求函数为 $p_A = 4X - Q_A$, B 产品的需求函数为 $p_B = 5Y - Q_B$, 其中 X, Y 的联合分布密度函数为 $N(4, 5, 1, 1, 0.06)$, 试求企业与政府双赢时的纳税政策.

解 由于需求的随机性, 故决策目标应是期望利润函数. 设政府对产品 A 每单位纳税 t_1 元, 对产品 B 每单位纳税 t_2 元. 由题意易知, 企业的收益函数为

$$R(Q_A, Q_B) = (4X - Q_A)Q_A + (5Y - Q_B)Q_B = 4XQ_A - Q_A^2 + 5YQ_B - Q_B^2,$$

利润函数为

$$P(Q_A, Q_B) = (4X - 10)Q_A - Q_A^2 + (5Y - 17)Q_B - Q_B^2 + 500 - Q_A t_1 - Q_B t_2.$$

由于 $EX = 4$, $EY = 5$, 因此, 期望利润为

$$EP = (6 - t_1)Q_A - Q_A^2 + (8 - t_2)Q_B - Q_B^2 + 500.$$

于是, 令 $\frac{\partial EP}{\partial Q_A} = (6 - t_1) - 2Q_A = 0$, $\frac{\partial EP}{\partial Q_B} = (8 - t_2) - 2Q_B = 0$, 并联立求解可以得到 $Q_A = 3 - \frac{1}{2}t_1$, $Q_B = 4 - \frac{1}{2}t_2$. 又 $\frac{\partial^2 EP}{\partial Q_A \partial Q_B} = 0$, $\frac{\partial^2 EP}{\partial Q_A^2} = -2 < 0$, $\frac{\partial^2 EP}{\partial Q_B^2} = -2$, 且

$$\left(\frac{\partial^2 EP}{\partial Q_A \partial Q_B}\right)^2 - \frac{\partial^2 EP}{\partial Q_A^2}\frac{\partial^2 EP}{\partial Q_B^2} = -4 < 0,$$

故 EP 在 $\left(3 - \frac{1}{2}t_1, 4 - \frac{1}{2}t_2\right)$ 处有极大值. 由实际问题可知此极大值就是最大值.

因此, 政府对这两种商品的总纳税为

$$T(t_1, t_2) = \left(3 - \frac{1}{2}t_1\right)t_1 + \left(4 - \frac{1}{2}t_2\right)t_2 = 3t_1 - \frac{1}{2}t_1^2 + 4t_2 - \frac{1}{2}t_2^2.$$

如前段方法, 可求得使总税收 $T(t_1, t_2)$ 达最大时的税率 $t_1 = 3$, $t_2 = 4$. 即这样的税率是企业利润达最大且政府纳税总额也达最大的纳税政策.

12. 为开发一种险种, 保险公司对不同地区抽取 1000 个家庭做了购买此种保险的问卷调查, 调查数据表明月人均收入低于 3000 元、3000 到 5000 元和高于 5000 元的家庭在以后的 5 年之内有购买此保险意向的概率分别为 0.2, 0.4 和 0.7. 假定以后的 5 年内家庭月人均收入服从正态分布 $N(4000, 606^2)$, 求 (1) 5 年内有购买此保险意向的家庭月人均收入为 3000 元到 5000 元的概率是多少? (2) 公司至少有多大的把握认定该地区有购买意向的家庭人数在 255 人与 555 人之间. (3) 公司应准备多少份保单可确保接受问卷调查的家庭购买到此类保单的可能性不小于 99%?

解　(1) 用 A_1 表示月人均收入低于 3000 元的家庭, A_2 表示月人均收入在 3000 到 5000 元的家庭, A_3 表示月人均收入高于 5000 元的家庭, B 表示 5 年内有购买此种保险的意向, 那么, $P(B|A_1) = 0.2$, $P(B|A_2) = 0.4$, $P(B|A_3) = 0.7$, 且

$$P(A_1) = \frac{1}{\sqrt{2\pi} \times 606} \int_{-\infty}^{3000} e^{-\frac{(x-4000)^2}{2 \times 606^2}} \, dx = 0.05,$$

$$P(A_2) = \frac{1}{\sqrt{2\pi} \times 606} \int_{3000}^{5000} e^{-\frac{(x-4000)^2}{2 \times 606^2}} \, \mathrm{d}x = 0.90,$$

$$P(A_3) = \frac{1}{\sqrt{2\pi} \times 606} \int_{5000}^{\infty} e^{-\frac{(x-4000)^2}{2 \times 606^2}} \, \mathrm{d}x = 0.05.$$

这样, 由全概率公式可知

$$\begin{aligned} P(B) &= P(A_1)P(B|A_1) + P(A_2)P(B|A_2) + P(A_3)P(B|A_3) \\ &= 0.05 \times 0.2 + 0.90 \times 0.4 + 0.05 \times 0.7 \\ &= 0.405, \end{aligned}$$

从而

$$P(A_2|B) = \frac{P(A_2)P(B|A_2)}{P(B)} = \frac{0.36}{0.405} = 0.889.$$

(2) 记 $X_i = 1$ 表示被调查家庭中的第 i 个家庭有购买此种保险意向, $X_i = 0$ 表示被调查家庭中的第 i 个家庭没有购买此种保险意向, 则 $P(X_i = 1) = 0.405$, $P(X_i = 0) = 0.595(i = 1, 2, \cdots, 1000)$. 又由 $E\xi_i = 0.405$, $\mathrm{Var}\xi_i = 0.240975$ 知, $E\left(\sum\limits_{i=1}^{1000} \xi_i\right) = 405$, $\mathrm{Var}\left(\sum\limits_{i=1}^{1000} \xi_i\right) = 240.975$. 于是, 由切比雪夫不等式知

$$\begin{aligned} P\left(255 \leqslant \sum_{i=1}^{1000} \xi_i \leqslant 555\right) &= P\left(-150 \leqslant \sum_{i=1}^{1000} \xi_i - 405 \leqslant 150\right) \\ &\geqslant 1 - \frac{240.975}{150^2} = 0.9893. \end{aligned}$$

因此, 公司至少有 98.93% 的把握认定该地区有购买意向的家庭人数在 255 人至 555 人之间.

(3) 设应准备 x 份这样的保单. 则由 (2) 和中心极限定理知

$$0.99 \leqslant P\left(\sum_{i=1}^{1000} X_i \leqslant x\right) = P\left(\frac{\sum\limits_{i=1}^{1000} X_i - 405}{15.52} \leqslant \frac{x - 405}{15.52}\right) = \Phi\left(\frac{x - 405}{15.52}\right),$$

即

$$\frac{x - 405}{15.52} = 2.33,$$

求得 $x \doteq 441.1616$. 因此, 公司应准备 442 份保单可确保接受问卷调查的家庭购买到的可能性不小于 99%.

13. 设 $EX_n = \mu$, $\mathrm{Var}(X_n) = \sigma^2$, $X_1, X_2, \cdots, X_n, \cdots$ 是互不相关的, 证明: $\forall \varepsilon > 0$, 总有

$$\lim_{n\to\infty} P\left(\left|\frac{6}{n(n+1)(2n+1)}\sum_{i=1}^{n} i^2 X_i - \mu\right| \geqslant \varepsilon\right) = 0.$$

证明　由于 $X_1, X_2, \cdots, X_n, \cdots$ 是互不相关的, 故 $EX_i X_j = 0 (i \neq j)$. 又

$$E\left(\sum_{i=1}^{n} i^2 X_i\right) = \sum_{i=1}^{n} i^2 EX_i = \mu \sum_{i=1}^{n} i^2 = \frac{\mu}{6}n(n+1)(2n+1),$$

所以

$$\mathrm{Var}\left(\frac{6}{n(n+1)(2n+1)}\sum_{i=1}^{n} i^2 X_i - \mu\right) = \frac{36}{[n(n+1)(2n+1)]^2}\sum_{i=1}^{n} i^4 \mathrm{Var}(X_i - \mu)$$

$$= \frac{36\sigma^2}{[n(n+1)(2n+1)]^2}\sum_{i=1}^{n} i^4$$

$$= \frac{6\sigma^2(3n^2 + 3n - 1)}{5n(n+1)(2n+1)}.$$

于是,

$$P\left(\left|\frac{6}{n(n+1)(2n+1)}\sum_{i=1}^{n} i^2 X_i - \mu\right| \geqslant \varepsilon\right) \leqslant \frac{1}{\varepsilon^2}\frac{6\sigma^2(3n^2 + 3n - 1)}{5n(n+1)(2n+1)}$$

$$\to 0, \quad n \to \infty.$$

即

$$\lim_{n\to\infty} P\left(\left|\frac{6}{n(n+1)(2n+1)}\sum_{i=1}^{n} i^2 X_i - \mu\right| \geqslant \varepsilon\right) = 0.$$

11.4　复　习　题

1. 填空题

(1) 设随机变量 X 的分布密度函数 $f(x) = Ae^{-x^2 + 6x - \frac{19}{2}}$ $(-\infty < x < \infty)$, 则 $A = $ _____.

(2) 设 X_1, X_2, X_3 独立同分布于 $p = \dfrac{1}{3}$ 的二点分布, 则 $\displaystyle\sum_{i=1}^{3} X_i$ 的分布为 _____.

(3) 设随机变量 X 的分布函数为

$$F(x) = \begin{cases} 0, & x \leqslant 0, \\ x^3, & 0 < x \leqslant 1, \\ 1, & 1 < x, \end{cases}$$

且 $P(X > C) = P(X < C)$, 则常数 $C =$ _____.

(4) 设随机变量 X 服从 $B(n, p)$, 且 $EX = 3$, $\mathrm{Var}X = 2$, 则 $P(X \geqslant 2) =$ _____.

(5) 设随机变量 X 服从泊松分布 $P(\lambda)$, 且 $P(X = 1) = P(X = 3)$, 则 $EX =$ _____; $\mathrm{Var}X =$ _____.

(6) 设随机变量 X, Y 联合分布律为

Y \ X	1	2	3
1	$\dfrac{1}{6}$	$\dfrac{1}{9}$	$\dfrac{1}{18}$
2	$\dfrac{1}{3}$	α	β

且 X, Y 独立, 则 $\alpha =$ _____; $\beta =$ _____; $E\dfrac{X+1}{Y+1} =$ _____.

(7) 设随机变量 $X \sim E(3)$, $Y \sim U(1, 3)$, 且 X, Y 独立, 则 $E(X - 2Y)^2 =$ _____; $\mathrm{Var}(-2X + Y - 1) =$ _____.

(8) 二维随机变量 X, Y 的联合正态密度函数为_____, X, Y 独立的充要条件为_____.

(9) 已知随机变量 X, Y 满足 $X = \dfrac{1}{2}Y - 1$, $EX = 2$, $\mathrm{Var}X = 4$, 那么 $(X, Y)^{\mathrm{T}}$ 的期望为_____; 协方差阵为_____; 相关系数矩阵为_____.

(10) 设随机向量 $(X, Y, Z)^{\mathrm{T}}$ 的协方差阵为

$$\begin{pmatrix} 16 & -4 & 3 \\ -4 & 4 & -2 \\ 3 & -2 & 9 \end{pmatrix},$$

则随机向量 $(X, Y, Z)^{\mathrm{T}}$ 的相关系数阵为_____.

(11) 设 $EX = \mu$, $\mathrm{Var}X = \sigma^2$, 那么, 随机变量 X 取到 $(\mu - 4\sigma, \mu + 4\sigma)$ 上的值的可能性最小为_____.

(12) 随机变量 $X \sim t(5)$, 则 $\mathrm{Skew}X =$ _____, $\mathrm{Kurt}X =$ _____.

2. 单项选择题

(1) 设 X 为一连续型随机变量, 随机变量 Y 为_____ 时与 X 独立.

(A) 二项分布变量　　　(B) 单点分布变量　　　(C) 正态随机变量　　　(D) 连续型随机变量

(2) 随机变量 X 的分布函数为 $F(x)$, 那么_____.

(A) $\lim\limits_{x \to 0} F\left(\dfrac{1+x}{x}\right) = 1$　　　　　　(B) $\lim\limits_{x \to 0} F\left(\dfrac{1+x}{x}\right) = 0$

(C) $\lim\limits_{x \to 0^+} F\left(\dfrac{1+x}{x}\right) = 1$　　　　　　(D) $\lim\limits_{x \to 0^+} F\left(\dfrac{1+x}{x}\right) = 0$

(3) 设 α 服从 $U(-2, 2)$, 那么函数

$$f(x) = \begin{cases} x^{\alpha} \sin \dfrac{1}{x}, & x \neq 0, \\ 0, & x = 0. \end{cases}$$

连续不可导的概率为＿＿＿＿＿.

(A) $\dfrac{1}{4}$ (B) $\dfrac{1}{2}$ (C) $\dfrac{3}{4}$ (D) 1

(4) 随机变量 X, Y 的联合分布函数为 $F(x, y)$, 那么在区域 $\{0 \leqslant x < 2, -\infty < y \leqslant 1\}$ 上的概率为＿＿＿＿＿.

(A) $1 - F(0, 1)$ (B) $F(+\infty, 1) - F(0, 1)$

(C) $F(0, -\infty) - F(0, 1)$ (D) $F(+\infty, 1) + F(0, 1)$

(5) 下列命题对的是＿＿＿＿＿.

(A) 如果随机变量 X, Y 不相关, 那么随机变量 X, Y 独立

(B) 如果随机变量 X, Y 相关, 那么随机变量 X, Y 不独立

(C) 如果随机变量 X, Y 独立, 那么随机变量 X, Y 不相关

(D) 如果随机变量 X, Y 不独立, 那么随机变量 X, Y 不相关

(6) 设连续型随机变量 X 的分布密度函数为 $f(x), Y = g(X), EX$ 不存在, 那么＿＿＿＿＿.

(A) $Eg(X)$ 存在   (B) $Eg(X)$ 不存在

(C) Y 一定有分布   (D) Y 没有分布

(7) 设 $X \sim N(1, 1), Y \sim N(1, 1)$, 则＿＿＿＿＿.

(A) $E(X - Y)^2 = 2$ (B) $E(X - Y)^2 = 2(1 - \text{Cov}(X, Y))$

(C) $\text{Var}(X - Y) = 2$ (D) $\text{Var}(X - Y) = 0$

(8) 设随机变量 X, Y 满足 $EXY = EXEY$, 则下列结论正确的是＿＿＿＿＿.

(A) X, Y 独立   (B) X, Y 不独立

(C) $\text{Var}(X^2 Y) = \text{Var}X^2 \text{Var}Y$ (D) $\text{Var}(X + 2Y) = \text{Var}X + 4\text{Var}Y$

(9) 设随机变量 X 的分布密度函数为 $f(x) = \dfrac{1}{9}x^2 (0 \leqslant x \leqslant 3)$, 否则为零, 那么无穷级数 $\displaystyle\sum_{n=1}^{\infty} \dfrac{1}{n^{X^2 - 3X + 3}}$ 的概率为＿＿＿＿＿.

(A) $\dfrac{1}{27}$ (B) $\dfrac{19}{27}$ (C) $\dfrac{20}{27}$ (D) $\dfrac{7}{27}$

(10) 随机变量 X, Y 独立且同分布于 $P(X = x) = \left(\dfrac{1}{3}\right)^{1-x} \left(\dfrac{2}{3}\right)^{x} (x = 0, 1)$, 那么随机矩阵 $\begin{pmatrix} 1 & X \\ Y & 1 \end{pmatrix}$ 可逆的概率为＿＿＿＿＿.

(A) $\dfrac{1}{9}$ (B) $\dfrac{5}{9}$ (C) $\dfrac{2}{9}$ (D) $\dfrac{4}{9}$

3. 求下列分布的数学期望与方差 (多元分布时, 还请计算相关系数)

(1) 二项分布 $B(n, p)$;   (2) 泊松分布 $P(\lambda)$;

(3) 几何分布 $G(p)$;   (4) 正态分布 $N(\mu, \sigma^2)$;

(5) 均匀分布 $U(a, b)$;   (6) 指数分布 $E(\lambda)$;

(7) χ^2-分布 $\chi^2(p)$;   (8) 二元正态分布 $N(\mu_1, \mu_2, \sigma_1^2, \sigma_2^2, \rho)$.

4. 设随机变量 X 的分布函数为

$$F(x) = \begin{cases} A + Be^{-\frac{1}{x^2}}, & x > 0, \\ 0, & x \leqslant 0, \end{cases}$$

试求 (1) 常数 A, B; (2) 随机变量 X 的值在区间 $(\sqrt{2}, 1)$ 上的概率; (3) EX, $\mathrm{Var}X$; (4) $Y = \dfrac{1}{X^2}$ 和 $Y = \dfrac{1}{X}$ 的分布密度函数.

5. 设随机变量 X 的分布密度函数为 $f(x) = Ae^{-\frac{1}{2\sigma^2}|x-\theta|}$, 试求 (1) 常数 A; (2) 随机变量 X 的分布函数及 X 的值在区间 $(-1, 1)$ 上的概率; (3) EX, $\mathrm{Var}X$; (4) $Y = X^2$ 的分布密度函数.

6. 证明函数

$$
f(x) = \begin{cases} \dfrac{\sigma}{\sqrt{2\pi}} x^{-\frac{3}{2}} e^{-\frac{\sigma^2(x-\mu)^2}{2\mu^2 x}}, & x > 0, \\ 0, & x \leqslant 0 \end{cases}
$$

是一个随机变量 X 的分布密度函数, 并求 EX 和 $\mathrm{Var}X$.

7. 设随机向量 $(X, Y)^{\mathrm{T}}$ 的联合分布密度函数为

$$
f(x, y) = \begin{cases} A, & 0 \leqslant x \leqslant 1, 0 \leqslant y \leqslant 1 \\ 0, & \text{否则}, \end{cases}
$$

试求 (1) 常数 A; (2) 随机变量 X, Y 的联合分布函数; (3) 相关系数 ρ_{XY}; (4) 随机变量 $S = X + Y$, $T = \dfrac{Y}{X+Y}$ 各自的分布密度函数以及 S, T 的联合分布密度函数; (5) $U = \sqrt{\log X^{-2}} \cos 2\pi Y$, $V = \sqrt{\log X^{-2}} \sin 2\pi Y$ 的联合分布密度函数, 并证明 U, V 是独立的; (6) $\xi = U^2 + V^2$, $\eta = \dfrac{V^2}{U^2 + V^2}$ 的联合分布函数, 并证明 ξ, η 是独立的.

8. 设随机向量 $(X, Y)^{\mathrm{T}}$ 的联合分布函数为

$$
F(x, y) = \begin{cases} A(x+y)e^{2-x-y}, & 1 \leqslant x, 1 \leqslant y, \\ 0, & \text{否则}, \end{cases}
$$

求 (1)A 和 $f(x, y)$; (2) $E(XY^2)$; (3) $f_X(x)$, $f_Y(y)$, $f_{X|Y}(x)$; (4) $(\xi, \eta)^{\mathrm{T}}$ 的分布密度函数, 其中 $\xi = 1$ 表示区域 $1 \leqslant x$ 且 $1 \leqslant y \leqslant \dfrac{1}{2}x + \dfrac{1}{2}$, $\xi = 2$ 表示区域 $1 \leqslant x$ 且 $\dfrac{1}{2}x + \dfrac{1}{2} \leqslant y \leqslant \dfrac{3}{2}x - \dfrac{1}{2}$, $\xi = 3$ 表示区域 $1 \leqslant x$ 且 $\dfrac{3}{2}x - \dfrac{1}{2} \leqslant y$, $\eta = 1$ 表示区域 $1 \leqslant x$ 且 $1 \leqslant y \leqslant x$, $\eta = 2$ 表示区域 $1 \leqslant x$ 且 $x \leqslant y$; (5) $\mathrm{Cov}(\xi, \eta)$; (6) $p_{\xi|\eta}$ 和 $\mathrm{Var}(\eta|\xi)$.

9. 某公司生产某产品出口 A 国和 B 国. A 国的该产品的需求量是 B 国的该产品的需求量 Q 的两倍, 且 Q 是服从区间 $[2000, 4000]$ 上的均匀分布. 如果每售出一吨这种产品则可为国家挣得 3 万元, 反之, 如果售不出则因积压于仓库而浪费保养费 1 万元, 问公司应生产多少吨此产品才能使国家平均收益最大?

10. 保险公司为某地开发一种人寿保险险种, 从这一地区生命表中得知每人的存活概率为 0.994, 险种规定每人每年交保险费 20 元, 死亡后即刻赔偿保险受益人 1000 元, 预计在一年内购买此种保险的人数为 10000 人, (1) 险种研发人员声称至少有 96% 的把握让保险公司赢利大于 88000 元、亏本小于 8000 元的概率, 请你给予证明; (2) 求保险公司在此项业务中亏本的概率.

11. 设 $X_1, X_2, \cdots, X_n, \cdots$ 独立同分布于正态分布 $N(\mu, \sigma^2)$, $S^2 = \dfrac{1}{n-1} \sum_{i=1}^{n} (X_i - \bar{X})^2$, $\overline{X} = \dfrac{1}{n} \sum_{i=1}^{n} X_i$, 证明: $\forall \varepsilon > 0$, $\lim_{n \to \infty} P(|S^2 - \sigma^2| < \varepsilon) = 1$.

12. 设 $EX_n = \mu$, $\mathrm{Var}(X_n) = \sigma^2$, $X_1, X_2, \cdots, X_n, \cdots$ 是互不相关的, 证明: $\forall \varepsilon > 0$, 总有

$$\lim_{n \to \infty} P\left(\left| \frac{2}{n(n+1)} \sum_{i=1}^{n} i X_i - \mu \right| \geqslant \varepsilon \right) = 0.$$

11.5　复习题参考答案与提示

1. (1) $\sqrt{\dfrac{e}{\pi}}$. (2) $B\left(3, \dfrac{1}{3}\right)$. (3) $\dfrac{1}{\sqrt[3]{2}}$. (4) 0.85. (5) $\sqrt{6}, \sqrt{6}$. (6) $\dfrac{2}{9}, \dfrac{1}{9}, \dfrac{20}{27}$. (7) $\dfrac{134}{9}, \dfrac{7}{9}$.

(8) $f(x,y) = \dfrac{1}{2\pi\sigma_1\sigma_2\sqrt{1-\rho^2}} e^{-\frac{1}{2(1-\rho^2)}\left[\frac{(x-\mu_1)^2}{\sigma_1^2} - 2\rho\frac{(x-\mu_1)(y-\mu_2)}{\sigma_1\sigma_2} + \frac{(x-\mu_2)^2}{\sigma_2^2} \right]}$, $\rho = 0$. (9) $(2,6)^{\mathrm{T}}$,

$\begin{pmatrix} 4 & 8 \\ 8 & 16 \end{pmatrix}$, $\begin{pmatrix} 1 & 1 \\ 1 & 1 \end{pmatrix}$. (10) $\begin{pmatrix} 1 & -\dfrac{1}{2} & \dfrac{1}{4} \\ -\dfrac{1}{2} & 1 & -\dfrac{1}{3} \\ \dfrac{1}{4} & -\dfrac{1}{3} & 1 \end{pmatrix}$. (11) $\dfrac{15}{16}$. (12) $0, \dfrac{81\sqrt{5}}{125}$.

2. (1)C. (2)C. (3)A. (4)B. (5)C. (6)C. (7)B. (8) D. (9) C. (10) B.

3. (1) $EX = np$, $\mathrm{Var}X = np(1-p)$. (2) $EX = \mathrm{Var}X = \lambda$. (3) $EX = \dfrac{1}{p}$, $\mathrm{Var}X = \dfrac{1-p}{p^2}$.

(4) $EX = \mu$, $\mathrm{Var}X = \sigma^2$. (5) $EX = \dfrac{a+b}{2}$, $\mathrm{Var}X = \dfrac{(b-a)^2}{12}$. (6) $EX = \dfrac{1}{\lambda}$, $\mathrm{Var}X = \dfrac{1}{\lambda^2}$.

(7) $EX = p$, $\mathrm{Var}X = 2p$. (8) $EX = \mu_1$, $EY = \mu_2$, $\mathrm{Var}X = \sigma_1^2$, $\mathrm{Var}Y = \sigma_2^2$, $\rho_{XY} = \rho$.

4. (1) $A = 0$, $B = 1$. (2) $p = e^{-1} - e^{-\frac{1}{2}}$. (3) $\sqrt{\pi}$, 不存在. (4) $f_Y(y) = \begin{cases} e^{-y}, & y > 0, \\ 0, & y \leqslant 0, \end{cases}$

$f_Y(y) = \begin{cases} 2ye^{-y^2}, & y > 0, \\ 0, & y \leqslant 0. \end{cases}$

5. (1) $A = \dfrac{1}{4\sigma^2}$; (2) $F(x) = \begin{cases} \dfrac{1}{2} e^{\frac{x-\theta}{2\sigma^2}}, & x \leqslant \theta, \\ 1 - \dfrac{1}{2} e^{-\frac{x-\theta}{2\sigma^2}}, & x > \theta, \end{cases}$　$p = \dfrac{1}{2} e^{\frac{1}{2\sigma^2}} (e^{-\frac{\theta}{2\sigma^2}} + e^{\frac{\theta}{2\sigma^2}} - $

$2e^{-\frac{1}{2\sigma^2}})$; (3) $\theta, 8\sigma^4$; (4) $f_Y(y) = \begin{cases} \dfrac{1}{8\sigma^2\sqrt{y}} \left(e^{-\frac{|\sqrt{y}-\theta|}{2\sigma^2}} + e^{-\frac{|\sqrt{y}+\theta|}{2\sigma^2}} \right), & y \geqslant 0, \\ 0, & y < 0. \end{cases}$

6. 证明略, μ, $\dfrac{\mu^3}{\sigma^2}$.

7. (1) $A = 1$; (2) $F(x,y) = \begin{cases} 0, & x < 0, -\infty < y < \infty \text{ 或 } v < 0, -\infty < x < \infty, \\ xy, & 0 \leqslant x < 1, 0 \leqslant y < 1, \\ x, & x \geqslant 1, 0 \leqslant y < 1, \\ y, & y \geqslant 1, 0 \leqslant x < 1, \\ 1, & x \geqslant 1, y \geqslant 1. \end{cases}$

(3) $\rho_{XY} = 0$, $E(X|Y) = \dfrac{1}{2}$. (4) $f_{S,T}(s,t) = \begin{cases} s, & 0 \leqslant s \leqslant 1, 0 \leqslant t \leqslant 1 \text{ 或 } 1 < s \leqslant 2, \\ 0, & \text{其他}, \end{cases}$

$$f_S(s) = \begin{cases} s, & 0 \leqslant s \leqslant 1, \\ 2-s, & 1 < s \leqslant 2, \\ 0, & \text{其他}, \end{cases} \quad f_T(t) = \begin{cases} \dfrac{1}{2(1-t)^2}, & 0 \leqslant t \leqslant \dfrac{1}{2}, \\ \dfrac{1}{2t^2}, & \dfrac{1}{2} < t \leqslant 1, \\ 0, & \text{其他}. \end{cases} \quad (5)\ f(u,v) = \dfrac{1}{2\pi} e^{-\frac{u^2}{2} - \frac{v^2}{2}},$$

证明略.

(6) $f_{\xi,\eta}(s,t) = \dfrac{1}{2\pi} e^{-\frac{s}{2}} \dfrac{1}{\sqrt{t(1-t)}}, s \geqslant 0, 0 \leqslant t \leqslant 1$, 否则为零; 证明略.

8. (1) $A = \dfrac{1}{2}$, $f(x,y) = \begin{cases} \dfrac{x+y-2}{2} e^{2-x-y}, & 1 \leqslant x, 1 \leqslant y, \\ 0, & \text{否则}. \end{cases}$ (2) $\dfrac{37}{2}$. (3) $f_X(x) =$

$\begin{cases} \dfrac{1}{2} x e^{1-x}, & x > 1, \\ 0, & x \leqslant 1, \end{cases} \quad f_Y(y) = \begin{cases} \dfrac{1}{2} y e^{1-y}, & y > 1, \\ 0, & y \leqslant 1. \end{cases} \quad f_{X|Y}(x) = \begin{cases} \dfrac{x+y-2}{y} e^{1-x}, & x > 1, \\ 0, & x \leqslant 1 \end{cases}$

$(y > 1)$.

(4)

η \ ξ	1	2	3
1	$\dfrac{1}{3}$	$\dfrac{1}{6}$	0
2	0	$\dfrac{1}{10}$	$\dfrac{2}{5}$

(5) $\dfrac{21}{15}$.

(6)

$\xi|\eta$	1	2	3
$p_{\xi|1}$	$\dfrac{2}{3}$	$\dfrac{1}{3}$	0
$p_{\xi|2}$	0	$\dfrac{1}{5}$	$\dfrac{4}{5}$

$\eta|\xi$	1	2	$\mathrm{Var}(\eta|\xi)$
$p_{\eta|1}$	1	0	0
$p_{\eta|2}$	$\dfrac{5}{8}$	$\dfrac{3}{8}$	$\dfrac{15}{64}$
$p_{\eta|3}$	0	1	0

9. 10500 吨.

10. (1) 用切比雪夫不等式. (2) 0.0008.

11. 用切比雪夫不等式.

12. 用切比雪夫不等式.

第 12 章　抽样分布与参数推断

12.1　概念、性质与定理

12.1.1　抽样分布

12.1.1.1　概念

1. 样本. 设 $X_1, X_2, \cdots, X_n$ 是从总体 X 中抽取的 n 个个体, 如果 $X_1, X_2, \cdots, X_n$ 独立同分布于总体 X 的随机变量, 则称 $X_1, X_2, \cdots, X_n$ 为总体 X 的容量为 n 的简单随机样本 (或子样), 简称样本 (或子样).

对样本 $X_1, X_2, \cdots, X_n$ 的一次观察值称为样本的一次观察值或样本观察值, 记为 $x_1, x_2, \cdots, x_n$.

2. 统计量. 如果总体 X 的样本 $X_1, X_2, \cdots, X_n$ 的实值函数 $T(X_1, X_2, \cdots, X_n)$ 与任何未知参数无关, 则 $T(X_1, X_2, \cdots, X_n)$ 称为统计量, 简记为 T, 而 $T(x_1, x_2, \cdots, x_n)$ 称为统计值, 简记为 t.

3. 小样本与大样本. 小样本与大样本的区分在于容量 n 的大小, n 较小时为小样本, n 较大时为大样本.

4. 抽样分布. 统计量的分布称为抽样分布. 抽样分布有精确分布 (小样本问题) 和极限分布 (大样本问题).

5. 常用的统计量. 设 $X_1, X_2, \cdots, X_n$ 是总体 X 的样本, $Y_1, Y_2, \cdots, Y_n$ 是总体 Y 的样本, 则

(1) 样本均值: $\bar{X} = \dfrac{1}{n} \sum\limits_{k=1}^{n} X_k$; 样本方差: $S^2 = \dfrac{1}{n-1} \sum\limits_{k=1}^{n} (X_k - \bar{X})^2$; 样本标准差: $S = \sqrt{S^2}$.

(2) 样本的 k 阶原点矩: $A_k = \dfrac{1}{n} \sum\limits_{i=1}^{n} X_i^k$; 样本的 k 阶中心矩:

$$B_k = \frac{1}{n} \sum_{i=1}^{n} (X_i - \bar{X})^k.$$

(3) 次序统计量与极差将随机样本 $X_1, X_2, \cdots, X_n$ 的观察值 $x_1, x_2, \cdots, x_n$ 按从小到大的次序排列并重新编号, 记为 $x_{(1)}, x_{(2)}, \cdots, x_{(n)}$, 则有 $x_{(1)} \leqslant x_{(2)} \leqslant \cdots \leqslant x_{(k)} \leqslant \cdots \leqslant x_{(n)}$. 相应地, 可得样本函数 $X_{(k)} = X_{(k)}(X_1, X_2, \cdots, X_n)$,

$k = 1, 2, \cdots, n$. 这些样本函数称为顺序统计量. 而 $X_{(1)}$ 称为最小次序统计量, $X_{(n)}$ 称为最大次序统计量. $R_n = X_{(n)} - X_{(1)}$ 称为样本的极差.

(4) 样本峰度定义为 $\text{Kurt} = \dfrac{B_4}{B_2^2}$, 而样本斜度定义为 $\text{Skew} = \dfrac{B_3}{\sqrt{B_2^3}}$.

(5) 样本协方差定义为 $S_{XY} = \dfrac{1}{n-1} \sum\limits_{k=1}^{n} (X_k - \bar{X})(Y_k - \bar{Y})$, 而样本相关系数定义为

$$r = \frac{\sum\limits_{k=1}^{n}(X_k - \bar{X})(Y_k - \bar{Y})}{\sqrt{\sum\limits_{k=1}^{n}(X_k - \bar{X})^2 \sum\limits_{k=1}^{n}(Y_k - \bar{Y})^2}}.$$

(6) 经验分布.

设 $X_1, X_2, \cdots, X_n$ 是来自总体 X 的样本, 当 $X_{(1)} = x_{(1)}, \cdots, X_{(n)} = x_{(n)}$ 时, 下列函数

$$F_n^*(x) = \begin{cases} 0, & x \leqslant x_{(1)}, \\ \dfrac{k}{n}, & x_{(k)} < x \leqslant x_{(k+1)}, \quad (k = 1, 2, \cdots, n-1) \\ 1, & x > x_{(n)} \end{cases}$$

称为总体 X 的经验分布函数.

12.1.1.2 抽样分布与定理

1. 格列汶科 (Glivenko, 1933) 定理. 设总体 X 的分布为 $F(x)$, 则对任意实数 x, 都有

$$P(\lim_{n \to \infty} \sup_{-\infty < x < \infty} |F_n^*(x) - F(x)| = 0) = 1.$$

2. 抽样分布定理.

设总体 X 服从正态分布 $N(\mu, \sigma^2)$, $X_1, X_2, \cdots, X_n$ 是总体 X 的子样, 那么, (1) $\bar{X} \sim N\left(\mu, \dfrac{\sigma^2}{n}\right)$, $\dfrac{(n-1)S^2}{\sigma^2} \sim \chi^2(n-1)$. (2) $\bar{X}, S^2$ 是独立的.

3. 柯赫伦 (Cochran) 分解定理.

设 $X_1, X_2, \cdots, X_n$ 是相互独立的随机变量且同分布于标准正态分布 $N(0,1)$, 如果 $Q = \sum\limits_{i=1}^{n} X_i^2 = \sum\limits_{l=1}^{k} Q_l$, Q_l 是秩为 n_l 的 $X_1, X_2, \cdots, X_n$ 的二次型, 那么 $\sum\limits_{l=1}^{k} n_l = n$ 的充分必要条件为: (1) $Q_1, Q_2, \cdots, Q_n$ 相互独立; (2) $Q_l \sim \chi^2(n_l)$.

4. 假设总体 X 服从正态分布 $N(\mu, \sigma^2)$, $X_1, X_2, \cdots, X_n$ 是总体 X 的子样, $\bar{X}$ 是总体 X 的样本均值, S^2 为总体 X 的样本方差, 那么

(1) $\dfrac{\bar{X} - \mu}{\sigma/\sqrt{n}} \sim N(0, 1)$; 　　　　　　　　　(2) $\dfrac{\bar{X} - \mu}{S/\sqrt{n}} \sim t(n-1)$.

5. 假设 X, Y 独立, 且总体 X 服从正态分布 $N(\mu_1, \sigma_1^2)$, $X_1, X_2, \cdots, X_n$ 是总体 X 的子样, 总体 Y 服从正态分布 $N(\mu_2, \sigma_2^2)$, $Y_1, Y_2, \cdots, Y_m$ 是总体 Y 的子样, $\bar{X}, \bar{Y}$ 分别为总体 X 和 Y 的样本均值, S_1^2, S_2^2 分别为总体 X 和 Y 的样本方差, 那么

(1) $\dfrac{S_1^2}{S_2^2} \cdot \dfrac{\sigma_2^2}{\sigma_1^2} \sim F(n-1, m-1)$.

(2) 当 $\sigma_1^2 = \sigma_2^2 = \sigma$ 时, $\dfrac{\bar{X} - \bar{Y} - (\mu_1 - \mu_2)}{\sqrt{(n-1)S_1^2 + (m-1)S_2^2}} \sqrt{\dfrac{nm(n+m-2)}{n+m}} \sim t(n+m-2)$;

当 $\sigma_1^2 \neq \sigma_2^2$, 但 $n = m$ 时, $\dfrac{\bar{X} - \bar{Y} - (\mu_1 - \mu_2)}{\sqrt{S_1^2 + S_2^2 - 2S_{12}}/\sqrt{n-1}} \sim t(n-1)$;

当 $\sigma_1^2 \neq \sigma_2^2$, 但 $n < m$ 时, $\dfrac{\bar{Z} - (\mu_1 - \mu_2)}{S_Z/\sqrt{n}} \sim t(n-1)$,

其中, $S_{12} = \dfrac{1}{n-1} \sum\limits_{i=1}^{n} (X_i - \bar{X})(Y_i - \bar{Y})$, $Z_i = X_i - \sqrt{\dfrac{n}{m}} Y_i + \dfrac{1}{\sqrt{nm}} \sum\limits_{i=1}^{n} Y_i - \dfrac{1}{m} \sum\limits_{i=1}^{m} Y_i$.

(3) 假设总体 $X_1, X_2, \cdots, X_k$ 服从正态分布 $N(\mu_i, \sigma_i^2)$ 且相互独立, $X_{i1}, X_{i2}, \cdots, X_{in_i}$ 是总体 X_i 的子样, $\bar{X}_i, S_i^2$ 分别为总体 X_i 的样本一阶原点矩和样本二阶中心矩, 又 $\bar{X} = \dfrac{1}{n} \sum\limits_{i=1}^{k} \sum\limits_{j=1}^{n_i} X_{ij} \left(n = \sum\limits_{i=1}^{k} n_i \right)$, 那么

$$\frac{U/(k-1)}{Q_e/(n-k)} \sim F(k-1, n-k),$$

其中, $Q_e = \sum\limits_{i=1}^{k} n_i S_i^2$, $U = \sum\limits_{i=1}^{k} n_i (\bar{X}_i - \bar{X})^2$.

12.1.2　参数推断

12.1.2.1　点估计及性质

1. 参数的点估计.

设总体 X 的分布函数 $F(x; \theta)$ 中的参数 θ 是未知的, $X_1, X_2, \cdots, X_n$ 是总体 X 的样本, 使用一个统计量 $\hat{\theta}(X_1, X_2, \cdots, X_n)$ 计算一次样本观察值 $x_1, x_2,$

$\cdots$, x_n 所得的统计值作为 θ 的值, 此时, $\hat{\theta}(x_1, x_2, \cdots, x_n)$ 称为 θ 的点估计值, 而 $\hat{\theta}(X_1, X_2, \cdots, X_n)$ 称为 θ 的点估计量. 为了避免混淆, 点估计值和点估计量都简称点估计.

2. 参数的矩估计.

设总体 X 的分布函数为 $F(x; \theta_1, \theta_2, \cdots, \theta_k)$, $X_1, X_2, \cdots, X_n$ 是总体 X 的样本. 如果 EX^k 存在, 那么由方程组

$$\begin{cases} A_1 = EX = M_1(\theta_1, \theta_2, \cdots, \theta_k), \\ A_2 = EX^2 = M_2(\theta_1, \theta_2, \cdots, \theta_k), \\ \qquad\qquad \cdots\cdots \\ A_k = EX^k = M_k(\theta_1, \theta_2, \cdots, \theta_k) \end{cases}$$

求出的解 $\hat{\theta}_1(X_1, X_2, \cdots, X_k)$, $\hat{\theta}_2(X_1, X_2, \cdots, X_k)$, $\cdots$, $\hat{\theta}_k(X_1, X_2, \cdots, X_k)$ 被称为参数 $\theta_1, \theta_2, \cdots, \theta_k$ 的 (矩) 估计量.

特别地, 由样本观察值计算出矩估计量的值又叫矩估计值.

3. 参数的最大似然估计.

设总体 X 的分布密度函数为 $f(x; \theta_1, \theta_2, \cdots, \theta_k)$ 或概率函数 $P(x; \theta_1, \theta_2, \cdots, \theta_k)$. $X_1, \cdots, X_n$ 是总体 X 的样本. 那么, 样本的联合密度函数或联合概率函数, 记 $L(\theta_1, \theta_2, \cdots, \theta_k)$, 称为样本的似然函数, 即

$$L(\theta_1, \theta_2, \cdots, \theta_k) = \prod_{i=1}^{n} f(x_i; \theta_1, \theta_2, \cdots, \theta_k) \quad 或 \quad \prod_{i=1}^{n} P(x_i; \theta_1, \theta_2, \cdots, \theta_k).$$

样本似然函数达最大时的 $\hat{\theta}_1(x_1, x_2, \cdots, x_n)$, $\hat{\theta}_2(x_1, x_2, \cdots, x_n)$, $\cdots$, $\hat{\theta}_k(x_1, x_2, \cdots, x_n)$ 称为参数 $\theta_1, \theta_2, \cdots, \theta_k$ 在样本值 $x_1, x_2, \cdots, x_n$ 处的最大似然估计值, 相应的样本函数 $\hat{\theta}_1(X_1, X_2, \cdots, X_n)$, $\hat{\theta}_2(X_1, X_2, \cdots, X_n)$, $\cdots$, $\hat{\theta}_k(X_1, X_2, \cdots, X_n)$ 称为参数 $\theta_1, \theta_2, \cdots, \theta_k$ 的最大似然估计量. 显然, 最大似然估计满足

$$L(\hat{\theta}_1, \hat{\theta}_2, \cdots, \hat{\theta}_k) = \max_{(\theta_1, \theta_2, \cdots, \theta_k) \in \Theta} \prod_{i=1}^{n} f(x_i; \theta_1, \theta_2, \cdots, \theta_k)$$

或

$$\max_{(\theta_1, \theta_2, \cdots, \theta_k) \in \Theta} \prod_{i=1}^{n} p(x_i; \theta_1, \theta_2, \cdots, \theta_k),$$

其中, Θ 为参数 $\theta_1, \theta_2, \cdots, \theta_k$ 的取值范围, 又叫参数空间.

4. 无偏估计.

设 $X_1, X_2, \cdots, X_n$ 是总体 X 的样本, θ 为总体 X 分布中的未知参数, 那么, 如果 θ 的估计量 $\hat{\theta}(X_1, X_2, \cdots, X_n)$ 满足 $E\hat{\theta} = \theta$, 则称 $\hat{\theta}(X_1, X_2, \cdots, X_n)$ 为参数 θ 的无偏估计量. 称 $b_n = E\hat{\theta} - \theta$ 为估计量 $\hat{\theta}(X_1, X_2, \cdots, X_n)$ 的偏差. 如果

$b_n \neq 0$, 那么 $\hat{\theta}$ 为 θ 的有偏估计. 如果 $\lim\limits_{n \to \infty} b_n = 0$, 那么称 $\hat{\theta}(X_1, X_2, \cdots, X_n)$ 为参数 θ 的渐近无偏估计.

5. 有效估计.

设 $\hat{\theta}_1(X_1, X_2, \cdots, X_n)$ 和 $\hat{\theta}_2(X_1, X_2, \cdots, X_n)$ 都是参数 θ 的无偏估计量, 如果

$$\mathrm{Var}\hat{\theta}_1 \leqslant \mathrm{Var}\hat{\theta}_2,$$

那么, 称 $\hat{\theta}_1(X_1, X_2, \cdots, X_n)$ 比 $\hat{\theta}_2(X_1, X_2, \cdots, X_n)$ 更有效. 如果在参数 θ 的所有无偏估计量中, $\hat{\theta}_0$ 的方差是最小的, 即对任意的 θ 的无偏估计量 $\hat{\theta}$, 均有 $\mathrm{Var}\hat{\theta}_0 \leqslant \mathrm{Var}\hat{\theta}$, 那么, 称 $\hat{\theta}_0$ 为参数 θ 的最优无偏估计量.

6. 一致估计 (相合估计).

设 $\hat{\theta}(X_1, X_2, \cdots, X_n)$ 是参数 θ 的估计量. 如果对于任意的正数 ε 都有

$$\lim_{n \to \infty} P(|\hat{\theta} - \theta| \geqslant \varepsilon) = 0,$$

那么, 称 $\hat{\theta}(X_1, X_2, \cdots, X_n)$ 为参数 θ 的一致估计, 又叫参数 θ 的相合估计.

7. $\hat{\theta}(X_1, X_2, \cdots, X_n)$ 为参数 θ 的一致估计的充分必要条件是对于任意的 $\varepsilon > 0$, 都有

$$\lim_{n \to \infty} P(|\hat{\theta} - \theta| < \varepsilon) = 1.$$

8. 如果总体 X 的均值存在, 那么样本均值 $\bar{X}$ 是总体均值的最优无偏一致估计.

9. 最大似然估计不变性.

设 $\mu_1 = \mu_1(\theta_1, \theta_2, \cdots, \theta_k), \cdots, \mu_k = \mu_k(\theta_1, \theta_2, \cdots, \theta_k)$ 是 Θ 到 Θ^* 上的连续函数, 且存在反函数, 其中, $(\theta_1, \theta_2, \cdots, \theta_k) \in \Theta$, $(\mu_1, \mu_2, \cdots, \mu_k) \in \Theta^*$. 如果 $\hat{\theta}_i$ 是 θ_i 的最大似然估计 $(i = 1, \cdots, k)$, 那么, $\hat{\mu}_i = \mu_i(\hat{\theta}_1, \hat{\theta}_2, \cdots, \hat{\theta}_k)$ 也是 $\mu_i = \mu_i(\theta_1, \theta_2, \cdots, \theta_k)$ 的最大似然估计 $(i = 1, \cdots, k)$.

12.1.2.2　区间估计与正态总体参数的置信区间

1. 双侧置信区间.

设总体 X 的分布函数是 $F(x; \theta)$, 未知参数 $\theta \in \Theta$, X_1, X_2, $\cdots$, X_n 是总体 X 的样本. 如果对给定的 $0 < \alpha < 1$, 存在两个统计量 $\hat{\theta}_L(X_1, X_2, \cdots, X_n)$ 和 $\hat{\theta}_U(X_1, X_2, \cdots, X_n)$, 以及 Θ 中的每一个 θ 满足

$$P(\hat{\theta}_L(X_1, X_2, \cdots, X_n) < \theta < \hat{\theta}_U(X_1, X_2, \cdots, X_n)) \geqslant 1 - \alpha,$$

那么, 称随机区间 $(\hat{\theta}_L, \hat{\theta}_U)$ 为 θ 的置信水平为 $1 - \alpha$ 的置信区间或区间估计, 称 α 为置信度, 称 $\hat{\theta}_L$ 为置信区间的置信下限 (下限估计), 而 $\hat{\theta}_U$ 为置信区间的置信上限 (上限估计).

在给定置信水平和样本容量下, 置信区间长度 $\hat{\theta}_U - \hat{\theta}_L$ 越短, 区间估计的精度越高.

寻找置信区间的方法或原则:

(1) 找一个含有待估计的参数 θ 的样本函数 $C(X_1, X_2, \cdots, X_n; \theta)$ 且此函数有已知的分布, 这个函数通常叫枢轴量 (pivotal quantity, pivot).

(2) 给定置信水平 $1 - \alpha$, 确定常数 a, b 使得

$$P(a < C(X_1, X_2, \cdots, X_n; \theta) < b) = 1 - \alpha.$$

(3) 从不等式 $a < C(X_1, X_2, \cdots, X_n; \theta) < b$ 求出等价的不等式 $\hat{\theta}_L < \theta < \hat{\theta}_U$. 那么, 所求的置信水平为 $1 - \alpha$ 的置信区间就是 $(\hat{\theta}_L, \hat{\theta}_U)$.

2. 单侧置信区间.

(1) 设总体 X 的分布函数是 $F(x; \theta)$, 未知参数 $\theta \in \Theta$, $X_1, X_2, \cdots, X_n$ 是总体 X 的样本, 对给定的 $0 < \alpha < 1$, 统计量 $\hat{\theta}_L(X_1, X_2, \cdots, X_n)$ 和 Θ 中的每一个 θ 满足

$$P(\hat{\theta}_L(X_1, X_2, \cdots, X_n) < \theta) \geqslant 1 - \alpha,$$

则称随机区间 $(\hat{\theta}_L, \infty)$ 为 θ 的置信水平为 $1 - \alpha$ 的下单侧置信区间或下单侧区间估计, 称 α 为置信度, 称 $\hat{\theta}_L$ 为单侧置信下限.

(2) 设总体 X 的分布函数是 $F(x; \theta)$, 未知参数 $\theta \in \Theta$, $X_1, X_2, \cdots, X_n$ 是总体 X 的样本, 对给定的 $0 < \alpha < 1$, 统计量 $\hat{\theta}_U(X_1, X_2, \cdots, X_n)$ 和 Θ 中的每一个 θ 满足

$$P(\theta < \hat{\theta}_U(X_1, X_2, \cdots, X_n)) \geqslant 1 - \alpha,$$

则称随机区间 $(-\infty, \hat{\theta}_U)$ 为 θ 的置信水平为 $1 - \alpha$ 的上单侧置信区间或上单侧区间估计, 称 α 为置信度, 称 $\hat{\theta}_U$ 为单侧置信上限.

求单侧置信区间如同双侧置信区间一样, 关键也是找一个枢轴量.

3. 单正态总体的参数的置信区间.

设总体 $X \sim N(\mu, \sigma^2)$, $X_1, X_2, \cdots, X_n$ 是总体 X 的样本, 给定置信度 α, 那么: (1) 如果 σ^2 已知, 均值 μ 的区间估计: 枢轴量 $Z = \dfrac{\bar{X} - u}{\sigma/\sqrt{n}} \sim N(0, 1)$, 则

$$\mu \text{ 的双侧置信区间为 } \left(\bar{X} - \frac{\sigma}{\sqrt{n}} z_{\alpha/2}, \bar{X} + \frac{\sigma}{\sqrt{n}} z_{\alpha/2} \right),$$

$$\mu \text{ 的上单侧置信区间为 } \left(-\infty, \bar{X} + \frac{\sigma}{\sqrt{n}} z_\alpha \right),$$

$$\mu \text{ 的下单侧置信区间为 } \left(\bar{X} - \frac{\sigma}{\sqrt{n}} z_\alpha, \infty \right).$$

(2) 如果 σ^2 未知, 均值 μ 的区间估计: 枢轴量 $T = \dfrac{\bar{X} - u}{S/\sqrt{n}} \sim t(n-1)$, 则

μ 的双侧置信区间为 $\left(\bar{X} - \dfrac{S}{\sqrt{n}} t_{\alpha/2}(n-1), \bar{X} + \dfrac{S}{\sqrt{n}} t_{\alpha/2}(n-1) \right)$,

μ 的上单侧置信区间为 $\left(-\infty, \bar{X} + \dfrac{S}{\sqrt{n}} t_\alpha(n-1) \right)$,

μ 的下单侧置信区间为 $\left(\bar{X} - \dfrac{S}{\sqrt{n}} t_\alpha(n-1), \infty \right)$.

(3) 如果 μ 未知, 方差 σ^2 的区间估计: 枢轴量 $\chi^2 = \dfrac{(n-1)S^2}{\sigma^2} \sim \chi^2(n-1)$, 则

σ^2 的双侧置信区间为 $\left(\dfrac{(n-1)S^2}{\chi^2_{\alpha/2}(n-1)}, \dfrac{(n-1)S^2}{\chi^2_{1-\alpha/2}(n-1)} \right)$,

σ^2 的上单侧置信区间为 $\left(0, \dfrac{(n-1)S^2}{\chi^2_{1-\alpha}(n-1)} \right)$,

σ^2 的下单侧置信区间为 $\left(\dfrac{(n-1)S^2}{\chi^2_\alpha(n-1)}, \infty \right)$.

4. 两个正态总体的参数的区间估计.

设总体 X 和 Y 独立, 且 $X \sim N(\mu_1, \sigma_1^2)$, $Y \sim N(\mu_2, \sigma_2^2)$, 又 X 的样本为 X_1, $\cdots$, X_n, Y 的样本为 Y_1, $\cdots$, Y_m, 那么,

(1) 如果 $\sigma_1^2 = \sigma_2^2 = \sigma^2$ 未知, $\mu_1 - \mu_2$ 的区间估计:

枢轴量为 $T = \dfrac{\bar{X} - \bar{Y} - (\mu_1 - \mu_2)}{\sqrt{\left(\dfrac{1}{n} + \dfrac{1}{m} \right) [(n-1)S_1^2 + (m-1)S_2^2] / \sqrt{n+m-2}}}$

$\sim t(n+m-2)$,

$\mu_1 - \mu_2$ 的双侧置信区间为 $(\bar{X} - \bar{Y} - T_s \cdot t_{\alpha/2}(n+m-2), \bar{X} - \bar{Y} + T_s \cdot t_{\alpha/2}(n+m-2))$,

$\mu_1 - \mu_2$ 的上单侧置信区间为 $(-\infty, \bar{X} - \bar{Y} + T_s \cdot t_\alpha(n+m-2))$,

$\mu_1 - \mu_2$ 的下单侧置信区间为 $(\bar{X} - \bar{Y} - T_s \cdot t_\alpha(n+m-2), \infty)$,

其中, $T_s = \dfrac{1}{\sqrt{n+m-2}} \sqrt{\left(\dfrac{1}{n} + \dfrac{1}{m} \right) [(n-1)S_1^2 + (m-1)S_2^2]}$.

(2) 如果 μ_1, μ_2 未知时, $\dfrac{\sigma_1^2}{\sigma_2^2}$ 的区间估计:

枢轴量为 $F = \dfrac{S_1^2}{S_2^2} \cdot \dfrac{\sigma_2^2}{\sigma_1^2} \sim F(n-1, m-1)$,

$\dfrac{\sigma_1^2}{\sigma_2^2}$ 的双侧置信区间为 $\left(\dfrac{S_1^2}{S_2^2}\dfrac{1}{f_{\alpha/2}(n-1,m-1)},\dfrac{S_1^2}{S_2^2}\dfrac{1}{f_{1-\alpha/2}(n-1,m-1)}\right),$

$\dfrac{\sigma_1^2}{\sigma_2^2}$ 的上单侧置信区间为 $\left(0,\dfrac{S_1^2}{S_2^2}\dfrac{1}{f_{1-\alpha}(n-1,m-1)}\right),$

$\dfrac{\sigma_1^2}{\sigma_2^2}$ 的下单侧置信区间为 $\left(\dfrac{S_1^2}{S_2^2}\dfrac{1}{f_{\alpha}(n-1,m-1)},\infty\right).$

5. 大样本情形下总体的参数的区间估计.

这类参数的区间估计的枢轴量主要依据中心极限定理, 即样本容量充分大时,

$$\frac{\bar{X}-\mu}{\sqrt{\mathrm{Var}(\bar{X})}}\overset{\text{近似}}{\sim}N(0,1).$$

例如, 两点分布中 p 的区间估计. 由于 $\dfrac{\bar{X}-p}{\sqrt{p(1-p)}}\sqrt{n}\overset{\text{近似}}{\sim}N(0,1)$, 于是由

$$P\left(-z_{\alpha/2}<\frac{\bar{X}-p}{\sqrt{p(1-p)}}\sqrt{n}<z_{\alpha/2}\right)\approx 1-\alpha$$

可求得 p 的置信区间.

12.1.2.3 参数检验

1. 假设检验.

设总体 X 的分布 $F(x;\theta)$ 中的 θ 是未知的, 那么, 对未知参数给出一个 "陈述" 或 "假设", 然后从总体 X 中取样, 得到样本 $X_1, X_2, \cdots, X_n$, 再利用这个样本信息对这个 "陈述" 或 "假设" 进行真或伪的判断. 这个过程叫假设检验.

一个陈述称为原假设, 记为 H_0, 那么这个陈述的对立面称为备选假设, 记为 H_1.

2. 小概率事件即概率很小的事件, 通常在 $\alpha=0.1$ 以下, 常用的是 $\alpha=0.05$ 和 $\alpha=0.01$. 小概率事件是判断假设真伪的原理 (小概率事件在一次试验或观察中几乎是不可能发生的).

3. 假设检验步骤.

(1) 对所研究的实际问题提出原假设 H_0 和备选假设 H_1(通常还可以省略).

(2) 构造适当的样本检验函数, 并且所得的样本函数在 H_0 成立下有确定的已知分布.

(3) 基于这个统计量 (在 H_0 成立下的样本函数) 构造一个小概率事件 W_α, 使得 $P(W_\alpha)\leqslant\alpha$. 此处的 α 称为显著性水平, W_α 称为拒绝域.

(4) 计算统计量的值, 如果此值落在 W_α 中, 则拒绝 H_0 接受 H_1; 否则, 接受 H_0.

4. 两类错误.

第一类错误为失真错误, 即 H_0 是真的, 检验时 H_0 反被拒绝, 犯此类错误的概率为

$$P((x_1, \cdots, x_n) \in W_\alpha | H_0)$$

且小于或等于 α.

第二类错误为纳伪错误, 即 H_0 是假的, 检验时 H_0 反被接受, 犯此类错误的概率为

$$P((x_1, \cdots, x_n) \notin W_\alpha | \theta \notin H_0).$$

5. 正态总体的参数检验的临界值法.

(1) 单个正态总体 $N(\mu, \sigma^2)$ 的参数检验.

原假设	备选假设	其他参数	统计量及分布	拒绝域
$\mu = \mu_0$	$\mu \neq \mu_0$ $\mu > \mu_0$ $\mu < \mu_0$	σ^2 已知	$Z = \dfrac{\bar{X} - \mu_0}{\sigma/\sqrt{n}} \sim N(0,1)$	$\|z\| > z_{\alpha/2}$ $z > z_\alpha$ $z < -z_\alpha$
$\mu = \mu_0$	$\mu \neq \mu_0$ $\mu > \mu_0$ $\mu < \mu_0$	σ^2 未知	$T = \dfrac{\bar{X} - \mu_0}{S/\sqrt{n}} \sim t(n-1)$	$\|t\| > t_{\alpha/2}$· $t > t_\alpha$ $t < -t_\alpha$
$\sigma^2 = \sigma_0^2$	$\sigma^2 \neq \sigma_0^2$ $\sigma^2 > \sigma_0^2$ $\sigma^2 < \sigma_0^2$	μ 未知	$\chi^2 = \dfrac{(n-1)S^2}{\sigma_0^2} \sim \chi^2(n-1)$	$\chi^2 > \chi_{\alpha/2}^2$ 或 $\chi^2 < \chi_{1-\alpha/2}^2$ $\chi^2 > \chi_\alpha^2$ $\chi^2 < \chi_{1-\alpha}^2$

(2) 两个正态总体 $N(\mu_1, \sigma_1^2)$ 和 $N(\mu_2, \sigma_2^2)$ 的参数检验.

原假设	备选假设	其他参数	统计量及分布	拒绝域
$\mu_1 = \mu_2$	$\mu_1 \neq \mu_2$ $\mu_1 > \mu_2$ $\mu_1 < \mu_2$	σ_1^2, σ_2^2 都已知	$Z = \dfrac{\bar{X} - \bar{Y}}{\sqrt{\dfrac{\sigma_1^2}{n} + \dfrac{\sigma_2^2}{m}}} \sim N(0,1)$	$\|z\| > z_{\alpha/2}$ $z > z_\alpha$ $z < -z_\alpha$
$\mu_1 = \mu_2$	$\mu_1 \neq \mu_2$ $\mu_1 > \mu_2$ $\mu_1 < \mu_2$	σ_1^2, σ_2^2 未知, 但 $\sigma_1^2 = \sigma_2^2 = \sigma^2$	$T = (\bar{X} - \bar{Y})\sqrt{\dfrac{nm(n+m-2)}{(n+m)[(n-1)S_1^2 + (m-1)S_2^2]}}$ $\sim t(n+m-2)$	$\|t\| > t_{\alpha/2}$ $t > t_\alpha$ $t < -t_\alpha$
$\mu_1 = \mu_2$	$\mu_1 \neq \mu_2$ $\mu_1 > \mu_2$ $\mu_1 < \mu_2$	σ_1^2, σ_2^2 未知, 且 $\sigma_1^2 \neq \sigma_2^2$, 但 $n = m$	$T = \dfrac{\bar{X} - \bar{Y}}{\sqrt{S_1^2 + S_2^2 - 2S_{12}}/\sqrt{n-1}} \sim t(n-1)$	$\|t\| > t_{\alpha/2}$ $t > t_\alpha$ $t < -t_\alpha$
$\sigma_1^2 = \sigma_2^2$	$\sigma_1^2 \neq \sigma_2^2$ $\sigma_1^2 > \sigma_2^2$ $\sigma_1^2 < \sigma_2^2$	μ_1, μ_2 已知	$F = \dfrac{m\sum\limits_{k=1}^{n}(X_k - \mu_1)^2}{n\sum\limits_{k=1}^{m}(Y_k - \mu_2)^2} \sim F(n, m)$	$f > f_{\alpha/2}$ 或 $f < f_{1-\alpha/2}$ $f > f_\alpha$ $f < f_{1-\alpha}$
$\sigma_1^2 = \sigma_2^2$	$\sigma_1^2 \neq \sigma_2^2$ $\sigma_1^2 > \sigma_2^2$ $\sigma_1^2 < \sigma_2^2$	μ_1, μ_2 未知	$F = \dfrac{S_1^2}{S_2^2} \sim F(n-1, m-1)$	$f > f_{\alpha/2}$ 或 $f < f_{1-\alpha/2}$ $f > f_\alpha$ $f < f_{1-\alpha}$

6. p-值检验法

由于统计软件对检验问题所报告的是关于检验函数的样本观察值的 p-值, 即检验统计量与检验统计量的样本观察值构成的拒绝域的概率值, 因此, 当检验水平 α 不小于 p 时, 也就是, $p \leqslant \alpha$ 时, $p = P(W_0) \leqslant P(W_\alpha) = \alpha$, 这表明 W_0 发生必有 W_α 发生, 从而拒绝 H_0, 否则, 不能拒绝 H_0, 即当 $p \leqslant \alpha$ 时, 拒绝 H_0; 当 $p > \alpha$ 时, 不拒绝 H_0.

12.1.2.4 线性回归模型与参数推断

1. 称 $Y = \beta_0 + \beta_1 X_1 + \beta_2 X_2 + \cdots + \beta_k X_k + u, u \sim N(0, \sigma^2)$ 为 k 元线性回归模型.

2. 设 Y 的样本为 $Y_1, Y_2, \cdots, Y_n$; X_i 的样本为 $X_{i1}, X_{i2}, \cdots, X_{in}(i = 1, 2, \cdots, k)$, 相应地, $u_1, u_2, \cdots, u_n$ 为 u 的样本. 那么, 模型的样本形式如下

$$
\begin{pmatrix} Y_1 \\ Y_2 \\ \vdots \\ Y_n \end{pmatrix} = \begin{pmatrix} 1 & X_{11} & X_{21} & \cdots & X_{k1} \\ 1 & X_{12} & X_{22} & \cdots & X_{k2} \\ \vdots & \vdots & \vdots & & \vdots \\ 1 & X_{1n} & X_{2n} & \cdots & X_{kn} \end{pmatrix} \begin{pmatrix} \beta_0 \\ \beta_1 \\ \vdots \\ \beta_k \end{pmatrix} + \begin{pmatrix} u_1 \\ u_2 \\ \vdots \\ u_n \end{pmatrix},
$$

引入矩阵与向量符号, $\boldsymbol{\beta} = (\beta_0, \beta_1, \cdots, \beta_k)^{\mathrm{T}}$, $\boldsymbol{u} = (u_1, u_2, \cdots, u_n)^{\mathrm{T}}$, $\boldsymbol{Y} = (Y_1, Y_2, \cdots, Y_n)^{\mathrm{T}}$,

$$
\boldsymbol{X} = \begin{pmatrix} 1 & X_{11} & X_{21} & \cdots & X_{k1} \\ 1 & X_{12} & X_{22} & \cdots & X_{k2} \\ \vdots & \vdots & \vdots & & \vdots \\ 1 & X_{1n} & X_{2n} & \cdots & X_{kn} \end{pmatrix}.
$$

样本形式的模型又可写为 $\boldsymbol{Y} = \boldsymbol{X}\boldsymbol{\beta} + \boldsymbol{u}$.

3. 参数的最小二乘估计

当 $R(\boldsymbol{X}) = k+1$ 时, 满足 $\min\limits_{\boldsymbol{\beta} \in \Theta}(\boldsymbol{Y} - \boldsymbol{X}\boldsymbol{\beta})^{\mathrm{T}}(\boldsymbol{Y} - \boldsymbol{X}\boldsymbol{\beta}) = (\boldsymbol{Y} - \boldsymbol{X}\hat{\boldsymbol{\beta}})^{\mathrm{T}}(\boldsymbol{Y} - \boldsymbol{X}\hat{\boldsymbol{\beta}})$ 的 $\hat{\boldsymbol{\beta}}$ 称为参数 $\boldsymbol{\beta}$ 的最小二乘估计. 用此式求 $\hat{\boldsymbol{\beta}}$ 的方法称为最小二乘法. 此外, σ^2 的最小二乘估计为 $\hat{\sigma}^2 = \dfrac{(\boldsymbol{Y} - \boldsymbol{X}\hat{\boldsymbol{\beta}})^{\mathrm{T}}(\boldsymbol{Y} - \boldsymbol{X}\hat{\boldsymbol{\beta}})}{n - k - 1}$, $\boldsymbol{Y}$ 的估计值或拟合值为 $\hat{\boldsymbol{Y}} = \boldsymbol{X}\hat{\boldsymbol{\beta}}$, 样本均值 $\bar{\boldsymbol{Y}}$ 的估计为 $\hat{\bar{\boldsymbol{Y}}}$.

平方和.

总离差平方和: $\mathrm{SST} = \sum\limits_{i=1}^{n}(Y_i - \bar{Y})^2 = \boldsymbol{Y}^{\mathrm{T}}\left(\boldsymbol{I}_n - \dfrac{1}{n}\boldsymbol{J}_n\right)\boldsymbol{Y}$.

回归平方和: $\mathrm{SSR} = \sum\limits_{i}^{n}(\hat{Y}_i - \bar{Y})^2 = \boldsymbol{Y}^{\mathrm{T}}\left(\boldsymbol{X}(\boldsymbol{X}^{\mathrm{T}}\boldsymbol{X})^{-1}\boldsymbol{X}^{\mathrm{T}} - \dfrac{1}{n}\boldsymbol{J}_n\right)\boldsymbol{Y}$.

误差平方和: $\mathrm{SSE} = \sum_{i=1}^{n}(Y_i - \hat{Y}_i)^2 = \boldsymbol{Y}^{\mathrm{T}}(\boldsymbol{I}_n - \boldsymbol{X}(\boldsymbol{X}^{\mathrm{T}}\boldsymbol{X})^{-1}\boldsymbol{X}^{\mathrm{T}})\boldsymbol{Y}$. 其中, $\boldsymbol{J}_n = \boldsymbol{1}_n\boldsymbol{1}_n^{\mathrm{T}}$, $\boldsymbol{1}_n = (1,1,\cdots,1)^{\mathrm{T}}$.

4. 估计性质与定理.

(1) $\boldsymbol{\beta}$ 的最小二乘估计为 $\hat{\boldsymbol{\beta}} = (\boldsymbol{X}\boldsymbol{X}^{\mathrm{T}})^{-1}\boldsymbol{X}^{\mathrm{T}}\boldsymbol{Y}$.

(2) $\hat{\boldsymbol{\beta}}$ 是 $\boldsymbol{\beta}$ 的最优无偏线性估计, $\hat{\sigma}^2$ 是 σ^2 的无偏估计, $\hat{\boldsymbol{Y}}$ 是 $\boldsymbol{Y}$ 的无偏估计, $E\hat{\boldsymbol{u}} = \boldsymbol{0}$.

(3) $\mathrm{Cov}(\hat{\boldsymbol{\beta}}, \hat{\boldsymbol{\beta}}) = \sigma^2(\boldsymbol{X}^{\mathrm{T}}\boldsymbol{X})^{-1}$, $\mathrm{Cov}(\hat{\boldsymbol{u}}, \hat{\boldsymbol{u}}) = \sigma^2(\boldsymbol{I}_n - \boldsymbol{X}(\boldsymbol{X}^{\mathrm{T}}\boldsymbol{X})^{-1}\boldsymbol{X}^{\mathrm{T}})$.

(4) $\hat{\boldsymbol{\beta}}$ 与 $\hat{\boldsymbol{u}}$ 相互独立.

(5) $\mathrm{SST} = \mathrm{SSR} + \mathrm{SSE}$.

(6) $\hat{\boldsymbol{\beta}} \sim N(\boldsymbol{\beta}, \sigma^2(\boldsymbol{X}^{\mathrm{T}}\boldsymbol{X})^{-1})$, $\dfrac{\mathrm{SSE}}{\sigma^2} \sim \chi^2(n-k-1)$, $\dfrac{\mathrm{SST}}{\sigma^2} \sim \chi^2(n-1)$, $\dfrac{\mathrm{SSR}}{\sigma^2} \sim \chi^2(k)$, $Y_0 - \hat{Y}_0 \sim N(0, \sigma^2(1 + \boldsymbol{x}_0(\boldsymbol{X}^{\mathrm{T}}\boldsymbol{X})\boldsymbol{x}_0^{\mathrm{T}}))$, 其中, $\boldsymbol{x}_0 = (1, x_{10}, x_{20}, \cdots, x_{k0})$.

(7) $T = \dfrac{\hat{\beta}_i - \beta}{\sqrt{(\boldsymbol{X}^{\mathrm{T}}\boldsymbol{X})_{ii}^{-1}\mathrm{SSE}}}\sqrt{n-k-1} \sim t(n-k-1)$, $F = \dfrac{\mathrm{SSR}/k}{\mathrm{SSE}/(n-k-1)} \sim f(k, n-k-1)$.

5. 参数 β_i 的区间估计与 Y_0 的预测区间.

(1) β_i 的区间估计为 $\left(\hat{b}_i - t_{\alpha/2}\cdot\sqrt{\dfrac{(\boldsymbol{X}^{\mathrm{T}}\boldsymbol{X})_{jj}^{-1}\mathrm{SSE}}{n-k-1}}, \hat{b}_i + t_{\alpha/2}\cdot\sqrt{\dfrac{(\boldsymbol{X}^{\mathrm{T}}\boldsymbol{X})_{jj}^{-1}\mathrm{SSE}}{n-k-1}}\right)$.

(2) Y_0 的预测区间为 $\left(\hat{Y}_0 - t_{\alpha/2}\cdot\sqrt{\dfrac{(1 + \boldsymbol{x}_0(\boldsymbol{X}^{\mathrm{T}}\boldsymbol{X})\boldsymbol{x}_0^{\mathrm{T}})\mathrm{SSE}}{n-k-1}}, \hat{Y}_0 + t_{\alpha/2}\cdot\sqrt{\dfrac{(1 + \boldsymbol{x}_0(\boldsymbol{X}^{\mathrm{T}}\boldsymbol{X})\boldsymbol{x}_0^{\mathrm{T}})\mathrm{SSE}}{n-k-1}}\right)$.

其中, $(\boldsymbol{X}^{\mathrm{T}}\boldsymbol{X})_{jj}^{-1}$ 表示矩阵 $(\boldsymbol{X}^{\mathrm{T}}\boldsymbol{X})^{-1}$ 的第 j 行第 j 列的元素, $j = i + 1(i = 0, 1, 2, \cdots, k)$.

6. 参数检验.

(1) 拟合优度检验: $R^2 = \dfrac{\mathrm{SSR}}{\mathrm{SST}} = 1 - \dfrac{\mathrm{SSE}}{\mathrm{SST}}$ 或 $\bar{R}^2 = 1 - \dfrac{\mathrm{SSE}/(n-k-1)}{\mathrm{SST}/(n-1)}$ 的值越大越好.

(2) T 检验 (单个参数的显著性检验): 假设为 H_0: $\beta_i = 0$, H_1: $\beta_i \neq 0$. 在 H_0 下,

$$T = \dfrac{\hat{\beta}_i}{\sqrt{(\boldsymbol{X}^{\mathrm{T}}\boldsymbol{X})_{jj}^{-1}\mathrm{SSE}}}\sqrt{n-k-1} \sim t(n-k-1).$$

给定显著性水平 α 下, 拒绝域为 $\{T\,|\,|T| > t_{\alpha/2}\}$.

(3) F 检验 (模型整体显著性检验): 假设 H_0: $\beta_1 = \beta_2 = \cdots = \beta_k = 0$, H_1: β_i 不全为零. 在 H_0 下, $F = \dfrac{\text{SSR}/k}{\text{SSE}/(n-k-1)} \sim f(k, n-k-1)$. 给定显著性水平 α 下, 拒绝域为

$$\{F | F > f_{\alpha/2}\} \cup \{F | F < f_{1-\alpha/2}\}.$$

12.1.3 非参数推断

参数检验要知道总体的分布及其多个总体的独立性, 因此实际进行参数推断时有必要对这两者进行检验, 即所谓的非参数检验. 这里不陈述, 读者可阅读相关的专业书籍.

12.2 概 念 例 解

1. 设总体 $X \sim N(\mu, \sigma^2)$, X_1, X_2, $\cdots$, X_n 是其子样, 则下列结论不正确的是 ___(C)___.

(A) $Z = \dfrac{\bar{X} - \mu}{\sigma/\sqrt{n}} \sim N(0, 1)$ (B) $T = \dfrac{\bar{X} - \mu}{S/\sqrt{n}} \sim t(n-1)$

(C) $\chi^2 = \dfrac{1}{n\sigma^2} \sum\limits_{k=1}^{n} (X_i - \mu)^2 \sim \chi^2(n-1)$ (D) $F = \dfrac{n(\bar{X} - \mu)^2}{S^2} \sim F(1, n-1)$

解 应选 (C). 因为 $\chi^2 = \dfrac{1}{n\sigma^2} \sum\limits_{k=1}^{n} (X_i - \mu)^2 \sim \chi^2(n)$, 从而 (C) 是不正确的. (A) 和 (B) 都是对的, 这由 12.1.1.2 节中的性质与定理 4 可知其正确性. (D) 是对的. 这是因为 $\dfrac{\bar{X} - \mu}{\sigma/\sqrt{n}} \sim N(0, 1)$, $\dfrac{(n-1)S^2}{\sigma^2} \sim \chi^2(n-1)$ 且 $\bar{X}$ 和 S^2 是独立的, 故由 F 分布的定义可知.

2. 设总体 $X \sim N(0, \sigma^2)$, X_1, X_2, $\cdots$, X_n, X_{n+1} 是总体 X 的子样, $\bar{X} = \dfrac{1}{n} \sum\limits_{i=1}^{n} X_i$, $S^2 = \dfrac{1}{n-1} \sum\limits_{i=1}^{n} (X_i - \bar{X})^2$, 则服从 $F(2, n-1)$ 的统计量是 ___(C)___.

(A) $F = \dfrac{n(X_{n+1} - \bar{X})^2}{2(n+1)S^2}$ (B) $F = \dfrac{X_{n+1}^2 + \bar{X}^2}{2S^2}$

(C) $F = \dfrac{X_{n+1}^2 + n\bar{X}^2}{2S^2}$ (D) $F = \dfrac{X_1^2 + X_2^2}{2S^2}$

解 应选 (C). 因为 $\dfrac{1}{\sigma} X_{n+1} \sim N(0, 1)$, $\dfrac{\bar{X}}{\sigma/\sqrt{n}} \sim N(0, 1)$ 且 X_{n+1} 与 $\bar{X}$ 是独立的, 故可以得到 $\dfrac{X_{n+1}^2 + n\bar{X}^2}{\sigma^2} \sim \chi^2(2)$. 又 $\dfrac{(n-1)S^2}{\sigma^2} \sim \chi^2(n-1)$ 且 S^2 与

X_{n+1} 和 $\bar{X}$ 都是独立的, 因此 $F = \dfrac{X_{n+1}^2 + n\bar{X}^2}{2S^2} \sim F(2, n-1)$. (A) 不对, 因为

$F = \dfrac{n(X_{n+1} - \bar{X})^2}{2(n+1)S^2} \sim F(1, n-1)$. (B) 也是不对的, 因为 $F = \dfrac{X_{n+1}^2 + \bar{X}^2}{2S^2}$ 服从

一个含有参数 n 的自由度为 $(2, n-1)$ 的 F 分布. 选项 (D) 是不对的, 因为 S^2

与 $X_1^2 + X_2^2$ 不是独立的, 故 $F = \dfrac{X_1^2 + X_2^2}{2S^2}$ 未必服从 F 分布.

3. 设 $\hat{\boldsymbol{\beta}}$ 是 k 元线性回归模型 $\boldsymbol{Y} = \boldsymbol{X}\boldsymbol{\beta} + \boldsymbol{u}(R(\boldsymbol{X}) = k+1, \boldsymbol{u} \sim N(\boldsymbol{0}, \sigma^2 \boldsymbol{I}_n))$ 的最小二乘估计量, 则下列结论中正确的是 _____(D)_____.

(A) $\displaystyle\sum_{i=0}^{k} \hat{\beta}_i \sim N\left(\sum_{i=0}^{k} \beta_i, \sigma^2 \sum_{i=0}^{k} (\boldsymbol{X}^{\mathrm{T}}\boldsymbol{X})_{jj}^{-1}\right)$

(B) $\displaystyle\sum_{i=0}^{k} \dfrac{(\hat{\beta}_i - \beta_i)^2}{\sigma^2 (\boldsymbol{X}^{\mathrm{T}}\boldsymbol{X})_{jj}^{-1}} \sim \chi^2(k+1)$

(C) $\displaystyle\sum_{i=1}^{n} (Y_i - \hat{Y}_i) \sim N\left(0, \sigma^2 \left[n - \sum_{i=1}^{n} (\boldsymbol{X}(\boldsymbol{X}^{\mathrm{T}}\boldsymbol{X})^{-1}\boldsymbol{X}^{\mathrm{T}})_{ii}\right]\right)$

(D) $\dfrac{\boldsymbol{1}_{k+1}^{\mathrm{T}}(\hat{\boldsymbol{\beta}} - \boldsymbol{\beta})(\hat{\boldsymbol{\beta}} - \boldsymbol{\beta})^{\mathrm{T}}\boldsymbol{1}_{k+1}}{\sigma^2 \boldsymbol{1}_{k+1}^{\mathrm{T}}(\boldsymbol{X}^{\mathrm{T}}\boldsymbol{X})^{-1}\boldsymbol{1}_{k+1}} + \dfrac{\boldsymbol{1}_n^{\mathrm{T}}(\hat{\boldsymbol{Y}} - \boldsymbol{Y})(\hat{\boldsymbol{Y}} - \boldsymbol{Y})^{\mathrm{T}}\boldsymbol{1}_n}{\sigma^2(n - \boldsymbol{1}_n^{\mathrm{T}}\boldsymbol{X}(\boldsymbol{X}^{\mathrm{T}}\boldsymbol{X})\boldsymbol{X}^{\mathrm{T}}\boldsymbol{1}_n)} \sim \chi^2(2)$

解 应选 (D). 因为 $\hat{\boldsymbol{\beta}} - \boldsymbol{\beta} \sim N(0, \sigma^2(\boldsymbol{X}^{\mathrm{T}}\boldsymbol{X})^{-1})$, 由服从正态分布的向量的分量的和也服从正态分布知, $\boldsymbol{1}_{k+1}^{\mathrm{T}}(\hat{\boldsymbol{\beta}} - \boldsymbol{\beta}) \sim N(0, \sigma^2\boldsymbol{1}_{k+1}^{\mathrm{T}}(\boldsymbol{X}^{\mathrm{T}}\boldsymbol{X})^{-1}\boldsymbol{1}_{k+1})$, 又 $\boldsymbol{Y} - \hat{\boldsymbol{Y}}$ 也服从均值为 $\boldsymbol{0}$ 的协方差阵为 $\boldsymbol{I}_n - \boldsymbol{X}(\boldsymbol{X}^{\mathrm{T}}\boldsymbol{X})\boldsymbol{X}^{\mathrm{T}}$ 的正态分布, 于是, 有 $\boldsymbol{1}_n^{\mathrm{T}}(\hat{\boldsymbol{Y}} - \boldsymbol{Y}) \sim N(0, \sigma^2(n - \boldsymbol{1}_n^{\mathrm{T}}\boldsymbol{X}(\boldsymbol{X}^{\mathrm{T}}\boldsymbol{X})\boldsymbol{X}^{\mathrm{T}}\boldsymbol{1}_n))$. 注意到 $\hat{\boldsymbol{\beta}}$ 与 $\hat{\boldsymbol{Y}} - \boldsymbol{Y}$ 独立以及 χ^2 分布的随机变量的和分布性质知

$$\dfrac{\boldsymbol{1}_{k+1}^{\mathrm{T}}(\hat{\boldsymbol{\beta}} - \boldsymbol{\beta})(\hat{\boldsymbol{\beta}} - \boldsymbol{\beta})^{\mathrm{T}}\boldsymbol{1}_{k+1}}{\sigma^2 \boldsymbol{1}_{k+1}^{\mathrm{T}}(\boldsymbol{X}^{\mathrm{T}}\boldsymbol{X})^{-1}\boldsymbol{1}_{k+1}} + \dfrac{\boldsymbol{1}_n^{\mathrm{T}}(\hat{\boldsymbol{Y}} - \boldsymbol{Y})(\hat{\boldsymbol{Y}} - \boldsymbol{Y})^{\mathrm{T}}\boldsymbol{1}_n}{\sigma^2(n - \boldsymbol{1}_n^{\mathrm{T}}\boldsymbol{X}(\boldsymbol{X}^{\mathrm{T}}\boldsymbol{X})\boldsymbol{X}^{\mathrm{T}}\boldsymbol{1}_n)} \sim \chi^2(2).$$

由 (D) 的说明过程可知 (A) 和 (C) 都不对. 由于 $\hat{\beta}_i - \beta_i (i = 0, 1, \cdots, k)$ 未必独立, 从而 (B) 也是不对的.

4. 设 $\hat{\boldsymbol{\beta}}$ 是 k 元线性回归模型 $\boldsymbol{Y} = \boldsymbol{X}\boldsymbol{\beta} + \boldsymbol{u}(R(\boldsymbol{X}) = k+1, \boldsymbol{u} \sim N(\boldsymbol{0}, \sigma^2 \boldsymbol{I}_n))$ 的最小二乘估计量, 则下列结论中正确的是 _____(D)_____.

(A) $R(\mathrm{SST}) = n$ (B) $R(\mathrm{SSE}) = n - k$

(C) $R(\mathrm{SSR}) = k - 1$ (D) $R(\mathrm{SSR}) = k$

解 四个选项都是二次型的秩, 正确的是 (D), 故选 (D). 因为由 12.1 节中的性质与定理 6 知 $\dfrac{\mathrm{SSE}}{\sigma^2} \sim \chi^2(n - k - 1)$, $\dfrac{\mathrm{SST}}{\sigma^2} \sim \chi^2(n-1)$ 且 $\dfrac{\mathrm{SSR}}{\sigma^2}$ 与 $\dfrac{\mathrm{SSE}}{\sigma^2}$ 相互独立. 由于总离差平方和 $\mathrm{SST} = \mathrm{SSE} + \mathrm{SSR}$, $R(\mathrm{SST}) = n - 1$, $R(\mathrm{SSE}) = n - k - 1$, 故由柯赫伦定理可知 $R(\mathrm{SSR}) = k$. 由上述论述知其余选项都是不对的.

5. 设 X_1, X_2, $\cdots$, X_n 是均值为 μ, 方差为 σ^2 的总体 X 的样本, 那么____(D)____.

(A) $\bar{X}$ 与 X 的分布是同一类分布

(B) $\dfrac{(n-1)S^2}{\sigma^2} \sim \chi^2(n-1)$

(C) $\bar{X}$ 与 S^2 相互独立

(D) S^2 是 σ^2 的一致无偏估计量

解 应选 (D). 因为 $ES^2 = \sigma^2$, 由辛钦大数定理知 $\bar{X} \xrightarrow{p} \mu$, $\dfrac{1}{n}\sum\limits_{i=1}^{n} X_i^2 \xrightarrow{p} \sigma^2 + \mu^2$, 从而有 $S_n^2 \xrightarrow{p} \sigma^2$, 于是有

$$\lim_{n\to\infty} P\left(\left|S^2 - \sigma^2\right| \geqslant \varepsilon\right) = \lim_{n\to\infty} P\left(\left|\frac{n}{n-1}S_n^2 - \sigma^2\right| \geqslant \varepsilon\right)$$
$$\leqslant \lim_{n\to\infty} P\left(\left|S_n^2 - \sigma^2\right| \geqslant \varepsilon\right) = 0.$$

因此 (D) 对, 而 (A), (B) 和 (C) 都未必对. 只有当总体 X 服从正态分布时三个选项才对.

6. 设 X_1, X_2, $\cdots$, X_n 是均值为 μ(未知), 方差为 σ^2 的总体 X 的样本, 那么下列 σ^2 估计中较好的是____(D)____.

(A) $\hat{\sigma}^2 = \dfrac{1}{n}\sum\limits_{i=1}^{n}(X_i - \mu)^2$

(B) $\hat{\sigma}^2 = n(\bar{X} - \mu)^2$

(C) $\hat{\sigma}^2 = \dfrac{1}{n}\sum\limits_{i=1}^{n}(X_i - \bar{X})^2$

(D) $\hat{\sigma}^2 = \dfrac{1}{n-1}\sum\limits_{i=1}^{n}(X_i - \bar{X})^2$

解 应选 (D). 这是因为 (D) 是 σ^2 无偏的一致估计. 而 (A) 和 (B) 含有未知参数, 不能当估计量, 因而不对. 选项 (C) 则是 σ^2 的有偏估计.

7. 设 X_1, X_2, $\cdots$, X_n 是总体 $N(u, \sigma^2)$ 的样本, 则____(B)____.

(A) $\bar{X}^2$ 是 μ^2 的矩估计量

(B) $\bar{X}^2$ 是 μ^2 的最大似然估计量

(C) S^2 是 σ^2 的矩估计量

(D) S^2 是 σ^2 的最大似然估计量

解 应选 (B). 因为 $\bar{X}$ 是 μ 的最大似然估计, 从而由最大似然估计不变性知 (B) 是对的. (A) 不对, 因为矩估计没有最大似然估计所具有的不变性性质. (C) 和 (D) 也都不对, 因为 σ^2 的矩估计和最大似然估计都是 B_2.

8. 设 X_1, X_2, $\cdots$, X_n 是总体 $N(u, 1)$ 的样本, 下列置信区间中最好的是____(C)____.

(A) $(\sqrt{n}\bar{X} - Z_{0.001}, \sqrt{n}\bar{X} + Z_{0.009})$

(B) $(\sqrt{n}\bar{X} - Z_{0.008}, \sqrt{n}\bar{X} + Z_{0.002})$

(C) $(\sqrt{n}\bar{X} - Z_{0.005}, \sqrt{n}\bar{X} + Z_{0.005})$

(D) $(\sqrt{n}\bar{X} - Z_{0.025}, \sqrt{n}\bar{X} + Z_{0.025})$

解 应选 (C). 因为 (A), (B) 和 (C) 的置信度都为 99%, (D) 的置信度则为 95%, 而且在置信度都为 99% 的这些区间中 (C) 是最短的, 故 (C) 是最好的置信区间.

9. 设 $x_1, x_2, \cdots, x_n$ 是总体 $N(u, \sigma^2)$ 的一个样本值, $H_0: \mu = \mu_0$, $H_1: \mu \neq \mu_0$, 且在 H_0 成立下, 计算出 $t_0 = \dfrac{\bar{x} - u_0}{s/\sqrt{n}}$ 和 $P(|T| > t_0) = 0.026$, 则下列陈述正确的有___(C)___.

(A) 在显著性水平 $\alpha = 0.01$ 下拒绝 H_0

(B) 在显著性水平 $\alpha = 0.05$ 下接受 H_0

(C) 在显著性水平 $\alpha = 0.05$ 下拒绝 H_0

(D) 在显著性水平 $\alpha = 0.1$ 下接受 H_0

解　应选 (C). 因为 $\alpha = 0.05 > 0.026$, 表明拒绝域包含 $|T| > t_0$, 即 $|t_0|$ 大于显著性水平的临界值, 故拒绝 H_0. 故 (C) 是对的, 而 (B) 不对. 同理可知, 在显著性水平 $\alpha = 0.01$ 下接受 H_0, 故 (A) 不能选. 在显著性水平 $\alpha = 0.1$ 下拒绝 H_0, 故 (D) 也不能选.

10. 设某检验问题的拒绝域为 $W_{0.05}$, 而犯第二类错误的概率为 $\beta = 0.09$, 则下列等式正确的是___(B)___.

(A) $P(\bar{W}_{0.05}|H_0) = 0.05$　　　　　　　(B) $P(\bar{W}_{0.05}|H_1) = 0.09$

(C) $P(W_{0.05}|H_1) = 0.95$　　　　　　　　(D) $P(W_{0.05}|H_0) = 0.91$

解　应选 (B). 因为 (B) 式左边描述的是第二类错误的概率, 由已知, 它等于 0.09, 所以 (B) 是对的. (A) 不对是因为 $P(\bar{W}_{0.05}|H_0) = 0.95$, 而不是 $P(\bar{W}_{0.05}|H_0) = 0.05$. (C) 不对, 因为 $P(W_{0.05}|H_1) = 0.91$. (D) 也不对, 因为 $P(W_{0.05}|H_0) = 0.05$.

11. 设 $X_1, X_2, \cdots, X_n$ 是总体 $N(u, \sigma^2)$ 的样本, 双边检验 $H_0: \sigma^2 = \sigma_0^2$, $H_1: \sigma^2 \neq \sigma_0^2$, 则第二类错误 $P(\bar{W}_\alpha|H_1) = F(\lambda\chi_{\alpha/2}^2) - F(\lambda\chi_{1-\alpha/2}^2)$ 是___(A)___, 其中, $F(\cdot)$ 为 χ^2 分布函数, $\lambda = \dfrac{\sigma_0^2}{\sigma^2}$.

(A) 关于 λ 递增, 而关于 α 递减的函数

(B) 关于 λ 递增, 而关于 α 递增的函数

(C) 关于 λ 递减, 而关于 α 递增的函数

(D) 关于 λ 递减, 而关于 α 递减的函数

解　应选 (A). 而 (B), (C) 和 (D) 都不能选. 事实上, 由于 $\lambda > 0$, α 一定且 $\lambda_1 < \lambda_2$ 时, $\lambda_1(\chi_{\alpha/2}^2 - \chi_{1-\alpha/2}^2) < \lambda_2(\chi_{\alpha/2}^2 - \chi_{1-\alpha/2}^2)$, 从而, $P(\bar{W}_\alpha|H_1) = F(\lambda\chi_{\alpha/2}^2) - F(\lambda\chi_{1-\alpha/2}^2)$ 关于 λ 是递增的. 又当正数 λ 一定且 $\alpha_1 < \alpha_2$ 时, $\chi_{\alpha_1/2}^2 > \chi_{\alpha_2/2}^2$, 而且 $\chi_{1-\alpha_1/2}^2 < \chi_{1-\alpha_2/2}^2$, 进而有 $\lambda(\chi_{\alpha_2/2}^2 - \chi_{1-\alpha_2/2}^2) < \lambda(\chi_{\alpha_1/2}^2 - \chi_{1-\alpha_1/2}^2)$, 因此, $P(\bar{W}_\alpha|H_1) = F(\lambda\chi_{\alpha/2}^2) - F(\lambda\chi_{1-\alpha/2}^2)$ 关于 α 是递减的.

12. 设正态线性模型 $y = a + bx + \varepsilon$, 并且用 T-检验法得知, 在显著性水平 $\alpha = 0.01$ 下接受 $H_0: b = 0$, 则在显著性水平 $\alpha = 0.05$ 下___(D)___.

(A) 接受 H_0, 表明 x 与 y 在代数上无关

(B) 接受 H_0, 表明 x 与 y 在统计上无关

(C) 拒绝 H_0, 表明 x 与 y 在代数上有关

(D) 拒绝 H_0, 表明 x 与 y 在统计上有关

解 应选 (D). 因为在 T-检验的双边检验中, 较小的显著性水平对应的临界值较大, 而大于较小的显著性水平的临界值必大于较大的显著性水平的临界值, 故拒绝 H_0. 又拒绝 H_0 表明 $b \neq 0$ 在统计意义下是显著的, 即 x 与 y 在统计意义上有关. 这是一个数据结果. (A), (B) 和 (C) 不能选.

13. 设总体 $\xi \sim N(\mu, 1)$, $\xi_1, \cdots, \xi_n$ 为其样本, 检验问题 $H_0 : \mu > 100$ 的 p-值为 $p = 0.02$, 则 ____(A)____ .

(A) $\alpha = 0.01$ 时接受 H_0 (B) $\alpha = 0.05$ 时接受 H_0

(C) $\alpha = 0.1$ 时接受 H_0 (D) $\alpha = 0.01$ 时拒绝 H_0

解 应选 (A). 因为 $\alpha = 0.01 < 0.02 = p$, 此 p-值下的检验统计量的样本值小于检验水平下的临界值, 故接受 H_0. (B) 不对, 因为 $p = 0.02 < 0.05 = \alpha$ 时, 则在此 p-值下的检验统计量的样本值大于检验水平下的临界值, 故拒绝 H_0. (C) 不对的原因与 (B) 相同. (D) 不对由 (A) 的论述便可以知晓.

14. 设总体 $\xi \sim N(\mu, \sigma^2)$, σ 未知, $\xi_1, \cdots, \xi_n$ 为其样本, 检验问题 $H_0 : \mu = 100$. 在 H_0 成立下, 用于检验此问题的 T 检验的样本值为 T_0 且 $P(|T| > T_0) = 0.06$, 给出 $\alpha = 0.05$ 的临界值为 T_1 而 $\alpha = 0.1$ 的临界值为 T_2, 则 ____(D)____ .

(A) $T_1 < T_0 < T_2$ (B) $T_1 < T_2 < T_0$

(C) $T_2 < T_1 < T_0$ (D) $T_2 < T_0 < T_1$

解 应选 (D). 易知, $p = 0.06$, 从而在检验水平 $\alpha = 0.05$ 下接受 H_0, 从而 $T_0 < T_1$; 又在检验水平 $\alpha = 0.1$ 下 $p = 0.06 < 0.1 = \alpha$ 拒绝 H_0, 从而 $T_0 > T_2$. 总之有 T_1. 故 (D) 是对的, 其余选项都不对. 从 t-分布图也可以看出这一结果.

12.3 方 法 例 解

1. 设 $X_1, X_2, \cdots, X_n$ 是服从均匀分布 $U(a, b)$ 的总体 X 的一个样本, 试求: (1) 参数 a, b 的矩估计; (2) 参数 a, b 的最大似然估计; (3) 求 $\theta = b - a$ 的最大似然估计; (4) 求 θ 的无偏估计.

解 (1) 由于均匀分布 $U(a, b)$ 的分布密度函数为

$$f(x, a, b) = \begin{cases} \dfrac{1}{b-a}, & x \in [a, b], \\ 0, & x \notin [a, b], \end{cases}$$

故 $EX = \dfrac{a+b}{2}$, $EX^2 = \dfrac{b^2 + ab + a^2}{3}$. 令 $A_1 = \bar{X} = EX$, $A_2 = EX^2$, 则有方程

$$\frac{a+b}{2} = \bar{X}, \quad \frac{b^2 + ab + a^2}{3} = A_2.$$

联立求解上述两方程可得 $\hat{a} = \bar{X} \pm \sqrt{3B_2}$, $\hat{b} = \bar{X} \mp \sqrt{3B_2}$. 由于 $a < b$, 因此, 可以得到参数 a, b 的矩估计量分别为 $\hat{a} = \bar{X} - \sqrt{3B_2}$ 和 $\hat{b} = \bar{X} + \sqrt{3B_2}$.

(2) 易知样本似然函数为 $L(x_1, x_2, \cdots, x_n; a, b) = \dfrac{1}{(b-a)^n}$, $x_i \in [a, b]$, $i = 1, 2, \cdots, n$; 否则, $L(x_1, x_2, \cdots, x_n; a, b) = 0$. 由于是求最大似然估计, 只需考虑大于零的那一部分. 于是, 对似然函数取对数得对数似然函数 $\ln L = -n \ln(b-a)$. 由于 $\dfrac{\partial \ln L}{\partial b} = \dfrac{-n}{b-a} < 0$, 以及 $\dfrac{\partial \ln L}{\partial a} = \dfrac{n}{b-a} > 0$. 这表明对数似然函数关于 b 是递减的而关于 a 是递增的, 不存在稳定点. 但令 $x_{(1)} = \min\{x_1, x_2, \cdots, x_n\}$, $x_{(n)} = \max\{x_1, x_2, \cdots, x_n\}$, 则 $a \leqslant x_{(1)} \leqslant x_{(n)} \leqslant b$ 时, $L(x_1, x_2, \cdots, x_n; a, b) = \dfrac{1}{(b-a)^n}$ $\leqslant \dfrac{1}{(x_{(n)} - x_{(1)})^n} = L(x_1, x_2, \cdots, x_n; x_{(1)}, x_{(n)})$. 因此, 参数 a, b 的最大似然估计分别为 $\hat{a} = X_{(1)}$ 和 $\hat{b} = X_{(n)}$.

(3) 由最大似然估计不变性知 $\theta = b - a$ 的最大似然估计为 $\hat{\theta} = X_{(n)} - X_{(1)}$.

(4) 由于 $P(X_{(n)} < x) = P(X_1 < x, \cdots, X_n < x) = \left(\dfrac{x-a}{b-a}\right)^n$, $x \in [a, b]$, 否则为零. 于是, $X_{(n)}$ 的密度函数为 $f_{X_{(n)}}(x) = n\left(\dfrac{x-a}{b-a}\right)^{n-1} \dfrac{1}{b-a}$, $x \in [a, b]$, 否则为零. 因此

$$EX_{(n)} = \int_a^b nx \left(\frac{x-a}{b-a}\right)^{n-1} \frac{1}{b-a} \mathrm{d}x = \frac{nb+a}{n+1}.$$

又 $P(X_{(1)} < x) = 1 - P(X_1 \geqslant x, \cdots, X_n \geqslant x) = 1 - \left(1 - \dfrac{x-a}{b-a}\right)^n$, $x \in [a, b]$, 否则为零. 于是, $X_{(1)}$ 的密度函数为 $f_{X_{(1)}}(x) = n\left(1 - \dfrac{x-a}{b-a}\right)^{n-1} \dfrac{1}{b-a}$, $x \in [a, b]$, 否则为零. 因此

$$EX_{(1)} = \int_a^b nx \left(1 - \frac{x-a}{b-a}\right)^{n-1} \frac{1}{b-a} \mathrm{d}x = \frac{na+b}{n+1}.$$

进而有

$$E\hat{\theta} = EX_{(n)} - EX_{(1)} = \frac{nb+a}{n+1} - \frac{na+b}{n+1} = \frac{n-1}{n+1}(b-a).$$

因此, 可求得 θ 的一个无偏估计为 $\dfrac{n+1}{n-1}(X_{(n)} - X_{(1)})$.

2. 设 $X_1, X_2, \cdots, X_n$ 是服从二项分布 $B(m, p)$ 的总体 X 的一个样本, 试求

(1) 参数 p, q 的矩估计;　　　　　　　　(2) 参数 p, q 的最大似然估计;

(3) 求 pq 的最大似然估计;　　　　(4) 求 pq 的无偏估计. 其中, $q = 1 - p$.

解　(1) 由矩估计方法知, $A_1 = \bar{X} = EX = mp$, $A_2 = EX^2 = mpq + (mp)^2$. 联立求解这两方程可以得到 $\hat{p} = \dfrac{1}{m}\bar{X}$, $\hat{q} = \dfrac{B_2}{\bar{X}}$.

(2) 由于二项分布的概率函数为 $P(X = x) = C_m^x p^x q^{m-x}$, 因而, 样本似然函数为

$$L(x_1, \cdots, x_n) = \prod_{i=1}^{n} C_m^{x_i} p^{\sum\limits_{i=1}^{n} x_i} q^{mn - \sum\limits_{i=1}^{n} x_i}.$$

于是, 令

$$\frac{\partial \ln L}{\partial p} = \sum_{i=1}^{n} x_i \frac{1}{p} - \left(mn - \sum_{i=1}^{n} x_i\right)\frac{1}{1-p} = 0,$$

求得 p 的最大似然估计 $\hat{p} = \dfrac{1}{m}\bar{X}$.

(3) 由最大似然估计不变性知 $\widehat{pq} = \dfrac{1}{m^2}\bar{X}(m - \bar{X})$.

(4) 由于

$$E\widehat{pq} = E\left[\frac{1}{m^2}\bar{X}(m - \bar{X})\right] = \frac{m}{m^2}E\bar{X} - \frac{1}{m^2}E\bar{X}^2$$

$$= \frac{1}{m}mp - \frac{1}{m^2}[\mathrm{Var}\bar{X} + (E\bar{X})^2] = p - \left(\frac{m}{m^2 n}pq + \frac{1}{m^2}(mp)^2\right)$$

$$= p\left(1 - \frac{q}{mn} - p\right),$$

所以, pq 的一个无偏估计是 $\dfrac{mn}{mn - 1}\widehat{pq}$.

3. 设 $X_1, X_2, \cdots, X_n$ 是服从参数为 μ, σ^2 的对数正态分布总体 X 的一个样本, 试求 (1) μ, σ^2 的矩估计量; (2) μ, σ^2 的最大似然估计; (3) 满足 $P(X > a) = 0.01$ 的参数 a 的最大似然估计; (4) 证明 $\hat{a}$ 是 a 的一致估计.

解　(1) 由于对数正态分布密度函数为

$$f(x; \mu, \sigma^2) = \begin{cases} \dfrac{1}{\sqrt{2\pi}\sigma x} e^{-\frac{(\ln x - u)^2}{2\sigma^2}}, & 0 \leqslant x, \\ 0, & x < 0. \end{cases}$$

因此

$$EX = \int_{-\infty}^{+\infty} xf(x; \mu, \sigma^2)\mathrm{d}x = \int_0^{+\infty} \frac{1}{\sqrt{2\pi}\sigma x} xe^{-\frac{(\ln x - u)^2}{2\sigma^2}} \mathrm{d}x$$

$$= \frac{1}{\sqrt{2\pi}\sigma} \int_0^{+\infty} xe^{-\frac{(\ln x - u)^2}{2\sigma^2}} \mathrm{d}\ln x = \frac{1}{\sqrt{2\pi}\sigma} \int_{-\infty}^{+\infty} e^{-\frac{(x-u)^2}{2\sigma^2} + x} \mathrm{d}x$$

$$= e^{\mu + \frac{1}{2}\sigma^2} \frac{1}{\sqrt{2\pi}\sigma} \int_{-\infty}^{+\infty} e^{-\frac{(x-u-\sigma^2)^2}{2\sigma^2}} \mathrm{d}x = e^{\mu + \frac{1}{2}\sigma^2},$$

$$EX^2 = \int_{-\infty}^{+\infty} x^2 f(x; \mu, \sigma^2)\mathrm{d}x = \int_0^{+\infty} \frac{1}{\sqrt{2\pi}\sigma x} x^2 e^{-\frac{(\ln x - u)^2}{2\sigma^2}} \mathrm{d}x$$

$$= \frac{1}{\sqrt{2\pi}\sigma} \int_0^{+\infty} x^2 e^{-\frac{(\ln x - u)^2}{2\sigma^2}} \mathrm{d}\ln x = \frac{1}{\sqrt{2\pi}\sigma} \int_{-\infty}^{+\infty} e^{-\frac{(x-u)^2}{2\sigma^2} + \frac{1}{2}x} \mathrm{d}x$$

$$= e^{2(\mu+\sigma^2)} \frac{1}{\sqrt{2\pi}\sigma} \int_{-\infty}^{+\infty} e^{-\frac{(x-u-2\sigma^2)^2}{2\sigma^2}} \mathrm{d}x = e^{2(\mu+\sigma^2)}.$$

于是, 由矩估计方法知, $A_1 = \bar{X} = EX = e^{u + \frac{1}{2}\sigma^2}$, $A_2 = EX^2 = e^{2(u+\sigma^2)}$. 联立求解这两个方程, 可以得到 $\hat{\mu} = \ln \dfrac{\bar{X}^2}{\sqrt{A_2}}$, $\hat{\sigma}^2 = \ln \dfrac{A_2}{\bar{X}^2}$.

(2) 样本似然函数为

$$L(x_1, \cdots, x_n; \mu, \sigma^2) = \prod_{i=1}^n \frac{1}{\sqrt{2\pi}\sigma x_i} e^{-\frac{(\ln x_i - u)^2}{2\sigma^2}}$$

$$= \frac{1}{(2\pi\sigma)^{n/2} \prod\limits_{i=1}^n x_i} e^{-\frac{1}{2\sigma^2} \sum\limits_{i=1}^n (\ln x_i - u)^2} \quad (x_i \geqslant 0).$$

样本对数似然函数为

$$\ln L = -\sum_{i=1}^n \ln x_i - \frac{n}{2} \ln 2\pi - \frac{n}{2} \ln \sigma^2 - \frac{1}{2\sigma^2} \sum_{i=1}^n (\ln x_i - u)^2.$$

令

$$\frac{\partial \ln L}{\partial \mu} = \frac{1}{\sigma^2} \sum_{i=1}^n (\ln x_i - u) = 0, \quad \frac{\partial \ln L}{\partial \mu} = -\frac{n}{2\sigma^2} + \frac{1}{2\sigma^4} \sum_{i=1}^n (\ln x_i - u)^2 = 0,$$

联立求解这两个方程可得

$$\hat{\mu} = \frac{1}{n} \sum_{i=1}^n \ln X_i, \quad \hat{\sigma}^2 = \frac{1}{n} \sum_{i=1}^n (\ln X_i - \hat{u})^2.$$

(3) 由

$$0.025 = P(X > a) = \frac{1}{\sqrt{2\pi}\sigma} \int_a^{+\infty} \frac{1}{x} e^{-\frac{(\ln x - u)^2}{2\sigma^2}} \ \mathrm{d}x$$

$$= \frac{1}{\sqrt{2\pi}\sigma} \int_a^{+\infty} e^{-\frac{(\ln x - u)^2}{2\sigma^2}} \ \mathrm{d}\ln x = \frac{1}{\sqrt{2\pi}\sigma} \int_{\ln a}^{+\infty} e^{-\frac{(y-u)^2}{2\sigma^2}} \ \mathrm{d}y$$

$$= \frac{1}{\sqrt{2\pi}} \int_{\frac{\ln a - u}{\sigma}}^{+\infty} e^{-\frac{y^2}{2}} \ \mathrm{d}y$$

知, $a = e^{\mu + 1.96\sigma}$. 因此, 由最大似然估计不变性可得, a 的最大似然估计为

$$\ln \hat{a} = \frac{1}{n} \sum_{i=1}^n \ln X_i + 1.96 \sqrt{\frac{1}{n} \sum_{i=1}^n (\ln X_i - \hat{u})^2}.$$

(4) 令 $Y = \ln X$, 则, $Y \sim N(\mu, \sigma^2)$. 从而, $\bar{Y} = \frac{1}{n} \sum_{i=1}^n \ln X_i$, $B_2^Y = \frac{1}{n} \cdot \sum_{i=1}^n (\ln X_i - \hat{u})^2$, $\hat{a} = e^{\bar{Y} + 1.96\sqrt{B_2^Y}}$. 又由于

$$P\left(\left|\bar{Y} + 1.96\sqrt{B_2^Y} - \mu - 1.96\sigma\right| > \varepsilon\right) = P\left(\left|\bar{Y} - \mu + 1.96\frac{B_2^Y - \sigma^2}{\sqrt{B_2^Y} + \sigma}\right| > \varepsilon\right)$$

$$\leqslant P\left(\left|\bar{Y} - \mu\right| + 1.96\left|\frac{B_2^Y - \sigma^2}{\sqrt{B_2^Y} + \sigma}\right| > \varepsilon\right)$$

$$\leqslant P\left(\left|\bar{Y} - \mu\right| > \frac{\varepsilon}{2}\right) + P\left(\left|\frac{B_2^Y - \sigma^2}{\sqrt{B_2^Y} + \sigma}\right| > \frac{1}{3.92}\varepsilon\right)$$

$$\leqslant P\left(\left|\bar{Y} - \mu\right| > \frac{\varepsilon}{2}\right) + P\left(\left|B_2^Y - \frac{1}{n}\sigma^2\right| > \frac{1}{3.92}\varepsilon\sigma\right)$$

$$\leqslant \frac{4}{n\varepsilon^2}\sigma^2 + \frac{3.92^2}{n^2\varepsilon^2}2(n-1)\sigma^2$$

$$\to 0 \quad (n \to \infty),$$

所以, $\bar{Y} + 1.96\sqrt{B_2^Y}$ 是 $\mu + 1.96\sigma$ 的一致估计. 因为 e^x 是连续函数, 故 $\forall \varepsilon > 0$, 总有 $\delta > 0$, 使得当 $\left|\bar{Y} + 1.96\sqrt{B_2^Y} - \mu - 1.96\sigma\right| < \delta$ 时, $\left|e^{\bar{Y} + 1.96\sqrt{B_2^Y}} - e^{\mu + 1.96\sigma}\right| < \varepsilon$. 这样

$$P\left(\left|\bar{Y} + 1.96\sqrt{B_2^Y} - \mu - 1.96\sigma\right| < \delta\right) \leqslant P\left(\left|e^{\bar{Y} + 1.96\sqrt{B_2^Y}} - e^{\mu + 1.96\sigma}\right| < \varepsilon\right),$$

即

$$P\left(\left|e^{\bar{Y} + 1.96\sqrt{B_2^Y}} - e^{\mu + 1.96\sigma}\right| \geqslant \varepsilon\right) \leqslant P\left(\left|\bar{Y} + 1.96\sqrt{B_2^Y} - \mu - 1.96\sigma\right| \geqslant \delta\right)$$

$$\to 0 \quad (n \to \infty).$$

这就证明了 $\hat{a}$ 是 a 的一致估计.

4. 设 $X_1, X_2, \cdots, X_n$ 是总体 X 的一个样本, 试求 (1) 参数 θ 的矩估计, (2) 最大似然估计量, (3) 这两个估计哪一个更有效？其中

X	-1	0	1
p	θ^2	$2\theta(1-\theta)$	$(1-\theta)^2$

解　(1) 由于 $EX = -\theta^2 + (1-\theta)^2 = 1 - 2\theta$, 故由 $\bar{X} = EX$ 知 θ 的矩估计量 (记为 $\hat{\theta}_{\mathrm{ME}}$) 为

$$\hat{\theta}_{\mathrm{ME}} = \frac{1}{2}(1 - \bar{X}).$$

(2) 样本的似然函数为

$$L(x_1, \cdots, x_n; \theta) = \frac{n!}{n_1! n_2! \, (n - n_1 - n_2)!} \theta^{2n_1} [2\theta(1-\theta)]^{n_2} (1-\theta)^{2(n - n_1 - n_2)},$$

因此, 令

$$\frac{\partial \ln L}{\partial \theta} = \frac{2n_1}{\theta} + \frac{n_2}{\theta} - \frac{n_2}{1-\theta} - 2\frac{n - n_1 - n_2}{1-\theta} = 0,$$

可求得 θ 的最大似然估计 (记为 $\hat{\theta}_{\mathrm{MLE}}$), $\hat{\theta}_{\mathrm{MLE}} = \dfrac{2n_1 + n_2}{2n}$, 其中, n_1 为样本值中所取到 -1 的个数, 而 n_2 为样本值中所取到 0 的个数.

又 $E\hat{\theta}_{\mathrm{ME}} = \dfrac{1}{2} - \dfrac{1}{2}E\bar{X} = \dfrac{1}{2} - \dfrac{1}{2}(1-2\theta) = \theta$, 且 $E\hat{\theta}_{\mathrm{MLE}} = \dfrac{1}{2n}(2En_1 + En_2) = \theta$. 此处, 利用了 $n_1 \sim B(n, \theta^2)$, $n_2 \sim B(n, 2\theta(1-\theta))$. 故 $\hat{\theta}_{\mathrm{ME}}$ 和 $\hat{\theta}_{\mathrm{MLE}}$ 都是 θ 的无偏估计. 又由于

$$\mathrm{Var}\,\hat{\theta}_{\mathrm{ME}} = \frac{1}{4}\mathrm{Var}\,\bar{X} = \frac{1}{2n}(\theta - \theta^2),$$

$$\mathrm{Var}\,\hat{\theta}_{\mathrm{MLE}} = \frac{4}{4n^2}\mathrm{Var}\,n_1 + \frac{1}{4n^2}\mathrm{Var}\,n_2 = \frac{\theta - \theta^2 + 4\theta^3 - 4\theta^4}{2n},$$

因此

$$\mathrm{Var}\,\hat{\theta}_{\mathrm{ME}} - \mathrm{Var}\,\hat{\theta}_{\mathrm{MLE}} = \frac{-2\theta^3 + 2\theta^4}{n} \leqslant 0.$$

(3) 于是, 由有效估计的定义知, 矩估计量比最大似然估计量更有效.

5. 设 $X_1, X_2, \cdots, X_n$ 是分布密度函数为

$$f(x) = \begin{cases} e^{-(x-\alpha)}, & x \geqslant \alpha, \\ 0, & x < \alpha \end{cases}$$

的随机变量 X 的样本, 试求: (1) 参数 α 的矩估计量与最大似然估计量; (2) Y_1, $Y_2, \cdots, Y_n$ 是随机变量 $Y = \beta(X - \alpha) + \alpha$ $(\beta > 0)$ 的样本, 求参数 α, β 的矩估计量与最大似然估计.

解 (1) 由于

$$EX = \int_\alpha^{+\infty} xe^{-(x-\alpha)}\mathrm{d}x = -xe^{-(x-\alpha)}\Big|_\alpha^{+\infty} + \int_\alpha^{+\infty} e^{-(x-\alpha)}\mathrm{d}x = \alpha + 1,$$

故由矩估计方法知 $\hat{\alpha}_{\mathrm{ME}} = \bar{X} - 1$.

又样本的似然函数为

$$L(x_1, \cdots, x_n; \alpha) = \prod_{i=1}^n e^{-(x_i-\alpha)} = e^{-\sum\limits_{i=1}^n x_i + n\alpha}, \quad x_i \geqslant \alpha \ (i = 1, 2, \cdots, n),$$

而 $\dfrac{\partial \ln L}{\partial \alpha} = n > 0$, 故 $L(x_1, \cdots, x_n; \alpha)$ 关于 α 是递增的, 因此, α 的最大似然估计量为 $\hat{\alpha}_{\mathrm{MLE}} = X_{(1)}$.

(2) 由于

$$\mathrm{Var}X = \int_\alpha^{+\infty} x^2 e^{-(x-\alpha)} - (\alpha+1)^2 = \alpha^2 + 2(\alpha+1) - (\alpha+1)^2 = 1,$$

因此, $EY = \beta(EX - \alpha) + \alpha = \alpha + \beta$, $\mathrm{Var}Y = \beta^2 \mathrm{Var}X = \beta^2$. 于是, 由矩估计方法可得 $\hat{\alpha}_{\mathrm{ME}} = \bar{Y} - \sqrt{B_2}$, $\hat{\beta}_{\mathrm{MLE}} = \sqrt{B_2}$.

进一步, 可求得 Y 的分布密度函数为

$$f(y; \alpha, \beta) = \begin{cases} \dfrac{1}{\beta} e^{-\frac{y-\alpha}{\beta}}, & y \geqslant \alpha, \\ 0, & y < \alpha. \end{cases}$$

因此, Y 的样本似然函数为

$$L(y_1, \cdots, y_n; \alpha) = \prod_{i=1}^n \frac{1}{\beta} e^{-\frac{1}{\beta}(y_i - \alpha)} = \frac{1}{\beta^n} e^{-\frac{1}{\beta}\left(\sum\limits_{i=1}^n y_i - n\alpha\right)}, \quad y_i \geqslant \alpha (i = 1, 2, \cdots, n),$$

从而, $\dfrac{\partial \ln L}{\partial \alpha} = \dfrac{n}{\beta} > 0$, $\dfrac{\partial \ln L}{\partial \beta} = -\dfrac{n}{\beta} + \dfrac{1}{\beta^2}\left(\sum\limits_{i=1}^n y_i - n\alpha\right)$. 于是, $L(y_1, \cdots, y_n; \alpha, \beta)$ 关于 α 是递增的, 这样可取 α 的最大似然估计 $\hat{\alpha}_{\mathrm{MLE}} = Y_{(1)}$. 又令 $\dfrac{\partial \ln L}{\partial \beta} = 0$, 可求得 β 的最大似然估计 $\hat{\beta}_{\mathrm{MLE}} = \bar{Y} - Y_{(1)}$. 事实上, 对每个 α, $\beta = \bar{Y} - \alpha$ 是唯一的, 且

$$\frac{\partial^2 \ln L}{\partial \beta^2}\bigg|_{\beta = \bar{Y} - \alpha} = -\frac{n}{\beta^2} < 0,$$

故 $\ln L(\alpha, \beta) \leqslant \ln L(\hat{\alpha}, \beta) \leqslant \ln L(\hat{\alpha}, \hat{\beta})$, 即 $L(\hat{\alpha}, \hat{\beta})$ 为 $L(\alpha, \beta)$ 的最大值.

6. 设随机向量 $(X, Y)^{\mathrm{T}}$ 服从 $N(\mu_1, \sigma_1^2; \mu_2, \sigma_2^2; \rho)$, $(X_1, Y_1)^{\mathrm{T}}$, $(X_2, Y_2)^{\mathrm{T}}$, $\cdots$, $(X_n, Y_n)^{\mathrm{T}}$ 是总体 $(X, Y)^{\mathrm{T}}$ 的样本, 求 (1) μ_1, σ_1^2, μ_2, σ_2^2 和 ρ 的矩估计量; (2) 如果总体 $\mu_1 = \mu_2 = 0$, $\sigma_1^2 = \sigma_2^2 = \sigma^2$, 求 σ^2 和 ρ 的最大似然估计量.

解 (1) 由于

$$E(X, Y)^{\mathrm{T}} = (\mu_1, \mu_2)^{\mathrm{T}}, \quad \mathrm{Cov}(X, Y) = \begin{pmatrix} \sigma_1^2 & \rho\sigma_1\sigma_2 \\ \rho\sigma_1\sigma_2 & \sigma_2^2 \end{pmatrix},$$

故由矩估计方法知

$$(\bar{X}, \bar{Y}) = (\mu_1, \mu_2), \quad \begin{pmatrix} B_{X_2} & r_{XY}\sqrt{B_{X_2}B_{Y_2}} \\ r_{XY}\sqrt{B_{X_2}B_{Y_2}} & B_{Y_2} \end{pmatrix} = \begin{pmatrix} \sigma_1^2 & \rho\sigma_1\sigma_2 \\ \rho\sigma_1\sigma_2 & \sigma_2^2 \end{pmatrix}.$$

联立求解上述两个方程, 可以得到各参数的矩估计量, $\hat{\mu}_{1\mathrm{ME}} = \bar{X}$, $\hat{\mu}_{2\mathrm{ME}} = \bar{Y}$, $\sigma_{1\mathrm{ME}}^2 = B_2^X$, $\sigma_{2\mathrm{ME}}^2 = B_2^Y$, $\rho = r_{XY}$. 这里, r_{XY} 是随机变量 X, Y 的相关系数, 即

$$r_{XY} = \frac{\displaystyle\sum_{i=1}^{n}(X_i - \bar{X})(Y_i - \bar{Y})}{n\sqrt{B_2^X}\sqrt{B_2^Y}}.$$

(2) 样本的似然函数

$$L(x_1, \cdots, x_n; y_1, \cdots, y_n; \sigma^2, \rho)$$
$$= \left(\frac{1}{2\pi\sigma^2\sqrt{1-\rho^2}}\right)^n e^{-\frac{1}{2\sigma^2(1-\rho^2)}\left[\sum\limits_{i=1}^{n}x_i^2 - 2\rho\sum\limits_{i=1}^{n}x_iy_i + \sum\limits_{i=1}^{n}y_i^2\right]}.$$

于是, 令

$$\frac{\partial \ln L}{\partial \rho} = \frac{n\rho}{1-\rho^2} - \frac{\rho}{\sigma^2(1-\rho^2)^2}\left(\sum_{i=1}^{n}x_i^2 + \sum_{i=1}^{n}y_i^2\right) + \frac{1+\rho^2}{\sigma^2(1-\rho^2)^2}\sum_{i=1}^{n}x_iy_i = 0,$$

$$\frac{\partial \ln L}{\partial \sigma^2} = -\frac{n}{\sigma^2} + \frac{1}{2\sigma^4(1-\rho^2)}\left(\sum_{i=1}^{n}x_i^2 + \sum_{i=1}^{n}y_i^2\right) - \frac{\rho}{\sigma^4(1-\rho^2)}\sum_{i=1}^{n}x_iy_i = 0,$$

联立求解这两个方程可以得到

$$\hat{\sigma}^2 = \frac{1}{2}(A_2^X + A_2^Y), \quad \hat{\rho} = 2\frac{r_{XY}\sqrt{B_2^X B_2^Y} + \bar{X}\bar{Y}}{A_2^X + A_2^Y}.$$

7. 设 $(X_i, Y_i)^{\mathrm{T}}(i = 1, 2, \cdots, n)$ 是总体 $(X, Y)^{\mathrm{T}}$ 的样本, 且 $Y_i = \alpha X_i^\beta e^{\varepsilon_i}$, $E(\varepsilon_i X_i) = 0$, $E\varepsilon_i\varepsilon_j = 0(i \neq j)$, $\varepsilon_i \sim N(0, \sigma^2)$, 试求: (1) α, β 和 σ^2 的矩估计量, (2) α, β 和 σ^2 的最小二乘估计量, (3) α, β 和 σ^2 的最大似然估计量.

解 (1) 对 $Y = \alpha X^\beta e^\varepsilon$ 两边取对数可以得到 $\ln Y = \ln \alpha + \beta \ln X + \varepsilon$, 则由矩估计方法知

$$E \ln Y = \ln \alpha + \beta E \ln X,$$

$$E(\ln Y)\ln X = (\ln \alpha)E \ln X + \beta E(\ln X)^2,$$

$$E(\ln Y)^2 = \sigma^2 + (\ln \alpha + \beta E \ln X)^2,$$

可得 $\overline{\ln Y} = \ln \alpha + \beta \overline{\ln X}$, $A_{11}^{\ln X \ln Y} = \alpha \overline{\ln X} + \beta A_2^{\ln X}$, $A_2^{\ln Y} = \sigma^2 + (\ln \alpha + \beta \overline{\ln X})^2$. 联立求解这些方程可得到 $\widehat{\ln \alpha} = \overline{\ln Y} - \hat\beta \overline{\ln X}$, $\hat\beta = \dfrac{B_{11}^{\ln X \ln Y}}{B_2^{\ln X}}$, $\hat\sigma^2 = B_2^{\ln Y}$.

注 称 $A_{kl}^{XY} = \dfrac{1}{n}\sum\limits_{i=1}^{n} X_i^k Y_i^l$ 为样本 $k+l$ 阶混合原点矩, 称

$$B_{kl}^{XY} = \frac{1}{n}\sum_{i=1}^{n}(X_i - \bar X)^k(Y_i - \bar Y)^l$$

为样本 $k+l$ 阶混合中心矩.

(2) 由最小二乘法可以得到

$$\widehat{\ln \alpha} = \overline{\ln Y} - \hat\beta \overline{\ln X}, \quad \hat\beta = \frac{B_{11}^{\ln X \ln Y}}{B_2^{\ln X}}, \quad \hat\sigma^2 = \frac{n}{n-2}(B_2^{\ln Y} - \hat\beta B_{11}^{\ln X \ln Y}).$$

(3) 样本似然函数为

$$L(\alpha, \beta, \sigma^2) = (2\pi\sigma^2)^{-\frac{n}{2}} e^{-\frac{1}{2\sigma^2}\sum\limits_{i=1}^{n}(\ln y_i - \ln \alpha - \beta \ln x_i)^2}.$$

令

$$\frac{\partial \ln L}{\partial \alpha} = \frac{1}{\alpha\sigma^2}\sum_{i=1}^{n}(\ln y_i - \ln \alpha - \beta \ln x_i) = 0,$$

$$\frac{\partial \ln L}{\partial \alpha} = \frac{1}{\sigma^2}\sum_{i=1}^{n}(\ln y_i - \ln \alpha - \beta \ln x_i)\ln x_i = 0,$$

$$\frac{\partial \ln L}{\partial \alpha} = -\frac{n}{2}\frac{1}{\sigma^2} + \frac{1}{2\sigma^4}\sum_{i=1}^{n}(\ln y_i - \ln \alpha - \beta \ln x_i)^2 = 0,$$

联立求解这些方程得

$$\widehat{\ln \alpha} = \overline{\ln Y} - \hat\beta \overline{\ln X}, \quad \hat\beta = \frac{B_{11}^{\ln X \ln Y}}{B_2^{\ln X}}, \quad \hat\sigma^2 = B_2^{\ln Y}.$$

注   三个方法所得的 α, β 估计量相同, 但 σ^2 的最小二乘估计量不同于它的矩估计量和最大似然估计量, 而矩估计量与最大似然估计相同.

8. 设 $X_1, X_2, \cdots, X_n$ 为总体 X 的样本, 其中, 总体 X 有分布密度函数

$$f(x;\theta) = \begin{cases} \dfrac{3\alpha^3}{x^4}, & x \in [\alpha, +\infty), \\ 0, & x \in (-\infty, \alpha), \end{cases}$$

其中, $\alpha > 0$. 试求 (1) α 的最大似然估计和 α 的一个无偏估计; (2) α 的置信水平为 95% 的置信区间.

解   (1) 样本似然函数为

$$L(\alpha) = \dfrac{(3\alpha^3)^n}{\displaystyle\prod_{i=1}^{n} x_i^4}, \quad x_i \in [\alpha, +\infty),$$

于是, 由

$$\dfrac{\partial \ln L(\alpha)}{\partial \alpha} = 3n\dfrac{1}{\alpha} > 0$$

知, $\hat{\alpha} = X_{(1)}$ 为 α 的最大似然估计.

又由于 $X_{(1)}$ 的分布密度函数为

$$f_{X_{(1)}}(x) = \begin{cases} 3n\left(\dfrac{\alpha}{x}\right)^{3n}\dfrac{1}{x}, & x \in [\alpha, +\infty), \\ 0, & x \in (-\infty, \alpha), \end{cases}$$

故

$$EX_{(1)} = 3n\alpha^{3n}\int_{\alpha}^{+\infty} x\dfrac{1}{x^{3n+1}}\mathrm{d}x = 3n\alpha^{3n}\int_{\alpha}^{+\infty}\dfrac{1}{x^{3n}}\mathrm{d}x$$

$$= \dfrac{3n\alpha^{3n}}{-3n+1}\dfrac{1}{x^{3n-1}}\Bigg|_{\alpha}^{+\infty} = \dfrac{3n\alpha}{3n-1}.$$

于是, α 的一个无偏估计是 $\hat{\alpha} = \dfrac{3n-1}{3n}X_{(1)}$.

(2) 令 $S = \dfrac{3n-1}{3n}\dfrac{X_{(1)}}{\alpha}$, 则可求得其分布函数为

$$F(x) = P(S < x) = P\left(X_{(1)} < \dfrac{3n\alpha}{3n-1}x\right) = 1 - \left(\dfrac{3n-1}{3n}\right)^{3n}\dfrac{1}{x^{3n}}, \quad \alpha < x < +\infty.$$

于是, 令 $P(S > S_{0.975}) = 0.975$ 和 $P(S > S_{0.025}) = 0.025$ 可求得

$$S_{0.975} = \dfrac{3n-1}{3n}\left(\dfrac{1}{0.975}\right)^{\frac{1}{3n}}, \quad S_{0.025} = \dfrac{3n-1}{3n}\left(\dfrac{1}{0.025}\right)^{\frac{1}{3n}}.$$

故 α 的置信水平为 95% 的置信区间为 $\left(\sqrt[3n]{0.025}X_{(1)}, \sqrt[3n]{0.975}X_{(1)} \right)$.

9. 设 $X_1, X_2, \cdots, X_n$ 是均值为 μ, 方差为 σ^2 的总体 X 的一个样本, 且总体 X 的四阶原点矩存在, 试证估计量 S^2 和 $\hat{W} = \sum\limits_{i=1}^{n} \alpha_i (X_i - \bar{X})^2 \left(\sum\limits_{i=1}^{n} \alpha_i = \dfrac{n}{n-1} \right)$ 都是无偏的一致估计量且 S^2 是最有效的.

证明 首先由于

$$
\begin{aligned}
E(X_i - \bar{X})^2 &= E[(X_i - \mu) - (\bar{X} - \mu)]^2 \\
&= E(X_i - \mu)^2 - 2\frac{1}{n}\sum_{j=1}^{n} E(X_i - \mu)(X_j - \mu) + E(\bar{X} - \mu)^2 \\
&= \frac{n-1}{n}\sigma^2,
\end{aligned}
$$

所以

$$
ES^2 = \frac{1}{n-1}\sum_{i=1}^{n} E(X_i - \bar{X})^2 = \frac{1}{n-1}\left(n \cdot \frac{n-1}{n}\sigma^2 \right) = \sigma^2.
$$

故 S^2 和 $\hat{W}$ 都是 σ^2 的无偏估计. 又由于 $E\hat{W} = \sum\limits_{i=1}^{n} \alpha_i E(X_i - \bar{X})^2 = \dfrac{n-1}{n}\sigma^2$. $\sum\limits_{i=1}^{n} \alpha_i = \sigma^2$, 所以, 由大数定理知, S^2 和 $\hat{W}$ 都是 σ^2 的一致估计. 总之, S^2 和 $\hat{W}$ 都是 σ^2 的一致无偏估计.

最后, 证明 $\mathrm{Var}S^2 \leqslant \mathrm{Var}\hat{W}$, 对所有满足 $\sum\limits_{i=1}^{n} \alpha_i = \dfrac{n}{n-1}$ 的 $\alpha_i(i = 1, \cdots, n)$. 现用拉格朗日乘数法来证之. 令

$$
\begin{aligned}
F(\alpha_1, \alpha_2, \cdots, \alpha_n) &= \mathrm{Var}\hat{W} + \lambda\left(\sum_{i=1}^{n} \alpha_i - \frac{n}{n-1} \right) \\
&= E\left(\sum_{i=1}^{n} \alpha_i (X_i - \bar{X})^2 \right)^2 - \sigma^4 + \lambda\left(\sum_{i=1}^{n} \alpha_i - \frac{n}{n-1} \right),
\end{aligned}
$$

则有 $F'_{\alpha_i}(\alpha_1, \alpha_2, \cdots, \alpha_n) = 2E\left[(X_i - \bar{X})^2 \sum\limits_{i=1}^{n} \alpha_i (X_i - \bar{X})^2 \right] + \lambda (i = 1, 2, \cdots, n)$. 令 $F'_{\alpha_i} = 0$, 即

$$
2E\left[(X_i - \bar{X})^2 \sum_{i=1}^{n} \alpha_i (X_i - \bar{X})^2 \right] + \lambda = 0 \quad (i = 1, 2, \cdots, n).
$$

将上述 n 个方程与方程 $\displaystyle\sum_{i=1}^{n}\alpha_i = \frac{n}{n-1}$ 联立求解可得 $\alpha_1 = \alpha_2 = \cdots = \alpha_n = \dfrac{1}{n-1}$. 从而表明 S^2 是无偏估计类 $\hat{W} = \displaystyle\sum_{i=1}^{n}\alpha_i(X_i - \bar{X})^2$ 中方差最小的, 从而是最有效的.

10. 设 $X_1, X_2, \cdots, X_n$ 和 $Y_1, Y_2, \cdots, Y_m$ 是总体 $X \sim N(\mu_1, \sigma_1^2)$ 和 $Y \sim N(\mu_2, \sigma_2^2)$ 的样本, X 和 Y 独立, 那么

(1) 当 $n = m$ 时, $\sqrt{n}\,\dfrac{\bar{X} - \bar{Y} - (\mu_1 - \mu_2)}{\sqrt{S_X^2 + S_Y^2 - 2S_{XY}}} \sim t(n-1)$.

(2) 当 $n < m$, $\mu_1 = \mu_2$ 时, $\sqrt{n}\,\dfrac{\bar{Z}}{S_Z} \sim t(n-1)$,

其中, $Z_i = X_i - \sqrt{\dfrac{n}{m}}Y_i + \dfrac{1}{\sqrt{nm}}\displaystyle\sum_{k=1}^{n}Y_k - \dfrac{1}{m}\sum_{k=1}^{m}Y_k \ (i = 1, \cdots, n)$, $S_Z^2 = \dfrac{1}{n-1}\displaystyle\sum_{i=1}^{n}(Z_i - \bar{Z})^2$.

证明　(1) 令 $Z_i = X_i - Y_i$, 则 $Z \sim N(\mu_1 - \mu_2, \sigma_1^2 + \sigma_2^2)$. 于是, 由抽样分布定理可以知道, $\dfrac{\bar{Z} - (\mu_1 - \mu_2)}{\sqrt{(\sigma_1^2 + \sigma_2^2)/n}} \sim N(0, 1)$, $\dfrac{(n-1)S_Z^2}{\sigma_1^2 + \sigma_2^2} \sim \chi^2(n-1)$, 且 $\dfrac{\bar{Z} - (\mu_1 - \mu_2)}{\sqrt{(\sigma_1^2 + \sigma_2^2)/n}}$, $\dfrac{(n-1)S_Z^2}{\sigma_1^2 + \sigma_2^2}$ 是独立的. 因此

$$\frac{\dfrac{\bar{Z} - (\mu_1 - \mu_2)}{\sqrt{(\sigma_1^2 + \sigma_2^2)/n}}}{\sqrt{\dfrac{(n-1)S_Z^2}{\sigma_1^2 + \sigma_2^2}\Big/(n-1)}} = \sqrt{n}\,\frac{\bar{Z} - (\mu_1 - \mu_2)}{S_Z} \sim t(n-1),$$

其中, $\bar{Z} = \bar{X} - \bar{Y}$, $S_Z^2 = S_X^2 + S_Y^2 - 2S_{XY}$, $S_{XY} = \dfrac{1}{n-1}\displaystyle\sum_{i=1}^{n}(X_i - \bar{X})(Y_i - \bar{Y})$. 因此有

$$\sqrt{n}\,\frac{\bar{X} - \bar{Y} - (\mu_1 - \mu_2)}{\sqrt{S_X^2 + S_Y^2 - 2S_{XY}}} \sim t(n-1).$$

(2) 由于 X_i, Y_i 都服从正态分布且独立, 故 Z_i 也服从正态分布. 又由于

$$EZ_i = E\left(X_i - \sqrt{\frac{n}{m}}Y_i + \frac{1}{\sqrt{nm}}\sum_{k=1}^{n}Y_k - \frac{1}{m}\sum_{k=1}^{m}Y_k\right)$$

$$= EX_i - \sqrt{\frac{n}{m}}EY_i + \frac{1}{\sqrt{nm}}\sum_{k=1}^{n}EY_k - \frac{1}{m}\sum_{k=1}^{m}EY_k$$

$$= \mu_1 - \sqrt{\frac{n}{m}}\mu_2 + \frac{n}{\sqrt{nm}}\mu_2 - \mu_2 = \mu_1 - \mu_2,$$

$$\mathrm{Var} Z_i = E\left[X_i - \sqrt{\frac{n}{m}} Y_i + \frac{1}{\sqrt{nm}} \sum_{k=1}^{n} Y_k - \frac{1}{m} \sum_{k=1}^{m} Y_k - (\mu_1 - \mu_2) \right]^2$$

$$= E\left[(X_i - \mu_1) - \sqrt{\frac{n}{m}}(Y_i - \mu_2) + \frac{1}{\sqrt{nm}} \sum_{k=1}^{n} (Y_k - \mu_2) \right.$$

$$\left. - \frac{1}{m} \sum_{k=1}^{m} (Y_k - \mu_2) \right]^2$$

$$= E(X_i - \mu_1)^2 + \frac{n}{m} E(Y_i - \mu_2)^2 + \frac{1}{nm} \sum_{k=1}^{n} E(Y_k - \mu_2)^2$$

$$+ \frac{1}{m^2} \sum_{k=1}^{m} E(Y_k - \mu_2)^2$$

$$- 2\sqrt{\frac{n}{m}} E(X_i - \mu_1)(Y_i - \mu_2) + \frac{2}{\sqrt{nm}} E(X_i - \mu_1) \sum_{k=1}^{n} (Y_k - \mu_2)$$

$$- \frac{2}{m} E(X_i - \mu_1) \sum_{k=1}^{m} (Y_k - \mu_2) - \frac{2}{m} E(Y_i - \mu_2) \sum_{k=1}^{n} (Y_k - \mu_2)$$

$$+ \frac{2}{m} \sqrt{\frac{n}{m}} E(Y_i - \mu_2) \sum_{k=1}^{m} (Y_k - \mu_2)$$

$$- \frac{2}{m\sqrt{nm}} E \sum_{k=1}^{n} (Y_k - \mu_2) \sum_{k=1}^{m} (Y_k - \mu_2)$$

$$= \sigma_1^2 + \sigma_2^2 \left(\frac{n}{m} + \frac{1}{m} + \frac{1}{m} - \frac{2}{m} + \frac{2}{m}\sqrt{\frac{n}{m}} - \frac{2}{m}\sqrt{\frac{n}{m}} \right) = \sigma_1^2 + \frac{n}{m}\sigma_2^2,$$

$$\mathrm{Cov}(Z_i, Z_j) = E(Z_i - \mu_1 + \mu_2)(Z_j - \mu_1 + \mu_2)$$

$$= E\left[(X_i - \mu_1) - \sqrt{\frac{n}{m}}(Y_i - \mu_2) + \frac{1}{\sqrt{nm}} \sum_{k=1}^{n} (Y_k - \mu_2) \right.$$

$$- \frac{1}{m} \sum_{k=1}^{m} (Y_k - \mu_2)(X_j - \mu_1) - \sqrt{\frac{n}{m}}(Y_j - \mu_2)$$

$$\left. + \frac{1}{\sqrt{nm}} \sum_{k=1}^{n} (Y_k - \mu_2) - \frac{1}{m} \sum_{k=1}^{m} (Y_k - \mu_2) \right] = 0,$$

因此, $Z_1, Z_2, \cdots, Z_n$ 独立同分布于 $N\left(\mu_1 - \mu_2, \sigma_1^2 + \dfrac{n}{m}\sigma_2^2\right)$. 于是, 由抽样分布定

理知

$$\sqrt{n}\frac{\bar{Z}}{S} \sim t(n-1).$$

注   此统计量可用于检验 σ_1^2, σ_2^2 都未知且不相等的情况下, 两个正态总体均值的情况.

11. 设 X_1, X_2, $\cdots$, X_n 是正态总体 $N(\mu,1)$ 的一个样本, 证明：在 μ 的置信度为 $1-\alpha_1-\alpha_2(\alpha_1+\alpha_2=\alpha)$ 的置信区间中 $\alpha_1=\alpha_2$ 时的置信区间长度最短. 已知 $\bar{X}=128$, $n=16$, 求 μ 的 95% 的双侧置信区间、上单侧置信区间和下单侧置信区间.

证明   由于 $\bar{X} \sim N\left(\mu,\dfrac{1}{n}\right)$, 故 $Z=\dfrac{\bar{X}-\mu}{1/\sqrt{n}} \sim N(0,1)$. 于是, μ 的置信度为 $1-\alpha_1-\alpha_2$ 的置信区间为 $\left(\bar{X}-z_{\alpha_1}\dfrac{1}{\sqrt{n}},\bar{X}+z_{\alpha_1}\dfrac{1}{\sqrt{n}}\right)$, 此处, $\Phi(z_{\alpha_1})=P(Z<z_{\alpha_1})=1-\alpha_1$, $\Phi(z_{\alpha_2})=1-\alpha_2$. 于是, 置信区间的长度为 $l=\dfrac{1}{\sqrt{n}}(z_{\alpha_2}+z_{\alpha_1})$. 下面考虑 $l=\dfrac{1}{\sqrt{n}}(z_{\alpha_2}+z_{\alpha_1})$, 于是令

$$F(\alpha_1,\alpha_2,\lambda)=\frac{1}{\sqrt{n}}(z_{\alpha_2}+z_{\alpha_1})+\lambda[\alpha_1+\alpha_2-\alpha],$$

那么可以得到

$$F_{\alpha_1}(\alpha_1,\alpha_2,\lambda)=\frac{1}{\sqrt{n}}z'_{\alpha_1}+\lambda=0,$$
$$F_{\alpha_2}(\alpha_1,\alpha_2,\lambda)=\frac{1}{\sqrt{n}}z'_{\alpha_2}+\lambda=0,$$
$$F_{\lambda}(\alpha_1,\alpha_2,\lambda)=\alpha_1+\alpha_2-\alpha=0.$$

联立求解上述三个方程中的前两个方程可以得到 $z'_{\alpha_1}=z'_{\alpha_2}$. 由 $\Phi(z_{\alpha_1})=1-\alpha_1$ 和 $\Phi(z_{\alpha_2})=1-\alpha_2$ 可得 $|z_{\alpha_1}|=|z_{\alpha_2}|$. 于是由上述第三个方程可以知 $\alpha_1=\alpha_2=\dfrac{1}{2}\alpha$. 此时由实际问题可知, $l=\dfrac{1}{\sqrt{n}}(z_{\alpha_2}+z_{\alpha_1})$ 达最小.

选取枢轴量 $Z=\dfrac{\bar{X}-\mu}{1/n}$, 则 $Z \sim N(0,1)$. 于是, $z_{\alpha/2}=z_{0.025}=1.96$. 又由 $\bar{X}=128$, $n=16$ 可计算 μ 的 95% 的双侧置信区间: $(127.51,128.49)$. 同理可计算 μ 的 95% 的上单侧置信区间: $(-\infty,128.41)$ 和 μ 的 95% 的下单侧置信区间: $(127.59,+\infty)$.

12. 设 X_1, X_2, $\cdots$, X_n 是总体为正态分布 $N(\mu,\sigma^2)$ 的一个样本, Y_1, Y_2, $\cdots$, Y_m 是总体为正态分布 $N(\nu,\gamma^2)$ 的一个样本, 两总体是独立的.

(1) 如果 σ^2, γ^2 已知, 求 $\mu - \nu$ 的置信度为 $1 - \alpha$、长度为 l 的置信区间.

(2) 如果 $\sigma^2 = \gamma^2$ 已知, 求 $n = m$ 应是多少才能让 $\mu - \nu$ 的置信度为 90%、长度为 $\dfrac{2}{5}\gamma$.

(3) 如果 $\mu, \nu, \sigma^2, \gamma^2$ 都未知, 求 σ^2/γ^2 的置信度为 $1 - \alpha$ 的置信区间.

解 (1) 由于 σ^2, γ^2 已知, 由抽样分布定理知, $\bar{X} - \mu \sim N\left(0, \dfrac{\sigma^2}{n}\right)$, $\bar{Y} - \nu \sim N\left(0, \dfrac{\gamma^2}{m}\right)$, 因此, 由总体的独立性知, $\bar{X} - \bar{Y} - (\mu - \nu) \sim N\left(0, \dfrac{\sigma^2}{n} + \dfrac{\gamma^2}{m}\right)$. 令 $Z = \dfrac{\bar{X} - \bar{Y} - (\mu - \nu)}{\sqrt{\dfrac{\sigma^2}{n} + \dfrac{\gamma^2}{m}}}$, 则有

$$Z = \frac{\bar{X} - \bar{Y} - (\mu - \nu)}{\sqrt{\dfrac{\sigma^2}{n} + \dfrac{\gamma^2}{m}}} \sim N(0, 1).$$

于是, 由 $P(z_1 < Z < z_2) = 1 - \alpha$, 即

$$P\left(\bar{X} - \bar{Y} - z_2\sqrt{\frac{\sigma^2}{n} + \frac{\gamma^2}{m}} < u < \bar{X} - \bar{Y} - z_1\sqrt{\frac{\sigma^2}{n} + \frac{\gamma^2}{m}}\right) = 1 - \alpha,$$

可以选取 β, 使得 $z_1 = -z_\beta$, $z_2 = z_{1-(\alpha-\beta)}$, 且 $\sqrt{\dfrac{\sigma^2}{n} + \dfrac{\gamma^2}{m}}(z_\beta - z_{1-(\alpha-\beta)}) = l$.

(2) 取 $\beta = 0.05$, $l = \dfrac{2}{5}\gamma$. 此时, 由 $\sqrt{\dfrac{\sigma^2}{n} + \dfrac{\gamma^2}{m}}(z_\beta - z_{1-(\alpha-\beta)}) = l$ 知,

$$z_{0.05} = 1.65, \quad z_{0.95} = -1.65, \quad \sqrt{\frac{2}{m}}(z_{0.05} - z_{0.95}) = \frac{2}{5},$$

即有

$$1.65\sqrt{\frac{2}{m}} = \frac{1}{5}.$$

求解这个方程可得, $m \doteq 137$.

(3) 由于统计量

$$F = \frac{S_1^2}{S_2^2}\frac{\gamma^2}{\sigma^2} \sim F(n-1, m-1),$$

因此, 由 $P(f_{\alpha/2} < F < f_{1-\alpha/2}) = 1 - \alpha$ 可知:

$$f_{1-\alpha/2}\frac{S_2^2}{S_1^2} < \frac{\gamma^2}{\sigma^2} < f_{\alpha/2}\frac{S_2^2}{S_1^2},$$

其中, $P(F > f_\alpha) = \alpha$.

13. 为检验 A, B 两省的家庭收入状况, 研究者观察了两省在 1990—1999 年这十年间的 A 和 B 两省年度家庭收入 X 和 Y 的数据 (单位: 万元).

	1990	1991	1992	1993	1994	1995	1996	1997	1998	1999
X	8.143	7.339	17.846	15.627	17.660	13.776	15.771	18.897	20.988	15.389
Y	15.349	10.991	13.520	13.754	21.250	15.954	28.987	11.356	20.197	16.846

假设两个总体 X 和 Y 服从正态分布, 且是独立的, 试问 B 省的家庭收入与 A 省的家庭收入是否有显著差异? ($\alpha = 0.05$)

解   先检验方差是否相等. 原假设 H_0: $\sigma_X^2 = \sigma_Y^2$, 备选假设 H_1: $\sigma_X^2 \neq \sigma_Y^2$. 由于在 H_0 成立下

$$F = \frac{S_X^2}{S_Y^2} \sim F(9, 9),$$

计算得 $S_A^2 = 19.3732$, $S_B^2 = 29.5666$, $F = \dfrac{S_A^2}{S_B^2} = \dfrac{19.3732}{29.5666} \doteq 0.6552$. 查 F 分布表得 $f_{0.025}(9, 9) = 4.03$. 由于 $F = 0.652 < 4.03 = f_{0.025}(9, 9)$, 故接受 H_0. 数据表明两总体的方差相同.

现在可用 t-检验来检验均值是否有显著差异. 假设 H_0: $\mu_X = \mu_Y$, H_1: $\mu_X \neq \mu_Y$. 在 H_0 成立下, $T = \dfrac{\bar{X} - \bar{Y} - (\mu_X - \mu_Y)}{\sqrt{\dfrac{(n-1)S_X^2 + (m-1)S_Y^2}{n+m-2} \dfrac{n+m}{nm}}} = \dfrac{\bar{X} - \bar{Y}}{\sqrt{\dfrac{9S_X^2 + 9S_Y^2}{18} \dfrac{1}{5}}} \sim$ $t(18)$, 计算并查表可得: $\bar{X} = 15.1436$, $\bar{Y} = 16.8204$, $T \doteq 0.758$, $t_{0.025} \doteq 2.101$, 从而, $T = 0.758 < 2.101 = t_{0.025}$, 故接受 H_0. 数据表明 B 省的家庭收入与 A 省的家庭收入没有显著差异.

14. 为检验沿海与内陆的经济发展的状态, 研究者将沿海各省的 GDP 和内陆各省的 GDP 分别作了 10 年的观察, 同时作了一些处理得出:

沿海 GDP 记为 X: X 的平均数为 2550, X 的标准差为 56;

内陆 GDP 记为 Y: Y 的平均数为 2460, Y 的标准差为 48.

如果 X 和 Y 均服从正态分布且独立, 那么能否认为沿海经济增长速度快于内陆而增长的不确定性也大于内陆? ($\alpha = 0.05$)

解   不确定性检验等同于检验发展的稳定性, 也就是 X 的方差是否大于 Y 的方差, 沿海经济增长速度快于内陆, 也就是 X 的均值是否大于 Y 的均值. 于是, 我们提出 H_0: $\sigma_X^2 \leqslant \sigma_Y^2$, $H_1 : \sigma_X^2 > \sigma_Y^2$. 由于 $F = \dfrac{S_X^2}{S_Y^2} = \dfrac{56^2}{48^2} = 1.36$, $f_{0.05}(9, 9) =$

3.18, $F < f_{0.05}(9,9)$, 故接受 H_0, 即数据支持沿海经济发展的不确定性不大于内陆. 事实上, 可以检验沿海与内陆的经济增长的不确定性无显著差异.

下面检验沿海经济增长速度快于内地这一情况. 假设 H_0: $\mu_X \leqslant \mu_Y$, H_1: $\mu_X > \mu_Y$. 由不确定性检验知, 可用 t-检验来检验此假设. 由于

$$T = \frac{\bar{X} - \bar{Y}}{\sqrt{\dfrac{9S_X^2 + 9S_Y^2}{18} \cdot \dfrac{20}{100}}} = \frac{2550 - 2460}{\sqrt{\dfrac{56^2 + 48^2}{10}}} \doteq 3.861,$$

$$t_{0.05}(18) = 1.734, \quad T > t_{0.05}(18),$$

故拒绝 H_0, 即数据支持沿海经济增长速度快于内陆.

15. 设线性模型 $y_1 = \alpha + \beta + \varepsilon_1$, $y_2 = 2\alpha + \beta + \varepsilon_2$, $y_3 = -\alpha + 3\beta + \varepsilon_3$, 其中, ε_i 独立同分布于 $N(0, \sigma^2)(i = 1, 2, 3)$. 试求 (1)$\alpha$, β, σ^2 的最小二乘估计. (2) 给出检验 H_0: $\alpha = \beta$ 的统计量.

解　依题意有 $X = \begin{pmatrix} 1 & 2 & -1 \\ 1 & 1 & 3 \end{pmatrix}^{\mathrm{T}}$, $Y = \begin{pmatrix} y_1 & y_2 & y_3 \end{pmatrix}^{\mathrm{T}}$. 进而可以得到

$$X^{\mathrm{T}}X = \begin{pmatrix} 1 & 2 & -1 \\ 1 & 1 & 3 \end{pmatrix} \begin{pmatrix} 1 & 1 \\ 2 & 1 \\ -1 & 3 \end{pmatrix} = \begin{pmatrix} 6 & 0 \\ 0 & 11 \end{pmatrix},$$

$$(X^{\mathrm{T}}X)^{-1} = \begin{pmatrix} 6 & 0 \\ 0 & 11 \end{pmatrix}^{-1} = \begin{pmatrix} 1/6 & 0 \\ 0 & 1/11 \end{pmatrix},$$

$$X^{\mathrm{T}}Y = \begin{pmatrix} 1 & 2 & -1 \\ 1 & 1 & 3 \end{pmatrix} \begin{pmatrix} y_1 \\ y_2 \\ y_3 \end{pmatrix} = \begin{pmatrix} y_1 + 2y_2 - y_3 \\ y_1 + y_2 + 3y_3 \end{pmatrix}.$$

因此, (1) 由最小二乘估计式知

$$\begin{pmatrix} \hat{\alpha} \\ \hat{\beta} \end{pmatrix} = (X^{\mathrm{T}}X)^{-1}X^{\mathrm{T}}Y = \begin{pmatrix} 1/6 & 0 \\ 0 & 1/11 \end{pmatrix} \begin{pmatrix} y_1 + 2y_2 - y_3 \\ y_1 + y_2 + 3y_3 \end{pmatrix}$$

$$= \begin{pmatrix} \dfrac{y_1 + 2y_2 - y_3}{6} \\ \dfrac{y_1 + y_2 + 3y_3}{11} \end{pmatrix},$$

$$\hat{\sigma}^2 = \frac{Q_e}{n - k}$$

$$
= \begin{pmatrix} y_1 & y_2 & y_3 \end{pmatrix} \left(\begin{pmatrix} 1 & 0 & 0 \\ 0 & 1 & 0 \\ 0 & 0 & 1 \end{pmatrix} \right.
$$

$$
\left. - \begin{pmatrix} 1 & 1 \\ 2 & 1 \\ -1 & 3 \end{pmatrix} \begin{pmatrix} 1/6 & 0 \\ 0 & 1/11 \end{pmatrix} \begin{pmatrix} 1 & 2 & -1 \\ 1 & 1 & 3 \end{pmatrix} \right) \begin{pmatrix} y_1 \\ y_2 \\ y_3 \end{pmatrix}
$$

$$
= \frac{1}{66} \begin{pmatrix} y_1 & y_2 & y_3 \end{pmatrix} \begin{pmatrix} 49 & -28 & -7 \\ -28 & 16 & 4 \\ -7 & 4 & 1 \end{pmatrix} \begin{pmatrix} y_1 \\ y_2 \\ y_3 \end{pmatrix}
$$

$$
= \frac{1}{66} (49y_1^2 + 16y_2^2 + y_3^3 - 56y_1y_2 - 14y_2y_3 + 8y_1y_3)
$$

$$
= \frac{1}{66} (7y_1 - 4y_2 - y_3)^2.
$$

(2) 令 $a = \alpha - \beta$, 则检验 H_0: $\alpha = \beta$ 等价于检验 H_0': $a = 0$. 将 $\alpha = a + \beta$ 代入模型中, 此时模型变为 $y_1 = a + 2\beta + \varepsilon_1$, $y_2 = 2a + 3\beta + \varepsilon_2$, $y_3 = -a + 2\beta + \varepsilon_3$. 对此模型使用最小二乘法可以得到 $\hat{a} = \dfrac{1}{18}(y_1 + 6y_2 - 9y_3)$ 和 $\hat{\beta} = \dfrac{1}{6}(y_1 + y_2 + 2y_3)$. 进一步, 可求得 SSE $= \dfrac{1}{18}(11y_1^2 - 3y_2^2 - 3y_3^2 - 23y_1y_2 - 8y_1y_3)$. 这样, 检验 H_0': $a = 0$ 的统计量为

$$
T = \frac{\hat{a}}{\sqrt{(X'X)_{11}^{-1} \dfrac{\text{SSE}}{n-k}}} = \frac{\dfrac{1}{18}(y_1 + 6y_2 - 9y_3)}{\sqrt{\dfrac{15}{54}\text{SSE}/3 - 2}}
$$

$$
= \frac{(y_1 + 6y_2 - 9y_3)}{\sqrt{5(11y_1^2 - 3y_2^2 - 3y_3^2 - 23y_1y_2 - 8y_1y_3)}} \sim t(1)
$$

或者

$$
F = \frac{(y_1 + 6y_2 - 9y_3)^2}{5(11y_1^2 - 3y_2^2 - 3y_3^2 - 23y_1y_2 - 8y_1y_3)} \sim F(1,1).
$$

16. 设线性模型: $y_1 = \alpha_1 + \varepsilon_1$, $y_2 = \alpha_2 + \varepsilon_2$, $y_3 = \alpha_3 + \varepsilon_3$, $y_4 = \alpha_4 + \varepsilon_4$, 其中, ε_i 独立同分布于 $N(0, \sigma^2)$, $i = 1, 2, 3, 4$. (1) 求参数 α_1, α_2, α_3, α_4 的最小二乘估计; (2) 给出所求估计量的方差; (3) 如果 α, 证明检验 H_0: $\alpha_2 = \alpha_4$ 所用的 F 统计量为

$$
\frac{2(y_2 - y_4)^2}{(y_1 + y_2 + y_3 + y_4)^2}.
$$

解　(1) 由题意知, $Y = \begin{pmatrix} y_1 & y_2 & y_3 & y_4 \end{pmatrix}^{\mathrm{T}}$,

$$X = \begin{pmatrix} 1 & 0 & 0 & 0 \\ 0 & 1 & 0 & 0 \\ 0 & 0 & 1 & 0 \\ 0 & 0 & 0 & 1 \end{pmatrix}, \quad X^{\mathrm{T}}X = \begin{pmatrix} 1 & 0 & 0 & 0 \\ 0 & 1 & 0 & 0 \\ 0 & 0 & 1 & 0 \\ 0 & 0 & 0 & 1 \end{pmatrix},$$

$$(X^{\mathrm{T}}X)^{-1} = \begin{pmatrix} 1 & 0 & 0 & 0 \\ 0 & 1 & 0 & 0 \\ 0 & 0 & 1 & 0 \\ 0 & 0 & 0 & 1 \end{pmatrix}, \quad X^{\mathrm{T}}Y = \begin{pmatrix} y_1 \\ y_2 \\ y_3 \\ y_4 \end{pmatrix},$$

于是, 由最小二乘估计式可以得到, $\hat{\alpha}_1 = y_1$, $\hat{\alpha}_2 = y_2$, $\hat{\alpha}_3 = y_3$, $\hat{\alpha}_4 = y_4$.

(2) 由于 $\varepsilon_1 \sim N(0, \sigma^2)$, 所以, $\mathrm{Var}\varepsilon_1 = \sigma^2$. 于是

$$\mathrm{Var}\hat{\alpha}_1 = \mathrm{Var}y_1 = \mathrm{Var}(\alpha_1 + \varepsilon_1) = \mathrm{Var}\varepsilon_1 = \sigma^2.$$

同理可得, $\mathrm{Var}\hat{\alpha}_2 = \mathrm{Var}\hat{\alpha}_3 = \mathrm{Var}\hat{\alpha}_4 = \sigma^2$.

(3) 令 $\theta = \alpha_2 - \alpha_4$, 则 $\alpha_4 = \theta + \alpha_2$. 再由 $\alpha_1 + \alpha_2 + \alpha_3 + \alpha_4 = 0$ 可知: $\alpha_3 = -\alpha_1 - \alpha_2 - \alpha_4$. 将 α_3, α_4 代入原模型中, 可以得到一个新的回归模型: $y_1 = \alpha_1 + \varepsilon_1, y_2 = \alpha_2 + \varepsilon_2, y_3 = -\theta - \alpha_1 - 2\alpha_2 + \varepsilon_3, y_4 = \theta + \alpha_2 + \varepsilon_4$. 此模型中, 易知

$$\boldsymbol{\beta} = (\theta, \alpha_1, \alpha_2)^{\mathrm{T}}, \quad \boldsymbol{Y} = \begin{pmatrix} y_1 & y_2 & y_3 & y_4 \end{pmatrix}^{\mathrm{T}},$$

$$\boldsymbol{X} = \begin{pmatrix} 0 & 1 & 0 \\ 0 & 0 & 1 \\ -1 & -1 & -2 \\ 1 & 0 & 1 \end{pmatrix}, \quad \boldsymbol{\varepsilon} = (\varepsilon_1, \varepsilon_2, \varepsilon_3, \varepsilon_4)^{\mathrm{T}}.$$

于是有

$$\boldsymbol{X}^{\mathrm{T}}\boldsymbol{X} = \begin{pmatrix} 2 & 1 & 3 \\ 1 & 2 & 2 \\ 3 & 2 & 6 \end{pmatrix}, \quad (\boldsymbol{X}^{\mathrm{T}}\boldsymbol{X})^{-1} = \frac{1}{4}\begin{pmatrix} 8 & 0 & -4 \\ 0 & 3 & -1 \\ -4 & -1 & 3 \end{pmatrix},$$

$$\boldsymbol{X}^{\mathrm{T}}\boldsymbol{Y} = \begin{pmatrix} -y_3 + y_4 \\ y_1 - y_3 \\ y_2 - 2y_3 + y_4 \end{pmatrix},$$

$$\hat{\theta} = y_4 - y_2, \quad \hat{\alpha}_1 = \frac{1}{4}(3y_1 - y_2 - y_3 - y_4), \quad \hat{\alpha}_2 = \frac{1}{4}(-y_1 + 3y_2 - y_3 - y_4),$$

$$\mathrm{SSE} = \boldsymbol{Y}^{\mathrm{T}}(\boldsymbol{I}_4 - \boldsymbol{X}(\boldsymbol{X}^{\mathrm{T}}\boldsymbol{X})^{-1}\boldsymbol{X}^{\mathrm{T}})\boldsymbol{Y} = \frac{1}{4}(y_1 + y_2 + y_3 + y_4)^2.$$

因此, 由最小二乘法的相关定理知, 检验 H_0: $\alpha_2 = \alpha_4$ 所用的 F 统计量为

$$
F = \frac{\hat{\theta}^2}{(\boldsymbol{X}^{\mathrm{T}}\boldsymbol{X})_{11}^{-1}\mathrm{SSE}/(4-3)} = \frac{(y_2 - y_4)^2}{2 \times \frac{1}{4}(y_1 + y_2 + y_3 + y_4)^2}
$$

$$
= \frac{2(y_2 - y_4)^2}{(y_1 + y_2 + y_3 + y_4)^2}.
$$

12.4 复 习 题

1. 填空题

(1) 设母体 $X \sim N(\mu, \sigma^2)$, $X_1, X_2, \cdots, X_n$ 为 X 的样本, $\bar{X}$ 为样本均值, S^2 为样本方差, 则 $\mathrm{Var}(\sigma\bar{X} - S^2) = $ _____.

(2) 设母体 $X \sim N(\mu, \sigma^2)$, $X_1, X_2, \cdots, X_n$ 为 X 的样本, $\bar{X}$ 为样本均值, S^2 为样本方差, 则 $\dfrac{\bar{X} - \mu}{\sigma/\sqrt{n}}$ 的分布为 _____, $\dfrac{(n-1)S^2}{\sigma^2}$ 的分布为 _____, $\dfrac{1}{\sigma^2}\sum\limits_{i=1}^{n}(X_i - \mu)^2$ 的分布为 _____, $\dfrac{\bar{X} - \mu}{S/\sqrt{n}}$ 的分布为 _____.

(3) 设两个独立母体 X 和 Y 分别有分布 $N(\mu_1, \sigma_1^2)$ 和 $N(\mu_2, \sigma_2^2)$, $X_1, X_2, \cdots, X_n$ 和 $Y_1, Y_2, \cdots, Y_m$ 分别为 X 和 Y 的样本, $\bar{X}$ 和 $\bar{Y}$ 分别为 X 和 Y 的样本均值, S_1^2 和 S_2^2 分别为 X 和 Y 的样本方差, 则 $\dfrac{\bar{X} - \bar{Y} - (\mu_1 - \mu_2)}{\sqrt{\dfrac{\sigma_1^2}{n} + \dfrac{\sigma_2^2}{m}}}$ 的分布为 _____, $\dfrac{1}{\sigma_1^2}\sum\limits_{i=1}^{n}(X_i - \mu_1)^2 + \dfrac{1}{\sigma_2^2}\sum\limits_{i=1}^{m}(Y_i - \mu_2)^2$ 的分布为 _____, $\dfrac{\bar{X} - \bar{Y} - (\mu_1 - \mu_2)}{\sqrt{(n-1)\sigma_2^2 S_1^2 + (m-1)\sigma_1^2 S_2^2}}\sqrt{\dfrac{\sigma_1^2 \sigma_2^2 nm(n+m-2)}{m\sigma_1^2 + n\sigma_2^2}}$ 的分布为 _____, $\dfrac{m\sigma_2^2 \sum\limits_{i=1}^{n}(X_i - \mu_1)^2}{n\sigma_1^2 \sum\limits_{i=1}^{m}(Y_i - \mu_2)^2}$ 的分布为 _____, $\dfrac{(n-1)\sigma_2^2 \sum\limits_{i=1}^{m}(Y_i - \bar{Y})^2}{(m-1)\sigma_1^2 \sum\limits_{i=1}^{n}(X_i - \bar{X})^2}$ 的分布为 _____.

设 $X_1, X_2, \cdots, X_n$ 为母体 X 的样本, 那么

(4) X 的分布密度函数为 $f(x, \theta) = \begin{cases} \theta e^{-\theta x}, & 0 < x < \infty, 0 < \theta, \\ 0, & \text{其他} \end{cases}$ 时, 参数 θ 的矩估计量为 _____.

(5) X 的分布密度函数为

$$
f(x, \theta) = \begin{cases} \dfrac{1}{\Gamma(\theta/2)2^{\theta/2}} x^{(\theta/2)-1} e^{-x/2}, & 0 \leqslant x < \infty, \theta = 1, 2, \cdots, \\ 0, & \text{其他} \end{cases}
$$

时, 参数 θ 的矩估计量为 _____.

(6) X 的分布密度函数为 $f(x, \mu, \sigma^2) = \dfrac{1}{2\sigma^2} e^{-\frac{|x-\mu|}{\sigma}}$, $-\infty < x < \infty$, $-\infty < \mu < \infty$ 时, 参

数 μ 和 σ^2 的矩估计量为 _____.

(7) X 的概率函数为 $P(x,p) = p(1-p)^{x-1}, x = 1, 2, \cdots$; 当 $0 \leqslant p \leqslant 1$ 时, 参数 p 的矩估计量为 _____.

(8) X 的概率函数为 $P(x,p) = \mathrm{C}_m^x p^x (1-p)^{x-1}, x = 0, 1, 2, \cdots, m$; 当 $0 \leqslant p \leqslant 1$ 时, 参数 p 和 m 的矩估计量为 _____.

(9) X 的概率函数为 $P(x,p) = \mathrm{C}_{m+x-1}^x p^m (1-p)^x, x = 0, 1, 2, \cdots$; 当 $0 \leqslant p \leqslant 1$ 时, 参数 p 和 m 的矩估计量为 _____.

(10) X 的分布密度函数为 $f(x,\theta) = \begin{cases} (\theta+1)x^\theta, & 0 < x < 1, 0 < \theta, \\ 0, & \text{其他} \end{cases}$ 时, 参数 θ 的最大似然估计量为 _____.

2. 单项选择题

(1) 设总体 $X \sim N(0, 3^2)$, $X_1, X_2, \cdots, X_n$ 为 X 的样本, $\bar{X}$ 为样本均值, S^2 为样本方差, 则统计量 $\alpha \bar{X}^2 + \beta S^2$ 当 $\alpha = $ _____ 和 $\beta = $ _____ 时服从 $\chi^2(n)$.

(A) $\alpha = \dfrac{n}{3}, \beta = \dfrac{n-1}{9}$ (B) $\alpha = \dfrac{n^2}{9}, \beta = \dfrac{9}{n-1}$

(C) $\alpha = \dfrac{n^2}{9}, \beta = \dfrac{n-1}{9}$ (D) $\alpha = \dfrac{n}{3}, \beta = \dfrac{9}{n-1}$

(2) 设 t-分布的 $\alpha = 0.05$ 的临界值 $t_{0.05}$ 由 $P(|T| > t_{0.05}) = 0.05$ 确定, F-分布的 $\alpha = 0.05$ 的临界值 $F_{0.05}$ 由 $P(F > F_{0.05}) = 0.05$ 确定, 则有 _____.

(A) $t_{0.95}(n) = \sqrt{F_{0.05}(1, n)}$ (B) $t_{0.05}(n) = \sqrt{F_{0.05}(n, 1)}$

(C) $t_{0.95}(n) = -\dfrac{1}{\sqrt{F_{0.95}(n, 1)}}$ (D) $t_{0.05}(n) = \dfrac{1}{\sqrt{F_{0.95}(1, n)}}$

(3) 设总体 X 的均值为 μ, $X_1, X_2, \cdots, X_n$ 为 X 的样本, 则 μ 的下列四个无偏估计中 _____ 是方差最小的.

(A) $\hat{\mu} = \dfrac{1}{4}X_1 + \dfrac{1}{4}X_2 + \dfrac{1}{8}X_3 + \dfrac{3}{8}X_4$ (B) $\hat{\mu} = \dfrac{1}{8}X_1 + \dfrac{1}{8}X_2 + \dfrac{1}{8}X_3 + \dfrac{3}{8}X_4$

(C) $\hat{\mu} = \dfrac{1}{4}X_1 + \dfrac{1}{2}X_2 + \dfrac{1}{8}X_3 + \dfrac{1}{8}X_4$ (D) $\hat{\mu} = \dfrac{1}{4}X_1 + \dfrac{1}{4}X_2 + \dfrac{1}{4}X_3 + \dfrac{1}{4}X_2$

(4) 设总体 X 的均值为 μ, 方差为 σ^2, $X_1, X_2, \cdots, X_n$ 为 X 的样本, 则关于 $\bar{X}$ 和 S^2 的下列四个陈述中正确的是 _____.

(A) $\bar{X}$ 与 S^2 是独立的   (B) $\bar{X}$ 与 S^2 分别是 μ 和 σ^2 矩法估计

(C) $\bar{X}$ 与 S^2 分别是 μ 和 σ^2 最大似然估计   (D) $\bar{X}$ 与 S^2 分别是 μ 和 σ^2 一致无偏估计

(5) 设参数 α 的一个最大似然无偏估计 $\hat{\alpha}$, 则 $\hat{\alpha}^2$ 是 α^2 的 _____.

(A) 最大似然无偏估计   (B) 最大似然一致估计

(C) 最大似然有效估计   (D) 最大似然有偏估计

(6) 设总体 $X \sim N(\mu, \sigma^2)$, $X_1, X_2, \cdots, X_n$ 为 X 的样本, 关于 μ 和 σ^2 的置信度为 α 的置信区间的长度和数学期望分别是 _____.

(A) $\dfrac{2\sigma^2}{\sqrt{n}}$ 和 $n\sigma^2 \left(\dfrac{1}{\chi^2_{1-\alpha/2}(n-1)} - \dfrac{1}{\chi^2_{1-\alpha/2}(n-1)} \right)$

(B) $\dfrac{2\sqrt{2}}{\sqrt{n}}\dfrac{\Gamma\left(\dfrac{n}{2}\right)}{\Gamma\left(\dfrac{n-1}{2}\right)}$ 和 $(n-1)\sigma^2\left(\dfrac{1}{\chi^2_{1-\alpha/2}(n-1)}-\dfrac{1}{\chi^2_{1-\alpha/2}(n-1)}\right)$

(C) $\dfrac{2\sqrt{2}}{\sqrt{n}}\dfrac{\Gamma\left(\dfrac{n}{2}\right)}{\Gamma\left(\dfrac{n-1}{2}\right)}$ 和 $n\sigma^2\left(\dfrac{1}{\chi^2_{1-\alpha/2}(n-1)}-\dfrac{1}{\chi^2_{1-\alpha/2}(n-1)}\right)$

(D) $\dfrac{2\sigma^2}{\sqrt{n}}$ 和 $n\sigma^2\left(\dfrac{1}{\chi^2_{1-\alpha/2}(n)}-\dfrac{1}{\chi^2_{1-\alpha/2}(n)}\right)$

(7) 设总体 $X \sim N(\mu_1, \sigma_1^2)$, $Y \sim N(\mu_1, \sigma_2^2), \sigma_1^2, \sigma_2^2$ 都已知, $X_1, \cdots, X_n, Y_1, \cdots, Y_m$ 分别为 X 和 Y 的样本, 那么使用检验水平 α 检验假设 H_0: $\mu_1 = \mu_2$, H_1: $\mu_1 \neq \mu_2$ 时犯第二类错误的概率是_____.

(A) $\Phi\left(z_{\alpha/2}+\dfrac{\mu_1-\mu_2}{\sqrt{\sigma_1^2/n+\sigma_2^2/m}}\right)-\Phi\left(-z_{\alpha/2}+\dfrac{\mu_1-\mu_2}{\sqrt{\sigma_1^2/n+\sigma_2^2/m}}\right)$

(B) $\Phi\left(z_{\alpha/2}+\dfrac{\mu_1-\mu_2}{\sqrt{\sigma_1^2/n+\sigma_2^2/m}}\right)-\Phi\left(-z_{\alpha/2}-\dfrac{\mu_1-\mu_2}{\sqrt{\sigma_1^2/n+\sigma_2^2/m}}\right)$

(C) $\Phi\left(z_{\alpha/2}+\dfrac{\mu_1-\mu_2}{\sqrt{\sigma_1^2/n+\sigma_2^2/m}}\right)-\Phi\left(z_{\alpha/2}-\dfrac{\mu_1-\mu_2}{\sqrt{\sigma_1^2/n+\sigma_2^2/m}}\right)$

(D) $2\Phi\left(z_{\alpha/2}+\dfrac{\mu_1-\mu_2}{\sqrt{\sigma_1^2/n+\sigma_2^2/m}}\right)-1$

(8) 设总体 $X \sim N(\mu, \sigma^2)$, $X_1, X_2, \cdots, X_n$ 为 X 的样本, 关于假设 $H_{\mu 0}$: $\mu \leqslant \mu_0$, $H_{\mu 1}$: $\mu > \mu_0$ 和假设 $H_{\sigma 0}$: $\sigma^2 = \sigma_0^2$, $H_{\sigma 1}$: $\sigma^2 \neq \sigma_0^2$ 的 p-值 $p_\mu = 0.226$, $p_\sigma = 0.008$, 则在显著性水平 $\alpha = 0.01$ 下_____.

(A) 接受 $H_{\mu 0}$ 和 $H_{\sigma 0}$　　　　　　　　　　(B) 接受 $H_{\mu 0}$ 和拒绝 $H_{\sigma 0}$

(C) 拒绝 $H_{\mu 0}$ 和 $H_{\sigma 0}$　　　　　　　　　　(D) 拒绝 $H_{\mu 0}$ 和接受 $H_{\sigma 0}$

3. 设总体 X 的分布密度函数如下给出, $X_1, X_2, \cdots, X_n$ 为 X 的样本, 求 (1) 母体 X 分布的参数的极大似然估计量, (2) 指出这些估计的优良性质.

(1) $f(x, \mu, \sigma^2) = \dfrac{1}{\sqrt{2\pi}\sigma}e^{-\frac{1}{2\sigma^2}(x-\mu)^2}$, 参数为 μ 和 σ^2.

(2) $f(x, \theta) = \begin{cases} \dfrac{x}{\theta^2}e^{-\frac{1}{\theta}x}, & x \geqslant 0, \\ 0, & x < 0, \end{cases}$ 参数为 θ 且 $\theta > 0$.

(3) $f(x, \theta, \mu) = \begin{cases} \theta e^{-\theta(\mu-x)}, & x \leqslant \mu, \\ 0, & x > \mu, \end{cases}$ 参数为 $\alpha = 1/\theta$ 和 μ 且 $\theta > 0$.

(4) $f(x, \mu, \sigma^2) = \begin{cases} \dfrac{1}{\sqrt{2\pi}\sigma x}e^{-\frac{1}{2\sigma^2}(\ln x-\mu)^2}, & x > 0, \\ 0, & x \leqslant 0, \end{cases}$ 参数为 $\alpha = EX$ 和 $\beta = \mathrm{Var}(X)$.

4. 设 $X_1, X_2, \cdots, X_n$ 为总体 X 的样本, 求总体 X 分布的参数的极大似然估计量, 并指出这些估计量的优良性质.

(1) X 服从参数为 p 的两点分布 $B(p)$;

(2) X 服从参数为 m(已知), p 的二项分布 $B(m, p)$;

(3) X 服从参数为 λ 的泊松分布 $P(\lambda)$;

(4) X 服从几何分布 $P(X = k) = p(1-p)^{k-1}$, $k = 1, 2, \cdots$, 参数为 $\theta = EX$.

5. 设总体 X 的分布密度函数为

$$f(x, \theta) = \begin{cases} \dfrac{3}{(\beta - \alpha)^3}(\beta - x)^2, & x \in (\alpha, \beta), \\ 0, & x \notin (\alpha, \beta). \end{cases}$$

$X_1, X_2, \cdots, X_n$ 为 X 的样本, (1) $\alpha = 1$ 时, 求 β 的矩估计量; (2) 求 $L = \beta - \alpha$ 的极大似然估计量; (3) 给出 $L = \beta - \alpha$ 的一个无偏估计量.

6. 设母体 X 的分布密度函数为

$$f(x, \theta) = \begin{cases} \dfrac{2\theta}{x^3} e^{-\frac{\theta}{x^2}}, & x > 0, \\ 0, & x \leqslant 0, \end{cases}$$

$X_1, X_2, \cdots, X_n$ 为 X 的样本, (1) 求 θ 的矩估计量, (2) 求 $\alpha = \dfrac{1}{\theta}$ 的极大似然估计量 $\hat{\alpha}$, (3) $\hat{\alpha}$ 是 α 的无偏估计吗?

7. 设 $Y_i = a + bX_i + \varepsilon_i$, $i = 1, 2, \cdots, n$, $\varepsilon_1, \varepsilon_2, \cdots, \varepsilon_n$ 独立同分布于 $N(0, \sigma^2)$, $X_1, X_2, \cdots, X_n$ 是确定性变量 X 的观察样本, $Y_1, Y_2, \cdots, Y_n$ 为随机变量 Y 的观察样本, (1) 试求参数 a, b, σ^2 的极大似然估计量; (2) 证明 $\hat{a}, \hat{b}, \dfrac{n\widehat{\sigma^2}}{n-2}$ 分别是参数 a, b, σ^2 的无偏估计量.

8. 设母体 X 的分布密度函数为

$$f(x, \mu, \sigma^2) = \begin{cases} \left(\dfrac{\sigma^2}{2\pi x^3}\right) \exp\left\{\dfrac{-\sigma^2(x - \mu)^2}{2\mu^2 x}\right\}, & x > 0, \\ 0, & x \leqslant 0. \end{cases}$$

$X_1, X_2, \cdots, X_n$ 为 X 的样本, 求证 μ, σ^2 的极大似然估计量为

$$\hat{\mu} = \bar{X}, \quad \widehat{\sigma^2} = \dfrac{n}{\displaystyle\sum_{i=1}^{n} \dfrac{1}{X_i} - \dfrac{1}{\bar{X}}}.$$

12.5 复习题参考答案与提示

1. (1) $\dfrac{n+1}{n(n-1)}\sigma^4$. (2) $N(0, 1)$, $\chi^2(n-1)$, $\chi^2(n)$, $t(n-1)$. (3) $N(0, 1)$, $\chi^2(n+m)$, $t(n+m-2)$, $F(n, m)$, $F(m-1, n-1)$. (4) $1/\bar{X}$. (5) $\bar{X}$. (6) $\bar{X}$ 和 $\dfrac{n-1}{2n}S^2$. (7) $1/\bar{X}$.

(8) $\hat{p} = \dfrac{n\bar{X} - (n-1)S^2}{n\bar{X}}$ 和 $\hat{m} = \dfrac{n\bar{X}^2}{n\bar{X} - (n-1)S^2}$. (9) $\hat{p} = \dfrac{n\bar{X}}{(n-1)S^2}$ 和 $\hat{m} = \dfrac{n\bar{X}^2}{(n-1)S^2 - n\bar{X}}$.

(10) $\hat{\theta} = -1 - \dfrac{n}{\displaystyle\sum_{i=1}^{n} \ln X_i}$.

2. (1) (C). (2) (C). (3) (D). (4) (D). (5) (D). (6) (B). (7) (A). (8) (B).

3. (1) $\hat{\mu} = \bar{X}$(一致无偏有效估计), $\hat{\sigma}^2 = \dfrac{n-1}{n}S^2$ (一致估计). (2) $\hat{\theta} = \dfrac{1}{2}\bar{X}$(一致无偏有效

估计). (3) $\hat{\mu} = \max\{X_i\}$, $\hat{\alpha} = \max\{X_i\} - \bar{X}$ (渐近无偏估计且是一致估计).

(4) $\hat{\alpha} = e^{\bar{Y} + \frac{n-1}{2n}S_Y^2}$, $\hat{\beta} = \hat{\alpha}^2(e^{\frac{n-1}{n}S_Y^2} - 1)$ (渐近无偏估计且是一致估计), 其中, $Y = \ln X$.

4. (1) $\hat{p} = \bar{X}$(一致有效无偏估计). (2) $\hat{p} = \frac{1}{m}\bar{X}$ (一致有效无偏估计). (3) $\hat{\lambda} = \bar{X}$ (一致有效无偏估计). (4) $\hat{\theta} = \bar{X}$ (一致有效无偏估计).

5. (1) $\hat{\beta} = 4\bar{X} - 3$. (2) $\hat{L} = X_{(n)} - X_{(1)}$. (3) $\hat{L} = \frac{3n+1}{3n}\left(\frac{n+1}{n}X_{(n)} + \Delta - X_{(1)}\right)$, 其中, $\Delta = \int_{\alpha}^{\beta}[F_{X_{(n)}}(x)]^n \mathrm{d}x$.

6. (1) $\hat{\theta} = \frac{1}{\pi}\bar{X}^2$. (2) $\hat{\alpha} = \frac{1}{n}\sum_{i=1}^{n}\frac{1}{X_i^2}$. (3) 是.

7. (1) $\hat{a} = \bar{Y} - \hat{b}\bar{X}$, $\hat{b} = \dfrac{n\bar{X}\bar{Y} - \sum\limits_{i=1}^{n}X_iY_i}{n\bar{X}^2 - \sum\limits_{i=1}^{n}X_i^2}$, $\widehat{\sigma}^2 = \dfrac{1}{n}\sum\limits_{i=1}^{n}(Y_i - \hat{a} - \hat{b}X_i)^2$. (2) 略.

8. 略.

参 考 文 献

北京大学数学力学系几何与代数教研室代数小组. 1978. 高等代数 [M]. 北京: 人民教育出版社.

陈纪修, 於崇华, 金路. 1999. 数学分析 (上)、(下)[M]. 北京: 高等教育出版社.

戴华. 2001. 矩阵论 [M]. 北京: 科学出版社.

华东师范大学数学系. 1982. 概率论与数理统计习题集 [M]. 北京：人民教育出版社.

黄惠青, 梁治安. 2006. 线性代数 [M]. 北京: 高等教育出版社.

吉林大学数学系. 1978. 数学分析 (上), (中), (下)[M]. 北京: 人民教育出版社.

吉米多维奇 B П. 1953. 数学分析习题集 [M]. 李荣冻, 译. 北京: 人民教育出版社.

雷奥奇·卡塞拉, 罗杰 L·贝. 2002. 统计推断 (英文版·原书第 2 版)[M]. 北京: 机械工业出版社.

梁之舜, 邓集贤, 杨维权, 等. 2005. 概率论及数理统计 [M]. 北京：高等教育出版社.

林源渠, 方企勤, 李正元, 等. 1986. 数学分析习题集 [M]. 北京: 高等教育出版社.

刘隆复, 马驹良, 陈守东. 1986. 数学分析习题课讲义 (多元函数部分)[M]. 长春: 吉林大学出版社.

梅夏尔金. 1983. 概率论习题集 [M]. 盛骤, 谢式千, 潘承毅, 译. 北京：高等教育出版社.

普罗斯库烈柯夫 И B. 1981. 线性代数习题集 [M]. 周晓钟, 译. 北京: 人民教育出版社.

盛骤, 谢式千, 潘承毅. 2008. 概率论与数理统计 [M]. 北京: 高等教育出版社.

屠伯埙. 1986. 线性代数——方法导引 [M]. 上海：复旦大学出版社.

王雪标, 王拉娣, 聂高辉. 2006. 微积分 (下册)[M]. 北京: 高等教育出版社.

王雪标, 王拉娣, 聂高辉. 2006. 微积分 (上册)[M]. 北京: 高等教育出版社.

谢邦杰. 1978. 线性代数 [M]. 北京: 人民教育出版社.

徐利治, 王兴华. 1983. 数学分析的方法及例题选讲 (修订版)[M]. 北京: 高等教育出版社.

邹承祖, 齐东旭, 孙玉柏. 1986. 数学分析习题课讲义 (一元微积分部分) [M]. 长春：吉林大学出版社.

Casella G, Berger R L. 2002. Statistical Inference [M]. 2 版. 北京: 机械工业出版社.

Etgen G J. 1995. Salas and Hille's Calculus one and Several Variables [M]. 7th ed. New York: John Wiley & Sons, Inc.

Hunter J J. Mathematical Techniques of Applied Probability[M]. New York: Academic Press, Inc.

Johnson L, Riess R D, Arnold J. 2002. Introduction to Linear Algebra [M]. 5th ed. 北京: 机械工业出版社.

Stewart J. 2004. Calculus (影印版)[M]. 5th ed. 北京: 高等教育出版社.

Thomas G B. 2004. Thomas' Calculus. (影印版)[M]. 10th ed. 北京: 高等教育出版社.